高职高专教育“十二五”规划建设教材

园林植物病虫害防治

（第2版）

（园林技术专业用）

程亚樵　丁世民　主编

中国农业大学出版社
·北京·

内容简介

《园林植物病虫害防治》是中国农业大学出版社高职高专教育“十二五”规划建设教材系列教材之一。该教材系统阐述了园林植物病虫害识别与防治的基本理论及应用技术，内容包括园林植物昆虫基本知识、园林植物病害基本知识，园林植物病虫害综合防治技术，农药应用技术，园林植物害虫防治技术，园林植物病害防治技术6章，每章又分为职业基础知识和职业技能实训两个板块。本教材针对高等职业教育培养目标，按职业岗位的能力和要求设计教材内容，突出“理论知识够用，实践技能适用”的原则，并注重引入园林植物病虫害防治领域的最新科学成果和成熟的先进技术，充分体现高职教育特色。全书共有插图269幅，增加教材内容的直观性。为便于学生预习和自学，各章设置有学习目标、关键词、小结、复习思考及信息链接等项目，职业技能实训内容紧跟在职业基础知识内容之后，以实现教、学、做一体化。本书可作为高等农业职业院校、职业技术学院、五年制高职、成人教育等植物生产类专业教材，也可供与从事农业生产有关企业行业的技术人员参考。

图书在版编目(CIP)数据

园林植物病虫害防治/程亚樵，丁世民主编. —2版. —北京：中国农业大学出版社，2011.5(2018.3重印)

ISBN 978-7-5655-0228-6

Ⅰ.①园… Ⅱ.①程…②丁… Ⅲ.①园林植物-病虫害防治方法-高等学校：技术学校-教材 Ⅳ.①S436.8

中国版本图书馆CIP数据核字(2011)第028105号

书　名　园林植物病虫害防治(第2版)

作　者　程亚樵　丁世民　主编

策划编辑　姚慧敏　伍　斌　　**责任编辑**　薛凤玲

封面设计　郑　川　　**责任校对**　陈　莹　王晓凤

出版发行　中国农业大学出版社

社　址　北京市海淀区圆明园西路2号　　**邮政编码**　100193

电　话　发行部 010-62731190，2620　　读者服务部 010-62732336

编辑部 010-62732617，2618　　出　版　部 010-62733440

网　址　http：//www.cau.edu.cn/caup　　**E-mail** cbsszs@cau.edu.cn

经　销　新华书店

印　刷　北京时代华都印刷有限公司

版　次　2011年5月第2版　2018年3月第3次印刷

规　格　787×980　16开本　27.5印张　504千字

定　价　49.00元

编审人员

主　编　程亚樵（河南农业职业学院）
丁世民（潍坊职业学院）

副主编　陈卫民（新疆伊犁职业技术学院）
吴凤楼（黑龙江林业职业技术学院）
周显忠（辽宁职业学院）
邰连春（黑龙江农业经济职业学院）
马俊峰（河南省农产品质量检测中心）

参　编　李圣超（黑龙江农垦农业职业技术学院）
张新燕（河北旅游职业学院）
贾永红（内蒙古农业大学职业技术学院）
陈海洲（新疆农业职业技术学院）
胡志凤（黑龙江农业职业技术学院）
衡雪梅（河南农业职业学院）

主　审　李洪连（河南农业大学）
尹新明（河南农业大学）

第1版编审人员

主　编　程亚樵　河南农业职业学院

　　　　丁世民　潍坊职业学院

副主编　张立今　辽宁农业职业技术学院

　　　　史洪中　信阳农业高等专科学校

　　　　尹立红　廊坊职业技术学院

　　　　周显忠　辽宁职业学院

编　者　迟全元　北京农业职业学院

　　　　姬秀枝　山西临汾职业技术学院

　　　　王　蓉　新疆农业职业技术学院

　　　　肖秀丽　潍坊职业学院

　　　　孙　皎　黑龙江农业职业技术学院

主　审　胡敦孝　中国农业大学

　　　　原国辉　河南农业大学

第2版前言

园林植物与城市人居环境、生态环境密切相关，园林植物保护是改善城市人居环境、生态环境的重要措施。同时，园林植物病虫害防治是园林技术、园林规划设计、园林工程等专业的核心课程。因此，根据教育部《关于加强高职高专教育教材建设的若干意见》、《关于全面提高高等职业教育教学质量的若干意见》等文件有关精神，吸收高职高专教育近年来工学结合的实践性成果，围绕培养技能型、应用型人才目标，我们对现用高职高专教育“十一五”规划教材《园林植物病虫害防治技术》进行了修订，编写了高职高专教育“十二五”规划建设教材《园林植物病虫害防治》。

该教材依据专业人才培养目标，广泛吸纳园林行业企业专家意见和建议，按职业岗位能力和要求设计教材内容，以基础知识“必需”、基本理论“够用”、基本技术“会用”为原则，广泛搜集了国内外园林植物保护技术方面的资料和文献，注重引入近年来园林植物病虫害防治方面的最新科技成果和成熟稳定的先进技术；教材内容着重突出实用性和针对性，充分体现实践教学与实际生产过程的结合；注重将园林植物病虫害综合防治融入农业的持续发展和环境保护之中，增加了植物源农药、生物源农药、抗生素类农药和农药安全使用技术的篇幅，强调扩大病虫害综合防治的生态范围，以实现高效防治园林植物有害生物，最大限度减轻环境污染，有利于人类身体健康的目的。

本教材属于中国农业大学出版社高职高专教育“十二五”规划建设教材系列教材之一。教材共分为6章，包括园林植物昆虫基本知识、园林植物病害基本知识、园林植物病虫害防治原理及技术、农药应用技术、园林植物害虫防治技术和园林植物病害防治技术，每章又分为职业基础知识和职业技能实训两大部分。通过对本教材的学习，使学生在了解园林植物病虫基本知识的基础上，掌握园林植物病虫的主要种类、危害特点、发生发展规律，掌握园林植物主要病虫害的诊断方法及综合防治技术，使学生成为既有一定的园林植物病虫害防治理论知识，又有综合防治病虫害的实践技能，能独立进行园林植物病虫害防治工作的高等应用型技术人才。

本教材由程亚樵、丁世民担任主编，陈卫民、吴凤楼、周显忠、郜连春、马俊峰担任副主编，李圣超、张新燕、贾永红、陈海洲、胡志凤、衡雪梅担任参编。全书分工如下：程亚樵第一章第一、三节；丁世民绪论，第五章第一、二节；陈卫民第六章第一节；吴凤楼第二章第一、二节；周显忠第四章第一、二节；郜连春第三章；李圣超第六章第二、三、四节；张新燕第二章第三、四节；贾永红第一章第二、四节；陈海洲第五章第三、四节；胡志凤第四章第三节；马俊峰第四章实训部分；衡雪梅第一章实训部分。第一、二、三、四章由程亚樵审阅，第五、六章由丁世民审阅，全书由程亚樵统稿。

本教材在编写中得到河南农业职业学院、潍坊职业学院、新疆伊犁职业技术学院、黑龙江林业职业技术学院、辽宁职业学院、黑龙江农业经济职业学院、黑龙江农垦农业职业技术学院、河北旅游职业学院、内蒙古农业大学职业技术学院、新疆农业职业技术学院、黑龙江农业职业技术学院、河南省农产品质量检测中心等的大力支持。承蒙河南农业大学李洪连和尹新明教授对教材进行了审阅，并提出了宝贵意见。教材在编写过程中参阅和引用了有关专家学者的专著、文献、论文和教材等，在此一并致以最诚挚的谢意！

由于编者水平有限，书中难免出现疏漏、不足甚至错误之处，敬请广大读者批评指正。

编　者

2010 年 12 月

第1版前言

根据我国农业发展和高职高专教育教学改革的需要，依据园林专业教学指导方案及专业核心课程教学大纲内容，遵循培养技能型、应用型人才的要求，本着基本知识够用、专业知识实用的原则，在中国农业大学出版社的组织领导下，我们编写了《园林植物病虫害防治技术》教材。

“园林植物病虫害防治”是园林专业的主干课程。该教材内容共分7章，包括园林植物昆虫基本知识、园林植物病害基本知识、园林植物病虫害综合治理、农药应用技术、园林植物害虫防治、园林植物病害防治和实验实训指导。通过对本教材的学习，使学生在了解园林植物病虫基本知识的基础上，掌握园林植物病虫的种类、危害、发生发展规律，掌握园林植物主要病虫害的诊断及综合治理技术，使学生成为既有一定的园林植物病虫害防治理论知识，又有综合治理的实践技能，能独立进行园林植物病虫害防治工作的高等应用型技术人才。教材广泛搜集了国内外园林植物保护技术方面的资料和文献，注重引入近年来园林植物病虫害防治方面的最新科技成果和成熟稳定的先进技术。教材内容着重突出实用性和针对性，加强理论知识的应用和实践能力的培养。注重将园林植物病虫害综合治理融入农业的持续发展和环境保护之中，增加了植物源农药、生物源农药、抗生素类农药和农药安全使用技术的篇幅，强调扩大病虫害综合治理的生态范围，以实现高效防治园林植物有害生物，最大限度地减少对环境的污染，有利于人类身体健康的目的。

本教材由程亚樵、丁世民担任主编，张立今、史洪中、尹立红、周显忠担任副主编。全书分工如下：程亚樵第一章；孙皎第七章单项实训一至四；丁世民绪论、第五章第三、四节，第七章综合实训三至六；肖秀丽第五章第一、二节；张立今第六章第一节；姬秀枝第六章第二至五节，第七章综合实训第七至九、十二；史洪中第二章；迟全元第七章单项实训五至九；尹立红第三章，第七章综合实训一、二、十、十一；周显忠第四章第一、二节，第七章单项实训十至十二；王蓉第四章第三节。全书由程亚樵、丁世民统稿。

本教材在编写中得到河南农业职业学院、潍坊职业学院、辽宁农业职业技术学院、信阳农业高等专科学校、廊坊职业技术学院、辽宁职业学院、北京农业职业学院、山西临汾职业技术学院、新疆农业职业技术学院、黑龙江农业职业技术学院等的大力支持。承蒙中国农业大学胡敦孝教授和河南农业大学原国辉教授对教材进行了审阅,并提出了宝贵意见。教材在编写过程中参阅和引用了有关专家学者的专著、论文和教材等,在此一并致以最诚挚的谢意!

由于编者水平有限,书中难免出现疏漏、不足甚至错误之处,敬请广大读者批评指正。

编　者

2007 年 4 月

目　录

绪　论

一、园林植物病虫害防治在园林绿化中的重要性

园林绿化是城市现代化的重要组成部分，随着我国国民经济的增长，人们对绿化和美化环境的要求越来越高，园林绿化工作取得了前所未有的成就。这些园林植物为人类生活创造了优美的环境，而且还取得了良好的经济效益。然而，园林植物在生长发育过程中，往往受到各种病虫的危害，导致园林植物生长不良，叶、花、果、茎、根常出现坏死斑或发生畸形、变色、腐烂、凋萎及落叶等现象，失去观赏价值及绿化效果，甚至引起整株死亡，给城市绿化和景区造成很大的损失。

园林植物病虫害是一种较为常见的自然灾害，它给世界各国的园林花卉业造成过巨大的损失。20 世纪 20 年代，由于茎线虫的危害，使英国当时的水仙种植业几乎毁灭。榆树枯萎病最早只在荷兰、比利时和法国发生，后来随着苗木的调运，在短短的十几年里，传遍了整个欧洲，大约在 20 世纪 20 年代末，美国从法国输入榆树原木，将该病传入美洲大陆，很快在美国传播开来，约有 40％的榆树被毁。20 世纪 70 年代以来，松材线虫病在日本盛行几乎席卷全国，每年损失松材达 200 万 m^3 以上。1982 年松材线虫病在我国南京市中山陵首次发现该病以来，6 年之内，因病死亡的松树达 60 多万株，造成直接经济损失 700 多万元。随后在江苏、浙江、山东、广东、安徽等省局部地区发现并流行成灾，1998 年发生面积已达 7.3 万 hm^2，因病死亡的松树近 1 500 万株，严重威胁着世界自然遗产——著名的黄山风景区。20 世纪 80 年代，驰名中外的北京香山红叶——黄栌，受到白粉病的危害，叶片不能正常变红，使得香山红叶的壮美景观大为逊色。20 世纪 90 年代，香山景区尺蠖大发生，1/3 的黄栌叶片被害虫蚕食，受害严重。松突圆蚧自 20 世纪 80 年代在广东珠海市邻近澳门的松林发现以来，危害面积逐年扩大，仅 1983—1984 年的 1 年时间，发生范围便由 9 个县(市)蔓延至 35 个县(市)，发生面积达 730 000 hm^2，受害树木连片枯死，更新砍伐约 140 000 hm^2，给我国南方马尾松林

造成极大的威胁。20 世纪 90 年代，泰山发现松褐天牛，为了防止其蔓延，销毁了疫区内 2 万多株松树，损失惨重。菊花叶枯线虫病是菊花等花卉植物的重要病害之一，可危害菊属、草莓属、福禄考属、大丽花属、罂粟属、牡丹、翠菊等植物，近年来在我国南方各省园林花圃中发现此病，危害严重。菊花白锈病 1895 年日本首先发现，1964 年以后欧洲许多国家相继报道发生，1979 年与 1994 年我国检疫部门从日本引进的菊花中发现该病，1997 年传入山东地区，2000 年在吉林市花圃中发生严重，其中京白、四季黄两个菊花品种发病率为 100%。美国白蛾原产北美洲，1940 年传入欧洲，现已传入欧洲 10 多个国家以及日本、朝鲜半岛、土耳其。1979 年传入我国辽宁丹东一带，1981 年由渔民自辽宁捎带木材传入山东荣成县，并在山东相继蔓延，1985 年与 1995 年相继在陕西武功与天津发现，现已几乎遍及我国北方省份。其寄主范围广、繁殖力强、扩散快，危害极为严重，已对当地农林生产及城市园林绿化构成了巨大的威胁，有些地区甚至动用了飞机及生化兵防治该虫。

其他如杨树与柳树溃疡病、阔叶树腐烂病、泡桐丛枝病、红松孢锈病、樱花根癌病、月季黑斑病、菊花褐斑病、金叶女贞炭疽病、大叶黄杨褐斑病等发生普遍且严重。病毒病在花卉上发生也极普遍，我国 12 种(类)重要花卉几乎都有几种病毒病。大丽花、菊花、香石竹、一串红、山茶及月季等多种花木病毒病，亦有日益严重的趋势。仙客来病毒病在各地均有发生，发病严重的城市病株率在 65%以上，致使品质严重退化。另外，蚜虫、蓟马、蚧虫、粉虱、叶蝉等五类刺吸害虫，由于虫体小，先期症状不易发现，往往会造成严重的危害。侧柏毒蛾、松毛虫、双条杉天牛、双斑锦天牛、柏肤小蠹、日本双齿长蠹等也已成为城市行道树、风景林的重要病虫，危害日趋严重。

综上所述，园林植物在城镇园林绿化和风景名胜建设中占有重要地位，为保证这些植物的正常生长、发育，有效地发挥其园林功能及绿化效益，病虫害防治是不可缺少的环节。及时发现、准确诊断、弄清病虫种类、进行科学防治是保证城市绿地植物、风景园林植物正常发挥效益的重要保证。

二、园林植物病虫害的发生特点

园林植物大体上可分为两大类群：一是城镇露地栽培的各种乔木、灌木、藤本植物、地被植物、草坪等；二是主要以保护地(日光温室或各种塑料拱棚)形式栽培的各种盆花及鲜切花。

城镇园林病虫害的发生特点是：①城镇园林绿地与农作物大田、一般林地的不同之处在于后者栽培面积大，种类不多甚至品种单一，一个区域内可能只有少数几种病虫害流行，能形成较大的“气候”；前者则植物种类繁多，一般栽培面积不大且分散交错种植，多数情况下危害不重，但因寄主种类多，因而病虫害的种类也相应增多。②城镇园林绿地系统中，人的活动要比农田系统及一般林地系统多且复杂，各种园林植物生长周期长短不一，立地条件复杂，小环境、小气候多样化，绿地通风透光性差和密集的灯光引诱等因素，会使得生态系统中一些生物种群关系常被打乱，以致造成病虫害的高密度发生；同时，城市绿地植物更易受到工业"三废"的污染，因而病虫害发生的类别要比农田系统及一般林地系统复杂得多。③城镇郊区与蔬菜、果树、农作物大田相连接，除了园林植物本身特有的病虫害之外，还有许多来自蔬菜、果树、农作物上的病虫害，有的长期落户，有的则互相转主危害或越夏越冬，因而病虫害种类多，危害严重。④城镇生态系统是一个特殊、多变且以人为核心的生态系统，在园林绿地的附近区域往往人口密集，因而更易遭受人为的破坏；同时城市园林绿地植物在栽培管理上（尤其是肥水管理）往往没有一般农作物那样精细，有些单位甚至利用废水浇灌，花木生长不良，因而病虫害的发生更为频繁、严重。⑤外来有害生物不断入侵，害虫天敌难以生存。近年来由于我国城镇园林绿化的需要，不断引入国外园林绿化风格及园林植物种类，植物配置和种植方式更加丰富，然而一些原产于世界各地的园林植物检疫性病虫害也往往伴随而来；同时，由于城镇绿地人为干预严重，很多昆虫的天敌如鸟类、寄生蜂等难以存活，常常导致锈色粒肩天牛、国槐尺蠖等害虫普遍发生。

盆花及鲜切花（含切叶、切枝植物等）病虫害的发生特点是：①花卉产品及其种苗的调运，往往比其他作物频率高、距离远，因而常常会导致菊花白锈病、蔗扁蛾等检疫性病虫的蔓延猖獗。②花卉植物不同于一般的果树、蔬菜等园艺作物，生态习性差异较大，对于温度、湿度、光照、水分、养分、pH 值、通风等要求极为严格，栽培管理上少有疏忽，便会导致花卉植物生长不良，出现各种生理性病害（如黄叶、干尖、烂根、落花落蕾等）的现象随时发生，同时也加重了侵染性病害及其他病虫害的发生。③花卉种类繁多，有木本、草本、藤本、宿根、球根、水生花卉之分，因性质各异，病虫害问题往往比蔬菜、果树多且复杂。④花卉植物大都为设施栽培，温差大、湿度大、风速小、相对密闭，此特殊环境，有利于灰霉病、霜霉病以及蚜、螨、蚧等害虫的发生。⑤保护地状态下，花卉病虫害几乎不存在越冬越夏问题，一些生活周期短、繁殖快的昆虫如粉虱、蚜虫等，可终年繁殖，有些病害如香石竹镰刀菌枯萎病，还会因病原积累等问题，而使病害逐年加重。另外，随南方调运苗木而带来的害虫，在北方温室等保护地，躲避了冬季严寒，在温暖环境中得以生存、繁衍，使越冬北限向北推移。

三、园林植物病虫害防治的内容、任务和与其他学科的关系

园林植物病虫害防治是以园林植物病害和虫害为主要防治对象，因此，"园林

植物病虫害防治”课程的任务就是学习园林植物病虫害种类特征、发生消长规律及其防治措施，从而在今后的园林工程设计、施工和养护过程中，能够有的放矢地采取防治措施，以避免、消除或减少病虫害对植物的危害，将病虫害控制在最低水平，保持优美的园林景观，充分发挥城镇园林的生态效益，改善城镇生态环境。

我国对园林植物病虫害的研究起步较晚，大量系统而深入的研究工作始于20世纪70年代末和80年代初。自1984年起，由我国建设部下达《全国园林植物病虫害、天敌资源普查及检疫对象研究》课题，组织了全国43个大中城市植保人员参加此项调查研究工作，于1986年基本完成并鉴定验收。通过普查，已知我国园林植物的病害共有5 500多种，虫害共8 260种，初步摸清了我国园林植物病虫害的种类、分布及危害程度、园林植物害虫天敌的种类及概况，并初步确定了我国园林植物病虫害检疫对象，为今后进一步开展主要病虫害的防治研究奠定了基础。

园林植物病虫害防治涉及许多学科。例如要正确判断和研究其受病虫危害后的系列变化，则必须首先掌握植物形态和植物生理学的知识。同时，园林植物病虫害的发生和发展，与植物生态环境关系非常密切，而且其防治措施需要贯穿于栽培和养护管理的各个技术环节之中。因此，在研究病虫害的发展规律和防治措施时，还必须很好地应用园林植物栽培养护等有关专业知识，以及园林植物、园林植物环境等基础知识。此外，本学科还与许多其他新兴科学和技术有着密切联系。例如利用黑光灯、性外激素、激光等现代科学技术诱杀害虫，或使害虫产生遗传性生理缺陷，导致雄虫不育，提高了防治害虫的水平和效果。多学科新技术的渗透应用，是提高病虫害防治技术水平的重要途径。因此，应重视和加强植物病虫害防治和其他学科的横向联系。

四、学习本课程的方法

本课程具有较强的直观性与实践性，学习时必须按照辩证唯物主义的观点和方法，分析研究病虫害发生发展的规律，重视基础理论知识的学习，加强实践技能的训练，积极参加园林植物病虫害防治的实践活动，不断提高防治园林植物病虫害的理论水平和操作技能。从生态学观点出发，采取科学的园林植物病虫害防治措施，以维护城市生态系统的平衡，达到城市生态环境的可持续发展。

第一章　园林植物昆虫基本知识

【学习目标】

知识目标

掌握昆虫的主要形态特征及重要生物学特性；

掌握昆虫各发育阶段的特点及昆虫的主要习性；

理解昆虫与环境的关系在害虫测报和防治中的作用。

技能目标

能正确识别园林植物昆虫重要目的区别特征；

能正确识别昆虫重要目的主要昆虫类群；

能正确识别各目昆虫的重要科及代表种类。

【职业基础知识】

危害园林植物的动物绝大多数是有害昆虫，在分类地位上属于动物界节肢动物门的昆虫纲。昆虫是动物界中种类最多的一类，在全世界已知的 150 多万种动物中，昆虫就有 100 万种以上，占地球动物种数的 2/3。昆虫不仅种类多，而且同种的个体数量也十分惊人，如一株树木上可拥有 10 万余头蚜虫个体。昆虫的分布范围很广，从赤道到两极，从海洋到沙漠，从高山到土壤，都有昆虫的存在。昆虫之所以能够发展成为动物界最繁盛的类群，是其本身对环境具有较强的适应能力和长期自然选择的结果。

昆虫与人类关系密切，许多昆虫危害园林植物或传播病害，对人类不利，称为害虫。如蚜虫、叶蝉等。也有不少昆虫对人类是有益的，称为益虫。如瓢虫可以消灭害虫，蜜蜂可以酿蜜，家蚕可以吐丝等。我们学习园林植物昆虫基本知识，就是要了解昆虫的一般形态特征、生物学特性和园林植物昆虫的主要类别，明确其生长发育特点及与环境之间的辩证关系，为进一步学习防治园林植物害虫和利用益虫奠定基础。

第一节 昆虫身体构造与功能

一、昆虫纲的特征

昆虫纲成虫的共同形态特征是：身体分为头、胸、腹 3 个体段；头部有口器和 1 对触角、1 对复眼，通常还有 2～3 个单眼；胸部由 3 个体节组成，有 3 对分节的足，大部分种类有 2 对翅；腹部一般由 9～11 节组成，末端有外生殖器，有的还有 1 对尾须；身体外层具坚韧的"外骨骼"(图 1-1)。

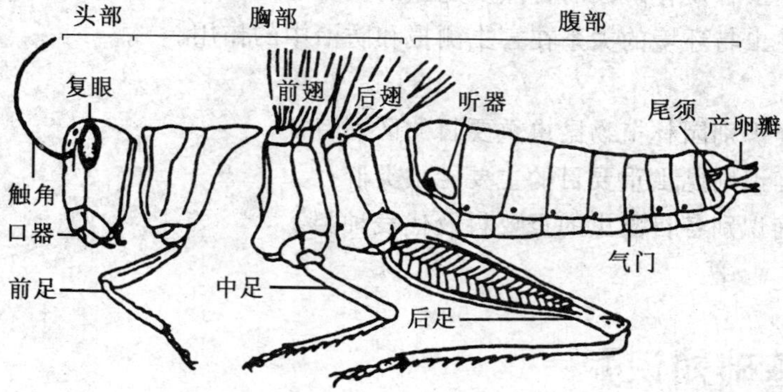

图 1-1 蝗虫体躯侧面观

二、昆虫的头部

(一)头部的基本构造

昆虫的头部位于身体的最前端，以膜质的颈与胸部相连。头上生有触角、复眼、单眼等感觉器官和取食的口器。所以，头部是昆虫感觉和取食的中心。昆虫的头壳外壁坚硬，多呈半球形，头壳上有许多沟和缝，将头壳分为额、颊、唇基、头顶和后头5个区。头壳上方称为头顶，头的前面是额，额的下方是唇基，与上唇相连。头壳的两侧称颊，后面称为后头(图1-2)。

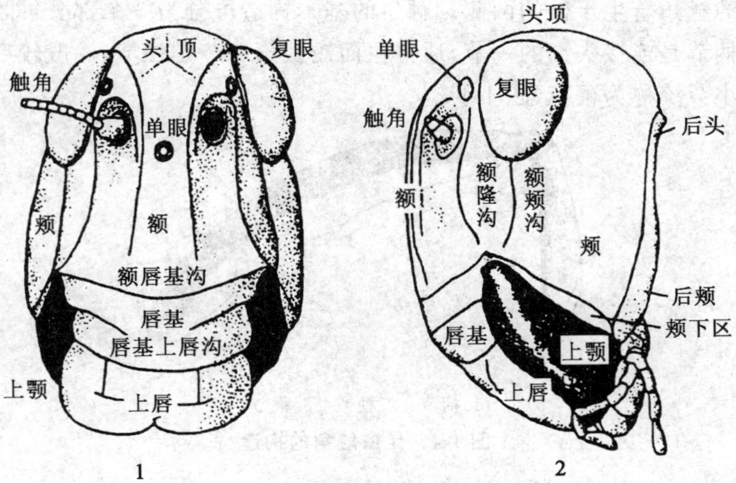

1. 头部正面　2. 头部侧面

图1-2　蝗虫头部构造

(二)昆虫的头式

昆虫由于取食方式的不同，口器的形状及着生的位置也发生了相应的变化，根据口器着生方向，可将昆虫的头部形式分为三大类(图1-3)。

(1)下口式　口器向下，头部的纵轴与身体的纵轴几乎成直角。多见于植食性昆虫，如蝗虫、螽斯、天牛、蝶蛾类幼虫等。

(2)前口式　口器向前，头部的纵轴与身体的纵轴接近平行。多见于潜食、钻蛀和捕食性昆虫，如蝼蛄、步甲、草蛉幼虫等。

(3)后口式　口器向后，头部的纵轴与身体的纵轴成锐角，多为刺吸式口器昆虫，如蚱蝉、蚜虫、椿象等。

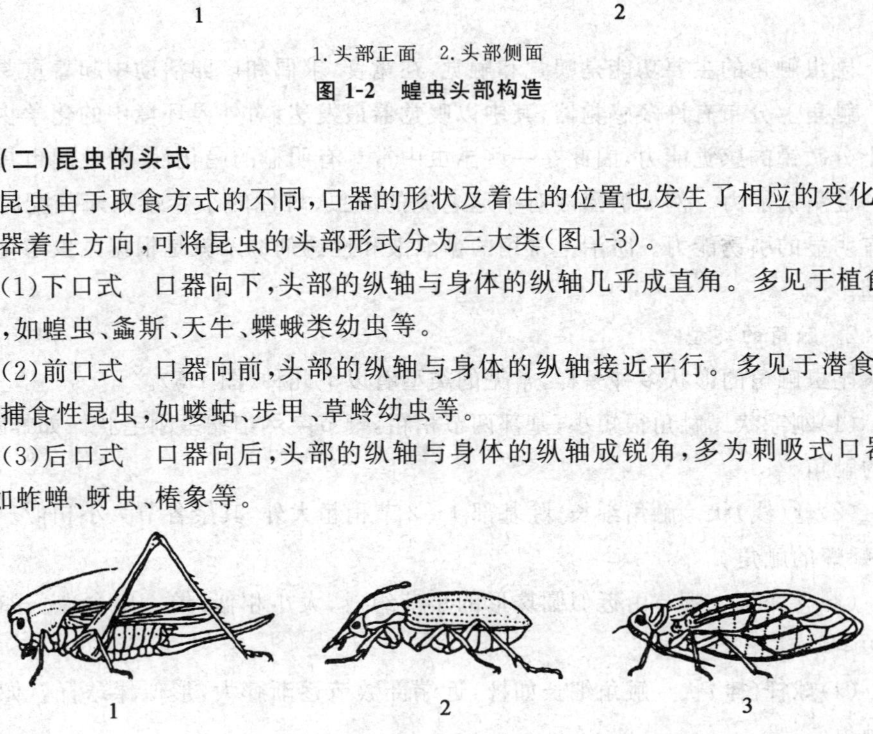

1. 下口式(螽斯)　2. 前口式(步甲)　3. 后口式(蚱蝉)

图1-3　昆虫的头式

(三)昆虫的触角

1. 触角的构造与功能

昆虫的触角着生于额的两侧。触角的基本构造可分为3个部分,即柄节、梗节和鞭节。柄节是连接头部的一节,通常粗而短。第二节是梗节,一般较细小。梗节以后的各小节统称为鞭节(图1-4)。

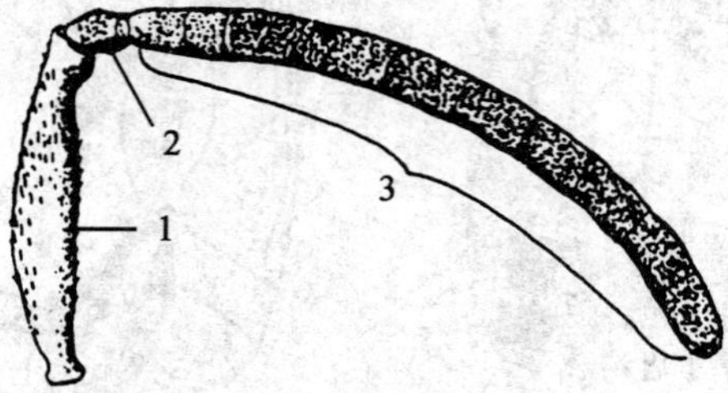

1.柄节　2.梗节　3.鞭节

图1-4　昆虫触角的构造

昆虫触角的主要功能是嗅觉和触觉,在觅食、求偶和产卵活动中起着重要的作用。触角上分布有许多感觉器,其中以嗅觉器最发达,对外界环境中的化学物质具有十分敏锐的感觉能力,因此在一些昆虫中常具有明显的趋化性,两性间也具有强烈的性引诱能力。例如糖醋液对小地老虎的成虫、雌性的小卷蛾在未交配时对雄蛾有明显的引诱能力。防治上常用的糖醋液和性诱剂诱杀就是根据昆虫趋化性的原理。

2. 触角的类型

昆虫触角的形状多种多样,常见的类型有以下几种(图1-5)。

(1)刚毛状　触角很短小,基部两节稍粗,鞭节突然细缩呈刚毛状。如蚱蝉、蜻蜓的触角。

(2)丝(线)状　触角细长,除基部1～2节稍粗大外,其余各节大小相似。如蝗虫、蟋蟀的触角。

(3)念珠状　鞭节由近似圆珠形的小节组成,大小相似,像一串念珠。如白蚁的触角。

(4)球杆(棒)状　触角细长如杆,近端部数节逐渐膨大,形似棒球杆。如蝶类的触角。

(5)锤状　与球杆状相似,但触角较短,末端数节显著膨大,形状似锤。如瓢虫的触角。

(6)锯齿状　鞭节各节向一侧作齿状突出，形似锯齿。如叩头甲的触角。

(7)栉齿状　鞭节各节向一侧作枝状突出，形似梳子。如雄性芫菁的触角。

(8)羽毛状　鞭节各节向两侧伸出枝状突出，形似鸟羽。如毒蛾、雄性小地老虎的触角。

(9)膝状　柄节特长，梗节短小，鞭节各节大小相似与柄节形成膝状弯曲。如蜜蜂的触角。

(10)环毛状　触角各亚节向四周生出环状毛。如雄蚊的触角。

(11)具芒状　触角短，鞭节只有 1 节，较柄节和梗节粗大，其上有一刚毛状或芒状构造称为触角芒。如蝇类的触角。

(12)鳃片状　触角端部数节呈片状，相叠一起形似鱼鳃。如金龟甲的触角。

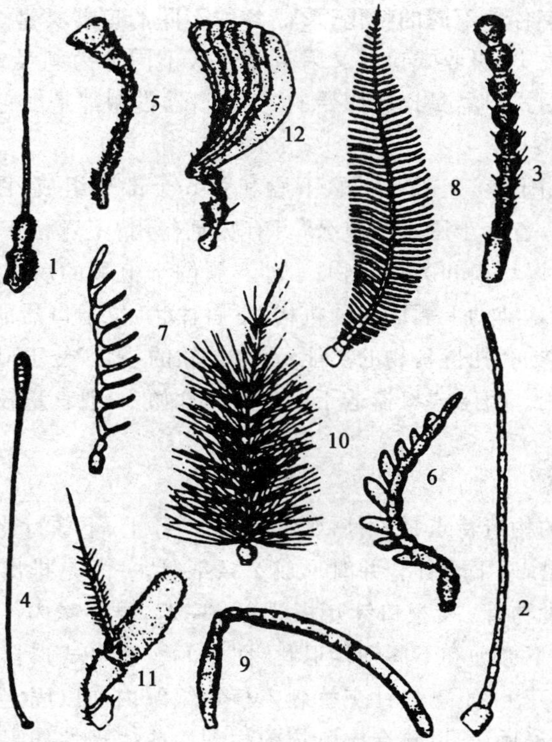

1. 刚毛状　2. 丝状　3. 念珠状　4. 球杆状　5. 锤状　6. 锯齿状
7. 栉齿状　8. 羽毛状　9. 膝状　10. 环毛状　11. 具芒状　12. 鳃片状

图 1-5　昆虫触角的类型

(四)昆虫的眼

眼是昆虫的视觉器官,对于昆虫的取食、觅偶、群集、繁殖、避敌和决定行动方向等各种活动起着很重要的作用。

昆虫的眼有复眼和单眼之分。复眼着生在昆虫头部两侧,由许多小眼组成,昆虫复眼中小眼数目的多少与造像的清晰度成正相关,如蜻蜓的复眼有20 000多个小眼,它的视力很强。复眼对光线的强弱、波长、颜色具有明显的分辨力。单眼一般为3个,呈倒三角形,排列在额区两复眼间。单眼只能分辨光线的强弱和方向,不能看清物体的形状。单眼的有无、数目、排列和着生的位置是鉴别昆虫的重要特征。

(五)昆虫的口器

口器是昆虫的取食器官,由于昆虫的种类、食性和取食方式不同,它们的口器在外形和构造上有各种不同的特化,形成各种不同的口器类型。但基本类型为咀嚼式和吸收式两大类,吸收式口器又因吸收方式不同分为刺吸式、虹吸式、舐吸式和锉吸式等。咀嚼式口器是比较原始的,其他口器类型都是由它演化而来。

1. 咀嚼式口器

咀嚼式口器由上唇、上颚、下颚、下唇和舌5个部分组成(图1-6)。上唇为片状,位于口器上方,着生于唇基的前缘,具有味觉作用;上颚位于上唇下方两侧,为坚硬的齿状物,用以切断和磨碎食物;1对下颚位于上颚的后方,上生1对具有味觉作用的下颚须,是辅助上颚取食的机构;下唇片状,位于口器的底部,其上生有1对下唇须,具有味觉和托持食物的功能;舌为柔软的袋状,位于口腔中央,具有味觉和搅拌食物的作用。咀嚼式口器适于取食固体食物,一般食量较大,对植物造成的机械损伤明显。

2. 刺吸式口器

刺吸式口器的构造特点是:下唇延长成为喙管,上、下颚特化成细长的口针,下颚针内侧有2根槽,两下颚针合并时形成2条细管,一条是排出唾液的唾液管,一条是吸取汁液的食物管。4根口针互相嵌合在一起,藏在喙内。上唇很短,盖在喙基部的前方。上、下颚须和下唇须均退化(图1-7)。刺吸式口器的昆虫取食时,以喙接触植物表面,其上、下颚口针交替刺入植物组织内加以固定,以下颚口针吸取植物的汁液,并分泌唾液,以致造成植物的病理性或生理性伤害,有些刺吸式口器的昆虫还可以传播病毒病害,如蚜虫、叶蝉、飞虱等。

3. 虹吸式口器

虹吸式口器为鳞翅目蝶蛾类成虫的口器,这种口器的特点是:上颚完全缺失,下颚十分发达,延长并互相嵌合成管状的喙,内部形成一个细长的食物道。喙不用

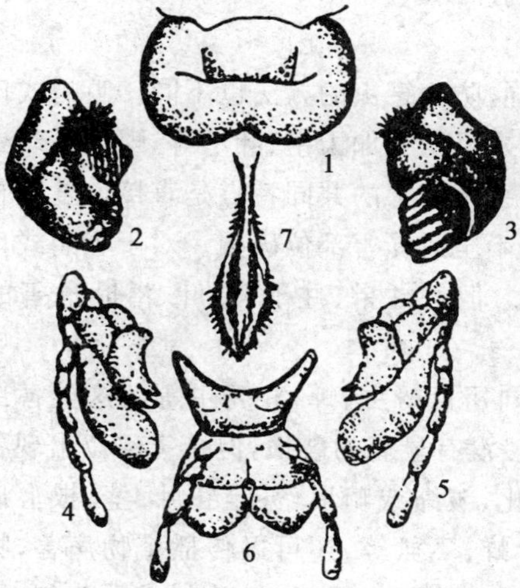

1. 上唇　2,3. 上颚　4,5. 下颚　6. 下唇　7. 舌

图 1-6　蝗虫的咀嚼式口器

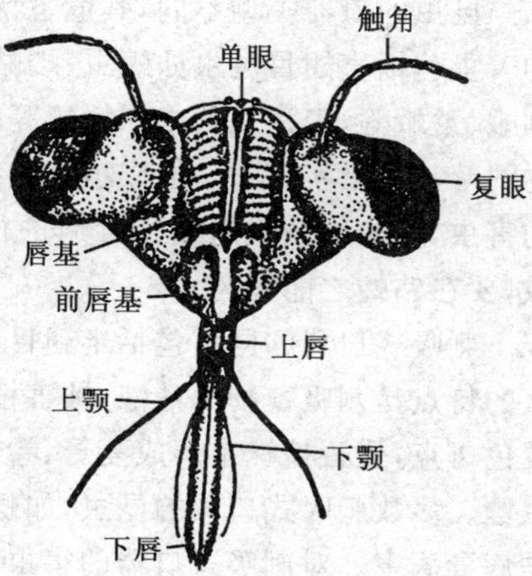

图 1-7　蚱蝉的刺吸式口器

时卷曲于头部下方似钟表的发条，取食时可伸到花中吸食花蜜和外露的果汁及其他液体(图 1-8)。具这种口器的昆虫，除部分吸果夜蛾可危害果实外，一般不造成危害。

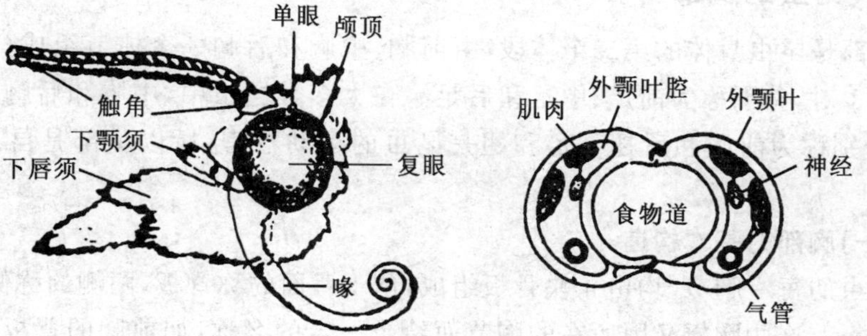

1. 头部侧面观　2. 喙横切面

图 1-8　鳞翅目成虫的虹吸式口器

4. 锉吸式口器

锉吸式口器为缨翅目蓟马类昆虫所特有。这种口器的特点是：上颚不对称，即右上颚退化或消失，口针是由左上颚和 1 对下颚口针特化而成，取食时先以左上颚

锉破植物表皮，然后以头部向下的短喙吸吮汁液。

5. 口器类型与化学防治的关系

昆虫的口器类型不同，其危害特点不同，防治害虫的方法也不同。咀嚼式口器的害虫包括直翅目昆虫如蝗虫、蝼蛄等，鞘翅目昆虫如天牛、叶甲等，鳞翅目幼虫如刺蛾、蓑蛾等，膜翅目幼虫如叶蜂等。这些害虫危害的共同特点是直接取食园林植物的叶、花、果实、茎秆，造成植物组织残缺不全或受害部位破损。对于咀嚼式口器的害虫，应使用触杀剂或胃毒剂进行防治。但对蛀果、蛀干、卷叶、潜叶危害的害虫，要在钻蛀之前施药。

刺吸式口器的昆虫包括半翅目蝽类，同翅目蚜虫、蝉、介壳虫等。这类害虫危害的特点是刺吸植物的汁液，被害植物一般没有显著的破损，但受害部位出现各种褪色斑点，受害植株常形成萎蔫、卷曲、黄化、皱缩或畸形，甚至在叶、茎、根上形成虫瘿。多数刺吸式口器的昆虫，如蚜虫、叶蝉、飞虱等，还可以传播植物病害，特别是病毒病害。对刺吸式口器的害虫，防治上应使用内吸剂、触杀剂或熏蒸剂，胃毒剂一般无效。

虹吸式口器的害虫只吸食暴露在植物表面的液体，因此可将胃毒剂制成液体，使其吸食中毒，如目前预测预报及防治上常用的糖酒醋诱杀液，可诱杀地老虎等成虫。

三、昆虫的胸部

胸部是昆虫身体的第二个体段，由前胸、中胸和后胸 3 个体节组成，每一胸节各具足 1 对，分别称为前足、中足和后足。在大多数昆虫中，中胸和后胸上各具翅 1 对，分别称为前翅和后翅。足和翅是昆虫的运动器官，所以胸部是昆虫的运动中心。

(一)胸部的基本构造

昆虫的每一胸节，均由 4 块骨板组成，位于背面的称背板，两侧的称侧板，腹面的称腹板。这些胸板又因所在的胸节而给予一定的名称，如前胸的背板称前胸背板，侧板称前胸侧板，腹板称前胸腹板。各胸板由若干骨片组成，这些骨片也各有名称，如盾片、小盾片等(图 1-9)。

(二)胸足的构造及类型

1. 胸足的构造

昆虫的胸足着生在胸部每节两侧的下方，一般由 6 节组成，依次称为基节、转节、腿节、胫节、跗节和前跗节(图 1-9)。

基节是连在胸部的一节，形状粗短；转节是足的第二节，较小，可使足的行动

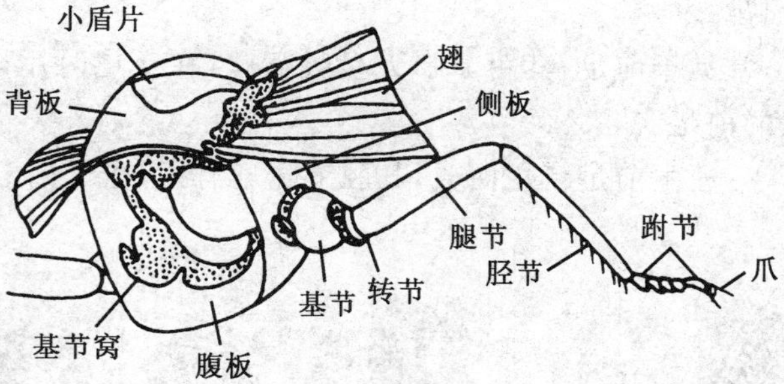

图 1-9　昆虫具翅胸节和足的构造

转变方向，少数昆虫转节为 2 节，如蜻蜓；腿节是足的第三节，常比其他各节粗大，在善跳的昆虫中，后足腿节特别发达；胫节是第四节，通常较细长，与腿节呈膝状弯曲，两侧常有成列的刺，端部常有能活动的距；跗节常由 2～5 个分节组成，其小节数常因种类而异，跗节的下方常有跗垫；前跗节是胸足最末端的一节，包括 2 个侧爪和 1 个中垫，中垫位于两爪之间，为膜质的圆瓣状突起物，用以握持和附着物体。

多数昆虫的跗节和爪垫表面生有丰富的感觉器官，极易接受外界的刺激，而触杀剂常常就从这里侵入虫体。所以，只要害虫在喷过药剂的植物表面爬过，药剂就会进入害虫体内而引起中毒死亡。

2. 胸足的类型

昆虫胸足的原始功能为行动器官，但由于昆虫的生活环境和生活方式不同，使足的形状也发生了相应的变化，而特化成许多不同功能的构造，常见足的类型有以下 7 种(图 1-10)。

(1)步行足　是昆虫中最常见的一种足，各节较细长，无显著特化，适于行走。如步行虫、瓢虫的足。

(2)跳跃足　一般由后足特化而成，其腿节特别发达，胫节细长，适于跳跃。如蝗虫、蟋蟀的后足。

(3)携粉足　以采集花粉为食的蜜蜂所特有，常见于后足，其胫节宽扁，边缘有长毛，形成携带花粉的“花粉篮”。

(4)游泳足　常见于水生昆虫的后足，足各节扁平，胫节和跗节边缘生有长毛，适于划水。如龙虱的后足。

(5)捕捉足　一般由前足特化而成，其基节延长，腿节腹面有槽，槽的两侧生有硬刺，胫节腹面也生有刺，胫节可以折嵌在腿节的槽内，形似铡刀，用以捕捉猎物。

如螳螂、猎蝽的前足。

(6)抱握足　常见于前足，其跗节膨大呈吸盘状，在交尾时用以抱握和挟持雌体。如雄性龙虱的前足。

(7)开掘足　一般由前足特化而成，其胫节宽扁有齿，适于掘土。如蝼蛄、金龟子的前足。

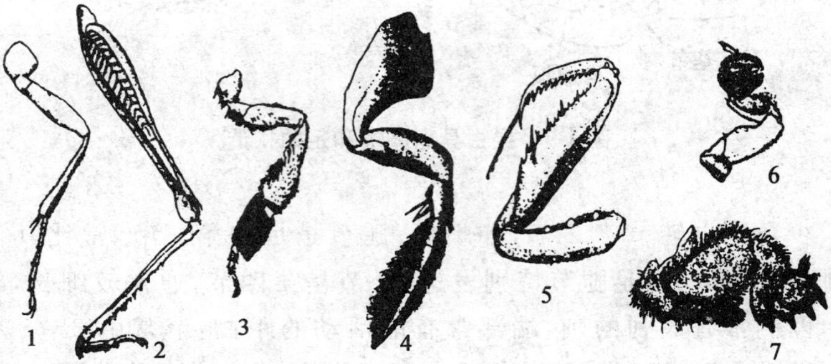

1. 步行足　2. 跳跃足　3. 携粉足　4. 游泳足　5. 捕捉足　6. 抱握足　7. 开掘足

图 1-10　昆虫各种类型的足

了解昆虫足的构造及类型，对于识别昆虫的种类，了解昆虫的生活习性和危害方式以及防治害虫和利用益虫都具有重要的实践意义。

(三)翅的构造及类型

绝大多数昆虫有 2 对翅，但也有昆虫翅退化为 1 对或全部退化。翅的获得不仅有利于昆虫觅食、求偶和避敌等活动，更重要的是扩大了它们的活动范围和有利于种群的繁衍。

1. 翅的构造

昆虫的翅一般呈三角形，翅展开时其前面的边称为前缘，后面的边称为后缘或内缘，外面的边称为外缘。前缘与后缘间的角称为基角或肩角，前缘与外缘间的角称为顶角，外缘与后缘间的角称为臀角。由于翅的折叠可将翅面划分为臀前区(也称翅主区)和臀区，少数昆虫在臀区的后面还有一个轭区，翅的基部则称为腋区(图 1-11)。

2. 假想脉序

在昆虫的翅面上分布着许多脉纹称为翅脉，翅脉起着支撑和加固翅面的作用。翅脉在翅上的数目和分布形式称为脉相或脉序，翅脉分为纵脉和横脉 2 种，纵脉是从翅基伸向翅边缘的翅脉，横脉是横列于两纵脉之间的短脉。

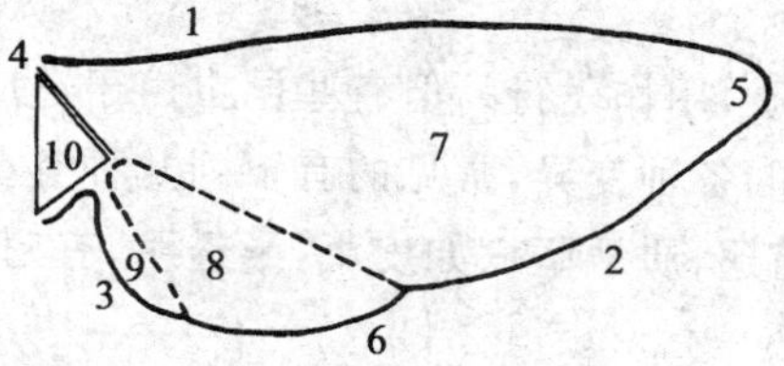

1.前缘　2.外缘　3.后缘　4.肩角　5.顶角　6.臀角
7.臀前区　8.臀区　9.轭区　10.腋区

图 1-11　昆虫翅的基本构造

各种昆虫翅脉的数目不尽相同，为了便于比较研究，人们对现代昆虫和古代化石昆虫的翅脉加以分析、比较、归纳，概括出假想模式脉相（图 1-12），作为鉴别昆虫脉相的科学标准，标准脉相还具有统一的名称和代号（表 1-1）。

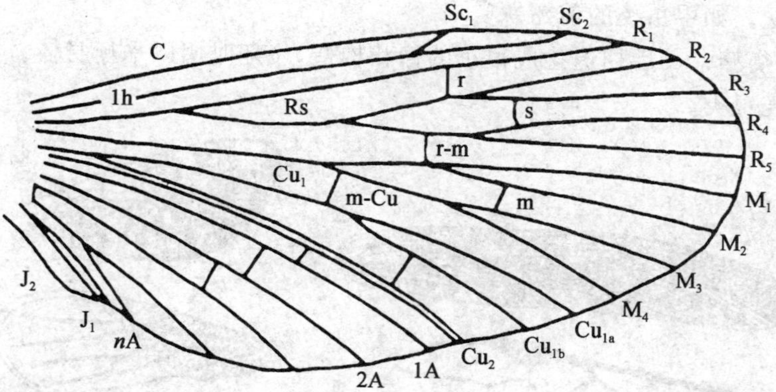

图 1-12　昆虫翅的假想脉相

表 1-1　昆虫翅假想脉相的名称和特点

纵脉名称	代号	分枝数目	横脉名称	代号	连接的纵脉
前缘脉	C	0	肩横脉	h	C 和 Sc
亚前缘脉	Sc	2	径横脉	r	R_1 和 R_2
径脉	R	5	分横脉	s	R_3 和 R_5 和 R_{2+3} 和 R_{4+5}
中脉	M	4	径中横脉	r-m	R_{4+5} 和 M_{1+2}
肘脉	Cu	3	中横脉	m	M_2 和 M_3
臀脉	A	n	中肘横脉	m-Cu	M_{3+4} 和 Cu_1
轭脉	J	2			

3. 翅的类型

昆虫的翅一般为膜质，用作飞行。但有些昆虫由于适应它的特殊需要和功能，使翅发生了质地和形状的各种变异，常见的有下列几种类型（图 1-13）。

（1）覆翅　多见于前翅，质地坚韧如皮革，半透明，有翅脉。如蝗虫等直翅目昆虫的前翅。

（2）膜翅　翅膜质，薄而透明，翅脉明显可见。如蜂类。

（3）鳞翅　翅的质地为膜质，但翅面上覆盖有许多鳞片。如蝶蛾类。

（4）半鞘翅　多见于前翅，翅的基半部为皮革质或角质，端半部为膜质有翅脉。如蝽类的前翅。

（5）缨翅　前后翅狭长，翅脉退化，翅的质地为膜质，边缘着生很多长毛。如蓟马类。

（6）鞘翅　多见于前翅，质地坚硬如角质，翅脉消失，不用于飞行，而用于保护虫体和后翅。如甲虫类的前翅。

（7）平衡棒　其后翅退化成很小的棒状构造，飞翔时用以平衡身体。如蚊蝇类及雄性介壳虫类。

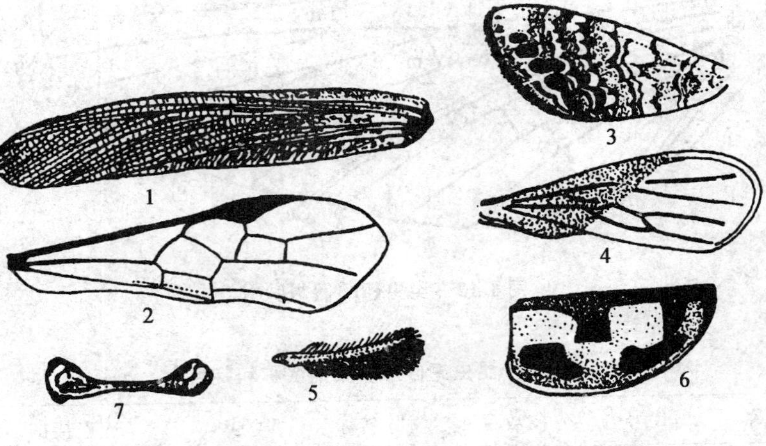

1. 覆翅　2. 膜翅　3. 鳞翅　4. 半鞘翅　5. 缨翅　6. 鞘翅　7. 平衡棒

图 1-13　昆虫翅的类型

四、昆虫的腹部

腹部是昆虫身体的第三个体段，昆虫的内脏器官大部分在腹腔内，腹部末端具有外生殖器，所以腹部是昆虫新陈代谢和生殖的中心。

(一)腹部基本构造

腹部一般由 9～11 节组成，腹部的体节只有背板和腹板，而无侧板，背板与腹板之间以侧膜相连。前后相邻的两腹节间，也有环状节间膜相连，使腹部可以自由扭转、伸缩活动，同时可促进气体交换和容纳体内大量卵的发育和产卵活动。腹部第 1～8 节两侧各有 1 对气门，用以呼吸。在腹部第 8 节或第 9 节上，着生有外生殖器。有些昆虫在第 10 节或第 11 节上着生有尾须。

(二)外生殖器的构造

1. 雌性外生殖器

雌性外生殖器为产卵的工具，故称为产卵器。产卵器由 3 对产卵瓣组成，分别称为腹产卵瓣、内产卵瓣和背产卵瓣，生殖孔位于第 8～9 腹节之间的腹面（图 1-14）。

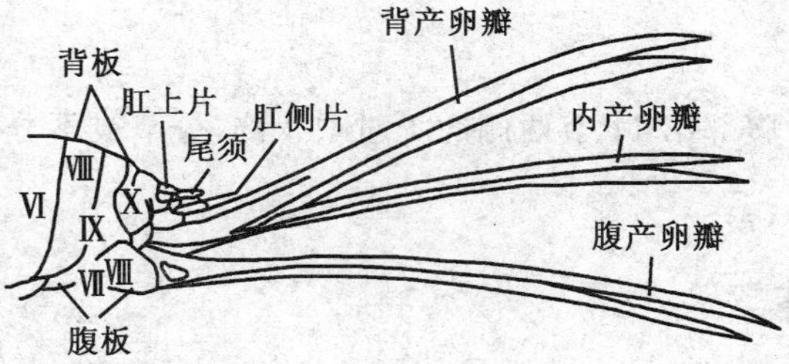

图 1-14　雌性产卵器基本构造

由于昆虫的种类不同，适应的产卵环境不同，因而产卵器的构造和形状也有很大的变化。如蝗虫的产卵器短小呈瓣状；叶蝉的产卵器锯状，产卵时将植物组织刺破将卵产入，给植物组织造成很大伤害；蟋蟀的产卵器为长矛状，产卵时将产卵器插入土中。有些昆虫无特化的产卵器，如蛾、蝶等，这类昆虫只能把卵产在植物表面。

2. 雄性外生殖器

雄性外生殖器用于与雌性交配，故称为交配器。交配器主要包括阳茎和抱握器 2 部分。阳茎多为管状，交配时用于将精液输入雌体。抱握器位于第 9 腹节腹面，一般比较坚硬，有的呈片状，有的似钳状，交配时用于抱握雌体（图 1-15）。

了解昆虫的外生殖器，一方面可以鉴别昆虫的性别，另一方面可以根据外生殖器（特别是雄性外生殖器）鉴别昆虫的近缘种类。

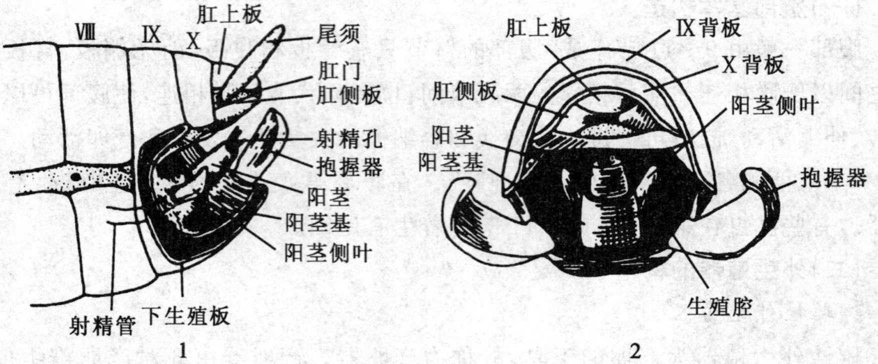

1. 侧面观　2. 后面观

图 1-15　雄性外生殖器基本构造

3. 尾须

尾须为着生于腹部第 11 节两侧的 1 对须状物，分节或不分节，长短不一，具有感觉作用。

五、昆虫的体壁

昆虫的体壁是包被在昆虫体躯最外层的组织，体壁起着支撑身体和着生肌肉的作用，与高等动物的骨骼作用相似，所以又称为“外骨骼”。昆虫的体壁还具有保护内脏，防止体内水分过度蒸发和防止微生物及其他有害物质侵入的作用。同时体壁上还具有许多感觉器官，可与外界环境取得广泛联系。

(一)体壁的构造及特性

昆虫的体壁可分为 3 个层次，由外向内依次为表皮层、皮细胞层和底膜(图 1-16)。

(1)底膜　是紧贴在皮细胞层下的一层薄膜，由表皮细胞分泌而成，起着将皮细胞层与血腔分隔开的作用。

(2)皮细胞层　是一层活的细胞，可形成新的表皮。昆虫体表的刚毛、鳞片、刺、距及各种分泌腺体都是由皮细胞特化而来。

(3)表皮层　是皮细胞层向外分泌的非细胞性物质，由里向外又分为内表皮、外表皮和上表皮 3 层。

①内表皮：是表皮层中最厚的一层，无色而柔软，主要化学成分是蛋白质和几丁质，富有延展曲折性。

②外表皮：是由内表皮的外层骨化而成，主要化学成分是几丁质、骨蛋白和脂

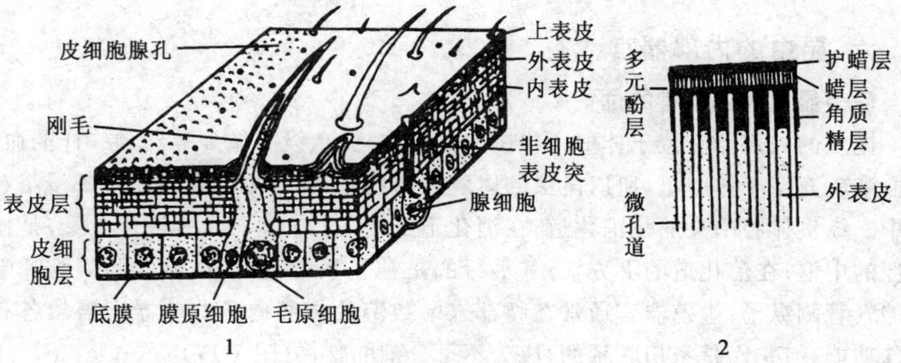

1. 体壁的纵切面 2. 上表皮的纵切面

图 1-16 昆虫体壁的构造

类,是表皮层中最坚韧的一层。

③上表皮:是表皮层最外的一层,很薄,厚度一般不超过 1 μm,但构造复杂,一般又分为角质精层、蜡层和护蜡层。角质精层的化学成分是脂类和蛋白质的复合物,蜡层的主要成分是蜡质,具有不透性,可防止体内水分蒸发和外来物质的侵入。

昆虫的体壁结构及性能与害虫防治有着密切的联系,认识昆虫体壁特性,是为了设法打破体壁的保护性能,以提高药剂的穿透能力,达到杀灭害虫的目的。通常体壁柔软、蜡质较少的害虫较易被药剂杀灭;昆虫幼龄阶段由于体壁较薄,往往较老龄阶段抗药力弱,防治害虫掌握在 3 龄之前就是这个道理。油乳剂一般比可湿性粉剂杀虫效果好,其原因是油乳型的触杀剂一般属脂溶性,易于破坏疏水性的体壁蜡层而渗透入虫体,从而提高了杀虫效果。农药中的灭幼脲能抑制昆虫表皮几丁质的合成,使幼虫蜕皮时不能形成新表皮,变态受阻或造成畸形,最终导致死亡。农药中加入惰性粉能擦破昆虫表皮,使昆虫失水而死。

(二)体壁的衍生物

昆虫由于适应各种特殊需要,体壁常向外突出或向内凹陷而形成各种衍生物。体壁的衍生物是由皮细胞和表皮特化而成的。体壁表面的一些微细突起如刻点、脊纹、小疣、微毛等,是由表皮外长或内陷形成的,称为非细胞性突起;而一些较大的刚毛、毒毛、感觉毛、刺、距、鳞片等,则是由皮细胞向外突出而形成,又称为细胞性突起。体壁的内陷物包括表皮内陷形成的各种内脊、内突和内骨,其作用是增加体壁的强度和肌肉着生的面积;一些皮细胞还可以特化成各种腺体,如唾腺、丝腺、蜡腺、毒腺和臭腺等。

六、昆虫的内部器官

(一)昆虫内部器官的位置

昆虫的内部器官位于体壁所包围的体腔内,昆虫没有像高等动物一样的血管,其血液就充塞于体腔里,所以昆虫的体腔又叫血腔,各个内部器官系统都浸浴在血液中。纵贯体腔中央的是消化道;在消化道的上方,与其平行的是背血管,是血液循环的中枢;在消化道的下方,与其平行的是神经系统;在消化道的两侧为呼吸系统的气管侧纵干;生殖器官通常在腹部末端数节的体腔内。这些器官虽然各有其特殊功能,但它们是密切联系的,成为不可分割的整体(图 1-17)。

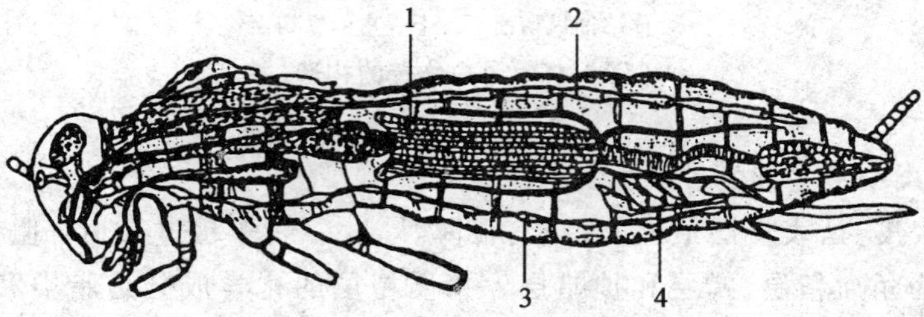

1. 消化系统 2. 循环系统 3. 神经系统 4. 生殖系统

图 1-17 昆虫内部器官的位置

(二)昆虫的消化系统

1. 消化系统的基本构造和功能

昆虫的消化系统包括消化道和唾腺。消化道是一条自口到肛门、纵贯体腔中央的管子,依次可分为前肠、中肠和后肠 3 部分(图 1-18)。

前肠由口腔开始,经过咽喉、食道、嗉囊和前胃,以伸入中肠前端的贲门瓣与中肠交界。食物进入口腔后与唾腺混合,经咽喉、食道而进入嗉囊,作短暂停留后,再送入前胃。前胃内壁发达而坚韧,多有齿状突起,用来机械地磨碎食物。

中肠紧接于前肠之后,又称胃,是消化食物和吸收养分的主要部分。中肠可分泌多种消化酶,能将食物分解成简单的分子,使食物在中肠消化并被肠壁吸收。许多昆虫中肠的肠壁向外突出,形成大小和数目不等的盲管状物,称为胃盲囊,其功能是增加中肠的分泌和吸收面积。

后肠是消化道的最后部分,前端以马氏管着生处与中肠分界,后端开口于肛门。后肠通常分为回肠、结肠和直肠。经中肠消化吸收后的食物残渣,经过后肠吸收水分后形成粪便排出体外。

在中肠与后肠的交界处,生有许多细长的盲管,称为马氏管。是昆虫的排泄器

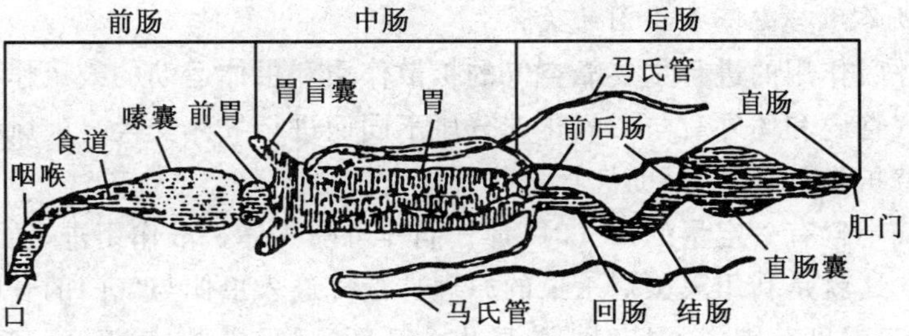

图 1-18　昆虫消化道的模式构造

官，其功能相当于高等动物的肾脏，它能从血液中吸收各组织排泄出的废物，并经后肠随粪便排出。

蚜虫、介壳虫等刺吸式口器的昆虫，由于吸收植物过多的水分和糖分，它们的消化道的后肠折转过来与前肠密切接触，使食物中过多的水分和糖分直接从前肠渗入后肠排出体外，这种构造称为“滤室”。所以，蚜虫等的排泄物黏而甜，称为“蜜露”，常招引蚂蚁前来取食。

2. 消化作用与胃毒杀虫剂的关系

胃毒剂是指被昆虫食入消化道进入中肠后使昆虫中毒死亡的药剂。胃毒剂在中肠内能否溶解以及溶解度的大小直接影响到杀虫效果，而胃毒剂在中肠的溶解度与中肠液的酸碱度关系很大。如敌百虫在碱性消化液中，能形成更毒的敌敌畏；微生物农药如杀螟杆菌、青虫菌等的致毒物质在碱性溶液中易分解，因此对中肠液偏碱性的害虫防治效果就好。此外，中肠的其他可溶性物质也可能影响胃毒剂的溶解度，因此，同一种胃毒剂对不同害虫产生的效果不同，了解消化道的生理可以指导对胃毒剂的选用。应用拒食剂是另一种防治害虫的途径，这类药剂被害虫取食后，可完全破坏其食欲和消化能力，阻止害虫继续取食，以致饥饿而死。

(三)昆虫的呼吸系统

1. 气管系统的构造

昆虫的呼吸系统由气门和气管系统组成，以从空气中摄取氧气，供给体内营养物质的氧化，产生热能，从而维持其生命活动。

气管系统由许多富有弹性的管子组成，称为气管。气管的主干有 2 条，纵贯身体两侧，主干间有横走气管连接，由主干分出许多分支，愈分愈细，最后分成许多微气管，分布到各组织的细胞间，能把氧气直接输送到身体各部分。气管在身体两侧的开口称为气门，一般昆虫气门至多不超过 10 对，即中胸和后胸各 1 对，腹部 1～8 节各 1 对。

2. 呼吸作用与熏蒸杀虫剂的关系

昆虫呼吸作用的进行主要靠空气的扩散作用和虫体运动的鼓风作用。扩散作用是由于气管内和体外氧与二氧化碳分压不同而进行气体交换。鼓风作用是昆虫腹部的交替扩张和收缩，帮助气管进行气体交换。

当空气中含有一定量的毒气时，毒气同样可随气体扩散作用进入虫体，使昆虫中毒死亡。这就是利用熏蒸剂杀虫的原理。毒气进入虫体与气门的开闭情况关系密切，在一定温度范围内，温度愈高，昆虫愈活跃，呼吸愈强，气门开张频率就愈高，熏蒸剂杀虫效果就好。另外在空气中二氧化碳增多的情况下，也会迫使昆虫呼吸加强，气门开张频率提高，因此，在低温天气用熏蒸剂防治仓库或保护设施内害虫时，可采用输入二氧化碳的办法，以提高杀虫效果。

昆虫的气门是疏水性的，水分不易侵入，但油类却极易进入。油乳剂的杀虫作用，除能直接穿透体壁外，大量是由气门进入虫体的，因此，油乳剂是杀虫剂中较好而广泛应用的剂型。

(四)昆虫的神经系统

1. 神经系统的基本构造

昆虫的神经系统主要是中枢神经系统，包括脑、咽下神经节和纵贯全身的腹神经索。脑由前脑、中脑和后脑组成，通神经到复眼、单眼、触角、额和上唇；咽下神经节通神经到口器，支配口器的运动；腹神经索一般有 11 个神经节，胸部 3 个，腹部 8 个，每个神经节由神经索前后相连，主要控制昆虫足、翅和尾须的运动(图 1-19)。另外，还有通往内脏的交感神经系统和分布在体壁上连接感觉器官的周缘神经系统。

昆虫的一切生命活动都受神经支配，通过与神经系统相联系的感觉器官，如眼、触角等感受外界环境各种因素的刺激，又通过神经系统的调节支配各种器官对这些刺激做出相应的反应，从而进行协调的生命活动。

2. 神经系统的传导作用及神经毒剂的致毒原理

昆虫的感觉器接受某种刺激后发生兴奋冲动，由感觉神经元传到中枢神经系统，中枢神经系统根据情况作用反应，经联络神经元和运动神经元传导到肌肉或腺体等反应器官，使反应器官做出反应。神经元的端丛在互相传递冲动时，并非直接接触，而是在两神经元的端丛间有很微小的间隙，因此冲动不能直接跨过而传导到下一个神经元的端丛，而是在端丛分泌一种叫乙酰胆碱的化学物质，靠这种化学物质才能把冲动传导到另一个神经元的端丛，冲动传导后乙酰胆碱就被神经元端丛的乙酰胆碱酯酶很快分解成胆碱和乙酸而消失，因而神经恢复了常态。由此可见乙酰胆碱的产生，配合胆碱酯酶的分解作用，对神经传导是极为重要的。

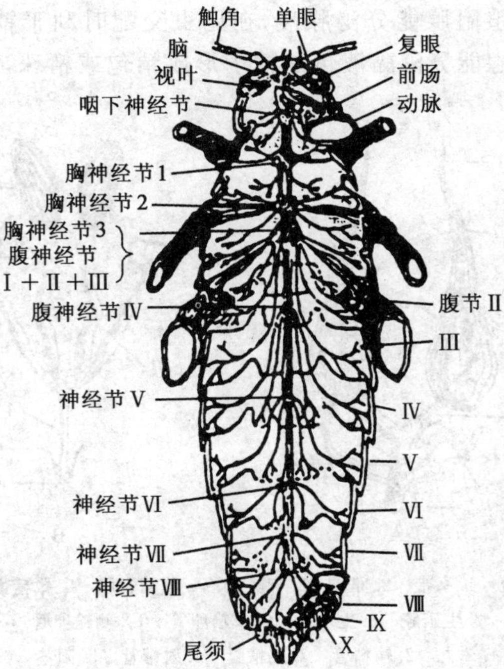

图 1-19　昆虫的神经系统

目前用来防治害虫的大多数农药，如氨基甲酸酯类和有机磷杀虫剂均为神经毒剂，因为能抑制胆碱酯酶的作用，使乙酰胆碱不能水解消失，神经长期过度兴奋，最终导致虫体过度疲劳而死亡。

(五)昆虫的生殖系统

1. 雌雄生殖系统的构造

昆虫的生殖系统是繁殖后代的器官。由于雌雄性别不同，生殖器官的构造和功能差别很大(图 1-20)。

雌性生殖器官由 1 对卵巢、1 对输卵管、藏精囊、生殖腔和生殖附腺等组成。卵巢是产生卵子的地方，输卵管是卵子排出的通道，藏精囊与生殖腔相连，可把一次交配获得的精子保存起来，使以后产的卵都能受精。生殖腔上的附腺可产生分泌物，其作用是把产出的卵粘在物体上，或把许多卵粘在一起形成卵块、卵鞘或卵囊。

雄性生殖器官由 1 对精巢、1 对输精管、1 对贮精囊、射精管和附腺组成。精巢是产生精子的地方，输精管是精子由精巢进入贮精囊的通道，贮精囊是暂时贮存精子的地方。生殖附腺能分泌腺液，在昆虫交配时利于精子的排出和活动。有些昆虫的生殖附腺能分泌黏液包围精子形成精包或精珠，并以这种方式置入雌体。

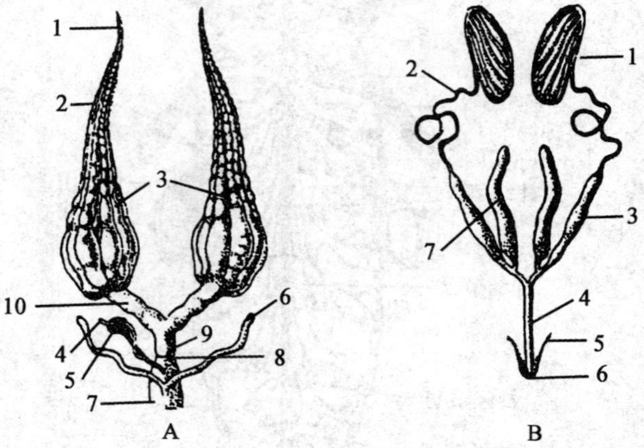

A. 雌性生殖系统　1. 系带　2. 卵巢　3. 卵巢管　4. 藏精囊腺　5. 藏精囊　6. 生殖附腺　7. 生殖腔　8. 生殖孔　9. 中输卵管　10. 侧输卵管

B. 雄性生殖系统　1. 睾丸　2. 输精管　3. 贮精囊　4. 射精管　5. 阳茎　6. 生殖孔　7. 附腺

图 1-20　昆虫的生殖系统

2. 昆虫的交配与受精

交配是昆虫雌雄两性结合的过程，受精是卵子与精子结合的过程。除少数昆虫外，凡正常受精的卵能孵化为新个体，而未受精的卵则不能孵化。

3. 生殖系统与害虫防治的关系

研究生殖系统与害虫防治有一定关系，抑制害虫的繁殖，使其不育是害虫防治的新技术。如利用射线处理雄虫，使其性腺破坏而绝育；或利用遗传工程培育一些杂交不育后代或生理上有缺陷的品系释放到田间，使其与正常的防治对象交配，可造成害虫种群的自然灭亡。还可使用化学不育剂，影响昆虫的生殖发育以及精子和卵子的活力，造成昆虫绝育。另外，通过解剖观察昆虫卵巢发育的级别及卵量，可了解昆虫生殖力，估计昆虫数量变动，是预测害虫发生期和发生量的重要依据。

（六）昆虫的内分泌系统

1. 内分泌系统的组成及作用

昆虫的内分泌系统包括脑神经分泌细胞、咽下神经节、心侧体、咽侧体、前胸腺等，可分泌具有高度活性的化学物质，称为激素。激素分为两类，一类是内激素，经血液分布到作用部位，起调节和控制昆虫生长、发育、变态、滞育、交配、生殖等作用；另一类是外激素或称信息素，是昆虫个体间信息传递的化合物，散布到空气中，起调节或诱发同种昆虫间的特殊行为的作用。

目前已明确的主要内激素有脑激素、脱皮激素和保幼激素 3 种，外激素主要是性外激素，此外还有性抑制外激素、告警外激素、集结外激素和标迹外激素等。脑激素由脑神经分泌细胞产生，其作用是激发前胸腺和咽侧体分泌脱皮激素和保幼激素；脱皮激素由前胸腺产生，其作用是促进昆虫的脱皮和变态；保幼激素由咽侧体产生，其作用是保持幼虫形态生长，防止成虫器官出现。性外激素由雌性昆虫分泌，其作用是引诱同种异性个体前来交配，又称为性信息素。

2. 激素在害虫测报及防治上的作用

目前国内外已人工模拟合成了多种昆虫激素类似物，如保幼激素和蜕皮激素作为生长调节剂，能干扰昆虫体内的激素平衡，破坏其正常生理功能而发挥杀虫效力。人工合成的性外激素种类也很多，已被广泛应用于园林植物害虫如槐小卷蛾、木蠹蛾、松毛虫、梨小食心虫等的测报和防治。

第二节　昆虫繁殖发育与特性

一、昆虫的繁殖方式

(一)两性生殖

两性生殖是昆虫中最普遍的生殖方式，即雌雄两性交配后，精子与卵子结合，由雌虫把受精卵产出体外，每粒卵发育成一个子代个体，这种繁殖方式又称为两性卵生。如蝗虫、刺蛾类等。

(二)孤雌生殖

孤雌生殖也称单性生殖，是指卵不经受精就能发育成新个体的现象。孤雌生殖对昆虫的分布有重要作用，因为即使只有一头雌虫被带到新区，如果环境适宜，就可能在这个地区繁衍起来。有的昆虫一个时期进行两性生殖，一个时期进行孤雌生殖，两种生殖方式交替进行，称为异态交替，如蚜虫。有些昆虫可同时进行两性生殖和孤雌生殖，如蜜蜂。蜜蜂雌雄交配后，产下的卵有受精和不受精 2 种，凡受精卵皆孵化为雌虫，未受精卵皆孵化为雄虫。

(三)卵胎生

有些昆虫的胚胎发育是在母体内完成的，即卵在母体内已孵化，所产下的新个体不是卵而是幼虫。其胚胎发育只靠卵本身供给营养，这与哺乳动物由母体供给营养是不同的，如蚜虫。

(四)多胚生殖

由1个卵发育成2个或更多个胚胎,最后每个胚胎都发育成一个新个体的现象。这种生殖方式多见于膜翅目中的寄生蜂类,如赤眼蜂、茧蜂等。多胚生殖是对活体寄生的一种适应,因为寄生性昆虫常常不是所有的个体都能找到它相应的寄主,而多胚生殖可以保证它一旦找到寄主,就能产生较多的后代。

二、昆虫的变态及其类型

昆虫从卵到成虫的个体发育过程中,不仅随着虫体的长大而发生着量的变化,而且在外部形态、内部器官和生活习性等方面也发生着周期性的质的改变,这种现象称为变态。昆虫在长期的演化过程中,形成了不同的变态类型,其中最常见的是不完全变态和完全变态(图1-21)。

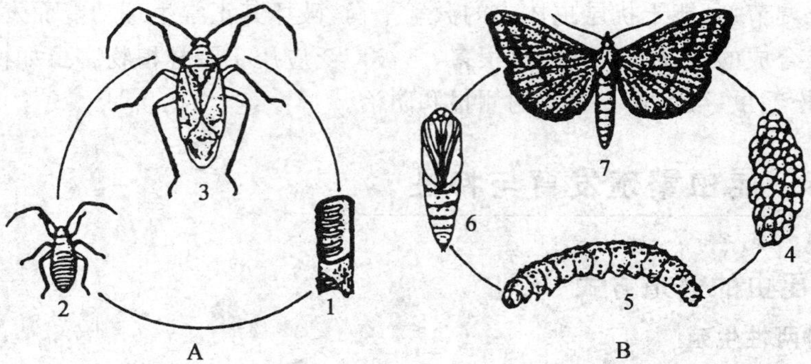

A. 不完全变态(椿象) 1. 产在植物组织内的卵 2. 若虫 3. 成虫

B. 完全变态(螟蛾) 4. 卵块 5. 幼虫 6. 蛹 7. 成虫

图1-21 昆虫主要的变态类型

(一)不完全变态

不完全变态又叫渐变态。不完全变态的昆虫,在个体发育过程中,只经过卵、若虫和成虫3个阶段。成虫特征随若虫生长发育而逐渐显现,因此成虫和若虫的形态差异不大,只是翅和性器官发育程度有差别,翅以翅芽的形式在体外发育。昆虫中的直翅目、同翅目、半翅目属于不完全变态类,如蝗虫、蝉、蚜虫、蝽类等,它们的若虫不同于成虫的地方主要是翅未长成和性器官没有成熟,故称为渐变态。其若虫不仅在形态上类似成虫,而且在生活习性上、栖息环境上、取食的食物上都若似成虫,因此其幼期称之为若虫。在缨翅目、同翅目粉虱科和雄性介壳虫中,在若虫向成虫转变时还要经过一个不食不动的类似蛹的虫龄,和完全变态不同的是翅是体外发生的，为此称这一变态为过渐变态。

(二)完全变态

完全变态的昆虫，在其个体发育过程中，要经过卵、幼虫、蛹和成虫4个阶段。昆虫中的鳞翅目、鞘翅目、膜翅目、双翅目、脉翅目等属于完全变态，如蝶蛾类、甲虫类、蜂类、蚊蝇类、草蛉类等，幼虫在形态上与成虫差异较大，因此必须经过一个蛹的阶段来完成形态的转变过程。幼虫与成虫的生活习性也不同，如鳞翅目幼虫多以植物的某部分为食，而成虫则以花蜜为食；鞘翅目的金龟子类，其幼虫为地下害虫，而成虫则取食植物的地上部分。由此可见，全变态昆虫的幼虫与成虫因其生活习性不同，对植物的危害情况也是不同的，有的仅成虫危害，有的仅幼虫危害，有的成虫和幼虫均危害，但危害程度常有差异。

三、昆虫各发育阶段的特点

(一)卵期

卵期是昆虫个体发育的第一个阶段。昆虫的卵通常很小，最小的只有0.02 mm(如卵寄生蜂)，最大的有9～10 mm(如一种螽斯)，平均在0.5～2.0 mm。卵是一个大细胞，外面为一层坚硬的卵壳，卵壳顶端有1至数个小孔为精子进入卵的通道。卵壳的构造很复杂，具有高度的不透性，一般杀虫剂很难侵入。卵内具有细胞质、卵黄和卵核。胚胎发育在卵内完成后，幼虫或若虫破卵壳而出的过程称为孵化。卵从产下到孵化所经历的时期称为卵期。

昆虫的卵形态变化很大，常见的有球形、半球形、长卵形、袋形、桶形、长椭圆形、椭圆形、长茄形、馒头形、鱼篓形、炮弹形、有柄形等(图1-22)。不同的昆虫其产卵方式和产卵场所也常不同，有的单粒散产(如粉蝶类)，有的集聚成块(如斑蛾类)，有的产在暴露的地方(如天蛾类)，有的产在植物组织内(如叶蝉)，有的产在其他昆虫的卵、幼虫或蛹体内(如各种寄生蜂)。有的卵以卵鞘或雌成虫腹末的绒毛覆盖(前者如螳螂，后者如某些毒蛾)。

了解昆虫卵的形状、产卵方式和场所，对识别害虫种类、进行田间调查和防治害虫均有直接作用。

(二)幼虫期

幼虫期是昆虫一生中的主要取食危害阶段，也是防治的关键时期。不完全变态昆虫自卵孵化为若虫到变为成虫所经历的时间称为若虫期；完全变态昆虫自卵孵化为幼虫到变为蛹所经历的时期称为幼虫期。昆虫是外骨骼动物，其坚硬的体壁不能随着身体的增大而增长，因此，幼虫生长过程中必须将束缚体躯的旧表皮脱去，代之以形成的新表皮才能继续生长，这种现象称为蜕皮。昆虫每蜕1次皮，视

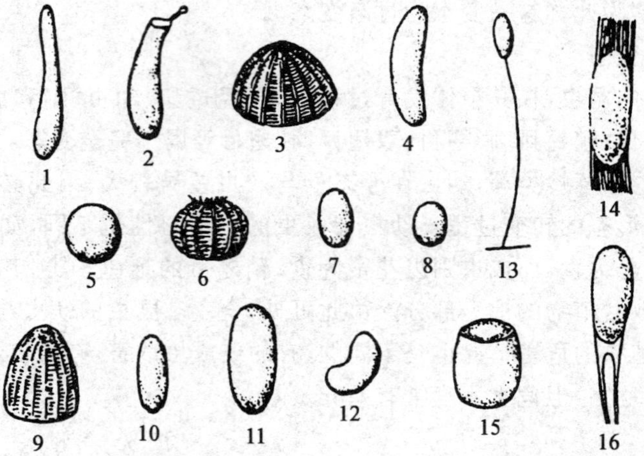

1.长茄形 2.袋形 3.半球形 4.长卵圆形 5.球形 6.鱼篓形 7,8.椭圆形 9.馒头形 10,11.长椭圆形 12.肾形 13.有柄形 14.被有绒毛的卵 15.鼓形 16.双瓣形

图 1-22 昆虫卵的形状

为增长1龄,每两次蜕皮之间的历期称为龄期,计算虫龄则为蜕皮次数加1。从卵孵化出来到第1次蜕皮称为第1龄期,此时期的幼虫称为1龄幼虫,第1次蜕皮与第2次蜕皮间的时期称为第2龄期,其幼虫称为2龄幼虫,依此类推。昆虫在刚蜕去旧皮、新表皮尚未形成之前,抵抗力很差,是施用触杀剂的较好时机。一般2龄前的幼虫活动范围小,取食少,抗药力差,幼虫生长后期,食量剧增,抗药力强。因此在害虫防治上,常要求将其消灭在3龄前或幼龄阶段。

不完全变态昆虫的若虫,口器、复眼、胸足与成虫相同,其翅芽随蜕皮逐渐发育长大。完全变态昆虫的幼虫,外形和成虫截然不同,没有复眼、翅等,而且有成虫期所没有的临时性器官如腹足等。其幼虫形态主要有多足型、寡足型和无足型3种(图1-23)。多足型幼虫有3对胸足和多对腹足。如鳞翅目蝶蛾类幼虫有2～5对腹足,膜翅目叶蜂类幼虫有6～8对腹足。寡足型幼虫只有3对发达的胸足,无腹足,如鞘翅目多数甲虫和脉翅目草蛉类幼虫。无足型幼虫完全无足,如双翅目蝇类幼虫、鞘翅目象甲类幼虫等。

(三)蛹期

蛹期是全变态类昆虫所特有的发育阶段,也是幼虫转变为成虫的过渡时期。全变态类昆虫的末龄幼虫老熟后寻找适当场所,身体缩短,不食不动,然后蜕去最后一层皮变为蛹,该过程称为化蛹。末龄幼虫在化蛹前的静止时期称为预蛹期,从

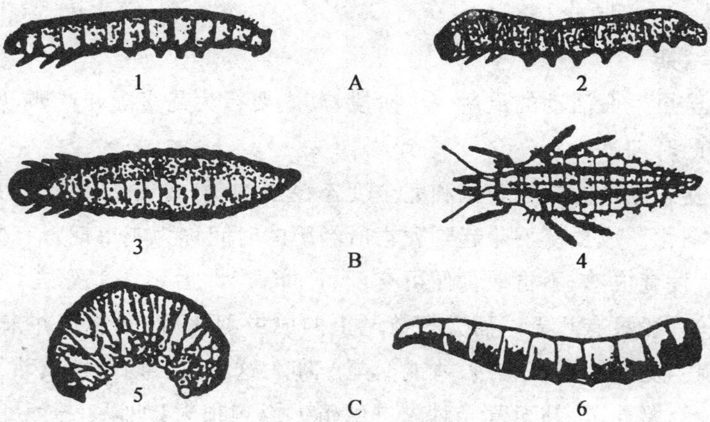

A. 多足型 1. 蝶蛾类幼虫 2. 叶蜂类幼虫

B. 寡足型 3. 叶甲幼虫 4. 草蛉幼虫

C. 无足型 5. 象甲幼虫 6. 蝇、虻幼虫

图 1-23 全变态类幼虫类型

化蛹时起至成虫羽化所经历的时期称为蛹期。

昆虫种类不同，蛹的形态也不同，常见的有离蛹、被蛹和围蛹 3 种(图 1-24)类型。离蛹的触角、足、翅等附肢不紧贴在蛹体上，可自由活动，也称裸蛹，如多数鞘翅目昆虫的蛹。被蛹的触角、足、翅等附肢均紧贴于蛹体上，不能自由活动，如鳞翅目蝶蛾类昆虫的蛹。围蛹实际是一种离蛹，只是由于幼虫最后脱下的皮包围于离蛹之外，形成了圆筒形的硬壳，如双翅目蝇类昆虫的蛹。

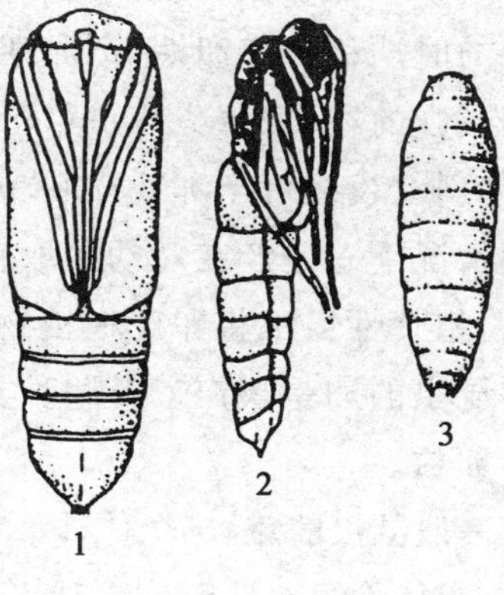

1. 被蛹 2. 离蛹 3. 围蛹

图 1-24 昆虫蛹的类型

蛹期不食不动，表面静止，但内部却进行着激烈变化，一方面分解幼虫原有的内部器官，另一方面则形成成虫所具有的内部器官。由于蛹期是昆虫生命活动中的薄弱环节，对外界不良环境条件的抵抗力也较差，所以昆虫在化蛹前常寻找隐蔽场所，如在树皮裂缝中、在土壤内做土室、在卷叶内或植物组织内、甚至吐丝作茧，以免遭受敌害的侵袭和气候变化的不良影响。了解蛹期的生物学特性，破坏其生态条件，是消灭害虫的一个途径。如施行翻耕晒土，可将害虫在土中的土室破坏或深埋，或暴晒致死，或增加天敌

捕食机会。

(四)成虫期

成虫是昆虫生命活动的最后一个阶段,其主要行为是交配和产卵,所以成虫期是昆虫繁殖的时期。

不完全变态昆虫的末龄若虫和完全变态昆虫的蛹,蜕去最后一次皮变为成虫的过程称为羽化。成虫从羽化起到死亡所经历的时间称为成虫期。有些昆虫羽化时,性器官已发育成熟,不再取食便可交配、产卵,产卵后不久就死去,这类昆虫寿命往往很短,一般只有几天。而大多数昆虫的成虫羽化后,性器官并未同时成熟,需要继续取食,促使性器官成熟,才能交配产卵。这种成虫期对性成熟不可缺少的取食称为“补充营养”。补充营养对成虫生殖力影响很大,如以花蜜为食的成虫在蜜源植物丰富的地区或年份,产卵量显著增加。由于需要补充营养,这类昆虫不仅在幼虫期危害植物,而且成虫期往往也危害植物。因此了解成虫补充营养的特性,对于预测预报、设置诱集器进行诱杀等都有重要意义。

成虫从羽化到产卵的间隔时期称为产卵前期,各类昆虫的产卵前期常有一定的天数,诱杀成虫时应在产卵前期进行效果较好。从成虫第 1 次产卵到产卵终止的时期称为产卵期,产卵期短的有几天,长的可达几个月。昆虫的生殖能力是相当强的,一般每头雌虫可产卵数十粒至数百粒,很多蛾类产卵量可达千粒以上,如斜纹夜蛾可产卵 1 000～2 000 粒。各种昆虫对产卵场所有一定的选择,一般情况下总是产在对幼虫取食有利的地方。如寄生蜂把卵产在寄主的体表或体内,植食性昆虫将卵产在植物的叶、茎、花、果等地方。有些昆虫的卵是散产,有些昆虫的卵是块产。有些种类还由分泌物形成的胶质卵囊或纤维状的覆盖物保护卵粒。

一般昆虫的雌、雄个体外形相似,仅外生殖器不同,称为第一性征。有些昆虫雌、雄个体除第一性征外,在形态(如个体大小、体型、颜色等)上还有其他差异,称为第二性征。这种现象称为雌雄二型性或性二型(图 1-25)。如介壳虫雄虫有翅,雌虫则无翅;一些蛾类雌性触角为丝状,而雄性触角则为羽毛状。有些昆虫在同一个种群中,除了雌雄二型外,在同一性别中还有不同的类型,称为多型现象(图 1-26),如蚜虫,雌性个体又有无翅雌蚜和有翅雌蚜之分。多型现象不仅出现在成虫期,也会出现在幼虫期;不仅可以表现在构造、颜色上的不同,而且在白蚁、蚂蚁、蜜蜂等社会性昆虫中,还有明显的行为上的差异,甚至社会分工。多型现象反映了环境变化与种群的动态,对分析虫情及制定防治指标具有重要价值。

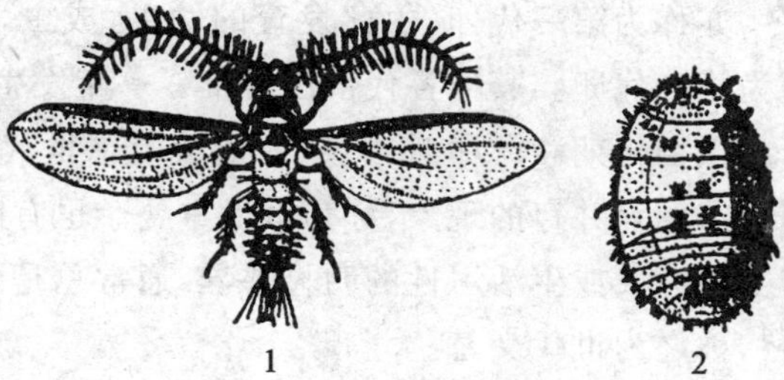

1.吹绵蚧雄成虫 2.吹绵蚧雌成虫

图 1-25 昆虫的性二型现象

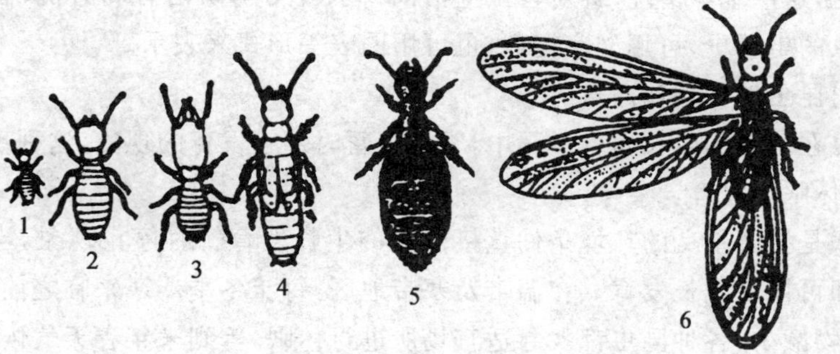

1.若蚁 2.工蚁 3.兵蚁 4.生殖蚁若蚁 5.蚁后 6.有翅蚁

图 1-26 昆虫的多型现象

四、昆虫的季节发育

(一)昆虫的世代和年生活史

昆虫自卵或幼体产下到成虫性成熟产生后代为止的个体发育史称为一个世代,简称一代。各种昆虫世代的长短和一年内的世代数各不相同,有的一年一代,如舞毒蛾;有的一年多代,如斜纹夜蛾;有的数年一代,如桑天牛等。昆虫世代的长短和在一年内的发生代数,受环境条件和昆虫遗传性的影响。很多昆虫世代的多少和长短受气候条件(主要是温度)的影响,它的分布地区越往南,一年发生的代数越多。昆虫在适温范围内,温度增高,发育加快,完成一代所需的时间就缩短。有些昆虫一年内世代的多少完全由遗传性决定,不受外界条件的影响,如天幕毛虫不论南方、北方都是一年一代,即使气温适合也不再发生第二代。一年中昆虫代数的计算,从卵开始。越冬后出现的虫态称为越冬代,由越冬代成虫产下的卵,称为第一代卵。如以卵越冬，亦称为第一代卵，由此发育的幼虫、成虫，称为第一代幼虫、成虫，其产的卵则称为第二代卵。其他各代依次类推。一年发生多代的昆虫，往往因发生期参差不齐，成虫羽化期和产卵时间长，而造成上下世代间界限不清，前后几代混合发生、不同虫态相互并存的现象，称为世代重叠。也有的昆虫在一年中的若干世代间，存在着生殖方式或生活习性的明显差异，通常总是两性世代和若干代孤雌生殖世代相交替，称之为世代交替。

昆虫由当年越冬虫态开始活动起，到第二年截止越冬结束止的发育过程，称为年生活史。昆虫年生活史包括昆虫在一年中各代的发生期、生活习性和越冬虫态、场所等。研究昆虫的年生活史，目的是摸清害虫在一年中的发生规律、活动和危害情况，根据这些基本情况，针对害虫生活的薄弱环节与防治有利时机，制订防治措施。昆虫的生活史，可用文字记载，也可用图表等形式来表示。

(二)昆虫的休眠和滞育

昆虫在一年的生长发育过程中，常出现暂时停止发育的现象，这种现象分为两大类，即休眠与滞育。

休眠是指由不良的环境条件直接引起的生长发育暂时停止现象，当不良环境消除时即可恢复生长发育。在温带及寒带地区，每年冬季严寒来临之前，随着气温下降，食物减少，各种昆虫都找寻适宜场所进行休眠，等到来年春天气候温暖，又开始活动。

滞育也是环境因子引起的，但常常不是不利的环境条件直接引起。当不利的环境条件还远未来临以前，昆虫就进入滞育了。而且一旦进入滞育，即使给以最适宜的条件，也不会马上恢复生长发育，必须经过较长时间的滞育期，并要求一定的低温刺激，才能重新恢复生长发育。它比休眠具有更为稳定的适应性，而且具备不同程度的遗传稳定性。

影响昆虫滞育的主导因素是光周期的变化。凡有滞育特性的昆虫，都各有固定的滞育虫态。在幼虫期表现为生长发育的停止，在成虫期则表现为生殖的中止。

五、昆虫的主要习性

(一)假死性

假死性是指昆虫受到某种刺激或振动时，表现出停止活动，身体蜷曲，或从植株上坠落地面，一动不动，稍停片刻才又爬行或起飞的现象。这种现象是昆虫逃避敌害的一种自卫反应。具有假死性的昆虫如金龟甲、象甲、瓢虫、叶甲等的成虫，可利用这种假死性进行人工捕杀和虫情调查。

(二)趋性

趋性是指昆虫对外界刺激(如光、温、湿、化学物质等)所产生的一种强迫性定向活动。趋向的活动称为正趋性,背向的活动称为负趋性。趋性可分为趋光性、趋化性、趋温性、趋湿性等。其中趋光性和趋化性在害虫防治上应用较广,如灯光诱杀、色板诱杀、食饵诱杀、性诱剂诱杀等。

(三)群集性和迁移性

群集性是指同种昆虫的大量个体高度密集在一起的习性。群集性分 2 种,一种是暂时性群集,发生在昆虫生活史的某一阶段,经一定时间后就分散,如榆蓝叶甲越夏时的群集、斜纹夜蛾 3 龄前幼虫的群集。另一种是长期群集,包括整个生活周期,群集形成后往往不再分散,如竹蝗、飞蝗等。了解昆虫的群集习性可在群集时进行测报或人工捕杀。

迁移性是指昆虫为了满足食物和环境的需要,向周围扩散、蔓延的习性,如蚜虫。有的还能从一个发生地长距离地迁飞到另一个发生地的特性,如飞蝗等。了解害虫迁飞习性,查明它的来龙去脉及扩散转移的时期,对害虫的测报和防治具有重要意义。

第三节　园林植物昆虫重要目、科识别

一、昆虫分类的基本知识

(一)昆虫分类的意义

自然界中昆虫种类很多,这些昆虫有的对人类是有益的,有的是有害的,有的则与人类没有直接关系。我们要利用益虫和防治害虫,就必须识别它们。

生物(包括昆虫)都是由低级到高级、由简单到复杂进化而来的,在大量的昆虫种类中,彼此之间存在着一定的亲缘关系,亲缘关系接近的,其形态特征也相似,对环境的要求、生活习性、发生规律也愈接近。而昆虫分类就是建立在亲缘关系的基础上,运用对比分析与归纳的方法将昆虫进行分门别类。

(二)昆虫分类的阶元

昆虫的分类阶梯和其他动物分类一样,包括界、门、纲、目、科、属、种 7 个等级。有时为了更精细确切地区分,常添加各种中间阶元如亚级、总级或类、群、部、组、族等。种是分类的基本单位,很多相近的种集合为属,很多相近的属集合为科,依次向上归纳为更高级的阶元,每一阶元代表一个类群。

昆虫的分类地位是动物界节肢动物门昆虫纲。昆虫纲以下分为目、科、属、种。以马尾松毛虫为例:

鳞翅目 Lepidoptera

异角亚目 Aheterocera

蚕蛾总科 Bombycoidea

枯叶蛾科 Lasiocampidae

松毛虫属 *Dendrolimus*

马尾松毛虫 *Dendrolimus punctatus* Walker

(三)昆虫的命名

昆虫的每一个种都有一个科学的名称,即学名,在国际上是通用的。学名是用拉丁文字表示的,每一学名一般由 2 个拉丁词组成,第一个词为属名,第二个词为种名,最后是定名人姓氏。有时在种名后边还有一个亚种名。在书写上,属名和定名人的第一个字母必须大写,种名全部小写,种名和属名在印刷上排斜体。

学名举例:马尾松毛虫 *Dendrolimus punctatus* Walker

属名 种名 定名人

天幕毛虫 *Malacosoma neustria testacea* Motsh.

属名 种名 亚种名 定名人

二、园林植物昆虫重要目、科概述

昆虫纲的分目是根据翅的有无及其类型、变态的类型、口器的构造、触角的形状、跗节节数等进行,一般将昆虫分为 34 个目。在昆虫纲的 34 个目中,与人类生产、生活关系密切的目主要有等翅目、直翅目、半翅目、同翅目、缨翅目、鞘翅目、鳞翅目、膜翅目、双翅目、脉翅目等 10 个目。

(一)等翅目

等翅目昆虫通称白蚁。体小型至中型,体色大多为白色或淡黄色。触角念珠状,口器咀嚼式。有长翅、短翅和无翅类型,有翅者翅为 2 对,膜质,长形,前后翅大小、形状和脉纹均相似。翅基部有 1 条肩缝,翅常沿肩缝处脱落,而留下一个鳞状残翅称为翅鳞。足的跗节为 4～5 节。

白蚁为多型性营社会生活的昆虫,有较复杂的"社会"分工。一个群体具有繁殖蚁和无翅无生殖能力的兵蚁与工蚁共同生活。"蚁王"、"蚁后"负责生殖。工蚁的职能是觅食、筑巢、饲育蚁王、蚁后、幼蚁和兵蚁等。兵蚁头部发达,上颚强大,其职能是保卫王宫、守巢、警卫、战斗等(参考图 1-26)。

变态类型为渐变态,生殖蚁包括雌雄两性,多具翅,每年春夏之交即达性成熟,在气候闷热或下雨前后,从巢内飞出,求偶交配繁殖新的群落。

白蚁主要分布在我国长江以南，主要危害树木或房屋建筑等，危害性较大的如家白蚁（*Coptotermes farmosanus* Shiraki）、黑胸散白蚁（*Reticulitermes chinensis* Snyder）等。

（二）直翅目

体中型至大型。口器咀嚼式，触角丝状或剑状，前胸发达，前翅狭长，革质，常覆盖在后翅之上；后翅膜质，常作扇状折叠，翅脉多是直的。有的种类翅短或无翅。后足多发达，适于跳跃，或前足为开掘足。雌虫多具有发达的产卵器。腹部第10节有尾须1对。雄虫大多能发音，凡发音的种类都有听器。

本目昆虫属不完全变态，成虫多产卵于植物组织或土中，多以卵越冬。1年1代或2代或2～3年1代。一般生活在地面上，有些生活在地下或树上。本目多数是植食性的种类，部分为肉食性或杂食性（如螽斯科）。

1.蝗科

触角比体短，丝状或剑状。前胸背板发达，呈马鞍状。后足为跳跃足，胫节具有两排刺，跗节3节。听器位于第1腹节两侧。产卵器粗短，锥状。植食性。卵产于土中。园林植物重要害虫种类有黄脊竹蝗（*Ceracris kiangsu* Tsai）、短额负蝗（*Atractomorpha sinensis* Bolivar）等（图1-27，1）。

2.蝼蛄科

触角短，丝状。前翅短，后翅长，伸出腹末如尾状。前足为开掘足。听器位于前足胫节上。产卵器不发达。多为植食性，夜出活动咬食植物的根茎，是重要的地下害虫。卵产于土室中。园林植物重要害虫种类有华北蝼蛄（*Gryllotalpa unispina* Saussure）（图1-27，2）、东方蝼蛄（*G. ryllotalpa orientalis* Burmeister）等。

3.蟋蟀科

触角线状，比体长。后足为跳跃足。产卵器细长，剑状。尾须长。听器生于前足胫节上。雄虫发音器在前足近基部。夜出性昆虫，常发生于低洼或杂草丛中，喜取食植物近地面柔嫩部分，危害幼苗。园林植物重要害虫种类有油葫芦（*Gryllu testaceus* Walker）（图1-27，3）、大蟋蟀（*Brachytrupes portentosus* Lichtenstein）等。

4.螽斯科

触角丝状，比体长，跗节4节，后足为跳跃足。产卵器刀状或剑状。多产卵于植物枝条组织内或土中。园林植物害虫种类有危害桑枝条的绿螽斯（*Holochlora nawae* Mats de Shiraki）（图1-27，4）等。

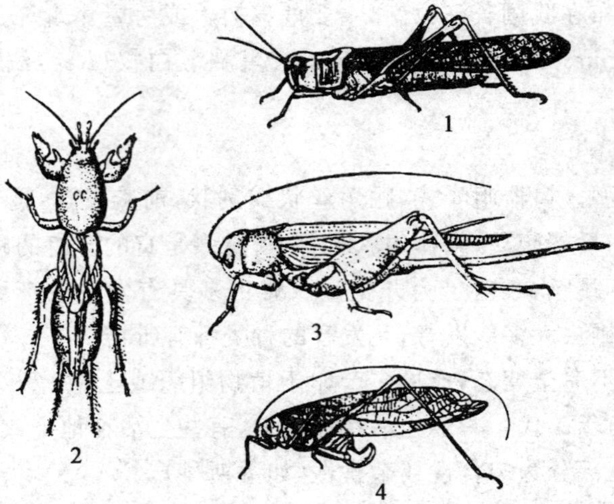

1. 蝗科 2. 蝼蛄科 3. 蟋蟀科 4. 螽斯科

图 1-27 直翅目主要科的代表

(三)半翅目

半翅目昆虫通称椿象,简称蝽。体小至中型,体壁坚硬而身体略扁平。刺吸式口器,着生于头的前端,不用时贴放在头胸的腹面。前胸背板发达,中胸有发达的小盾片。前翅基半部革质或角质,端半部膜质,称为半鞘翅,一般分为革区、爪区和膜区3部分,有的种类有楔区。很多种类胸部腹面常有臭腺,可散发出恶臭(图1-28)。

本目昆虫属不完全变态。多为植食性,刺吸植物茎叶或果实的汁液,是重要的园林植物害虫;部分种类为捕食性,为天敌昆虫。卵多为鼓形或长卵形,产于植物表面或组织内。

1. 蝽科

触角5节,一般2个单眼,中胸小盾片很发达,三角形,超过前翅爪区的长度。前翅分为革区、爪区、膜区3部分,膜片上具有多条纵脉,发自于基部的一根横脉。卵多为鼓形,产于植物表面。危害园林植物的主要有荔枝蝽(*Tessaratoma papillosa* Drury)、麻皮蝽(*Erthesina fullo* Thunb)等(图1-29,1)。

2. 盲蝽科

触角4节,无单眼。前翅分为革区、爪区、楔区和膜区四个部分,膜区基部翅脉围成两个翅室,其余翅脉均消失。卵长卵形,产于植物组织内。园林植物重要害虫种类有绿盲蝽(*Lygus lucorum* Meyer)等(图1-29,2),捕食性的有食蚜盲蝽

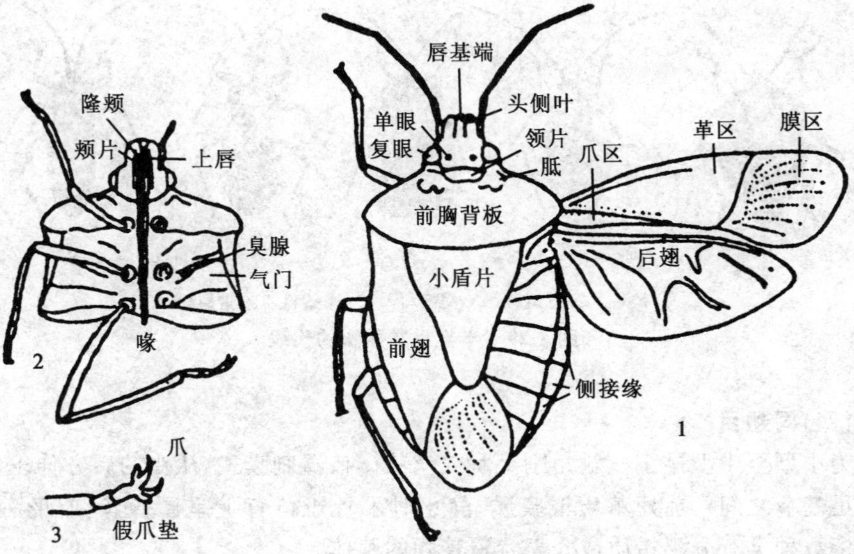

1.蝽的背面观　2.头、胸腹面观　3.后足端部

图 1-28　半翅目昆虫形态特征

(*Deraeocores punctulatus* Fall)等。

3.网蝽科

小型、体扁。无单眼。触角 4 节,第 3 节最长,第 4 节膨大。前胸背板向后延伸盖住小盾片,两侧有叶状侧突。前胸背板及前翅均布有网状花纹。以成、若虫群集叶背刺吸汁液为主,危害园林植物的主要种类有梨网蝽(*Stephanitis nashi* Esaki et Takaya)(图 1-29,3)、杜鹃冠网蝽(*Stephanitis pyriodes* Scott)等。

4.缘蝽科

体较狭长,两侧缘略平行。触角 4 节。中胸小盾片短于爪片。前翅分为革区、爪区和膜区 3 部分,膜片上的脉纹从一基横脉上分出多条分叉的纵脉。植食性。园林植物害虫主要有危害观赏花木的红背安缘蝽(*Anoplocnemis phasiana* Fabricius)(图 1-29,4)等。

5.猎蝽科

体中至大型,触角 4 节或 5 节。喙坚硬,基部不紧贴于头下,而弯曲成弧形。前翅分为革区、爪区和膜区 3 部分,膜区基部有 2 个翅室,从其上发出 2 条纵脉。多为肉食性,捕食各种昆虫等小型动物,如圆腹猎蝽(*Agriosphodrus dohrni* Signoret)(图 1-29,5)等。

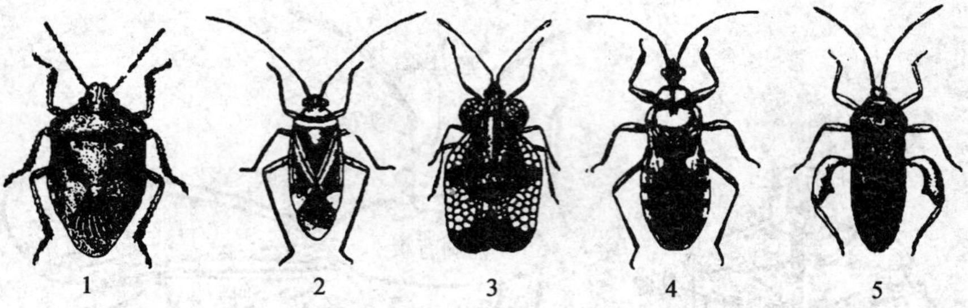

1. 蝽科 2. 盲蝽科 3. 网蝽科 4.. 缘蝽科 5. 猎蝽科

图 1-29 半翅目重要科的代表

(四)同翅目

为小型至中型昆虫。触角刚毛状或丝状。口器刺吸式,从头的后方伸出,似出自前足基节之间。前翅革质或膜质,静止时平置于体背上呈屋脊状,有的种类无翅。多数种类有分泌蜡质或介壳状覆盖物的腺体。

除粉虱及雄介壳虫属于过渐变态外,均为渐变态。两性生殖或孤雌生殖。植食性,多数为园林植物重要害虫,刺吸植物汁液,造成生理损伤,并可传播病毒或分泌蜜露引起煤污病。

1. 蝉科

中到大型。复眼发达,单眼 3 个。触角短,刚毛状。前足腿节膨大,下方有齿。前后翅膜质透明,脉纹粗。雄虫有发音器,位于腹部腹面。若虫土中生活,成虫刺吸汁液和产卵危害果树枝条,若虫吸食根部汁液。危害观赏木本植物的种类主要有黑蚱蝉(*Cryptotympana atrata* Fabricius)(图 1-30,1)、蟪蛄(*Platypleura kaempferi* Fabricius)等。

2. 叶蝉科

小型,狭长。触角刚毛状,位于两复眼之间。单眼 2 个,着生于头部前缘与颜面交界线上。后足胫节下方有 1～2 列短刺。产卵器锯状,多产卵于植物组织内。园林植物害虫重要种类有大青叶蝉[*Tettigella viridis* (Linne)]、小绿叶蝉[*Emposaca flavescens* Fabr.)]等(图 1-30,2)。

3. 蜡蝉科

中至大型,体色美丽。额常向前延伸而多少呈象鼻状。触角基部两节明显膨大,鞭节刚毛状。前后翅发达,翅膜质,脉序呈网状。腹部通常大而扁。园林植物害虫常见的有斑衣蜡蝉(*Lycorma delicatula* White.)(图 1-30,3)、龙眼鸡(*Fulgora candelaria* L.)等。

4. 木虱科

小型，善跳。单眼 3 个。触角较长，9～10 节，基部两节膨大，末端有 2 条不等长的刚毛。前翅质地较厚，在基部有 1 条由径脉、中脉和肘脉合并成的基脉，并由此发出若干分支。若虫常分泌蜡质盖在身体上，多危害木本植物。园林植物上主要有柑橘木虱（*Diaphorina citri* Kuw.）（图 1-30，4）、梧桐木虱（*Thysanogyna limbata* Enderlein）等。

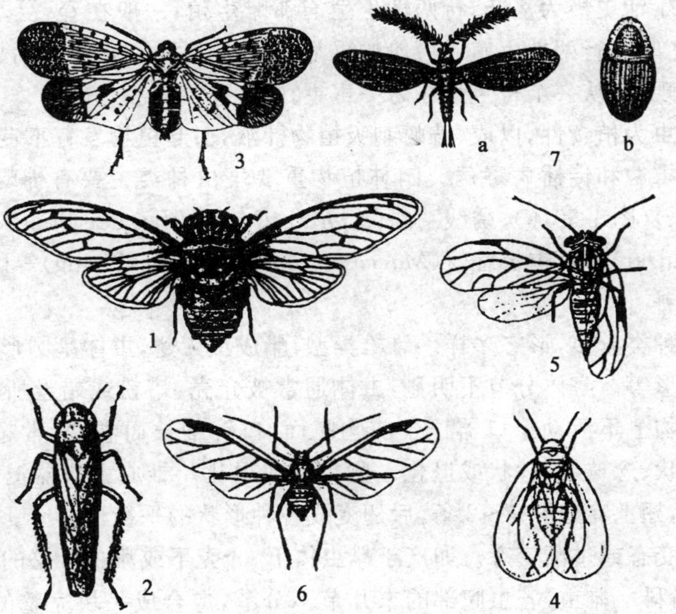

1. 蝉科　2. 叶蝉科　3. 蜡蝉科　4. 粉虱科　5. 木虱科　6. 蚜总科
7. 蚧总科（a. 雄成虫　b. 雌成虫）

图 1-30　同翅目重要科的代表

5. 粉虱科

小型，体翅均被蜡粉。单眼 2 个。触角线状 7 节，第 2 节膨大。翅短圆，前翅有翅脉 2 条，前一条弯曲，后翅仅有一条直脉。若虫、成虫腹末背面有皿状孔，是本科最显著特征。过渐变态。成、若虫吸食植物汁液。园林植物害虫常见的有危害温室花卉的温室白粉虱［*Trialeurodes vaporaiorum*（Westwood）］（图 1-30，5）、黑刺粉虱（*Aleurocanthus spiniferus* Quaintance）等。

6. 蚜总科

体微小型，柔软。触角丝状，通常 6 节，末节中部突然变细，故又分为基部和鞭部2部分，第3～6节基部有圆形或椭圆形的感觉孔，它的数目和分布是分种的重要依据。有具翅和无翅两大类个体，具翅型翅2对，膜质，前翅大，后翅小。前翅近前缘有一条由纵脉合并而成的粗脉，端部为翅痣，由此发出一条径分脉Rs，2～3支中脉M，2支肘脉Cu；后翅有一条纵脉，分出径分脉、中脉、肘脉各1条。多数种类在腹部第6节背面生有1对管状突起称为腹管，腹管的大小、形状、刻纹等变异很大。腹部末端有一尾片，形状不一，均为分类的重要依据。

蚜虫的生活史极为复杂，行两性生殖与孤雌生殖，一般在春、夏季进行孤雌生殖，而在秋冬时进行两性生殖。一般蚜虫都具有迁移习性，由于生活场所转换而产生季节迁移现象，从一个寄主迁往另一寄主。

本科昆虫为植食性，以成、若蚜刺吸植物汁液，引起植物发育不良，并能分泌蜜露引起滋生霉菌和传播病毒病。园林植物重要害虫种类主要有棉蚜（*Aphis gossypii* Glover）（图1-30，6）、绣线菊蚜（*Aphis citricola* Van der Goot）、桃蚜[*Myzus persicae* (Sulzer)]、月季长管蚜（*Macrosiphum rosivorum* Zhang）等。

7. 蚧总科

本总科种类繁多，形态多样。雌雄异型，雌成虫无翅，虫体呈圆形、长形、球形、半球形或扁形等。身体分节不明显，虫体通常被介壳、蜡粉或蜡丝所覆盖，有的虫体固定在植物上不活动。口器位于前胸腹面，口针细长而卷曲，常超过身体的几倍。触角丝状、念珠状、膝状或退化。胸足有或退化。雄成虫口器退化，仅有膜质的前翅一对，翅上有翅脉1～2条，后翅变成各种形状的平衡棒。

不完全变态或过渐变态。卵产于雌虫体下、介壳下或雌虫分泌的卵囊内。

(1)盾蚧科　雌虫、若虫腹部的末几节不分节，愈合成一块完整的骨片。无肛环和肛环刺，腹末具许多叶状突起，称臀叶。雄虫无复眼，触角丝状，10节；大多有翅；腹部末端无蜡丝。如矢尖盾蚧（*Unaspis yanonensis* Kuwana）、月季白轮盾蚧（*Aulacaspis rosarum* Borchsenius）、梨圆蚧[*Quadraspiotus perniciosus* (Comstock)]等。

(2)粉蚧科　体壁通常软，分节明显。雌虫卵圆形，少数长形或圆形，触电角9节或退化；单眼2个；足发达，无腹气门。腹部末端具臀瓣，肛门具肛环和肛环刺。雄虫通常有翅，单眼4～6个；腹部末端有1对长蜡丝。如康氏粉蚧[*Pseudococcus comstocki* (Kuwana)]等。

(3)绵蚧科　多数小型。雄虫有复眼，触角10节，翅黑色或烟煤色。雌虫触角11节，胸、腹部分节明显。腹部背面有气门，无肛环及刺毛。口器和足发达，蜡丝特别发达。若虫触角6节，末端稍膨大。重要害虫有草履蚧[*Drosicha corpulenta* (Kawana)]、吹绵蚧（*Icerya purchasi* Mask）（图1-30，7）等。

(五)缨翅目

缨翅目昆虫通称为蓟马。微小型,长 1～2 mm。触角丝状或念珠状,6～9 节。口器锉吸式,左上颚发达,右上颚退化。前后翅狭长,膜质,翅脉稀少或消失,翅缘密生缨毛,故称缨翅目。足末端具泡状中垫,爪退化。雌虫产卵器锯状、柱状或无产卵器。

过渐变态,雄虫少,大多数种类进行孤雌生殖。多为植食性,少数为捕食性。

1. 蓟马科

体扁,触角 6～8 节,末端 2 节形成端刺。翅狭而端部尖锐,前翅常有 2 条纵脉。雌虫腹末生有锯状产卵器,从侧面看其尖端向下弯曲(图 1-31,1)。园林植物重要害虫主要有烟蓟马(*Thrips tabaci* Lind.)、温室蓟马[*Heliothrips haemorrhoidalis* (Bouche)]、花蓟马(*Frankliniella intonsa* Trybon)等。

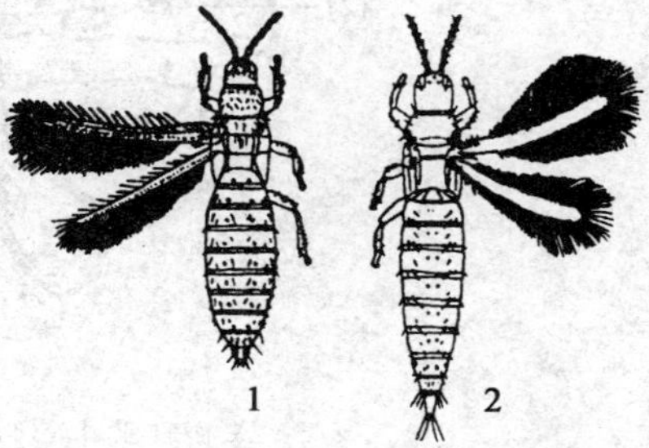

1. 蓟马科 2. 纹蓟马科

图 1-31 缨翅目重要科的代表

2. 纹蓟马科

体不扁,触角 9 节。前翅较宽,末端圆形,围有缘脉,翅上常有暗色斑纹。产卵器锯状,向上弯曲(图 1-31,2)。常见种类有横纹蓟马(*Aeolothrips fasciala* Linne),主要危害豆科植物,并捕食其他蓟马、螨和蚜虫等。

(六)鞘翅目

鞘翅目昆虫统称为甲虫,是昆虫中最大的一个目。体坚硬,微小至大型。口器咀嚼式,触角 10～11 节,形状变化大。前翅为鞘翅,盖住中后胸和腹部,中胸小盾片多外露。后翅膜质,静止时折叠于前翅之下。跗节 4～5 节。全变态。幼虫寡足型或无足型,口器咀嚼式。蛹多为裸蛹。多数种类为植食性,也有捕食性和寄生性种类,有的为腐食性。

鞘翅目分为肉食亚目和多食亚目(图 1-32),肉食亚目的腹部第一节腹板被后足基节窝分开,多数为肉食性,常见的有步甲科和虎甲科。多食亚目的腹部第一节腹板不被后足基节窝分开,食性复杂,有水生和陆生两大类群。

1. 步甲科

小至大型,多为黑色或褐色,带有金属光泽。头较前胸狭,前口式。触角丝状,着生于上唇基部与复眼之间。后翅常退化。跗节 5 节。成、幼虫捕食小型昆虫,常见的有金星步甲(*Calosoma maderae* Fab.)(图 1-33,1)、中华广肩步甲(*Calosoma maderae chinense* Kirby)等。

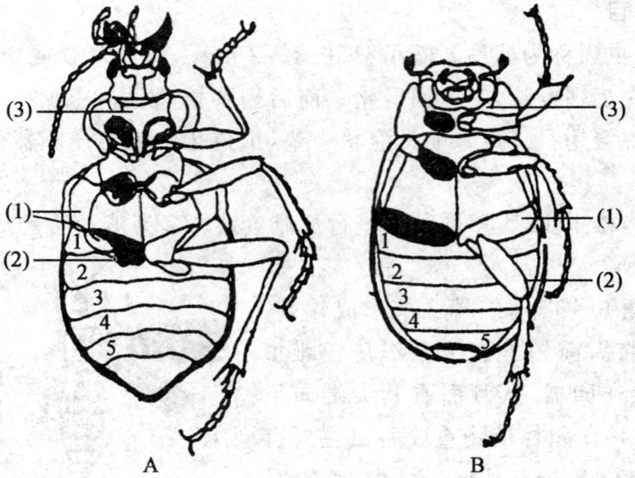

A. 肉食亚目 （1)后侧叶 （2)基节窝 （3)前胸腹板
B. 多食亚目 （1)基节 （2)腿节 （3)前胸背板
图 1-32 肉食亚目和多食亚目的特征

2. 虎甲科

中型,体型与步甲相似,具有鲜艳的色斑和金属光泽。头较前胸宽,下口式。复眼突出。触角丝状,11 节。上颚大,锐齿状。跗节 5 节。成、幼虫捕食小型昆虫,常见种类有中华虎甲(*Cicindele chinensis* Degeer)(图 1-33,2)、星斑虎甲(*Cicindela kaleea* Bates)等。

3. 叩头甲科

小至中型,触角锯齿状。前胸与中胸结合不紧密,能上下活动。前胸背板后侧角突出,前胸腹板后缘中央有一强大的突起向后延伸到中胸腹板的深凹窝内,可弹跳。跗节 5 节。幼虫体细长略扁,坚硬光滑,黄色或黄褐色,大多生活在土中,以植物的地下部分为食,统称为金针虫,为园林苗圃重要地下害虫。常见的有沟金针虫(*Pleonomus canaliculatus* Faldemann)(图 1-33,3)、细胸金针虫(*Agriotes fuscicollis* Miwa)等。

4. 吉丁甲科

成虫与叩头甲体型相似,大多数具有美丽的金属光泽。体长形,末端尖削。头较小,嵌入前胸上。触角锯齿状,11 节。前胸腹板也有大型的后突,嵌入中胸腹板的凹窝内,但前胸与后胸紧密相连,不能自由上下活动,前胸背板的后侧角不向后突出。幼虫体细长扁平,无足,前胸宽大扁阔。以幼虫钻蛀园林树木枝干为主。常见的有苹果小吉丁虫(*Agrilus moli* Mats)(图 1-33,4)、杨十斑吉丁虫(*Melanophila decastigma* F.)、六星吉丁虫(*Chrysobothris succedanea* Saunders)等。

5. 瓢甲科

小型至中型,头小,触角锤状。体背隆起呈半球形或半卵形,似瓢状。鞘翅上常有红、黄、黑色斑纹。足短,跗节隐 4 节,第 3 节特别小,看起来似 3 节,又称拟 3 节。幼虫体上常生有枝刺、毛瘤、毛突等。大多数为捕食性益虫,可捕食蚜虫、介壳虫、螨类等,常见的有七星瓢虫(*Coccinella septempunctata* L.)(图 1-33,5)、龟纹瓢虫[*Propylaea japonica* (Thunberg)]、异色瓢虫(*Leis axyridis* Pallas)等。少数为植食性害虫,如危害茄科植物的茄二十八星瓢虫[*Hemosepilachna vigintioctomaculata* (Fabr.)]等。

6. 叶甲科

又称金花虫。中小型,体色多鲜艳,具金属光泽。触角锯齿状或丝状,常短于体长。跗节隐 5 节,似为 4 节。幼虫体上常有肉质刺及瘤状突起。成、幼虫均为植食性,多取食植物叶片。园林植物上常见的有泡桐叶甲(*Basiprionota bisignata* Boh.)(图 1-33,6)、榆蓝叶甲(*Galerucella aenescens* Fairm)等。

7. 金龟甲科

中型至大型,触角鳃叶状。前足开掘足,跗节 5 节。鞘翅短,腹部可见腹板5~6 节。幼虫为蛴螬,体白色,圆筒形,胸足发达,腹部后端肥大,并向腹面弯曲呈"C"形。食性杂,多数为植食性,成虫取食园林植物的叶、花、果等部位,幼虫多土栖,为重要的地下害虫,取食植物幼苗的根茎部分,也有腐食性和粪食性的种类。常见种类有铜绿丽金龟(*Anomola corpulenta* Motsch)(图 1-33,7)、小青花金龟(*Oxycetonia jucunda* Fald)、红脚绿金龟(*Anomala cupripes* Hope)等。

8. 天牛科

中型至大型种类,体狭长。触角 11~12 节,常与体等长或超过身体。复眼肾形,环绕触角基部。跗节隐 5 节,似为 4 节。幼虫体肥胖,胸足很小或无。以幼虫钻蛀树干、树根或树枝危害为主,园林植物上常见的有星天牛(*Anoplophora chinensis* Forster)、桑天牛(*Apriono germari* Hope)(图 1-33,8)、菊天牛(*Phytoecia rufiventris* Gautier)等。

9. 象甲科

通称象鼻虫。小型至大型,头部向前延伸成象鼻状突起,长短不一,末端着生有咀嚼式口器。触角多为膝状。跗节隐 5 节,似为 4 节。幼虫无足型,身体柔软弯曲。成虫和幼虫均为植食性,有食叶、蛀茎、蛀根及种子的种类,也有卷叶或潜叶的。园林植物上常见的有大灰象甲[*Sympiezpmias velatus* (Chevrolat)](图 1-33,9)、绿鳞象甲(*Hypomeces squamosus* Fabr.)、杨干象甲(*Cryptorrhyndhus lapathi* Linne)等。

10. 小蠹科

小型,圆筒形,触角锤状。前胸背板大,与鞘翅等宽,常长于体长的 1/3。前足第 1 跗节短于第 2、3、4 跗节之和。幼虫白色,粗短,头部发达,无足。成虫和幼虫蛀食树皮和木质部,形成不规则的坑道。常见种类有为害柳树、榆树的脐腹小蠹(*Scolytus schevyrenwi* Sen.)、为害松树的纵坑切梢小蠹(*Tomicus piniperda* L.)等(图 1-33,10)。

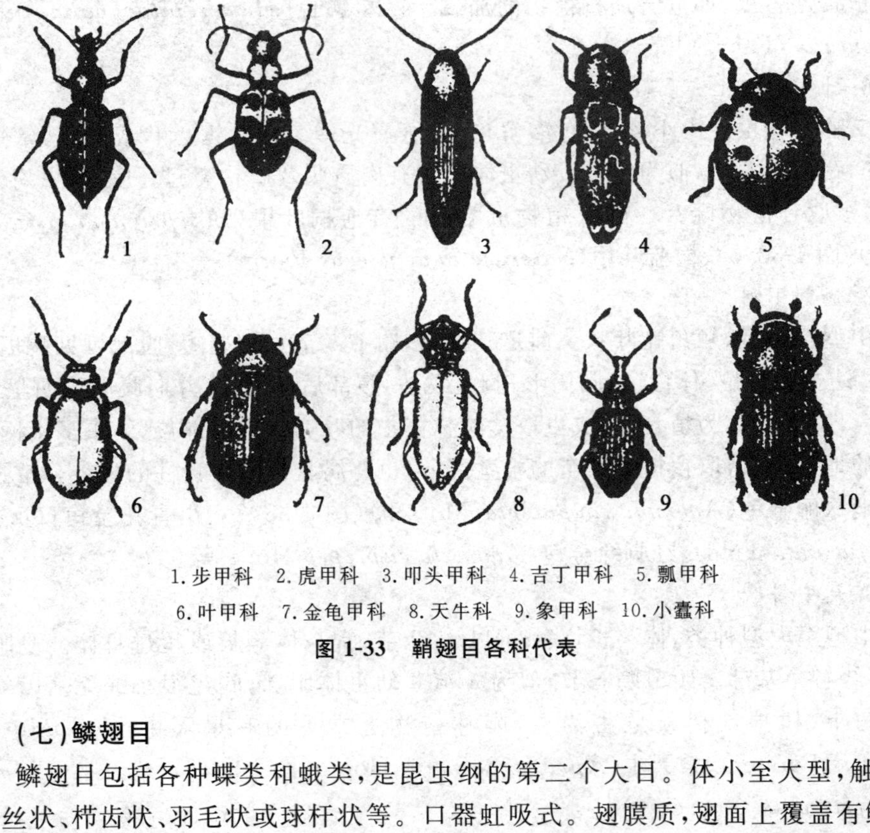

1. 步甲科　2. 虎甲科　3. 叩头甲科　4. 吉丁甲科　5. 瓢甲科
6. 叶甲科　7. 金龟甲科　8. 天牛科　9. 象甲科　10. 小蠹科

图 1-33　鞘翅目各科代表

(七)鳞翅目

鳞翅目包括各种蝶类和蛾类,是昆虫纲的第二个大目。体小至大型,触角细长,丝状、栉齿状、羽毛状或球杆状等。口器虹吸式。翅膜质,翅面上覆盖有鳞片,故称为鳞翅。前翅上的鳞片组成一定的斑纹,分线和斑两类,线根据在翅面上的位置由基部向端部顺次称为基横线、内横线、中横线、外横线、亚缘线、缘线;斑按形状称为环状纹、肾状纹、楔状纹、剑状纹(图 1-34),后翅常有新月纹。

完全变态,幼虫为多足型,除 3 对胸足外,一般有腹足 5 对,但腹足的对数常有

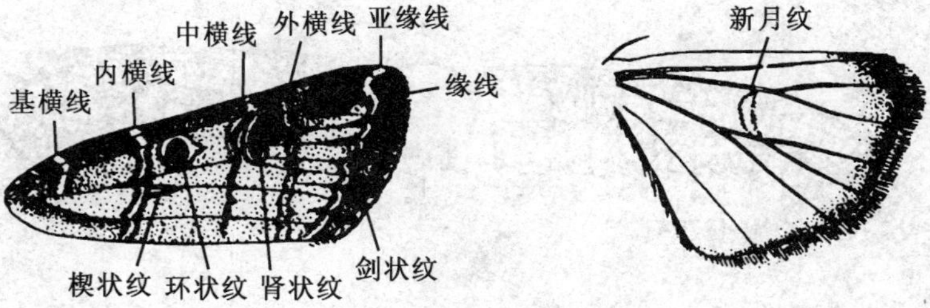

图 1-34 鳞翅目翅的斑纹(小地老虎)

不同的变化。腹足底面有钩状刺,称为趾钩,趾钩依长度不同分为单序、双序和三序,依排列形式分为中带、二横带、环状、缺环等(图 1-35)。幼虫体上常有斑线和毛,纵线以所在位置称背中线、亚背线、气门上线、气门线、气门下线、基线、侧腹线和腹线(图 1-36)。蛹为被蛹。成虫除少数种类外,一般不为害,但幼虫口器为咀嚼式,绝大多数为植食性,可取食植物的叶、花、芽,或钻蛀植物茎、根、果实,或卷叶、潜叶为害。

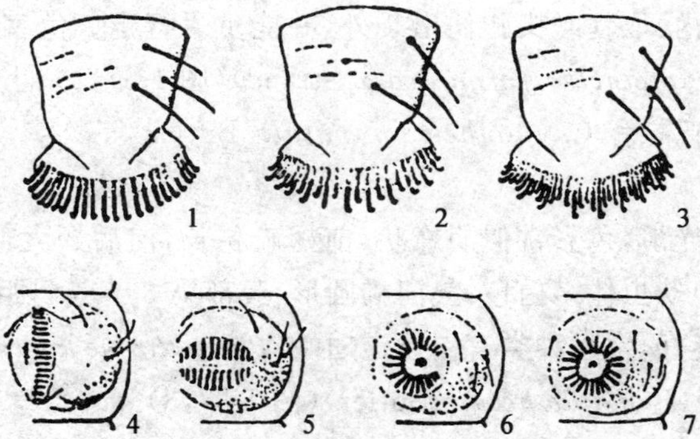

1. 单序 2. 双序 3. 三序 4. 中带 5. 二横带 6. 缺环 7. 环状

图 1-35 鳞翅目幼虫的趾钩

鳞翅目分为蝶亚目和蛾亚目,两个亚目的主要区别:蝶亚目昆虫白天活动,触角球杆状,休息时双翅竖立于体背,前后翅以翅抱型连接。蛾亚目昆虫夜间活动,触角多种多样,但非球杆状,休息时双翅平复于体背,前后翅以翅缰型或翅轭型连接。

1. 木蠹蛾科

中大型,体粗壮,喙退化,触角栉齿状或羽毛状。前后翅中室内有分叉的脉纹。

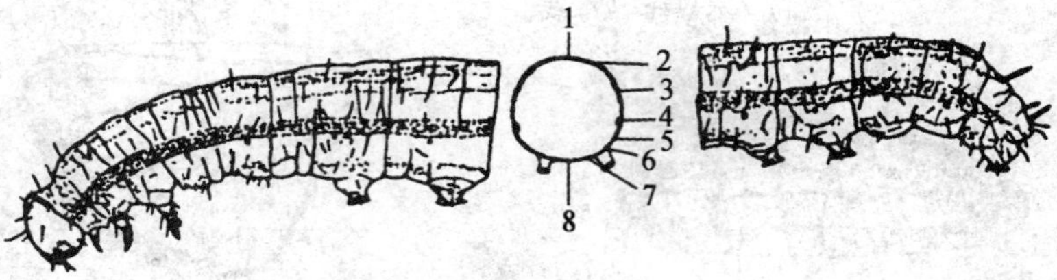

1. 背线 2. 亚背线 3. 气门上线 4. 气门线 5. 气门下线 6. 基线 7. 腹侧线 8. 腹线

图 1-36 鳞翅目幼虫胴部的线纹

幼虫体粗壮肥胖，头部发达，多为红色、白色或黄色。幼虫蛀食林木枝干，常见的有柳乌蠹蛾(*Holcocerus vicarius* Walker)(图 1-37,1)等。

2. 袋蛾科

袋蛾科又叫蓑蛾科，避债蛾科。中小型，触角双栉齿状，口器退化，雌雄异型，雄虫有翅，翅面鳞毛稀少，前后翅中室内有一简单的中脉主干。雌虫无翅。幼虫肥胖，胸足发达，腹足退化呈吸盘状，趾钩单序、缺环。幼虫食叶，并吐丝缀叶成袋状的囊，一生在袋囊内，取食时头胸伸出袋外，并能负囊行走。危害观赏树木的常见种类有大袋蛾(*Cryptothclea formosicola* Strand)(图 1-37,2)、小袋蛾(*Clania minuscula* Butler)、茶袋蛾(*Cryptothelea minusula* Butler)等。

3. 透翅蛾科

中小型，体较光滑，色彩常似胡蜂状，前翅较狭长，前后翅大部分透明，仅边缘及翅脉上有鳞片。幼虫体多白色，气门椭圆形，腹部第 8 节气门距背中线近。幼虫常蛀食园林树木茎杆，常见种类有白杨透翅蛾(*Paranthrene tabaniformis* Rottenberg)、苹果透翅蛾(*Comopia hector* Butler)(图 1-37,3)等。

4. 卷蛾科

小型，前翅近长方形，外缘平直，顶角常突出，静止时两翅合拢成吊钟形，有些种类前翅有前缘褶。前翅 Cu_2 脉从中室后缘近中部伸出，后翅 $Sc+R_1$ 不与 Rs 接近或接触。幼虫多为绿色，趾钩环状，双序或三序，极少单序。幼虫多卷叶为害，常见危害园林树木的种类有梨小食心虫(*Grapholitha molesta* Busck)(图 1-37,4)、槐小卷蛾[*Cydia trasas* (Megrick)]等。

5. 斑蛾科

中大型，体较光滑，成虫多呈灰黑色，有的种类较鲜艳，口器发达。翅薄而鳞片稀少，翅中室内常有中脉主干，后翅 $Sc+R_1$ 在中室中部处接触或以一横脉相连。幼虫体粗短，头小，体有粗大毛瘤，上生短毛。腹足趾钩单序中带式。幼虫多以卷

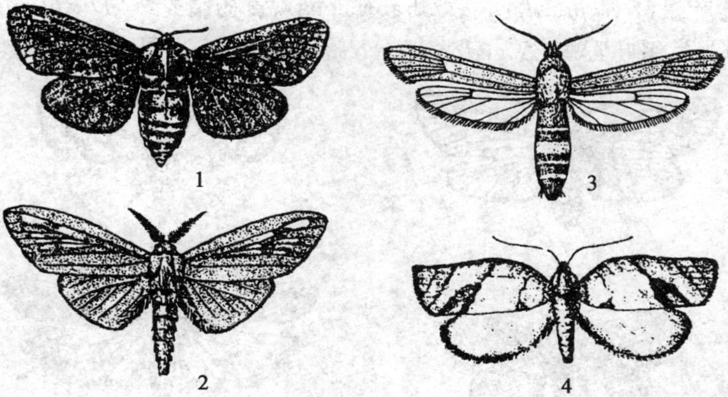

1. 木蠹蛾科 2. 袋蛾科 3. 透翅蛾科 4. 卷蛾科

图 1-37 鳞翅目木蠹蛾科、袋蛾科、透翅蛾科、卷蛾科

叶为害。常见危害园林树木的种类有梨叶斑蛾(*Illiberis pruni* Dyar)(图 1-38,1)、朱红毛斑蛾(*Phauda flammans* Walker)等。

6. 刺蛾科

中型,体粗短密毛,多为黄褐或绿色,口器退化,雌性触角丝状,雄性双栉状。翅宽阔,生有密而厚的鳞片。幼虫俗称洋辣子,体短而胖,蛞蝓型,头小缩入前胸,胸足小或退化,腹足呈吸盘状,体上生有枝刺,有些刺有毒,茧为坚硬的雀卵形。幼虫食叶,危害多种观赏林木,常见的有黄刺蛾(*Cnidocampa flavescens* Walker)(图 1-38,2)、绿刺蛾(*Latoia consocia* Walker)、桑褐刺蛾(*Setora pastornata* Hampson)、丽绿刺蛾 (*Latoia lepida* Cramer)、扁刺蛾(*Thosoa steinonsis* Walker)等。

7. 尺蛾科

小至大型,体多细长,鳞片稀少,翅宽大薄弱;有些种类雌虫翅退化,后翅 $Sc+R_1$ 脉基部急剧弯曲,臀脉只有 1 条。幼虫体细长,只在第 6 节、第 10 节上生有 2 对腹足,行走时,身体一曲一伸,似用尺量物,故称“尺蠖、步曲”。以幼虫食叶为主,多食性,危害园林植物的种类主要有油桐尺蛾(*Buzura suppressaria* Guenee)、丝绵木金星尺蛾[*Calospilos suspecta* (Warren)](图 1-38,3)、大造桥虫(*Ascotis selenaria* S.)等。

8. 螟蛾科

中小型,细长柔弱,腹部末端尖削,鳞片细密,体光滑。下唇须长,伸出头的前方。翅三角形,后翅 Sc 与 Rs 接近、平行或超过中室后有一小段合并。幼虫细长光滑,趾钩缺环,少数为全环,多为双序,极少数三序或单序。危害园林植物的种类主要有棉大卷叶螟(*Sylepta derogata* Fabricicus)、黄杨绢野螟[*Diaphania perspectalis* (W.)]、竹织叶野螟(*Algedonia coclesalis* Walker)(图 1-38,4)等。

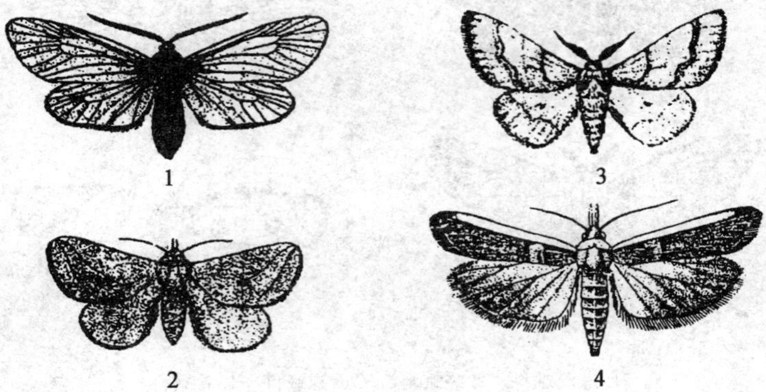

1.斑蛾科 2.刺蛾科 3.尺蛾科 4.螟蛾科

图 1-38 鳞翅目斑蛾科、刺蛾科、尺蛾科、螟蛾科

9.夜蛾科

中大型,体粗壮,色多暗,鳞片稀疏而蓬松。前翅三角形,密被鳞片,形成色斑,后翅 $Sc+R_1$ 脉在翅近基部与中室有一点接触又复分开,形成一小的基室。幼虫体粗壮,光滑无毛,颜色深,趾钩单序中带式,如为缺环则缺口较大。幼虫可食叶、钻蛀果实或茎杆等,危害园林树木的种类有小地老虎(*Agrotis ypsilon* Rottembery)(图 1-39,1)、斜纹夜蛾(*prodenia litura* Fabr.)、银纹夜蛾(*Argyrogramma aganata* Staudiner)、玫瑰巾夜蛾(*Paralleliaar ctotaenia* Guence)、凤凰木夜蛾(*Pericyma cruegeri* Butler)等。

10.毒蛾科

与夜蛾科相似,中大型,体粗壮多毛,喙退化,雄虫触角双栉齿状。雌虫腹末有成簇的毛,静止时多毛的前足伸向体前方。后翅 $Sc+R_1$ 在中室的1/3处与中室接触,形成一个大的基室。幼虫体多毛,某些体节有成束而紧密的有毒毛簇,腹部第6、7腹节背面有翻缩腺,趾钩单序中带式。以幼虫食叶为主,危害园林树木和花卉的主要有舞毒蛾(*Lymantria dispar* L.)(图 1-39,2)、黄尾毒蛾(*Euproctis similis* Fueezssly)、金毛虫(*Porthesia similes* Fueszly)、乌桕毒蛾(*Euproctis bipunctapex* Hampson)等。

11.舟蛾科

又叫天社蛾科,与夜蛾科相似。中大型,口器退化,雄蛾触角多为双栉齿状,少数锯齿状,雄蛾多为丝状。后翅 $Sc+R_1$ 与 Rs 在中室前缘平行靠近,但不接触。

幼虫胸部有峰突，静止时头尾翘起似“小舟”，故称舟蛾。以幼虫食叶为主，危害园林树木的种类主要有舟形毛虫[*Phalera flavescens* (Bemer et Grey)]（图 1-39，3）、杨扇舟蛾（*Clostera anachoreta* Fabriclus）等。

12. 灯蛾科

与夜蛾科相似。中型，色泽较鲜艳，多为白、黄、灰、橙色，有黑色斑，腹部各节背中央常有一黑点，触角丝状或双栉齿状。后翅 $Sc+R_1$ 与 Rs 在基部有长距离的愈合，但不超过中室末端。幼虫体上有突起，上生浓密的毛丝，其长短较一致。以幼虫食叶为主，危害园林植物及花木的主要种类有美国白蛾（*Hyphantria cunea* Drary）（图 1-39，4）、红缘灯蛾（*Amsaota lactinea* Gramer）等。

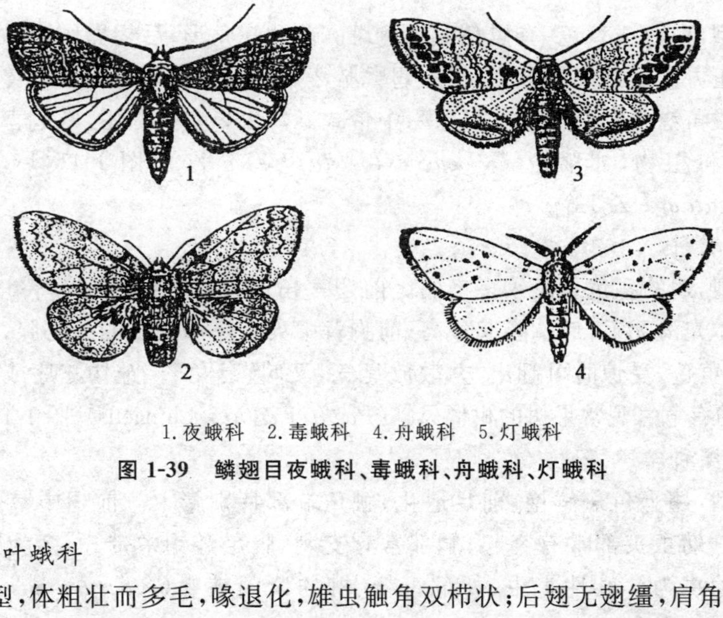

1. 夜蛾科　2. 毒蛾科　4. 舟蛾科　5. 灯蛾科

图 1-39　鳞翅目夜蛾科、毒蛾科、舟蛾科、灯蛾科

13. 枯叶蛾科

中大型，体粗壮而多毛，喙退化，雄虫触角双栉状；后翅无翅缰，肩角发达，有肩脉。幼虫粗壮，多长毛，前胸在足的上方有 1 或 2 对突起，腹足趾钩双序中带式。以幼虫食叶为主，危害园林树木的种类常见的有天幕毛虫（*Malacosoma neustria testacea* Motsch）（图 1-40，1）、马尾松毛虫（*Dindrolimus pnnctatus* Walker）等。

14. 天蛾科

大型，体粗壮，纺锤形，腹末尖削；触角棒状，中部加粗，末端弯曲成小钩。前翅较狭长，外缘倾斜，呈三角形，后翅小，稍圆。幼虫大而粗壮，较光滑，胴部每节分为 6～8 个环节，第 8 节背面有一尾状突起，称“尾角”。以幼虫食叶为主，危害花卉植物的种类有豆天蛾（*Clanis bilineata tsingtanica* Walker）（图 1-40，2）、霜天蛾（*Psilogramma menephron* Cramer）等。

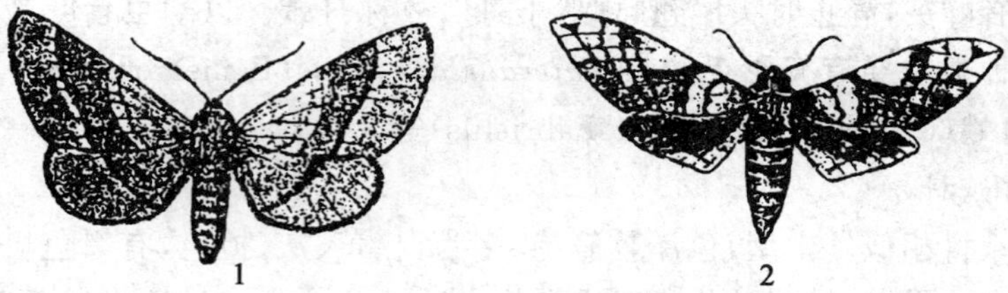

1. 枯叶蛾科　2. 天蛾科

图 1-40　鳞翅目枯叶蛾科、天蛾科

15. 粉蝶科

体中型，白色或黄色，有黑色或红色斑。前翅三角形，后翅卵圆形，翅展时整个身体略呈正方形。前翅臀脉 1 条，后翅臀脉 2 条。幼虫体表有很多小突起及细毛，多为绿色或黄绿色，趾钩双序或三序，中带式。幼虫以食叶为主，常危害十字花科、豆科、蔷薇科植物，如菜粉蝶（*Leucochloe daplidice* Z.）（图 1-41，1）、山楂粉蝶（*Aporia crataegi* Z.）等。

16. 凤蝶科

中大型，翅的颜色及斑纹多艳丽。前翅三角形，后翅外缘波状，臀角处有尾状突。幼虫体光滑无毛，后胸隆起最高，前胸背中央有一可翻出的分泌腺，"Y"或"V"形，红色或黄色，受惊时可翻出，并散放臭气，又叫"臭角"。趾钩三序或双序，中带式。常见的有危害观赏果树的柑橘凤蝶（*Papilio xuthus* Linnaeus）（图 1-41，2）等。

17. 蛱蝶科

中大型，翅上色斑鲜艳，前足退化，触角端部特别膨大。前翅中室闭式，后翅中室开式。幼虫头部常有突起，胴部常有支刺，腹足趾钩中带式，多为三序，少数为双序。幼虫为食叶性害虫，如危害杨、柳的紫闪蛱蝶（*Apatura iris* L.）等（图 1-41，3）。

（八）膜翅目

体微小至中型，色多暗淡，头大而前胸细小。口器咀嚼式，但蜜蜂类为嚼吸式。翅膜质，前翅大而后翅小，以翅钩列相连。腹部第一节常并入后胸，称"并胸腹节"，第二节常缩小变细，称为"腹柄"。雌虫产卵器发达，锯状或针状，有的变为螫刺，与毒囊相连（图 1-42）。完全变态，幼虫食叶性的为伪蠋式（图 1-43），外形似鳞翅目幼虫，但有 6～8 对腹足，且无趾钩。蛀茎的种类足常退化，其他种类完全无足。蛹为裸蛹，茧外常有保护物。植食性或肉食性，肉食性者分为捕食性和寄生性。

本目昆虫主要分为广腰亚目和细腰亚目。广腰亚目胸腹部广接，不收缩成腰

1. 粉蝶科　2. 凤蝶科　3. 蛱蝶科

图 1-41　鳞翅目粉蝶科、凤蝶科、蛱蝶科

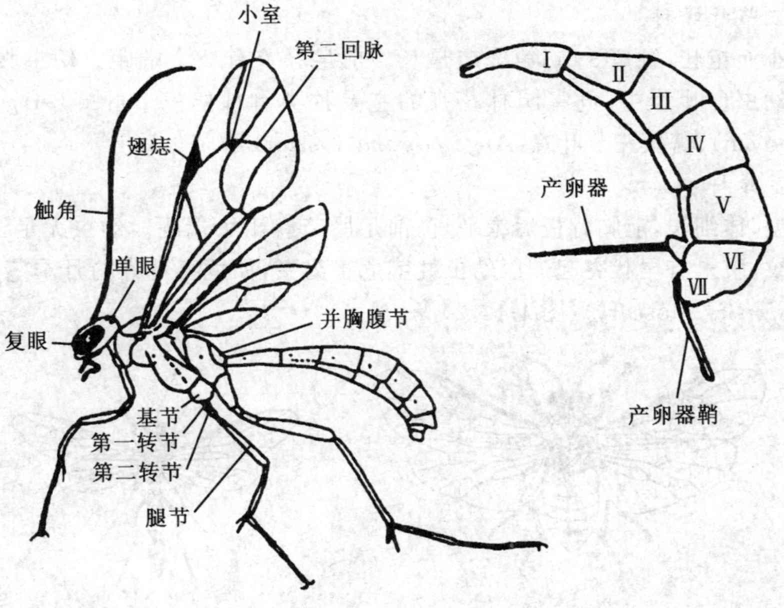

1. 雄性成虫侧面观　2. 雌性成虫腹部

图 1-42　膜翅目的形态特征(单色姬蜂)

状,后翅至少有 3 个基室;植食性;包括叶蜂科、三节叶蜂科和茎蜂科。细腰亚目胸腹部连接处收缩呈细腰状,后翅至多仅 2 个基室,腹末腹板纵裂,产卵器多露出腹末;多为寄生性种类,包括姬蜂科、茧蜂科、小蜂科、纹翅小蜂科。

1. 叶蜂科

体粗壮,前胸背板后缘弯曲,前足胫节有 2 个端距。幼虫伪蠋式,腹足 6～8 对,位于腹部第 2～8 节和第 10 节上,无趾钩,以幼虫食叶为主,有些种类可潜叶或形成虫瘿。常见种类有危害林木的樟叶蜂(*Mesoneura rufonota* Rohwer)(图

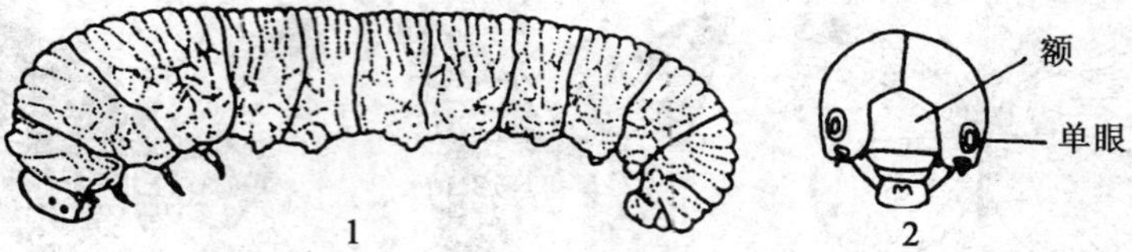

1. 幼虫 2. 头部正面观

图 1-43 膜翅目伪蠋式幼虫

1-44,1)、危害花卉的月季叶蜂(*Atractomorpha sinensis* Bolivar)等。

2. 三节叶蜂科

体小而粗壮,触角 3 节,第 3 节最长。前足胫节有 2 个端距。幼虫腹足 2～8 对。以幼虫食叶为主,危害园林花卉的主要种类有杜鹃三节叶蜂(*Arge similes* Vollenhoven)、蔷薇三节叶蜂(*Arge pagana* Panzer)等。

3. 茎蜂科

小型,体细长,前胸背板后缘平直,前足胫节有 1 个端距。幼虫无足,白色,皮肤多皱纹,腹末有尾状突起。以幼虫蛀茎危害为主,如危害花卉的月季茎蜂(*Neosyrista similis* Moscary)(图 1-44,2)等。

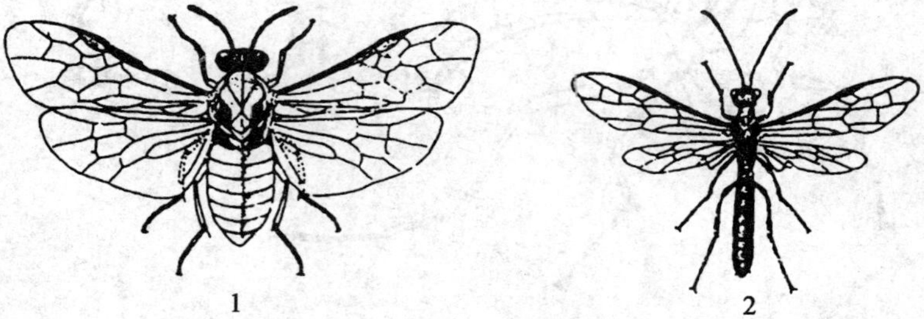

1. 叶蜂科 2. 茎蜂科

图 1-44 膜翅目广腰亚目重要科代表

4. 姬蜂科

中小型,体细长,触角线形,15 节以上。前翅第 2 列翅室的中间一个特别小,多角形,称为"小室",有回脉 2 条。主要寄生于鳞翅目昆虫,如寄生松毛虫的黑点瘤姬蜂(*Xanthpoimpla pedator* Fabricjus)(图 1-45,1)等。

5. 茧蜂科

小型至微小型,特征与姬蜂相似,其区别是:没有第二回脉,"小室"多数无或不明显。以幼虫寄生于同翅目、鳞翅目或鞘翅目昆虫,常见的有寄生于蚜虫的蚜茧蜂(*Ephedrus plagiator* Nees)(图 1-45,2)、寄生于松毛虫、舞毒蛾的松毛虫绒茧蜂

[*Apanteles ordinarius* (Ratzeburg)]等。

6. 小蜂科

小型，头横阔，复眼大，触角多为膝状，翅脉简单，后足腿节膨大。寄生于鳞翅目、鞘翅目、双翅目昆虫的幼虫和蛹。常见的有广大腿小蜂(*Brachymeria lasus* Walker)(图 1-45,3)等。

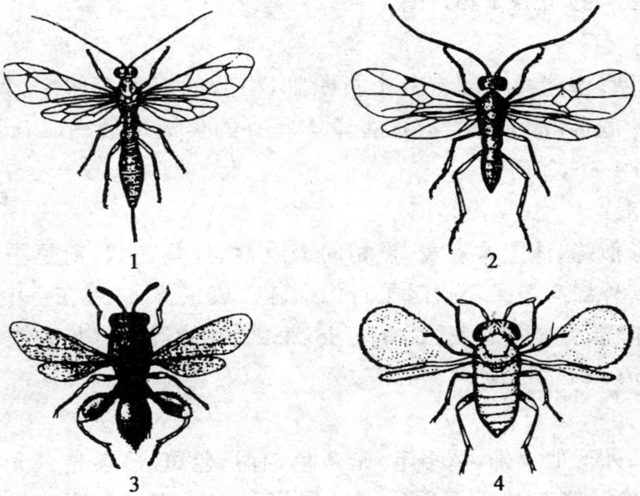

1. 姬蜂科　2. 茧蜂科　3. 小蜂科　4. 纹翅小蜂科

图 1-45　膜翅目细腰亚目重要科代表

7. 纹翅小蜂科

又叫赤眼蜂科。体微小，复眼多为红色，触角膝状。翅宽，具长的缘毛，翅面上的微毛呈带状排列。寄生于多种昆虫的卵内，该科中的许多种已可用于人工饲养释放，如舟蛾赤眼蜂(*Trichogramma closterae* Pang et Chen)(图 1-45,4)等。

(九)双翅目

体小至中型，触角线状、念珠状或具芒状；口器刺吸式或舐吸式；只有一对膜质的前翅，后翅退化成平衡棒。雌虫腹部末端数节能伸缩，形成“伪产卵器”。完全变态，幼虫无足型，蛹为裸蛹，蝇类的蛹为围蛹。有植食性、捕食性、寄生性、粪食性、腐食性等。植食性者有潜叶、蛀茎、蛀根、蛀果等类群。

1. 瘿蚊科

外形似蚊。身体纤弱，有细长的足；触角念珠状，10～36 节，每节生有长毛。前翅阔，上生毛和鳞，翅脉简单，仅有 3～5 条纵脉，很少横脉。幼虫体纺锤形，或后端较纯，头部退化。植食性者，可取食花、果、茎等，能形成虫瘿。重要种类有柳瘿蚊(*Rhabdo phaga* sp.)、柑橘花蕾蛆(*Contarinia citri* Barnes)(图 1-46,1)等。

2. 花蝇科

又叫种蝇科。中小型,体细长多毛,通常黑色、灰色或黄色。中胸背板有 1 条完整的盾间沟划分为前后两块;腋瓣大,翅脉全直,直达翅缘,M_1 脉不向上弯曲。幼虫蛆式,后端截形,有 6 对突起。植食性种类常见的有危害竹类的毛笋泉蝇(*Pegomyia kiangsuensis* Fan)(图 1-46,2)等。

3. 潜蝇科

小至微小型,翅前缘中部有一个折断处,中脉间有 2 个闭室,其后面无臀室。幼虫蛆式,潜叶危害,常见种类有危害草本花卉的美洲斑潜蝇(*Liriomyza sativae* Blanchard)(图 1-46,3)等。

4. 食蚜蝇科

中型,外形似蜂,体上常有黄、黑相间斑纹,触角具芒状,前翅中央有 1 条两端游离的"伪脉",外缘有 1 条与边缘平行的横脉。成虫善飞,可在空中静止飞行。幼虫蛆式,体表粗糙,主要捕食蚜虫、介壳虫、粉虱、叶蝉等。常见种类有大灰食蚜蝇(*Syrphus corollae* F.)(图 1-46,4)等。

5. 寄蝇科

小至中型,外形似家蝇,体多毛,暗灰色,有褐色斑纹,触角芒光裸。胸部在小盾片下方有呈垫状隆起的后小盾片。M 脉第 1 支极度向前弯曲。幼虫多寄生于鳞翅目幼虫及蛹内,常见的如松毛虫蛱蝶寄蝇(*Carcelia rasella* Baranov)、地老虎寄蝇(*Cuphocera varia*)(图 1-46,5)等。

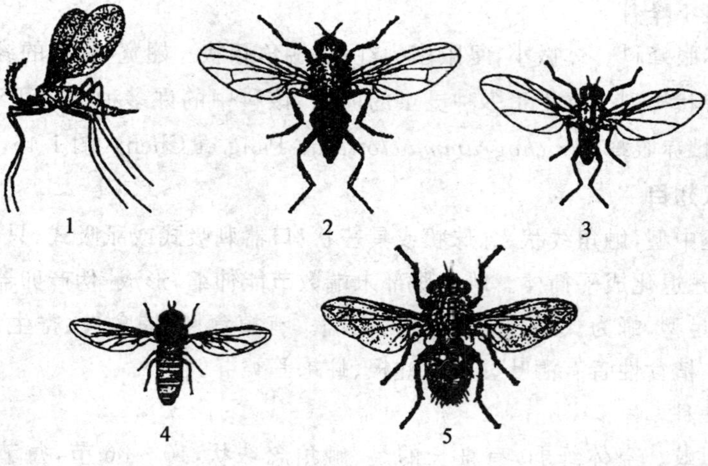

1. 瘿蚊科 2. 花蝇科 3. 潜蝇科 4. 食蚜蝇科 5. 寄蝇科

图 1-46 双翅目重要科代表

(十)脉翅目

小至大型,头很活动,触角丝状、念珠状、梳齿状或棒状。口器咀嚼式。前后翅膜质,大小和形状均相似,翅脉多,呈网状,在边缘处多分叉,少数种类翅脉少,常有翅痣。跗节5节。

完全变态,幼虫寡足型,行动活泼。成、幼虫均为捕食性,可捕食蚜虫、介壳虫、木虱、粉虱、叶蝉、蛾类幼虫及卵、叶螨等,多数为重要的益虫。

重要科为草蛉科(图1-47),中型,体细长柔弱,草绿色、黄白色或黄灰色。复眼有金色的闪光,触角长,丝状。翅多无色透明,少数有褐斑。翅脉绿色或黄色。卵有长柄。幼虫纺锤形,上颚长而略弯,无齿。体两侧多有瘤突,丛生刚毛。喜捕食蚜虫,故称"蚜狮"。蛹包在白色圆形茧中。常见种类有大草蛉(*Chysopa septem* Punctata)等。

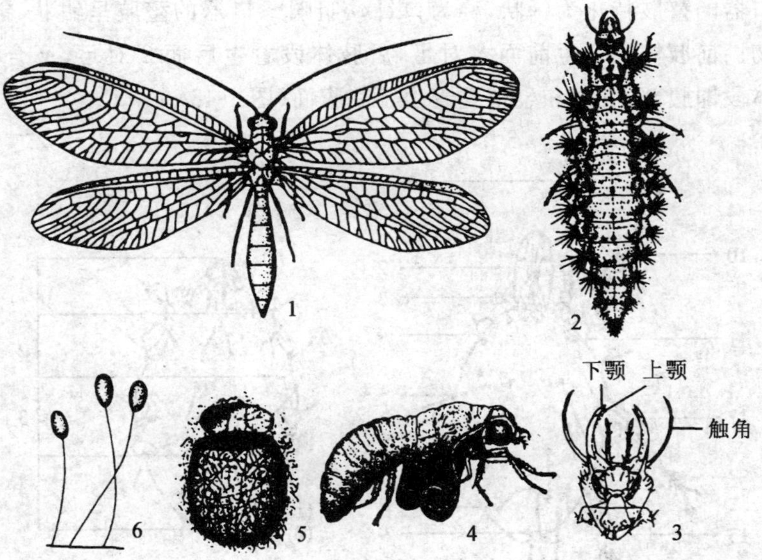

1.成虫　2.幼虫　3.幼虫头部　4.蛹　5.茧　6.卵

图1-47　脉翅目主要科代表(草蛉科)

附:螨类

螨类属于节肢动物门蛛形纲蜱螨目,它和蜘蛛、昆虫都很相似,其主要区别见表1-2。

表 1-2 昆虫、蜘蛛、蜱螨外形主要区别

构造	昆虫	蜘蛛	蜱螨
体躯	分头、胸、腹 3 部分	分头胸部和腹部 2 部分	头、胸、腹愈合不易区分
触角	有	无	无
足	3 对	4 对	4 对，少数 2 对
翅	多数有翅 1～2 对	无	无

1.形态特征

体型微小，圆形或卵圆形，分节不明显，头胸部和腹部愈合。一般有 4 对足，少数种类只有 2 对足。一般分为 4 个体段：颚体段、前肢体段、后肢体段和末体段。颚体段即头部，由 1 对螯肢和 1 对须肢组成口器。口器分为刺吸式和咀嚼式两种，刺吸式口器的螯肢特化为针状，称为口针。咀嚼式口器的螯肢呈钳状，能活动，可咀嚼食物。前肢体段着生前面 2 对足，后肢体段着生后面 2 对足，又合称为肢体段。末体段即腹部，肛门和生殖孔着生于其腹面(图 1-48)。

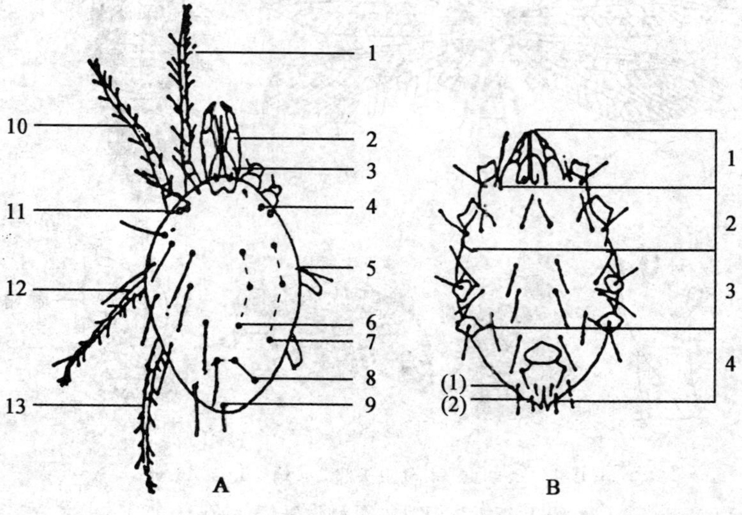

A.雌螨背面：1.第 1 对足 2.须肢 3.颚刺器 4.前肢体段背毛 5.肩毛
6.后足体段背中毛 7.后足体段背侧毛 8.骶毛 9.臀毛
10.第 2 对足 11.单眼 12.第 3 对足 13.第 4 对足
B.雌螨腹面：1.颚体段 2.前足体段 3.后足体段
4.末体段：(1)肛侧毛 (2)肛毛

图 1-48 螨类的体躯结构

2. 生物学特性

螨类一生分为卵、幼螨、若螨、成螨 4 个阶段。雌性的若螨又分为第一若螨和第二若螨 2 个时期。幼螨有足 3 对,若螨和成螨有足 4 对。多为两性生殖,个别为孤雌生殖。食性上有植食性、捕食性和寄生性等。

3. 螨类主要科代表

(1)叶螨科 体微小,梨形,雄螨腹末尖。体多为红色、暗红色、黄色或暗绿色,口器刺吸式。植食性,以成、若螨刺吸植物叶片汁液为主,有的能吐丝结网。主要种类有危害果树的山楂叶螨(*Tetranychus cinnarinus* Bois)(图 1-49,1)、柑橘全爪螨(*Panonychus ulmi* Koch),二斑叶螨、果苔螨等,危害蔬菜及花卉的朱砂叶螨(*Tetranychus cinnabarinus* Boisduval)、茶黄螨(*Polyphagotarsonemus latus* Banks)、截形叶螨等。

(2)瘿螨科 体微小,狭长,蠕虫形,具环纹。仅有 2 对足,位于前肢体段。口器刺吸式。主要危害植物叶片,危害果树的主要种类有葡萄瘿螨(*Colomerus vitis* Pagenslecher)(图 1-49,2)、柑橘瘿螨(*Eriophyes sheldoni* Ewing)、毛白杨瘿螨(*Eriophyes dispar* Nal.)等。

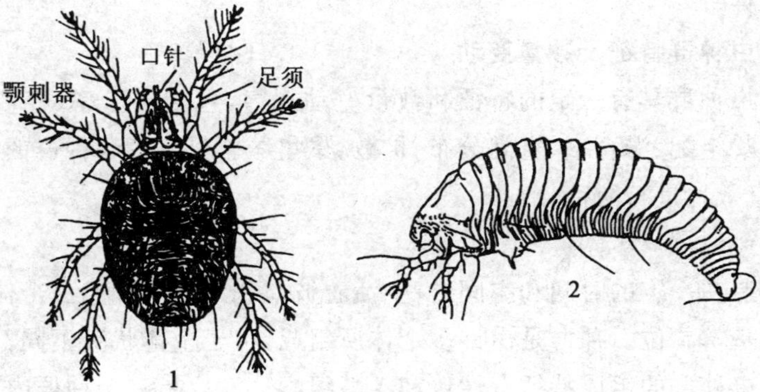

1. 叶螨科 2. 瘿螨科

图 1-49 螨类重要科代表

(3)跗线螨科 体微小,须肢粗壮,分节不明显,躯体腹面具发达的表皮内突。雌螨较大,椭圆形,背部凸圆,雄螨较小,狭长,体末端具生殖乳突。植食性,以成、若螨刺吸植物嫩叶、嫩茎、花、果等汁液。危害林木、花卉的主要种类有侧多食跗线螨[*Polyphagotarsonemus latus* (Banks)]等。

第四节 昆虫与环境的关系

昆虫能否大量发生和严重危害，不仅决定于昆虫的内在生物学特性，而且与环境因素有着密切的联系。研究昆虫与周围环境条件相互关系的科学称为昆虫生态学。构成昆虫生活环境的因素，称为生态因素，依其性质可分为非生物因素（气候因素、土壤因素），生物因素（食物因素、天敌因素 ）以及人为因素等。各种生态因素之间有着密切的联系，它们共同构成昆虫的生活环境，综合作用于昆虫。

一、昆虫种群与群落生态

（一）昆虫分布区与危害区的概念

每种昆虫对生活条件都有一定的要求，因而就有一定的分布地区和危害地区。分布区是指在这些地区，可以见到某个种，它可以在该地区内完成发育并繁殖有生命力的后代，而不论其数量多少。危害区是指某种昆虫在这些地区内有较多的数量，因而能造成一定的危害，已成为害虫。也就是说危害地区具备最适合于该种害虫生活的条件。

（二）昆虫种群特征及数量变动

不同昆虫种群具有一定的特征和数量变动规律，包括出生率、存活率、平均寿命、性别、年龄组配、滞育率、空间分布、扩散、聚集等。只有了解种群的特征及数量变动，才能有效地进行防治。

1. 种群的组成

种群是指在一定的时间和空间内，生活着彼此联系的同种昆虫个体的集合，是物种存在的基本单位。种群是由许多个体所组成，由于个体状况不同，种群的组成也不同。昆虫种群的组成特征有性比和年龄组配。性比指一个种群内雌雄个体的比率，就大多数昆虫的自然种群而言，雌雄个体的比率常为 1∶1，如果两性个体数量比例相差悬殊，则不利于种群的增殖。有些昆虫（如蚜虫、介壳虫、螨类等）营孤雌生殖，在全年的大部分时间只有雌性个体存在，而雄性只在短暂的有性阶段出现。对于这些昆虫，在进行种群组成分析时，可以不考虑其性比。年龄组配指种群内各年龄组（成虫、蛹、各龄幼虫、卵等）的数量百分比，种群的年龄组配是种群的一个主要特征，它与种群的生存、生殖能力以及未来发展趋势有密切关系。

2. 种群数量变动要素

昆虫种群的数量受种群基数、种群繁殖速率、种群生存率或死亡率、种群的迁移率等因素制约。

种群基数指某一时间阶段开始的昆虫种群的数量。世代分明的昆虫，上一代的虫量是下一代的基数，世代重叠的昆虫，前一阶段的虫量是后一代的基数。

种群的繁殖率指该种群在单位时间内数量增长的最高理论数：

$$R=[e\cdot f/(m+f)]^n$$

式中：R 为繁殖速率；e 为每雌生殖率；f 为雌虫数；m 为雄虫数；n 为世代数。

因种种原因，在自然情况下种群中的个体大量死亡，生殖力和雌雄比会发生变化，因此种群的繁殖率与实际情况相差甚远，在做害虫预测时应加入与环境条件间的函数关系，进行矫正补充。

种群的死亡率指经过一定时间后死亡个体占总虫数的百分比，用 q 表示，有时用存活率 $s=1-q$ 表示。

种群的迁移率指在一定的时间内，种群的迁出数和迁入数的差数占个体总数的百分率。迁移率的大小决定于种群的活动性。

3. *生物群落*

生物群落是指在一定的环境中所有生命的物种（包括昆虫、植物、其他动物、微生物等）种群组成的集合体。在一个群落中，各个种群不是偶然散布在一定空间的孤立的生物，而是通过食物和能量转换的联系，形成复杂而有序的关系。因此群落的特征绝不是其组成物种或种群的特征的简单总和，而是具有群落水平上特有的一些特征，包括物种的多样性和相对丰富度、群落的优势种、群落的生长形式及结构、营养结构和群落的演替等。

群落的多样性是衡量群落的一个重要属性，它包括两层含义，一是群落内物种数的多少，二是各物种个体数的多少及它们之间的比例关系，可以反映出群落内的种间或种内的竞争关系和发展趋势。在群落内，少数物种往往表现个体数量多、生物量或生产力大，能充分体现群落的能流或生产力，称为优势种。而在群落内，绝大多数物种的数量少，生物量或生产力小，称为稀有种。

一个群落如果有许多物种且各种间、个体间分布比较均匀，则该群落具有多样性，群落较稳定。反之，则该群落的多样性低，群落不稳定。生物群落的多样性可以反应环境的污染程度，故常被用作环境监测的一种生物学指标。

群落的生态演替，又称群落演替，指群落经过一定的发展历史时期及物理过程和环境条件的改变，而从一种群落类型转变成另一种类型的顺序过程。群落演替在时间上、空间上是不可逆的，具有定向性。群落的演替过程可分为 3 个阶段，即侵入定居阶段、竞争平衡阶段和顶极平衡阶段。生态系统中群落演替到了最后阶段则趋于稳定，表示达到了顶极群落。顶极群落具有物种种类多、结构最为完善、总生物量最高、信息最为丰富、稳定性最强的特征。

4. 生态系统及农业生态系

生态系统是指在一定的空间内生物群落和无机环境（主要是气象因素和土壤因素）组成的复杂总体。生态系统中的组成成分彼此联系，相互作用，发生着数量的流动和物质的循环。

农业生态系是在人为控制条件下形成的生态系，其结构是以植物为群体中心，形成植物—害虫—天敌—微生物系统。人类应该创造有利于害虫发生的农业生态系，并利用一切可能的投入来维持这种生态系统。

二、气候因素的影响

气候因素包括温度、湿度、降水、光、风等，这些因素综合作用于昆虫。但各种因素的作用并不相同，其中以温度、湿度对昆虫的作用最为突出。

（一）温度

温度是气候因素中对昆虫影响最显著的一个因素。昆虫是变温动物，体温随周围环境的变化而变动。维持昆虫体温的热源有外来热和由新陈代谢产生的内生热，但主要是外来热。昆虫的生长发育、繁殖受温度的影响和支配。另外，温度还通过影响食物、自然天敌和其他气候因素，间接作用于昆虫。

1. 昆虫对温度的反应

任何一种昆虫的生长发育都要求一定的温度范围，称为昆虫的适宜温区或有效温区。不同种的昆虫有效温区不同，在温带地区，一般为 8～40℃。其中最适合于昆虫发育和繁殖的温度范围称为最适温区，一般为 22～30℃。最适温区不是昆虫生长发育最快的温度范围，而是指对种的生存和繁殖最有利的温度。有效温区的下限，是昆虫开始生长发育的起点，称发育起点温度，一般为 8～15℃。有效温区的上限，昆虫因高温而生长发育被抑制，称临界高温，一般为 35～45℃。昆虫在发育起点温度以下的一定温度范围内并不死亡，而是因温度低呈休眠状态，称停育低温区。当温度恢复到有效温区内，昆虫仍可恢复生长发育。但若低温强度大，延续时间长，昆虫长期处于冷昏迷状态，也会引起死亡。温度继续下降，低于停育低温区，昆虫会因过冷而死亡，称致死低温区，其温度下限常不低于－40℃。同样，在高温临界以上有一个停育高温区，在此温度范围内昆虫的生长发育因温度过高而停滞。温度再高，昆虫因高温而死亡，称为致死高温区，一般在 45℃ 以上（图 1-50）。

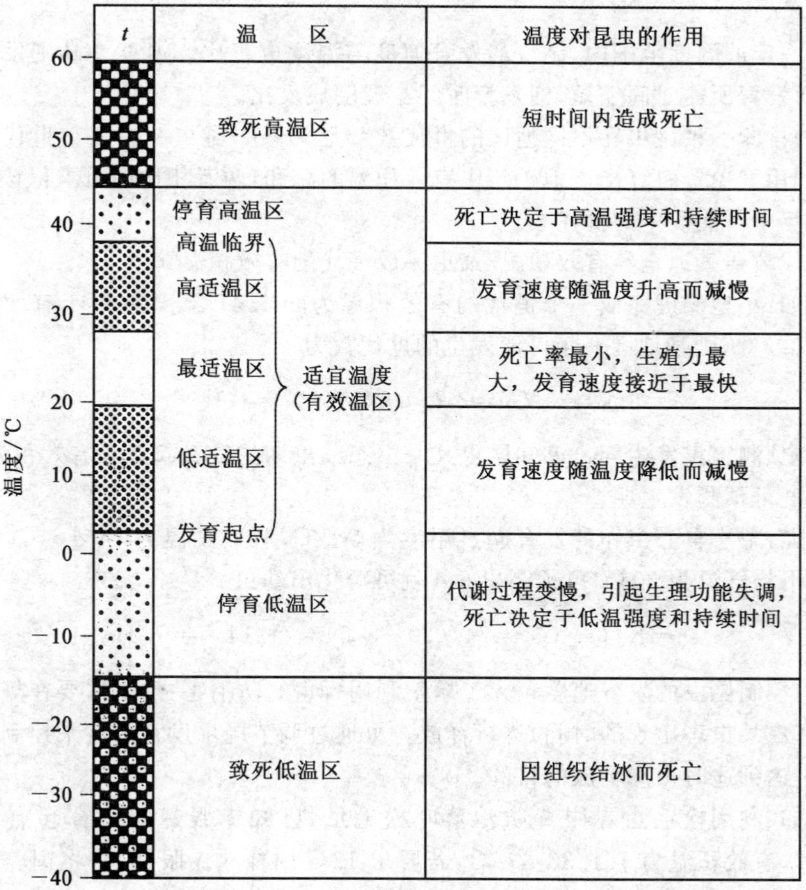

图 1-50　昆虫温区的划分和温带地区昆虫对温度的反应

2. 有效积温法则及其应用

有效积温法则是指昆虫为了完成一定的发育阶段(一个虫期或一个世代)需要一定的热量累积，并且完成这个阶段所需的温度累积值是一个常数。对昆虫发育起作用的温度是发育起点以上的温度，称有效温度，有效温度的累积值为有效积温(以摄氏度为单位)，用公式表示为

$$K=n(t-C) \text{或} n=K/(t-C)$$

式中：K 为有效积温，是一个常数；n 为发育天数；t 为观测温度；C 是发育起点温度，$(t-C)$为有效温度。如将发育天数 n 改为发育速度 v，可得 $v=(t-C)/K$ 或

$t=C+Kv$

在一定的温度范围内，昆虫的发育速度与温度成正比。温度增高则发育速率加快，而发育所需时间缩短，即发育时间与温度成反比。

(1)推测一种昆虫在不同地区的世代数　已知某一昆虫一个完整世代的有效积温，利用气象资料算出该地1年中有效积温的总和，两者相比即可求得该昆虫在当地1年中可能发生的世代数。

世代数＝某地全年有效积温/某虫完成一代的有效积温

例如：小地老虎完成一个世代的有效积温为504.47℃，某地常年有效总积温为2 220.9℃，则某地区一年可能发生的世代数为

$$N=K_1/K=2\,220.9/504.47=4(\text{代})$$

(2)预测害虫发生期　已知昆虫某一虫态或虫期的发育起点和有效积温，利用环境温度可预测发生期。

例如：梨小食心虫卵的发育起点温度为5.5℃，有效积温为74 d·℃，卵产下当时的平均气温为20℃，可预测出5 d就可孵化出幼虫。

$$n=K/(t-C)=74/(20-5.5)=74/14.5=5(\text{d})$$

(3)控制昆虫的发育速度　人工繁殖利用寄生蜂防治害虫，常需要在规定的时间(即害虫某虫态出现的时间)进行释放。可通过调节昆虫发育温度来控制它的发育速度，达到适时田间释放的目的。

例如：利用松毛虫赤眼蜂防治落叶松毛虫，已知赤眼蜂的发育起点温度为10.34℃，有效积温为161.36 d·℃，若要求12 d内释放赤眼蜂，需将饲养温度控制在23.8℃才能按时出蜂。

$$t=K/n+C=161.36/12+10.34=23.8℃$$

(4)推算昆虫发育起点温度和有效积温数值　发育起点温度可由实验求得：将一种昆虫或某一虫期置于两种不同温度下饲养，观察其发育所需时间，设2个温度分别为 t_1 和 t_2，完成发育所需天数为 n_1 和 n_2，则：$C=(n_2t_2-n_1t_1)/(n_2-n_1)$，将计算所得 C 值代入原式即可求得 K。

例如：槐尺蠖的卵在27.2℃条件下，经过4.5 d，在19℃条件下经过8 d完成发育，则得

$$C=(8\times19-4.5\times27.2)/(8-4.5)=8.5℃$$

代入有效积温公式：　$K=8\times(19-8.5)=84℃$

(5)预测昆虫地理分布的界限　如果当地全年有效积温总和不能满足某种昆

虫完成一个世代的积温(即 $N=(K_1/K)<1$),则这种昆虫在该地一年内不能完成一个世代,如果该虫是一年发生多代的昆虫(不是多年发生一代的昆虫),则将会成为地理分布的界限。

有效积温法则具有一定应用价值,但也有其局限性。首先,对于滞育性的昆虫不适用,因为很多昆虫的滞育不是因为发育起点以下的温度引起的。其次,昆虫栖息地的小气候总是与气象站得到的资料有差别,而且昆虫是生活在昼夜温差变化之中,在自然界的温度不可能总是在适温内变动。它只能反应昆虫在适温区的发育情况,反映不出温度过高或过低对昆虫发育的延缓或阻滞作用。同时,昆虫的生长发育不仅受温度影响,而且还受到湿度、食物等因素的综合影响。

(二)湿度

1.湿度对昆虫的生态学意义

湿度主要指的是水,大气中的湿度高低主要取决于降水,而小气候的湿度还与河流、灌溉、地下水及植被状况等有着密切关系。降水和湿度随地理区域的不同有很大差异,即使在同一地理环境中,每年、每月的变化也很大。因此,降水和湿度是很不稳定的因素。

水是昆虫进行生命活动的介质,昆虫体含水量一般为虫体重量的46%～92%。不同种类的昆虫、同种昆虫的不同虫态及不同的生理状态,虫体的含水量均不相同。通常幼虫的含水量最高,越冬期含水量最低。

昆虫获得水分的方式,一是从食物中获得水分,二是直接饮水,三是靠体内贮藏物的代谢产生,四是通过表皮吸水。昆虫失水的途径,一是通过排泄失水,还可通过体壁和气门蒸腾失水,另外昆虫在孵化、化蛹、羽化时也大量失水。昆虫保持水分的方式,主要通过形态、生理和习性上产生的种种适应,包括加厚体壁和增加蜡质,增强体壁的不透水性;增强直肠垫回收水分的作用,避免在排泄粪便时大量失水;关闭部分气门,减少失水通道;寻找湿度适宜的栖境等。

2.降雨对昆虫的影响

降雨与空气的湿度密切相关,因此某一地区的湿度大小常由该地区的降水量确定。降雨除了可改变大气或土壤湿度而影响昆虫外,还对昆虫具有直接杀伤作用。毛毛细雨,常有利于昆虫的活动,而暴雨则常会阻止昆虫的活动甚至使种群数量下降。

3.湿度对昆虫的影响

不同的昆虫和同种昆虫不同的发育阶段,对湿度的要求不同,昆虫对湿度的要求有一定的范围,一般低湿延缓发育天数,降低繁殖力和成活率,但湿度过高对昆虫也不利。

湿度主要通过影响虫体水分的蒸发和虫体的含水量，其次影响虫体的体温和代谢速度，从而影响昆虫的成活率、生殖力和发育速度，进而影响种群的消长。在昆虫卵孵化、幼虫蜕皮、化蛹、羽化时，如果大气湿度过低，往往大量死亡。有时因湿度过低可使产在植物上的卵块脱落或干瘪而死。干旱可影响昆虫性腺的发育，也影响交尾和雌虫的产卵量。

(三)温、湿度的综合作用

1. 温、湿系数及应用

温度与湿度总是同时存在，互相影响并综合作用于昆虫。对于一种昆虫来说，适宜的温度范围因湿度条件而转移；反之，适宜的湿度范围也因温度而转移。在适宜的温度范围内，昆虫对不适宜的湿度的适应力常较大。同样，在适宜的湿度范围内，昆虫对不同温度的适应力也会增加。在说明温湿度组合对昆虫的影响时，常采用温湿系数。温湿系数是相对湿度(或降雨量)与温度的比值：

$$Q = P/\sum(t-C) \text{ 或 } Q = RH/t$$

式中：Q 为温湿系数；P 为降雨量；$\sum(t-C)$ 为有效积温；RH 为平均相对湿度；t 为平均温度。

温湿系数公式可应用于各日、旬、月、年不同的时间范围。但温湿系数的应用范围必须限制在一定温度和湿度范围内，因为不同的温湿度组合可以得到相同的温湿度系数，而它们对昆虫的作用可能很不相同。

2. 气候图及应用

将一年中各月温度和湿度在坐标图上反映出来，用纵轴代表月平均温度，横轴代表月降雨量或平均相对湿度，将 12 个月的温湿度组合用线连起来，注明月份，即制成气候图。气候图可用于了解和分析一种害虫在地理分布上或发生程度上所需要的温湿度条件，对进行害虫地理分布和发生量的预测具有重要意义。但该图仅根据温度和湿度 2 个因素，故在应用上有一定的局限性。

(四)光

光对昆虫的作用主要包括光的辐射热、光的波长和光照周期 3 个方面。光可以直接影响昆虫的生长、发育、繁殖、存活、活动、取食和迁飞等，其中最主要的是影响昆虫的活动和行为，协调昆虫的生活周期。

光是一种电磁波，因波长不同，显示出不同的性质。太阳光通过大气层到达地球的光波长范围为 290～2 000 nm，人眼可见的光波为 390～750 nm，超过或低于此光波的长度都是人眼不可见的光。昆虫的可见光在 250～700 nm 之间，也就是说昆虫不能看到红光，却可看到人眼看不到的紫外光。

许多昆虫都有趋光性，昆虫的趋光性与光的波长关系密切，多种昆虫对 330～400 nm 的紫外光有较强趋性，夜出性昆虫的这种趋性最为显著。园林植物生产上常利用昆虫的这种视觉特点，采用黑光灯（波长为 360 nm）诱集和防治害虫。

光的强度对昆虫的活动与行为也有一定影响，表现在昆虫的日出性和夜出性等昼夜活动节律的不同。如蜂、蝇、蝶等喜欢在白昼活动；夜蛾、蚊类、金龟甲等喜欢在夜间活动；蛾类喜欢在傍晚活动；有些则昼夜都可活动，如天蛾、天蚕蛾、蚂蚁等。

昼夜交替在一年中周期性的变化称为光周期，光周期对昆虫的生理活动也有明显的影响，并具有不同程度的遗传稳定性。光照时间及其周期性变化是引起昆虫滞育的重要因素。如短日照的来临，预示着冬季即将到来，对某些昆虫越冬滞育起信号作用。桃蚜在长日照条件下，产生大量无翅蚜；在秋季短日照条件下则产生两性蚜，并飞向越冬寄主产卵越冬。

（五）风

风能直接影响昆虫的垂直分布和水平分布，风能影响蒸发，从而影响温、湿度，影响昆虫的生长发育。许多昆虫可借助风的水平作用，进行远距离的扩散传播。如蚜虫可借助风力迁移 1 220～1 440 km 的距离。垂直上升的气流，能把许多小型昆虫带到高空，并传播到远方。暴风雨不但影响昆虫的活动，还造成种群大量死亡。

三、土壤因素的影响

土壤是昆虫的一个特殊的生态环境，有些昆虫终生生活在土壤中，有很多昆虫以一个虫期或几个虫期生活在土中。土壤是由固体颗粒、水和空气所组成。这 3 种体态的不同组合构成土壤不同的温度、湿度、通气状况、机械组成和化学特性，这些都与生活在土壤中的昆虫有着密切的关系。

（一）土壤温度

土壤温度是影响昆虫最为重要的环境因子，土壤温度的变化主要与太阳辐射和有机物的发酵热有关。不同的土栖昆虫可以在不同的土壤深度找到所需的温度，加上土壤的保护作用，土壤成了昆虫越冬和越夏的良好场所。随着季节和土壤温度的变化，而作垂直移动。秋季温度下降，土栖昆虫向下层移动，气温愈低，在土中潜伏愈深。春季天气渐暖，向上层移动。不仅如此，昆虫也随一天中土温的变化而在土中上下移动。

（二）土壤湿度

土壤湿度包括土壤水分和土壤缝隙内的空气湿度，主要来源为降雨和灌溉。土壤空气中的湿度，除表层外总是处于饱和状态，因此土壤昆虫不会因为湿度过低而死亡。

土壤的干湿程度影响着土壤昆虫的分布和危害。如细胸金针虫主要分布在含水量较多的低洼地，沟金针虫则主要分布在旱地草原。沟金针虫在春季干旱年份如果表土层缺水，则会影响幼虫的上升活动。另一方面，土壤水分过多也不利于地下害虫的生活。

在土壤中越冬的昆虫，出土的数量和时间，受土壤含水量的影响很显著。在土壤中产卵的昆虫，产卵时对土壤含水量有一定的要求。

此外，土壤湿度大时往往促进致病微生物的发展，易使土壤内的昆虫致病而亡，从而减少土壤中昆虫的密度。

（三）土壤的理化性质

根据组成颗粒大小，将土壤分为沙土、壤土和黏土等类型。土壤的颗粒结构影响土栖昆虫的分布及活动。如蝼蛄喜欢含沙质较多而湿润的土壤，尤其喜欢经过犁耕，施有厩肥的松软田地，在黏性大而结实的土壤中发生少。

土壤因氢离子和氢氧根离子含量不同，表现出不同的酸碱性，土壤可分为酸性土、中性土和碱性土。土壤的酸碱性和有机质含量及其他特性对土栖昆虫的分布、种群数量和种类组成均具影响。如金针虫喜在酸性（pH 5～6）土壤中生活，种蝇常选择湿润的含有肥料尚未腐熟的土壤中产卵。

四、生物因素的影响

生物因素是指环境中一切有生命活动的生物，它们之间存在着相互制约的关系。昆虫本身是环境中生物因素的组成部分，又和其他生物有着密切联系。生物因素既影响昆虫的生长发育、繁殖和分布，又影响昆虫的种群数量变化。

（一）食物对昆虫的影响

食物是影响昆虫最为重要的生物因素，没有食物，昆虫就不能生存。

1. 昆虫的食性

昆虫在长期进化过程中，形成了各自特有的食性，按照食物的性质和来源，可将昆虫分为植食性、肉食性、杂食性、腐食性、粪食性等。植食性以植物为食料，包括大多数的园林植物害虫，如舞毒蛾、金龟子等。肉食性主要以动物为食料，绝大多数是益虫，如七星瓢虫、草蛉等。杂食性既吃植物性食物，又吃动物性食物，如胡蜂，蜚蠊等。腐食性以死亡的动植物组织及其腐败物质为食，如埋藏甲、蝇类幼虫。粪食性以动物的粪便为食，如蜣螂。

按照取食方式又可分为捕食性和寄生性。

按照昆虫取食范围广窄，又可分为单食性、寡食性和多食性。单食性即只取食一种动物或植物的昆虫，如梧桐木虱等。寡食性能取食同属、同科和近缘科的几种植物，如柑橘凤蝶、菜粉蝶等。多食性能取食多科、多属的植物，如地老虎、黄刺蛾等。每种昆虫都有它最喜食的植物种类，在取食喜食植物时，昆虫的发育较快，死亡率低，生殖力高。反之则相反。

2. 植物的抗虫性

由于长期自然选择和人工选择的结果，植物对昆虫的取食危害产生了抗性反应，称为植物的抗虫性。根据抗虫性的机制，可分为三大类：一是不选择性，即植物的形态、组织上的特点和生理生化上的特性，或体内的某些特殊物质的存在，阻碍昆虫对植物的选择，或由于植物物候期与害虫的危害期不吻合，使局部或全部避免危害。二是抗生性，即植物被取食后不能全面满足昆虫的营养需要、或植物体内含有对昆虫有毒的物质、或植物体内缺少某些昆虫发育所需要的特异物质，因而害虫取食后引起发育不良，寿命缩短，生殖力减弱，甚至死亡。三是耐害性，即某些植物受害后，具有很强的生长能力以补偿或减轻被害损失。

3. 食物链与食物网

生物之间通过取食和被取食，形成一条链状的食物关系，环环相连，扣合紧密，这种现象称为食物链。自然界中的食物链并非单一的直链，而是由许多交错联系的食物链结合在一起，构成多分支的结构称食物网。在食物网中，各种生物都按一定的作用和比重，占据一定的位置，互相依存，互相制约，达到动态平衡。食物链中任何一个环节的变动，必将引起整个群落组合的改变。这是人们人为地改变园林植物或引用新的捕食性或寄生性昆虫以改变自然界生物群落的理论基础。

(二)天敌对昆虫的影响

害虫的生物性敌害，通称为害虫天敌。天敌的种类很多，有捕食性天敌、寄生性天敌和致病微生物三大类。

1. 捕食性天敌

捕食性天敌包括捕食性昆虫、食虫鸟类、两栖类和蜘蛛等，其中种类最多，数量最大的是捕食性昆虫。如瓢虫、草蛉、食蚜蝇、步甲、虎甲等。许多捕食性昆虫已被生产上大面积用于防治害虫。如利用澳洲瓢虫防治柑橘吹绵介壳虫。

2. 寄生性天敌

寄生性天敌种类很多，主要是寄生性膜翅目和双翅目昆虫，如姬蜂、茧蜂、赤眼蜂、寄蝇等。目前赤眼蜂已在生产上大面积用于防治害虫，效果很好。昆虫的寄生性通常有下列几种现象：单寄生，即 1 个寄主只被 1 个寄生物所寄生。如 1 头姬蜂通常只在 1 头鳞翅目幼虫体内或体外寄生。多寄生，即 1 个寄主被两个以上同种寄生物所寄生。如赤眼蜂在较大的卵粒内，可同时寄生 10～100 个个体。共寄生，即1个寄主体内有2种或2种以上的寄生物同时寄生，常见的有寄蝇和姬蜂可同时寄生在一种昆虫的幼虫体内。重寄生，即1种寄生物寄生在寄主体内，另一种寄生物又在第一种寄生物上寄生，第一种寄生物为原寄生物，第二种寄生物则称为重寄生物。

3.致病微生物

(1)昆虫病原真菌　全世界已发现500多种，昆虫病原真菌靠产生大量孢子扩散流行，从昆虫体壁侵入体内，菌丝在体腔内增殖，然后入侵主要器官，分泌毒素使寄主死亡。寄主死亡后，从表皮长出孢子和孢子梗。自然条件下，真菌病的流行蔓延需要合适的温度和湿度，在适温和高湿条件下极易流行。常见的真菌病害有白僵菌、绿僵菌、虫霉菌等。应用最为成功的真菌为球孢白僵菌，其寄主范围很广，可侵染鳞翅目、鞘翅目、同翅目、膜翅目、直翅目及螨类等200多种寄主。分生孢子寿命很长，可以制成干粉长期保存，便于工业化生产，目前已用于防治多种园艺害虫。

(2)昆虫病原细菌　细菌种类多且繁殖快，昆虫染病后的共同特征是行动迟缓，食欲减退，烦躁不安，口腔和肛门常有排泄物。昆虫死亡后体躯软化，体壁破裂，流出黏液，具有臭味。目前已发现的昆虫病原细菌有100多种，研究应用较多的是芽孢杆菌，其中苏云金杆菌已在国内外被广泛工业化生产，制成Bt制剂，用于防治多种害虫。

(3)昆虫病原病毒　昆虫感染的病毒病主要有核多角体病毒、质多角体病毒、颗粒体病毒、多形体病毒等，其中以核多角体病毒和颗粒体病毒最为重要，如侵染斜纹夜蛾、菜青虫的核多角体病毒等。在自然状态下，病毒主要通过带毒食物或排泄物或借媒介传播而感染。感染后表现食欲减退，腹足紧抓树梢下垂而死。表皮破裂后流出大量病毒液体，但无臭味，可与细菌病相区别。

五、化学因素的影响

昆虫具有感受化学物质刺激的感觉器官，因此环境中的化学因素对于昆虫的交尾、生殖、群集、寄主选择、自卫反应等都具有重要作用。

(一)化学因素对昆虫取食的影响

物种之间存在着取食和被取食的关系，这种关系的建立，是一些微量化学物质在起作用。如菜粉蝶产卵于十字花科蔬菜上，是因为这些蔬菜中含有芥子油，而对这些昆虫有明显的引诱作用。

许多植物中含有类蜕皮激素或保幼激素的类似物，昆虫取食这些植物后不能正常生长发育而死亡。

(二)化学因素对昆虫生殖的影响

同种昆虫雌雄成虫交尾靠的是性外激素的引诱,这类物质多是雌性分泌招引雄虫,但也有雄虫分泌招引雌虫的。性外激素具极强的专化性,只在同种不同性别个体间发生作用。目前生产上已有多种人工合成的性诱剂,用于园林植物害虫的测报和防治。

(三)化学因素对昆虫活动的影响

许多昆虫有群集现象,一般是性外激素在起作用。昆虫的自卫能力也与化学物质有关。如姬蜂在寄主上产卵后留下的物质,告警其他姬蜂不再产卵,以保证自己后代的安全繁衍。蚜虫受到天敌攻击时,腹管可分泌警戒物质,作用于同种中的不同个体,使其他蚜虫迅速逃离散开。

六、人为因素的影响

人为生产活动是一种强大的改造自然的因素。人类活动具有双重作用,适宜的活动可使生态系统向着有利于人类而不利于害虫方向发展,相反则有可能破坏生态平衡,助长害虫传播蔓延,甚至造成猖獗危害。人类活动对昆虫的影响主要有以下几个方面。

(一)改变一个地区的农田生态系

通过人类从事林园农事活动,如基本建设、兴修水利、改变耕作制度、引进推广新品种、变换种植的植物等。由于当地生态系统的变化,改变了昆虫的生存条件,而从生态上控制了害虫的发生。

(二)改变一个地区的昆虫种类组成

人类频繁地调引种苗,扩大了害虫的地理分布范围,如美国白蛾、苹果棉蚜的传入。相反,天敌的引进和利用,抑制了害虫的数量和猖獗程度。如四川、湖北等柑橘产区从外地引进澳洲瓢虫或大红瓢虫,成功地控制了柑橘吹绵蚧的危害。

(三)改变昆虫的生态环境

人类的各种农业措施,如中耕除草、施肥灌溉、整枝修剪等,因改变了害虫赖以生存的环境条件,从而达到减少害虫发生而保护益虫的目的。

(四)直接控制害虫

园林生产中通常采用农业的、化学的、物理的、生物的等各种方法防治害虫,从而直接或间接的杀死害虫。而目前提倡的害虫综合治理,则是综合运用各种防治措施,达到既控制害虫发生,保证园林生产,同时还可保护环境,以取得期望的经济效益和生态效益。

信息链接

昆虫与人类

1992年6月28日，世界各国3 000多位昆虫专家齐聚北京，参加“国际第十九届昆虫大会”，大会主题就是——昆虫与人类。小小的昆虫，登上了人民大会堂的主席台，可见昆虫与人类的关系是何等的重要。

昆虫是动物界中最大的一个类群，无论是个体数量、生物数量、种类与基因以及它们在生物多样性中都占有十分重要的地位。昆虫与人类的关系复杂而密切，有些昆虫给人类带来深重的灾难，有些种类给人类提供了丰富资源。因此，我们需要用辩证的目光看待昆虫与人类社会的关系。

如果你想进一步了解昆虫与人类的益害关系，请上网搜索“昆虫与人类”。如果你对昆虫感兴趣，请在网上阅读法国杰出昆虫学家法布尔的传世佳作《昆虫记》。如果你想更深入地研究昆虫，请查阅有关昆虫学专著。相信你一定会从中受益。

【职业技能实训】

一、昆虫外部形态观察及各虫态识别

(一)目的要求

认识昆虫体躯外部形态的一般特征，学会区分完全变态和不完全变态，掌握昆虫各虫态主要类型的形态特征，为正确识别害虫和学习昆虫分类奠定基础。

(二)材料和用具

材料：粉蝶、天蛾、螟蛾、夜蛾、椿象、蝗虫、瓢虫、草蛉等的卵或卵块；蝗虫、有翅蚜虫、椿象类的若虫；瓢虫类、蛾类、蝶类、蝇类、金龟甲类、尺蠖类、叶蜂类、象甲类、寄生蜂类的成虫、幼虫和蛹；螳螂、龙虱、金龟甲、步甲、蚜虫、蓟马、草蛉等足的类型盒装标本，地老虎、蚜虫成虫性二型和多型性标本，完全变态和不完全变态生活史标本、浸渍标本、针插标本和有关挂图。

用具：放大镜、实体显微镜、解剖镜、镊子、挑针、搪瓷盘、泡沫塑料板等。

(三)内容及方法

1.昆虫外部形态观察

(1)昆虫体躯的观察　用放大镜观察蝗虫的体躯,注意体外包被的外骨骼,体躯分节情况和头、胸、腹3个体段的划分,触角、复眼、单眼、口器、足、翅以及气门、尾须、雌雄外生殖器的着生位置和形态。

(2)昆虫触角的观察　用实体显微镜或放大镜观察蜜蜂触角的柄节、梗节、鞭节的构造。对比观察蝗虫、蝉、蛾类、蝶类、椿象、金龟甲、步甲、蝇类的触角,以辨识触角的不同类型。

(3)昆虫胸足的观察　观察蝗虫足的基节、转节、腿节、胫节、跗节、爪和中垫的构造。对比观察蝼蛄的前足、步甲足、蝗虫的后足、螳螂的前足、蜜蜂的后足、龙虱的后足,辨认昆虫足的类型及特点。

(4)昆虫翅的观察　观察蛾类成虫的前翅,了解昆虫翅的构造及分区。对比观察蝗虫、蛾类、蜂类、草蛉的前后翅,蝽类、金龟甲类的前翅,蝇类的后翅,在实体显微镜下观察蓟马类的前后翅,了解昆虫不同类型翅的质地和特征。

(5)昆虫口器的观察

①咀嚼式口器:用镊子取下蝗虫口器的上唇、上颚、下颚、下唇和舌观察咀嚼式口器的构造。

②刺吸式口器:在实体显微镜下用解剖针将蝉或椿象的口针挑出,分开上、下颚口针进行观察,注意各部分与咀嚼式口器的区别。

③虹吸式口器:观察蛾类昆虫示范标本。

④昆虫的口式:观察步甲、蝗虫、椿象的口器,注意口器与身体纵轴的方向。

2.昆虫的变态观察和虫态识别

(1)变态类型的观察　比较完全变态和不完全变态昆虫的生活史标本的主要区别。

(2)卵的识别　观察供试昆虫的卵,注意卵的类型、卵粒形态、卵块排列、卵外有无保护物。

(3)若虫形态的观察及识别　观察比较蝗蝻、椿象、有翅蚜虫等若虫与成虫在形态上的异同,注意翅芽的形态。

(4)幼虫形态的观察及识别　观察瓢虫、蛾类、蝶类、金龟子、尺蠖类、叶蜂类、象甲类等的幼虫与成虫的显著区别,注意各种幼虫所属的类型及特征。

(5)蛹的观察及识别　观察蛾类、蝶类、金龟甲、蜂类、蝇类等蛹的形态,注意各种蛹所属的类型及特征。

(6)成虫性二型和多型性现象的观察　观察蚜虫、介壳虫、尺蠖等成虫,注意形态上的变化。

(四)作业

(1)昆虫的咀嚼式口器与刺吸式口器在构造上有何不同?

(2)昆虫的足由哪几部分构成?蝗虫、蜜蜂的后足,蝼蛄、螳螂的前足各属何种类型?

(3)举例说明不完全变态与完全变态有哪些主要区别。

(4)指出所观察昆虫的卵、幼虫、蛹各属何种类型。

附:双目实体显微镜使用方法和保养

(一)双目实体显微镜的类型和构造

常用的双目实体显微镜有连续变倍实体显微镜和转换物镜的实体显微镜两种,它们的结构都是由底座、支柱、镜体、目镜套筒及目镜、物镜、调焦螺旋、紧固螺丝、载物盘等组成(图 1-51)。

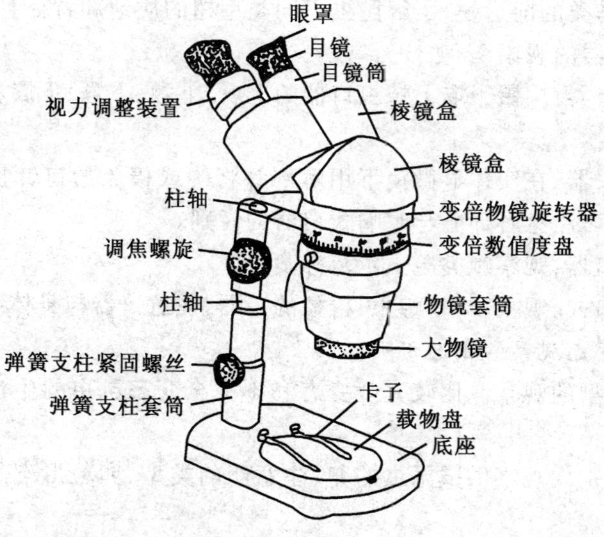

图 1-51 XTB-01 型连续变倍实体显微镜

(二)双目实体显微镜的使用方法及注意事项

以 XTB-01 型连续变倍实体显微镜为例,其操作步骤如下:

(1)根据观察物体颜色选择载物台(有黑白两色),使观察物衬托清晰,并将观察物放在载物圆盘上,裸露标本或浸渍标本,应先放在载玻片上或培养皿中,然后放在载物圆盘上。把放大环上刻值"|"对准下面的标志。

(2)转动左右目镜座,调整两目镜间距,再调整工作距离。松开紧固手柄,使镜体缓慢升降至看见焦点时,然后紧固手柄。最后用调焦手轮,调至物像清晰为止。调焦距时,应先粗调后细调,先低倍后高倍的寻找观察物。调焦螺旋内的齿轮有一定的活动范围,不可强扭以免损坏齿轮。

(3)如需变换倍数,可用手旋转变倍转盘,观察放大指数环下面的标记,直至所需倍数为止。

(4)一个目镜筒装有视力调节装置,可根据使用者两眼视力的不同进行调节。

(三)双目实体显微镜的保养

(1)双目实体显微镜为精密光学仪器,不用时必须置于干燥、无灰尘、无酸碱蒸气的地方,特别应做好防潮、防尘、防霉、防腐蚀的保养工作。

(2)取动时,必须一手紧握支架,一手托住底座,保持镜身垂直,轻拿轻放。使用前需要掌握其性能,使用中按规程操作,使用后应及时降低镜体,取下载物台面上的观察物,清洁镜体,按要求放入镜箱内。

(3)透镜表面有灰尘时,切勿用手擦拭,可用吹气球吹去,或用干净的毛笔、擦镜纸轻轻擦去。透镜表面有污垢时,可用脱脂棉蘸少许乙醚与酒精的混合物(7∶3)或二甲苯轻轻擦净。

二、等翅目、直翅目、半翅目、同翅目、缨翅目昆虫及主要科形态识别

(一)目的要求

认识直翅目、等翅目、半翅目、同翅目、缨翅目的基本特征、分类特征和生物学特性,了解各目代表科成、若虫的主要特征和区别。

(二)材料和用具

材料:白蚁、蝗虫、蝼蛄、蟋蟀、螽斯、茶翅蝽、网蝽、猎蝽、盲蝽、蚱蝉、叶蝉、蜡蝉、蚜虫、粉虱、木虱、介壳虫、蓟马等针插标本、玻片标本、浸渍标本、盒装生活史标本和有关挂图。

用具:实体显微镜、扩大镜、镊子、挑针、载玻片、培养皿等。

(三)内容与方法

1.等翅目形态观察

以白蚁为代表观察等翅目昆虫的基本特征,注意触角形状、口器类型、前后翅的特点等,观察生活史标本,注意变态类型、雌虫与雄虫的区别等。

2.直翅目及其代表科的观察

观察蝗虫、蝼蛄、蟋蟀和螽斯,注意听器的位置、形状,触角的类型、口器的类型、前后翅、足的类型、产卵器的形状等,将这些特征进行比较,找出本目的共同特

征及代表科之间的异同点。

3. 半翅目及其代表科的观察

以椿象为代表观察半翅目昆虫的基本特征，注意头式、喙的着生位置和形状，触角的类型，前翅的分区及翅脉的变化等，并对比观察蝽科、网蝽科、盲蝽科、猎蝽科、缘蝽科等代表科的形态特征。

4. 同翅目及其代表科的观察

以蚱蝉为代表观察同翅目昆虫的基本特征，注意头式、喙的着生位置，触角的形状，前翅的质地，产卵器的形状与雌雄辨别，足的特点等，并对比观察蝉科、蜡蝉科、叶蝉科、蚜虫科、粉虱科、木虱科、介壳虫科的识别要点。

5. 缨翅目及其代表科的观察

观察蓟马玻片标本或新鲜实物标本，注意体型、大小，翅的形状、类型、翅脉，产卵器等，并对比观察管蓟马科和蓟马科的区别特征。

(四)作业

(1)列表比较等翅目、直翅目、半翅目、同翅目、缨翅目的主要形态特征。

(2)列表比较半翅目蝽科、网蝽科、盲蝽科、猎蝽科、缘蝽科的主要特征。

(3)列表比较同翅目蝉科、蜡蝉科、叶蝉科、蚜虫科、粉虱科、木虱科、介壳虫科的主要特征。

三、鞘翅目、鳞翅目昆虫及主要科形态识别

(一)目的要求

掌握鞘翅目、鳞翅目的特征，两个亚目的区别特征，主要代表科的特征及其相互区别。

(二)材料和用具

材料：步甲、虎甲、吉丁甲、叩头甲、金龟甲、瓢甲、叶甲、天牛、象甲、蠹甲、粉蝶、凤蝶、蛱蝶、木蠹蛾、螟蛾、夜蛾、卷蛾、尺蛾、斑蛾、刺蛾、舟蛾、毒蛾、灯蛾、枯叶蛾、天蛾、透翅蛾、蓑蛾、潜蛾等针插标本、幼虫浸渍标本、生活史标本和有关挂图。

用具：实体显微镜、扩大镜、镊子、挑针、载玻片等。

(三)内容与方法

1. 鞘翅目、两亚目及其主要科的观察

以步甲与金龟甲为代表，观察鞘翅目及两亚目的基本特征，对比观察步甲与虎甲，叩头甲与吉丁甲，瓢甲、叶甲与天牛，金龟甲，象甲，小蠹等科的成虫、幼虫基本特征及其相互区分。

2. 鳞翅目、两亚目及其主要科的观察

以天蛾和凤蝶为代表，观察鳞翅目及两亚目的基本特征，对比观察粉蝶、蛱蝶与凤蝶的区别，螟蛾、夜蛾、舟蛾、灯蛾、毒蛾、斑蛾、刺蛾、尺蛾、蓑蛾、透翅蛾等的区别，木蠹蛾、天蛾、枯叶蛾科等成虫、幼虫的基本特征及区别。

(四)作业

(1)列表比较鞘翅目、鳞翅目及两亚目的主要特征。

(2)列表比较吉丁甲、叩头甲、金龟甲、瓢甲、叶甲、天牛、象甲、蠹甲成虫的主要区别特征1～2条。

(3)指出粉蝶、凤蝶、夜蛾、螟蛾、尺蛾、刺蛾、斑蛾、舟蛾、蓑蛾、灯蛾、天蛾、枯叶蛾科成虫主要识别特征1～2条。

四、膜翅目、双翅目、脉翅目、螨类及主要科形态识别

(一)目的要求

掌握膜翅目、双翅目、脉翅目及亚目和主要代表科的特征及其相互区别，认识蛛形纲、蜱螨目的主要特征。

(二)材料和用具

材料：月季叶蜂、月季茎蜂、姬蜂、茧蜂、纹翅小蜂、瘿蚊、种蝇、美洲斑潜蝇、食蚜蝇、寄蝇、草蛉、蜘蛛、叶螨等针插标本、浸渍标本、玻片标本、生活史标本和有关挂图。

用具：实体显微镜、扩大镜、镊子、挑针、载玻片等。

(三)内容与方法

1. 膜翅目及两亚目和主要科的观察

以月季叶蜂和姬蜂为代表，观察膜翅目及两亚目的基本特征，对比观察叶蜂与茎蜂，姬蜂与茧蜂、小蜂与纹翅小蜂科的形态特征及其相互区分。

2. 双翅目及其主要科的观察

以食蚜蝇为代表，观察双翅目昆虫的基本特征，对比观察瘿蚊与食蚜蝇、种蝇、潜蝇与寄蝇科的形态特征和相互区别。

3. 脉翅目及主要科的观察

以草蛉为代表，观察脉翅目的基本特征，观察草蛉科的生活史标本或成、幼虫标本，注意观察成虫前后翅大小、翅型与脉纹。

4. 蛛形纲、蜱螨目的观察

以蜘蛛和叶螨为代表，观察蛛形纲蜘蛛和蜱螨的基本特征，注意昆虫与蜘蛛、蜘蛛与蜱螨的区别。

(四)作业

(1)列表比较膜翅目、双翅目、脉翅目、蜱螨目的主要特征。

(2)指出叶蜂、茎蜂、姬蜂、茧蜂、小蜂、纹翅小蜂科成虫的主要区别特征1～2条。

(3)指出瘿蚊、种蝇、潜蝇、食蚜蝇科成虫主要识别特征1～2条。

五、园林植物昆虫标本的采集、制作和鉴定

(一)目的要求

掌握昆虫标本采集、制作和保藏的技术与方法,学会昆虫鉴定的一般方法,了解当地昆虫的主要目科和优势种类、天敌昆虫的种类以及生活环境和主要习性,为本地园林植物害虫的准确鉴定和综合治理奠定科学基础。

(二)材料和用具

1. 昆虫标本的采集用具

主要有捕虫网、吸虫管、毒瓶、指形管、三角纸包、采集盒、采集袋、镊子、枝剪等。

(1)捕虫网　按用途可分为气网、扫网和水网3种,均由网框、网袋和网柄3部分组成。气网用于采集空中飞行的昆虫。扫网用来扫捕杂草或树丛中隐藏的昆虫,因而网袋要用白布或亚麻布制作,通常网袋底端开一小孔,使用时扎紧或套一个塑料管,便于取虫。水网用来捞取水生昆虫,网袋常用透水良好的铜纱或尼龙筛网等制作(图1-52)。

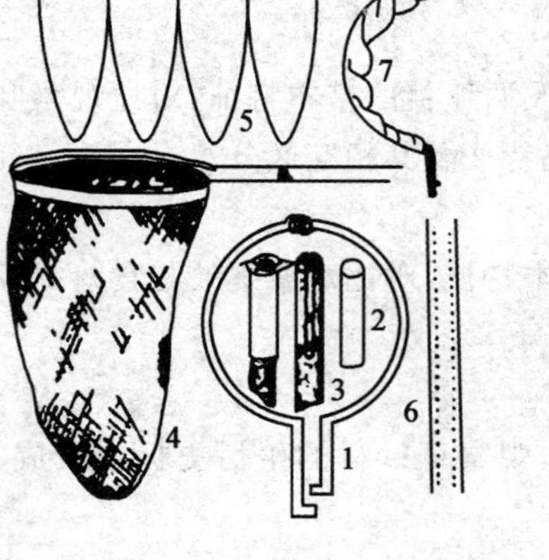

1. 网框　2. 铁皮网箍　3. 网柄　4. 网袋
5. 网袋剪裁形状　6. 网袋布边　7. 卷折的网袋

图1-52　气网的构造

(2)吸虫管　用来采集身体脆弱不易拿取的微小昆虫,如飞虱、蓟马、蜂等。常用的吸虫管是直径40 mm,长130 mm的有底玻璃管,在软木塞的盖上穿两根细玻璃管,其中一根玻璃管的外端,接上胶皮管并安上吸气球,瓶内的一端捆上纱布;另一根玻璃管弯成直角,使用时对准要采集的小虫,按动吸气球便将小虫吸入瓶中(图1-53)。

(3)毒瓶　用来迅速杀死采集的昆虫。可用严密封盖的广口瓶做成,最下层放氰化钾或氰化钠毒剂,上铺一层锯末或其他替代品,压平后再在上面加一层石膏粉,稍加震

动使石膏摊平,再滴上清水,待 10 h 后石膏硬化,上铺一层吸水纸。为避免虫体互相碰撞,可在毒瓶中放一些细长的纸条(图 1-54)。氰化物为剧毒物质,在制作或使用时应特别注意安全;破损的毒瓶要深埋处理。也可用棉球蘸上乙醚、氯仿或敌敌畏置于瓶内,上用带孔的硬纸板或泡沫塑料隔开,制成临时用毒瓶。由教师做示范,并讲解使用方法和注意事项。

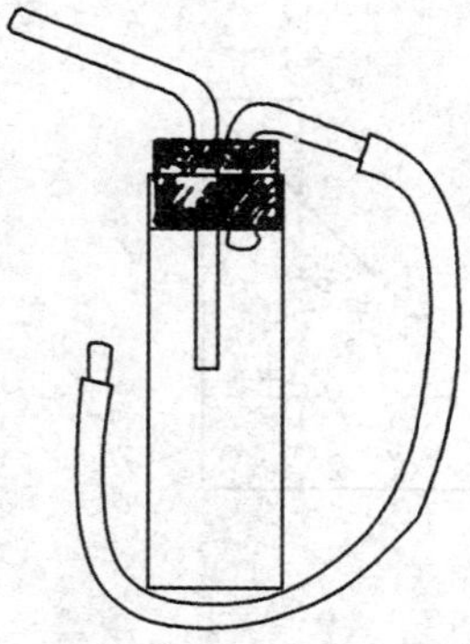

图 1-53　吸虫管

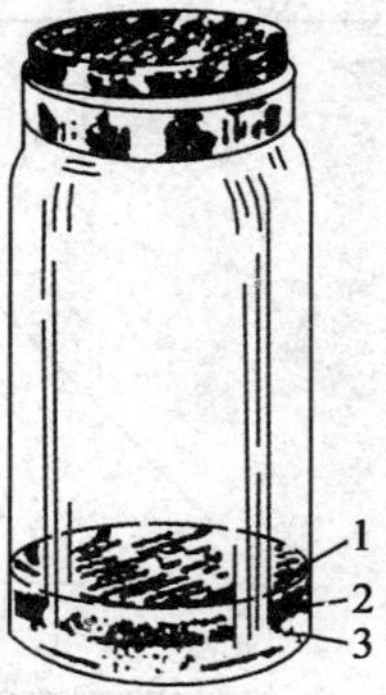

1. 石膏　2. 锯末　3. 氰化钾

图 1-54　毒瓶

(4)三角纸包　用来包装野外采集和暂时保存或毒死的蝴蝶标本。用优质光滑半透明的薄纸,裁成 3∶2 的长方形纸片,将中部按 45°斜折,再将两端回折,制成三角形纸包,可大小多备几种(图 1-55)。

(5)指形管　用来盛放各种活的或已毒死的小虫。指形管和小瓶要配以合适的软木塞或橡皮塞,大小可根据需要选用。废弃的抗生素类小瓶也可替代使用。

(6)活虫盒　用来盛放需带回饲养的活虫,以及需制作成浸渍标本的卵、幼虫、蛹等。可用铁皮、铝等制成,盖上装一块透气的铜纱和一带活盖的孔(图 1-56)。

(7)采集盒　盛装包有蝴蝶等怕压的三角纸包等,可用硬性的纸盒和铝制的饭盒代替(图 1-57)。

(8)采集袋　用于盛装毒瓶、指形管、放大镜、镊子、剪刀、三角纸包等小用具的特制挂包,采集袋内有许多大小不一的袋格,具体形式可按要求自行设计。

(9)其他用具　如采集具有假死性昆虫的采集伞、诱集具有趋光性昆虫的诱虫灯、诱集具有趋化性昆虫的诱蛾器等。此外,镊子、砍刀、枝剪、手锯、手持扩大镜、毛笔、铅笔、记录本等都是必不可少的用品。

2. 昆虫标本的制作工具

主要有昆虫针、三级台、展翅板、整姿台、台纸、黏虫胶、还软器,以及镊子、剪

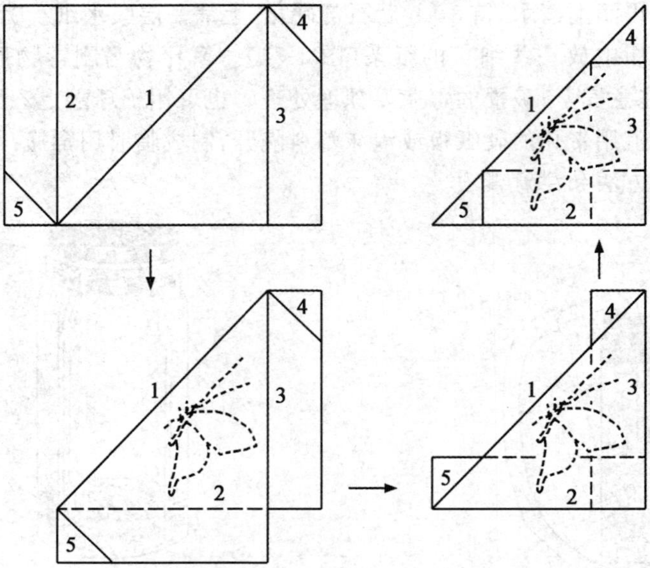

数字代表折叠的顺序

图 1-55 三角纸的用法

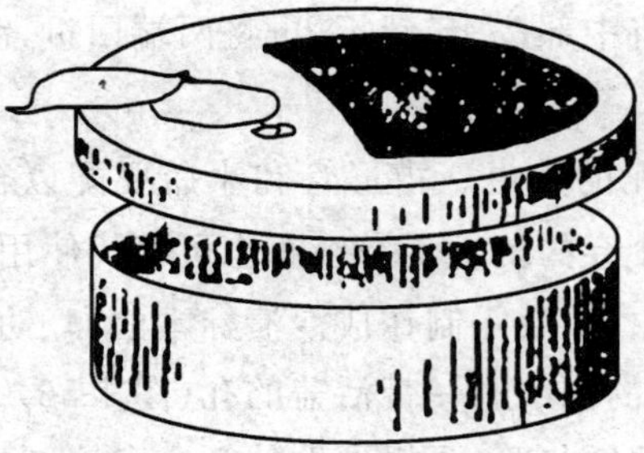

图 1-56 活虫盒

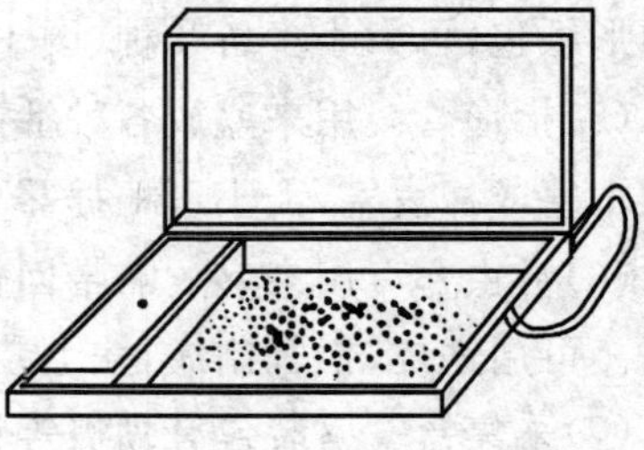

图 1-57 采集盒

刀、大头针、透明纸条等。

(1)昆虫针　用于固定昆虫，为不锈钢针，长度为 38.45 mm，按粗细分为 00、0、1、2、3、4、5 七个型号，号数越大，针越粗，用于针插大小不同的虫体。

(2)三级台　可使昆虫标本、标签在昆虫针上的高度一致，保存方便，整体美观。可用木料或塑料做成，长 75 mm，宽 30 mm，高 24 mm，分为 3 级，每级高 8 mm，中间有一小孔(图 1-58)。

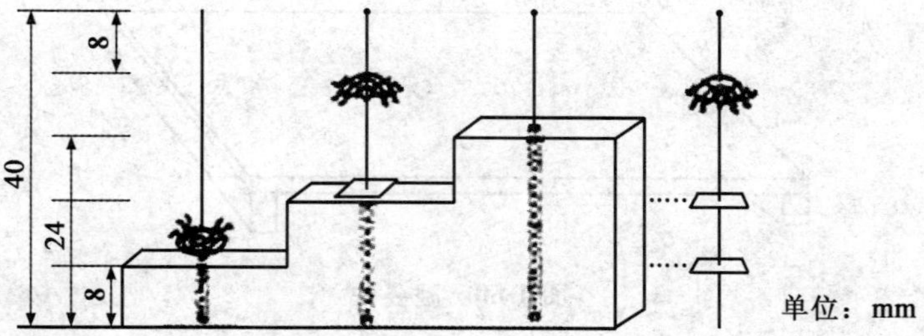

图 1-58　三级台

(3)展翅板　用于伸展昆虫的翅。展翅板用软木做成，长约 330 mm，宽约 80 mm，底部为一整块木板，上面装上 2 个宽约 30 mm 的木板，略微向内倾斜，其中一块木板可活动，以便调节木板间缝隙的宽度。板缝底部装有软木条或泡沫塑料条。目前多用泡沫板来代替，注意厚度要在 20 mm 左右，中央刻一沟槽即成(图 1-59)。

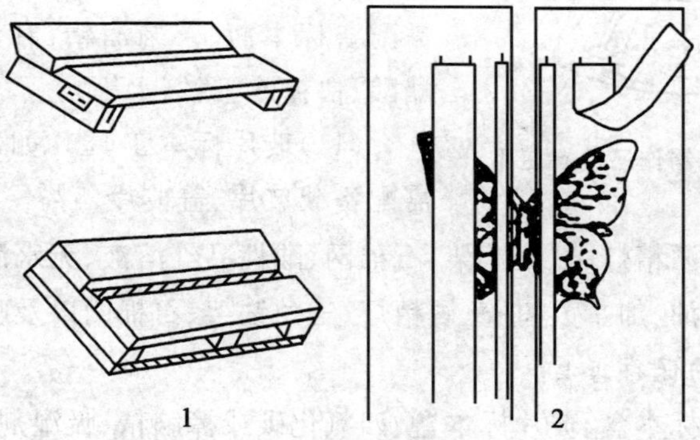

1. 未展翅　2. 已展翅

图 1-59　展翅板

(4)整姿台　用于整理昆虫附肢的姿势。用松软木材泡沫板做成，长280 mm，宽 150 mm，厚 20 mm 的木板，两头各钉上一块高 30 mm、宽 20 mm 的木条做支柱，板上有孔。现多用厚约 20 mm 的泡沫板代替(图 1-60)。

(5)台纸　制作小型昆虫标本用。用硬的白纸，剪成小三角形(底 3 mm，高 12 mm)或长方形(12 mm ×4 mm)的纸片。

(6)黏虫胶　用于修补昆虫标本的虫胶或万能胶。

(7)还软器　用于软化已经干燥的昆虫标本的一种玻璃器皿，中间有托板，放

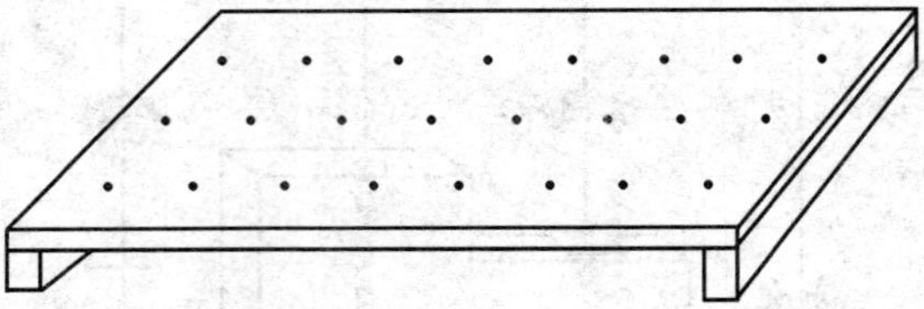

图 1-60 整姿台

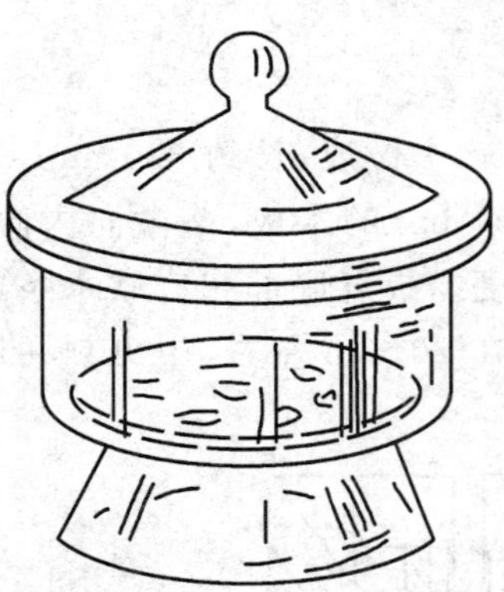

图 1-61 用干燥器作还软器使用

置待还软的标本，底部放洁净的湿沙并加几滴石炭酸，防止生霉，加盖密封(图 1-61)。

(8)吹胀器　用于制作幼虫干燥标本。

(9)其他工具　此外还需要镊子、剪刀、大头针、透明光滑纸条，以及直尺、刀片等，注意镊子要为扁口镊。

(10)浸渍标本工具　如制作浸渍标本还需配备标本瓶、75%酒精、甘油、福尔马林、冰醋酸、白糖液、蒸馏水等。

(11)玻片标本工具　如制作玻片标本还需配备载玻片、盖玻片、5%～10%的氢氧化钠或氢氧化钾溶液、酒精灯、三角铁架、石棉网、酸性品红溶液、无水酒精、二甲苯混合液、丁香油或冬青油、加拿大树胶、酒精灯、三角铁架、石棉网以及吸水纸等。

3.昆虫标本的保存工具

标本柜、针插标本盒、玻片标本盒、四氯化碳或樟脑精、吸湿剂、熏杀剂，以及吸湿机等。

4.昆虫标本的鉴定工具

手持放大镜、体视显微镜，以及相关的参考书等。

(三)内容及方法

1.昆虫标本的采集

(1)网捕　主要用来捕捉能飞善跳的昆虫。对于能飞的昆虫，可用气网迎头捕捉或从旁掠取，并立即摆动网柄，将网袋下部连同昆虫一并甩到网框上。如果捕到大型蝶蛾，可由网外用手捏压胸部，使之失去活动能力，然后放入毒瓶或直接包于三角纸袋中；如果捕获的是一些中小型昆虫，可抖动网袋，使虫集中于网底部，放入毒瓶中，待虫毒死后再取出分拣，装入指形管中。栖息于草丛或灌木丛中的昆虫，要用扫网边走边扫捕。

(2)振落 摇动或敲打植株、树枝,昆虫假死坠地或吐丝下垂,再加以捕捉;或受惊起飞,暴露了目标,便于网捕。

(3)搜索 仔细搜索昆虫活动的痕迹,如植物被害状、昆虫分泌物、粪便等,特别要注意在朽木中、树皮下、树洞中、枯枝落叶下、植物花果中、砖石下、泥土中和动物粪便中仔细搜索。

(4)诱集 即利用昆虫的趋性和栖息场所等习性来诱集昆虫,如灯光诱集(黑光灯诱虫)、食物诱集(糖醋酒液诱虫)、色板诱集(黄色黏虫板诱蚜)、潜所诱集(草把、树枝把诱集夜蛾成虫)和性诱剂诱集等。

昆虫标本采到后,要做好采集记录,内容包括编号、采集日期、地点、采集人、采集环境、寄主及为害情况等。

2. 昆虫标本的制作

(1)针插标本的制作

①昆虫标本的插针:依标本的大小,选用适当型号的昆虫针,按要求部位插入(图 1-62)。微小昆虫,如跳甲、米象、飞虱等,先用微针一端插入标本腹部,另一端插在软木板上(与台纸大小一致),或用黏虫胶直接粘在台纸上,再用 2 号针插在软木片或台纸的另一端,虫体在左侧,头部向前(图 1-63)。

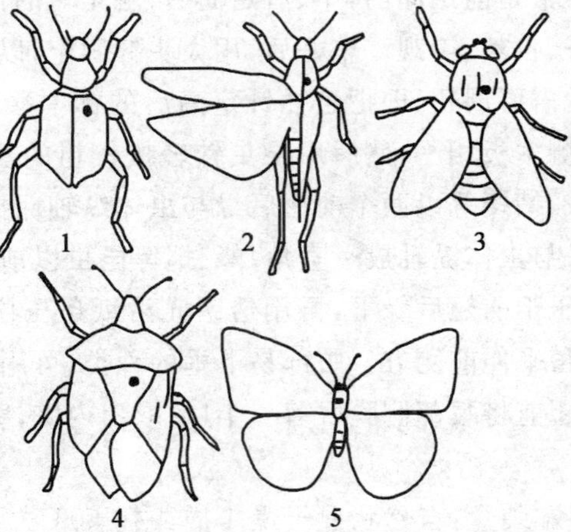

1. 甲虫类 2. 直翅类 3. 蚊蝇类 4. 蝽类 5. 蛾蝶类

图 1-62 各种昆虫的插针位置

②昆虫标本的定高:插针后用三级台定高,中小型昆虫可直接从三级台的最高级小孔中插至底部,大型昆虫可将针倒过来,放入三级板的第一级小孔中,使虫体

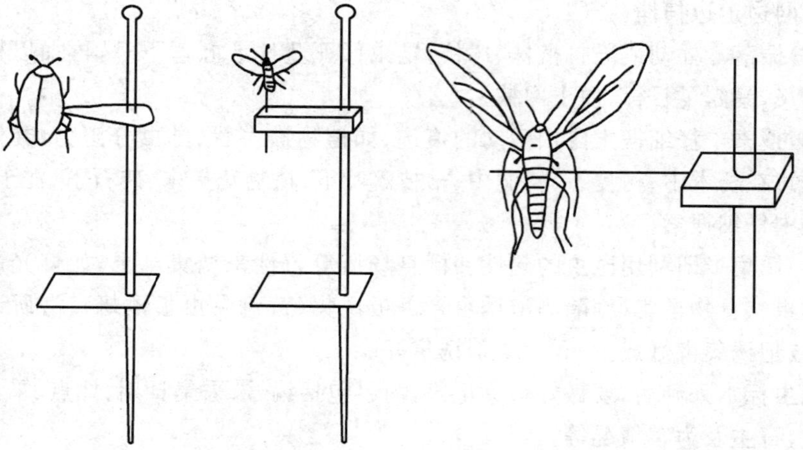

图 1-63 微针及台纸的使用方法

背部紧贴台面，其上部的留针长度是 8 mm。插在软木板和粘在台纸上的微小昆虫，参照中小型昆虫针插标本定高。

③整姿和展翅：甲虫、蝗虫、蝼蛄、椿象等昆虫，经插针后移到整姿台上，将附肢的姿势加以整理。通常是前足向前，中、后足向后；触角短的伸向前方，长的伸向背侧面，使之对称、整齐、自然、美观。整好后，用大头针固定，以待干燥。蝶蛾、蜻蜓、蜂、蝇等昆虫，插针后需要展翅，即把已插针定高后的标本移到展翅板的槽内软木上，使虫体背面与两侧木板相平，然后用昆虫针轻拨较粗的翅脉，或用扁平镊子夹住将前翅前拉。蝶蛾、蜻蜓等以两个前翅后缘与虫体纵轴保持直角，草蛉等脉翅目昆虫则以后翅的前缘与虫体纵轴成一直角；蜂、蝇等昆虫以前翅的顶角与头相齐为准。后翅左右对称，压于前翅后缘下，再用透明光滑纸条压住翅膀以大头针固定。把昆虫的头摆正，触角平伸前侧方。腹部易下垂的种类，可用硬纸片或虫针交叉支持在腹部下面，或展翅前将腹部侧膜区剪一小口，取出内脏，塞入脱脂棉，再针插整姿保存。

④插上采集标签和装盒：自然状况干燥 1 周或在 50℃左右的温箱中干燥12 h即可除去整姿和展翅固定。将标本取出，插上采集标签，再用三级台给采集标签定高，其高度为三级台第二级的高度，然后再将标本插入针插标本盒中。每一个标本都必须附有采集标签，没有采集标签的标本为不规范的标本。

(2)浸渍标本的制作　昆虫的卵、幼虫、蛹以及体软的成虫和螨类都可制成浸渍标本。活的昆虫，特别是幼虫在浸渍前，要饥饿一至数天，然后放在开水中煮一下，使虫体伸直稍硬，再投入浸渍液内保存。常用的浸渍液有酒精液、福尔马林液和醋酸、白糖液等。酒精液常用浓度为75%，或加入0.5%～1%的甘油。小形或软体的昆虫，可先用低浓度酒精浸渍24 h后，再移入75%酒精液中保存。酒精液在浸渍大量标本后的半个月，应更换一次，以保持其标准浓度。福尔马林液是用福尔马林(含甲醛40%)1份和水17～19份配制而成，用于保存昆虫的卵。醋酸、白糖液用冰醋酸5 mL、白糖5 g、福尔马林5 mL、蒸馏水100 mL混合配制而成，对于绿色、黄色、红色的昆虫在一定时间内有保护作用，但浸渍前不能用水煮。

3. 昆虫标本的保藏

昆虫标本在保藏过程中，易受虫蛀与霉变，其次是光照褪色、灰尘污染及鼠害等。通常针插标本应放进密闭的标本盒里，盒内放上四氯化碳或樟脑等防虫药品；玻片标本放入玻片标本盒内。标本盒应放入标本橱里，橱门应严密，以防标本虫进入，橱下应有抽屉，放置吸湿剂和熏杀剂。小抽屉的后部与全橱上下贯通，以便内部气体流通。三角纸包保存的标本放在存放箱内。

标本室要定期用敌敌畏等药物在橱内和室内喷洒。如果发现橱内个别标本受虫蛀，应立即用药剂熏蒸；如标本发霉，应更换或添加吸湿剂，对个别生霉的标本，可用软性毛笔蘸上酒精刷去霉物或滴加二甲苯处理。

4. 昆虫标本的鉴定

借助手持放大镜和体视显微镜，根据相关教科书的检索表，以及各主要目科的描述鉴定目科，常见种类根据教科书及相关专著鉴定属种，并附上鉴定标签。鉴定标签要求写上中文名、学名、鉴定人、鉴定时间。最后将鉴定标签插于采集标签下，并用三级台的第一级定高。疑难标本可寄送有关专家鉴定和审定。

(四)作业

(1)每人采集制作昆虫针插标本10～15种，制作浸渍标本、生活史标本、玻片标本各2种。

(2)每人写一份昆虫标本采集、制作的实训总结报告。

本章关键词

昆虫　身体构造　繁殖发育　习性　分类　目科特征　发生环境

本章小结

昆虫属动物界节肢动物门昆虫纲，其主要特征是身体分为头胸腹3段，头部有口器、触角、单眼和复眼，胸部生有3对足和2对翅，与其他节肢动物的主要区别是昆虫具有六足四翅。了解昆虫形态特征和各部位主要功能，对害虫的种类识别、分类及防治具有重要指导意义。

昆虫繁殖速度快、繁殖方式多样，因此种群密度大，是害虫大发生的内在因素。不同的昆虫变态类型不同，其防治方法也不相同。完全变态昆虫发育过程经历卵、幼虫、蛹、成虫4个虫期，卵的类型多，是田间识别昆虫种类的依据之一。昆虫的幼虫是主要危害虫期，因此也是防治的关键时期，虫龄越小抗逆性越差，因此防治幼虫应掌握在幼龄时期。蛹是幼虫变为成虫的过渡期，蛹期不食不动的特性，可应用于防治。成虫期性器官已成熟，形态也已固定，因此是昆虫分类的重要虫期。昆虫有多种多样的习性，可利用这些习性进行害虫防治。

昆虫纲共有34个目，与园林植物关系密切的有9个目、50多个重要科及100多个重要种。

影响昆虫发生的主要环境因素包括气候因素和生物因素，创造不利于害虫发生而有利于益虫发生的环境条件是防治害虫的重要途径之一。

复习思考

1.名词解释

变态　孤雌生殖　多胚生殖　孵化　化蛹　羽化　性二型　多型现象　世代　年生活史　趋光性　趋化性　假死性　休眠　滞育　有效积温法则　食物链

2.问答及叙述

(1)昆虫纲的主要特征有哪些？

(2)昆虫触角的基本构造如何？常见类型有哪些？主要功能是什么？与害虫防治有什么联系？

(3)昆虫的口器有哪两种主要类型？造成的害状有何区别？口器类型与防治有何关系？

(4)昆虫的足由哪几部分构成？常见类型有哪些？各举1～2个代表性昆虫。

(5)昆虫的翅分为哪几个区域？常见类型有哪些？各举1～2个代表性昆虫。

(6)昆虫的繁殖方式有哪几种？了解繁殖方式有何实际意义？

(7)昆虫的幼虫和蛹各有哪些类型？各举一例子说明其特点。

(8)了解昆虫体壁构造和特性在防治上有何意义？

(9)不完全变态和完全变态的特点有何区别？了解变态类型对指导防治有何意义？

(10)列表比较直翅目、半翅目、同翅目、缨翅目、鳞翅目、鞘翅目、膜翅目、双翅目的主要形态特征、主要生物学习性及各目所包括的主要昆虫类群。

(11)比较蝗科、蝼蛄科、蝽科、网蝽科、叶蝉科、粉虱科、蚜总科、蚧总科的主要区别特征，并各举1～2个代表昆虫。

(12)比较瓢甲科、叶甲科、天牛科、金龟甲科、象甲科、吉丁甲科、叩头甲科的主要区别特征，并各举1～2个代表昆虫。

(13)比较粉蝶科、凤蝶科、木蠹蛾科、螟蛾科、夜蛾科、袋蛾科、透翅蛾科、舟蛾科、毒蛾科、灯蛾科、刺蛾科、斑蛾科、尺蛾科、卷蛾科、枯叶蛾科、天蛾科的主要区别特征，并各举1～2个代表昆虫。

(14)比较叶蜂科、茎蜂科、姬蜂科、茧蜂科、小蜂科的主要区别特征，并各举1～2个代表昆虫。

(15)昆虫的幼虫期、蛹期、成虫期各有何特点？了解各虫期特点有什么重要意义？

(16)有效积温法则在测报及防治上有何应用？

(17)害虫的天敌种类主要有哪些？它们主要控制哪些害虫？

第二章 园林植物病害基本知识

【学习目标】

知识目标

重点掌握植物病害的概念、一般症状，两类病原及其所致病害的特点，侵染性病原物的类群、形态结构及所致病害的典型症状；

掌握真菌各亚门的分类依据及所致病害的特征，熟悉植物病害的侵染过程和侵染循环，了解植物病害的发展过程。

技能目标

能正确识别园林植物病害的症状类型；

能正确识别植物病原真菌的主要类群；

能正确识别侵染性病害和非侵染性病害并能找出发病原因。

【职业基础知识】

第一节 植物病害的基本概念

一、植物病害的概念

植物在适宜的环境条件下，才能进行正常的生长发育，形成千姿百态的枝、叶，开放绚丽多彩的花朵，保持种和品种的优良特性。当植物在生长发育或储藏、运输过程中，由于遭受有害生物或不良的外界条件的侵害，使其正常的生理活动受到干扰，局部或整体的生长发育出现异常，甚至死亡的现象称为植物病害。

可见植物病害是由于遭受某些有害生物的侵染或不良环境条件的持续干扰而发生的。病害的表现有一个由内到外、由细胞到组织、由生理到形态上的病理变化过程（病理程序），并且表现出较稳定的症状。最后使植物或其产品受到品质及产量的损失。如月季遭受黑斑病菌侵染后，首先是呼吸作用降低，色素及氨基酸含量下降；其次是病部组织遭到破坏，发生变色、坏死；最后叶片上出现黑色坏死斑，病叶脱落。因此，植物病害不同于风雪、冰雹、昆虫和动物咬伤等伤害，原因是后者无病理程序。

（一）植物病害的症状

植物发病后，经过一定的病理程序，最后表现出的异常变化状态，就是植物病害的症状。植物病害的症状（图 2-1）由两类不同性质的特征——病状和病征组成。

1. 病状及其类型

病状是发病植物本身表现出的不正常状态。其主要类型为：

(1)变色　植物受害后色泽发生改变。变色主要有两种类型：一种表现为黄化，是整株或叶片部分或全部均匀褪绿、变黄，或呈现其他颜色，多数伴有整株或部分畸形；另一种表现为花叶，病株叶片色泽浓淡不均，深浅绿色相间，一般遍及全株，上部叶片较为显著，是病毒病最常见的病状，无病征表现。

(2)坏死　表现为患病组织局部坏死，多发生在叶、茎、果等部位，一般有明显的边缘，成为形状、大小、颜色各不相同的斑点。斑点上还可以呈现轮纹、花纹、小黑点等特点。根据这些特点而称为黑斑、褐斑、紫斑、角斑、条斑、大斑、小斑、胡麻斑、轮纹斑等。各种病原都可能引起坏死病状的发生。典型病状如炭疽、穿孔、疮痂、叶枯等。

(3)腐烂　患病组织崩解、变质，细胞死亡，表现为点发性或散发性。由于组织分解的程度不同，有软腐、干腐之分。根据腐烂的部位，可分为根腐、基腐、茎腐、果腐、花腐等，还伴有各种颜色变化的特点，如褐腐、白腐、黑腐等。木本植物枝干皮层坏死、腐烂，使木质部外露的病状称为溃疡。立枯和猝倒是由于植株幼苗茎基部组织被破坏、腐烂，植株上部表现萎蔫以致死亡。立枯发病后立而不倒，猝倒因基部腐烂而迅速倒伏。

(4)萎蔫　植株局部或整体由于失水使枝、叶萎垂的现象。病理性的萎蔫是由于输水组织受到病原物的毒害或破坏所致，与生理性的缺水萎蔫不同，不能因供给

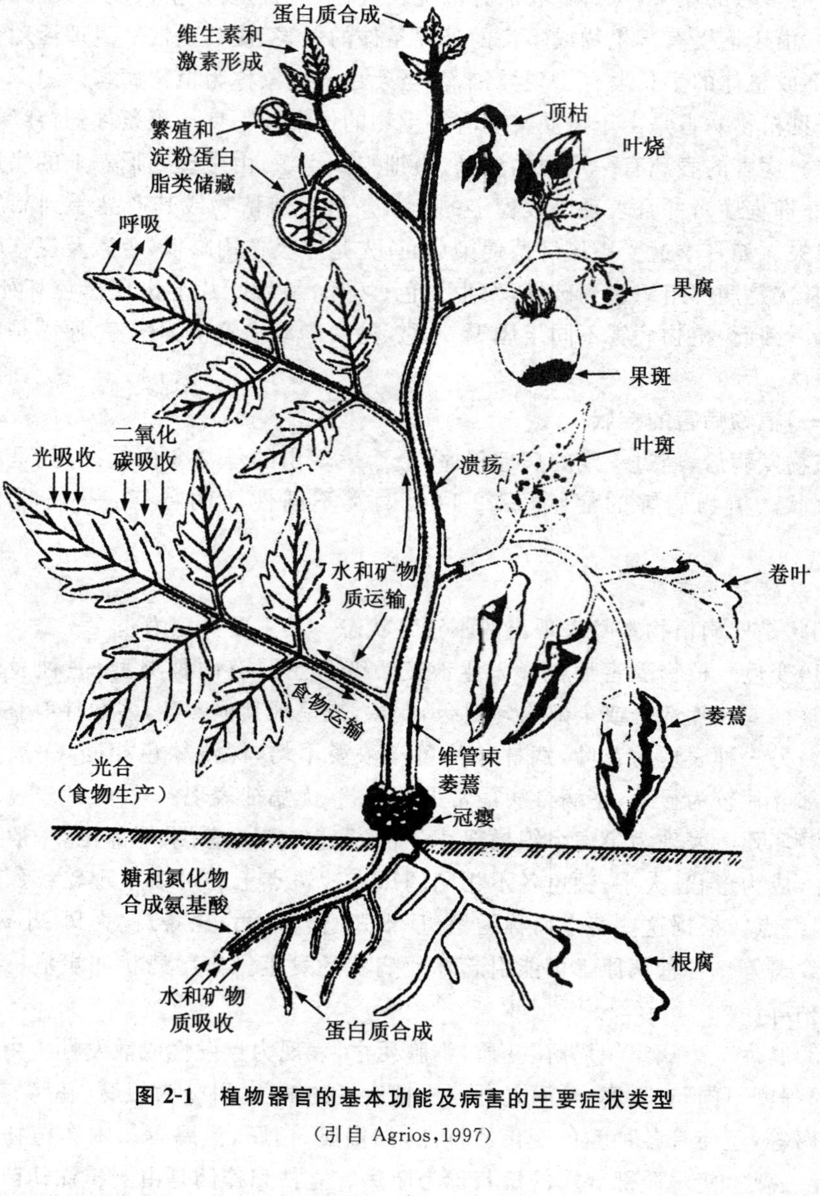

图 2-1　植物器官的基本功能及病害的主要症状类型

(引自 Agrios,1997)

水分而恢复。典型的萎蔫病状是植物根、茎的维管束组织受到破坏而发生的,皮层组织还是完好的。萎蔫病害常无外表的病征。由于病原及病状的不同,萎蔫又可分为枯萎、黄萎、青枯等病状类型。

(5)畸形　植物细胞组织受到病原物的刺激,发生病变而导致各种畸形病状。

如叶片的膨肿、皱缩、小叶、蕨叶，果实的缩果及其他畸形，植株的徒长、矮缩，局部器官的退化、变态形成的扁枝、肿瘤、癌肿、虫瘿，病株枝叶或须根密集发生形成的簇生、丛枝或发根等。

2.病征及其类型

病征是病原物在发病部位表现出的特征。通常只在病害发展的某一阶段表现显著。有些不表现病征。其主要类型有：

(1)粉状物　某些真菌孢子在病部所表现的特征。因形状、色泽的不同，可分为锈状物、白锈状物、白粉状物、黑粉状物等。如月季、黄杨白粉病，玫瑰、海棠锈病，棕榈和银莲花黑粉病，草坪禾草黑粉病等。

(2)霉状物　真菌性病害常见的病征。由各种真菌的菌丝、孢子梗及孢子构成。霉层的颜色、形状、结构、疏密等特点的差异，标志着病原真菌种类的不同。如霜霉、绵霉、黑霉、灰霉、绿霉、青霉等。

(3)粒状物　病原真菌繁殖器官的表现，褐色或黑色，在病斑中部散生颗粒状物，有的排列成轮纹状。如腐烂病、炭疽病病部的黑色粒点状物等。

(4)菌核与菌索　真菌菌丝交结形成的一种致密的组织结构。菌核大小、形状不一，初期为淡色，然后颜色逐渐变深至黑色或棕色，质地变硬。菌索呈绳索状。如根腐病、禾草白绢病等。此类病害多称为菌核病。

(5)菌脓　多数细菌性病害在潮湿时病部溢出污色黏液，干燥时结成污白色薄层或鱼子状小胶粒，也称溢脓、菌胶。如细菌性软腐病、角斑病等。症状是植物和病原物在外界环境影响下相结合所表现的特征。不同病害的症状(特别是病征)具有一定的特异性和稳定性。许多病害都是根据特有的症状命名的，如丛矮病；花叶病、黑粉病、霜霉病等。因此，熟悉病害症状对诊断植物病害具有重要意义，但是完全依靠症状诊断病害也有一定的局限性。因为许多病害常产生相似的症状；同一病害因植物品种、发育阶段、发病部位、环境条件不同，症状也会有较大差异。在这种情况下，必须借助其他方法才能诊断。

(二)植物病害的类别

引起植物病害的病原有生物因素和非生物因素两类。根据病原可以将病害分为非侵染性病害和侵染性病害。

1.非侵染性病害

非侵染性病害是由不适宜的环境因素持续作用引起的，无侵染过程，不具有传染性，所以也称非传染性病害或生理性病害。常见的非侵染性病害有：

(1)营养失调　包括营养缺乏、各种营养间的比例失调或营养过量。营养缺乏包括缺氮、磷、钾、铁、锰、硼、锌、铜、钼、氯、钙等。表现为老叶、叶脉发黄、早衰，幼叶黄化、顶枯，叶色褪绿或变色，生长迟缓，植株矮小，叶片出现斑点或皱缩、簇生，根系不发达等；营养过量主要指某些微量元素过量，导致对植物的毒害，如钠、镁过量导致的碱伤害，使植株吸水困难；硼和锌过量导致植株褪绿、矮化、叶枯等。

(2)气候不适　包括温度、水分和湿度、光照、风等不适宜环境。高温容易造成灼伤，使开花结实异常，如某些园林植物的花芽破坏或花朵畸形；低温的影响主要是冷害和冻害。低于10℃的冷害常造成变色、坏死和表面斑点，出现芽枯、顶枯；0℃以下的低温所造成的冻害，使幼芽或嫩叶出现水渍状暗褐斑，之后组织逐渐死亡。土壤水分过多，植物根部窒息，导致根变色或腐烂，地上部叶片变黄、落叶、落花；湿度过低，引起植物旱害，植物叶片萎蔫下垂，叶尖、叶缘、叶脉间或嫩梢发黄枯死，造成早期落叶、落花、落果，严重时植株凋萎，甚至枯死。光照不足，导致植物徒长，植株黄化，结构脆弱，易倒伏；光照过强，一般伴随高温、干旱，引起日灼、叶烧和焦枯。高温季节的强风加大蒸腾作用，导致植株水分失调，严重时导致萎蔫，甚至枯死。

(3)环境污染　主要指空气污染。其他还有水源污染和土壤污染、酸雨等。空气污染最主要的来源是化工废气，如氟化氢、二氧化硫和二氧化氮等。引起植物斑驳、褪绿、矮化、枯黄、“银叶”、叶色红褐或黄褐、叶缘焦枯、小叶扭曲、早衰、提早落叶等。

(4)植物药害　指使用化学农药或激素不当对植物引起的伤害。表现为斑点、穿孔、焦灼、枯萎、黄化、畸形、落叶、落花、落果、基部肥大、生长迟缓等症状。

非侵染病害的诊断是较为复杂的问题。首先要研究排除侵染性病害，然后再分别检查发病的症状(部位、特征、为害程度)，分析发病因素(发病时间、气候条件、地形、土壤、肥料、水分、农药等)。例如，晚霜害多在春季冷空气过后晴朗无风的夜晚发生，永久萎蔫一般发生在长期干旱或水涝情况下，空气污染往往发生在强大污染源周围的植物种植区，日灼病常发生在温差变化很大的季节。对缺乏某种元素所产生的缺素症，通常要观察其外部特征，叶片的颜色变化等，同时，可进行缺素症的试验，从而确定其为某种缺素病。非侵染性病害有时也可能是由几种因素综合影响的结果，这种情况更为复杂，必须做每个影响因素及综合因素的试验研究，方能得出结论。在确定是否为非侵染性病害时，必须用显微镜检查有没有病原生物，或用电子显微镜结合生物测定，确定是否有病毒感染。也可以用组织化学方法进行分析，如检查松苗猝倒病，可将病茎组织用3%高锰酸钾液加热染色2～3 min。如果是侵染性病害，组织中菌丝则染成深褐色，其他组织呈淡褐色；如果是非侵染性病害，则无深褐色的菌丝存在。有时用组织分离法来诊断。如果是非侵染性病害，在发病部位不能分离出病原生物，但是，对病毒性病害则难分别。有时在非侵染性病害的发病部位，可能有寄生或腐生菌存在。在这种情况下，一般利用显微镜是难以确定的，因此，必须进行接种实验来检查，才能确定是否为非侵染性病害。

2. 侵染性病害

侵染性病害是植物受到病原生物的侵染而引起的。具有传染性，所以又称传染性病害。引起侵染性病害的病原物主要有真菌、原核生物、病毒。此外，还有线虫、寄生性植物等（详细介绍见第二节）。

非侵染性病害和侵染性病害往往互为因果关系。不适宜的环境因素引起植物发生非侵染性病害，削弱了植物对病原物侵染的抵抗力，同时，也为病原物入侵提供了条件，容易诱发侵染性病害。如在氮肥使用过多、光照不足、潮湿的条件下，花木常因组织幼嫩易发生白粉病。相反，侵染性病害也会削弱植物对外界环境的适应能力。如月季感染黑斑病后，由于叶片大量早落，影响了新抽嫩梢的木质化，致使冬季易受冻害，引起枯梢。因此，在确定病因时，要全面考察各种因素，细致分析，才能得出正确结论，为防治提供可靠依据。

二、植物病害发生的原因

引起植物发生病害的原因统称为病原。按其性质可分为生物性病原和非生物性病原两大类。

生物性病原是指以植物为寄生对象的一些有害生物，主要有真菌、细菌、病毒、类菌质体、类病毒、寄生性种子植物、线虫、藻类和螨类，还有类立克次体等。通常将这类病原称为病原物或寄生物，如属于菌类的（真菌、细菌）又称为病原菌。被病原物寄生的植物称寄主。凡由生物性病原引起的植物病害都能相互传染，故称为传染性病害，也称寄生性病害。

非生物性病原是指除了生物以外的，一切不利于植物正常生长发育的因素，包括气候、土壤和营养等因素。如温度过高引起叶片、树皮及果实的灼伤；低温引起冻害；土壤水分不足引起植物枯萎；营养元素不足引起各种缺素症；还有空气和土壤中的有害化学物质及农药使用不当造成伤害和药害等。这类非生物性病原引起的植物病害是不能相互传染的，故称为非传染性病害或非侵染性病害，也称生理病害。

上述植物病害发生的原因，说明了植物病害是植物和病原在一定环境条件下矛盾斗争的结果。其中病原和植物是病害发生的基本矛盾，而环境则是促使矛盾转化的条件。环境一方面影响病原物的生长发育，同时，也影响植物的生长状态，增强或降低植物对病原的抵抗力。只有当环境不利于植物生长发育而有利于病原物的活动和发展时，矛盾向着发病的方面转化，病害才能发生。反之，植物的抗病能力增强，病害就被控制。因此，植物能否发病不仅决定于病原与植物之间的关系，而且在一定程度上，还取决于环境条件对双方的作用。

第二节　植物病害的病原生物

一、植物病原真菌

真菌(fungi)是生物中一个庞大的类群，属于真菌界真菌门。目前世界上已知真菌有1万多属12万余种，广泛存在于自然界中。真菌是引起植物病害的最大一类病原微生物。在园林植物病害中，真菌所致病害达90%以上。为害严重且常见的真菌病害有黑斑病、白粉病、锈病、霜霉病、红斑病、褐斑病、腐烂病、立枯病等。但也有许多真菌直接或间接用于医药、化工、纺织、造纸、饲料、发酵等。木耳、香菇是重要的食用菌，灵芝、茯苓、冬虫夏草可直接入药。

(一)真菌的基本形态

真菌是一类具有真正细胞核的异养生物，无根、茎、叶的分化，也无叶绿素，不能进行光合作用，以吸收的方式获取营养。真菌的形态复杂，大多数真菌为多细胞，有营养体和繁殖体的分化。

1. 真菌的营养体

真菌典型的营养体为细小且分枝的丝状体(图2-2)。单根菌状丝称菌丝；菌丝相互交织成的菌丝集合称为菌丝体。菌丝呈管状，多数直径5～6 μm，一般无色，透明，少数表现不同颜色。菌丝细胞内充满原生质，有细胞核、线粒体和液泡等内含物。低等真菌的菌丝无隔膜，称为无隔菌丝；高等真菌的菌丝有隔膜，称为有隔菌丝。

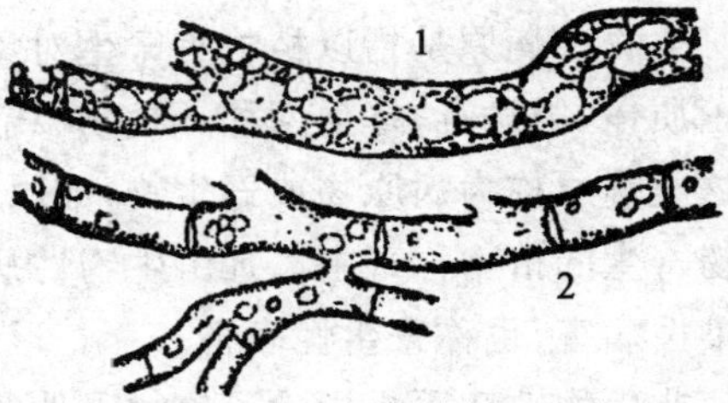

1. 无隔菌丝　2. 有隔菌丝

图2-2　真菌的菌丝体

菌丝在长期适应不同外界环境条件的过程中，能够产生多种特殊的变态结构。

菌丝在植物细胞间扩展，产生旁支，形成各种形态的吸器，侵入寄主细胞内吸收养分。吸器有丝状、指状、球状、掌状等(图2-3)。一般专性寄生真菌，如锈菌、霜霉菌、白粉菌等都有吸器。

菌丝体一般是分散的。但在不适宜的环境条件下，或植物生长的后期为抵抗不良环境可以形成一些特殊组织——菌丝组织体，如菌核、菌索、子座等。

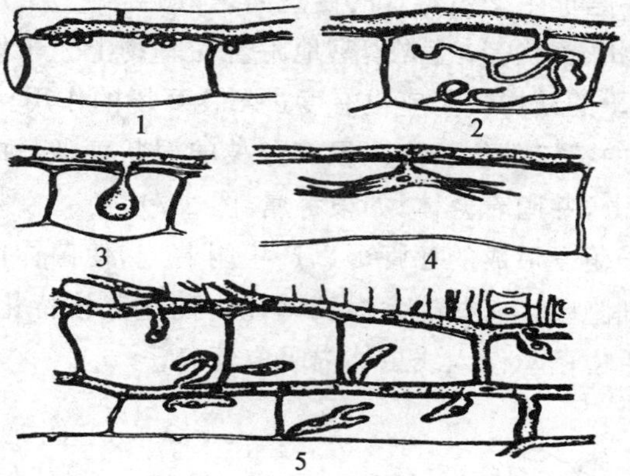

1. 白锈菌　2. 霜霉菌　3,4. 白粉菌　4. 锈菌

图 2-3　真菌的吸器类型

(1)菌核　菌核是真菌为度过不良环境由菌丝交织形成的一种形状、大小不一,质地坚硬,外有皮层,内为髓质的休眠体(图 2-4)。小的如菜籽状、鼠粪状、角状,大的如拳头状。初为白色或浅色,成熟后呈褐色或黑褐色。当环境条件适宜时,菌核可以萌发产生菌丝体或长出产生孢子的组织,但一般不直接产生孢子。

(2)菌索　菌索是由菌丝平行排列组成的绳索状物,形似高等植物的根系,亦称根状菌索(图 2-5)。菌索在不良环境条件下呈休眠状,当环境条件适宜时顶部恢复生长,起蔓延和侵入的作用。

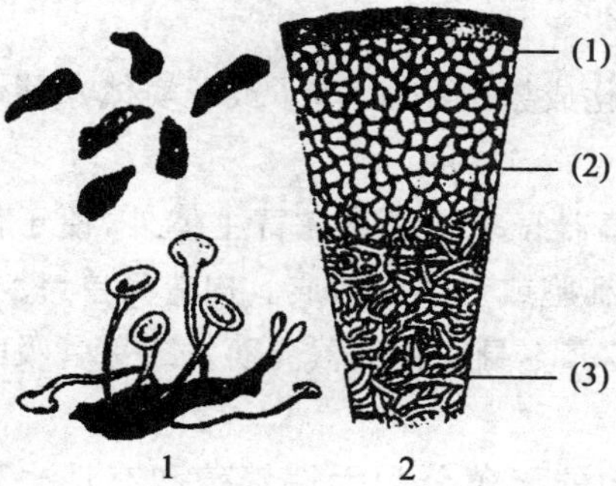

1. 菌核及其萌发　2. 菌核剖面

(1)皮层　(2)拟薄壁组织　(3)疏丝组织

图 2-4　菌核及其结构

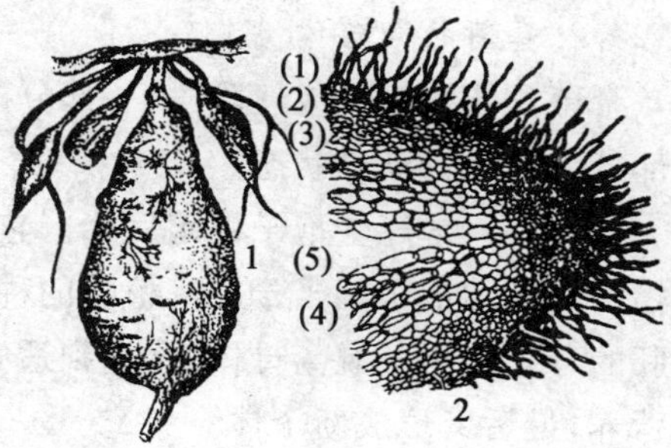

1. 甘薯块上缠绕的菌索　2. 菌索的结构

(1)疏松的菌丝　(2)胶质的疏松菌丝层

(3)皮层　(4)心层　(5)中腔

图 2-5　菌索及其结构

(3)子座　子座是产生繁殖器官的菌丝组织(图 2-6)。子座形状多样,一般为垫状,也有柱状、棒状、头状等,通常紧密地附着在基物上。子座成熟后,在其表面或内部形成产生孢子的结构。子座也有度过不良环境的作用。

某些真菌菌体的特定部位长出多根有分枝的根状菌丝,称做假根。假根可以伸入基质内吸取养分,并固着菌体,如根霉属(图 2-7)。

有时,真菌孢子萌发形成的芽管可以产生附着胞,使菌体固定在寄主表面,并产生侵入钉,穿透细胞壁。有些捕食性真菌能由菌丝分枝特化成菌环或菌网组织来捕捉线虫等,然后由菌丝侵入线虫体内吸取营养。

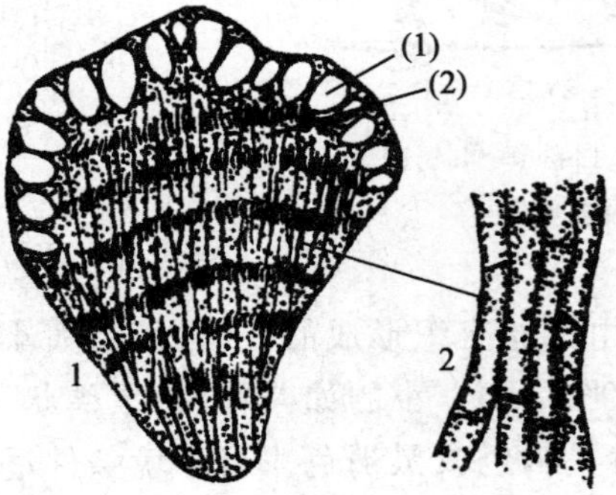

1. 子座的切面:(1)生殖体　(2)子座组织

2. 内部菌丝结构

图 2-6　子座的结构

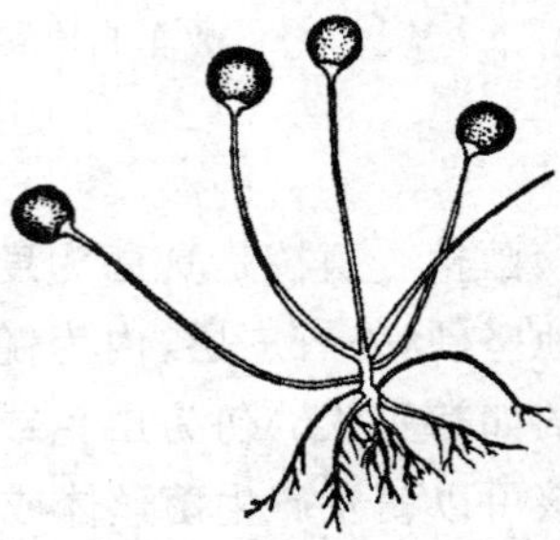

孢囊梗、假根及匍匐丝

图 2-7　根霉属

2. 真菌的繁殖体

菌丝体发育到成熟阶段,一部分菌丝体分化成繁殖器官(孢子或子实体),其余部分仍然保持营养状态。

真菌通常产生孢子繁殖后代。它们的繁殖器官多数暴露在寄主体外,便于传播。真菌的孢子相当于高等植物的种子,由单细胞或多细胞组成。构造简单,没有胚的分化。孢子脱离母体后,遇到适宜条件,能靠本身储存的营养萌发成芽管吸收营养,最后又形成新个体。

根据真菌产生孢子的方式不同,可将真菌的繁殖分为无性繁殖和有性生殖两类。

(1)真菌的无性繁殖　不经过性细胞或性器官的结合而产生新个体的繁殖方式。产生的孢子称为无性孢子。无性孢子的形态、产生和排列方式等,是真菌分类与鉴定的重要依据。常见的无性孢子主要有游动孢子、孢囊孢子、分生孢子和厚垣

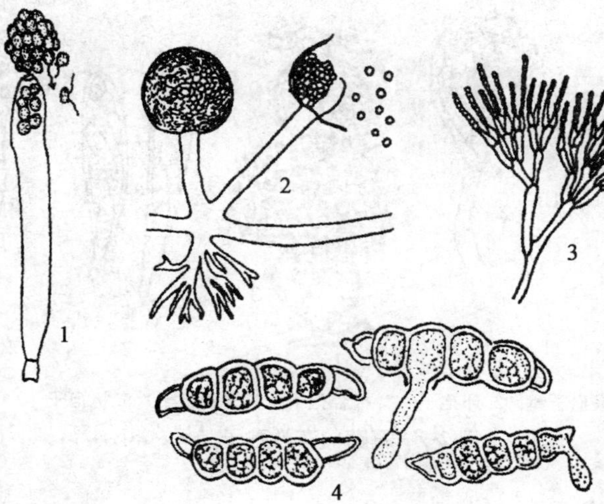

1.游动孢子　2.孢囊孢子　3.分生孢子　4.厚垣孢子

图 2-8　真菌无性孢子类型

孢子等(图 2-8)。

①游动孢子:鞭毛菌的无性孢子。它形成于菌丝或孢囊梗顶端膨大的孢子囊内。游动孢子一般有两根鞭毛,在水中可以游动,无细胞壁。

②孢囊孢子:接合菌的无性孢子,亦形成于孢子囊内。有细胞壁而无鞭毛。

③分生孢子:半知菌、子囊菌和担子菌的无性孢子。孢子产生在分生孢子梗上,为真菌最高级的无性繁殖形态。分生孢子梗是由菌丝分化而成的,分枝或不分枝。有些真菌的分生孢子着生在分生孢子盘(盘状结构)上,或分生孢子器(球状或瓶状结构)里聚生的分生孢子梗上。

④厚垣孢子:由菌丝顶端或中间细胞的原生质浓缩、细胞壁增厚,形成的一种圆形或椭圆形的休眠孢子,能抵御高温、低温、干燥等不良环境。

(2)真菌的有性生殖　通过两性细胞(配子)或者两个性器官(配子囊)结合而进行的一种生殖方式。产生的孢子称为有性孢子。常见的有性孢子有休眠孢子囊、卵孢子、接合孢子、子囊孢子和担孢子(图 2-9)。

①休眠孢子囊:由 2 个游动配子结合而成,为二倍体,萌发时减数分裂释放出单倍体的游动孢子,如壶菌、根肿菌。

②卵孢子:卵菌纲的有性孢子,由 2 个异型的配子囊(雄器和藏卵器),通过质配、核配形成的二倍体孢子。卵孢子壁厚,色深,一般埋藏在病组织内,可以抵抗不良的环境条件。通常经过一定的休眠期才能萌发,产生的芽管经减数分裂可直接

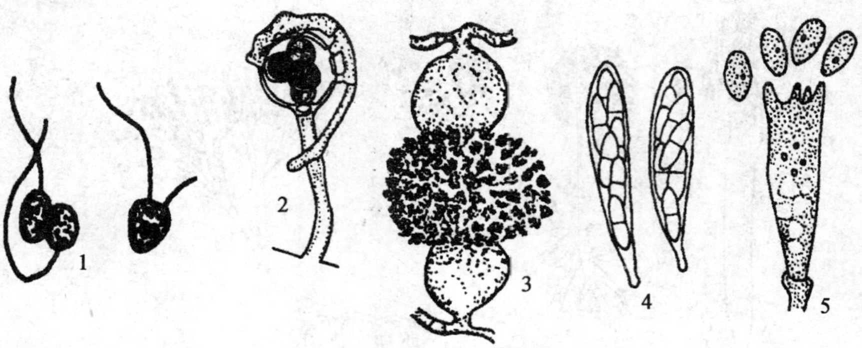

1. 休眠孢子囊 2. 卵孢子 3. 接合孢子 4. 子囊孢子 5. 担孢子

图 2-9 真菌的有性孢子

形成菌丝或游动孢子囊，释放出游动孢子，如霜霉菌。

③接合孢子：接合菌的有性孢子，由 2 个同型的配子囊结合而成的厚壁、二倍体孢子。萌发时经减数分裂，接合孢子长出芽管，在顶端产生孢子囊，释放出孢囊孢子，如根霉菌。

④子囊孢子：子囊菌的有性孢子。先从菌丝分化出不同形状的配子囊——雄器和产囊体，产生双核的产囊丝和特殊的囊状物(一般为棒状)——子囊。两性核在子囊母细胞内合并，经减数分裂，通常形成 8 个内生孢子——子囊孢子，如白粉菌。

⑤担孢子：担子菌的有性孢子。两性器官多退化，通常直接由"＋"、"－"菌丝结合，不直接产生有性孢子，经过一个相当长的双核菌丝时期，再产生担子。两核在担子中结合，经减数分裂，最后在担子上产生 4 个外生的担孢子，如黑粉菌、锈菌。

(3)真菌的子实体　子实体是产生孢子的特殊器官，由菌丝发育而成，具有一定的形态。常见的有分生孢子盘、分生孢子器、子囊果(子囊盘、子囊壳、闭囊壳)、担子果等(图 2-10)。子实体的形态是真菌分类的重要依据之一。

(二)真菌的生活史

真菌的生活史是指真菌从一种孢子萌发开始，经过一系列生长和发育阶段，最后又产生同一种孢子的个体发育过程。

真菌的典型生活史一般是有性孢子萌发产生芽管，芽管生长为菌丝体，菌丝体经过一定时期的营养生长后在适宜条件下产生无性繁殖器官，并生成无性孢子。无性孢子再萌发产生芽管侵入寄主，并继续生长形成新的菌丝体，并再生无性孢

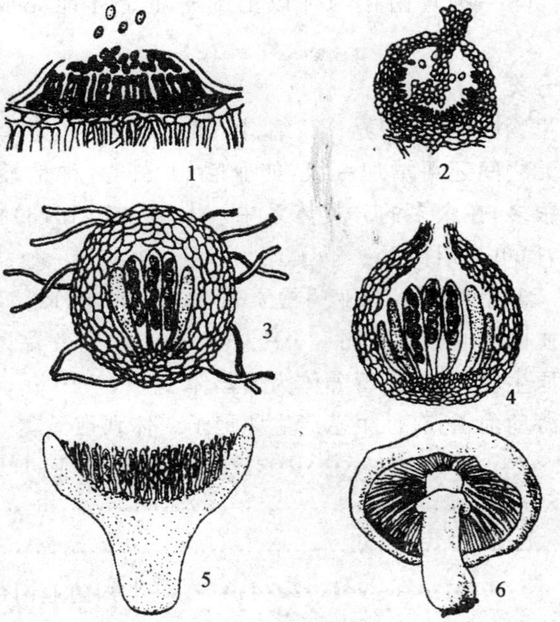

1.分生孢子盘　2.分生孢子器　3.闭囊壳　4.子囊壳　5.子囊盘　6.担子果

图 2-10　真菌的子实体类型

子。这是无性阶段，在一个生长季节往往可以循环多次。到生长后期，真菌进入有性阶段，形成有性孢子，从而完成真菌个体发育的循环过程。有性孢子一般一年产生 1 代，细胞壁较厚或有休眠期，以度过不良环境，是许多植物病害的主要初侵染源(图 2-11)。

真菌的生活史包括无性阶段和有性阶段。但半知菌只有无性阶段，而一些高等担子菌则只有有性阶段。有些真菌生活史中有多型现象，可以产生两种或两种以上的孢子。如典型的锈菌生活史中可以产生 5 种不同类型的孢子。

一种真菌的生活史只在一种寄主上

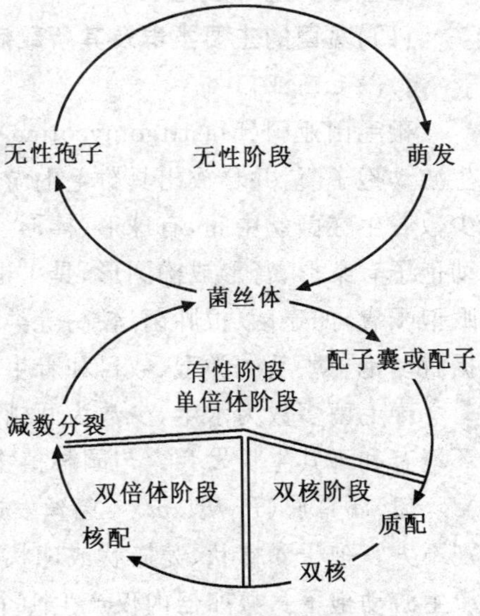

图 2-11　真菌的生活史

完成称单主寄生,同一种真菌在两种以上的寄主上才能完成生活史的称转主寄生。

(三)真菌的分类

真菌和其他生物一样,也按界、门、纲、目、科、属、种的分类单元进行分类,必要时在两个分类单元之间还可增加一级,如亚门、亚科等,种是最基本的分类单元。真菌的分类体系很多,在众多的分类体系中,Ainswonh(1973)提出的分类系统在我国被广泛采用,简单介绍如下:

真菌界分门、分亚门检索表(Ainsworth,1973)

1. 营养体是原生质团或假原生质团 ………………………… 黏菌门(Myxomycota)
1. 原生质团或假原生质团缺乏,营养体为菌丝体 …………… 真菌门(Eumycota)
2. 无性繁殖产生游动孢子,有性生殖产生卵孢子或休眠孢子囊……………………
………………………………………………… 鞭毛菌亚门(Masttigomycotina)
2. 无能动细胞…………………………………………………………………… 3
3. 具有性阶段…………………………………………………………………… 4
3. 缺乏有性阶段 ……………………………… 半知菌亚门(Deuteromycotina)
4. 有性生殖产生接合孢子 ………………………… 接合菌亚门(Zygomycotina)
4. 无接合孢子…………………………………………………………………… 5
5. 有性生殖产生子囊孢子 ………………………… 子囊菌亚门(Ascomycotina)
5. 有性生殖产生子囊孢子 ……………………… 担子菌亚门(Basidiomycotina)

(四)真菌的主要类群及其所致病害

1. 鞭毛菌亚门

鞭毛菌亚门(Masttigomycotina)营养体为单细胞或无隔菌丝体。无性繁殖产生游动孢子囊,并释放出具鞭毛的游动孢子。孢子囊着生在孢囊梗或菌丝的顶端,少数着生在菌丝中间,有球形、棒形、洋梨形等,有的形状与营养体无显著区别。游动孢子有梨形、肾形或椭圆形,具1根或2根鞭毛。低等鞭毛菌的有性生殖产生休眠孢子囊,如壶菌、根肿菌;较高等类型产生卵孢子,如霜霉菌。鞭毛菌亚门主要根据游动孢子鞭毛的类型、数目和着生位置等特征进行分类。

鞭毛菌多数为水生,少数为两栖或陆生。营养方式有腐生、寄生和共生。潮湿环境有利于其生长发育。与园林植物关系密切的有:

(1)腐霉属(*Pythium*) 菌丝发达。孢囊梗生于菌丝的顶端或中间,与菌丝区别不大。孢子囊棒状、姜瓣状或球状,一般不脱落。萌发时先形成泡囊,在泡囊中产生游动孢子。藏卵器内仅产生1个卵孢子。存在于潮湿的土壤中,能引起各种针、阔叶树及花卉幼苗的猝倒、根腐和果腐等病害(图2-12)。

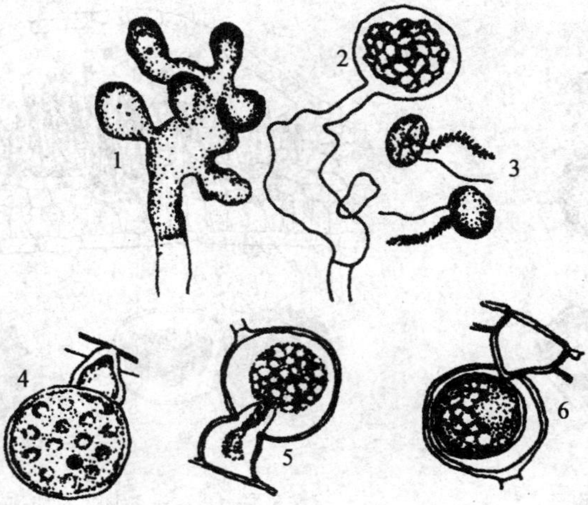

1. 孢子囊　2. 孢子囊萌发形成泡囊　3. 游动孢子　4. 发育中的藏卵器和雄器
5. 藏卵器和雄器交配　6. 藏卵器、雄器和卵孢子

图 2-12　腐霉属——瓜类猝倒病菌

(2)疫霉属(*Phytophthora*)　孢囊梗开始分化而与菌丝不同,不分枝或假轴式分枝,并于分枝顶端陆续产生孢子囊。孢子囊梨形、卵形,成熟后脱落,萌发时产生游动孢子,不形成孢囊。藏卵器内仅形成 1 个卵孢子。多为害花木的根、茎基部,少数为害地上部分,引起芽腐、叶枯等病害,如山楂根腐病、牡丹疫病等(图 2-13)。

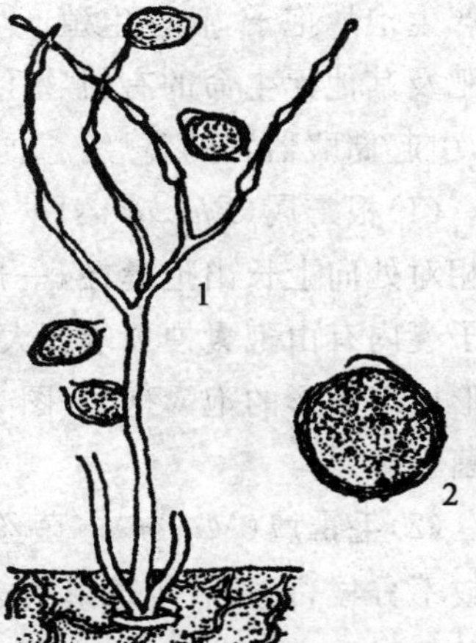

1. 孢囊梗自气孔中伸出　2. 放大的孢子囊

图 2-13　疫霉属——马铃薯晚疫病菌

(3)单轴霉属(*Plasmopara*)　孢囊梗单轴式分枝,分枝与主轴成直角,分枝末端较钝。孢子囊卵形,有乳状突起,萌发时产生游动孢子。引起的病害如葡萄、菊花和月季霜霉病等(图 2-14)。

(4)白锈菌属(*Albugo*)　孢囊梗棍棒状,粗短,不分枝,其上串生球形孢子囊,自上而下陆续成熟,许多孢囊梗聚生在寄主表皮下排成栅栏状,在表皮形成白色凸起的脓疱状病征。引起的病害如牵牛花、二月菊白锈病等(图 2-15)。

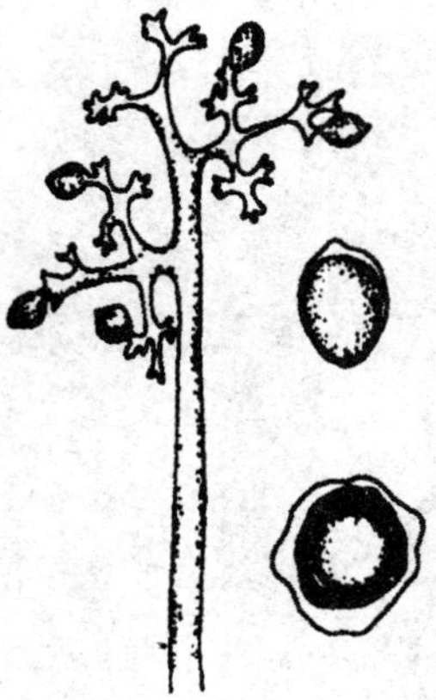

孢囊梗、孢子囊和卵孢子

图 2-14 单轴霉属

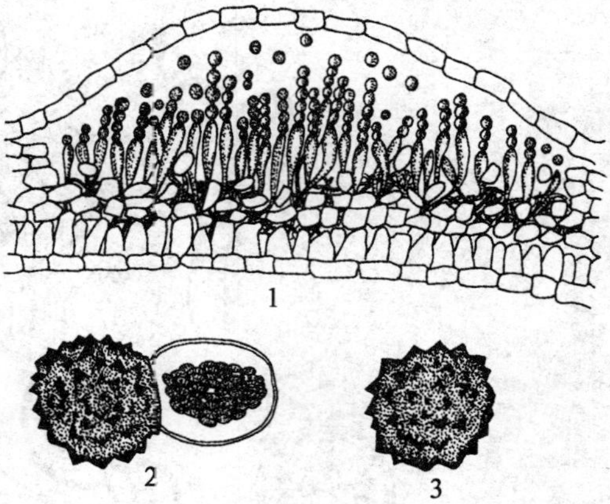

1.突破寄主表皮的孢囊堆 2.卵孢子萌发 3.卵孢子

图 2-15 白锈菌属

2.接合菌亚门

接合菌亚门(Zygomycotina)营养体为发达的无隔菌丝体。无性繁殖在孢子囊内产生孢囊孢子,有性生殖产生接合孢子。多为陆生的腐生菌,广泛分布于土壤、粪肥及其他无生命的有机物上;少数为弱寄生菌,侵染高等植物的果实、块根、块茎,引起储藏器官的腐烂。重要的有:

(1)根霉属(*Rhizopus*) 营养体为发达的无隔菌丝,具有匍匐丝和假根。假根相对处向上长出孢囊梗,一般不分枝,直立或上部弯曲,顶端形成球形孢子囊。孢子囊内有由孢囊梗顶端膨大形成的囊轴。孢子囊成熟后为黑色,破裂散出球形、卵形或多角形的孢囊孢子(图 2-16)。瓜果蔬菜等在运输和储藏中的腐烂,多由根霉菌引起。

(2)毛霉属(*Mucor*) 菌丝发达,无匍匐丝和假根,孢囊梗直接由菌丝产生,分枝或不分枝,顶端着生球形孢子囊。孢囊孢子圆形或椭圆形。为腐生菌,可引起植物种子、果实腐烂。

3.子囊菌亚门

子囊菌亚门(Ascomycotina)为真菌中形态复杂、数量最多的一个类群。除酵母菌外,营养体均为有隔菌丝,而且可产生菌核、子座等组织。无性繁殖非常发达,可产生多种类型的分生孢子。有性生殖产生子囊和子囊孢子。子囊棍棒形或圆筒形,少数呈圆形或椭圆形。每个子囊内通常有 8 个子囊孢子。有些子囊是裸生的,大多数子囊菌在产生子囊的同时,下面的菌丝将子囊包围起来,形成一个包被,对

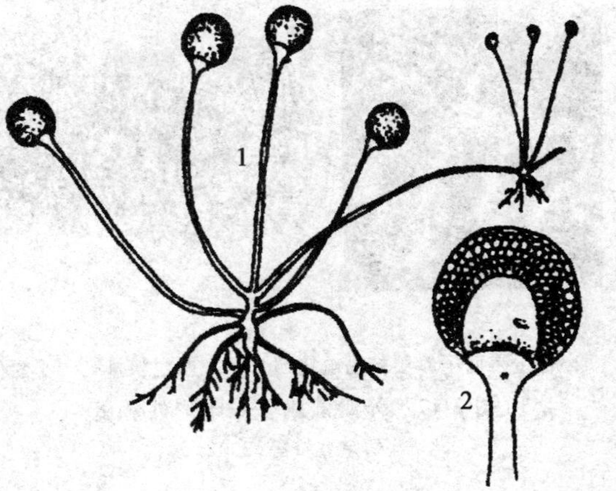

1. 孢囊梗、孢子囊、假根和匍匐丝 2. 放大的孢子囊

图 2-16 根霉属

子囊起保护作用，统称子囊果。有的子囊果没有孔口，叫闭囊壳，一般产生在寄主表面，成熟后裂开散出孢子，由气流传播。有的子囊果呈瓶状，顶端有开口，叫子囊壳，常单个或多个聚生在子座中。孢子由孔口涌出，借风、雨、昆虫传播。有的子囊果呈盘状，子囊排列在盘状结构的上层，叫做子囊盘，其子囊孢子多数通过气流传播。很多子囊菌，在秋季开始性结合形成子囊果，在春季才形成子囊孢子，因此，它们的有性时期一部分是在腐生状态下进行的。子囊菌大部分种类为陆生，能引起很多园林植物病害。

(1)半子囊菌纲(Hemiascomycetes) 本纲真菌无子囊果，仅产生子囊，菌体由菌丝或酵母状细胞构成。重要的有外囊菌属(*Taphrina*)。该属为专性寄生菌。菌丝体粗壮，分枝多，寄生于寄主细胞之间，刺激植物组织产生肿胀、皱缩等畸形症状。无性繁殖不发达，但子囊孢子能进行芽殖产生芽孢。有性生殖可由蔓延于表皮或角质层下的菌丝直接形成子囊，突破角质层，外露成为灰白色霉层。所致病害如桃缩叶病、梅(杏)膨叶病、樱桃丛枝病及李袋果病等(图 2-17)。

(2)核菌纲(Pyrenomycetes) 子囊菌亚门中种类最多的纲，分布广泛，习性多样。广泛在木材、树皮、枯枝、落叶和粪便等基物上腐生，亦可寄生植物，引起许多重要的病害。本纲营养体为发达的有隔菌丝。无性繁殖产生各种类型的分生孢子。有性生殖形成典型的子囊壳和闭囊壳，内含单壁子囊。重要的有白粉菌目(Erysiphales)各属、小煤炱目(Meliolales)中的煤炱属(*Capnodium*)、球壳菌目(Sphaeriales)中的黑腐皮壳属(*Valsa*)等。

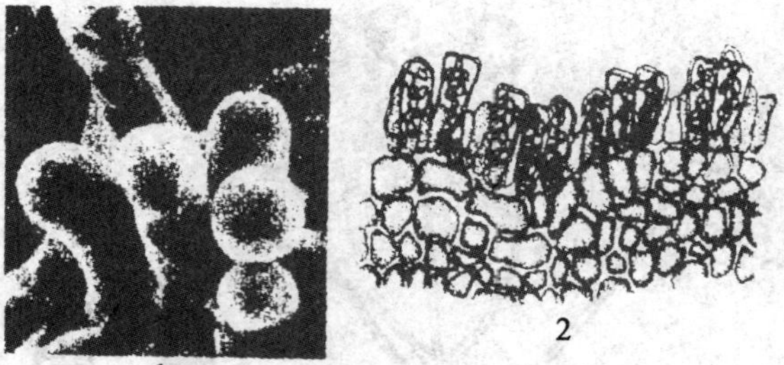

1. 寄主表面子囊层扫描电镜照片　2. 栅栏状排列的子囊

图 2-17　外囊菌属——畸形外囊菌

(仿宗兆锋等,2002)

①白粉菌目(Erysiphales):菌丝体发达,大多生于寄主表面,以吸器伸入寄主表皮细胞或皮下细胞吸取养分。无性阶段发达,大多数产生串生的分生孢子,少数单生,着生于分生孢子梗顶端。分生孢子单胞,椭圆形、无色,在寄主体表形成典型的白粉病征。有性生殖产生球形,褐色的闭囊壳,在寄主体表呈黑粒状。闭囊壳外生附属丝,闭囊壳内子囊数目的多少及附属丝的形态,是分属的重要依据。引起扁竹蓼、芍药、凤仙花、月季、黄栌、丁香、杨树等园林植物白粉病。主要有 6 个属(图 2-18),检索如下。

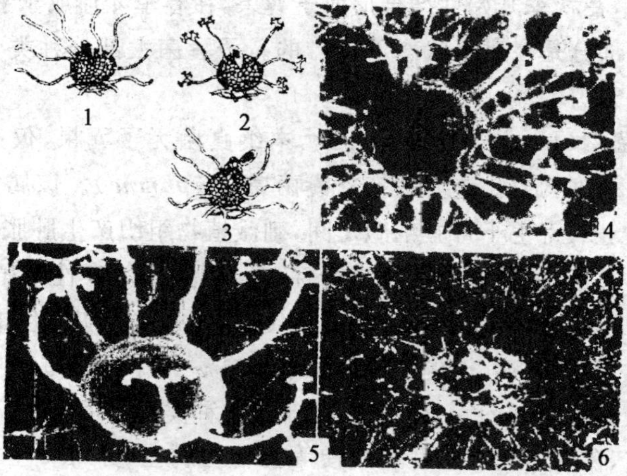

1. 单丝壳属　2. 叉丝单囊壳属　3. 白粉菌属　4. 钩丝壳属　5. 叉丝壳属　6. 球针壳属

图 2-18　白粉菌主要属的特征

(仿宗兆锋等,2002)

白粉菌分属检索表

1. 闭囊壳内具单个子囊…………………………………………………………… 2
1. 闭囊壳内具多个子囊…………………………………………………………… 3
2. 附属丝不分枝 …………………………………… 单丝壳属(*Sphaerotheca*)
2. 附属丝二叉状分枝 ……………………………… 叉丝单囊壳属(*Podosphaera*)
3. 附属丝柔软,菌丝状……………………………………… 白粉菌属(*Erysiphe*)
3. 附属丝坚硬………………………………………………………………………… 4
4. 附属丝顶端叉状分枝 …………………………… 叉丝壳属(*Microsphaera*)
5. 附属丝顶端尖锐,基部膨大 ………………………… 球针壳属(*Phyllactinia*)
5. 附属丝顶端钩状 …………………………………………… 钩丝壳属(*Uncinula*)

②小煤炱目(Meliolales):高等植物的外寄生菌。多寄生在树木和灌木上,常叫做黑霉或烟煤。有寄生专化性。菌丝暗色,壁厚,多分枝,有附着枝固定在寄主的表面。附着枝一般由2个细胞组成,紧贴在寄主上,其顶端膨大,起附着作用,并从膨大细胞上伸出吸器。未发现无性阶段。有性阶段子囊果多无孔口,表生,子囊具有薄而易消解的膜。子囊孢子多为2～4个。

煤炱属(*Capnodium*):菌丝体绒毛状,在寄主表面呈黑色煤污状。子座无刚毛,表面光滑或有菌丝状附属丝。子囊孢子具纵横隔膜,砖格形,多胞,褐色。引起园林植物的煤污病。

③球壳菌目(Sphaeriales):无性繁殖产生各种类型分生孢子,单胞或多胞,圆形至长形。分生孢子自分生孢子梗、分生孢子盘、分生孢子器上产生。有性生殖产生球形、半球形或瓶形子囊壳,单独或成群埋生或表生于基物上。子囊壳有一乳状孔口。重要的有黑腐皮壳属(*Valsa*):子座发达,起初埋于寄主组织内,后期突破表皮露出圆锥形孔顶。子囊壳球形,有长颈伸出子座,囊壁不胶化,无侧丝或早期胶化。无性繁殖产生多室的分生孢子器。有性、无性孢子均为无色,单胞,肾形。引起树皮腐烂和枝枯(图2-19)。

(3)腔菌纲(Loculoascomycetes) 子囊果为子囊腔。寄生类型的菌丝体多侵入寄主组织内吸取养分,无性繁殖十分发达,许多种类很少进行有性生殖。有性生殖在子囊腔内产生子囊孢子。子囊均具有双层壁。重要的有黑星菌属(*Venturia*):子座多产生于病残体的表皮下,黑色,球形,埋生,子囊腔孔口外露,周生少数黑色刚毛。子囊长圆形,平行排列,有拟侧丝或在后期消解。子囊孢子椭圆形,双胞,无色或黄色。无性繁殖在寄主表面形成黑霉状病征。为害叶片、果实和枝条,引起黑星病,如苹果黑星病(图2-20)。

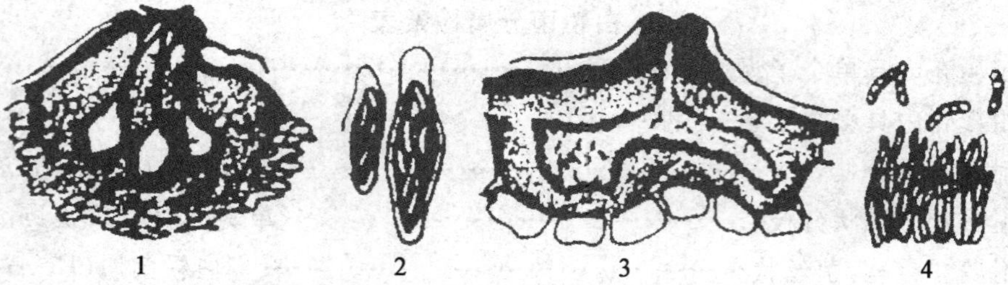

1. 子座及子囊腔　2. 子囊及子囊孢子　3. 分生孢子器　4. 分生孢子梗及分生孢子

图 2-19　黑腐皮壳属

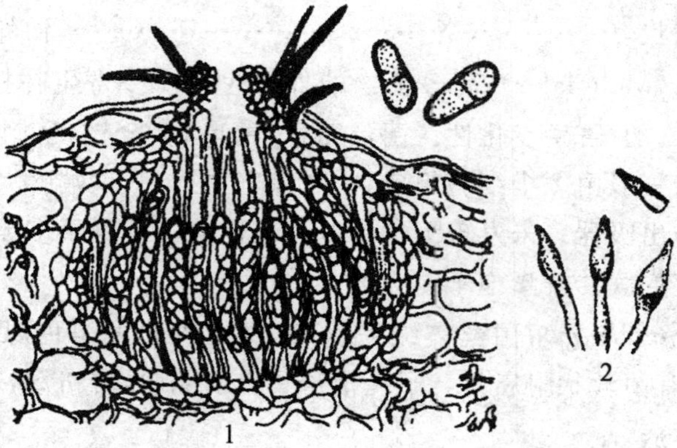

1. 子囊腔、子囊及子囊孢子　2. 分生孢子及分生孢子梗

图 2-20　黑星菌属

(4)盘菌纲(Discomycetes)　子囊果呈盘状、杯状或近球形。成熟时像杯或盘一样张开,故称为盘菌。子囊盘有的生长在地上或地下,有的长在动物粪便上,有的生在埋没的树干、腐烂的木材和越冬的落叶及果实上。绝大多数为腐生菌,少数是植物寄生菌。多数不产生分生孢子。重要的有核盘菌属(*Sclerotinia*):菌丝体能形成菌核。菌核在寄主表面或组织内,球形、鼠粪状或不规则形,黑色。由菌核产生子囊盘(图 2-21)。子囊盘杯状或盘状,褐色。子囊孢子单胞,无色,椭圆形,不产生分生孢子。为重要的园林植物病原菌,可引起菌核病。

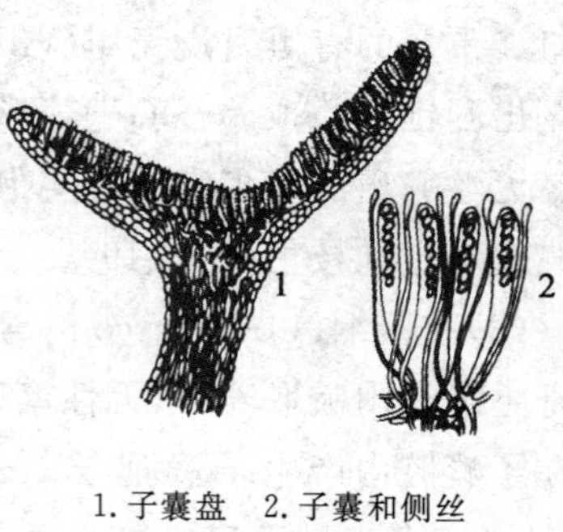

1. 子囊盘　2. 子囊和侧丝

图 2-21　核盘菌属

4. 担子菌亚门

担子菌亚门(Basidiomycotina)为真菌中最高等的一个类群,全部陆生。营养体为发育良好的有隔菌丝。多数担子菌的菌丝体分为初生菌丝、次生菌丝和三生菌丝3种类型。初生菌丝由担孢子萌发产生,初期无隔,多核,不久产生隔膜成单核有隔菌丝。初生菌丝联合质配使每个细胞有2个核,但不进行核配,常直接形成双核菌丝,称为次生菌丝。次生菌丝占据生活史的大部分时期,主要执行营养功能。三生菌丝是由次生菌丝特化形成的双核菌丝,常集结成特殊形状的子实体,称担子果。重要的有:

(1)锈菌目(Uredinales) 锈菌全部为专性寄生菌。寄生于蕨类、裸子植物和被子植物上,引起植物锈病。菌丝体发达,寄生于寄主细胞间,以吸器伸入细胞内吸收营养。不形成担子果。生活史较复杂,典型的锈菌生活史可分为5个阶段,产生性孢子、锈孢子、夏孢子、冬孢子和担孢子5种类型的孢子(图2-22)。

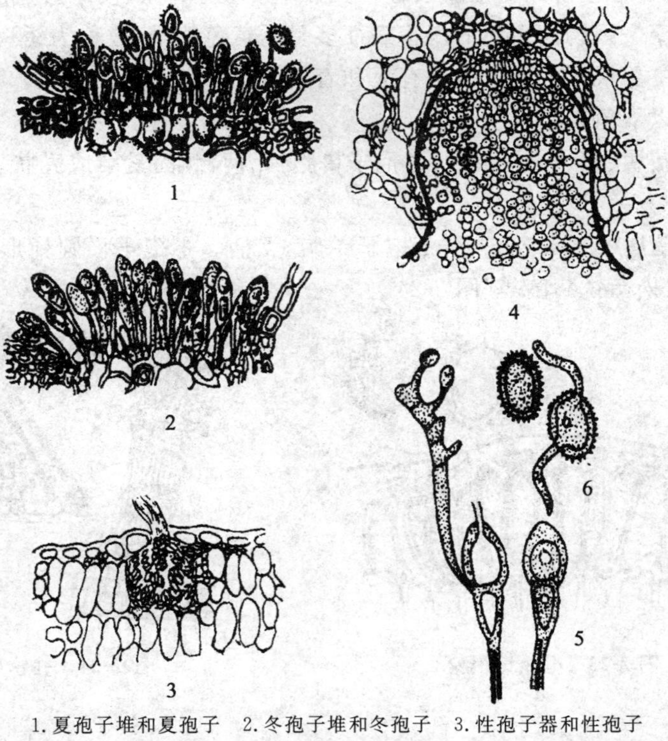

1. 夏孢子堆和夏孢子 2. 冬孢子堆和冬孢子 3. 性孢子器和性孢子
4. 锈孢子腔和锈孢子 5. 冬孢子及其萌发 6. 夏孢子及其萌发

图 2-22 锈菌的孢子类型

锈菌种类很多,并非所有锈菌都产生5种类型的孢子。因此,各种锈菌的生活史是不同的,一般可分3类:①5个发育阶段(5种孢子)都有的为全型锈菌,如松芍柱锈菌;②无夏孢子阶段的为半型锈菌,如梨胶锈菌、报春花单胞锈菌;③缺少锈孢子和夏孢子阶段,冬孢子是唯一的双核孢子,为短型锈菌,如锦葵柄锈菌。

此外,有些锈菌在生活史中,未发现或缺少冬孢子,这类锈菌一般称为不完全锈菌,如女贞锈孢锈菌。除不完全锈菌外,所有的锈菌都产生冬孢子。

锈菌对寄主有高度的专化性。有的锈菌全部生活史可以在同一寄主上完成,也有不少锈菌必须在两种亲缘关系很远的寄主上完成全部生活史。前者称同主寄生或单主寄生,后者称转主寄生。转主寄生是锈菌特有的一种现象。玫瑰多胞锈菌为单主寄生锈菌。松芍柱锈菌为转主寄生锈菌,性孢子和锈孢子在松树枝干上为害,夏孢子和冬孢子在芍药叶片上为害。

锈菌寄生在植物的叶、果、枝干等部位,在受害部位表现出鲜黄色或锈色粉堆、疱状物、毛状物等显著的病征。引起叶片枯斑,甚至落叶,枝干形成肿瘤、丛枝、曲枝等畸形现象。因锈菌引起的病害病征多呈锈黄色粉堆,故称为锈病。

锈菌目主要根据冬孢子柄的有无和着生情况等性状进行分类。与园林植物关系密切的有以下菌属。

①栅锈菌属(*Melampsora*):冬孢子单胞,无柄,侧面紧结成壳状。如亚麻锈病菌等(图2-23)。

②柱锈菌属(*Cronartium*):冬孢子单胞,无柄。冬孢子堆圆柱形,突出寄主体外。如板栗、松芍锈病菌等(图2-24)。

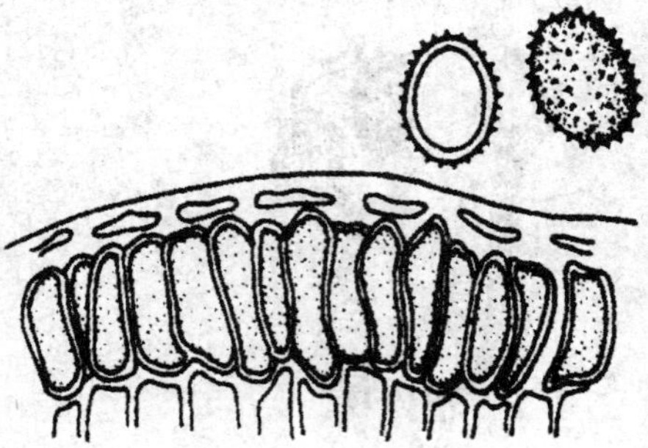

图 2-23 栅锈菌属

图 2-24 柱锈菌属

③柄锈菌属(*Puccinia*):冬孢子双胞,柄短,不胶化,壁厚,隔膜处缢缩不深,不能分离(图2-25)。多寄生于禾本科、莎草科及菊科植物上。如草坪禾草、菊花锈病菌等。

④胶锈菌属(*Gymnosporangium*):冬孢子双胞,柄长,遇水胶化,壁薄(图2-26)。如梨胶锈菌,转主寄主为桧柏。

⑤多胞锈菌属(*Phragmidium*);冬孢子由多个细胞组成,通常下部膨大,有长柄(图2-27)。全部寄生于蔷薇科植物上,如玫瑰锈病菌。

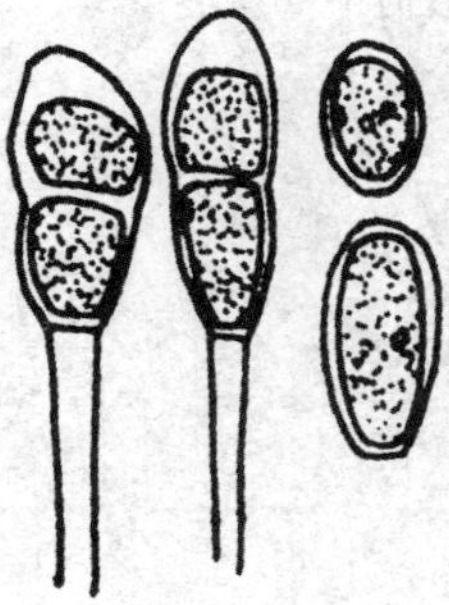

图 2-25　柄锈菌属

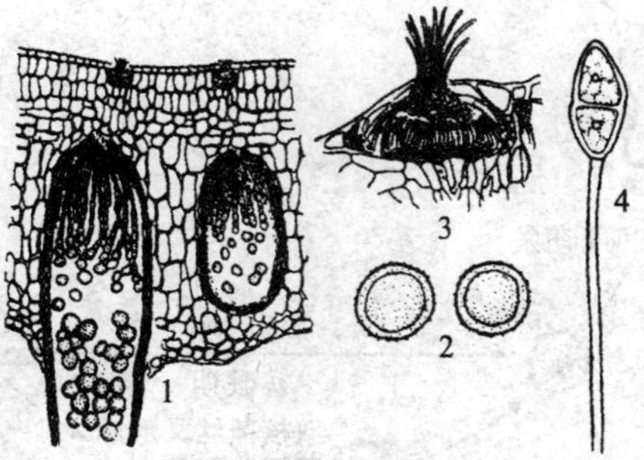

1. 锈孢子器　2. 夏孢子
3. 性孢子器　4. 冬孢子

图 2-26　胶锈菌属

图 2-27　多胞锈菌属

(2)黑粉菌目(Ustilaginales)　黑粉菌绝大多数是高等植物的寄生菌,因在寄主上形成大量的黑粉而得名。

黑粉菌的冬孢子由双核菌丝内膜壁加厚而成。它们多数是休眠器官,要经过一段时间才能萌发。但有些种类的冬孢子成熟后,能立即萌发。冬孢子的形态变化也很大,它们有的单胞、圆形、壁厚,有的聚集成团,有的孢子团周围还附有不能萌发的不孕细胞。孢子中的"+""-"两核结合,完成其有性生殖世代,再萌发产生圆柱形有隔膜的担子,在担子的顶端或侧面着生单核的担孢子。

很多担孢子可以萌发芽管形成大量次生担孢子(小孢子)。担孢子或次生担孢子萌发芽管相结合,形成双核菌丝侵入寄主。但也有些种类是以单核的初生菌丝侵入,在寄主体内结合为次生菌丝。还有少数黑粉菌,能够直接产生侵入丝侵入寄主(图2-28)。

黑粉菌对寄主有多种不同的侵染类型。系统侵染的黑粉菌,只侵染1次,菌丝由花器或幼苗的芽鞘侵入,在寄主细胞间扩展,初期多不产生症状,直到最后才破坏寄主的茎、叶或仅破坏穗粒,产生大量黑粉。少数局部侵染的黑粉菌,常引起侵染部位的显著膨胀,然后破坏其组织,使其中充满黑粉,它们在一年中可以引起多次再侵染。与园林植物关系密切的有以下菌属(图2-29)。

①条黑粉菌属(*Urocystis*):冬孢子堆生于寄主的叶、茎内。冬孢子常结合孢子

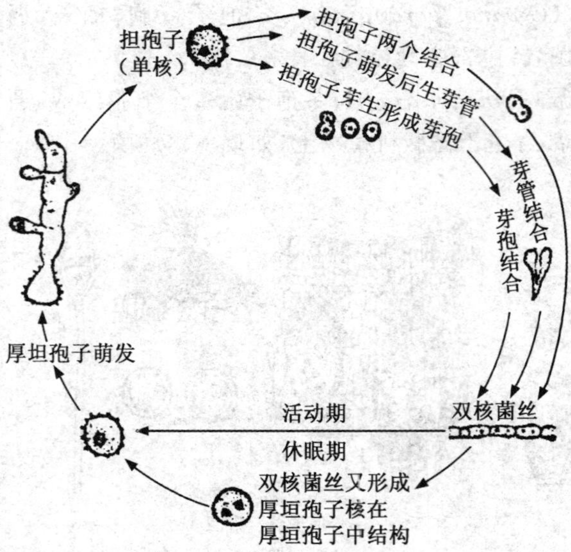

图 2-28 黑粉菌发育循环

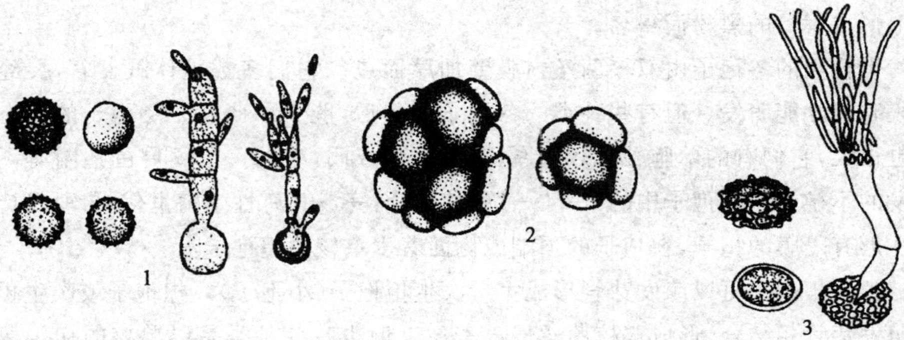

1. 黑粉菌属 2. 条黑粉菌属 3. 腥黑粉菌属

图 2-29 黑粉菌主要属

球，外有一层无色的不孕细胞。如银莲花条黑粉病菌、草坪禾本科杂草秆黑粉病菌等。

②黑粉菌属(*Ustilago*)：为黑粉菌中最大的一个属。冬孢子散生，单胞。萌发时产生着生担孢子的先菌丝，先菌丝也可以不产生担孢子而变为侵染丝。如石竹科植物花药黑粉病菌，早熟禾、剪股颖、羊茅、梯牧草的黑粉病菌等。

5. 半知菌亚门

半知菌亚门(Deuteromycotina)真菌分类主要是以有性阶段形态特征为依据的。但在自然界中,有很多真菌在个体发育中,只发现无性阶段,它们不产生有性孢子,或还未发现它们的有性孢子,这类真菌称为半知菌,并暂时将它们放在半知菌亚门。已经发现的有性时期,大多数属于子囊菌,少数属于担子菌,个别属于接合菌。所以,半知菌与子囊菌有密切的关系。

半知菌菌丝体很发达,有隔膜,有的能形成厚垣孢子、菌核和子座等子实体。无性繁殖产生分生孢子。分生孢子着生在由菌丝体分化形成的分生孢子梗上,分生孢子梗及分生孢子的形状、颜色和组成细胞数变化极大。有些半知菌的分生孢子梗和分生孢子直接生在寄主表面,有的生在盘状或球状有孔口的子实体内,前者称分生孢子盘,后者称分生孢子器。此外,还有少数半知菌不产生分生孢子,菌丝体可以形成菌核或厚垣孢子。

植物病原真菌有半数左右是半知菌。它们为害植物的叶、花、果、茎干和根部,引起局部坏死和腐烂、畸形及萎蔫等症状。重要的有:

(1)无孢目(Agonormycetales)　菌丝体很发达,褐色或无色,有时能形成厚垣孢子、菌核等菌丝变态结构,但不产生分生孢子。主要为害植物的根、茎基或果实等部位。引起立枯、根腐、茎腐和果腐等症状。重要的园林植物病原菌有以下菌属(图 2-30)。

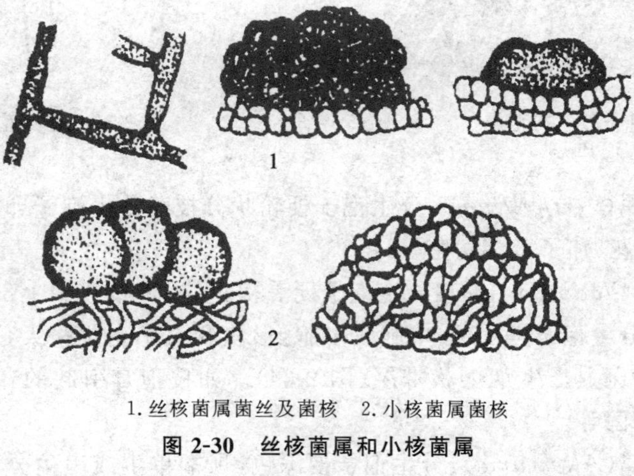

1. 丝核菌属菌丝及菌核　2. 小核菌属菌核

图 2-30　丝核菌属和小核菌属

①丝核菌属(*Rhizoctonia*):菌核着生菌丝间,菌丝彼此相连。菌核褐色或黑色,表面粗糙,常生于寄主表面。菌丝褐色,分枝多呈直角,在分枝处较细缢,并有一隔膜。引起多种园林植物猝倒病、立枯病。

②小菌核属(*Solerotium*):菌核球形或不规则形,表面褐色至黑色,内部白色,菌核之间无菌丝相连。主要为害植物地下部分,引起猝倒、腐烂等症状。如兰花等多种花木白绢病。

(2)丝孢目(Hyphomycetales) 菌丝体发达,呈疏松棉絮状,有色或无色。分生孢子直接从菌丝上或分生孢子梗上产生。分生孢子梗散生或簇生,不分枝或上部分枝。重要的有以下菌属。

①粉孢属(*Oidium*):菌丝体表生,分生孢子梗直立,顶部串生分生节孢子。分生孢子梗与菌丝区别不显著(图 2-31)。如瓜叶菊、月季白粉病菌等。

②葡萄孢属(*Botrytis*):分生孢子梗褐色,有对生或不规则分枝,分生孢子圆形或椭圆形,聚生于分枝顶端成葡萄穗状(图 2-32)。如菊花、牡丹、芍药、四季海棠、仙客来灰霉病菌等。

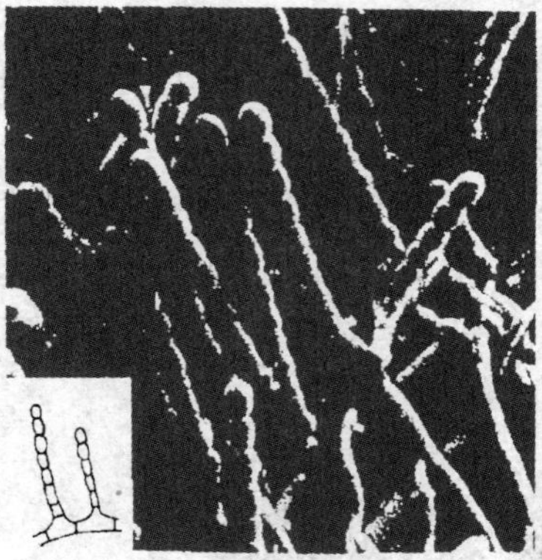

图 2-31 粉孢属

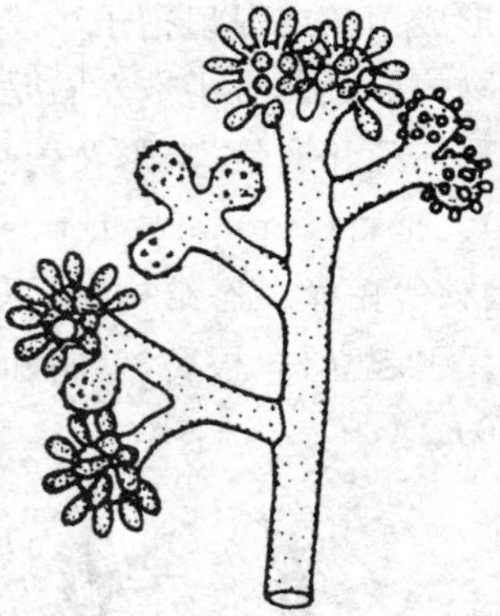

图 2-32 葡萄孢属

③轮枝孢属(*Verticillium*):分生孢子梗轮状分枝。分生孢子卵圆形、单生(图 2-33)。如大丽花、茄子黄萎病菌等。

④枝孢属(*Cladosporium*):分生孢子梗黑褐色,不分枝或中上部树枝状分枝,单生或丛生。分生孢子黑褐色,单胞或多胞,形状和大小变化很大,寄生或腐生在植物残体上,病斑上产生烟煤状霉层(图 2-34)。如枝孢霉引起的花木烟煤病,牡丹、芍药叶霉病菌等。

⑤链格孢属(*Alternaria*):分生孢子梗深色,顶端单生或串生分生孢子。分生孢子多胞,具纵横隔膜,成砖格状,孢子长圆形或棒形,顶端尖细(图 2-35)。通常腐生,引起的病害如香石竹叶斑病、圆柏叶枯病、马铃薯和番茄早疫病等。

⑥尾孢属(*Cercospora*):分生孢子梗黑褐色,丛生于发达的子座上,顶生分生

图 2-33　轮枝孢属

图 2-34　枝孢属

孢子。分生孢子线形，多隔膜（图 2-36）。所致病害如樱花、丁香褐斑病，桂花、杜鹃叶斑病等。

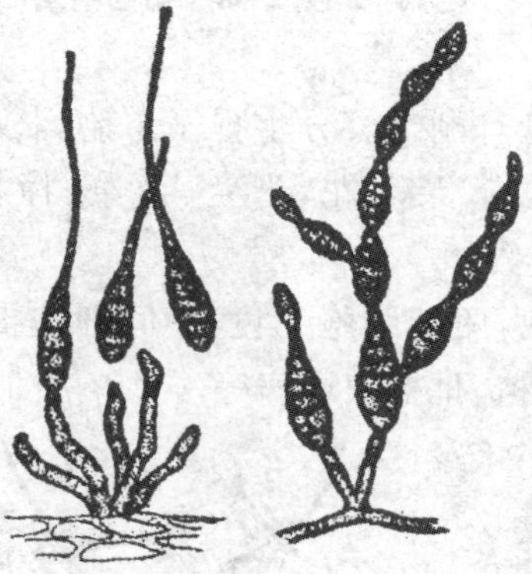

图 2-35　链格孢属

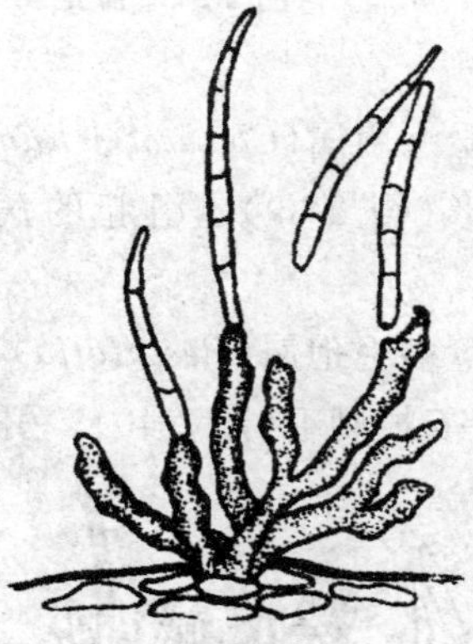

图 2-36　尾孢属

（3）瘤座孢目（Tuberculariales）　分生孢子梗集生在菌丝体纠结而成的分生孢子座上。分生孢子座呈球形、碟形或瘤状。重要的有镰孢属（*Fusarium*）（又称镰刀菌属）。分生孢子有两种类型：大型分生孢子，多胞，细长、镰刀形；小型分生孢子，单胞，卵圆形，着生在子座上，聚生呈粉红色（图 2-37）。本属种类多，分布广，腐生、弱寄生或寄生。能为害多种不同植物，引起根、茎、果穗腐烂、立枯，或破坏植物输导组织，引起萎蔫。引起的病害如黄瓜枯萎病、香石竹等多种花木枯萎病。

（4）黑盘孢目（Melanconiales）　分生孢子着生在分生孢子盘内。分生孢子短小，通常是单细胞。重要的有以下菌属。

①痂圆孢属(*Sphaceloma*)：分生孢子梗极短，不分枝。分生孢子盘半埋于寄主组织内。分生孢子较小，单胞，卵圆形或椭圆形(图 2-38)。引起的病害如柑橘疮痂病、葡萄黑痘病等。

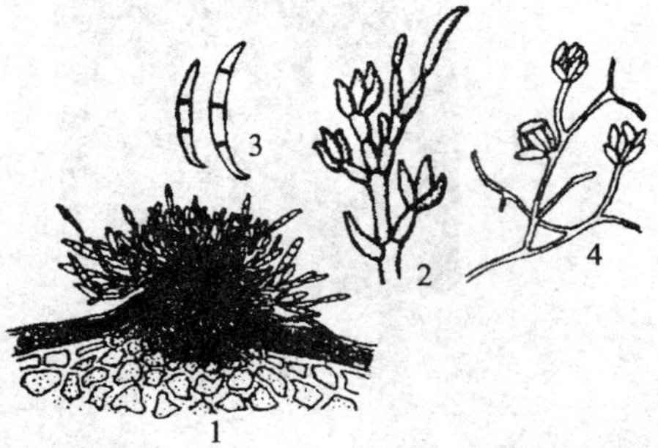

1. 分生孢子座　2. 分生孢子梗　3. 大型分生孢子
4. 分生孢子梗和小型分生孢子

图 2-37　镰孢属

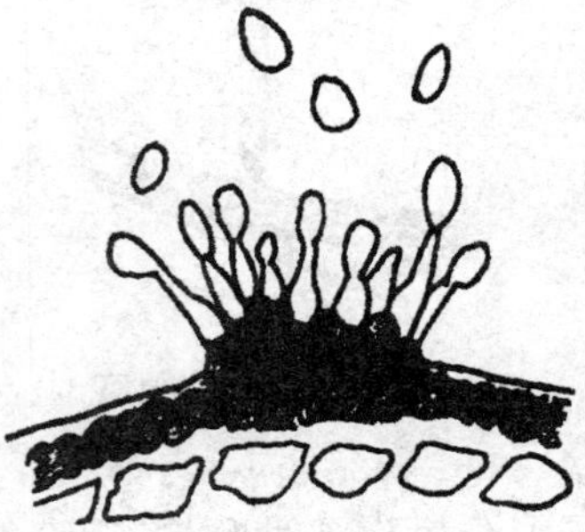

着生子座上的分生孢子盘和分生孢子

图 2-38　痂圆孢属

②炭疽菌属(*Colletotrichum*)：分生孢子盘有刚毛。分生孢子单胞，长椭圆形或新月形(图 2-39)。引起的病害如兰花、梅花、茉莉花、米兰、山茶、樟树炭疽病等。

③盘多毛孢属(*Pestalotia*)：分生孢子多胞，两端细胞无色，中间细胞褐色，顶端有 2～5 根刺毛(图 2-40)。引起的病害如山楂、枇杷灰斑病等。

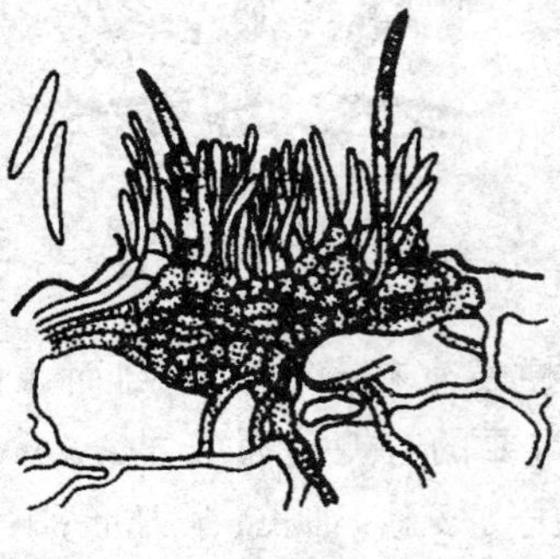

分生孢子盘和分生孢子

图 2-39　炭疽菌属

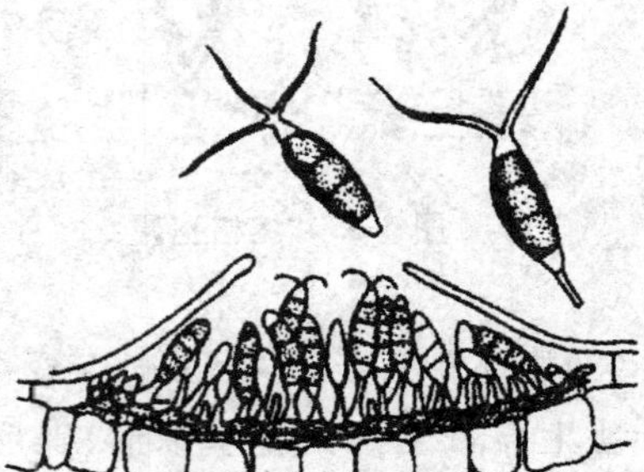

分生孢子盘和分生孢子

图 2-40　盘多毛孢属

(5)球壳孢目(Sphaeropsidales)　分生孢子产生在分生孢子器内。分生孢子器通常为球形，顶端有孔口。在壁内下端半圆周范围内，一般产生不分枝的孢子梗，上面着生分生孢子。重要的有以下菌属。

①叶点霉属（*Phyllosticta*）：分生孢器暗色，扁球形至球形，具孔口，埋生于寄主组织内，部分突出，或以孔口突破表皮外露。分生孢子梗极短。分生孢子单胞，很小，卵形至椭圆形（图 2-41）。寄生性强，主要在植物叶片上。引起的病害如荷花、桂花斑枯病等。

②壳针孢属（*Septoria*）：分生孢子器暗色，近球形，孔口露出表皮。分生孢子梗短。分生孢子多胞，无色，细长筒形至线形（图 2-42）。引致菊花褐斑病、番茄斑枯病等。

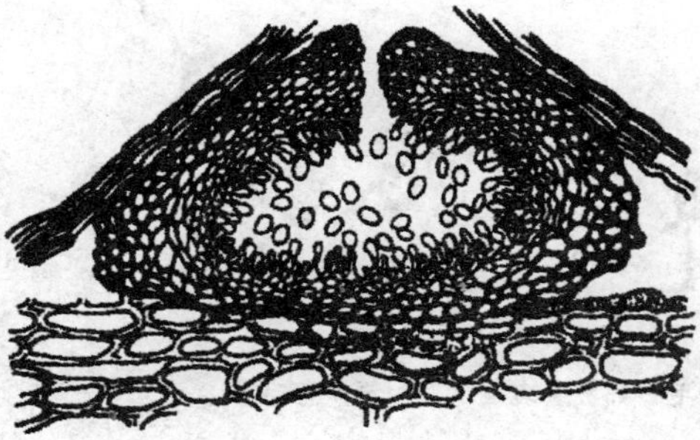

分生孢子器和分生孢子

图 2-41　叶点霉属

分生孢子器和分生孢子

图 2-42　壳针孢属

二、植物病原原核生物

原核生物（Procaryotes）是指含有原核结构的一类微生物。一般由细胞壁和细胞膜或只有细胞膜包围的单细胞微生物。它的遗传物质（DNA）分散在细胞质中，无核膜包围，无明显的细胞核。原核生物的成员很多，包括细菌、放线菌、蓝细菌以及无细胞壁的菌原体等。

植物病原原核生物是仅次于真菌和病毒的第三大类病原生物。侵染植物可引起许多重要的病害。例如，花木和果树根癌病、菊花和大丽花青枯病、丁香疫病、柑橘溃疡病、桃细菌性穿孔病、枣疯病、泡桐丛枝病等。但原核生物对人类也有有益的一面，许多种类是重要的工业和医药微生物。

（一）细菌

细菌属原核生物界，薄壁菌门和厚壁菌门，为单细胞生物。细菌是引起植物病害最多的一类原核生物。

1. 细菌的基本性状

细菌的形态有球状、杆状和螺旋状。个体大小差别很大。植物病原细菌大多是杆状菌，大小一般为(1～3) μm×(0.5～0.8) μm。一般无荚膜，也不形成芽孢。绝大多数植物病原细菌细胞壁外长有鞭毛，一般3～7根，最少1根，可在水中游动。鞭毛是细菌分类的重要依据(图2-43)。细菌有细胞壁、原生质膜、原生质、核物质及各种内含体，但无核膜(图2-44)。某些细菌外有一层胶状的黏液层，称荚膜，其厚度因种类而异。

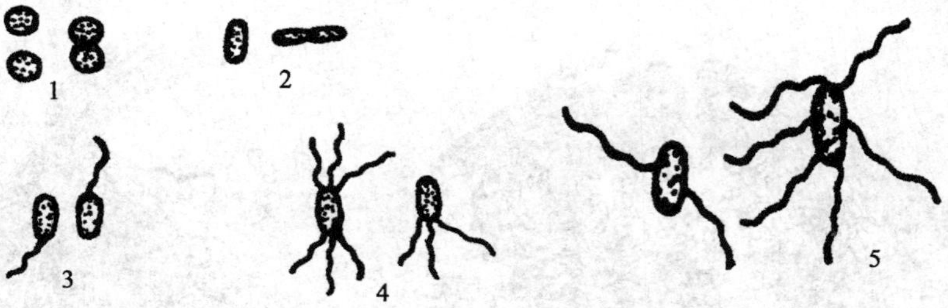

1. 球菌 2. 杆菌 3. 单极鞭毛 4. 极生多鞭毛 5. 周生鞭毛

图2-43 细菌的形态

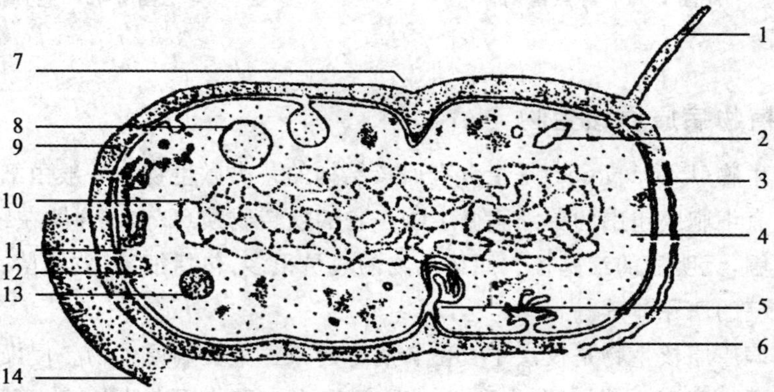

1. 鞭毛 2. 气泡 3. 细胞质膜 4. 核糖体 5. 间体 6. G－细胞壁 7. 隔膜的形成 8. 液泡 9. G＋细胞壁 10. 核区 11. 核糖体 12. 聚核糖体 13. 异染体 14. 荚膜

图2-44 细菌的模式结构

植物病原细菌用裂殖方法繁殖。当细菌成熟后，在杆状菌体的中部产生隔膜，随后裂殖成2个子细胞。在适宜条件下，细菌繁殖速度很快，一般1 h分裂1至数次，如大肠杆菌 20 min 可分裂 1 次，在 10 h 内即可产生 10 亿个细菌。

植物病原细菌不含叶绿素，进行异养生活，寄生或腐生。所有的植物病原细菌都可在人工培养基上生长繁殖。在固体培养基上形成的菌落多为白色、黄色或灰色。在液体培养基中可以形成菌膜。

一般情况下，寄生性强的病原细菌在培养基中生长较慢，而腐生性强的病原细菌则生长较快。

在病原细菌中，用革兰氏染色法是鉴别细菌的重要依据。除棒状杆菌属外，其余均为革兰氏染色阴性菌。大多数植物病原细菌都是好氧菌，适于生活在微碱性培养基中。一般生长发育适温 26～30℃，在 33～40℃时停止生长，在 50℃10 min 多数细菌死亡。

2. 细菌的主要类群及其所致病害

细菌主要依据菌体形态特征、革兰氏染色反应、培养性状、生化特性、遗传性状和致病性等进行分类。与园林植物关系密切的植物病原细菌主要有 5 个属。

(1)棒状杆菌属(*Corynebacterium*) 属厚壁菌门。菌体短杆状，无鞭毛，革兰氏染色反应阳性。多从伤口侵入，寄生于维管束组织内，引起萎蔫症状。如菊花、大丽花青枯病等。

(2)假单胞杆菌属(*Pseudomonas*) 属薄壁菌门。菌体短杆状，鞭毛 1～4 根或多根，极生。革兰氏阴性。菌落灰白色或有荧光色素。从自然孔口或伤口侵入，寄生于薄壁组织内，引起斑点和条斑。有半数植物病原细菌属于此属。所致病害如天竺葵和栀子花叶斑病、桑和丁香疫病等。

(3)黄单胞杆菌属(*Xanthomonas*) 属薄壁菌门。菌体短杆状，单鞭毛，极生。革兰氏阴性。菌落黄白色。多从自然孔口或伤口侵入，引起叶斑、叶枯等症状。所致病害如桃细菌性穿孔病、柑橘溃疡病等。

(4)欧氏杆菌属(*Erwinia*) 属薄壁菌门。菌体短杆状，大多周生多根鞭毛。革兰氏阴性。弱寄生，从伤口侵入，引起组织腐烂。如鸢尾细菌性软腐病等。

(5)野杆菌属(*Agrobacterium*) 又称土壤杆菌属。属薄壁菌门。为土壤习居菌。菌体短杆状，鞭毛 1～6 根，周生或侧生。革兰氏阴性。从伤口侵入，引起根癌或毛根病。如月季等园林植物的根癌病。

3. 细菌病害的症状

细菌性病害的症状主要有 4 种类型：

(1)斑点型 主要发生在叶片、果实和嫩枝上。由于细菌侵染，引起植物局部组织坏死而形成斑点或叶枯。有的叶斑发病后期，病斑中部坏死组织脱落而形成穿孔。如桃、梅穿孔病，杨树细菌性溃疡病。

(2)腐烂　植物幼嫩、多汁的组织被细菌侵染后，通常表现腐烂症状。常见的有花卉的鳞茎、球根和块根的软腐病。这类症状表现为组织解体，流出带有臭味的汁液。

(3)枯萎(青枯)　有些细菌侵入寄主植物的维管束组织，在导管内扩展，破坏了输导组织，引起植株萎蔫。

(4)畸形　有些细菌侵入植物后，引起根或枝干局部组织过度生长，形成肿瘤或使新枝、须根丛生等多种症状。

4.病原细菌的侵染特点

植物病原细菌没有直接穿透寄主表皮而入侵的能力，主要通过寄主体表的自然孔口和伤口侵入。假单胞杆菌和黄单胞杆菌多从自然孔口侵入，也能从伤口侵入；而棒状杆菌、野杆菌和欧氏杆菌则多从伤口侵入植物。

植物病原细菌主要是通过雨水飞溅、灌溉水、昆虫和线虫等传播。有些细菌还可以通过农事操作，如嫁接和切花的刀具传播；有些则随着种子、球根、苗木等繁殖材料的调运而远距离传播。如花木的根癌病就是由带病苗木远程传播的，百日草细菌性叶斑病由种子带菌传播，唐菖蒲疮痂病由球茎带菌传播。

植物病原细菌没有特殊的越冬结构，必须依附于感病植物，不能离开感病植物而独立存活。因此，感病植物是病原细菌越冬的重要场所，病株残体、种子、球根等繁殖材料，以及杂草都是细菌越冬场所，也是初侵染的重要来源。一般细菌在土壤内不能存活很久，当植物残体分解后，它们也渐趋死亡。

一般高温、多雨，尤以暴风雨后，湿度大、氮肥施用过多等环境条件，均有利于细菌病害的发生和流行。

(二)菌原体

菌原体(植原体)属原核生物界软壁菌门，是一类无细胞壁、但有单位膜包围的原核生物。菌原体在自然界中分布广泛，多数腐生，少数能寄生植物。现发现的菌原体所致的主要植物病害有枣疯病、桑萎缩病、泡桐丛枝病、柑橘僵化病等。菌原体无细胞壁，只有3层结构的单位膜包围。菌体大小80～800 nm。形态多变。有球形、椭圆形、丝状，有的为螺旋形(图2-45)。革兰氏阴性。对青霉素不敏感，对四环素类药物敏感。菌原体包括螺原体和植原体2个属。

菌原体侵染植物后引起的病害类型大多为黄化、矮缩、丛生和叶、芽变小。菌原体须依赖介体传播。叶蝉、飞虱等刺吸式口器昆虫是主要媒介。四环素类药物对菌原体病害有一定抑制作用。

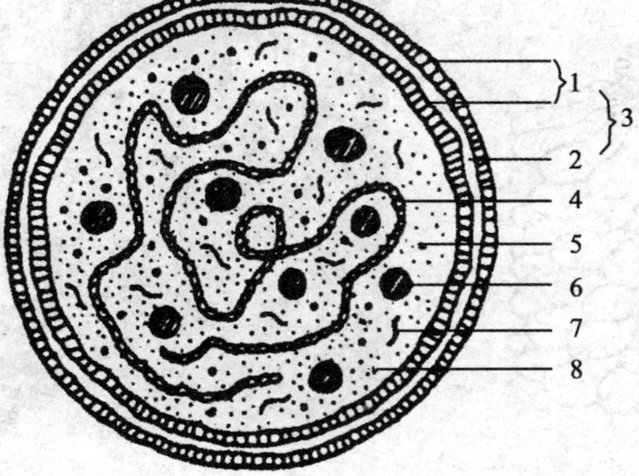

1. 蛋白质层 2. 类脂质体 3. 单位膜 4. 核酸链
5. DNA 6. 核糖体 7. 蛋白质 8. 细胞质

图 2-45 植原体模式图

三、植物病原病毒

病毒(virus)是一类个体微小的专性寄生物,无细胞结构,主要由核酸和蛋白质组成,故又称分子寄生物。在高等植物中,目前已发现的病毒病已超过 700 种。其中,花卉病毒病已达 300 余种,树木病毒病已达百余种,数量仅次于真菌性病害。几乎每种园林植物都有 1 至数种病毒病。轻则影响观赏,重则不能开花,品种逐年退化,甚至毁种,已对花卉生产构成潜在威胁。有些病毒病已成为影响我国花卉栽培、生产和外销的重要原因之一。

(一)病毒的基本性状

病毒粒体很小。如烟草花叶病毒,直杆状,直径 18 nm,长 300 nm,是最小杆状细菌宽度的 1/20,用电子显微镜才能观察到。植物病毒能通过细菌不能通过的过滤器微孔,故又称为过滤性病毒。

病毒粒体是由核酸和蛋白质组成的分子质量很高的蛋白质颗粒。核酸在中间,形成中轴,蛋白质包围在外层,形成外壳,对核酸起保护作用(图 2-46)。病毒的形状主要有球状、杆状、线状等类型(图 2-47)。

病毒具有传染能力,若把烟草花叶病株汁液接种到无病烟草植株上,会发生同样的花叶病。病毒具有增殖能力,它的增殖不同于细胞的繁殖。它采用核酸样板复制方式,病毒的这种独特的“繁殖”称为增殖。当病毒侵入寄主体内后,提供遗传

1. 核酸链 2. 蛋白质

图 2-46 烟草花叶病毒模式结构

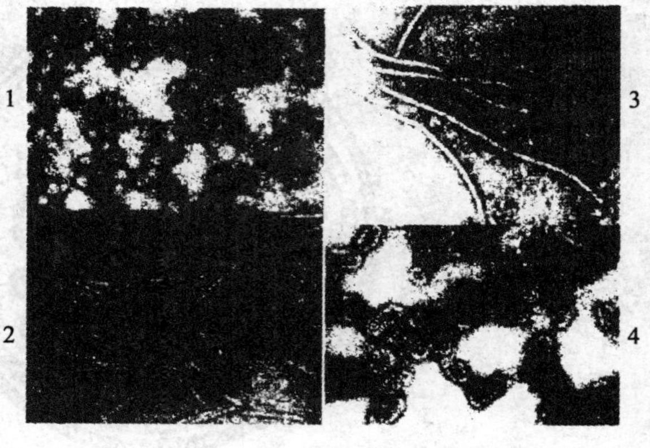

1. 球状病毒 2. 杆状病毒 3. 线状病毒 4. 弹状病毒

图 2-47 植物病毒粒体形态

信息的核酸,改变了细胞的代谢作用,按照病毒的分子结构复制,产生大量的病毒核酸和蛋白质,一定量的核酸聚缩在一起,外面加上蛋白质外壳,最后形成新的病毒粒体。病毒的这种增殖方式称为复制。病毒在增殖的同时,也破坏了寄主正常的生理程序,从而使植物表现症状。

病毒只能在活的寄主体内寄生为害,不能在人工培养基上培养。但它的寄主范围却相当广泛,包括不同科、属的植物。如烟草花叶病毒能侵染 36 科 236 种植物;烟草环斑病毒和番茄黑环病毒等可以侵染松柏类植物;烟草花叶病毒可以侵染蕨类植物。也有专化性较强的种类,如玉米条斑病毒只寄生玉米和高粱。

病毒对外界条件的影响有一定的稳定性。不同病毒对外界环境影响的稳定性不同。这种特性可作为鉴定病毒的重要依据。主要指标有:

1. 体外存活期

体外存活期(LIV)是带毒植物汁液在 20～22℃室温下,能够保持传染性的最长时间。大多数病毒的 LIV 为数天到数月。如香石竹坏死斑病毒为 2～4 d,烟草花叶病毒为 30 d 左右。

2. 稀释终点

稀释终点(DEP)是带毒植物汁液保持病毒侵染力的最高稀释倍数。一般植物病毒的 DEP 为 10^{-3}～10^{-2}。菊花 D 病毒的稀释终点为 10^{-4},烟草花叶病毒为 10^{-7}～10^{-4}。

3. 钝化温度

钝化温度（TIP）是带毒植物汁液经恒温水浴处理 10 min，使病毒丧失活性的最低温度。大多数植物病毒的 TIP 为 55～70℃，而烟草花叶病毒的 TIP 为 93℃。

（二）病毒的传播与侵染

病毒生活在寄主细胞内，无主动传播的能力，多借助外部动力和通过微细伤口入侵，因此，病毒的传播与侵染是同时完成的。病毒一般有以下传播途径。

1. 昆虫传播

传播植物病毒的介体最重要的是昆虫，其次是线虫、螨类、真菌，还有菟丝子。昆虫介体中主要有蚜虫、叶蝉、飞虱、粉虱、粉蚧、蓟马等。植物病毒对介体的专化性很强，通常由一种介体传播的病毒，另外一种介体就不能传播。如蚜虫传播的病毒不能由叶蝉或线虫传播。一种叶蝉传播的病毒另一种叶蝉也不能传播。所以，介体生物的种类在植物病毒的鉴定上具有重要的意义。

蚜虫传播的病毒对介体的选择不甚严格，如桃蚜一个种就能传带百种以上的病毒。蚜虫大多传播花叶型病毒，花卉中常见的有菊花轻斑驳病毒、郁金香碎锦病毒、水仙黄条病毒、香石竹脉斑驳病毒及鸢尾花叶病毒等。

根据传毒的时间长短和病毒是否在体内增殖，分为非持久性、半持久性和持久性传毒。凡是蚜虫在寄主植物上用极短时间获毒后，并立即传毒，带毒蚜虫仅在 2～3 株连续取食和传毒后即丧失传毒能力的，称为非持久性传毒；蚜虫获毒和传毒时间较长，但传毒能力只能保持一定时期，称为半持久性传毒；蚜虫获毒及传毒时间较长，有的终身保持传毒能力，并可通过产卵传给后代的，称为持久性传毒。

叶蝉传播的植物病毒绝大多数为增殖性的持久性病毒。除上述多种刺吸式口器昆虫外，有些叶甲、蝗虫等咀嚼口器的昆虫也是植物病毒的传播者。

除此之外，传播植物病毒的还有螨类、线虫、菟丝子和真菌等介体。如玫瑰丛枝病毒和无花果花叶病毒等由螨类传播。葡萄扇叶病毒、石竹环斑病毒等由线虫传播。菟丝子传播病毒是因为本身被病毒感染，由于它的寄生又将病毒传给其他寄主，并能引起严重病害。真菌中的甘蓝油壶菌也可以传播病毒。

2. 嫁接和无性繁殖材料传播

通过接穗和砧木可以传播病毒。如蔷薇条纹病毒及牡丹曲叶病毒通过接穗和砧木带毒，经嫁接传播。菟丝子在病株上寄生后，又缠绕到其他健株上，并将病毒传到健株内，这实际也是一种嫁接传毒。

由于病毒是系统侵染，被感染的植株各部位都含有病毒，用感染病毒的鳞茎、球茎、根系、插条繁殖，产生的新植株也可感染病毒。同时，病毒可随着无性繁殖材料的栽培和贸易活动传到各地。如郁金香碎锦病、美人蕉花叶病等是以球根传播。

3. 病、健株机械摩擦传播

通过病、健株枝叶接触时相互摩擦，或人为的接触摩擦而产生轻微伤口，带有病毒的汁液从伤口流出而传入健株。接触过病株的手、工具也能将病毒传染给健株，所以也称汁液传播。如蟹爪兰与八仙花环斑病毒病等。

4. 种子和花粉传播

有些病毒也可进入种子和花粉。据统计，迄今发现由种子传播的病毒已有100多种。有些带毒率很高，这些病毒可随种子的调运传播到国内外。能由种子传播的以花叶病毒、环斑病毒为多。仙客来能通过种子传播病毒，其带毒率高达80%左右。花粉也能传播植物病毒，如桃环斑病毒、悬钩子丛矮病毒，但花粉在自然界中的传毒作用并不重要。

(三)病毒病的症状

病毒粒体在植物体内不断增殖，引起植物生理过程紊乱，破坏植物的正常生长发育，最终表现病害症状。不同病毒表现的症状不同。植物病毒病只有明显的病状而无病征。常见的有：

1. 变色

由叶绿素受阻引起，分花叶和黄化两种。一般全株叶片呈现深浅绿色不匀，形成浓淡相嵌的现象。如大丽花花叶病、月季花叶病及牡丹环斑病，伴随花叶常发生凹凸不平的皱缩和变形。有些叶片黄化、白化、紫化，叶片全部或部分均匀褪绿变色，如虞美人病毒病。

2. 坏死

寄主表现出枯斑或组织、器官坏死。主要是寄主对病毒侵染后的过敏性反应，如剑兰花叶病毒病、苹果锈果病等。

3. 畸形

植物感染病毒后，表现出各种反常的生长现象，如卷叶、皱叶、花器退化、矮化、癌肿、丛枝等，如仙客来病毒病、甜菜曲顶病毒病、番茄病毒病等。

病毒的病状常因寄主不同、环境影响等而有变化。有些植物感病后，并不表现症状，称为带毒现象。有些病毒病在条件不适时症状可以消失，直到环境适宜时，病状才又重新表现出来，这种现象称为隐症。病毒病虽然多为系统侵染类型病害，但不少病毒很难扩散到种子、根尖、茎尖等组织内，这为繁殖无毒种苗创造了条件。园林生产中可以通过培养茎、枝顶端的生长点组织来获得无毒苗木。

四、植物病原线虫

线虫(nematode)是一类低等的无脊椎动物，属动物界线虫门，在动物中是仅次于昆虫的一个庞大类群。植物受线虫为害后所表现的症状，与一般的病害相似，因此常称为线虫病，并习惯上把寄生线虫作为病原物来研究。

线虫在自然界分布很广，通常生活在土壤和水中。种类多，少数寄生在园林植物上，我国园林植物线虫病害有百余种，在局部地区为害性较大。为害严重的有仙客来、牡丹、月季等花卉的根结线虫病，菊花、珠兰的叶枯线虫病，水仙茎线虫病，松树线虫病等。线虫除直接引起植物病害外，还传播其他病害。如香石竹萎蔫病是根结线虫为害后造成伤口，细菌乘虚而入的结果。

(一)线虫的形态结构

线虫多为不分节的白色透明线形体，呈圆筒状，细长，两端稍尖。大小为(0.5～2) mm×(0.03～0.05) mm，通常肉眼看不见。多数线虫两性异体，同型；少数雌雄异型，雌虫成熟后膨大成梨形、肾形(图 2-48)。

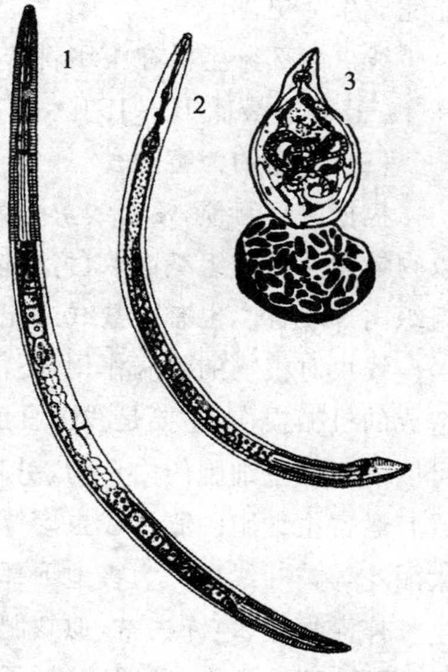

1. 雌虫　2. 雄虫　3. 根结线虫雌虫及卵囊

图 2-48　植物病原线虫的形态

线虫的虫体通常分为头、颈、腹和尾四部。头部有唇、口腔、吻针和侧器等器官；尾部有尾腺、肛门。肛门到口腔之间通称体部。体部中央为体腔。线虫体腔内有发达的消化器官和生殖器官。神经系统较简单，一般只在食道上有一神经环；排泄器官只有在虫体末端有一排泄孔，没有呼吸和循环系统。

线虫的消化器官通常为一直通圆管，由口腔、食道、消化道、直肠和肛门组成。口腔内有一刺状物，叫做吻针。吻针能够穿刺植物组织，并将来自食道腺的分泌液输出，以消化寄主细胞内的营养物质而便于吸收。食道可以膨大成食道球，以便于线虫吮吸植物汁液。食道的后方与肠相连，肠末为直肠和肛门。

线虫的生殖器官发达。雌虫的生殖器官由卵巢、输卵管、子宫和阴门组成。阴门位于虫体腹面中央或接近尾端与肛门靠近，阴门通过阴道与子宫相连接。雄虫的生殖器官由精巢（睾丸）、输精管、交合刺和引带所组成。精巢内产生精子，精巢连接输精管，然后连接到虫体末端的泄殖腔。雄虫的肛门和生殖孔开口于同一腔穴内。

线虫的神经器官，除了头部的侧器上有神经束通到神经环上外，线虫的尾部，尤其是雄虫的尾部也有较复杂的神经束与神经环相连。神经环是线虫的神经中枢。

（二）线虫的生活史

线虫的生活史分为卵、幼虫和成虫 3 个阶段。成熟的成虫经交配后，雄虫即死亡，雌虫在土壤或植物组织内产卵，卵孵化后即为幼虫。幼虫阶段雌雄不易分辨，经 4 次蜕皮后发育为成虫，方能辨别雌雄。线虫完成生活史的时间长短不一，多数在 3～4 周内完成整个生活史，1 年可以繁殖多代。如果条件不利，约需 3 个月才能完成生活史。

线虫大部分生活在土壤耕作层。线虫发育和孵化的最适温度为 20～30℃，最高 40～55℃，最低 10～15℃。最适宜的土质为沙壤土。

（三）线虫的为害

根据取食习惯，常将线虫分为外寄生型和内寄生型两大类。外寄生型线虫仅以吻针刺穿植物组织而取食，虫体不进入植物体内。内寄生型线虫则是进入植物组织内部取食。也有少数线虫先在体外寄生，然后再进入植物体内寄生。

线虫对植物的致病作用，不仅是用吻针刺伤寄主，或虫体在植物组织内穿行所造成的机械损伤，主要是线虫食道腺分泌的含有各种酶和其他致病物质的唾液，它可以消化寄主细胞的内含物，引起寄主幼芽枯死、茎叶卷曲、组织坏死、腐烂、畸形或刺激寄主细胞肿胀形成虫瘿等症状，如水仙、郁金香等茎线虫，菊花、珠兰、翠菊、大丽花等枯叶线虫。为害地下部分的线虫常使寄主根部功能遭到破坏，引起植物生长停滞早衰、色泽失常，似缺肥症状，如凌霄、唐菖蒲、仙客来、香石竹、紫罗兰、牡丹、芍药、四季海棠、鸡冠花、栀子、月季、桂花等的根结线虫，大丽花、金鱼草、凤仙花等的孢囊线虫等。

（四）线虫的传播

线虫体微小，没有发达的运动器官，体躯适于蠕动，其蠕动无定向，呈波浪形，速度很慢。活动范围一般在 30 cm 左右。远距离传播主要依靠种苗调运、肥料、农具及水流等。

五、植物其他病原物

(一)寄生性植物

寄生性植物是一类缺乏叶绿素或某种器官退化，不能自养，必须依靠其他植物维持生活的种子植物。按寄生性分为全寄生和半寄生。全寄生如菟丝子、列当，无叶绿素，完全依靠寄主提供养分。半寄生如桑寄生、槲寄生，有叶绿素，可以制造营养，只是靠寄主提供水分和无机盐。按寄生部位分为茎寄生和根寄生。茎寄生如菟丝子、桑寄生、槲寄生，寄生于寄主的地上部。根寄生如列当、野菰，寄生于寄主的根部。

菟丝子(图 2-49)为一年生的缠绕性草本植物，没有根和叶，有些叶退化成鳞片状，茎黄色，丝状，无叶绿素。花小，白色、黄色或粉红色，多排列成球形花序。蒴果球形，内有种子 2～4 枚。种子很小，卵圆形，稍扁，种胚没有子叶和胚根。常为害一串红、菊花、杜鹃、山茶花、木槿、紫丁香、榆叶梅、珊瑚树、银杏、垂柳、白杨等多种花、灌木和绿化树种。

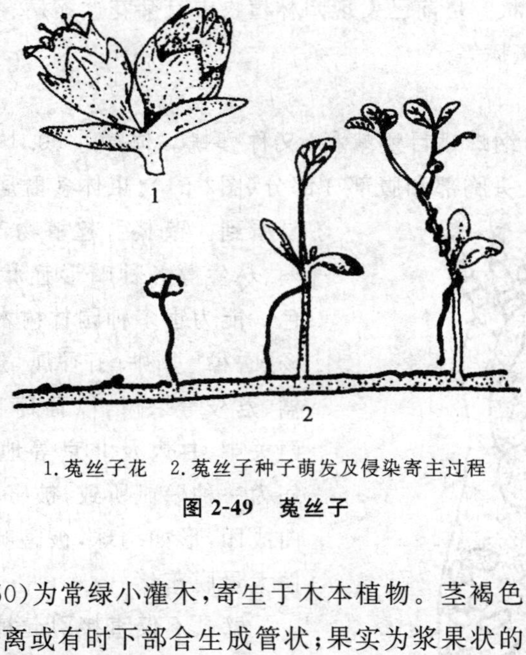

1. 菟丝子花　2. 菟丝子种子萌发及侵染寄主过程

图 2-49　菟丝子

桑寄生(图 2-50)为常绿小灌木，寄生于木本植物。茎褐色；叶对生、轮生或互生；花两性，花瓣分离或有时下部合生成管状；果实为浆果状的核果。常寄生于山茶、石榴、木兰、蔷薇、梧桐等植物上。

(二)类病毒

1. 寄主植物枝干　2. 桑寄生　3. 桑寄生果实

图 2-50　桑寄生

类病毒(viroid)是比病毒结构更简单、体更微小的一类病原物。结构上没有蛋白质外壳,只有低分子质量的核糖核酸。类病毒进入寄主细胞内对寄主细胞的破坏和自行复制的特点与病毒基本相似。不同之处是,大多数类病毒比病毒对热的稳定性高,对辐射不敏感;有的对氯仿和酚等有机溶剂也不敏感;植物通常呈全株带毒,不能用生长点切除法脱毒;种子带病率很高,无性繁殖材料、汁液接触、蚜虫或其他昆虫都能传播。病害症状与病毒病相似。但寄主感染类病毒多为隐症带毒,潜育期长,有的侵染植物后几个月甚至第二代才表现症状。目前已发现园林植物中有菊花矮缩病、菊花褪绿斑驳病、酒花矮化病、鳄梨白斑病等。

(三)壁虱

壁虱属于蛛形纲蜱螨目瘿螨科,又称瘿螨。体微小,0.1～0.3 mm,多呈蛆状,虫体可分为喙、头胸部和腹部 3 部分(图2-51)。虫体多匿居在螨瘿中,肉眼不易看到。壁虱引起植物产生虫瘿、毛毡、疱瘿、丛生等各种畸形症状,还能引起器官变色。能为害多种园林树木,如榆、三角枫、枫杨、香樟、垂柳、丁香属,还有葡萄、海棠、柑橘、荔枝等果树,以葡萄毛毡病最常见。陕西关中、甘肃及北京等地毛白杨、山杨皱叶病为一种壁虱所致,被害树叶皱缩、肿胀、卷曲成团,形如绣球,被害叶逐渐干枯,遇大风便大量脱落。

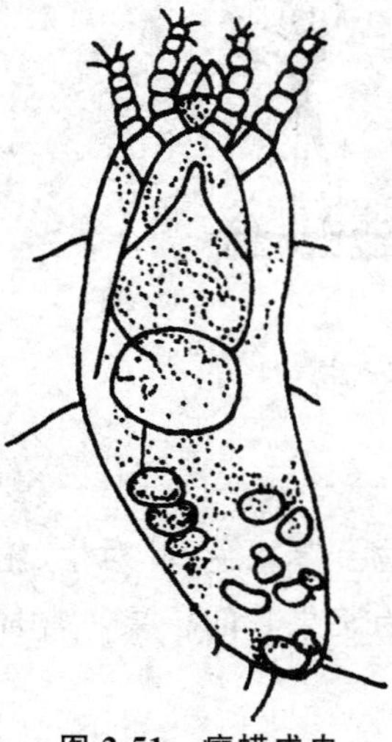

图 2-51　瘿螨成虫

壁虱不仅直接引起植物病害,还能传播病毒,如叶刺瘿螨能传播玫瑰丛簇病毒,使叶畸形,嫩芽增生,生长受阻。

第三节　植物侵染性病害的发生与发展

一、植物病原生物的寄生性与致病性

(一)病原生物的寄生性

病原物从寄主活的细胞和组织中获得营养物质的能力，称为寄生性。被寄生的植物称为寄主。根据病原物寄生能力的差异，可分为3种类型。

1. 专性寄生物

专性寄生物寄生能力最强。又称严格寄生物、纯寄生物。自然条件下只能从活的寄主细胞和组织获得营养物质。当寄主细胞或组织死亡后，病原物也停止生长和发育。该类病原物包括所有的植物病毒、植原体、寄生性种子植物，大部分植物病原线虫及白粉菌、锈菌、霜霉菌等。它们对营养物质要求复杂，一般不能在人工培养基上培养。

2. 非专性寄生物

这类病原物既能在寄主活组织上寄生，又能在死亡的病组织和人工培养基上生长。根据寄生能力的强弱，又分为两种寄生物：

(1)兼性寄生菌　寄生性仅次于专性寄生物。一般以寄生生活为主，但在某一发育时期或寄主死亡后，可在寄主残体上或土壤中继续腐生，多数病原物属于此类，如丝核菌、镰刀菌、腐霉菌等。

(2)兼性腐生菌　一般以腐生方式生活，在一定条件下也可进行寄生，但寄生性很弱。如腐烂病菌、白绢病菌、软腐病菌等，只有在不良条件下寄主受到一定损害后才能发病，否则不会发病。

3. 专性腐生物

这类病原物以各种无生命的有机质作为营养来源，称为专性腐生物。因其没有寄生能力，一般不能引起植物病害，但可造成木材腐朽或部分倒塌，如木腐菌等。

了解病原物的寄生性对病害的防治关系密切，如抗病品种主要针对寄生性较强的病原物引起的病害；寄生性较弱的病害一般很难获得理想的抗性品种，应加强栽培管理，提高植物的抗病性。

(二)病原生物的致病性

致病性是指病原物所具有的破坏寄主和引起病害的能力。其致病原因有获取寄主的营养物质和水分；分泌各种酶、毒素和生长调节物质等，诱发一系列病变，产生病害特有的症状。

一般寄生性强的病原物，具有较弱的致病性。专性寄生物对寄主细胞和组织的直接破坏性小，所引起的病害发展较慢；而非专性寄生物对寄主的直接破坏作用很强，可很快的分泌酶和毒素杀死寄主的细胞和组织，再从死亡的组织和细胞中获得营养。

二、寄主植物的抗病性

植物的抗病性是指植物避免、终止或阻滞病原物侵入与扩展，减轻发病和损失程度的一类特性。抗病性是植物与病原物在长期共同进化过程中相互适应和选择的结果，病原物发展出不同类别、不同程度的致病性，植物也相应地产生了不同类别、不同程度的抗病性。所有的植物都有不同程度的抗病性，这种能力是由植物的遗传特性决定的。

1. 植物对病原物侵染的反应

(1)免疫　寄主植物不受侵染或侵染后不表现症状。

(2)抗病　病原物侵入寄主，并建立寄生关系，但由于寄主的抗逆反应，病原物不能在寄主组织内扩展繁殖，寄主表现轻微症状。抗病有高抗、中抗之分。

(3)耐病　寄主植物受病原物的侵染，表现较重症状，但由于寄主自身的补偿能力，对产量和品质影响小。

(4)感病　寄主植物发病重，对产量品质影响大，能引起局部或全株死亡。感病也有中感、高感之分。

2. 植物抗病性的分类

(1)垂直抗病性　垂直抗病性指寄主植物可以高度抵抗病原物的某个或某几个生理小种，这种抗病性的机制对生理小种是专化的，此类抗性表现为高度抗病或免疫，一旦遇到致病力不同的新小种时，抗病力就会丧失，从而表现为高度感病。因而，此类抗病性虽容易选择，但不稳定、不持久。

(2)水平抗病性(小种非专化抗性)　寄主的某个品种能抵抗病原物的多数生理小种，仅在抗性程度上略有差异，此类抗性即水平抗病性。这种抗病性不存在生理小种对寄主的专化性，不会因小种的变化而丧失抗病性。因此，水平抗病性是稳定、持久的，但在育种过程中不易选择而被丢失。

三、植物侵染性病害的发生与发展

(一)侵染过程

病原物与寄主植物可侵染部位接触，并侵入寄主植物，直至引起发病的整个过程，称为侵染过程或侵染程序，简称病程。病原物的侵染是个连续的过程，但为了分析不同因素的影响，将侵染过程分为 4 个时期，即接触期、侵入期、潜育期、发病期。

1. 接触期

从病原物与寄主植物发生接触，到病原物开始萌发为止称接触期。真菌的孢子、细菌菌体、病毒粒体、寄生线虫只有接触到寄主植物的感病部位，才能进行侵染。接触期能否顺利完成和时间的长短受温度、湿度、光照、叶面的温湿度及渗出物等因素的影响。真菌接触期长短不一，一般从孢子接触到萌发侵入，环境适宜，约需几小时；细菌从接触到侵入几乎是同时完成的；病毒、植原体、类病毒的接触和侵入是同时完成的。

2. 侵入期

病原物侵入寄主开始到与寄主建立寄生关系为止的时期称为侵入期。侵入期是病原物从休眠状态转入生长状态，又暴露在寄主体外，处于生活史中的薄弱环节，因此，侵入期是采取防治措施的关键时期。病原物的侵入途径有：

(1)直接侵入　又称表皮侵入，部分真菌、寄生性种子植物、线虫借助机械压力和外渗酶的分解直接穿透寄主的保护组织，即角质层、蜡质层、表皮及表皮细胞和细胞壁从而侵入寄主植物。

(2)自然孔口侵入　许多真菌和细菌都是从自然孔口侵入的。植物的自然孔口很多，包括气孔、水孔、皮孔、柱头、蜜腺等。在自然孔口中，尤其以气孔最为重要。气孔在叶表皮分布很多，下表皮的分布则更多。

(3)伤口侵入　包括机械损伤、冻伤、灼伤、病虫伤、人为创伤等；所有的植物病原原核生物、大部分的病原真菌、病毒、类病毒可通过不同形式造成的伤口侵入寄主。

病原物的侵入途径与其寄生性有关，一般寄生性较弱的病原物从伤口侵入，寄生性较强的病原物可从自然孔口，甚至直接侵入。

环境条件对病原物的侵入有很大关系。环境条件中以湿度和温度的影响最大。湿度高低和持续时间的长短决定孢子能否萌发和侵入，是影响病原物侵入的主要因素。多数病原物要求高湿的条件或水膜存在，同时水分过多不利于植物伤口的愈合，降低抗病力。如蔷薇白粉病菌在相对湿度 95%～98%时萌发率为 99.2%，而相对湿度 28%～30%时萌发率只有 53.5%。因此，湿度是影响病原物能否侵入的限制因素。温度决定孢子萌发和侵入的速度。在生长季节或冬季温室中，温度均能满足孢子萌发的要求，因此温度不成为限制侵入的因素。此外，光照与侵入也有一定的关系，光照可以决定气孔的开闭，因而影响病菌的气孔侵入。

目前使用的保护剂只是预防病原物的入侵，当病原物侵入后就失去了保护作用。因此，改善生态条件，加强养护管理，防止外因造成伤口及保护伤口，对防止病原物的入侵有重要意义。

3. 潜育期

从病原物与寄主建立寄生关系到寄主开始表现明显症状为止的时期称潜育期，是病原物在寄主体内繁殖和扩展的时期，也是病原物与寄主植物相互斗争的时期。很多病原物的扩展范围只限于某些组织和器官，症状表现仅限于这些部位，这种侵染叫局部侵染，所致病害称点发性病害。有些病害入侵后在寄主全株扩展，称为系统侵染，所致病害称散发性病害。

各种病害潜育期长短差异很大，取决于病原物致病力的强弱、植物的反应和状态及环境条件。寄主健壮，抗病力增强，潜育期延长。环境条件中以温度的影响最大，温度愈接近病原物要求的最适温度，潜育期缩短，反之延长。湿度对潜育期长短并不太重要。

潜育期长短与病害流行有密切关系，潜育斯越短，在一个生长季节中重复侵染的次数就会增加，病害容易大发生。

4. 发病期

寄主出现症状直到生长期结束，甚至植物死亡为止的一段时期，是病原物扩大为害，产生大量的繁殖体的时期。环境条件对孢子的形成有明显的影响，较高的湿度和适宜的温度，有利于病组织上孢子的形成，从而加重为害或造成病害大面积的流行。

(二)侵染循环

植物病害的侵染循环是指病害从前一个生长季节开始发病，到下一个生长季节再度发病的过程。侵染过程只是整个病害侵染循环中的一个环节。病害的侵染循环涉及 3 个问题，即初次侵染和再次侵染；病原物的越冬和越夏；病原物的传播。研究侵染循环是病害防治中的一个重要问题，因为植物病害的防治措施主要是根据病害的侵染循环的特点制定的。

1. 初次侵染和再次侵染

越冬或越夏的病原物，在植物的一个生长季节中最初引起的侵染称为初次侵染或初侵染。受到初侵染而发病的植株上产生的病原物，在同一生长季节中经传播引起寄主再次发病叫再次侵染。病害在生长季节中的蔓延，必须通过不断的再次侵染。许多植物病害在一个生长季节中发生若干次再次侵染称为多循环病害，该类病害多是局部侵染病害，病害的潜育期短，增加再次侵染的次数，如月季黑斑病的潜育期为 7～10 d，在一个生长季节有多次再侵染，而芍药红斑病潜育期为 1

个月，再侵染次数就少。只有初侵染而无再侵染的病害称单循环病害，如松落叶病、梨锈病等，病害多为系统性病害。

病害是否有再次侵染直接影响到病害的防治方法和防治效率。单循环病害只要集中消灭初侵染来源或防止初侵染，病害即可得到控制。对于多循环病害，除了受初侵染源数量多少的影响外，气候条件对再侵染的影响更大，防治效率的差异性较大。

2.病原物的越冬和越夏

病原物的越冬和越夏就是病原物度过寄主休眠阶段的存活方式或存在场所，一般也就是初次侵染的来源。病原物越冬、越夏场所比较集中，且处于相对静止状态，因此，在病害防治上是一个关键时期。病原物的越冬、越夏场所主要有以下几种：

(1)田间病株　田间病株是很多病原物越冬越夏的场所，尤其是那些二年生或多年生的植物，由于园林植物栽培方式的多样性，造成某些病害周年发生。如温室花卉病害成为第二年露地花卉的重要侵染源。有些病原物还可在野生寄主和转主寄主上越冬越夏，成为寄主中断期的来源，因此处理田间病株、清除野生寄主等都是消灭病原物来源、防止发病的重要措施。

(2)种子、苗木及其他繁殖材料　病原物常在种子、块根、块茎、鳞茎内外及苗木、接穗和插条上越冬，如瓜叶菊病毒病、百日菊细菌性叶斑病，是下一年初次侵染的最有效的来源。若进行远距离的调运，则成为远距离传播的重要因素。因此，播种前种子、苗木和其他繁殖材料的处理，是防止病害发生和病区扩大的重要措施。

(3)病株残体　绝大部分非专性寄生的真菌、细菌都能在病株残体中存活，或者以腐生的方式生活一定的时期，如紫荆枯萎病、石榴叶斑病等。这是因为病原物在病株残体中受到植物组织的保护，在一定程度上能抵抗外界不良环境，尤其是土壤微生物的拮抗作用较小。同时病株残体还提供营养，作为病原物再形成繁殖体的营养来源，当病残组织完全分解后，其中的病原物随之死亡和消失。残体中病原物存活时间的长短，取决于残体分解的快慢。农业防治中，清洁田园，处理病残体是减少病菌来源的主要措施。

(4)土壤、粪肥　土壤是病原物在植物体外越冬越夏的主要场所，根据病原物在土壤中存活能力的强弱，可分为土壤寄居菌和土壤习居菌。土壤寄居菌是在土壤中随病株残体生存的病原物，当残体腐败分解后即不能单独在土壤中存活，多数寄生性较强的真菌、细菌属于此类。土壤习居菌对土壤适应性强，可独立地在土壤中长期存活并繁殖。菌核病、白绢病、立枯病、枯萎病等属于此类。土壤温度低，病原物保护它的休眠状态，存活时间较长。因此，深耕翻土、间作、合理轮作改变环境条件是消灭土壤中病原物的重要措施。混有病原物的牲畜粪便，或用病株残体堆制的肥料，未经充分腐熟，也可成为病害的初侵染来源。

(5)传病介体　昆虫及其他介体是病毒和细菌等病原物的传播介体，也是这些病原物的越冬场所之一。可借助昆虫传播，尤其蚜虫、叶蝉、飞虱和木虱等昆虫为多。

3.病原物的传播

越冬或越夏的病原物，必须传播到植物体上才能发生初侵染，在植株之间也只有通过传播才能引起再侵染。病原物的传播主要通过以下几个途径：

(1)主动传播　病原物依靠自身的运动或扩展蔓延进行传播，如真菌游动孢子和有鞭毛的细菌可在水中游动传播；有些真菌孢子的自动弹射；线虫在土壤和寄主中的蠕动；真菌菌丝或菌索在土壤或寄主上的生长蔓延；菟丝子通过茎蔓生长扩展。这种传播方式不普遍，传播距离和范围有限，对病原物的传播为害有一定的辅助作用。

(2)被动传播　被动传播是靠外力作用进行的传播，是病原物的主要传播方式，可造成病害的发生和流行。被动传播主要有以下几种方式：

①气流传播：是病原真菌的主要传播方式，由于真菌的孢子数量大、体积小、重量轻，非常适合于气流传播。土壤中的细菌和线虫可被风吹走；病毒的媒介昆虫可借气流作远距离的迁移；列当、独脚金的种子极小，种子随风飞散传播。气流传播的速度快，传播距离一般比较远，覆盖面积大，常易引起病害的流行。借气流远距离传播的病害防治比较困难，采用抗病品种或组织大面积的联防，效果较佳。

②雨水传播：植物病原细菌和真菌中鞭毛菌的游动孢子、黑盘孢目和球壳孢目的分生孢子多半都是由雨水传播，在保护地内凝集在塑料薄膜上的水滴以及植物叶片上的露水滴下时，也能够帮助病原物传播。雨水传播普遍存在，传播距离一般都较近。对于雨水传播的病害的防治，只要能消灭当地菌源或者防止它们的侵染，就能取得一定的效果。

③昆虫和其他生物传播：昆虫是多数植物病毒、类病毒、植原体等的传播介体，一些通过伤口侵入的病原真菌和细菌，也可借助昆虫传播。昆虫也是病原物的越冬场所之一。鸟类可以传播寄生性种子植物。有效的防治昆虫介体，对于依靠介体传播病害的防治，尤其是病毒病害的防治非常重要。

④人为因素传播：人类在施肥、灌溉、播种、移栽、修剪、嫁接、整枝及运输等各种农事活动中，常导致病原物的传播。种子、苗木及其他繁殖材料的调运和包装材料的流动都能携带病原生物远距离传播。因此，植物检疫的作用就是限制这种人为的传播，避免将危害严重的病害带到无病的地区。

第四节 植物的非侵染性病害

植物的非侵染性病害是由植物自身的生理缺陷或遗传性疾病,或由于在生长环境中有不适宜的物理、化学等因素直接或间接引起的一类植物病害。它和侵染性病害的区别在于是否有病原生物的侵染,能否相互传染,因此,又称为非传染性病害或生理性病害。

一、化学因素所致的非侵染性病害

(一)营养失调

植物生长必需的营养元素包括9种常量元素,分别是碳、氢、氧、氮、磷、钾、钙、镁、硫和7种微量元素,分别是铁、锰、铜、锌、硼、钼及氯。据报道,植物所需的氢和氧主要来自水,碳来自空气中的二氧化碳。其他常量和微量元素主要是由土壤供给。当土壤中营养缺乏、各种营养元素间的比例失调或营养过量。这些因素可诱使植物表现各种病状(表2-1)。

表2-1 营养元素的作用及缺乏或过量所引起的症状

元素种类	作用	缺乏症状	过量症状
氮(N)	氮是形成蛋白质的基本成分,存在于各种化合物中,如嘌呤和生物碱中	症状先在下部老组织中出现,新叶淡绿,老叶黄化焦枯,植株矮小,分枝较少,早衰,成熟提早,产量降低	叶色暗绿,组织柔软,茎叶徒长,抗病抗倒伏能力减弱;贪青,延迟成熟;抑制镁的吸收
磷(P)	磷是核蛋白及磷酸酯的组成成分,是植物高能磷酸键(ATP)的构成成分	症状先在下部老组织中出现,植株矮小,茎叶暗绿或呈紫红色,生育期推迟	植株变矮,叶片肥厚,成熟提早,产量降低
钾(K)	钾对碳水化合物的合成、转移和积累及蛋白质的合成有一定的促进作用	老叶先端黄化,后叶尖、叶缘发生焦枯,进而出现褐斑,症状随生育期的延长而加重,早衰	对植物生长发育直接的不良影响在生产上罕见

续表 2-1

元素种类	作用	缺乏症状	过量症状
钙(Ca)	钙是细胞壁和胞间层的组成成分，并能调节植物体内细胞液的磷酸反应，把草酸结合成草酸钙，减少环境中酸的毒害作用	一般出现在新生组织上，如根尖、顶芽，幼叶叶尖，表现为叶缘黄化，扭曲畸形，提前脱落	土壤偏碱性而板结，使铁、锰、锌、硼等成不溶性，导致缺素症发生
铁(Fe)	铁参与叶绿素的形成，是构成许多氧化酶的必要元素，具有调节呼吸作用	症状先在幼叶上出现，下部老叶仍保持绿色。叶肉组织褪绿黄化，叶脉残留绿色，后叶片逐渐变白，叶脉黄化，枯斑、焦枯脱落	表现锰的缺乏症
锰(Mn)	锰是植物体内许多酶的活化剂，能促进光合作用，抑制过多的铁毒害，增加土壤中硝态氮含量，促进叶绿素及糖分积累和转运	新生叶失绿黄化，严重时有褐色环色斑点，逐渐增多扩大，有时叶片发皱，卷曲，甚至凋萎	叶片失绿，嫩叶变黄，严重时叶片出现褐色坏死斑点。过量锰还能抑制根系对铁的吸收，并干扰体内铁的正常生理功能
锌(Zn)	锌是植物体内许多酶的组成成分或激活剂，主要参与生长素的合成和某些酶系统的活动，促进植物光合作用	为害幼嫩叶片和其他幼嫩植物器官上，叶片失绿、扭曲、变小、丛生节间缩短.植株矮小	褐色斑点，表现铁、锰的缺乏症
硼(B)	硼能增强作物输导组织的作用，促进碳水化合物和生长素的正常运转，促进生殖器官发育，有利于蛋白质合成和豆科作物固氮	茎尖生长点受扣，节间缩短，根系发育不良，老叶增厚变脆，色深，无光泽，新叶皱缩，卷曲失绿，叶柄短缩加粗，蕾花脱落，果实发育不良	抑制种子萌发，引起幼苗死亡，叶片变黄焦枯，植株矮化

续表 2-1

元素种类	作用	缺乏症状	过量症状
镁(Mg)	镁是叶绿素的主要构成物质，镁能调节原生质的物理化学状态	症状多从下部老叶开始，逐渐向上蔓延。叶色由淡绿变黄再变紫，但叶脉仍为绿色，叶片上有清晰的网状脉纹或条纹，严重时叶片枯萎脱落。植物生长中后期易出现症状，雨季表现更为明显	镁与钙有拮抗作用，当过量的钙有害时，只要加入镁即可消除钙的影响
硫(S)	硫是蛋白质的组成元素	症状先出现在幼叶，初期幼叶黄化，叶脉发黄，然后遍及全叶，但叶肉仍呈绿色；植株茎细小，叶较厚，根稀疏，支根少；开花结实期延迟，果实减少	土壤还原条件强烈时，SO_4^{-2} 还原为 S^{2-}，后者形成硫化氢，对植物根系及地上部分产生毒害
铜(Cu)	铜是作体内抗坏血酸氧化酶、多酸氧化酶的组分；参与蛋白质和糖的代谢；对叶绿素有稳定作用，有利于叶片进行光合作用	幼叶褪绿、坏死、畸形及叶尖枯死；植株纤细。双子叶植物缺铜，叶片卷缩，植株凋萎，叶片易折断，叶尖呈黄绿色；草本植物缺铜，叶尖枯萎，嫩叶失绿，老叶枯死；木本植物缺铜，枝梢、果实和小枝出现腐烂斑，顶枯、树皮开裂，流胶，果实小，果肉僵硬	铜对植物的毒害表现为植株主根伸长受阻、侧根变短，新叶失绿、老叶坏死，叶柄和叶背变紫
钼(Mo)	钼是硝酸还原酶的组成成分	症状之一是幼叶叶色变淡、发黄，易出现黄斑，向内侧卷曲，渐渐地黄斑变褐色，另一症状为叶片瘦长畸形，叶身沿中肋变小呈鞭状或螺旋状。老叶脉间萎黄与坏死	植物吸收过量的钼可引起中毒，但一般不出现症状。茄科植物对钼过量较敏感，常表现为叶片失绿
氯(Cl)	在光合作用水裂解过程中起着活化剂的作用，促进氧的释放	植物缺氯的一般症状为叶片失绿、凋萎，有时成青铜色，逐渐由局部遍布全叶而坏死，同时根系生长受到严重抑制	叶尖、叶缘呈灼烧状，早熟性发黄及叶片脱落。一般发生在某一叶层的叶片上，以后症状逐渐消失，生长基本恢复正常

(二)环境污染

环境污染主要指空气、水源、土壤和酸雨等的污染，这些污染物对不同的植物的危害程度不同，引起的症状各异(表 2-2)。

表 2-2 环境污染的种类、来源、感病植物及主要症状

(引自普通植物病理学)

污染物的种类	污染来源	感病植物	主要症状
臭氧 (O_3)	空气中的光化学反应，风暴中心等	烟草、菜豆、石竹、菊花、矮牵牛、丁香、柑橘及松等	叶面有大小不一的褪绿及坏死斑，有的植株矮化，提前落叶
二氧化硫 (SO_2)	煤和石油的燃烧、天然气工业，矿石的冶炼等	豆科植物、松、紫罗兰、紫苜蓿、百日草等	生长受抑制，低浓度导致叶片失绿，高浓度使叶脉间漂白
氢氟酸 (HF)	铝工业、磷肥制造、钢铁厂、制砖业等	唐菖蒲、郁金香、石竹、杜鹃、桃等	双子叶植物叶缘或单子叶植物叶尖变黄褐枯死、脱落；病健交界处产生红褐色分界带
过氧硝酸盐 (PAN)	空气中的化学反应、内燃机废气等	多种植物，尤其是大丽花、矮牵牛、菠菜等	叶片漂白，叶背出现铜褐色
氮化物 (NO_2，NO)	内燃机废气、天然气、石油或煤燃烧等	杜鹃、木槿、水杉、黑杉、白榆、番茄、马铃薯等	幼嫩叶片的叶缘呈红褐色或亮黄褐，低浓度时抑制生长而无症状
氯化物 (Cl_2，HCl)	精炼油厂、玻璃工业、塑料焚化等	月季、郁金香、百日草、紫罗兰、鸢尾、菊花、木棉、樟子松、紫椴等	主要为害新叶，叶片漂白，脉间出现坏色斑，叶缘焦枯，卷曲，脱落
乙烯 (CH_2CH_2)	汽车废气、煤或油燃烧、后熟的果实等	石竹、东方百合、兰花、月季、金盏菊等	偏上性生长，叶片早衰，植株矮化，花、果减少

(三)植物药害

化学农药和化学肥料若选用种类不当，施用方法不合理或使用时期不适宜，均对植物造成药害。

1. 急性药害

一般在施药后 2～5 d 发生，植物幼嫩组织和器官易发生此类药害。症状表现为叶片出现斑点或条纹、穿孔、凋萎、黄化、畸形、卷叶及落叶；花出现落花、落蕾、枯焦及腐烂；果实出现斑点、畸形及落果。施用无机铜、硫杀菌剂和有机砷类杀菌剂容易引起急性药害。

2.慢性药害

慢性药害并不是很快表现明显症状，而是逐渐影响植物正常的生长发育，使植物生长缓慢，枝叶不繁茂，进而叶片变黄、脱落，开花减少，结实延迟，果实变小，籽粒不饱满，种子发芽率降低等。

不同种类的植物对农药的敏感性差异较大，如桃、李、梅等对波尔多液特别敏感，极易发生药害；而柑橘、马铃薯对波尔多液敏感性差。药害的发生与环境温度关系密切，如石硫合剂应在不同的温度下使用不同浓度，其原因为此药剂在温度高时药效发挥快，植物也容易受害。另外，植物在不同的生育期敏感性也不同，一般幼苗期和开花期植物非常敏感。

不适当的使用除草剂或植物生长调节剂也会引起药害。

二、物理因素所致的非侵染性病害

(一)温度不适

植物必须在适宜的温度范围内才能正常生长发育。温度过高或过低，超出了它们的适应范围，就可能造成不同程度的损害，甚至死亡。

1.低温

低温的影响主要是冷害和冻害。0℃以上的低温所致病害称冷害，长时间的冷害能破坏植物的光合能力；影响根系对矿质养分的吸收及植物体内物质的运转，使植物生长、抽穗、开花延迟。当气温低于10℃时就会出现冷害，常见的症状是变色、坏死和表面斑点等，木本植物上则出现芽枯、顶枯。冻害是0℃以下的低温所致的病害。冻害的症状主要是幼茎和幼叶出现水渍状暗褐色的病斑，组织逐渐死亡；严重时整株变黑、枯干、死亡。早霜常使木质化的枝梢及其他器官受到冻害。晚霜常使幼芽、幼叶及新叶和新梢冻死。

2.高温

一般高等陆生植物的热胁迫温度是45～65℃，高温可使光合作用减弱，呼吸作用增强，消耗植物体内大部分的碳水化合物，引起生长减退，伤害加强，甚至植株枯死。此外，高温也常使花木的茎叶果受到灼伤，如树皮的溃疡和皮焦，叶片产生白斑、灼环等。夏季苗圃中高温常使土表温度过高，引起苗木茎基部受灼伤，如银杏茎基腐病的发生是由茎基部受到灼伤后，病菌侵入而诱发病害的发生。

(二)水分失调

土壤中水分不足或过多及供应失调，都会对植物产生不良影响。植物在长期水分供应不足的情况下，营养生长受到抑制，器官的体积和重量减少，导致植株矮小细弱。严重缺水可引起植物萎蔫、叶缘焦枯或早期落叶、落花、落果，甚至凋萎枯死。因此，在选择播种场地时应考虑到水源条件。

土壤中水分过多造成氧气的供应不足，使植物根部处于窒息状态，同时在缺氧的状态下，由于嫌气微生物活跃，产生对根部有害的物质，最后导致根部变色或腐烂，地上部叶片变黄、落叶、落花等症状。

(三)光照不适

光照对植物的影响包括光照强度和光周期。不同的植物对光照条件的要求不同，光照不足常发生在温室和保护地栽培的情况下，引起植株徒长、黄化、倒伏及受到病原物的侵染。光照过强很少单一引起植物病害，一般都是和高温、干旱相结合，出现叶烧和日灼。光照时间的长短也影响植物的生长和发育。光照条件不适宜可以延迟或提早作物的开花和结实。在植物正常生长时，突然改变光照强度和养分供应不足能引起落叶。因此，温室花卉等应尽可能多的补充光照。

三、非侵染性病害与侵染性病害的关系

非侵染性病害使园林植物的抗病性降低，利于侵染性病原的侵入和发病。如冻害不仅可以使细胞组织死亡，还往往导致植物的生长势衰弱，使许多病原物更易于侵入。

侵染性病害有时也削弱园林植物对非侵染性病害的抵抗力，如某些叶斑病害不仅引起木本植物提早落叶，也使植株更容易受冻害和霜害。

因此，加强栽培管理，改善植物的生长条件，及时处理病害，可以减轻两类病害的恶性循环。

信息链接

植物病害与人类

植物病害是严重危害农业生产的自然灾害之一。病害发生严重时，可以造成农作物严重减产和农产品品质下降，影响国民经济和人民生活；带有危险性病害的农产品不能出口，影响外贸；少数带病的农产品，人畜食用后会引起中毒；园林植物被病害侵害后，造成枯死、溃疡等，影响观赏。因此开展植物病害诊断与防治，对于保障国民经济发展，提高人民生活水平，具有重大意义。

认识植物病害要有生产观点和经济观点。有些植物由于人为的或外界生物及非生物因素的作用发生某些变态畸形，表现出某些“病态”，但却增加了它们的应用价值。如郁金香在感染了碎锦病毒以后，花冠色彩斑斓；月季受菌原体侵染后形成的“绿萼”等，增添了观赏价值；在弱光下栽培的韭黄、葱白提高了其经济价值等。植物的这些“病态”，经过人为合理利用，也可变害为人类所用。

【职业技能实训】

一、园林植物病害症状识别

(一)目的要求

识别园林植物病害的各种症状类型,了解各类病原物所致植物病害症状的异同,为学习和掌握植物病害的诊断技术奠定基础。

(二)材料和用具

实验仪器:放大镜、显微镜、多媒体教学系统。

实验材料:实验前采集新鲜植物病害标本,实验室、标本室保存的各种类型的植物病害标本。多媒体幻灯片、挂图或图片。

(三)内容及方法

1.病状类型

(1)变色　植物受害后色泽发生改变,大多发生在叶片上。由于叶绿素的形成受阻或破坏而发生不同程度的褪绿或出现其他色素。果实、种子和花瓣也会出现各种变色。变色主要表现为黄化和花叶两种类型。观察植物缺铁或缺氮症,参考君子兰黄化病、杜鹃黄化病、月季花叶病、紫丁香花叶病、美人蕉花叶病的标本或图片。

(2)坏死　表现为患病组织局部坏死。多发生在叶、茎、果等部位,形成形状、大小、颜色各不相同的坏死斑点,导致枯死、穿孔、落叶、落果、疮痂、溃疡、猝倒和立枯。如黑斑、褐斑、角斑、轮纹斑等。观察月季黑斑病、杨树黑斑病、葡萄霜霉病、桂花叶斑病、白兰花炭疽病、冬青叶斑病等标本或图片。

(3)腐烂　患病组织崩解、变质,细胞死亡。腐烂有干腐、湿腐、软腐之分。观察鸡冠花茎腐病、一串红立枯病、花楸立枯病、君子兰细菌性软腐病、水仙花鳞茎基腐病、海棠腐烂病、红松烂皮病、杨树兰皮病等标本和图片。

(4)萎蔫　植株局部或整体由于失水使枝、叶萎垂。观察鸡冠花枯萎病、大理花枯萎病、象牙红枯萎病、榆枯萎病等标本或图片。

(5)畸形　植物细胞组织受到病原物的刺激,发生病变而导致各种畸形病状。如徒长、肿瘤、卷叶、蕨叶、丛枝等。观察杜鹃叶肿病、枣疯病、桃缩叶病、根癌病、泡桐丛枝病、樟子松瘤锈病等标本或图片。

2.病征类型

(1)粉状物　观察锦鸡儿白粉病、月季白粉病、紫薇白粉病、大叶黄杨白粉病、菊花锈病、牵牛花白锈病、禾草黑粉病、松疱锈病、杨锈病标本或图片。

(2)霉状物　观察葡萄霜霉病、草坪灰霉病、万寿菊灰霉病、郁金香青霉病、小叶女贞煤污病等标本或图片。

(3)粒状物　观察大叶黄杨炭疽病、海棠腐烂病、锦鸡儿白粉病等标本或图片。

(4)菌核与菌索　观察禾草白绢病、油菜菌核病等标本或图片。

(5)菌脓　观察君子兰细菌性软腐病、大白菜软腐病等标本或图片。

(四)作业

将上述所观察到的标本或图片按下表内容填写。

植物病害病状观察

病害名称	发病部位	病状类型	病症类型	特点

二、园林植物病原真菌形态及所致病害症状识别(一)

(一)目的要求

(1)观察、识别真菌营养体、繁殖体的一般形态,为病原鉴定奠定基础。

(2)观察鞭毛菌亚门、接合菌亚门、子囊菌亚门真菌的主要形态特征,掌握导致植物病害的重要属的基本形态特征,为分类鉴定、病害诊断打下初步基础。

(3)掌握真菌玻片标本的制作技术。

(二)材料和用具

实验仪器:显微镜、擦镜纸、蒸馏水滴瓶、挑针、刀片、载玻片、盖玻片、纱布块;挂图、幻灯片、多媒体教学系统。

实验材料:瓜果腐霉病、紫纹羽病菌索、兰花白绢病菌核、甘薯软腐病、谷子白发病标本或卵孢子玻片标本;根霉属接合孢子玻片标本;白粉菌或霜霉菌吸器玻片标本;无性子实体或有性子实体玻片标本;马铃薯或番茄晚疫病、葡萄霜霉病、油菜白锈病玻片标本;月季白粉病、牡丹灰霉病、苹果黑星病、海棠(苹果)腐烂病、油菜菌核病、女贞煤污病、菊花(玫瑰或梨)锈病、禾草(小麦)黑粉病、大丽花黄萎病、番茄早疫病、桂花叶斑病、香石竹枯萎病、葡萄黑痘病、兰花炭疽病、枇杷灰斑病、桂花斑枯病、菊花褐斑病等标本或玻片标本。

(三)内容及方法

1.玻片标本制作

取清洁载玻片,中央滴蒸馏水 1 滴,用挑针挑取少许生长旺盛的瓜果腐霉病菌的白色绵毛状菌丝放入水滴中,用两支挑针拨开过于密集的菌丝,然后自水滴一侧用挑针支持,慢慢加盖玻片即可。注意加盖玻片不宜过快,以免形成气泡影响观察或将欲观察的病原物质冲至玻片外。观察菌丝有无分隔、游动孢子囊形状、有无游动孢子释放。

2.真菌营养体的观察

挑取甘薯软腐病菌制片镜检,观察菌丝是否分隔,有无假根,孢囊梗、孢子囊及孢囊孢子形态;取白粉菌或霉霜菌吸器玻片标本镜检,观察吸器的形态,比较吸器与假根;观察兰花白绢病菌核及紫纹羽病菌索,比较其形态、大小、色泽等。

3.真菌繁殖体的观察

挑取月季白粉病部灰白色粉状物、刮取牡丹灰霉病病部灰白色霉状物制作成玻片,镜检观察分生孢子梗、分生孢子的形态;取谷子白发病部黄褐色粉末制片或卵孢子玻片标本,观察卵孢子的形态特征;镜检根霉属接合孢子玻片标本,观察接合孢子的形态特征;镜检分生孢子盘、分生孢子器、子囊果、担子果等玻片标本,观察分生孢子、子囊孢子、担孢子的形态特征。

4.鞭毛菌亚门主要属观察

取马铃薯或番茄晚疫病、葡萄霜霉病、油菜白锈病玻片标本镜检,观察孢囊梗、游动孢子囊及游动孢子、卵孢子等形态特征。

5.接合菌亚门主要属观察

挑取甘薯软腐病菌制片镜检,观察匍匐枝、假根、孢囊梗、孢子囊及孢囊孢子形态;取根霉属接合孢子玻片标本镜检,观察接合孢子的形态特征。

6.子囊菌亚门主要属观察

取月季白粉病标本,观察病害症状特点,有无黑色小颗粒的闭囊壳,用挑针挑取闭囊壳制片观察附属丝的形状,用挑针轻压盖玻片后镜检,观察被压破的闭囊壳内的子囊及子囊孢子;取海棠(苹果)腐烂病皮切片制片或玻片标本镜检,观察子囊壳的形状;取苹果黑星病玻片标本镜检,观察子座形态、孔口周围有无刚毛、子囊及子囊孢子形态;镜检油菜菌核病玻片标本,观察子囊盘形态;镜检女贞煤污病玻片标本,观察子囊座、子囊腔和子囊孢子的形态特征。

(四)作业

(1)根据观察结果,绘制有隔菌丝及无隔菌丝体、霜霉菌孢囊梗及孢子囊、根霉属孢囊梗及假根、白粉菌的分生孢子及闭囊壳、黑腐皮壳属子囊壳、核盘菌属子囊盘形态特征图。

(2)扼要描述实验中所见到的霜霉菌、白粉菌、黑星菌属、黑腐皮壳属等病原菌所致病害的症状。

三、园林植物病原真菌形态及所致病害症状识别(二)

(一)目的要求

观察担子菌亚门、半知菌亚门真菌的主要形态特征,掌握与植物病害有关的重要属的基本形态特征,为分类鉴定、病害诊断打下初步基础。

(二)材料和用具

实验仪器:显微镜、擦镜纸、蒸馏水滴瓶、挑针、刀片、载玻片、盖玻片、纱布块;挂图、幻灯片、多媒体教学系统。

实验材料:月季白粉病、牡丹灰霉病、菊花(玫瑰或梨)锈病、禾草(小麦)黑粉病、大丽花黄萎病、番茄早疫病、桂花叶斑病、香石竹枯萎病、葡萄黑痘病、兰花炭疽病、枇杷灰斑病、桂花斑枯病、菊花褐斑病等标本或玻片标本。

(三)内容及方法

1. 担子菌亚门主要属观察

挑取菊花(玫瑰或梨)锈病锈状物制片镜检,观察冬孢子形态特征;挑取禾草(小麦)黑粉病黑粉状物制片镜检,观察冬孢子形态特征。

2. 半知菌亚门主要属观察

挑取月季白粉病病部灰白色粉状物、刮取牡丹灰霉病病部灰白色霉状物制作玻片,镜检观察分生孢子梗、分生孢子的形态;镜检大丽花黄萎病、番茄早疫病、桂花叶斑病、香石竹枯萎病、葡萄黑痘病、兰花炭疽病、枇杷灰斑病、桂花斑枯病、菊花褐斑病等玻片标本,观察分生孢子梗、分生孢子座、分生孢子盘、分生孢子器以及分生孢子的形态特征。

(四)作业

(1)根据观察结果,绘制锈菌及黑粉菌冬孢子、葡萄孢属、轮枝孢属、链格孢属、尾孢属、镰刀孢属、炭疽菌属、叶点霉属形态特征图。

(2)简述锈菌和黑粉菌之间有何异同。

(3)扼要描述实验中所见到的锈菌、黑粉菌、葡萄孢、轮枝孢、链格孢、镰刀孢、炭疽菌等病原菌所致病害的症状。

四、园林植物病原原核生物、病毒、线虫、寄生性种子植物形态及所致病害识别

(一)目的要求

(1)认识植物病原细菌,掌握细菌病害的初步诊断和细菌革兰氏染色法。

(2)认识病原线虫,为诊断线虫病害奠定基础。

(3)认识寄生性植物的形态特征,为识别和防治奠定基础。

(二)材料和用具

实验仪器:显微镜、载玻片、盖玻片、擦镜纸、蒸馏水滴瓶、酒精灯、移菌杯、吸水纸、香柏油、纱布、龙胆紫、95%酒精、碘液、碱性品红、二甲苯等。

实验材料:挂图、幻灯片、多媒体教学系统。

(三)内容及方法

1. 细菌革兰氏染色和形态观察

(1)涂片　在干净的载玻片两端各滴 1 滴无菌蒸馏水备用。分别从大白菜软腐病、马铃薯环腐病病部菌落上挑取适量细菌,分别放入载玻片两端水滴中,用挑针搅匀涂薄,风干。

(2)固定　将涂片在火焰上通过 2 次,使菌膜干燥固定,并写上标记。

(3)染色　在固定的菌膜上分别加 1 滴龙胆紫液,染色 1 min;用水洗数秒,用碘液冲去余下的水;再加 1 滴碘液染色 1 min;水洗数秒,用吸水纸吸干,但不能损害菌苔涂片;用 95%酒精脱色 10～20s;水洗数秒,用吸水纸吸干;滴加碱性品红复染 10 s;水洗,用吸水纸吸干,镜检,革兰氏阳性菌呈紫色或蓝黑色,阴性菌呈红色。

细菌形态微小,必须用油镜观察。先将玻片依次用低倍、高倍镜找到观察部位,然后在细菌涂面上滴 1 滴香柏油,再将油镜转下使浸入油滴中,用微调螺旋调动到观察物像清晰为止。镜检完毕后,用擦镜纸蘸少许二甲苯轻拭镜头,除去镜头上的香柏油。

2. 线虫形态观察

挑取根结线虫或茎线虫制片镜检,观察线虫的形态特征。

3. 寄生性种子植物形态观察

观察菟丝子、桑寄生、槲寄生等当地寄生性种子植物标本,比较其形态特征。

(四)作业

(1)绘制细菌、线虫形态特征图。

(2)简述细菌性病害的诊断特征。

五、园林植物病害田间诊断技术

(一)目的要求

熟悉园林植物病害诊断的步骤,掌握病害诊断的方法,查明和鉴别植物发病的原因,确定病原类型和病害种类,进而采取相应的防治措施,为正确识别、诊断园林植物病害奠定基础。

(二)材料和用具

病害症状、放大镜、显微镜、载玻片、盖玻片、挑针、刀片、滴瓶。

(三)内容与方法

1.病害诊断步骤

(1)田间观察　即现场观察,每种园林植物病害都有其特异症状,根据病害在田间分布、症状特点、种植品种、发生特点、场地、土壤、环境条件等区别病害、虫害、伤害,进一步区别是侵染性病害还是非侵染性病害。

(2)病原物的显微鉴定　诊断不熟悉的植物病害,室内检查、鉴定是不可缺少的程序。可借助扩大镜、显微镜等工具检查有病植物的内部症状、确定病原类别,对病害的种类作出初步鉴定。

(3)病原物的分离、培养、接种　对某些新的或少见的真菌或细菌性病害,还需进行病原物的分离、培养和人工接种试验,从而确定真正的致病菌。这一病害的诊断程序依据柯赫氏法则进行,该法则的基本内容有:①感病植物上常伴随某种微生物的存在;②从病原物上分离到这种微生物的纯培养;③将纯培养接种到同种健康植物上,出现与原来病害相同的症状;④从接种发病的植物上再分离得到与②特征相同的纯培养。

2.病害诊断方法

(1)侵染性病害的诊断　侵染性病害是由病原物(真菌、细菌、病毒、线虫、寄生性种子植物)的侵染而引起的,其特点是病害可以相互传染,病害在田间分布是由点到面,由少到多,逐渐扩展蔓延。在病株的表面或内部可以发现病原物的存在,大部分真菌性病害、细菌性病害病部都有明显的病征,病毒、线虫等病原物所引起的病害虽无病征出现,但有明显的病状特点,可作为诊断的依据(表 2-3)。

表 2-3　侵染性病害的诊断依据

真菌病害诊断	被害部位产生各种病征，如各种色泽的霉状物、粉状物、棉毛状物、小黑点、菌核、菌索、霉污状物等，诊断时用扩大镜或经保湿培养使病征重新形成后制成临时装片，显微镜检；为防止次生或腐生杂菌影响诊断结果，可选择新鲜病斑的病健交界处选材镜检或进行病原物的分离、培养、接种
细菌病害诊断	细菌性病害的共同特点是病状多表现急性坏死，病斑初期呈半透明水渍状或油渍状，边缘常有褪绿的黄晕圈；气候潮湿时，从病部的气孔、水孔、皮孔及伤口处溢出黏稠状菌脓，干后呈菌痂；腐烂型病部往往有恶臭味；显微镜检查是否有喷菌现象；诊断新的或疑难的细菌性病害，必须进行分离、培养、接种试验
病毒病害诊断	病毒性病害易与非侵染性病害混淆，病毒性病害的病状有变色（花叶、黄化）、坏死、畸形（矮缩、丛植），无病征；多为系统性侵染，田间观察，一般心叶、幼嫩的枝梢表现最明显，通常从个别分枝或顶部开始，逐渐向其他部位扩展；病株在田间的分布没有规律性，在高温条件下，常出现隐症现象。此外，撕取表皮，显微镜检，可见内含体。通过汁液摩擦接种或蚜虫传毒接种，还可用不带毒的菟丝子作桥梁传染
线虫病害诊断	线虫危害后，植株生长衰弱，初期不易发现，似营养缺乏。症状观察，地下部症状为根部产生瘤肿，地上部症状为种瘿、叶瘿、顶芽花芽的坏死，茎叶卷曲和组织的坏死。剖开叶瘿或瘤肿，挑去线虫制片、镜检。有些线虫不产生瘤肿，可采用漏斗分离法或叶片染色法检查；检查病原时应注意，取样时，根际周围或地上腐烂和坏死组织内外存在大量腐生线虫，勿混淆
寄生性种子植物诊断	半寄生的种子植物都是常绿的，能开花结果。多在寄主树冠的枝条上长出形态与寄主有明显区别的簇生枝梢，冬季寄主落叶后，很显眼的看到树干上的几簇丛生的枝梢。全寄生的菟丝子呈金黄色或略带紫红色丝状藤茎，长缠绕常绿果树、树木、豆类及麻类的枝条或整个树冠

（2）非侵染性病害的诊断　非侵染性病害是由非生物因素引起的，诊断的关键是抓住侵染性病害与非侵染性病害症状区别、田间分布型、生长期间环境因子的变化、无侵染性、无病症等特点。非侵染性病害的诊断应从三方面开始：

①病害现场的观察和调查，了解有关环境条件的变化，对病害的发生与气候条件、地势、土质、肥料、气候条件、栽培管理、排灌、喷药等因素进行分析、研究。

②依据侵染性病害的特点和侵染性试验结果，尽量排除侵染性病害的可能。病部表面或保湿培养看不到任何病征，也分离不到病原物。可考虑为侵染性病害，但植物患病后期由于抗病性降低，可能会有腐生菌出现，此外，侵染性病害的初期病征也不明显，且病毒、植原体等病害也无病征。因此，要进行接种试验进行确定。

③进行治疗性诊断。治疗性诊断是根据田间症状表现，拟定最可能的非侵染性病害的治疗措施，进行针对性施药处理改变环境条件，观察病害的发展情况。如缺素症在施肥后症状减轻或消失。

(四)作业

列表描述对所观察园林植物病害进行初步诊断。

六、园林植物病害标本采集与制作技术

(一)目的要求

通过采集和制作,掌握植物病害标本的采集和制作方法,熟悉当地常见病害种类的症状特点和发生情况。

(二)材料和用具

标本夹、标本纸、采集箱、剪刀、小刀,纸袋、塑料袋、标签、麻绳、记载本、放大镜、显微镜、镊子、挑针、载玻片、盖玻片、标本瓶、酒精灯、贮水滴瓶、醋酸铜、硫酸铜、95%乙醇、甲醛溶液、亚硫酸、甘油、蒸馏水。

(三)内容与方法

1.采集用具

(1)标本夹　主要用于夹压各种含水分不多的病害叶片标本,多为木制或铁制的栅状板。

(2)标本纸　应选用吸水力强的纸张,可较快吸除枝叶标本内的水分,要保持纸张干燥和清洁。

(3)采集箱　采集较大或易损坏的组织如果实、根、茎、块根、块茎以及在田间来不及压制的叶片标本。

(4)枝剪　用以剪取枝条或带刺的植物。

(5)小刀　用于割取鳞茎、块茎等。

(6)放大镜　用于观察发病部位的特点。

(7)麻纸袋、塑料袋　用以分装来不及夹入标本夹的标本。

(8)记载本、标签　用于野外采集记录。

2.采集方法

(1)病状典型　病状是确定一种病害的重要依据。采集病害标本,不仅要有某一受病部位的典型病状,而且还要具有不同时期、不同部位的病状标本。

(2)病征完整　采集有病征的病害标本,以便进行病原物鉴定工作。真菌病害的病原一般有无性、有性两个阶段,应尽量在不同的时期分别采集。有些真菌的有性子实体常在地面的病残体上产生,也要注意采集。

(3)避免病原物混杂　采集时对病原物容易混杂、污染的标本,如锈病、黑粉病、白粉病等必须注意分袋包装,以免观察病原物时发生差错。

(4)采集记载　记录的内容一般包括标本编号、寄主名称、病害名称、病害危害

情况、采集地点、采集环境、采集日期、采集人等项目。标本应挂有标签，标签上的编号与同一份标本在记录本上的编号必须相符，以便查对。

3. 标本的压制

(1)随采集随压制。为保持标本的原形，防止变形、干燥卷缩给标本制作造成困难。有些标本制作时可适当加工，如标本的茎过粗或叶子过多，应先剪掉一部分再压制，防止标本因受压不匀，或叶片重叠而变形。有些全株性的标本，可将标本折成适当形状后再压制。

(2)含水量多的标本，应自然散失一些水分后，再进行压制。

(3)为避免压制的标本变形，标本夹好后，要用绳子将标本夹捆紧，放到干燥通风处。

(4)及时更换标本纸，使标本尽快干燥，以保持原有色泽，并可避免发霉变质。一般前 4 d 每天早晚各换 1 次，以后每天更换 1 次，直至干燥为止。

(5)干燥后的标本移动时应十分小心，以防破碎。

4. 蜡叶标本的制作

将充分干燥的病害标本固定在硬纸板(台纸)上作为永久性标本，称为蜡叶标本。将充分干燥的标本用胶着法、纸条固定法和线订法固定在台纸上，填写标签一并放入蜡叶标本袋或蜡叶标本盒中保存，在标本袋或标本盒上也要贴上标签，然后按寄主或病原分类存放。存放时要避光照、潮湿、灰尘，防止虫蛀。

5. 浸渍标本的制作

柔软多汁的果实、块茎、块根及肉质的菌类子实体，不适于干制，必须用浸渍液保存，以便保持标本的色泽和症状特征。浸渍时应将标本洗净，浸泡在浸渍液中，使浸渍液淹没标本，用线将标本固定在玻片或玻棒上防止标本上浮，若浸泡标本量大，浸泡数日后应更换一次浸渍液。加盖密封保存，标本瓶上贴上标签。浸渍液的配方很多，常根据浸制标本的色泽和浸制的目的进行选择。

(1)防腐浸渍液　5%福尔马林 50 mL，95%酒精 300 mL，水 2 000 mL；此浸渍液可简化为 70%酒精或 5%福尔马林。此液用于防腐，而不要求保持原色。用于保存肉质果实、鳞茎、块根，也可用于保存肉质的高等菌类子实体。

(2)保持绿色标本浸渍液　①醋酸铜液：将结晶的醋酸铜逐量加到 50%的醋酸中，配成饱和溶液(大约 1 000 mL 50%的醋酸中加入 15 g 醋酸铜即可达到饱和)，然后将饱和液稀释 3～4 倍后使用。先将稀释液加热至沸，投入标本。当标本原来的绿色被漂去，经数分钟后恢复绿色，即可标本取出，用清水洗净，然后保存于 5%福尔马林溶液中，或压成干标本。此种方法称为热处理。冷处理的方法为将标本置于上述稀释液中浸 3 h 后标本褪色，在经 72 h 后标本恢复绿色，取出标本，清水冲洗，保存于5%的福尔马林溶液中。②硫酸铜-亚硫酸浸渍液：将标本浸在5%的硫酸铜溶液中6～24 h，取出用清水漂洗数小时，然后保存在亚硫酸溶液（含SO_2 0.2%～0.5%）中。亚硫酸溶液的配制，可用含5%～6%二氧化硫的亚硫酸溶液15 mL，加水1 000 mL，或以浓硫酸20 mL，加在1 000 mL水中，然后加入亚硫酸钠16 g即配成。这种方法适用于不宜加热的幼嫩器官或果实。

(3)保存黄色和橘红色标本浸渍液　含叶黄素和胡萝卜素的果实，用亚硫酸溶液保存为适宜。因亚硫酸有漂白作用，注意浓度不宜过高，一般用1%即可，由于浓度太小影响保存，可加少量酒精。果实浸渍后如发现崩裂，可加少量甘油。

(4)保存红色浸渍液　红色标本中主要含有花青素，用瓦查(Vachs)的红色浸渍液较好。其配方为硝酸亚钴15 g，氯化锡10 g，福尔马林25 mL，水2 000 mL。将洗净的标本完全浸没在上述溶液中，浸渍两周，取出保存在福尔马林10 mL，亚硫酸饱和溶液30～50 mL，95%酒精10 mL，水1 000 mL的浸渍液中。标本瓶应加盖密封，并贴上标签。

6. 玻片标本的制作

对于植物病原物的观察和保存，一般采用临时装片法和徒手切片法。

(1)临时装片法　对生长在植物表面的病原物，可直接用挑针或刮刀挑取少许放在载玻片上的水滴或其他浮载剂上，加盖玻片即可进行观察。

(2)徒手切片法　对植物组织内部的病原物，可将选好的材料用刀片切成薄片，或先将材料夹在胡萝卜、马铃薯内，再切成薄片，用毛笔蘸水轻轻取下，放在有水的浅皿中，选其中最薄的制片观察或短期保存。

(四)作业

(1)采集、识别当地主要园林植物病害，每人按要求分别制成蜡叶标本3个、浸渍标本1～2种，并写出主要标本的标签和采集记载。

(2)每人写一份病害标本采集、制作的实训总结报告。

本章关键词

病害　病原　病状　病症　寄生性　致病性　抗病性　侵染过程　侵染循环　营养失调　诊断

本章小结

园林植物病害是严重影响园林植物生产和园林植物景观的一种常见自然灾害。植物病害的发生与流行是园林生态系统中寄主植物与病原物在一定的外界条件下互相作用的结果。植物病害可以分为两大类，一类是侵染性病害，一类为非侵染性病害。侵染性病害是由病原物侵染引起的，这些病原物包括细菌、真菌、病毒、植原体、线虫、寄生性种子植物等，了解病原物的形态特征、分类对病害诊断、发生发展规律和防治均具有重要意义；侵染性病害从遭受病原物的侵入到发病，从植物个体发病到群体发病，从一个生长季节发病到下一个生长季节再发病都需要一个过程，了解各个病害的侵染循环和发展规律特点，是对病害进行系统分析、预测预报及制定防治对策的重要依据。非侵染性病害是由不良环境条件引起的，其病原可分为营养不良和环境不适两大类。

复习思考

1. 名词解释

病状与病症　传染性病害与生理病害　垂直抗性与水平抗性　寄生性与致病性　初侵染与再侵染

2. 问答及叙述

(1)植物病害按病原不同分为哪几类？

(2)什么叫病程？可分为几个阶段？

(3)非侵染性病害的发生原因有哪些？侵染性病害与非侵染性病害在发生特点上有什么不同？

(4)举例说明真菌、病毒、细菌引起的主要园林植物病害。

(5)举例说明什么是侵染循环，简述病害侵染循环与搞好病害防治的关系。

第三章 园林植物病虫害防治原理及技术

【学习目标】

知识目标

了解园林植物病虫害防治的方法；

理解综合防治的含义、原则；

理解各种防治方法的基本原理；

掌握各种园林植物病虫害防治技术的应用。

技能目标

能根据具体的园林植物病虫害制订合理的综合防治方法。

【职业基础知识】

人们一直在寻找一种理想的防治病虫害的方法。19 世纪以来，人们对生物防治有了极大的兴趣。20 世纪 40 年代，人工合成有机杀虫剂和杀菌剂等的出现，使化学防治成为防治病虫害的主要手段。化学防治方法具有使用方便、价格便宜、效果显著等优点。但是经过长期大量使用后，产生的副作用越来越明显，不仅污染环境，而且使病虫害产生抗药性以及大量杀伤有益生物。人们终于从历史的经验认识到依赖单一方法解决病虫害的防治问题是不完善的。为了最大限度地减少防治有害生物对环境产生的不利影响，提出了"有害生物综合治理"，简称 IPM 的防治策略。

第一节 园林植物病虫害综合治理

一、综合治理的概念

植物病虫害的综合防治(IPC)又称为“植物病虫害的综合治理(IPM)”,其概念基本一致,是指从病虫害与环境的整体观点出发,在强调自然控制的同时,通过有机协调和应用各种预防性、控制性、除治性的手段将病虫害种群数量控制在经济损失允许水平之下,以获得最佳的经济、生态和社会效益,同时要求把所采用的手段对生态系统内外的不良影响减小到最低限度。而植物病虫害的可持续治理(SPM)侧重于建立病虫害的控制体系使其长期发挥作用。

二、综合治理的观点

(一)从园林生态学观点出发

植物、病原(害虫)、天敌三者之间是相互依存,相互制约的,它们同在一个生态环境中,又是生态系统的组成部分,它们的发生和消长与其共同所处的生态环境状态密切相关。综合治理就是在园林植物播种、育苗、移栽和管理的过程中,有针对性地调节园林生态系统中某些组成部分,创造一个有利于植物及天敌生存、不利于病虫发生发展的环境条件,从而预防或减少病虫的发生与危害。

(二)从安全的观点出发

生态系统的各个组成部分关系密切,要针对不同的防治对象,又考虑对整个生态系统的影响,协调选用一种或几种有效的防治措施。如栽培管理、天敌的保护和利用、物理机械防治、药剂防治等措施。对不同的病虫害,采用不同对策。各项措施协调运用,取长补短,又要注意实施的时间和方法,以达到最佳的效果。同时将对生态系统的不利影响降到最低限度。

(三)从保护环境、促进生态平衡,有利于自然控制病虫害的观点出发

植物病虫害的综合治理要从病虫害、植物、天敌、环境之间的自然关系出发,科学的选择及合理的使用农药,特别要选择高效、无毒或低毒、污染轻、有选择性的农药,防止对人、畜造成毒害,减少对环境的污染,保护和利用天敌,不断增强自然控制力。

(四)经济效益与生态效益并举的观点

在防治前必须研究病虫的种群数量发展到何种程度,才有必要进行防治,以阻止病虫种群数量达到经济损失的程度,即防治指标。如果病虫的种群数量在经济允许水平之上,就要进行必要的防治,与此相反,则没有必要进行防治。由于园林

生态系统在整个城市生态系统中具有举足轻重的地位，因此，在园林植物病虫的综合防治过程中，不仅要考虑经济效益，也要考虑生态效益，不能因重视经济效益而忽略了对园林植物病虫的防治。

三、综合治理方案的制订

园林植物保护工作者要认真地分析当地园林植物病虫的种类组成、为害程度、发生发展规律、当地的环境条件和园林植物病虫的管理水平等状况，从生态系统的整体观点出发来设计和制订防治方案。在设计和制订防治方案的过程中要充分发挥生态系统自我调节、自我控制的作用，并重视经济阈值在方案中的实施，同时要在此基础上协调、综合、灵活机动地采用各种防治措施，将病虫种群数量控制在经济允许水平之下。

（一）病虫综合防治方案的基本要求

在园林植物病虫综合防治方案的制订过程中，要以“控制病虫种群数量”为准绳，而不是将病虫予以消灭，同时防治技术要“安全、有效、经济、简便”。“安全”就是所采用的防治方法对人类、环境、天敌、园林植物无副作用，“有效”就是在一定的时期内可以将病虫种群数量降低到经济损失水平之下或者减轻其为害，“经济”就是投入所带来的经济效益相对丰厚，“简便”就是防治方法简单易行，便于掌握。

（二）综合防治方案的类型

（1）以一种病虫为对象，如光肩星天牛的综合防治。

（2）以一种园林植物上所发生的病虫为对象，如国槐病虫综合防治。

（3）以某个区域为对象，如大城市的某个街道、公园、居住区、工厂等。

第二节　园林植物病虫害防治策略

一、园林生态系统的整体概念

园林生态系统是由园林植物、病虫害、天敌和城市的独特自然环境所构成的生态系统，是城市生态系统中非常重要的一个子系统，在维护城市生态系统的稳定中发挥着非常重要的作用。园林生态系统中的各个组分都不是孤立的，而是相互依存、相互制约的一个整体，其间任何一个组分的变化，都会直接或者间接影响整个园林生态系统的变化，从而影响病虫种群的消长以及病虫和天敌种类的变化。因此，园林植物病虫害综合防治要从园林生态系统的整体出发，在综合考虑园林植物、病虫害、天敌、环境条件和掌握所防治对象发生发展规律的基础上，通过有目的、有针对性地调节和操纵园林生态系统中的某些组分，营造一个有利于园林植物生长发育和天敌生存与繁育，而不利于病虫发生发展的环境条件，进而实现长期内可持续控制病虫发生与为害而达到治本的目的。

二、自然控制因素的作用

大多数有害生物都存在着自然的控制因子，这些因子包括病虫的寄主、生物空间、严酷的气候条件、有害生物种内或种间竞争、各种天敌等。这些因子的综合作用，使一些有害生物数量总是处于不造成经济损失的水平之下。有害生物综合防治的一个重要目标就是充分利用自然控制因素，达到控制有害生物发生的目的。

三、各种防治措施的协调运用

园林植物病虫防治措施多种多样，但每一种防治措施都不是万能的，都有一定的局限性，同时，由于病虫的种类、习性、发生规律等各不相同，采用单一的防治措施往往不能取得理想的防治效果，因此要综合协调采用各种防治措施来进行防治，并根据病虫的自身特点，因地制宜、灵活机动地选择某一种或几种方法为主，辅以其他方法进行防治，取长补短，相辅相成，一定能达到控制病虫种群数量的目的。

四、经济损失允许水平及经济阈值

经济损失是指防治费用与防治挽回损失金额的差值。经济受害水平是防治有害生物的依据，但在实际防治中所使用的不是经济受害水平，而是经济阈值。经济阈值（又称防治指标）是指为防止有害生物达到经济受害水平应进行防治的病情指数或种群密度。经济阈值与经济受害水平的关系，应由防治的具体情况来决定。如应用高效触杀剂防治害虫，常可收到立竿见影的效果，即可完全制止为害，在这种情况下，经济阈值是经济受害水平；使用药效较迟缓的杀虫剂，或由于防治的准备时间较长，或由于病虫害面积大，药械不足以在短期内完成防治，则要掌握种群密度尚未达到经济受害水平时进行防治，此时经济阈值＜经济受害水平；当考虑到天敌、益菌和不利环境会对有害生物产生抑制作用，则经济阈值＞经济受害水平。

影响经济受害水平和经济阈值的因素是复杂的，如植物的产量水平、补偿能力、有害生物的种群数量、防治费用、产品价格、防治效果、园林植物不同生育期对有害生物危害的忍受能力、园林植物发育期、天敌和天气等因素的作用等。这些因素又可能受时间、空间和其他条件的影响而变化，因此经济受害水平或经济阈值也必然是动态的。

第三节 园林植物病虫害防治技术

一、植物检疫

植物检疫又叫法规防治，它是国家或地区政府，为防止危险性有害生物随植物及其产品的人为引入和传播，以法律手段和行政措施强制实施的保护性植物保护措施。植物检疫又可分为对外植物检疫和国内植物检疫。国际间的检疫叫“对外植物检疫”，对外检疫主要是指进出境检疫，通过在机场、港口、邮局对来往于国际间的货物进行检疫，防止危险性病、虫、杂草传入和传出。国内地区间的检疫叫“国内植物检疫”，对内检疫主要是在国内各地区之间的货物调运时对其进行检疫，防止危险性病、虫、杂草在国内各地区之间传播蔓延。

(一)生物入侵的为害

通常把包括微生物病原、植物、动物在内的异地生物入侵而对生态环境造成严重危害的现象称为“生物入侵”，把原本生活在异国他乡，通过非自然途径迁移到新的生态环境中的“移民”称为“生物入侵者”。

我国加入世界贸易组织后，发达国家的农产品将会大量销往国内，传带危险性病虫害的几率也将大大增加，给农林业生产带来严重的威胁，我国的植物检疫将面临着极其严峻的新形势和承担着更为严重的任务，植物检疫在控制病虫害方面的作用也将越来越大。园林植物病虫害的分布具有明显的区域性，但也存在着扩大分布的可能性。病虫害在原产地由于植物的抗虫(病)性和长期形成的农业生态体系的抑制等原因，其发生和为害常较轻。但如果传到新地区，当地植物往往对新传入的病虫害没有抵抗能力，如果环境条件适宜它们的生活，经过一段时间的发展，这种传入病虫害就会在新环境下暴发为害，甚至比原产地更为严重，给人类造成巨大的经济损失，甚至酿成灾难。美国白蛾于1979年传播到辽宁，1984年传播到陕西，目前已经分布在辽宁、陕西、山东、河北、天津、上海等省市，给当地园林植物造成严重为害。

事实上各国因引种和贸易带入病虫害造成暴发为害的事例不胜枚举，造成的经济损失也相当惊人。由此看来，植物检疫是一项有力控制新的病虫害传播蔓延的措施，通过植物检疫，可防止危险性病、虫、杂草的远距离传播，保护农林植物安全生产和保障外贸顺利发展。

(二)植物检疫的作用

植物检疫能阻止危险性有害生物随人类的活动在地区间或国际间传播蔓延。随着社会经济的发展，植物引种和农产品贸易活动的增加，危险性有害生物也随之扩散蔓延，造成巨大的经济损失，甚至酿成灾难。

植物检疫不仅能阻止农产品携带危险性有害生物出、入境，还可指导农(林)产品的安全生产及与国际植物组织的合作，保证本国产品出口畅通，维护国家利益。另外，随着我国加入世界贸易组织，国际经贸活动的不断深入，植物检疫工作更突显出其重要作用。

(三)植物检疫技术

1.植物检疫的任务

(1)禁止危险性病、虫、杂草随着植物及其产品由国外输入或国内输出，这是对外检疫的任务。对外检疫是在口岸、港口、国际机场等场所设立检疫机构，对进出口货物、旅客随身携带的植物、植物产品，在抵达我国口岸时，必须经过我国口岸植物检疫机关的检疫查验。经检验合格的放行，不合格的依法处理。对从国外引进的可能潜伏有危险性病虫的种子、苗木和其他繁殖材料，都必须隔离试种。

(2)将在国内局部地区发生的危险性病、虫、杂草封锁在一定的范围内，防止其扩散蔓延，并积极采取有效措施，逐步予以清除，这就是对内检疫。对内检疫工作由地方设立机构进行检查。

(3)控制危险性病、虫、杂草蔓延。当危险性病、虫、杂草侵入到新区时，应立即采取措施控制其蔓延或彻底消灭。

对内检疫是对外检疫的基础，对外检疫是对内检疫的保障，二者紧密配合，相互促进，以达到保护农林业生产的目的。

2.确定植物检疫对象的原则

植物检疫并不是对所有重要的病虫草害都要实行检疫，而是要确定检疫对象和受检的植物及其产品。植物检疫对象是指国家农业、林业主管部门根据一定时期内国际、国内病虫草发生及危害情况和本国、本地区的实际需要，经过一定程序制定、发布禁止传播的有害生物。检疫对象确定原则如下：

(1)必须是我国尚未发生或局部发生的危险性有害生物。

(2)在我国或传播地区，必须是严重影响园林植物生长和观赏价值，而防除又极为困难的有害生物。

(3)必须是人为传播的，即容易随同植物材料、种子、苗木和所附泥土及包装材料等传播。

根据上述原则，制订输出输入危险性有害生物检疫名单和具体检疫办法，划定疫区和保护区，设立专门机构实行检疫。

3.植物检疫程序

(1)对内检疫程序　对内检疫主要负责国内植物检疫事宜，内容包括划分疫区和保护区，对疫区实行封锁、消灭措施，对保护区实施保护措施；建立无检疫对象的林木种子、苗木繁殖基地，生产健康种苗；建立产地检疫、调运检疫、邮寄物品检疫；对从国外引进的林木种子、苗木等繁殖材料进行审批和隔离试种检疫等。对内检疫主要是由各省、自治区、直辖市检疫机关，会同交通、邮电、供销及其他有关部门根据检疫条例，对所调运的物品进行检疫和处理，以防止局部地区危险性病虫草的传播蔓延。我国对内检疫主要以产地检疫为主，道路检疫为辅。一般对内检疫按以下程序进行。

①报验：调运和邮寄种苗及其他应受检的植物产品时，应向调出地有关检疫机构报检。

②检验：检疫机构人员对所报验的植物及其产品要进行严格的检验。到达现场后凭肉眼和放大镜对产品进行外部检查，并抽取一定数量的产品进行详细检查，最后在抽查的产品中再抽取小样品送实验室检验。常用的检验方法如下。

- 直接检验：对植物及其产品、包装材料、运载工具、放置场所和垫铺物料等受检材料进行检测。
- 诱器检疫：即利用特异性诱集剂置于诱捕器中，以诱测检疫性害虫。
- 过筛检验：现场和室内检验均可用。
- 比重检测：用于检测种子中的内蛀性害虫及菌瘿、菌核、病秕籽粒和菟丝子等。
- 染色检验：用特殊的化学药品处理被病虫为害的植物或植物器官使其染上特有的颜色，或使病原物本身染上特有颜色，以检验病虫种类。多用于害虫、病毒及细菌的检验。
- X光透视检验：农用X射线仪专用于检测种子或植物茎杆等组织内的害虫。
- 洗涤检验：用蒸馏水洗涤种子，经离心处理后检查沉淀液中的病原真菌孢子和线虫。
- 保湿萌芽检验：种子通过保湿萌芽处理，如带有病菌，在种子萌芽时即开始为害，由此可检验出带菌情况。
- 分离培养及接种检验：主要用来检验潜伏于种子、苗木或其他植物产品内部不易发现和鉴定的病原菌；或外表虽有病斑但无病原菌可供鉴定时均可采用此方法。
- 噬菌体检验：利用噬菌体在某种病原细菌平面培养基上产生的噬菌斑来检验病原细菌。除上述方法外，还有电镜检验、血清学检验、DNA探针检验以及指示植物接种检验等。有些检疫检验需在隔离场圃中进行。

③检疫处理：经检验如发现检疫对象，应按规定在检疫机构监督下进行处理。

一般方法有禁止调运、就地消毒处理(机械处理、温热处理、微波或射线处理等物理方法,和药物熏蒸、浸泡或喷洒处理等化学方法)、限制使用等。

④签发证书:经检验后,如不带有检疫对象,检疫机构发给国内植物检疫证书放行。若发现检疫对象,经处理合格后,仍发证放行,无法进行消毒处理的,应停止调运。

(2)对外检疫的程序　对外检疫(国际检疫)是国家在对外港口、国际机场及国际交通要道设立检疫机构,对进出口的物品进行检疫处理,以防止新的危险性病、虫、杂草随着植物及其产品由国外输入或由国内输出。

我国进出口检疫包括以下几个方面:进口检疫、出口检疫、旅客携带物检疫、国际邮包检疫、过境检疫等。应严格执行《中华人民共和国进出口动植物检疫条例》及其细则的有关规定。

随着全球经济一体化及我国对外贸易的发展,园林产品的交流也日益频繁,危险性病、虫、杂草的传播机会越来越多,检疫工作的任务愈加繁重。因此必须严格执行检疫法规,高度重视植物检疫工作,切实做到"即不引祸入境,也不染灾于人",以促进对外贸易,维护国际信誉。

二、园林技术措施

园林技术防治是利用一系列栽培管理措施,降低有害生物种群数量或减少其侵染可能性,培育健壮植物,增强植物抗害、耐害和自身补偿能力,或避免有害生物为害的一种植物保护措施。园林技术防治的主要技术措施包括选用抗性品种、培育健苗、合适的栽培管理措施、球茎等器官的收获管理等。

(一)选育抗性品种

利用抗性品种防治植物病虫害是一种经济有效的措施。不同品种对病虫害的抗性有明显的差异,培育和利用抗性品种在很多病虫害的综合防治中处于重要地位。特别是对于一些难以防治的病虫害,如借风力传播和土壤传播所引起的植物病害,以及病毒病害等,抗病品种的作用尤为突出。

抗性品种选育的方法包括引种、系统选育、杂交育种和人工诱变等 4 种。

(二)培育健苗

苗木质量是预防有害生物发生的前提和根本,劣质和低质苗是有害生物生长的温床,是实现园林绿色植保的大敌。苗木质量如同人的体质,健康的苗木侵害它的有害生物就少。因此必须选用优质的种子、插穗和其他繁殖材料育苗,这是培育健苗的基础,同时注意加强田间卫生管理,铲除杂草,及时防治苗木上发生的各类病虫,即可培育出健壮的苗木。

(三)栽培措施

(1)合理安排园林植物布局　在观赏植物的栽植中,为了保证美化的效果,往往是许多种植物混植。这样做忽视了植物病害的相互传染,会人为地造成某些病害的发生和流行。如海棠和桧柏、龙柏、铅笔柏等树种的近距离配置栽培,造成了海棠锈病的大发生;又如烟草花叶病毒能侵染多种花卉,在园林布景中,多种花卉的混栽加重了病毒病的发生。因此,在园林设计工作中,植物的配置不仅要考虑景观的美化效果,而且要考虑病害的问题。

(2)严格遵守栽植规程　在栽植的过程中要注意挖好足够大的树坑,剪除劈裂根、病虫根和过长根,同时栽植不宜过深。

(3)栽后准确修剪　为了保持树体地上、地下的平衡和外表的美观,苗木在移栽后必须马上进行整形修剪,它对于提高成活率,减少病虫害的发生和保证景观效果至关重要,树木修剪必须因树而异。

(4)轮作　观赏植物的连作往往加重一些植物病害的发生,如温室中香石竹的多年连作,加重了镰刀菌枯萎病的发生,实行轮作可减轻病害的发生。轮作时间视具体病害而定,如鸡冠花褐斑病实行 2 年轮作即有效,而胞囊线虫病则时间要长。观赏植物苗圃最好实行 3～4 年的轮作。轮作是古老而有效的防病措施,轮作植物为非寄主植物,使病土中的病原物因找不到食物“饥饿”而死,从而降低病原物的数量。

(四)管理措施

在园林植物的栽培管理中,水肥管理是重心,精心的水肥养护,可以增进园林植物的健康水平,提高植物抵御有害生物入侵的能力。

(1)科学用水　在园林植物的栽培管理中,可采用滴灌、喷灌、微灌和底灌等浇水方法,尽力减少水资源的浪费。灌水时要注意适时适量,不能盲目浇灌,以避免形成适合病虫害发生的环境。浇水方式要根据园林植物的不同类型来选择,必要时可使用固体水或选种耐干旱植物。

(2)合理施肥　园林植物的栽培管理中应采用科学的施肥方法,注重土壤中氮、磷、钾及其他营养元素的养分平衡,以改善土壤的团粒结构,提高土壤肥力,增强植物的抗虫和耐害补偿能力。应坚持施有机肥为主、化肥为辅的施肥策略。但在施用有机肥时,必须充分腐熟,否则会因其脏、臭等缺陷影响城市环境。草坪和花卉要尽量少施氮肥,多施磷钾肥,以防枝叶徒长。

(3)清洁园圃卫生　园圃卫生是减少侵染来源的重要措施。如园圃中的病残体要及时收集,并加以处理,深埋或化学药剂处理。生长季节中及时摘除有病枝叶,拔出病株,并对病土进行处理。园林操作过程中要避免重复侵染,如摘心、切花时一定要防止工具和人手对病害的传带；温室中的有病土壤及有病盆钵在未处理前不可继续使用在无土栽培时，被污染的培养液要及时清除，不得继续使用。除草要及时，许多杂草是植物病害的野生寄主、贮主，如车前草等杂草是根结线虫的野生寄主。杂草寄主增加了某些病害病原物的来源；杂草丛生提高了植物小气候的湿度，有利于病原物的侵染。园林植物采收后，遗留于田间的残株败叶是多种害虫和病原物越冬、繁衍的主要场所，及时清除对减少田间病源、虫源基数有重要作用。

(4)球茎等器官的收获及收后管理　许多花卉是以球茎、鳞茎等器官越冬的，为了保障这些器官的健康贮存，要在晴天收获；在挖掘过程中尽量减少伤口；挖出后剔除有病的器官，并在阳光下曝晒几天方可入窖。贮窖必须预先清扫消毒，通风晾晒；入窖后要控制好温度和湿度，窖温一般控制在 5℃左右，湿度控制在 70%以下。球茎等器官最好单个装入尼龙网袋内悬挂在窖顶贮藏。

三、物理机械防治技术

物理机械防治是采用物理和人工的方法消灭害虫或改变其物理环境，创造对害虫有害或阻隔其侵入的一种防治方法。物理机械防治见效快，常可把害虫消灭在盛发期前，也可作为害虫大量发生时的一种应急措施。这种技术对于一些用化学农药难以解决的害虫来说，往往是一种有效手段。

(一)捕杀法

捕杀法是根据害虫发生特点和规律人为的直接杀死害虫或破坏害虫栖息场所的措施。在害虫发生初期，采用人工摘除卵块、虫苞或冬季刮除老皮、翘皮，是防治害虫的有效途径。及时剪去虫枝或虫梢，刮除枝、干上的老皮和翘皮能防治果树和园林植物上的蚧类、蛀干类等多种害虫。秋后采用石硫合剂、石灰等配成涂白剂进行枝干刷白，可消灭枝干内的越冬害虫。

(二)阻隔法

设置各种障碍，切断病虫害的侵害途径，这种方法称为阻隔法。

(1)使用防虫网　如我国南方温室或大棚中可采用防虫网阻碍一些害虫侵入。防虫网是采用聚乙烯为原料，添加防老化、抗紫外线等的化学制剂，形似纱网，目前有 20～30 目的白色防虫网，一般寿命 5 年左右。利用防虫网可形成一个人工隔离屏障，在夏季能防止蚜虫等多种害虫的侵入和传播。

(2)覆盖地膜　许多叶部病害的病原物是随病残体在土壤中越冬的，花木栽培地早春覆膜或盖草，可以大幅度地减轻病虫害的发生。

(3)设置障碍物　有些害虫幼虫有下树越冬习性，在幼虫下树前，在树干基部设置障碍物阻止幼虫下树越冬。

(4)挖障碍沟　一些不能迁飞的害虫，为了阻止其迁移为害，在未受害区周围挖沟，保护植物避免为害。一些根部病害(根腐病、白腐病等)，在受害植株周围挖沟阻止病原菌蔓延。一般沟宽 30 cm、深 40 cm。

(三)诱杀法

诱杀法主要是利用害虫的趋性，配合一定的物理装置、化学毒剂或人工处理来防治害虫的一类方法，包括灯光诱杀、毒饵诱杀、嗜食植物诱杀和潜所诱杀等方法。

(1)灯光诱杀　灯光诱杀是指利用害虫对光的趋性，采用黑光灯、双色灯或高压汞灯结合诱集箱、水坑或高压电网诱杀害虫的方法，还包括利用昆虫对颜色的趋避诱杀害虫的方法。

许多昆虫都具有不同程度的趋光性，对光波(颜色)又有选择性。一般而言，昆虫对紫外光源有较强的趋性，长、短波光组成的双色光诱虫量高于单色光。不同种类的昆虫对光的趋性有不同的选择，如梨小食心虫对蓝色和紫色，大菜粉蝶对黄色和蓝色有强烈的趋性，蚜虫、粉虱、飞虱等对黄色有明显的正趋向性，蚜虫还对白色、灰色、银灰色，尤其是银灰色反光有强烈的负趋向性。利用蚜虫对黄色的趋性，采用黄色粘胶板或黄色水皿诱杀有翅蚜。采用铺银灰色膜和温室通风口处挂银灰色膜条的办法驱避蚜虫，利用黑光能引诱许多鳞翅目和鞘翅目害虫，灯光诱蛾效果以无风、无月光、闷热、阴暗夜最佳。

(2)毒饵诱杀　许多昆虫的成虫由于取食、交尾、产卵等原因，对一些挥发性物质的气味有着强烈的感受能力，表现出正趋性反应。利用害虫的这种趋性，在所嗜好的食物中掺入适当的毒剂，制成各种毒饵诱杀害虫，效果极好。如配制糖醋液可以诱杀取食补充营养的小地老虎和黏虫成虫，利用新鲜马粪诱杀蝼蛄，撒播毒谷毒杀金龟子等。

(3)嗜食植物诱杀　利用昆虫对某些植物的喜好性和嗜食性的特点，适量种植这些植物作为害虫的诱集源，而后集中消灭之。光肩星天牛在楝树上不能进行交尾、刻槽和产卵，只能取食极微量的小叶柄和小枝嫩皮，取食后很快会中毒死亡，至少缩短成虫寿命，因此在喜食树种的四周种植若干行楝树作为隔离带，可起到隔离天牛侵入的作用，这与用喜食树种作引诱树正好相反。如果在林带外营造楝树隔离带，内侧种植少许喜食树种复叶槭引诱(对天牛的诱集距离约 200 m，诱集率约 66％以上)，可起到“瓮中捉鳖”的保护林带作用。

(4)潜所诱杀　利用不少害虫具有选择特殊环境潜伏或生活的习性，设置特殊场所诱杀害虫。如利用天牛喜欢在喜食树种和新伐倒木上产卵的习性，在害虫产卵繁殖期，于林间适当地点设置一些新伐木段，待害虫产卵时或产卵以后集中杀死成虫或卵。小蠹虫是园林植物的主要蛀干害虫，体小隐蔽，为害严重，小蠹虫能正确选择寄主树种，通常也能很敏感地识别嗜食和繁殖的寄主材料，如松脂分泌较少的衰弱木和新鲜木段。因此，在成虫产卵前，截取部分新鲜寄主木段作为饵木堆放在林缘，可以引诱成虫前来产卵，而后及时杀灭之，减轻林内为害。

(5)性外激素诱杀　利用昆虫的性外激素干扰其正常活动以达到降低种群数量的目的是实现害虫生态控制的内容之一，但其结构鉴定和合成耗资多、难度大，商品化速度较慢。目前以一些简单可行的方法为主，如把害虫产生性外激素腺体部位剪下，粉碎加水过滤后成为虫体液，喷洒到寄主植物体上，可引起同类昆虫的拒食、迁移或降低繁殖率的作用。

(6)色板诱杀　将黄色粘胶板设置在花木栽培区域，可以诱粘到大量的有翅蚜虫、粉虱等害虫，多在温室使用。

(四)高温处理法

利用致死高温或低温杀虫是一种被广泛应用的物理防治手段。

(1)温汤浸种　该方法是防止种子、苗木、接穗以及其他无性繁殖材料带菌的有效方法。由于品种对温度的敏感性不同，温汤浸种的温度和时间应根据不同的处理对象具体选定。在大量浸种前一定要进行处理前的浸种试验，以确定浸种的时间和温度。浸种后要把种子晾干才能播种。

温汤浸种时，一般先把种子在较低温度的水中(15～25℃)预浸 4～6 h，使种子内部的病原物从休眠状态进入活动状态，然后再将种子移至较高温度的热水中(50～55℃)。例如，防治番茄早疫病预先将种子在 20℃的温水中预浸 4 h，然后再将种子移至 52℃的水中浸 30 min，或 55℃温水浸种 15 min，浸种后要立即用冷水降温。又如，防治桃黄化病毒病，可在桃苗栽植前用 50℃温水浸桃苗 10 min。

(2)土壤的热力消毒　该方法在温室及苗床中经常使用，主要采用烧土、烘土、晒土等方法对土壤进行消毒，以消灭土壤中的病原菌，减轻土传病害的发生。例如，为了防治茄科蔬菜苗期的立枯病和猝倒病，在育苗前将苗床土翻松并覆以塑料薄膜，在强阳光下保持一段时间，以便将土壤中的病原菌杀死。也可结合使用药剂进行土壤熏蒸。

(五)放射处理

放射处理法即利用电波、γ 射线、X 射线、红外线、紫外线、激光、超声波等电磁辐射进行有害生物防治的物理防治技术，包括直接杀灭和辐射不育。

(1)直接杀灭　如利用 500 kHz 超声波处理横坑切梢小蠹，可破坏幼虫体内细胞而使其致死。

(2)辐射不育　利用适当剂量放射性同位素 ^{60}Co 衰变产生的 α 粒子、β 粒子、γ 射线、X 射线处理昆虫，可以造成昆虫雄性不育，再将雄性不育昆虫释放到田间与雌性交配，使雌性产下不能孵化的卵，从而达到降低害虫种群密度的作用。美国和墨西哥利用这一技术消灭了羊皮螺旋蝇，英国、日本等国在一些岛屿上消灭了地中海实蝇和柑橘小实蝇。

(3)射线处理病菌　这种方法对病原物有抑制和杀灭作用，多用于水果和蔬菜的贮藏。例如，国外有报道，用 250 Gy/min 的 γ 射线处理桃果，当照射总剂量达 1 250～1 370 Gy 时，可以有效地防止桃果贮藏期由褐腐病引起的腐烂。

(六)外科治疗

对于多年生的果树和林木，外科手术是治疗枝干病害的必要手段。例如，治疗苹果树皮腐烂病，可直接用快刀将病组织刮干净或在刮净后涂药。当病斑绕树干一周时，还可采用桥接的方法将树救活。刮除枝干病斑可减轻果树轮纹病的发生。

园林树木的枝干病害，尤其是古树名木的枝干病害，更需进行外科手术治疗。在历史悠久的风景区，在古建筑群中生长着许多古树名木，它们是重要的历史文化遗产和旅游资源，由于古树历经沧桑，多数树体已形成大大小小的疮痕和树洞，受伤害严重的，树体破烂不堪，乃至死亡。对损害的树体必须实行镶补术后才能健康地成长。

1. 表层损伤的治疗

表皮损伤修补是指树皮损伤面积直径在 10 cm 以上的伤口的治疗。基本方法是用高分子化合物——聚硫密封剂封闭伤口。在封闭之前对树体上的伤疤进行清洗，并用 30 倍的硫酸铜溶液喷涂 2 次(间隔 30 min)，晾干后密封，气温(23±2)℃时密封效果好。最后用粘贴原树皮的方法进行外表装修。

2. 树洞的修补

①树洞的清理和消毒：首先把树洞内积存的杂物全部清除，并刮除洞壁上的腐烂层，用 30 倍的硫酸铜溶液喷涂树洞消毒，30 min 后再喷 1 次。若洞壁上有虫孔，可注射 50 倍的氧化乐果等杀虫剂。

②树洞的填充：树洞边材完好时，采用假填充法修补，即在洞口上固定钢板网，其上铺 10～15 cm 厚的 107 水泥砂浆(沙：水泥：107 胶：水＝4：2：0.5：1.25)，外层用聚硫密封剂密封，再粘贴树皮。树洞大，边材部分损伤的，则采用实心填充，即在树洞中央立硬杂木树桩或泥柱作支撑物，在其周围固定填充物。填充物和洞壁之间的距离以 5 cm 左右为宜，树洞灌入聚氨酯，把填充物和洞壁粘连成一体，再用聚硫密封剂密封，最后粘贴树皮进行外表修饰。修饰的基本原则是随坡就势，因树作型，修旧如故，古朴典雅。

四、生物防治技术

生物防治是指利用生物及其产物控制有害生物。生物防治包括保护利用本地天敌、引进外地天敌、天敌人工繁殖与释放等内容，随着微生物农药、生化农药、农用抗生素等新型生物农药研制与应用，人们把生物产品的开发与利用也纳入到害虫生物防治工作中来。

生物防治对人、畜安全、对环境影响极小，活体生物防治对有害生物可以达到长期控制的目的，而且不易产生抗性问题。生物防治的自然资源丰富，易于开发，防治成本也相对较低。

(一)以虫治虫

园林植物生态系统中存在着多种天敌和害虫，它们之间通过取食和被取食的关系，构成了复杂的食物链和食物网，因此可以利用生物物种间的相互关系，以一种生物抑制另一种生物，这是降低有害生物种群密度的一种方法。这种方法的最大优点是不污染环境，不受地形控制，在一定程度上还可保持生态平衡。许多害虫受到多种天敌的控制，种群数量一直处于较低的水平上，不引起损失。

1. 天敌昆虫的种类

天敌昆虫按其取食特点可分为捕食性天敌和寄生性天敌两大类。

(1)寄生性天敌昆虫　在生长发育的某一个时期或终身附着在害虫的体内或体外，并摄取害虫的营养物质来维持生长，从而杀死害虫，使害虫种群数量下降。主要包括寄生蜂和寄生蝇。

(2)捕食性天敌昆虫　通过取食直接杀死害虫。捕食性天敌主要有瓢虫、草蛉、食蚜蝇、胡蜂、步甲、螳螂等。

2. 利用天敌昆虫的措施

(1)保护利用本地天敌　充分利用本地天敌抑制有害生物是害虫防治的基本措施。自然界天敌资源丰富，在各地均存在大量的自然天敌。保护害虫天敌一般采用提供适宜的替代食物寄主、栖息和越冬场所，结合栽培技术措施创造有利于天敌的环境，避免农药的大量杀伤等，一般不需要增加费用和花费太多人工，方法简单且易于被接受，在生产上已大规模的推广和应用。如武汉市在寒冷的冬季，采用地窖保护大红瓢虫越冬，使翌年瓢虫种群数量增长迅速。

(2)引进外地天敌　引进天敌昆虫防治害虫已成为生物防治中一项十分重要的工作，在国际上有许多成功的先例。最著名的是 1888 年美国由大洋洲引进了澳洲瓢虫防治柑橘吹绵蚧，到 1889 年底完全控制了吹绵蚧，该瓢虫在美国建立了永久性的群落，直到现在，澳洲瓢虫对吹绵蚧仍起着有效的控制作用。天敌引进必须经过认真的调查研究，制订引进方案，进行隔离饲养繁殖，以及必要的生态评估。

(3)天敌的人工大量繁殖与释放　从国外或国内其他地区引进天敌时，都需要人工繁殖，扩大天敌种群数量，以增加其定殖的可能性。对于本地天敌，由于在自然环境中，种类虽多，但有时数量较小，特别是在害虫数量迅速上升时，天敌总是尾随其后，很难控制为害。采用人工大量繁殖，在害虫大发生前释放，就可以解决这种尾随效应，达到利用天敌、有效控制害虫的目的。

3.常见天敌昆虫简介

(1)瓢虫　瓢虫因形似瓢而得名。属鞘翅目瓢甲科肉食性瓢虫亚科，一般以蚜虫为食，兼食其他节肢动物。常见的种类有异色瓢虫、多异瓢虫、龟纹瓢虫、澳洲瓢虫、七星瓢虫等。

(2)草蛉　草蛉属脉翅目草蛉科。全世界已知草蛉有 81 属，约 1 350 种。成虫和幼虫均以蚧虫、蚜虫、粉虱、螨类和多种昆虫为食，也捕食蛾类幼虫和取食昆虫排泄的蜜露、植物蜜腺的分泌物和花粉。草蛉幼虫行动活泼，喜食蚜虫，食量大，故有“蚜狮”之称。

(3)赤眼蜂　赤眼蜂属于膜翅目赤眼蜂科赤眼蜂属，为多择寄生性昆虫，寄主范围很广，能寄生鳞翅目、双翅目、鞘翅目、膜翅目、半翅目、脉翅目、广翅目、革翅目、直翅目等 9 个目近 300 种昆虫。尤其喜欢寄生鳞翅目昆虫的卵。

(二)以菌治虫

以菌治虫是指用昆虫的病原微生物防治害虫的方法，这类病原微生物主要有真菌、细菌和病毒。

1.真菌制剂

(1)代表种　白僵菌隶属于半知菌丝孢霉目丝孢霉科，是半知菌亚门中最重要的一个昆虫病原真菌，在整个昆虫真菌病原中约占 21%，可寄生于昆虫的 6 个目 15 个科的 200 多种昆虫和螨类。菌丝体具隔膜、分枝，表面色泽白色至不同程度乳色，或略带橙黄或红色，偶有绿色。分生孢子梗单生或分枝，最后形成产孢细胞，孢子多为球形，有时呈瓶状的圆柱形，弯曲或直，孢子生于产孢细胞的顶端，产孢细胞生于小枝梗上。

(2)感染症状　昆虫病原真菌侵染昆虫的途径主要是通过表皮，其次是通过消化道、气管和伤口侵入，其侵染并不完全以昆虫的取食活动为转移。昆虫病症因病原菌和昆虫种类的不同而异，被白僵菌感染的昆虫体表形成白色至淡黄色的菌丝层，绿僵菌则呈暗绿色，粉红拟青霉感染的病虫体表菌丝层则呈淡红褐色等。昆虫死后尸体僵化，变干变硬，体重减轻，体表形成大量分生孢子梗和分生孢子。某些真菌虽对昆虫有毒，但并不直接杀死昆虫，而是有利于细菌的侵入，导致综合病症，当初发真菌缓慢发展时，即可因细菌病而迅速死亡。

(3)使用方法　真菌制剂可用喷雾法、土壤处理、喷粉法、诱杀法等方式防治害虫。

2. 细菌制剂

(1)代表种　苏云金杆菌包括许多亚种，对多种昆虫具有高度致病力，广泛应用于害虫防治。苏云金杆菌是由德国昆虫病理学家柏林始末(1911)从德国苏云金地区的地中海粉螟发病幼虫体中分离出的一株致病芽孢杆菌，1915年定名为苏云金杆菌。我国是研究和应用苏云金杆菌(Bt)杀虫剂较早的国家，早在1958年便开始生产Bt杀虫剂(青虫菌)，并用于农、林、卫生害虫的防治。

(2)感染症状　苏云金杆菌类制剂被敏感的害虫取食后，虫体很快表现为行动迟缓，食量减退或完全停止取食，有的甚至在食入菌剂后1 h内就停止取食，从而使植物得到保护。敏感害虫的死亡速度从处理次日到3～5 d不等，未死幼虫营养不良、发育迟缓。菌剂一般能维持残效7～15 d。

(3)使用方法　一般采用喷雾、喷粉、灌心、颗粒剂、毒饵等方法，为提高菌剂的效果，在进行喷雾时可适当加入湿润剂和黏附剂，也可采用不同亚种菌剂混用，或与真菌制剂、病毒制剂或化学制剂混用，以取长补短，扩大防治效果。

3. 病毒制剂

(1)代表种　目前，国际上昆虫病毒杀虫剂正式登记注册的有11种，我国正式登记的是菜青虫颗粒体病毒、棉铃虫核型多角体病毒、斜纹夜蛾核型多角体病毒(虫瘟1号)、苜蓿银纹夜蛾核型多角体病毒、蟑螂细小病毒5种。

(2)感染症状　鳞翅目等幼虫被感染后，初期无明显异常变化，渐而行动迟缓，食欲减退，体色变淡或呈油光，血淋巴由正常的清液渐变为乳白色，病虫常爬向寄主植物高处。死前体躯变软，体内组织液化，往往以尾足紧附枝叶倒挂而死。侵染的主要途径是通过幼虫口服食入。

(3)使用方法　一般采用喷雾的方法，在害虫发生密度较大的地点，于适当虫期喷布病毒制剂于被害植物上，以使害虫感染发病。

(三)以鸟治虫

我国鸟类有1 200余种，多数生活在树林中，啄食各个世代和不同龄期的林木和作物害虫，是控制园林害虫的生力军。

1. 鸟类的作用

世界上9 020种鸟中，60%以上是以昆虫为主要食料的。一窝家燕，一夏能吃掉6.5万只蝗虫；啄木鸟一冬可将附近80%树干害虫掏出来，这是人类使用农药也不易获得的效果。许多鸟类(如猫头鹰、鹭)捕食田鼠，是控制鼠类的重要益鸟。

2.鸟类的招引和利用

保护和招引益鸟的目的是控制害虫的发生程度，主要手段是为鸟类提供适宜的居住和营养条件。

(1)给鸟类创造良好的栖息环境　位于昆明市内的翠湖公园，人流不息，但每到11月中旬，2万～3万只红嘴鸥从西伯利亚成群迁飞此湖，晚间飞去市郊滇池边过宿，情景十分壮观，成为昆明市的一景，翌年3月末又回西伯利亚。市民对鸟十分爱护，和谐共存，因此，每到冬季红嘴鸥即来，已持续数年。

在鸟类繁殖期间不修枝，不捡拾地面的枯枝落叶，禁止鸣枪打鸟、张网捕鸟、破坏鸟巢和掏鸟蛋、捉雏鸟，不得砍伐筑有鸟巢的树木。大力种植果木和针阔混交林。

(2)挂设人工鸟巢招引益鸟　人工鸟巢箱的式样很多，有木板巢箱、树洞巢箱、葫芦巢等，巢箱的大小和悬挂的方式可以根据所招引的鸟类确定。

(四)以菌治病

利用有益生物及其产物来抑制病原物的生存和活动，从而减轻病害的发生，这种防治病害的方法称为以菌治病。这种现象称拮抗作用，拮抗作用的机制包括竞争作用、重寄生作用和捕食作用、交互保护作用。

(1)竞争作用　有些微生物生长繁殖很快，通过它的生长繁殖和病原物争夺空间、营养、水分及氧气，从而控制病原物的繁殖和侵染。现已发现一些荧光假单胞杆菌和芽孢杆菌，将其施入根际土壤后，由于它们繁殖迅速，很快布满植物的根部表面，从而起到防治土传病害的目的。

(2)重寄生作用和捕食作用　重寄生又称超寄生，是指一种病原物被另一种生物寄生的现象。当一种病原物被另一种生物寄生后，该病原物将推动致病力或被置于死地。对病原物具有重寄生作用的微生物很多，目前研究较多的还有食线虫真菌，通过用真菌菌丝体束缚线虫虫体使其逐步消解，或真菌寄生在线虫体内，破坏体内组织，从而起到防病治病的作用。

(3)交互保护作用　交互保护作用最初是在研究植物病毒病害时发现的。当植物病毒的两个有亲缘关系的株系感染植物时，植物在感染一个株系后就不再感染另一个株系。进一步的研究又发现，植物感染一个弱毒的株系后就可受到保护而不再感染强毒的株系。目前，利用弱毒株系防治植物病毒病害在生产上已开始利用。

五、化学防治技术

化学防治是指应用各种化学农药来控制为害园林植物有害生物种群数量的一种方法。

(一)化学防治的优点

(1)防治效果显著，收效快，既可在病虫发生前作为预防性措施，以避免或减少危害，又可在病虫发生之后作为急救，迅速消除危害，尤其对暴发流行性病虫，若施用得当，可收到立竿见影之效。

(2)使用方便，受地区及季节性限制小。

(3)可大面积使用，便于机械化。

(4)防治对象广，几乎所有植物病虫均可用化学农药防治。

(5)可工业化生产、远距离运输和长期保存。

(二)化学防治的缺点

化学防治法也有局限性，由于长期、连续、大量使用化学农药，会相继出现一些新问题，如农药残留、残毒、伤害天敌、污染环境、有害生物产生抗药性等问题。

(三)化学防治的注意事项

用杀菌剂防治园林植物病害必须做到用药安全、及时和周到。减少药剂与皮肤、黏膜的接触，防治药剂进入口腔，眼睛等部位，以防中毒。

使用农药时应了解农药的剂型、有效成分含量、防治对象、使用浓度、用药次数及间隔时间，不同药剂是否可以混用等问题，并严格按照说明用药。

使用农药要防止单打一，具有相同功能的药剂要交替使用，以防植物病原物产生抗药性。因为每一种药剂的防治效果，随着时间的延长，病原物对药剂的抗性就会增加，使用浓度需不断提高。不同药剂的交替使用可避免病原物的抗药性。

目前，保护剂在农药中占有重要地位，喷药时应该做到喷布均匀。叶背是许多病菌的侵入场所，叶背喷药很重要，为了提高化学药剂的防治效果，必须适时用药，保护剂必须在病害流行前使用。施药的具体时间应结合病害流行的短期预测进行。

信息链接

病虫害的生物防治

目前设施农业和花卉生产中广泛使用生物防治，已通过人工或机械化大量繁殖技术实现了多种天敌商品化生产，并涌现出一批天敌公司。目前草蛉已广泛地应用于防治果树上的山楂叶螨、橘全爪螨，蔬菜上的温室白粉虱、桃蚜等。20 世纪 50 年代以来，我国引进了多种天敌用于防治农林害虫，如防治吹绵蚧的澳洲瓢虫和孟氏隐唇瓢虫、防治温室粉虱的丽蚜小蜂、防治李氏叶螨的西文盲走螨、防治储粮害虫的黄色花蝽、防治松突圆蚧的花角蚜小蜂等。此外我国自行开发的管氏肿腿蜂、川硬皮肿腿蜂、赤眼蜂、白蛾周氏啮小蜂和斯氏线虫等均实现了规模化生产。迄今，至少已知 1 600 多种昆虫能被病毒感染，20 世纪 80 年代已有 50 多种病毒制剂用于大面积防治害虫，其中松叶蜂、赤松毛虫、粉纹夜蛾、黏虫等昆虫病毒杀虫剂已进行工业化生产，作为商品农药广泛用于防治害虫。

【职业技能实训】

一、当地常见天敌昆虫种类调查与识别

(一)实训目的

了解当地天敌昆虫种类及田间调查统计的重要性,掌握天敌昆虫田间调查与统计的方法。

(二)材料和用具

捕虫网、毒瓶、采集袋、采集盒、采集箱、吸虫管、指形管、镊子、小刀、剪子、挑针、三角纸袋、昆虫针、展翅板、三级台、还软器、黏虫胶、广口瓶、标本盒、福尔马林、酒精、放大镜、体视显微镜、皮尺、记载本、铅笔、计算器等。

(三)内容和方法

1. 天敌昆虫种类调查

(1)天敌昆虫调查方法

①调查的时间和次数:天敌的调查以田间调查为主,根据调查的目的,选择适当的调查时间。对于重点天敌的专题研究和测报等,则应根据需要分期进行,必要时还应进行定点观察,以便掌握全面的系统资料。

②选点取样:由于受人力和时间等的限制,不可能对所有田块逐一调查,需要从中抽取样本作为代表,由局部推知全局。取样的好坏,直接关系到调查结果的可靠性,必须注意其代表性,使之能真实地反映实际情况。

③取样方式:昆虫在田间的分布型不同,采取的取样方式不同。确定取样方式的原则是要使取样调查的结果能最大限度地代表总体。在昆虫的田间调查中常用的取样方式有五点式取样、对角线式取样、棋盘式取样、平行线式取样和“Z”字形取样等。

④取样单位:主要有面积单位(m^2)、长度单位(m)、容量和重量单位(m^3、kg)、植株和部分器官单位等。

(2)天敌昆虫种类调查　结合园林植物害虫发生种类及危害程度调查,采集园林植物害虫的天敌昆虫,并记载发生情况,了解当地不同园林植物害虫的主要天敌昆虫种类。

(3)天敌发生规律调查　调查某一天敌的寄主范围、发生世代、主要习性以及在不同农业生态条件下数量变化等,为保护天敌提供依据。

(4)主要天敌昆虫种类消长情况调查　选择当地一种主要园林植物,分组进行

不同种植方式、品种、生育期、长势和药剂防效情况的调查，记载天敌昆虫种类和数量，并汇总各组统计结果。

2. 天敌昆虫种类识别

(1)常见捕食性天敌昆虫 螳螂、蜻蜓、猎蝽、虎甲、步甲、食虫虻、食蚜蝇、七星瓢虫、异色瓢虫、草蛉等。

(2)常见寄生性天敌昆虫 蚜茧蜂、姬蜂、赤眼蜂、寄蝇等。

3. 调查资料的计算和统计

调查中得到的数据需进行统计整理后，才便于分析比较，简明准确地反映天敌发生的实际情况。

(四)作业

(1)田间调查取样的方法有哪些，如何操作？

(2)列表记载当地园林植物天敌昆虫种类(表 3-1)。

表 3-1 天敌昆虫调查记载表

调查日期	调查园林植物	捕食性天敌昆虫					寄生性天敌昆虫					备注
		种类	数量	捕食虫态	捕食对象	害虫数量	种类	数量	寄生种类	寄生虫态	寄生率	

二、园林植物病虫害综合防治方案制订与实践

(一)实训目的

通过学习和制订园林植物病虫害综合防治方案，进一步了解园林植物病虫害综合防治的基本内容，掌握制订当地主要园林植物病虫害综合防治方案的方法，能结合实际撰写出技术水平较高的方案，并会实施或指导实施。进一步熟悉当地各种防治措施及当地园林植物病虫害的发生发展规律、自然条件和生产条件。

(二)教学资源

材料用具：当地气象资料、栽培品种介绍、栽培技术措施方案和病虫害种类及分布情况等资料；

实训场所：教室、实训基地；

师资配置：每位实训教师指导学生 10～20 名。

(三)操作方法与步骤

1.做好基础工作

(1)了解当地园林植物的优质栽培技术;

(2)了解掌握当地园林植物栽培品种的抗病性和抗虫性等特征;

(3)了解掌握当地园林植物主要病虫害及常发生病虫害的种类、发生情况和发生规律;

(4)了解分析当地气候条件对园林植物生长发育和对主要病虫害种类的影响;

(5)了解分析当地土壤状况、前茬园林植物种类及对园林植物生产和主要病虫害发生发展的影响。

2.制订园林植物病虫害防治方案的原则和要求

(1)制订园林植物病虫害防治方案要贯彻"预防为主、综合防治"的植保工作方针,病虫害的防治要保证、服务服从于园林植物优质、高效益的生产目标。

(2)从生态学和园林生态学的观点出发,全面考虑园林生态平衡、保护环境、社会效益和经济效益。

(3)因地制宜地将主要害虫的种群和主要病害的发生危害程度控制在经济损害水平以下。

(4)充分利用园林生态系统中各种自然因素的调节作用,因地制宜地将各种防治措施,如植物检疫、园林技术防治、物理机械防治、生物防治和化学防治等纳入当地园林植物生产技术措施体系中,以获得最高的产量,最好的产品质量,最佳的经济、生态和社会效益。

(5)从实际出发,量力而行,有可操作性。目的明确,内容具体,语言简明、流畅。

3.园林植物病虫害综合防治方案的类型

(1)以一种病虫为对象。如制订"光肩星天牛的综合防治方案"。

(2)以一种园林植物上所发生的病虫为对象。如制订"国槐病虫综合防治方案"。

(3)以某个区域为对象。如大城市的某个街道、公园、居住区、工厂等。如制订"×××街道(公园、社区等)园林植物病虫害综合防治方案"。

4.园林植物病虫害综合防治方案的基本内容

(1)标题:×××综合防治方案

(2)单位名称:略。

(3)前言:根据方案类型概述本区域、园林植物、病虫害的基本情况。

(4)正文:包括基本生产条件:如气候条件分析、土壤肥力、施肥水平和灌溉等基本生产条件等;主要栽培技术措施:如前茬园林植物种类、栽培品种的特性、肥料使用计划、灌水量及次数、田间管理和主要技术措施指标等;发生的主要病虫害种类及天敌控制情况分析;综合防治措施:根据当地具体情况,依据园林植物及主要病虫害发生的特点统筹考虑、确定各种防治措施的整合。在正文中,要以综合防治措施为重点,按照制订园林植物病虫害防治方案的原则和要求具体撰写。

(四)作业

(1)撰写你所在区域的《×××(园林植物)病虫害综合防治方案》,并结合生产实践环节,指导实施。

(2)撰写所在区域的《×××(园林植物)病虫害的综合防治情况总结》。

本章关键词

综合防治　经济允许水平　经济阈值　植物检疫　园林技术措施　物理机械防治技术　生物防治技术　化学防治技术

本章小结

综合防治是对有害生物进行科学管理的体系,它从生态系统商品化出发,根据有害生物与环境的相互关系,充分发挥自然控制因素的作用,因地制宜协调应用必要的措施,将有害生物控制在经济允许水平之下,以获得最佳经济、生态和社会效益。病虫害的防治主要是利用植物检疫、园林技术措施、物理机械防治技术、生物防治技术和化学防治技术等来控制或阻止病、虫及其他有害生物的为害。这些防治技术各有自己的优、缺点,单一地使用某一种技术很难达到预想的防治效果。在有害生物的综合治理中应首先考虑植物检疫和园林技术、生物、物理机械防治措施,化学防治只是一种补救措施。因此,要协调地运用各种防治技术,开展综合防治,才能达到经济、安全、有效防治病虫害的目的。

复习思考

(1)园林植物病虫害综合治理的含义是什么?你是怎样理解的?

(2)园林植物病虫害综合治理的方法有哪些?

(3)植物检疫在园林植物病虫害防治中有什么重要意义?其主要内容包括哪些?

(4)各种园林植物病虫害的防治方法有哪些优缺点？

(5)园林技术措施、物理机械防治、生物防治的主要内容是什么？

(6)为什么说存在有害生物不一定造成经济损失？害虫防治为什么不追求“一扫光”？

(7)查阅资料，简述某种园林植物病虫害的综合防治措施。

第四章　农药应用技术

【学习目标】

知识目标

理解农药的合理安全使用原理，熟悉当地常用农药的适用范围；

掌握常用农药剂型和施用方法。

技能目标

能够进行农药田间药效试验；

会配制波尔多液和熬制石硫合剂；

能熟练使用常见农药进行田间病虫防治。

【职业基础知识】

第一节　农药基本知识

一、农药的含义与分类

(一)农药的含义

农药是农用药剂的简称。指用于防治危害农林植物及其产品的害虫、螨类、病菌、线虫、杂草、鼠类、软体动物等的药剂，也包括植物生长调节剂、辅助剂、增效剂等。

(二)农药的分类

农药品种繁多,为了便于研究、生产和应用,必须进行分类。农药的分类方法很多,一般先根据农药的防治对象或用途分为几大类,然后再根据农药的作用方式或成分等做进一步分类。

1. 杀虫剂

用于防治害虫的药剂叫杀虫剂,杀虫剂的分类方式如下:

(1)按作用方式和进入虫体的途径分

①胃毒剂:通过消化系统进入虫体内,使害虫中毒死亡的药剂,如敌百虫等。胃毒剂适用于防治咀嚼式口器的害虫。

②触杀剂:通过接触害虫体壁渗入体腔和血液中,使害虫中毒死亡的药剂。如大多数有机磷杀虫剂、拟除虫菊酯类杀虫剂。触杀剂对各种口器的害虫均适用,但对体被蜡质分泌物的介壳虫、粉虱等效果差。

③熏蒸剂:药剂以气体分子状态充斥其作用的空间,通过害虫的呼吸系统进入虫体,使害虫中毒死亡的药剂。如磷化铝、溴甲烷等。熏蒸剂应在密闭条件下使用效果才好。如用磷化铝片剂防治蛀干害虫时,要用泥土封闭虫孔;用溴甲烷进行土壤消毒时,须用薄膜覆盖等。

④内吸剂:通过植物根、茎、叶的吸收,在植物体内输导、存留或产生代谢产物,害虫在取食植物组织汁液时,使害虫中毒死亡的药剂,如乐果、吡虫啉等。内吸剂对刺吸式口器的害虫防治效果好,对咀嚼式口器的害虫也有一定的防效。

⑤其他杀虫剂:忌避剂,如驱蚊油、樟脑;拒食剂,如拒食胺;绝育剂,如噻替派、六磷胺等;昆虫生长调节剂,如灭幼脲等。这类杀虫剂是以其特殊的性能作用于害虫。一般将这些药剂称为特异性杀虫剂。

实际上,杀虫剂的杀虫作用并不完全是单一的,多数杀虫剂往往兼具几种杀虫作用。如乐果有很强的内吸作用及触杀作用,敌敌畏具有触杀、胃毒、熏蒸 3 种作用。

(2)按杀虫剂的成分与来源分

①有机合成杀虫剂:指药剂的化学成分中含有结合碳元素的杀虫剂,它是采用化学合成的方法制成的,又称为合成杀虫剂。这类杀虫剂种类很多,应用广泛,根据化学结构又可分为有机磷杀虫剂、有机氮杀虫剂、拟除虫菊酯类杀虫剂等,如敌敌畏、抗蚜威、溴氰菊酯等。

②无机杀虫剂:是指在药剂的化学成分中不含结合碳元素的杀虫剂,也称矿物杀虫剂,如氟硅酸钠等。

③植物杀虫剂：利用具有杀虫作用的植物生产出的杀虫剂，如烟草、鱼藤、除虫菊、茴蒿素、印楝素等。

④微生物杀虫剂：指具有杀虫作用的微生物及其代谢物的混合物，如阿维菌素、苏云金杆菌、白僵菌等。

⑤激素类杀虫剂：指人工合成的昆虫激素。它用于干扰害虫体内的激素消长，改变其正常的生理过程，使之不能正常的生长发育，从而达到消灭害虫的目的。这类杀虫剂又叫昆虫生长调节剂，如保幼激素、灭幼脲等。

2. 杀螨剂

能用来防治植食性螨类的药剂叫杀螨剂，如三氯杀螨醇、尼索朗、三唑锡等。有不少杀虫剂也具有兼治螨类的作用。

3. 杀菌剂

用来防治植物病害的药剂叫杀菌剂。杀菌剂的分类方式如下：

(1)按作用方式分

①保护剂：在病原物侵入寄主之前，喷布于寄主表面，以保护寄主免受为害，如波尔多液、代森锌等。

②治疗剂：在病原物侵入寄主后，用来处理寄主，以减轻或阻止病原物危害的药剂，如多菌灵、三唑酮等。

③免疫剂：用于增强作物的抗病能力，避免或减轻病菌的侵染的药剂，如硫氰苯胺等。

(2)按杀菌剂的成分与来源分

①无机杀菌剂：利用天然矿物和无机物制成的杀菌剂，如石硫合剂、波尔多液等。

②有机合成杀菌剂：采用人工合成的方法制成的杀菌剂。它的种类很多，常又分为有机硫杀菌剂、有机磷杀菌剂等，如代森锌、多菌灵、粉锈宁等。

③农用抗生素：指一些抗生菌产生的对细菌和真菌有抑制作用的代谢物，如多抗霉素、春雷霉素等。

④植物杀菌剂：指某些植物体内含有的抑菌或杀菌作用的化学物质，如大蒜杀菌素。

4. 杀线虫剂

用来防治植物线虫病的药剂，如克线磷、克线丹、威百亩等。

5. 除草剂

用来防除杂草和有害植物的药剂。除草剂的分类方式如下：

(1)按除草剂的选择性能分

①选择性除草剂：能够毒害或杀死某些植物，而对另一些植物无毒害或较安全

的一类除草剂,如2,4-D、敌稗等。

②灭生性除草剂:这类除草剂在植物间无选择性或选择性较差,因此不仅能杀死杂草,对作物也有毒害。如百草枯、草甘膦等。

(2)按除草剂的成分与来源分

①无机除草剂:由无机化合物制成的除草剂,如氯酸钾等。

②有机合成除草剂:由人工合成的用于除草的有机化合物,根据化学成分又可分为苯氧羧酸类、醚类、酰胺类、氨基甲酸酯类、取代脲类、均三氮苯类、有机磷类、杂环类等。

③微生物除草剂:由微生物或其代谢物制成的除草剂,如鲁保一号等。

6.植物生长调节剂

植物生长调节剂是仿照植物激素的化学结构,人工合成的具有植物激素的活性的物质,主要表现促进生长或抑制生长两方面的作用。

二、农药的剂型

一般化学农药都必须加工成一定剂型才能投入使用。未经加工的农药叫做原药(固体的叫原粉、液体的叫原油),其中具有杀虫、杀菌或除草等作用的成分叫做有效成分。原药中除少数品种外,绝大多数不能直接在生产上使用。这是因为每亩地上每次施用的原药数量是很少的,要使少量的原药在大面积上均匀的分散,就必须在原药中兑入分散的物质,如水、粉等;而绝大多数原药又是不溶于水的。此外,施用的农药还应该良好地附着在病虫体上或植物体上,以充分发挥药效。但一般原药不具备这样的性能,所以原药中还应该加入一些辅助剂。这样,就需要将原药进行加工,制成一定的药剂形态,这种药剂形态就叫做剂型,如可湿性粉剂、乳油等。农药的加工对提高药效、改善药剂性能以及降低毒性、保障安全等方面都起着重要的作用。

(一)农药辅助剂的含义及作用

1.辅助剂的含义

凡能改善农药性状,提高药效,便于使用或扩大使用范围的物质都叫辅助剂,如湿润剂、乳化剂、填充剂等。农药剂型的稳定性、乳化性、湿润展着性、黏着性、悬浮性等,均与所用辅助剂有很大关系。辅助剂中,以湿润剂和乳化剂最为重要,它们都具有很强的表面活性。

2.常用的农药辅助剂

有填充剂、溶剂、湿润剂、乳化剂、分散剂、增效剂、稳定剂等。

(1)填充剂　用来稀释农药原药的固体惰性物质叫填充剂。常用的填充剂有黏土、滑石粉、高岭土、硅藻土等。

(2)溶剂 用来溶解农药原药的液体叫溶剂。农药加工中,常用的溶剂有苯、甲苯、二甲苯等。

(3)湿润剂 具有降低水的表面张力,使药液在植物或虫体上易于湿润展着,增加接触面积,减少流失,提高药效等作用的物质叫湿润剂。常用的湿润剂有亚硫酸纸浆废液、茶子饼、皂角、合成洗衣粉等。

(4)乳化剂 能使两种互不相溶的液体中的一种液体,以极小的液珠均匀的分散在另一种液体中,形成稳定的不透明乳状液的物质叫乳化剂。常用的乳化剂有BY乳化剂、农乳100号、磷辛10号等。

(二)常用的农药剂型

1.粉剂

粉剂是由原药加填充料,经机械粉碎混合制成的粉状制剂。我国粉剂的质量要求是95%通过200号筛目,粉粒平均直径为30 μm,含水量小于1.5%,pH 5~9。低浓度粉剂可直接做喷粉用,高浓度粉剂可供做拌种、制毒谷、毒饵及土壤处理用。粉剂具有加工简单,价格便宜,不需用水,使用方便,工效高等优点。缺点是粉剂的附着力差,药效和残效不如可湿性粉剂和乳油,而且在喷粉中易漂移损失和污染环境,从而限制了该剂型的使用。另外粉剂不易被水湿润,不能分散和悬浮在水中,因此不能兑水喷雾。

2.可湿性粉剂

可湿性粉剂是农药原药加填充料和湿润剂,经过粉碎加工制成的粉状制剂。质量要求是99.5%通过200号筛目,悬浮率大于34%,平均粒径为25 μm以下。由于加有湿润剂,易被水湿润,分散后的药粒仍比较稳定地悬浮于水中。一般有效成分含量高,流动性差,主要供喷雾用,也可供灌根、泼浇使用,但不宜直接作喷粉用。

3.乳油

乳油又称乳剂,由原药、溶剂和乳化剂相互溶解而成透明油状液体。加水后就变成不透明的乳状药液,乳剂中的小油珠直径应该在10 μm以下。被喷雾器喷出的雾滴中含有几个小油珠,落在虫体或植物上,等到水分蒸发以后,剩下的油珠便展开形成一个比原来油珠直径大10~15倍的油膜以发挥作用,乳剂的湿润性、展着性、附着力、渗透性和残效期都优于可湿性粉剂。主要供喷雾使用,也可用作拌种、泼浇等。乳油其颜色深浅有所不同,但均应清澈、不分层、无沉淀。

4.颗粒剂

颗粒剂是用原药或制剂加载体等制成的颗粒状剂型。颗粒大小在30~60号筛目之间，直径 50～300 μm，并要求颗粒具有一定的硬度，在运输和堆藏过程中不易破碎，施用后的解体性也应符合要求。

颗粒剂由于粒度大、施用时沉降性好，漂移性小，所以对环境污染小，对施药人员安全，对作物和害虫的天敌也安全，施用时功效高且方便。一些剧毒农药制成颗粒剂，可使它成为低毒化药剂，并可控制农药释放速度，延长残效期，减少用药量等优点。

5. 烟剂

烟剂是将高温下易挥发的固体农药与助燃剂和燃料，按一定比例混合配成的粉状或片状制剂。使用时点燃烟剂，药剂受热挥发，遇冷空气凝成细小的微粒漂浮于空气中，呈高度分散状态，药粒细小，可以深入到极小的缝隙中，改善了药物对植物表面处理的质量，在室内和温室中使用防治病虫害最经济有效，目前主要用于防治森林、粮食和室内害虫，在温室中防治蔬菜和花卉的病虫害。

6. 其他剂型

其他剂型还有熏蒸剂、缓释剂、胶悬剂、毒笔、毒绳、胶囊剂、超低容量制剂、可溶性粉剂、片剂等。

随着农药加工技术的不断进步，各种新的制剂被陆续开发利用，如微乳剂、固体乳油、悬浮乳剂、可流动粉剂、漂浮颗粒剂、微胶囊剂，泡腾片剂等。

(三)农药的名称

1. 农药原药的名称

目前国内常用农药原药名称的命名方法，大体有以下几种：

(1)根据化学名称命名　如硫酸铜、磷化铝等。

(2)根据实验代号命名　如 E-605、4049 等。

(3)根据国外商品名称的音译命名　如敌敌畏是 DDVP 的音译、乐果是 Rogor 的音译、敌杀死是 Decis 的音译等。

(4)根据外国商品名称的意译命名　如氯化苦、七氯等。

(5)根据性质、用途、效果等命名　如杀螟硫磷、多菌灵、敌稗等。我国许多农药的名称，是根据这个原则来命名的。

2. 商品农药的名称

商品农药是一种成分复杂的混合物，它包括农药原药(有效成分和杂质)和辅助剂(溶剂、乳化剂、填料等)2 部分。

商品农药的名称，通常由 3 部分组成，第一部分是农药的有效成分含量，常用百分浓度表示；第二部分是农药原药的名称；第三部分是剂型的名称。如 1%苦参碱水剂、2.5%敌杀死乳油、70%甲基托布津可湿性粉剂等。

三、农药的施用方法

在防治植物病虫害时，农药的使用方法是多种多样的。选择最合适的施药方法，不仅可获得最佳的防治效果，而且还可保护天敌，减少污染，对人、畜、植物安全。因此，采用正确的施药方法是十分重要的。安全、有效、经济是确定施药方法的前提。在这个前提下，首先应根据植物的形态、发育阶段、防治的对象及其发生规律、农药的性质和剂型以及当时的环境条件等，作全面具体的综合分析，最后确定出应采用的最佳施药方法。下面着重介绍我国常用的施药方法。

（一）喷粉法

利用喷粉机具将粉剂喷洒在植物体上。其优点是功效高，使用方便，不受水源的限制，尤其适用于干旱地区及缺水山区，也是防治爆发性病虫害的有效手段。缺点是用药量大，粉剂黏附性差，粉粒容易飘失，药效差，污染环境。因此，喷粉时宜在早晚叶面有露水或雨后叶面潮湿且无风条件下进行，使粉剂易于在叶面沉积附着，提高防治效果。适于喷粉的剂型为低浓度的粉剂，如1.5%乐果粉剂，2%敌百虫粉剂等。关于喷粉的技术要求必须均匀周到，使植株表面上均匀的覆盖一层极薄的药粉。这可以用手指按一下植株来检查，当看到有一点药粉粘在手指上就可以了。如果看到植株叶面发白，说明药量太多了，不仅浪费，还容易造成药害。一般常规喷粉药量每公顷30 kg左右。

（二）喷雾法

利用喷雾机具将药液均匀地喷布于防治对象及被保护的寄主植物上，是目前生产上应用最广泛的一种方法。根据喷液量的多少及其他特点，可分为以下几种类型。

1. 常规喷雾法

常规喷雾法喷出药液的雾滴为200 μm左右，一般作物每公顷用液量在600 L以上。适宜作喷雾的剂型有可湿性粉剂、乳油、水剂、水溶剂、胶悬剂等。喷雾的技术要求是使药液雾滴均匀覆盖在带病虫的植物体上，对常规喷雾而言，一般应使叶面充分湿润，但不使药液从叶上流下为度，对于在叶片背面为害的害虫，还应注意叶背喷药。

常规喷雾与喷粉法比较，具有附着力强，残效期长，效果高等优点。缺点是功效低，用水量大，对爆发性病虫常不能及时控制其危害。

2. 低容量喷雾法

低容量喷雾法又称弥雾法，是通过器械的高速气流，将药液分散成100～150 μm直径的液滴。用液量介于常规与超低容量喷雾法之间，每公顷50～200 L。

其优点是喷洒速度快，省劳力，效果好，用于少水或丘陵地区较为适宜。

3. 超低容量喷雾法

这种方法用液量比低容量喷雾法更少，每公顷喷液量在 5 L 以下。超低容量喷雾是通过高能的雾化装置，使药液雾化成直径在 100 μm 以下的细小雾滴，经飘移而沉降在作物上。其优点是省工、省药、喷雾速度快、劳动强度低。缺点是需要专用的施药器械，喷雾操作技术要求严格，施药效果受气流影响，不宜喷洒高毒农药。

超低容量喷雾的药液，一般不用水做载体而多采用挥发性低，对作物、人、畜安全的油做载体。

（三）土壤处理

在温室和苗圃，常将药剂施于土壤中来防治土传病害和地下害虫的方法称为土壤处理。常用方法有：

1. 药土混合法

将农药与细土拌匀，撒于地面或与种子混播，或撒于播种沟内，用来防病、治虫、除草的方法。撒于地面的毒土要湿润，每公顷用量 300～450 kg。与种子混播的毒土要松散干燥，每公顷用量 75～150 kg。药土的配合比例，因农药种类而不同。

2. 土壤消毒或土壤封闭法

将药剂撒于地面再翻入土壤耕层内或用土壤注射器将药液注入土中用来防治病、虫、杂草及线虫等叫土壤消毒。用除草剂喷洒地面防治杂草出土叫土壤封闭。

土壤处理的具体方法要根据农药的剂型特点来决定，同时也要考虑到病、虫、杂草的特点。

（四）种苗处理法

包括拌种、闷种、浸种和浸苗、种衣剂处理等。

1. 拌种

拌种是指在播种前用一定量的药粉或药液与种子搅拌均匀，用以防治种子传染的病害和地下害虫。拌种用的药量，一般为种子重量的 0.2%～0.5%。掌握好拌种药量是确保有效和安全用药的关键。

2. 闷种

闷种是把种子摊在地上，把稀释好的药液均匀地喷洒在种子上，并搅拌均匀，然后堆起熏闷并用麻袋等物覆盖，经一昼夜后，晾干即可。

3. 浸种和浸苗

浸种和浸苗是指将种子或幼苗浸泡在一定浓度的药液里，用于消灭种子、幼苗所带的病菌或虫体。浸种的药液用量以浸没种子为限，对出苗有杀伤作用的药剂如甲醛或升汞浸种后需用清水冲洗种子，以免发生药害。浸种防治效果与药液浓度、温度和时间有密切关系。浸种温度一般应在10～20℃间，温度高时，应适当降低药液浓度或缩短浸种时间。浸苗的基本原则同浸种一样。刚萌动的种子或幼苗对药剂很敏感，尤以根部反应最为明显，处理应慎重，以免造成药害。

4. 种衣剂

种衣剂是一种特殊的剂型，专用于处理种子。药剂在种子表面涂覆一层后，使之干燥即成为已经处理的种子，它包括成膜剂和杀虫杀菌成分，当种子吸水胀大后膜剂也随之伸长，杀虫杀菌剂可兼治苗期病害和虫害。国内针对不同作物种子已经研制多种种衣剂，如“呋多”、“甲多”等。

(五)熏蒸法与熏烟法

利用有毒气体杀死害虫或病菌的方法，一般应在密闭条件下进行。

1. 熏蒸法

用熏蒸剂如溴甲烷或易挥发的药剂如敌敌畏或易吸潮分解放出毒气的药剂如磷化铝等来防治害虫的方法，此法主要用以防治仓库、温室害虫及土壤消毒等。优点是防治隐蔽的害虫具有高效、速效的特点。

2. 熏烟法

利用烟剂点燃后发出的浓烟，或用药剂直接加热发烟，用来防治病虫。烟雾的雾粒极细，常在0.001～10 μm的范围内，能较长时间地悬浮在空气中而不沉落，能在各种方向的物体上附着，并能穿透较狭窄的孔隙，对于防治隐蔽在缝隙中的病虫也很有效。

(六)毒谷、毒饵

利用害虫喜食的饵料与农药混合制成，引诱害虫前来取食，产生胃毒作用将害虫毒杀而死。常用的毒饵有麦麸、米糠、豆饼、花生饼、玉米芯，菜叶等。饵料与敌百虫、辛硫磷等胃毒剂混合均匀，撒在害虫活动的场所。主要用于防治蝼蛄、地老虎、蟋蟀等地下害虫。毒谷是用谷子、高粱、玉米等谷物作饵料，煮至半熟有一定香味时，取出晾干，拌上胃毒剂。然后与种子同播或撒施于地面。

(七)涂抹、毒笔、根区施药

涂抹是指利用内吸性杀虫剂在植物幼嫩部分直接涂药，或将树干刮去老皮露出韧皮部后涂药，让药液随植物体运输到各个部位。此法又称内吸涂环法。如在石楠上涂40%氧乐果5倍液，用于防治绣线菊蚜，效果显著。

毒笔是采用触杀性强的拟除虫菊酯类农药为主剂，与石膏、滑石粉等加工制成的粉笔状毒笔。用于防治具有上、下树习性的幼虫。毒笔的简单制法是用2.5%

溴氰菊酯乳油按 1∶99 与柴油混合，然后将粉笔在此油液中浸渍，晾干即可。药效可持续 20 d 左右。

根区施药是利用内吸性药剂埋于植物根系周围。通过根系吸收运输到树体全身，当害虫取食时使其中毒死亡。如用 3%呋喃丹颗粒剂埋施于根部，可防治多种刺吸式口器的害虫。

(八)注射法、打孔法

注射法是用注射机或兽用注射器将内吸性药剂注入树干内部，使其在树体内传导运输而杀死害虫。一般将药剂稀释 2～3 倍。可用于防治天牛、木蠹蛾等。

打孔法是用木钻、铁钎等利器在树干基部向下打一个 45°角的孔，深约 5 cm，然后将 5～10 mL 的药液注入孔内，再用泥封口。药剂浓度一般稀释 2～5 倍。对一些树势衰弱的古树名木，也可用注射法给树体挂吊瓶，注入营养物质，以增强树势。

总之，农药的使用方法很多，在使用农药时可根据农药的性能及病虫害的特点灵活运用。

四、农药的浓度表示与稀释计算

在商品农药中，除了有效成分含量低的粉剂和颗粒剂可以直接施用外，一般有效成分含量高的剂型，必须用稀释剂稀释后才能施用，以保证药效，并避免对植物产生药害。因此，正确掌握农药的稀释计算是十分重要的。

(一)农药的浓度表示法

1. 稀释倍数表示法

稀释倍数表示法是用加入农药中的稀释剂数量的倍数，来表示农药浓度的方法。例如 50%敌敌畏乳油 1 000 倍液，就是用 50%敌敌畏乳油一份加水 1 000 份配制成的稀释药液。因此，稀释倍数法一般不能直接反映出农药稀释液中农药有效成分的含量。固体制剂加水稀释，用质量倍数；液体制剂加水稀释，如不注明按体积稀释，一般也都是按质量倍数计算的。而且生产上往往忽略农药和水的密度差异，即把农药的密度视为 1。在实际应用中，常根据稀释倍数大小分成内比法和外比法。内比法适用于稀释倍数在 100 倍及以下的药剂，计算时要在总份数中扣除原药剂所占份数。例如需配制氧化乐果 50 倍液，则需用氧化乐果 1 份加水 49 份。外比法适用于稀释 100 倍以上的药剂，计算时不扣除原药剂在总份数中所占份额。例如，需配制溴氰菊酯 3 000 倍液，则需用溴氰菊酯 1 份加水 3 000 份。

2. 百分浓度(%)

百分浓度(%)是指 100 份药液中含有多少份药剂的有效成分。例如 20%速灭杀丁乳油，表示 100 份这种乳油中含有 20 份速灭杀丁的有效成分。百分浓度常又分为重量百分浓度和容量百分浓度两种。固体药剂用液态或固态稀释剂来稀释时，常用重量百分浓度法计算。液体药剂用液态稀释剂来稀释时，则常用容量百分浓度法计算。

3. 百万分浓度(μg/g)

百万分浓度(μg/g)是指1百万份农药中含有效成分的份数。例如40 μg/g春雷霉素水剂，即表示在1百万份药剂中含有40份春雷霉素有效成分。

4. 波美度(°Be′)

波美度(°Be′)是用波美比重计插入溶液中直接测得的度数，来表示该溶液浓度的方法。以°Be′(Baume′的缩写)的符号表示，读作波美度。石硫合剂液就是用波美度来表示浓度的。

(二)农药的稀释计算法

1. 按有效成分含量计算

通用公式为

$$原药剂浓度\times原药剂质量=稀释药剂浓度\times稀释药剂质量$$

以上公式若有三项已知，可求出任何一项来，因一定量农药稀释后浓度变稀，但农药的有效成分含量是不变的。

例1. 要配制0.5%氧化乐果药液1 000 mL，求40%氧化乐果乳油用量？

计算：$$1\,000\times0.5\%\div40\%=12.5(\text{mL})$$

如果求稀释剂用量而不求稀释药剂用量则可根据

$$稀释药剂质量=原药剂重量+稀释剂质量$$

代入上式得

$$稀释剂质量=原药剂质量\times\frac{原药剂浓度-稀释药剂浓度}{稀释药剂浓度}$$

例2. 用50%福美双可湿性粉剂5 kg配成2%的稀释液，需加水多少？

根据上述公式计算：

$$稀释剂用量=5\times(50\%-2\%)\div2\%=120(\text{kg})$$

2. 按稀释倍数的计算

此法不考虑药剂的有效成分含量，通用公式为

$$稀释后药液质量=原药剂质量\times稀释倍数$$

若稀释倍数在100倍以下时，计算稀释剂用量要扣除原药剂所占的份额。公式则为

稀释剂用量＝原药剂用量×稀释倍数－原药剂用量

例3.配制10%吡虫啉可湿性粉剂1 000倍液，问2 kg该药粉需兑水多少?

计算：　　稀释后药液质量＝2×1 000＝2 000(kg)

例4.配制40%乐果乳油50倍液涂干，问5 kg该乳油需兑水多少千克?

计算：　　稀释剂用量＝5×50－5＝245(kg)

例5.用2.5%敌杀死乳油配制15 L(一桶喷雾器容量)3 000倍药液，问需原药液多少毫升?

计算：　　原药剂用量＝15 000÷3 000＝5(mL)

3.石硫合剂的稀释计算

首先用波美比重计测出原液的密度，再计算。

$$原药液重量=\frac{使用药液重量\times使用药液波美度}{原药液波美度}$$

$$稀释药液重量=\frac{原药液重量\times(原药液波美度-使用药液波美度)}{使用药液波美度}$$

例6.欲配制0.5波美度(°Be′)的石硫合剂40 kg，需要20波美度的原液多少千克?

计算：　　需原液重量＝40×0.5÷20＝1(kg)

例7.今有2 kg波美度为24的石硫合剂原药，需要稀释成波美度为0.4的稀释液，应加水多少千克?

计算：　　稀释剂重量＝2×(24－0.4)÷0.4＝118(kg)

第二节　农药的合理和安全使用

农药的合理安全使用是在掌握农药性能的基础上，科学用药，充分发挥其药效作用，防止有害生物产生抗药性，并保证人、畜、植物及其他有益生物的安全，做到经济合算，增产增收。也就是在使用农药防治病、虫、草害的同时，一方面要得到尽可能好的防治效果，另一方面也要考虑防止或减轻农药所发生的副作用。

要做到合理、安全使用农药，应着重做好以下4个方面的工作：一是科学使用农药，充分发挥农药的药效；二是采取有效的对策，克服有害生物的抗药性；三是积极防止农药对植物、有益生物和人畜产生毒害；四是控制农药残留，防止环境污染。

一、科学使用农药

农药的药效受到多种因素的影响，我们怎样利用所能控制的因素，科学使用农药，充分发挥农药的效能，显然是非常重要的，在生产实践中，为了充分发挥农药的效能，可以从以下几个方面加以考虑。

（一）对症用药

要针对防治对象，选择适当的药剂。农药的种类很多，各种药剂都有一定的性能及防治范围，在施药前，应根据防治的病虫种类、发生程度、发生规律、作物种类、生育期选择合适的药剂和剂型，做到对症用药，避免盲目用药。尽可能选用安全、高效、低毒的农药。一般来说杀虫剂只能杀虫而不能防治病害，杀菌剂只能防治病害而不能杀虫，除草剂用来消灭杂草，对害虫和病害都无效。每种药剂都有各自的防治对象，有的药剂使用范围广一些，有的使用范围窄一些，绝没有"万能灵药"。例如氰戊菊酯能防治许多种害虫，但对螨类的防效较差；波尔多液防治对象的范围很广，却难以防治葡萄白腐病；敌稗防除杂草的种类很多，但对多年生杂草的防治效果却不高。有些药剂的防治对象范围非常窄，如抗蚜威只用于防治蚜虫类，灭蝇胺只用于防治潜叶蝇。因此我们应充分了解农药的有效防治对象，做到对症下药，才能充分发挥农药的药效。

（二）适期用药

要掌握病虫害发生规律，把农药用到"火候上"。抓住关键时刻，适时施药是防治病虫害的关键。要做到这一点，必须了解病虫害的发生规律，做好预测预报工作，选择在病虫最敏感的阶段或最薄弱的环节进行施药才能取得最好的防治效果。不能适期施药，往往造成农药和劳力的极大浪费。通常在病虫发生的初期施药，防治效果较为理想。因为这时病虫发生量少，自然抵抗力弱，药剂容易将其杀死，有利于控制其蔓延危害。因此，掌握各种病虫的施药关键期是十分重要的。

（三）准确掌握用药量

主要是指准确的控制药液浓度、单位面积用药量和用药次数。不宜任意加大或减少。使用农药的药量一定要称量准确，要像给病人吃药那样，不能随意增加或减少。有的人防治病虫害心切，往往随意加大药量与喷药次数，这不仅会浪费药剂，还可能出现药害，加重残留污染，杀伤天敌，甚至容易引起人、畜中毒事故。低于防治需要的用量标准，又达不到防治效果。此外，在用药前还应搞清农药的规格，即有效成分的含量，然后再确定用药量。如常用的杀菌剂福星，其规格有10%乳油与40%乳油，若10%乳油稀释2 000～2 500倍液使用，40%乳油则需稀释8 000～10 000倍液。

（四）讲究施药方法

采用正确的使用农药方法能充分发挥农药的防治效果，还能减少对有益生物的杀伤和农药的残留，减轻作物的药害。病虫为害，传播的方式不同，就要选择恰当的施药方法才能有效。例如，防治地老虎、蛴螬、蝼蛄等地下害虫，应考虑采用撒施毒谷、毒饵、毒土、拌种等方法；防治气流传播的病害，就应考虑采用喷雾、撒粉或采用内吸剂拌种等方法；防治种子或土壤传播的病害，则可考虑采用种子处理或土壤处理等方法。农药剂型不同，使用方法也不同，如粉剂不能用于喷雾，可湿性粉剂不宜用于喷粉，烟剂要在密闭条件下使用等。

（五）轮换用药

长期使用一种农药防治某种害虫或病害，易使害虫或病菌产生抗药性，降低农药防治效果，增加防治难度。例如很多害虫对拟除虫菊酯类杀虫剂，一些病原菌对内吸性杀菌剂的部分品种容易产生抗药性。如果增加用药量、浓度和次数，害虫或病原菌的抗药性进一步增大。因此，应合理轮换使用不同作用机制的农药品种。

（六）合理混用农药

将两种或两种以上的对病害、虫害具有不同作用机制的农药混合使用，可以提高防治效果，甚至可以达到同时兼治几种病虫害的防治效果。扩大了防治范围，降低防治成本，延缓害虫和病菌产生抗药性，延长农药品种使用年限。如灭多威与拟除虫菊酯类混用，有机磷制剂与拟除虫菊酯混用，甲霜灵与代森锰锌混用等。农药之间能否混用，主要取决于农药本身的化学性质，混用后不致产生化学变化和物理变化；混用后不能提高对人畜和其他有益生物的毒性和危害；混用后要提高药效，但不能提高农药的残留量；混用后应具有不同的防治作用和防治对象，但不能产生药害。

总之，科学的使用农药，要坚持做到：①防治对象要准确；②施药时间要准确；③农药品种和用药量要准确。注意农药的合理轮换、混用及相应施药方法，达到高效、经济、安全的目的。

二、安全使用农药

（一）农药对人、畜的毒性

目前应用的农药中大多数种类对人及哺乳动物有毒。如果使用不当会造成人、畜中毒事故。研究农药毒性，通常以小动物如小白鼠、大白鼠、豚鼠、家兔、狗、猴等作为供试动物，农药进入高等动物的体内，可通过呼吸道、皮肤和消化道等途径。对人畜的毒性基本上可分为急性毒性、亚急性毒性和慢性毒性 3 种表现形式。

1. 急性毒性

急性毒性是指农药一次经口（或皮肤或呼吸道）进入动物体内，迅速表现出中毒症状的毒性。如剧毒有机磷农药的急性中毒症状表现：开始恶心、头痛，继而出汗、流涎、呕吐、腹泻、瞳孔缩小、呼吸困难，最后昏迷甚至死亡。

为了比较农药对高等动物急性毒性的高低常用致死中量（LD_{50}）来表示，致死中量（LD_{50}）是指将一群试验动物（大白鼠、小白鼠、兔等）毒死一半所需的药量。为了统一标准，折算成动物每千克体重所需药剂的毫克数。它的单位是毫克/千克（mg/kg）。

由于最高、最低致死量均受试验生物种群中敏感性大或敏感性小的个体的影响，而致死中量则不受这些因子的影响，因此，只有用致死中量作为农药急性毒性的标准，才较为精确可靠。致死中量值越小，说明这种药剂毒性越强。按照农药致死中量的大小，可将农药的毒性划分为三级：高毒、中毒、低毒（表 4-1）。

表 4-1 农药急性毒性分级暂行标准

给药途径	Ⅰ（高毒）	Ⅱ（中毒）	Ⅲ（低毒）
LD_{50}（大白鼠经口）(mg/kg)	<50	50～500	>500
LD_{50}（大白鼠经皮 24 h）(mg/kg)	<200	200～1 000	>1 000
LD_{50}（大白鼠吸入 1 h）(g/m^2)	<2	2～10	>10

上述用动物测定的毒力大小，可用以比较对人、畜毒性的大小，作为农药生产和使用时制定安全操作规程的科学依据。实验动物虽与人体差别很大，但它能反映出对人、畜毒性的可能大小。

2. 亚急性毒性

亚急性毒性指在 3 个月以上较长时间内经常接触、吸入或食物带有农药，最后导致人、畜发生与急性中毒类似症状。

3. 慢性毒性

慢性毒性指长期服用或接触少量药剂后，逐渐引起内脏机能受损，阻碍正常生理代谢而表现出中毒症状。此种毒害还可延续给后代，主要引起致癌、致畸、致突变。有些化学性质稳定，酯溶性高的农药，如有机氯杀虫剂，通过食物链的相互转移，最后积累在人体内，造成慢性累积中毒。

(二)农药安全使用及防护

在使用农药防治园林植物病虫害的同时，要做到对人、畜、天敌、植物及其他有益生物的安全，要选择合适的药剂和准确的使用浓度。在人口稠集的地区、居民区等处喷药时，要尽量安排在夜间进行，若必须白天进行，应先打招呼，避免发生矛盾和出现意外事故。防治工作的操作人员必须严格按照《中华人民共和国农药管理条例》所规定的用药操作规程，规范工作。

1.农药进入人体的途径

在使用农药时，以皮肤进入为主，口和呼吸道进入次之，此外，农药也可以从眼睛进入人体造成中毒。

(1)经皮肤进入人体　使用农药时，有效成分被人体吸收的绝大部分是通过皮肤渗透，称为经皮毒性。皮肤上如有伤口，情况就更严重。乳油和油剂比乳状水液，通过皮肤渗透速度快得多。因此，当量取乳油或油剂并配制药液时，操作应十分小心，手和胳膊不要黏附这种高浓度药液。可湿性粉剂、粉剂或颗粒剂中的有效成分通过皮肤被吸收较困难，但是这时如出汗会促进农药对皮肤的渗透。人体各器官、组织对农药的吸收程度是不一样的。例如，眼睛部分最容易吸收药剂并渗透到体内，而手掌部分相对地吸收较慢。皮肤接触药剂的面积大小和时间长短，也是重要因素，接触面积越大，时间越长则吸收越多。

(2)经呼吸道进入人体　熏蒸剂或其他易挥发的药剂，吸入毒性比口服毒性大得多，使用这些药剂时，保护呼吸道应予特别重视。农药熏蒸、喷雾或喷粉时，所产生的蒸汽、药液、雾滴或药粉颗粒能够通过呼吸损害鼻腔、喉咙和肺组织，粒径小于10 μm的药剂雾粒蒸汽或烟雾微粒能够到达肺部，粒径50～100 μm者也可能被吸入并影响上呼吸道。在密闭或相对密闭的空间里进行农药操作，是大量吸入农药的主要原因。例如在温室里使用烟雾剂时；在通风不良情况下分装高挥发性的农药制剂等。

(3)经口进入人体　在正常的农药操作中，通过口部进入消化道一般很少发生。万一发生则后果相当严重，因为农药口服毒性常比经皮毒性要大5～10倍，某些情况下农药确有进入口中的危险。例如进行操作时或农药操作后未经洗手、洗脸就吸烟、吃食物、喝水，药械故障或喷雾器喷头堵塞时用嘴去吹、用农药污染的手或手套擦脸上的汗，药剂处理过的种子或其他农产品，刚施过剧毒农药的农作物等被人们误食、误用的例子也时有发生。经口中毒的农药剂量一般较大，不易彻底清除，往往中毒较严重，危险性较大。

2.农药中毒的预防

(1)选择身体健康的青壮年担任施药人员。凡体弱多病如高血压、皮肤病、结核病患者、皮肤伤口未愈合者，药剂过敏者和孕期、经期、哺乳期的妇女等不能参加该项工作。

(2)用药人员必须做好一切安全防护措施。配药、喷药时应穿戴防护服，手套、风镜、口罩、防护帽、防护鞋等标准的防护用品。

(3)喷药前应仔细检查药械，如有毛病，应先修好再用。喷药过程中如果发生堵塞，应先用清水冲洗，然后再排除故障，不要用嘴吹喷头及滤网。

(4)喷药应选在无风的晴天进行。阴雨天或高温炎热的中午不宜用药，有微风的情况下，工作人员因站在上风头，顺风喷洒，风力超过 4 级时，停止用药。

(5)配药、喷药时，不能谈笑打闹、吃东西、抽烟、用手擦眼睛等。如果中间休息或工作完毕时，需用肥皂洗净手脸，工作服也要洗涤干净。

(6)施药人员，每次喷药时间不要超过 6 h。在喷药过程中，如稍有不适或头痛目眩时，应立即离开现场，寻一通风阴凉处安静休息，如症状严重，必须立即送往医院，不可延误。

(7)城市园林植物病虫防治中，禁用高毒农药如甲胺磷、一六〇五等。污染严重的化学农药也不能在城市中应用。同时，用药前还应搞清所用农药的毒性，是属于高毒、中毒还是低毒，做到心中有数，谨慎使用。尽量选用高效、低毒或无毒、低残留、无污染的农药品种。

三、病虫抗药性及克服途径

许多病虫害由于长期连续使用同一种农药防治，发生药效降低现象，以致不得不增加用药量才能保持原来的效果，有些病虫，纵然把药量或用药浓度提高几倍至几十倍，仍然不能取得理想的效果。其原因就是病虫对这种农药产生了抗药性。在生物中已经知道的如细菌对抗生素、真菌对杀菌剂、昆虫对杀虫剂及杂草对除草剂等都已发现抗药性的现象，而其中杀虫剂的抗药性发展最普遍，是目前最引人注意的问题。

(一)害虫和病原菌对农药抗性的产生

1. 抗药性产生的原因

抵御外界恶劣环境是生物的一种本能，在一个不断受到农药袭击的环境中，生物体同样有一种逐渐产生抵抗力的反应，尤其是在同一药剂的连续反复袭击下，这种反应尤为强烈。

在一个有害生物种群中，总是有一部分个体对药剂十分敏感，有一部分则不很敏感，甚至会有少数个体极不敏感。不同的浓度农药喷施到有害生物上以后，敏感的个体很容易中毒死亡，但是，不很敏感的个体则会存活下来，并继续繁殖。不敏感的个体所繁殖的后代基本上也是不敏感的。因此,在种群中不敏感的个体逐渐占了优势。最后形成了不敏感的种群,称为抗性种群。这个过程就是抗药性发生的过程,是一定浓度下的药剂对种群中敏感度不同的个体发生选择作用的结果。有人认为,药剂的浓度越高,则被杀死的敏感和中等敏感的个体越多,虽然残存的个体比较少了,但这些个体的耐药力也特别高。因此繁殖的后代所形成的种群,往往是抗药性很强的种群。也有人认为,抗药性可以在较低的药剂浓度下被诱发而成。长时间的低浓度处理,实际上对有害生物产生一种训练抗药力的效果。

2.抗药性的类型

(1)多种抗药性(复合抗药性)　一种害虫或病原菌对几种不同类型药剂均产生抗药性这种现象称为多种抗药性,又叫复合抗药性。具有多种抗药性的病虫对农药资源的损耗是严重的。

(2)交互抗药性　一种害虫或病原菌对某种农药产生抗药性后,对未曾使用过的另一些农药也有抗药性,这种抗药性成为交互抗药性,又叫正交互抗药性。例如对乐果有抗药性的桃蚜,对溴氰菊酯等有交互抗性。但是并不是一种病害或害虫对各种药剂都能产生交互抗性,一般来说,凡是作用机制相似或接近的药剂,就容易产生交互抗性,而不同类型的药剂,由于对病虫的毒杀机制不同,就不容易产生交互抗性。

(3)负交互抗药性　一种病虫对某种药剂产生抗性后,对另一种药剂反而表现出特别敏感,这种现象称为负交互抗药性。如有人发现蚜虫对拟除虫菊酯类杀虫剂和灭多威具有负交互抗药性。

3.对抗药性的判断

在生产实践中,不能一出现药效降低的现象,就认为是抗药性。因为产生药效降低的原因是多方面的,不仅要考虑有抗药性的可能,而且还要考虑农药的质量、施药技术、环境以及病、虫本身的生理状态等条件。只有在弄清楚上述条件的前提下,经过严格的抗药性测定,才能最后肯定某种病、虫是否产生了抗药性。

首先可以根据以下3个方面来加以判断:

第一,抗药性的出现,一般都不是在毫无预兆的情况下突然出现的。在出现药效严重减退的现象之前,必定有一段药效特别减退的过程,虽然这种过程因病虫、药剂不同而有长有短。例如月季黑斑病菌对多菌灵的抗药性发展相当快,但也要经过2～3年的历程,在田间发现药效连续减退终至无效。像飞虱对氨基甲酸酯类杀虫剂的抗药性发展就会慢得多,要经历相当长的时间。

第二,抗药性的发生,一般不会是跳跃式的,而是连续性的。例如,第二次用药发生抗药性,第三次用药不发生抗药性,而第四次用药又发生,这种跳跃式的、偶发的“抗药性现象”就应当引起我们的怀疑。

第三，抗药性的发生，在一个生物种群里的表现应该是基本一致的。如果在同一块地里，某一部分田里药效好而另一部分田里药效很差，这种情况下也不能轻率作用“抗药性现象”的判断。

由此，可以初步排除一些非抗药性现象的药效减退事件被误认为抗药性问题。

其次，当发生以下情况时，则应考虑到发生抗药性问题的实际可能性。

第一，一种药剂在一种有害生物上连续使用至少1年以上，而且在1年内多次反复使用。对于1年内发生的世代数很多的病虫，如蚜虫、螨类、白粉虱、蚊、蝇等，1年可多达十几个世代，如果频繁地使用同一种药剂，抗药性出现的几率就比较高。但这与药剂的种类还有关系，有的发展得很快，有的发展得较慢。对于一年内世代数很少的病虫，如多种鳞翅目、鞘翅目害虫，则往往要经过好几年的连续使用，才有可能表现出抗药现象。

第二，每次使用药剂以后，虫口数量的回升速度比过去明显地加快。在没出现抗药性之前，药剂的杀伤力强，害虫中毒后的死亡率很高。虫口密度会很快被压下去，要经过较长时间后残存的少量害虫才能繁殖起来，达到相当的虫口密度。但是，发生了抗药性以后，由于残存害虫数量增多了，虫口密度的回升就会明显加快。另外，有一部分害虫由于具有抗药能力，虽然中了毒，却并未死亡，会复苏过来。

第三，药剂的有效使用浓度或有效使用剂量发生明显的逐次增高的现象。由于产生了抗药性，原来的有效使用浓度或剂量已不能取得原先所能达到的防治效果，因而逐步增高。

（二）克服抗药性的措施

1. 实行综合防治

克服单纯依靠药剂的倾向，利用其他防治措施与药剂防治相配套，充分发挥其他措施的作用，以有效控制农药的使用量减轻对病虫的选择压力。

2. 交替用药和合理混合用药

选择作用机制不同的无交互抗性的药剂进行交替使用或两种或多种农药混用，特别是作用机制或代谢途径不同的农药混用，避免长期连续使用一种农药，是延缓抗药性产生的一个重要措施，也是目前普遍采用的一种方法。

3. 使用增效剂

增效剂是一种抑制解毒酶活性的化合物，它本身往往不具有毒效功能，但把他加入到农药中之后，就能使某些农药的防治效果提高几倍，增效剂不仅可起到增效作用，还可克服病虫抗药性的产生。

四、植物药害及控制措施

农药使用不当时，对植物的生长发育产生有害的作用，称为药害。

（一）药害的症状和种类

农药对园林植物产生药害后，在外表上可能表现出明显的症状，也可能看不出显著的症状，但却使植物的生理功能受到影响。根据药害发生的速度和时期，药害可分为急性药害和慢性药害。

1. 急性药害

在施药后短期内表现出症状的药害，叫急性药害。如在叶部表现有斑点、焦灼、失绿、畸形、落叶；在果实上可产生果斑、锈果、落果；种子受药害后表现为发芽率降低或不出芽；根系发育不正常或形成黑根、鸡爪根等，全株受害表现生长迟缓、矮化、茎叶扭曲，严重的可使植株枯死。

2. 慢性药害

在施药后经过较长时间才表现出症状的药害，叫慢性药害。慢性药害常由于作物的生理代谢受到影响，引起营养不良，抑制生长，植株矮小，开花结果延迟等。慢性药害一旦发生，一般是很难挽救的。园林植物由于种类多，生态习性各有不同，加之有些种类长期生活于温室、大棚，组织幼嫩，常因用药不当而出现药害。

（二）产生药害的原因

1. 药剂种类选择不当

如波尔多液含铜离子浓度较高，多用于木本植物，草本花卉由于组织幼嫩，易产生药害。石硫合剂防治白粉病效果颇佳，但由于其具有腐蚀性及强碱性，用于瓜叶菊等草本花卉时易产生药害。

2. 对某些农药品种过敏

有些植物性质特殊，即使正常使用情况下，也易产生药害。如碧桃、寿桃、樱花等对敌敌畏敏感，桃、梅类对乐果敏感，桃、李类对波尔多液敏感等。

3. 在植物的敏感期用药

如很多花卉的开花期是对农药最敏感的时期之一，用药宜慎重。

4. 特殊的环境因素

温度高会增加农药的化学活性和植物的代谢作用，使药剂容易侵入植物组织引起药害。湿度大时，有利于药剂的溶解和侵入植物体而发生药害。例如波尔多液在多雾、阴潮的雨天或露水大的气候条件下施药就容易发生药害。

5. 农药浓度高、用量大

为克服病虫的抗药性，而随意加大农药的浓度、用量，易产生药害。

此外，农药产品质量低劣，如乳油分层、湿润性和乳化性不良，粉粒过粗等，以及施药技术差，如雾滴过大，喷粉分布不匀，混用农药不合理，稀释用水的质量不好等都能引起药害。

（三）防止药害的措施

1. 合理用药

使用农药前必须充分了解农药的性能，考虑作物品种和生长情况、气象条件及有害生物种类、发育阶段，最后确定出最有利的施药时机，采取安全有效的方法和用药量进行施药。

2. 挽救措施

为防止园林植物出现药害，除针对药害发生原因采取相应措施预防发生外，对于已经出现药害的植物，根据用药方式的不同可采用清水冲根或叶面淋洗的办法，去除残留毒物。

3. 加强肥水管理

加强肥水管理使之尽快恢复健康，消除或减轻药害造成的影响。

五、有益生物的保护利用

（一）农药对害虫天敌的影响

在自然界中，一些捕食性与寄生性天敌对控制害虫起着重要的作用。在应用农药防治害虫的过程中，由于杀伤了天敌，可能造某些害虫严重发生。有不少广谱杀虫剂，使用初期能迅速杀死大量害虫，收到良好的防治效果，但经过一定时期后，反会引起防治对象或其他一些在防治时数量不多的次要害虫大量发生，密度有时比不喷药区更高，这种现象称害虫再增猖獗。农药引起害虫再增猖獗的原因，多数情况是由于农药杀害了大量天敌，使害虫的发生失去自然控制力。特别是蚜虫、螨、介壳虫、叶蝉等繁殖很快的害虫，自然天敌是控制其大量发生的重要因。如果用药不当，连续大量使用广谱性农药，杀伤了大量天敌，由于害虫和天敌虫口恢复的速率不同，就很容易引起害虫再增猖獗。

施药后害虫数量增加的另一种情况是，原来占次要地位的害虫，施用化学农药后，反而由原来的少数突然增到大多数，变为严重的害虫。在化学防治中，农药对害虫天敌的影响是不可忽视的，但是其影响的程度有很大差异。在不同种类的农药品种中，以杀虫剂对害虫天敌的影响较大，而杀菌剂与除草剂的影响较小。农药品种不同对天敌的影响也有差别。克服农药对害虫天敌不良影响的途径：

(1)应用选择性和内吸性农药　这些农药对害虫的毒力强,但对蜘蛛和其他天敌较安全。对广谱性的农药尽量少用或慎用。

(2)采用适当的浓度　同一种药剂使用浓度不同对天敌的影响不同。

(3)选用适当的施药方法　不同的施药方法对天敌的影响差异很大,如拌种、涂茎比喷雾或喷粉法对天敌安全得多。

(4)选择适当的施药时期　施药时间的不同,对天敌的影响也不同。例如,对天敌昆虫一般应在天敌的蛹期施药较安全,对寄生蜂应避免在羽化盛期,而应在寄生蜂尚在寄主体内时施药较为适宜;对蜘蛛类则应避开优势种的孵化和激增期施药。

(二)农药对传粉昆虫的影响

蜜蜂和其他传粉昆虫能帮助多种植物授粉,对花卉类生产起着重要作用。但是蜜蜂对多数农药是敏感的,施药如不注意,就会引起蜜蜂大量死亡。为了避免或减轻农药对蜜蜂的毒害,在生产中可采用以下措施:

(1)选择对蜜蜂低毒的农药　农药对蜜蜂的毒性大致分为3类:一类是对蜜蜂高毒的,在喷药时或喷药后数天内对蜜蜂都有毒害,如氧化乐果、杀螟松、灭害威等。第二类是对蜜蜂的毒性中等,注意施药时期与施药剂量,避免直接与蜜蜂接触,可以安全施用。第三类是对蜜蜂的毒性较低,可在蜜蜂的活动期施用,如苏云金杆菌、敌百虫以及多种杀菌剂、除草剂等。

(2)避免在植物开花期施药　在植物开花期不能施用对蜜蜂高毒的农药,如必须施药,应在清晨、黄昏或夜晚蜜蜂未起飞时用药,以减少药剂直接接触,减轻毒害。

(3)选用适当的施药方法　一般杀虫剂喷粉法比喷雾法对蜜蜂的危险性大,因粉剂易附着在蜜蜂体上携回巢中杀伤幼蜂与新羽化的工蜂。颗粒剂对蜜蜂非常安全,土壤处理、拌种、涂茎对蜜蜂也很安全。

(三)农药对鱼类及其他有益生物的影响

施用农药不当,对鱼类也会产生毒害,例如在河里或池塘里洗刷喷药器具,把剩余药液倒入河内或池塘里,由于下大雨使田水外流,都会引起鱼类中毒死亡。鱼类对农药是非常敏感的,鱼类的生存、繁殖所需的水质条件范围非常窄,如果农药使水质发生变化就会对鱼类产生毒害。鱼类多以浮游生物为食料,如浮游生物体表吸附有农药,就会与食料一起进入鱼体内,将水底的泥土和有机质一起吞食的鱼类,同时把吸附在泥土上的药剂食入鱼体内而引起中毒。为了防止农药对鱼类产生毒害,可以采取以下几个措施:

(1)避免使用对鱼类毒性强的农药　根据农药对鱼类毒性大小可分为3类:第

一类为对鱼类毒性低的农药，按常规使用，不会发生有害的影响。第二类为对鱼类毒性中等的农药，按常规使用，对鱼类影响不大。但若不注意，有时也会发生中毒。第三类为对鱼类毒性强的农药，这类药剂施用后要防止流入河流或池塘内，如鱼藤、三环锡、克菌丹、百菌清等。

(2)防止农药直接或间接流入河流、池塘 不可在养鱼的水域洗刷喷药器械及倾倒剩余药液，严禁用农药毒鱼。

(3)施药后的田块要科学排灌 防止含有农药的田水流入养鱼池或河流。

六、农药残留及环境污染

(一)农药的生物富集现象

在自然界中，普遍存在着生物富集农药的现象，或称为生物浓缩农药的现象。即通过生态系统中的生物食物链，将农药经过几次转移与浓缩，最后在生物体内可达到相当浓度的含量。这种现象也有人称它为生态放大作用。例如有实验报道，在农田中喷洒有机氯农药毒杀芬后，撒落在农田中的农药部分被排入附近水域中，使水中含有 0.001 mg/kg 浓度的毒杀芬。水中生长的藻类由于不断吸收含药的水分，体内含药量达 0.1～0.3 mg/kg，浓集了 100～300 倍。这些藻类为小鱼所取食，促使农药转移到鱼体内，并可检测到药剂浓度达 3 mg/kg，又提高 10～30 倍。当大鱼吞食小鱼后，大鱼体内的药剂浓度可提高到 8 mg/kg，以后测定这个水域里的一些食鱼性水鸟组织，发现其中毒杀芬残留量竟有 39 mg/kg，为藻类含量的数百倍，为水质中农药含量的数万倍。环境中，原始农药残留量是很低的，然而通过生物食物链的富集后，各类食品中农药的残留浓度剧增，人类食用污染食品后，必将产生潜在的危害。

(二)农药的残留与环境污染

农药在田间施用后，只有一小部分作用于病虫害，其余大部分散布于自然环境中。一部分残留在植物表面和被植物吸收，这些残留物虽然数量不大，又不断受阳光雨露和植物体内酶的作用，逐渐分解消失，但在农产品上仍会有微量的有毒物质残存下来，称为农药的残毒。带有残毒的农产品，如被人畜取食，经过一定时期的积累，就会引起慢性中毒。

农药除喷布在植物体上外，大部分落在土壤中，一小部分漂浮于空气中。空气中的农药可由降雨而进入土壤、水域；而土壤中的农药有的可能被植物吸收，有的随雨水冲刷进入水域。农药不断在自然界中运转就污染了土壤、水域等自然环境。农药通过大气飘浮或其他途径可以传送到很远的地方。例如从未用过农药的南极企鹅与海豹体中均检测出含有微量的滴滴涕。农药对环境的污染是非常严重的。

例如美国1959年调查,密执安湖鱼体内含有200 mg/kg的滴滴涕。美国人体内有机氯为12 mg/kg。日本调查东京居民头发含汞为4.49 mg/kg。

我国农药残留也很严重。例如2000年春节期间农业部对全国11个省市市售蔬菜、水果中17种农药的检测结果,农药的检出率为32.28%,超标率为25.20%,其中北京、天津、上海、广州、南宁、昆明六大城市蔬菜中农药残留超标率超过50%。我国出口农副产品由于农药残留超标被拒收、退货、销毁现象常有发生。1987年,香港的居民因食用来自广东的蔬菜造成116人中毒。2001年我国出口日本的花椰菜、韭菜等6种蔬菜中农药残留量超过标准值4.3倍。2003年又因出口菠菜中毒死蜱超标被日本和韩国退货。福建出口的茶叶、上海出口的蜂蜜等均因农药残留超标遭到过欧盟的拒收或退货。

长期食用农药超标的农产品,有害物质在人体内积累,能引起慢性中毒和致癌、致畸、致突变的后果,有时还会出现急性中毒,严重的可危及生命。由于农产品中农药残留超标,人们因直接食用农产品而受害。例如水果、蔬菜不按安全采收期,在农药残留超过国家允许标准的情况下就采摘上市,供人食用;同时还通过食物链间接摄入农药,例如,用农药污染的秸秆和粮食喂牛,牛奶、牛肉会有农药残留;用被农药污染的农产品作鸡饲料,鸡蛋、鸡肉会有农药残留;农药还可以通过蜜蜂采花蜜出现在蜂产品中;农药随食物链逐级富集,所含浓度越来越大,因而越富有危险性。而人类本身又处在食物链末端的最高层次上,所以最终受害者也就是人类本身。

(三)农药残留的防止措施

农药的残留毒性和环境污染是一个威胁人类健康的严重问题。目前可采取下列措施:

1. 制定农药的禁用和限用规定

世界各国根据本国农药使用的具体情况,做出了不同的禁用和限用规定。我国从1983年开始禁止生产和使用有机氯杀虫剂、有机汞制剂和有机胂制剂,如六六六、滴滴涕、西力生、赛力散等。从2007年1月起对甲胺磷、对硫磷、甲基对硫磷、久效磷、磷胺等5种高毒有机磷农药禁止使用。农业部和卫生部1982年制定并颁发了《农药安全使用规定》,1997年5月8日制定《农药管理条例》,2002年8月颁发了《农药限制使用管理规定》对农药限制使用制定了详细的管理措施,2002年7月农业部发出通知:全面推进“无公害食品计划”,力争5年内基本解决餐桌污染问题。

国内外许多调查资料表明,一些农药经过一段时间的禁用和限用后,其在农产品中的残留量有所下降。

2. 制定农药允许残留量

农药允许残留量也称农药残留限度。农产品上常有一定数量的农药残留，但其残留量有多有少，如果这种残留量不超过某种程度，就不致引起对人的毒害，这个标准叫农药允许残留量。它是根据人体每日最大允许摄入药剂量制定的。农产品与食物中不同农药的残留量，应该小于该种农药的允许残留量，这样才不至于影响人体的健康。

联合国粮农组织(FAO)和世界卫生组织(WHO)对于农药在农产品与食品上的允许残留量都有一些规定，推荐给各国参考采用。

3. 制定使用农药的安全间隔期

农药施于作物上，会由于风吹、雨淋、日晒及化学分解而逐渐消失，但仍会有少量残留在作物上，因此规定在作物上最后一次施药离收获的间隔天数，即安全间隔期。不同的农药及不同的加工剂型在不同作物上的消失速度不一样，因而安全间隔期也不同。1981 年我国农业部颁发了《农药安全使用标准》，其中规定了一些常用农药的安全间隔期。

4. 发展高效、低毒、低残留的农药

作为一种理想农药的发展方向应该向与环境相融方向发展。对靶标生物的活性强，对非靶标生物的毒性低。例如吡虫啉、抗蚜威等以及昆虫几丁质合成抑制剂。生物制剂如苏云金杆菌、苦参碱、灭幼脲等。

总之，化学农药仍然是目前防治有害生物的主要手段。从 20 世纪 40 年代开始人工合成有机农药以后，农药品种与数量飞速增长，对农业增产起到了积极作用，但这些人工合成的化学物质是地球上原来没有的，是人类强加于自然的，因此引发了不少始料不及的后果，特别是对人的健康及非靶标生物的伤害，恶化了人类自己的生存空间。美国女作家卡尔逊(R. Carson)于 1962 年出版的《寂静的春天》就是针对这些问题写的，她以极度夸张的手法对农药的环境影响给予评述以后，轰动了全世界，确实促进了政府部门对环境的重视，同时也激励了农药工作者开发研制对环境友善的农药，发展对环境友善的施药技术，农药朝着环境相溶性方面发展取得了明显的进展。主要体现在：①农药的使用剂量明显降低，由第一代无机农药的十几千克、几十千克/公顷到目前的几克、几十克/公顷，说明农药在向高效化发展，结果是减少了对环境的影响。说明农药对靶标生物活性明显得到了加强。②对非靶标生物的毒性明显降低，由过去的无选择性到目前的强选择性，有些药剂对高等动物基本无毒。另一方面是新型药剂对天敌的保护作用，如吡虫啉、抗蚜威等。对植物的安全系数也明显提高。③农药新靶标的开发利用，特别是对防治对象特有靶标的开发利用，如昆虫的几丁质合成抑制剂。

在使用农药时，应当充分发挥其优点、克服其缺点、扬长避短、兴利除弊，把化学防治纳入到病虫综合防治体系，让农药充分而恰当地发挥它应有的作用。

第三节 常用农药及使用技术

一、杀虫剂

杀虫剂可以通过胃毒作用、触杀作用、内吸作用和熏蒸作用等方式进入害虫体内，导致害虫死亡。

（一）植物源杀虫剂

(1)茴蒿素(山道年) 具有胃毒和触杀作用，并兼有杀卵作用。可用于防治鳞翅目幼虫。对人、畜毒性极低，无污染，对环境安全，适于生产绿色食品。其常见的剂型为0.65%水剂。一般使用浓度为0.65%水剂稀释400～500倍液喷雾。

(2)印楝素(印楝制剂) 是从印楝树种里提取的一种生物杀虫剂，具有胃毒、触杀、拒食、忌避及影响昆虫生长发育等多种作用，并具有良好的内吸传导性。药剂可破坏中肠组织，阻断中枢神经传导，破坏各种解毒酶系，干扰呼吸代谢作用，影响消化吸收。属新型的植物杀虫剂。能防治鳞翅目、同翅目、鞘翅目等多种害虫。对人、畜、鸟类及天敌安全，无残毒，不污染环境。适于生产绿色食品使用。其常见的剂型为0.3%乳油。一般使用浓度为0.3%乳油稀释800～2 000倍液喷雾。

(3)烟碱(尼可丁) 是从烟草粉末、粗碎的烟茎或烟筋中提取出的游离烟碱。具有胃毒、触杀和熏蒸作用，还有杀卵作用。可用于防治同翅目、鳞翅目、双翅目、半翅目等害虫。对人、畜中等毒性。其常见的剂型是2%水乳剂和10%烟碱乳油。一般使用浓度为2%水乳剂稀释800～1 200倍液喷雾。

(4)苦参碱(苦参素) 是由中草药植物苦参的根、果提取制成的生物碱制剂，具有触杀和胃毒作用。其杀虫机理是使害虫神经中枢麻痹，从而使虫体蛋白质凝固、气孔堵塞，最后窒息而死。可用于防治多种作物上的蚜虫、螨类、菜青虫、棉铃虫、小菜蛾、潜叶蝇、黏虫、茶小绿叶蝉、白粉虱、食心虫及地下害虫等，常见的剂型有0.04%水剂、0.1%粉剂。可用于拌种、毒土、喷雾等。一般使用浓度为0.04%水剂稀释400倍液在发病初期喷雾。

(5)除虫菊素 具有强力触杀作用，胃毒作用微弱，无熏蒸作用和传导作用。主要用于防治同翅目、缨翅目、鳞翅目和膜翅目的害虫。其常见的剂型为3%的乳油。一般的使用浓度为3%的乳油稀释800～1 200倍液喷雾。

(6)鱼藤酮(施绿宝) 是从鱼藤根中提取并经结晶制成。具触杀、胃毒、生长发育抑制和拒食作用。其药理机能是通过影响害虫的神经和肌肉组织中的细胞呼吸，使之心跳减弱、麻痹而死。对鳞翅目、半翅目等多种果树害虫均有较好的防效。可有效灭杀茶尺蠖、茶毛虫、茶蚕、卷叶蛾类、刺蛾、小绿叶蝉、黑刺粉虱、茶蚜等多种害虫。

(7)皂素烟碱 是由皂素和烟碱配制成的植物源广谱杀虫剂，耐雨水冲刷。可用于防治介壳虫、红蜘蛛等虫害。如防治介壳虫在卵孵化期，可用27%皂素烟碱稀释300倍喷施。

(8)烟百素 为烟碱、百部碱、楝素等3种成分混配的杀虫剂，可用于防治鳞翅目、双翅目、同翅目和半翅目等多种害虫。如蚜虫、介壳虫、红蜘蛛等。常用剂型1.1%烟百素乳油。

(二)微生物杀虫剂

微生物杀虫剂是指利用使害虫致病死亡的微生物(细菌、真菌、病毒等)及其代谢产物作为杀虫作用的药剂。

(1)苏云金杆菌(Bt、敌保、杀虫菌1号) 该药剂是一种细菌性杀虫剂。属低毒广谱性胃毒剂。本品中的伴孢晶体(S-内毒素)是主要的毒素，因为有个病变过程，所以对害虫的毒杀速度较慢。可用于防治直翅目、鞘翅目、双翅目、膜翅目，特别是鳞翅目的幼虫。常见剂型有可湿性粉剂(100亿活芽/g)，Bt乳剂(100亿活孢子/mL)，可用于喷雾、喷粉、灌心等。如用100亿孢子/g的菌粉对水稀释500倍液喷雾，对鳞翅目低龄幼虫效果好，30℃以上施药效果最好。苏云金杆菌可与敌百虫、菊酯类等农药混合使用，速度快，但不能与杀菌剂混用。

(2)白僵菌 该药剂是一种真菌性杀虫剂。由昆虫病原半知菌类丛梗孢科白僵菌属真菌经发酵、加工而成，本品中的杀虫成分主要是白僵菌(球孢或卵孢)活孢子。可用于防治鳞翅目、同翅目、膜翅目、直翅目等害虫。对人、畜及环境安全，对蚕感染力很强。常见的剂型为粉剂(每1g菌粉含有孢子50亿～70亿个)、50亿/g颗粒剂。一般使用浓度为菌粉稀释50～60倍液喷雾。

(3)核型多角体病毒 该药剂是一种病毒杀虫剂。属低毒杀虫剂。具有胃毒作用。对人、畜、鸟、益虫、鱼及环境安全，对植物安全，害虫不易产生抗性，不耐高湿，易被紫外线照射失活，作用较慢。适于防治鳞翅目幼虫。其常见的剂型为粉剂、可湿性粉剂。一般用量为每667 m^2 10亿PIB/g核型多角体病毒80～150 g兑水喷雾。

(4)多杀霉素(菜喜、催杀) 是一种新型抗生素类杀虫剂，具有胃毒和触杀作用。对人、畜低毒。对于鳞翅目幼虫、蓟马等效果好。也可防治鞘翅目、直翅目中某些大量取食叶片的害虫种类。常见的剂型有2.5%、48%悬浮剂。一般使用浓度为2.5%悬浮剂稀释1 000～1 500倍液喷雾。最适合无公害蔬菜生产中应用。

(5)阿维菌素(灭虫灵、7051杀虫素、爱福丁) 是一种新型抗生素类杀虫、杀螨剂,具触杀和胃毒作用,对鳞翅目、鞘翅目、同翅目、斑潜蝇及螨类有高效。对人、畜高毒。常见剂型有:1.0%、0.6%、1.8%乳油。一般使用浓度为1.8%乳油稀释1 000~3 000倍液喷雾。

(6)杀螟杆菌制剂 又名青虫菌,是一种细菌性微生物杀虫剂。其有效成分为伴孢晶体和芽孢,是苏云金杆菌的一个变种。属低毒、广谱性胃毒剂,对鳞翅目食叶性害虫效果明显。一般使用100亿孢子/g粉剂400~600倍液喷雾防治。

(三)化学杀虫剂

1.有机磷类杀虫剂

此类杀虫剂一般对虫、螨都有较高的防效。多数对害虫有触杀、胃毒及良好的内吸作用,有的还有熏蒸作用。一般对人、畜无累积毒性。此类杀虫剂具有品种多、药效高、杀虫作用方式多样,毒性一般较高等特点。

(1)乐斯本(毒死蜱、氯吡硫磷) 具触杀、胃毒及熏蒸作用。对人、畜中毒。是一种广谱性杀虫剂。对于鳞翅目幼虫、蚜虫、叶蝉及螨类效果好,也可用于防治地下害虫。常见剂型有40.7%、40%乳油。一般使用浓度为40.7%乳油稀释1 000~2 000倍液喷雾。

(2)辛硫磷(肟硫磷、倍腈松) 具触杀和胃毒作用。对人、畜低毒。可用于防治鳞翅目幼虫及蚜、蚧等。常见剂型有3%、5%颗粒剂,25%微胶囊剂,50%、75%乳油。一般使用浓度为50%乳油1 000~1 500倍液喷雾;5%颗粒剂30 kg/hm^{2}防治地下害虫。

(3)速扑杀(速蚧克、杀扑磷) 具触杀、胃毒及熏蒸作用,并能渗入植物组织内。对人、畜高毒。是一种广谱性杀虫剂,尤其对于介壳虫有特效。常见剂型有40%乳油。一般使用浓度为40%乳油稀释1 000~3 000倍液喷雾,在若蚧期使用效果最好。

(4)爱卡士(喹硫磷、喹恶磷) 具触杀、胃毒和内渗作用。对人、畜中毒。是一种广谱性杀虫剂。对于鳞翅目幼虫、蚜虫、叶蝉、蓟马及螨类效果好。常见剂型有25%乳油、5%颗粒剂。一般使用浓度为25%乳油稀释800~1 200倍液喷雾。

(5)甲基异柳磷 为土壤杀虫剂,对害虫有较强的触杀及胃毒作用,杀虫广谱。主要用于防治蝼蛄、蛴螬、金针虫等地下害虫。只准用于拌种或土壤处理,不可对水喷雾。对人、畜高毒。常见剂型有20%、40%乳油。一般使用方法为:首先按种子量的千分之一确定40%乳油的用量,然后稀释100倍并进行拌种处理,可防治多种地下害虫;按20%乳油4.5~7.0 L/hm^{2}计,制成毒土300 kg,均匀进行穴施或条施后覆土,可有效地防治蛴螬。

(6)乐果 具有强烈的内吸、触杀和胃毒作用。本剂属于中等毒性。对果树、蔬菜、花卉、林木、药材等作物上的多种刺吸式和咀嚼式口器害虫有效,尤其对蚜虫、螨类及潜叶性害虫高效。常见剂型有40%乳油、50%乳油,60%可溶性粉剂,20%可湿性粉剂等。一般使用浓度40%乳油稀释1 000～1 500倍液喷雾。

(7)敌敌畏 具有触杀、熏蒸和胃毒作用,残效期1～2 d。对人、畜中毒。对鳞翅目、膜翅目、同翅目、双翅目、半翅目等害虫均有良好的防治效果。击倒迅速。常见加工剂型有50%、80%乳油。用50%乳油1 000～1 500倍液或80%乳油2 000～3 000倍液喷雾,可防治花卉上的蚜虫、蝶蛾幼虫、介壳虫若虫及粉虱等。温室、大棚内可用于熏蒸杀虫,具体用量为0.26～0.30 g/m^3。

2.拟除虫菊酯类杀虫剂

该类杀虫剂是根据天然除虫菊素的化学结构合成的一类有机化合物。其主要特点是该类杀虫剂的杀虫效力是其他常用杀虫剂的10～100倍。该类杀虫剂在自然界中易分解,残留低,不污染环境。但长期连续使用易造成害虫的抗药性。

(1)联苯菊酯(虫螨灵、天王星) 具触杀、胃毒作用。对人、畜中毒。可用于防治鳞翅目幼虫、蚜虫、叶蝉、粉虱、潜叶蛾、叶螨等。常见剂型有2.5%、10%乳油。一般使用浓度为10%乳油稀释3 000～5 000倍液喷雾。

(2)甲氰菊酯(灭扫利) 具触杀、胃毒及一定的忌避作用。对人、畜中毒。可用于防治鳞翅目、鞘翅目、同翅目、双翅目、半翅目等害虫及多种害螨。常见剂型有20%乳油。一般使用浓度为20%乳油稀释2 000～3 000倍液喷雾。

(3)氯氰菊酯(安绿宝、灭百可、兴棉宝、赛波凯) 具触杀、胃毒和一定的杀卵作用。该药剂对鳞翅目幼虫、同翅目、半翅目昆虫效果好。对人、畜中毒。常见剂型有10%乳油。一般使用浓度为10%乳油稀释2 000～5 000倍液喷雾。

(4)顺式氰戊菊酯(来福灵) 具强触杀作用,有一定的胃毒和拒食作用。效果迅速,击倒力强。对人、畜中毒。对鱼、蜜蜂高毒。可用于防治鳞翅目、半翅目、双翅目的幼虫。常见剂型有5%乳油。一般使用浓度为5%乳油稀释2 000～5 000倍液喷雾。

(5)溴灭菊酯(溴氰戊菊酯、溴敌虫菊酯) 具触杀、胃毒作用。对人、畜低毒。高效、广谱拟除虫菊酯类杀虫剂,对螨类亦有效。常见剂型有20%乳油。一般使用浓度为20%乳油稀释4 000～5 000倍液喷雾。

(6)高效氟氯氰菊酯(保得、保富、拜虫杀)具触杀、胃毒作用。对人、畜低毒。杀虫谱广,作用迅速,持效期长。对鳞翅目幼虫及刺吸害虫均有效。常见剂型有2.5%乳油。一般使用浓度为2.5%乳油稀释2 000～3 000倍液喷雾。

3.氨基甲酸酯类杀虫剂

(1)唑蚜威　高效选择性内吸杀虫剂,对多种蚜虫有较好的防治效果,对抗性蚜也有较高的活性。对人、畜中毒。常见剂型有25%可湿性粉剂、24%、48%乳油。有效成分每667 m^2 使用2 g即可。

(2)抗蚜威(辟蚜雾)　具触杀、熏蒸和渗透叶面作用。能防治对有机磷杀虫剂产生抗性的蚜虫。药效迅速,残效期短对蚜虫天敌毒性低,是综合防治蚜虫较理想的药剂。对人、畜中毒。常见剂型有50%可湿性粉剂、10%烟剂、5%粒剂。一般使用浓度为50%可湿性粉剂,每667 m^2 用10～18 g,兑水30～60 L喷雾。

4.特异性杀虫剂

特异性杀虫剂是一种新的防治害虫的药剂。其特点是杀虫效果高,毒性低,对益虫影响小,对环境无污染。但杀虫效果较慢,而且残效期长。当虫口密度高和为害严重时,应和速效性的杀虫剂混用。这类杀虫剂属高效、低毒杀虫剂,特别适合果树、蔬菜、茶树上使用。

(1)灭幼脲(灭幼脲三号、苏脲一号)　广谱特异性杀虫剂,抑制几丁质合成。具胃毒和触杀作用。一般药后3～4 d药效明显。对人、畜低毒,对天敌安全,对鳞翅目幼虫有良好的防治效果。常见剂型有25%、50%胶悬剂。一般使用浓度为50%胶悬剂兑水稀释1 000～2 500倍液,施药量每667 m^2 使用8～10 g有效成分。在幼虫3龄前用药效果最好,持效期15～20 d。

(2)定虫隆(抑太保)　是酰基脲类特异性低毒杀虫剂。以胃毒作用为主,兼有触杀作用,抑制几丁质合成。杀虫速度慢,一般在施药后5～7 d才显高效。对人、畜低毒。可用于防治鳞翅目、直翅目、鞘翅目、膜翅目、双翅目等害虫,但对叶蝉、蚜虫、飞虱等无效。常见剂型有5%乳油。一般使用浓度为5%乳油稀释1 000～2 000倍液喷雾。

(3)抑食肼　对害虫作用迅速,具有胃毒作用。叶面喷雾和其他使用方法均可降低幼虫、成虫的取食能力,并能抑制产卵。适于防治鳞翅目及部分同翅目、双翅目害虫。常见剂型有5%乳油。一般使用浓度为5%乳油稀释1 000倍液喷雾。

(4)扑虱灵(优乐得、噻嗪酮)　为触杀性杀虫剂,无内吸作用,对粉虱、叶蝉及介壳虫类防治效果好。对人、畜低毒。常见剂型为25%可湿性粉剂。一般使用浓度为25%可湿性粉剂稀释1 500～2 000倍液喷雾。

5.其他类杀虫剂

(1)吡虫啉(艾美乐、大功臣、蚜虱净、高巧、咪蚜胺)　为一全新结构的超高效内吸性杀虫剂。对传统杀虫剂有抗药性的害虫,使用吡虫啉仍可取得优异的效果,故吡虫啉为蚜虫等刺吸式口器害虫的首选杀虫剂。对人、畜低毒。常见的剂型有:

10%、20%、25%可湿性粉剂，4%、5%、10%乳油。一般使用浓度为10%可湿性粉剂稀释2 000～4 000倍液喷雾。

（2）阿克泰（锐胜） 是一种硫代烟碱类产品。对人、畜低毒、对植物安全、广谱性杀虫剂。具有胃毒、触杀和强内吸作用。防治柑橘白粉虱、飞虱、杨潜叶蛾、柑橘潜叶蛾、水木坚蚧、梨圆盾蚧、卫矛矢尖盾蚧、槐蚜、松大蚜、绣线菊蚜等。分散种子处理剂用于处理种子，可防治地下害虫。剂型25%阿克泰水分散颗粒剂，70%锐胜分散种子处理剂。

（3）氟虫腈（锐劲特） 以胃毒作用为主，兼有触杀和一定的内吸作用。具有中等毒性，杀虫谱广，持效期长特点。主要防治半翅目、鳞翅目、缨翅目、鞘翅目害虫。一般采用喷雾、拌种、撒施。常见剂型有5%悬浮剂、0.3%颗粒剂、5%拌种剂。

（4）啶虫脒（莫比朗） 新型杀虫剂。具较强的触杀、胃毒作用，同时具内渗作用，杀虫迅速，残效期长，可达20 d左右。对人、畜低毒。对同翅目害虫如蚜虫等效果好。常见剂型为3%乳油。一般使用浓度为3%乳油稀释2 000～2 500倍液喷雾。

（5）吡蚜酮 具有独特作用方式，对人、畜低毒，对环境安全。对蚜虫、叶蝉、蓟马等刺吸口器害虫效果好。常见剂型为25%可湿性粉剂。一般用量为每667 m^2有效成分5～7.5 g，兑水50～60 L喷雾。

（6）磷化铝（磷毒） 多为片剂，每片约3 g。磷化铝以分解产生的毒气杀灭害虫，对各虫态都有效。对人、畜剧毒。可用于密闭熏蒸防治种实害虫、蛀干害虫等。防治效果与密闭好坏、温度、时间长短有关。山东兖州市用磷化铝堵孔防治光肩星天牛，每孔用量1/8～1/4片，效果达90%以上。熏蒸时用量一般为12～15片/m^3。

二、杀菌剂

杀菌剂按对病害的防治作用可分为保护性和治疗性两类。保护性杀菌剂必须在病原物接触寄主或侵入寄主之前施用，因为这类药剂对病原物的杀灭和抑制作用仅局限于寄主体表，而对已侵入到寄主体内的病原物无效；治疗性杀菌剂是将侵入寄主的病原物或寄主表面的病原物杀死。

1. 无机杀菌剂

（1）氧化亚铜（铜大师、靠山） 是以保护性为主兼有治疗作用的广谱无机铜杀菌剂，具有极强的黏附性，形成保护膜后很耐雨水冲刷。因制剂中起杀菌作用的单价铜离子含量高，施用量比其他铜制剂都少。对人畜及天敌动物安全，不污染环境。常见的剂型为56%水分散微粒剂、86.2%可湿性粉剂。一般使用浓度为56%水分散微粒剂稀释500～1 000倍液喷雾。

(2)王铜(好宝多、碱式氯化铜、氧氯化铜)　为无机广谱保护性杀菌剂。原药为绿色至蓝绿色粉末状晶体,难溶于水。喷施在植物表面后形成一层保护膜,在一定湿度下放出铜离子而杀死病菌。对人、畜及天敌动物安全,不污染环境。常见的剂型为30%悬浮剂。一般使用浓度为30%悬浮剂稀释600～800倍液喷雾。

(3)波尔多液　是用硫酸铜、生石灰和水配成的天蓝色胶状悬液,呈碱性,有效成分是碱式硫酸铜,几乎不溶于水,应现配现用,不能贮存。可以防治多种果树和蔬菜病害,如霜霉病、疫病、炭疽病、溃疡病、疮痂病、锈病、黑星病等。

(4)石硫合剂　是由生石灰、硫黄粉和水熬制而成的一种深红棕色透明液体,具臭鸡蛋味,呈强碱性。有效成分为多硫化钙。可用于防治多种作物的白粉病及各种果树病害的休眠期防治。它的使用浓度随防治对象和使用时的气候条件而不同。在生长期一般使用0.1～0.3波美度,果树休眠期使用5波美度。

2.生物源杀菌剂

(1)多抗霉素(灭腐灵、多克菌、多氧霉素、宝丽安、多效霉素、保利霉素)　为一低毒抗生素类杀菌剂,具有较好的内吸传导作用。对紫外线稳定,在酸性和中性溶液中稳定,在碱性溶液中不稳定。该药对动物没有毒性,对植物没有药害。可用于防治大叶黄杨白粉病、鸡冠花叶斑病、紫荆角斑病、山茶叶斑病、葡萄灰霉病、臭椿褐斑病和松苗叶枯病等多种真菌病害。对细菌、酵母菌病害无效。常见剂型3%、2%、1.5%、10%多抗霉素可湿性粉剂。一般使用浓度为10%可湿性粉剂稀释1 000～2 000倍叶面喷雾。本剂不能与酸性或碱性药剂混用。

(2)农抗120(抗霉菌素120、农用抗生素TF-120)　是一种嘧啶核苷类杀菌抗生素。属于低毒、广谱、无内吸性杀菌剂,有预防和治疗作用,对许多植物病原菌有强烈的抑制作用。常用的剂型有2%、4%抗霉菌素120水剂。各种花卉及果树白粉病和炭疽病等都有一定防效。本剂勿与碱性农药混用。

(3)宁南霉素(菌克毒克)　本剂为低毒抗生素类杀病毒剂。对人、畜低毒,无致癌、致畸、致突变作用,对环境无污染,是发展A级和AA级绿色食品的优秀生物农药。属于广谱抗生素生物农药,是我国首例能防治病毒的抗生素,并兼有防治多种真菌和细菌病害的作用。常用的剂型有2%和8%水剂,一般使用浓度用2%水剂,兑水稀释200～300倍液。本剂不可与碱性农药混用。但可与生长调节剂、叶面肥等混用,施药时期宜早,应立足预防用药。

(4)链霉素(农用链霉素)　为低毒抗生素类杀菌剂,对多种植物的细菌性病害有防治作用,对一些真菌病害也有效。制剂有72%农用硫酸链霉素可溶性粉剂,外观为白色或类白色粉末,低温下较稳定,高温下易分解失效,持效期7～10 d。可防治郁金香软腐病、君子兰软腐病等细菌病害。该药剂不能与碱性农药或碱性水混合使用；喷药 8 h 内遇雨应补喷；避免高温日晒，严防受潮。

(5)武夷菌素(Bo-10) 低毒广谱性抗生素类杀菌剂，对人、畜、蜜蜂、天敌昆虫、鱼类、鸟类均安全。无残毒，不污染环境。可防治多种真菌和细菌病害。常见剂型有 1%、2%水剂。一般用 2%水剂稀释 100～200 倍喷雾。

(6)嘧菌酯(阿密西达、阿米西达) 目前世界上第一个对四大致病真菌：子囊菌、担子菌、半知菌和卵菌类(大部分病原菌)均有效的新型杀菌剂。其以蘑菇的天然抗生素为模板，通过人工仿生合成。具有杀菌谱广、药效强，对人畜及地下水安全等特性。其在土壤中很快被分解为 CO_2，是极具发展潜力的理想药剂。常见的剂型有 25%悬浮剂。一般每 667 m^2 用 25%悬浮剂 66.7～160 mL，兑水 50～60L 喷雾。

(7)中生霉素(克菌康) 抗生素类杀菌剂，对革兰氏染色阳性及阴性细菌、分歧杆菌、酵母菌、丝状真菌均有效。常见剂型有 1%水剂。一般用 1%水剂稀释 250～500 倍液喷雾或 150 倍液拌种。

(8)木霉菌(特立克、灭菌灵、生菌散) 属微生物体农药，真菌剂型。该药剂具有多重杀菌、抑菌功效，杀菌谱广，且病菌不易产生抗性。对人、畜及天敌昆虫安全，无残留，不污染环境。可防治猝倒、立枯、根腐、白绢、疫病、叶霉、灰霉、霜霉等多种病害。常见的剂型有可湿性粉剂(2 亿活孢子/g)。一般使用浓度为可湿性粉剂稀释 600～1 500 倍灌根或喷雾。

(9)放射土壤杆菌 属微生物体农药，细菌剂型，对植物根癌病有良好的防效。对人、畜及天敌昆虫安全，无残留，不污染环境。常见的剂型有可湿性粉剂(200 万芽孢/g)。一般将菌剂稀释 1 倍后调匀蘸根，有癌瘤的植株，应先将瘤体及其周围的组织刮除后再蘸根。

3.有机合成杀菌剂

(1)百菌清(达科宁、霜疫净、克劳优、打克尼尔、霉必清) 属苯并咪唑类低毒杀菌剂。是一种广谱触杀型的无内吸作用保护剂，在植物表面有良好的黏着性，不易受雨水等冲刷，一般药效期 7～10 d。对霜霉病、疫病、炭疽病、灰霉病、锈病、白粉病及各种叶斑病有较好的防治效果。常见剂型有 50%、75%可湿性粉剂，10%油剂，5%、25%颗粒剂，2.5%、10%、30%烟剂，40%悬浮剂。一般使用浓度为 75%可湿性粉剂稀释 500～800 倍液喷雾。40%达科宁悬浮剂稀释 500～1 200 倍液喷雾。油剂对桃、梨、柿、梅及苹果幼果可致药害。烟剂对家蚕、柞蚕、蜜蜂有毒害作用。

(2)代森锰锌(喷克、大生、大生富、百利安、速克净、爱富森) 属有机硫类低毒杀菌剂。是杀菌谱较广的保护性杀菌剂。对植物上的霜霉病、炭疽病、疫病和各种叶斑病等多种病害有效，可防治苗木立枯病、泡桐炭疽病、樱花褐斑穿孔病、桃细菌性穿孔病、葡萄黑痘病、桂花叶斑病和苹果锈病等，它常与内吸性杀菌剂混配，用于延缓抗性的产生。常见剂型有25%悬浮剂，70%可湿性粉剂。一般使用浓度为25%悬浮剂稀释1 000～1 500倍液喷雾。

(3)三唑酮(粉锈宁、百理通)　属低毒杀菌剂，属高效内吸三唑类杀菌剂。具有广谱、用量低、残效长等特点。被植物的各部分吸收后，能在植物体内传导。具有预防、铲除、治疗和熏蒸作用。对白粉病、锈病有特效。对根腐病、叶枯病也有很好的防治效果。常见剂型有15%、25%可湿性粉剂，20%乳油。10%烟雾剂在温室内用。

(4)乙烯菌核利(农利灵)　属二甲酰亚胺类低毒杀菌剂，有触杀性。对各种果树和花卉的灰霉病、褐斑病、黑斑病、菌核病有良好的防治效果。常见剂型有50%可湿性粉剂。一般使用浓度为50%可湿性粉剂稀释600～1 500倍液喷雾。在黄瓜和番茄上的安全间隔期为21～35 d。

(5)恶霉灵(土菌消)　为低毒的内吸土壤消毒剂。对腐霉菌、镰刀菌引起的花卉和树木的苗期猝倒病、立枯病等土传病害有较好效果，土菌消常与福美双混用，常见的剂型为15%、30%水剂、70%可湿性粉剂。一般使用浓度为15%水剂稀释800～1 000倍进行苗床淋洗或灌根，用药量为0.9～1.8 g/m^2；营养土消毒：每1 m^3 用原药2～3 g兑适量水喷洒拌匀即可。

(6)福美双(秋兰姆、赛欧散)　保护性杀菌剂，主要用于防治土传病害，对霜霉病、疫病、炭疽病等有较好的防治效果。对人、畜低毒。常见剂型有50%、75%、80%可湿性粉剂。一般使用方法为50%可湿性粉剂稀释500～800倍液喷雾；土壤处理，用50%可湿性粉剂100 g，处理土壤500 kg，做温室苗床处理。

(7)甲基托布津(甲基硫菌灵、丰瑞、菌真清)　是一种取代苯类杀菌剂。属于低毒、高效、广谱和内吸型药剂，具有预防和治疗作用。残效期57 d。药液灌根可防治多种苗木和花卉的立枯病。喷雾可防治黄栌白粉病、水曲柳白粉病、月季白粉病、大叶黄杨白粉病、紫薇白粉病、丁香花斑病、青竹叶枯病、大丽花花腐病和君子兰叶斑病等病害，但对霜霉病和疫病无效。常见剂型有50%、70%可湿性粉剂，40%胶悬剂。一般使用浓度为50%的可湿性粉剂稀释500倍或70%的可湿性粉剂稀释1 000倍。可与多种药剂混用，但不能与铜药剂混用。

(8)咪鲜胺(施保克、施百克)　为高效、广谱、低毒型杀菌剂，无内吸性，但具有良好的传导性能，具有良好的保护及铲除作用。对于子囊菌和半知菌引起的多种病害防效极佳。速效性好，持效期长。常见剂型为25%、45%乳油，45%水乳剂。一般使用浓度为25%乳油稀释1 000～2 000倍液喷雾。

(9)多菌灵　本品是广谱内吸性杀菌剂，具有高效、广谱、低毒等特点。子囊菌亚门、担子菌亚门、半知菌亚门病原菌引起的多种病害具有良好的预防和防治效果。可防治植物上多种病害，常见剂型为25%、40%、50%、80%可湿性粉剂、40%悬浮剂等。一般使用方法为种子处理、土壤处理和叶面喷雾等。可单独使用也可以与其他杀菌杀虫剂混配使用。

(10)速克灵(腐霉利、杀霉利)　属亚胺类低毒杀菌剂。具保护治疗双重作用，对灰霉病、菌核病、叶斑病等防治效果好。常见剂型有50%可湿性粉剂，30%颗粒熏蒸剂，25%流动性粉剂，25%胶悬剂。一般用50%可湿性粉剂稀释1 000～2 000倍液喷雾。

(11)世高(恶醚唑、敌萎丹)　低毒广谱性内吸杀菌剂，具有治疗效果好、持效期长的特点。可用于防治子囊菌亚门、担子菌亚门和半知菌亚门病菌引起的叶斑病、炭疽病、白粉病、锈病等。常见剂型为10%水分散粒剂、3%悬浮种衣剂。一般用10%水分散粒剂稀释6 000～8 000倍喷雾。

(12)敌力脱(丙环唑、丙唑灵、氧环宁、必扑尔)　属三唑类新型广谱内吸性低毒杀菌剂，具有保护和治疗作用。可被根、茎、叶吸收，向上传导。可以防治子囊菌、担子菌和半知菌引起的白粉病、锈病、叶斑病、白绢病等，但对鞭毛菌亚门引起的霜霉病、疫霉病、腐霉病无效。常见剂型有25%乳油，25%可湿性粉剂。一般用25%乳油兑水稀释喷雾，保护性防治时为5 000倍液，治疗性防治时为2 500倍液。

(13)烯唑醇(速保利)　具有保护、治疗、铲除和内吸向顶传导作用。杀菌广谱，特别对子囊菌和担子菌引起的白粉病、锈病、黑粉病和黑星病等病害高效。产生抗药性较慢，对人、畜低毒。常见剂型为12.5%超微可湿性粉剂。一般用12.5%超微可湿性粉剂稀释3 000～4 000倍液喷雾。

(14)福星(氟硅唑、农星)　广谱、内吸性三唑类低毒杀菌剂。对子囊菌、担子菌和半知菌所引起的白粉病、锈病、叶斑病等效果好，对鞭毛菌亚门真菌无效。常见剂型有10%、40%乳油。一般用40%乳油稀释8 000～10 000倍喷雾。为避免病菌产生抗性应与其他保护性药剂交替使用。

(15)普力克(霜霉威、霜霉威盐酸盐)　具有内吸传导作用，低毒。对腐霉病、霜霉病、疫病有特效。对人、畜低毒。常见剂型有72.2%、66.5%水剂。一般用72.2%水剂稀释600～1 000倍叶面喷雾，用以防治霜霉病；72.2%水剂稀释400～600倍，3 L/m^2 浇灌苗床、土壤，用以防治腐霉病及疫病，间隔15 d。

(16)嘧霉胺(施佳乐)　一种新型苯胺基嘧啶类杀菌剂。对常用非苯胺基嘧啶类杀菌剂产生抗药性的灰霉病菌具有良好的防治效果。具内吸、熏蒸作用，药效快、稳定。常见剂型为40%悬浮剂。一般每667 m^2 用40%悬浮剂25～95 mL，兑水 30～75 L 喷雾。

(17)腈菌唑(叶斑清、灭菌强、特菌灵、果垒)　杂环类杀菌剂。有较强的内吸性，具有高效、广谱、低毒等特点。对子囊菌亚门、担子菌亚门、半知菌亚门病原菌引起的多种病害有良好的预防和治疗效果。常见剂型有 12%、12.5%、25%、40%乳油。一般用 12%乳油稀释 3 000～4 000 倍喷雾。

三、杀螨剂

杀螨剂是用来防治植食性螨类的药剂。专一性的杀螨剂对螨类有毒杀作用，而对昆虫无毒效。

1. 抗生素类杀螨剂

(1)浏阳霉素　为低毒、广谱抗生素类杀螨剂，对天敌昆虫、蜜蜂和家蚕较安全，对鱼类有毒。具有触杀作用，对多种叶蝉有良好的防治作用，对螨卵也有一定的抑制作用。因害螨对此药不易产生抗药性，可防治有抗药性的害螨。常见剂型为 10%乳油。一般使用浓度为 10%乳油稀释 1 000～2 000 倍液喷雾。

(2)华光霉素　本剂为低毒杀螨剂，无残留，在正常使用剂量下对作物安全，对天敌昆虫、人畜和环境安全，适于生产绿色食品时防治害螨。常见的剂型有 2.5%可湿性粉剂。一般使用浓度为 2.5%可湿性粉剂稀释 600～1 200 倍液喷雾。

(3)杀螨脒　是一种微生物代谢产物，属高效安全的杀螨剂，具有触杀和内吸作用。主要用于防治多种叶螨和蜂螨，对螨类的各个虫期均有较好的防治效果。剂型有 25%水剂，1.8%乳油。

2. 化学杀螨剂

(1)噻螨酮(尼索朗)　具强杀卵、幼螨、若螨作用。药效迟缓，一般施药后 7 d 才显高效。残效达 50 d 左右。属低毒杀螨剂。常见剂型有 5%乳油、5%可湿性粉剂。一般使用浓度为 5%乳油稀释 1 500～2 000 倍液，叶均 2～3 头叶螨时喷药。

(2)哒螨酮(哒螨灵、牵牛星、扫螨净)　具触杀和胃毒作用，可杀灭各个发育阶段的螨，残效长达 30 d 以上。对人、畜中毒。常见剂型有 20%可湿性粉剂、15%乳油。20%可湿性粉剂稀释 2 000～4 000 倍液喷雾，在害螨大发生时(6～7 月份)喷洒此药。除杀螨外，对飞虱、叶蝉、蚜虫、蓟马等害虫防效甚好。但该药也杀伤天敌，1 年最好只用 1 次。

(3)四螨嗪(阿波罗、螨死净)　具有触杀作用。对螨卵活性强，对若螨也有一定的活性，对成螨效果差，有较长的持效期。对鸟类、鱼类、天敌昆虫安全。对人、畜低毒。常见剂型有 10%、20%可湿性粉剂，25%、50%、20%悬浮剂。一般使用浓度为 20%悬浮剂稀释 2 000～2 500 倍液喷雾，10%可湿性粉剂稀释 1 000～

1 500 倍液喷雾。

(4)克螨特(丙炔螨特) 具有触杀、胃毒作用,无内吸作用。对成螨、若螨有效,杀卵效果差。对人、畜低毒,对鱼类高毒。常见剂型为 73%乳油。一般使用浓度为 73%乳油稀释 2 000~3 000 倍液喷雾。

(5)吡螨胺(螨立克) 是一种酰胺类杀螨剂,为呼吸抑制剂。具有触杀和胃毒作用,无内吸性,但有良好的渗透性。对卵和成螨效果好。可防治柑橘全爪螨和苹果全爪螨。剂型为 0.5%必螨立克可湿性粉剂。

(6)霸螨灵(唑螨酯、杀螨王) 是一种新型苯氧基吡唑类杀螨剂。属于中等毒性药剂,对植物安全。具有强触杀作用,对螨类有强烈的速效性和持效性,无内吸杀螨作用。对叶螨、锈螨、瘿螨和已有抗性的害螨均有防效。一般在害螨发生初期使用。剂型为 5%霸螨灵悬浮剂。

(7)农螨丹 是尼索朗和灭扫利两种药剂混配而成的杀虫、杀螨剂,属于低毒、高效、广谱性药剂。具有触杀、胃毒和忌避作用,无内吸杀螨性。对螨类各生育期均有很好的防治效果,又能兼治一些害虫。剂型为 7.5%农螨丹乳油。

四、杀软体动物剂

杀软体动物剂是指专杀蜗牛与蛞蝓的药剂。近年来,随着保护地花卉栽培面积的逐渐扩大,该虫有逐年加重之势。该类药剂对于其他类害虫无效。

(1)四聚乙醛(密达、多聚乙醛、蜗牛敌) 以胃毒为主,对蜗牛和蛞蝓有一定的引诱作用。主要使螺体内乙酰胆碱酯酶大量释放,破坏螺体内特殊的黏液,导致神经麻痹而死亡。植物体不吸收该药,不会在植物体内积累。对人、畜中毒。常见剂型为 5%、6%颗粒剂。一般用 6%密达颗粒剂 7.5~9.0 kg/hm^2,均匀撒施。

(2)灭旱螺(蜗灭星、梅塔、灭梭威) 一种选择性强的杀螺剂,具触杀及胃毒作用,适于防治水生螺及旱地蜗牛、蛞蝓等。当螺受引诱而取食或接触到药剂后,螺体内乙酰胆碱酯酶大量释放,破坏螺体内特殊的黏液,使螺体迅速脱水,神经麻痹,并分泌黏液,因大量体液的流失和细胞被破坏,导致螺体、蛞蝓等很快中毒死亡。常见剂型为 2%颗粒剂。一般用 2%颗粒剂 6.0~7.5 kg/hm^2,均匀撒施。

(3)百螺杀(杀螺胺、贝螺杀) 一种低毒灭螺剂,药物通过阻止水中害螺对氧的摄入而降低呼吸作用,最终使其窒息死亡。杀螺效果好,同时兼杀螺卵。如果水中盐的含量过高,会削弱杀螺效果。主要防治对象为福寿螺与钉螺,杀灭速度快,对人、畜低毒,正常剂量下对益虫无害,但对鱼有毒。常见剂型为 70%可湿性粉剂。一般用 70%百螺杀可湿性粉剂 400~500 g/hm^2。

五、杀线虫剂

杀线虫剂是用于防治植物寄生性线虫的化学药剂。根据药剂的选择性与使用方法分为3类：一是土壤处理剂，包括具有土壤熏蒸消毒作用的和以触杀作用为主，不具有熏蒸作用的两类，这类药剂兼有防治土壤中的病原菌、土栖昆虫或杂草的作用。二是叶面喷洒处理剂，可通过叶面内吸输导，防治根部和叶面线虫。这类药剂具有选择性，对植物较安全。三是种子处理剂，可用于种子处理。

(1)威巴姆(威百亩、维巴姆、保丰收) 是具有熏蒸杀灭作用的杀线虫剂。对人、畜低毒，对皮肤、眼、黏膜有刺激作用。持效期15 d左右。对鱼高毒，对蜜蜂无毒。对线虫具有熏杀作用，本产品在土壤中可降解为异氰酸甲酯，异氰酸甲酯对线虫、病原菌和杂草具有强力杀灭作用。可有效地防治菊花、百合、鸢尾和月季根部线虫。常见的剂型有33%、35%、48%水剂，施药量为35%液剂每667 m^2 用3～4 kg，兑水900～400 kg稀释后，均匀浇施于沟内，随即覆土踏实，施药15 d后，翻耕放气，再播种或定植。

(2)线虫必克 是由厚孢轮枝菌研制而成的微生物杀线虫剂。属于低毒性药剂。厚孢轮枝菌在适宜的环境下产生分生孢子，分生孢子萌发的菌丝寄生于线虫的雌虫和卵内，使其致病死亡。可有效地防治蔷薇根结线虫病、桂花根结线虫病、牡丹根结线虫病、菊花叶线虫病和早熟禾草坪线虫病等。剂型为2.5亿孢子/g线虫必克粉粒剂。

(3)棉隆(必速灭) 属于低毒、广谱性的熏蒸性杀线虫、杀菌剂。本产品易在土壤中扩散，能与肥料混用，不会在植物体内残留，不但全面持久地防治多种线虫病害，并能兼治土壤中的真菌、地下害虫。能很好地防治月季、四季海棠、扶桑、瓜叶菊、大丽花、黄杨、仙客来、郁金香、风信子、芍药、牡丹等根结线虫、剑线虫、茎线虫和滑刃线虫，并兼治地下害虫和土传病害。

六、除草剂

用以消灭或控制杂草生长的农药称为除草剂。

(1)禾草灵(伊洛克桑) 作用机理是受药的野燕麦等杂草，光合作用及同化物向根部的运输作用均受到抑制，禾草灵在单子叶与双子叶植物之间有良好的选择性。禾草灵为选择性叶面处理剂，有局部内吸作用，可被植物的根、茎、叶吸收，但传导性差。禾草灵适用于防除稗草、野燕麦、狗尾草、毒麦、看麦娘及马唐等一年生禾本科杂草。

(2)百草枯(克芜踪、杀草快) 为速效触杀型灭生性除草剂。对单子叶和双子叶植物的绿色组织均有很强的破坏作用，但无传导作用，只能使着药部位受害。可有效地防除灰菜、猪毛菜、青蒿、稗草、马唐等杂草。对车前、蓼、毛地黄等效果较差。

(3)伏草隆(棉草伏、高度蓝) 为内吸传导性土壤处理剂。药剂有较弱的叶部活性，主要通过杂草的根部吸收。若药液中加入表面活性剂或无毒油类时，可增加叶部的吸收量。伏草隆对杂草种子的萌发无影响。可防治稗草、狗尾草、蟋蟀草、小旋花、早熟禾、马唐、千金子、看麦娘、铁苋菜、繁缕、马齿苋、龙葵、藜、碎米荠等杂草。对多年生的禾本科植物及深根性杂草无效。

(4)地乐胺(丁乐灵、双丁乐灵) 为选择性芽前除草剂。作用机理是药剂进入植物体后，主要抑制分生组织的细胞分裂，从而抑制杂草幼芽及幼根的生长，导致杂草死亡。可防除稗草、狗尾草、牛筋草、马齿苋、马唐、藜、龙葵、地肤等一年生单子叶杂草及部分双子叶杂草，对菟丝子也有较好的防除效果。

(5)甲草胺(拉索、草不绿、澳特拉索) 是酰胺类选择性芽前除草剂。作用机理是被植物幼芽吸收后，向上传导；出苗后主要靠根吸收向上传导，使芽和根停止生长，无法形成不定根，杂草幼芽期还未出土即被杀死。能有效地防除马唐、稗草、狗尾草、蟋蟀草、苋、秋稷、马齿苋、臂形草、轮生粟米草、藜、蓼等。

(6)啶嘧磺隆(草坪清、绿坊、金百秀、秀百宫) 属磺酰脲类除草剂。是内吸性传导型除草剂，可为杂草茎叶和根部吸收。可用于防除暖季型草坪(仅限于狗牙根类、结缕草类草坪草)中的阔叶草、莎草和禾本科杂草。对草坪草安全性高。可进行土壤封闭，也可茎叶喷雾。对冷季型草坪(剪股颖属、早熟禾属、高羊茅等)敏感勿用。

(7)氟硫草定 属吡啶羧酸类除草剂。用于草坪(高羊茅和早熟禾草坪)除草，防治一年生单子叶及部分双子叶杂草。在草坪芽前施用，可防除马唐、紫马唐等一年生禾本科杂草和球序卷耳、腺漆菇草等一年生阔叶杂草。

七、植物生长调节剂

植物生长调节剂，是指能调控植物生长、开花、休眠、萌芽等过程的一些化合物的总称。这类化合物是人工模拟植物激素(植物体在生命活动过程中的代谢产物)，用生物和化学方法合成的，在植物体内具有生理活性的物质，其作用与植物激素的作用相似，对植物生理功能和形态变化起着重要作用。其主要作用是促进插条生根、加速植株生长、促进种子和球根发芽、防止植株徒长、使株型矮化、诱导多开花、多结果、调节花期、防止落花落果等。

(1)比久(B9) 是一种具有多种用途的生长延缓剂，可作矮化剂、坐果剂、生根剂和保鲜剂使用。应用在花卉上，具有使花卉矮化粗壮的作用，同时具有防止落花，促进坐果，诱发不定根形成，提高抗寒力等作用。它对双子叶植物敏感，具有良好的内吸、传导性能，能控制作物徒长，调节营养分配，使作物健壮高产。用于果树、草莓等，能明显改善果实品质；用于菊花等多种花卉，可使植株矮化、花盘增大，明显延长花期，使花色艳丽，利于观赏。

(2)萘乙酸(α-萘乙酸，NAA)　对人、畜低毒，是一种具有多种用途的生长调节剂，能促进苗木生长和开花，促进插条发根，并可防止落花落果，且能使果实无籽、少籽、早熟。是目前花木生产上应用最多的一种生长素。对部分苹果品种使用疏花、疏果易产生药害，不宜使用。

(3)乙烯利(一试灵、乙烯灵)　是一种促进成熟的植物生长调节剂。无致畸、致突变和致癌作用。作用机理是被植物吸收后，经由植物的树皮、果实、叶片等部位进入植物体内，后传导到起作用的部位，释放出乙烯，从而促进雌花发育、果实成熟、改变雌雄花的比例、打破种子休眠、促进植物新陈代谢、矮化植株、促使植物器官脱落、诱导某些作物雄性不育等。

(4)复硝酚钠(爱多收、丰产素)　爱多收是植物细胞赋活剂。作用机理能迅速渗透到植物体内，加快植物发根速度。对花粉管生长的促进，帮助受精结实的作用尤为明显。爱多收可促进植物发芽、打破休眠、促进生长发育、提早开花、防止落花落果等。

(5)矮壮素　属低毒植物生长调节剂，是赤霉素的拮抗剂。经叶片、幼枝、芽、根系和种子进入植株体内。它可以控制植株的徒长，促进生殖生长，使植株节间缩短，叶绿素含量增多，光合作用增强，提高作物的坐果率。矮壮素还能提高某些作物的抗旱、抗寒、抗盐碱及抗某些病虫害的能力。常用于菊花、大丽花、杜鹃等花卉的矮化处理。

(6)复硝酚铵　是一种混合型植物生长调节剂。它通过植物叶面吸收，迅速渗透到植物体内，促使细胞产生兴奋性，从而促进植物机体生长。主要功能为促进种子发芽，提高出芽率；使幼苗生长粗壮，能迅速恢复移栽作物的生长能力，增加抵抗力；尤其能促进花粉管伸展。使用方法灵活，可采用苗床灌注、浸种、花果喷雾和苗期叶面喷雾等方法。

(7)赤霉素(九二〇、赤霉酸、赤霉素 A)　是一种广谱性植物生长调节剂，未见致突变及致肿瘤作用。作用特点：对蔬菜具有显著的增产作用。具有促进种子发芽、促进植物生长、提早开花结果、减少花、果脱落的作用。

信息链接

绿色食品农药使用准则

绿色食品生产应从作物到病虫草等整个生态系统出发，综合运用各种防治措施，创造不利于病虫草滋生和有利各类天敌繁衍的环境条件，保持农业生态系统的平衡和生物多样化，减少各类病虫草害所造成的损失。

优先采用农业措施，通过选用抗病虫品种，非化学药剂种子处理，培育壮苗，加强管理，中耕除草，深翻晒土，清洁田园，轮作倒茬、间作套种等一系列措施起到防治病虫草害的作用。应尽量利用灯光、色彩诱杀害虫，机械捕捉害虫，机械和人工除草等措施，防治病虫草害。特殊情况下，必须使用农药时，应遵守生产AA级和A级绿色食品的农药使用准则。

1. 生产AA级绿色食品的农药使用准则　允许使用AA级绿色食品生产资料农药类产品；允许使用中等毒性以下植物源杀虫剂、杀菌剂、拒避剂和增效剂，如除虫菊素、鱼藤根、烟草水、大蒜素、苦楝、川楝、印楝、芝麻素等。允许使用释放寄生性、捕食性天敌动物；在害虫捕捉器中使用昆虫信息素及植物源引诱剂；使用矿物油和植物油制剂；使用矿物源农药中的硫制剂、铜制剂；允许有限度地使用活体微生物农药，如真菌制剂、细菌制剂、病毒制剂、放线菌、颉抗菌剂、昆虫病原线虫、微孢子虫等。允许有限度地使用农用抗生素，如春雷霉素、多抗霉素、井冈霉素、农抗120、中生菌素、浏阳霉素等。禁止使用有机合成的化学杀虫剂、杀螨剂、杀菌剂、杀线虫剂、除草剂和植物生长调节剂；禁止使用生物源、矿物源农药中混配有机合成农药的各种制剂；严禁使用基因工程品种(产品)及制剂。

2. 生产A级绿色食品的农药使用准则　允许使用AA级和A级绿色食品生产资料农药类产品；允许使用中等毒性以下植物源农药、动物源农药和微生物源农药；在矿物源农药中允许使用硫制剂、铜制剂；有限度地使用部分低毒农药和中等毒性有机合成农药，但要按国标要求执行具体操作。

严禁使用剧毒、高毒、高残留或具有三致毒性(致癌、致畸、致突变)的农药；每种有机合成农药(含A级绿色食品生产资料农药类的有机合成产品)在一种作物的生长期内只允许使用一次；严格按照国家标准的最高残留限量(MRL)要求；严禁使用高毒、高残留农药防治储藏期病虫害；严禁使用基因工程品种(产品)及制剂。

【职业技能实训】

一、常见农药种类、剂型识别及理化性状检验

(一)目的要求

了解常见农药剂型的特性和鉴别质量的简易方法;了解常见农药的理化性状。

(二)材料和用具

材料:当地常用的杀虫、杀菌剂,如2.5%敌百虫粉剂、白僵菌粉剂、80%敌敌畏乳油、40.7%乐斯本乳油、2.5%溴氰菊酯、1.8%阿维菌素乳油、3%辛硫磷颗粒剂、90%晶体敌百虫、25%灭幼脲3号悬浮剂、磷化铝片剂、Bt乳剂、73%克螨特乳油、20%达螨酮乳油、10%福星乳油、20%粉绣宁乳油、25%敌力脱乳油、72.2%普力克水剂、45%百菌清烟剂、72%克露可湿性粉剂等。

用具:天平、牛角勺、试管、量筒、烧杯、玻璃棒等。

(三)内容和方法

1.常见农药物理性状的辨别

观察粉剂、可湿性粉剂、乳油、颗粒剂、水剂、悬浮剂、烟剂等剂型在颜色、形态等物理性状上的差异。

2.乳油质量简易测定

将2~3滴乳油滴入盛有清水的试管中,轻轻震荡,观察油水融合是否良好,稀释液中有无油层漂浮或沉淀,稀释后是否呈半透明或乳白色的乳状液?若出现少许油层,表明乳化性尚好;出现大量油层、乳油被破坏,则不能使用。

3.粉剂、可湿性粉剂质量的简易鉴别

取少量药粉轻轻撒在水面上,长期浮在水面的为粉剂,在1 min内粉粒吸湿下沉,搅动时可产生大量泡沫的为可湿性粉剂。另取少量可湿性粉剂倒入盛有200 mL水的量筒内,轻轻搅动放置30 min,观察药液的悬浮情况,沉淀越少,可湿性粉剂质量越高。如有较多的粉剂颗粒沉淀,表明质量较差。

(四)作业

(1)列表记述所观察农药的剂型、物态、颜色、气味等性状特点及主要防治对象。

(2)测定1~2种可湿性粉剂及乳油的悬浮性和乳化性,并记述观察结果。

二、波尔多液配制及质量检查

(一)目的要求

通过实训,掌握波尔多液的配制及鉴别其优劣的方法,能熟练配制波尔多液。

(二)材料和用具

材料:硫酸铜、生石灰。

用具:牛角勺、试管、天平、量筒、烧杯、试管架、盛水容器、研钵、试管刷、小铁刀、石蕊试纸、铁丝、台秤、玻璃棒等。

(三)内容与方法

1.操作方法与步骤

(1)原料的选择　硫酸铜以天纯蓝色有光泽的为最好,不宜采用颜色发绿的。生石灰最好选用色白、块状、未经风化的。

(2)配方(按重量计)　硫酸铜 1 份、生石灰 1 份、水 100 份。

①等量式波尔多液:按上述比例配制成的波尔多液,其中含硫酸铜和生石灰的重量相等,称为等量式波尔多液。

②半量式波尔多液:根据生石灰与硫酸铜的含量比例,还可配成石灰半量式,含生石灰 0.5 份。

③石灰倍量式:含生石灰 2 份的波尔多液。

生石灰量的比例增大时,所形成的碱式硫酸铜化合物的溶解度较小,对植物安全。反之,所形成的碱式硫酸铜化合物的溶解度较大,虽然防治效果可提高,但因铜离子浓度过高,容易产生药害。因此配制浓度时要根据植物的种类和品种、防治对象、气温等因子确定适宜的配合比例。

(3)配制方法　常用的配制方法如下:

①按配方(按重量计)硫酸铜 1 份、生石灰 1 份、水 100 份的比例各用 1/2 的水分别稀释硫酸铜和生石灰,然后将硫酸铜液与石灰乳同时倒入第三个容器中,加以搅拌而成。

②将硫酸铜溶液倒入石灰乳中加以搅拌而成。

③将石灰乳倒入硫酸铜溶液中加以搅拌而成。

前两种配制方法在生产上常用,第三种配制成的波尔多液质量不好,不宜采用。

例如,量取 300 mL 水倒入烧杯中溶解 3 g 硫酸铜配成硫酸铜溶液,另取 300 mL 水放在另一烧杯中消化 3 克生石灰,配成石灰乳。然后,将这两种溶液各分成3等份，分别按上述3种方法配制波尔多液。配后立即装入200 mL量筒中静置，观察哪一种方法配制的波尔多液沉淀的最快？哪一种方法配制的波尔多液沉淀的最慢？取pH试纸一条，在所配制的波尔多液中浸蘸一下，立即取出与pH值比色板比较，就可以测出波尔多液的pH值。

(4)注意事项

①配成的石灰乳如有砂粒，应先用纱布过滤。

②硫酸铜溶液不能盛于金属容器中，因对金属有腐蚀作用。不能与肥皂、松酯合剂、石硫合剂、矿物油乳剂混用。

③硫酸铜溶液和石灰乳两种液体应冷却到室温才可混合，并应加以搅拌。

④不能以浓硫酸铜溶液与浓石灰乳先配成高浓度的波尔多液，再用水稀释使用。

⑤波尔多液要现配现用，不宜放置过久。

2. 质量检查

药液配好后要用以下方法鉴别质量：

①观察比较不同方法配制的波尔多液的颜色，质量优良的波尔多液应为天蓝色胶态乳状液。

②用pH试纸测定其酸碱性，以碱性为好，即试纸显蓝色。

③用磨亮的铁丝插入波尔多液片刻，观察铁丝有无镀铜现象，以不产生镀铜现象为好。

④将制成的波尔多液分别同时装入100 mL量筒中静置30 min，比较其沉淀情况，沉淀越慢越好，过快者不可采用。将结果填入表4-2：

表4-2 波尔多液质量测试项目表

项目 / 方法	悬浮率			物态现象	酸碱测定	置换反应
	30 min	60 min	90 min			
1						
2						
3						

(四)作业

比较不同方法配制成的波尔多液质量的优劣。

三、石硫合剂熬制及质量检查

(一)目的要求

通过实训,掌握石硫合剂的配方,熟练掌握石硫合剂的熬制和鉴定其优劣的方法。

(二)材料和用具

材料:生石灰、水、硫磺粉。

用具:试管、天平、量筒、烧杯、试管架、研钵、试管刷、石蕊试纸、台秤、玻璃棒、铁锅(或 1 000 mL 烧杯)、灶(电炉)、木棒、水桶、波美比重计等。

(三)内容及方法

1. 操作方法与步骤

(1)石硫合剂的煮制

①原料的选择:最好选用色白、块状、未经风化的生石灰和粉状的硫磺粉。如果是块状硫磺,经磨细后,其粉粒细度要求通过 40 目筛。

②配方(按重量计):生石灰 1 份、硫磺粉 2 份、水 10 份。

③石硫合剂的煮制:煮制石硫合剂按生石灰 1 份,细的硫磺粉 2 份,水 10 份的配方比例,将石灰加少量水溶解,加入剩余的全量水制成石灰乳,加热煮沸,将硫磺粉用少量水调成糊状慢慢地倒入煮沸的石灰乳中,不断地搅拌;继续熬煮 40～60 min。并随时用热水补充蒸发的水量。药液变成红褐色时即停火。冷却后,用粗布过滤,滤液即为石硫合剂原液。观察其色泽、气味及对石蕊试纸的反应。自行煮制的石硫合剂原液,一般为 25 波美度左右。

(2)注意事项

①煮制过程中注意火力要均匀,使药液保持沸腾而不外溢。煮制时应先将药液量在煮制容器上做出标记,然后用热水不断补充所蒸发的水量,切忌加冷水或一次加水过多,防止因降低温度影响原液质量。

②熬煮时不宜过多地剧烈搅拌,防止将空气带入原液里,使生成的多硫化钙氧化而降低原液质量。

③石硫合剂煮制时间长短应以药液药渣的颜色来确定。

④石硫合剂的煮制可用锅灶,在实验室中也可用烧杯在电炉上进行。

⑤石硫合剂原液可贮存于密闭的陶瓷容器中。如果存放于大缸中,在原液上面应倒入一层煤油或废柴油,以隔离空气,防止分解。

⑥石硫合剂有腐蚀性,沾染皮肤、眼睛时,必须用清水洗净。

2. 原液浓度测定

将冷却的原液倒入量筒，用波美比重计测定浓度，注意药液的深度应大于比重计之长度，使比重计能漂浮在药液中。观察比重计的刻度时，应以下面一层药液面所表明的度数为准。

（四）作业

（1）简述石硫合剂的熬制方法及注意事项。

（2）调查石硫合剂的防治对象、稀释和使用方法。

四、农药田间药效试验及防治效果调查

（一）目的要求

掌握农药田间药效试验的内容，学会进行农药防治效果的调查与计算，为园林植物病虫害大面积防治提供保障。

（二）材料和用具

材料：试验地、杀虫剂、杀菌剂、除草剂等，可选取当地常用农药 3～4 个品种或剂型。

用具：量药器具、施药器具、小标牌、记录本、胶皮手套等。

（三）内容与方法

1. 田间药效试验设计的方法

（1）选地　选择地力、田间管理水平、植物品种等一致，病虫害发生有代表性的绿地进行试验。

（2）设置重复　小区试验，每项处理设 3～4 次重复，以减少试验误差。

（3）设置对照区　对照区通常分空白对照区和标准对照区 2 种。空白对照区设计的目的是获得农药新品种的真实防治效果；标准对照区是以当地常用农药或目前防治效果最好的农药作为标准药剂对照。化学除草药效试验应设人工除草和不除草作对照。

（4）设置保护行　试验地应设保护区和保护行，以避免外来因素的干扰。

2. 田间药效试验类型和程序

（1）田间药效试验类型

①农药品种比较试验：农药新品种在投入使用前或在当地从未使用过的农药品种，需要做药效试验，为当地大面积推广使用提供依据。

②农药剂型比较试验：对农药的各种剂型做防治效果对比试验，以确定生产上最适合的农药剂型。

③农药使用方法试验：包括用药量、用药浓度、用药时间、用药次数等进行比较

试验，综合评价药剂的防治效果，以确定最适宜的使用技术。

④特定因子试验：研究不同环境条件对药效的影响、药害、农药混用等问题进行的试验。

(2)田间药效试验程序

①小区药效试验：农药新品种经过实验室测定有效后，需要进行田间实际药效测定而进行的小面积试验。

②大区药效试验：在小区药效试验基础上，选择药效较高的药剂进行大区药效试验，进一步观察药剂的适用性。

③大面积示范试验：经小区和大区试验后，选择最适宜的农药使用技术进行大面积示范试验，经过实践检验，切实可行的，方可正式推广使用。

3. 田间药效试验

(1)试验前的准备　试验前，要制定具体的试验方案，并根据试验内容及要求，做好药剂、药械及其他必备物资的准备工作。

(2)试验地选择与小区设计

①试验地选择：应选择土质、地力、前茬、作物长势等均匀一致，防治对象严重、分布均匀等有代表性的田块做试验地，除试验处理项目外，其他田间操作必须完全一致。

②面积和形状：试验地的大小，依土地条件、作物种类及栽培方式、有害生物的活动范围及供试药剂的数量等因素决定。一般试验小区面积在 15～50 m^2。小区形状以长方形为好。大区试验田块需 3～5 块以上，每块面积在 300～1 200 m^2 以上。

③小区设计：小区设计应用最为广泛的方法是随机区组设计。将试验地分为几个大区组，每一大区试验处理数目相同，即为一个重复区。在同一重复区内每一处理只能出现 1 次，并要随机排列，可用抽签或随机数字表法决定各处理在小区的位置。

④设置保护区：在试验区四周设保护区，保护区宽度可根据试验地面积、试验植物种类来确定。田间设计图可参考图 4-1。

(3)小区施药作业

①插标牌：小区施药前，要插上处理项目标牌，并规定小区施药的先后顺序。若为喷雾法施药通常是先喷清水的空白对照区，然后是药剂处理区；如果是不同剂量(浓度)的试验，应从低剂量(浓度)到高剂量(浓度)顺序。

②检查药械：在试验施药前，要使施药器械处于完好状态，并用清水在非试验区试喷，以确定每分钟压杆次数和进行速度，力求做到一次均匀喷完。

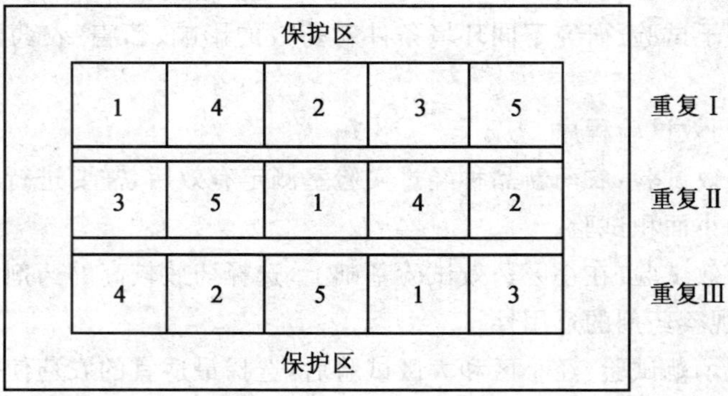

图 4-1 5 个处理 3 次重复的随机区组排列

③量取药剂：要用量筒或天平准确的量取药剂，并采用二次稀释法稀释药液（即先用少量水将乳油或可湿性粉剂稀释搅匀，再将其余水量加入稀释）。

④施药作业：整个施药作业应由一人完成。如果小区多，需几人参加，则必须使用同型号的喷雾器并在压杆频率、行进速度等方面尽量一致，喷洒的药液量视被保护作物种类及生育期或植株大小来决定，一般在 300～900 L/hm^2。

（4）试验基本情况记录　对试验情况进行记录。

4. 田间药效调查

（1）调查时间

①杀虫剂药效试验：通常用虫口减退率或害虫死亡率来表示。一般在施药后 1 d、3 d、7 d 各调查 1 次。

②杀菌剂药效试验：一般在最后 1 次喷药后 7 d、10 d、15 d 调查发病率和病情指数。

③除草剂药效试验：苗前使用的除草剂应在空白对照区杂草出苗时进行调查，苗后除草剂应在施药后 10 d、20 d、30 d 各调查 1 次。

（2）调查方法　杀虫剂以及杀菌剂的田间药效调查取样方法与病虫害的田间调查方法相同，除草剂以对角线取样法各取 3～5 点，每点不少于 1 m^2。

5. 防治效果的统计

（1）杀虫剂药效试验结果的统计

$$害虫死亡率或虫口减退率=\frac{防治前活虫数-防治后活虫数}{防治前活虫数}\times 100\%$$

对自然死亡率高、繁殖力强的害虫，如蚜虫、螨类等，为反映真实药效，需作校正。

$$校正死亡率或校正虫口减退率=\frac{防治区虫口死亡率-对照区虫口死亡率}{1-对照区虫口死亡率}\times 100\%$$

(2)杀菌剂药效试验结果的统计

$$相对防治效果=\left(1-\frac{防治区病情指数或发病率}{对照区病情指数或发病率}\right)\times 100\%$$

若检查杀菌剂的内吸治疗效果，则以实际防治效果表示：

$$实际防治效果=\left(1-\frac{防治区病情指数增长值}{对照区病情指数增长值}\right)\times 100\%$$

其中，病情指数增长值 = 检查药效时的病情指数 − 施药时的病情指数。

(3)除草剂药效试验结果的统计

$$除草效果=\left(1-\frac{施药区杂草株数或鲜重}{对照区杂草株数或鲜重}\right)\times 100\%$$

6.试验结果整理和分析

实训结束后，将原始记录和数据归纳、整理，写出实训报告。实训报告内容包括如下内容：

(1)试验名称、试验单位、试验人员。

(2)试验目的。包括当时有关试验项目研究的概况和存在的问题。要有针对性，明确通过试验应解决哪些问题。

(3)试验材料。包括供试农药名称、剂型、生产厂家、供试植物种类、品种、生育期、栽培管理措施、试验地点。

(4)试验方法。包括试验设计，处理浓度、空白对照、小区面积、排列方式、重复次数；施药方法、施药工具型号、施药时间、施药量；施药条件，施药时的温度等必要的气象资料。

(5)调查项目、时间和方法。

(6)试验结果。包括防治效果、要害等情况。这是试验总结报告的主要部分，应按照试验目的，分段叙述，力求文字简明扼要，正确客观的反映试验结果，尽量用图表、数据表示。

(7)讨论。根据试验结果，讨论、评价并作出必要的解释，指出实用价值、存在问题和意见、建议和设想。

(8)结论。对全部试验进行简要的总结，提出主要的结论和看法。结论一定要明确、不可似是而非，模棱两可。

(四)作业

每人写一份药效试验报告。

本章关键词

农药　剂型　施用方法　安全使用　农药残留　环境污染

本章小结

本章根据农药在生产上的实际应用情况，从农药的分类、农药的剂型、农药的施用方法、农药的稀释计算、农药的合理和安全使用、病虫抗药性及克服途径、植物药害及控制措施、有益生物的保护利用、农药残留及环境污染、常用农药使用技术等方面加以介绍。确定了常见农药种类、剂型及理化性状检验；波尔多液配制及质量检查；石硫合剂熬制及质量检查；农药田间药效试验及防治效果检查等 4 项试验实训项目。

我国是生产、使用农药的大国，农药产量位居世界第二位，而使用农药总量位居世界首位。我国病、虫、草害种类繁多，而且成灾条件复杂。由于使用农药，一些常见的病虫得到有效控制，特别是对发生频繁、危害严重的爆发性害虫的控制上，化学农药可谓战功赫赫。农药的使用量一般是与农业的发达程度成正比的。据植保部门统计，每年我国化学防治面积达一亿公顷以上，挽回经济损失 300 亿元。化学防治为人类的生存做出了不可磨灭的贡献。

复习思考

1. 名词解释

慢性药害　触杀剂　胃毒剂　熏蒸剂　急性毒性　致死中量　复合抗药性　急性药害　交互抗药性　生物富集现象　残留毒性　允许残留量　安全间隔期

2. 简述及问答

(1)农药为什么要加工成一定剂型才能在生产上使用？

(2)粉剂有哪些优缺点？

(3)商品农药的名称包括哪几部分？

(4)喷雾法在生产上有几种类型？各有何优点？

(5)种子处理生产上常用哪些方法？

(6)熏蒸法与熏烟法有何区别？

(7)如何科学使用农药?

(8)药剂进入人体的途径有哪几种?

(9)如何预防农药中毒?

(10)病虫为什么产生抗药性?如何克服病虫的抗药性?

(11)产生药害的原因有哪些?

(12)为什么有时使用药剂防治后害虫反而增多?

(13)农药在与环境相融性上目前取得哪些进展?

(14)如何正确评价农药?

第五章　园林植物害虫防治

【学习目标】

知识目标

掌握园林植物主要食叶害虫、吸汁害虫、枝干害虫、地下害虫的分布与危害、形态特征、生活习性和防治措施。

技能目标

能够正确识别园林植物的主要食叶害虫、吸汁害虫、枝干害虫、地下害虫；

根据园林植物的主要食叶害虫、吸汁害虫、枝干害虫、地下害虫的发生规律，制定适合当地特点的综合治理方案。

【职业基础知识】

第一节　园林植物主要食叶害虫及防治

园林植物食叶害虫种类繁多，主要有鳞翅目的袋蛾、刺蛾、斑蛾、尺蛾、枯叶蛾、舟蛾、灯蛾、夜蛾、毒蛾及蝶类；鞘翅目的叶甲、金龟子；膜翅目的叶蜂；直翅目的蝗虫等。它们的危害特点是：①危害健康的植株，猖獗时能将叶片吃光，削弱树势，为天牛、小蠹虫等蛀干害虫侵入提供适宜条件。②大多数食叶害虫营裸露生活，受环境因子影响大，其虫口密度变动大。③多数种类繁殖能力强，产卵集中，易爆发成灾，并能主动迁移扩散，扩大危害的范围。

一、袋蛾类

袋蛾类属鳞翅目袋蛾科，又名蓑蛾、避债蛾、吊死鬼等，是危害园林植物的主要杂食性食叶害虫之一。

袋蛾大多雌雄异型，雌蛾无翅、无足，头、胸节退化。雄蛾有翅，小到中型，翅面有稀疏的毛和不完全的鳞片，几乎无斑纹。口器退化。幼虫都吐丝缀叶形成护囊，雌虫终生不离幼虫所织的护囊。食性杂，危害多种植物。常见的种类有大袋蛾（*Cryptothelea variegata* Snellen）、小袋蛾（*Cryptothelea minuscula* Butler）、茶袋蛾（*Clania minuscwla* Butler）、白囊袋蛾（*Chalioides kondonis* Matsumura）等。

（一）大袋蛾

［**分布与危害**］又名大蓑蛾、避债蛾、俗名吊死鬼，属鳞翅目袋蛾科。分布于华东、中南、西南等地，山东、河南发生严重。该虫食性杂，以幼虫取食悬铃木、刺槐、泡桐、榆等多种植物的叶片，易暴发成灾，对城市绿化影响很大。

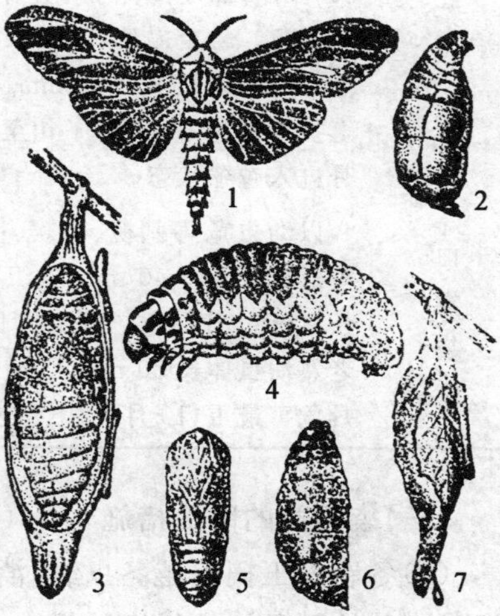

1. 雄成虫 2. 雌成虫 3. 雌成虫在囊内产卵状 4. 幼虫 5,6. 蛹 7. 护囊

图 5-1 大袋蛾

［**识别特征**］成虫雌雄异型。雌虫无翅，体长 25～30 mm，蛆型、粗壮、肥胖、头小，口器退化，全体光滑柔软，乳白色。雄蛾黑褐色，体长 20～23 mm。触角羽毛状。前翅翅脉黑褐色，翅面前、后缘略带黄褐色至黑褐色，有 4～5 个透明斑。卵产于雌蛾护囊内。老熟幼虫体长 25～40 mm，雌幼虫黑色，头部暗褐色。雄幼虫较小，体较淡，呈黄褐色。护囊纺锤形，成长幼虫的护囊长达 40～60 mm，囊外附有较大的碎叶片，有时附有少数枝梗，排列不整齐（图 5-1）。

［**生活习性**］多数 1 年 1 代。以老熟幼虫在袋囊内越冬。翌年 3 月下旬开始出蛰，4 月下旬开始化蛹，5 月下旬至 6 月份羽化，卵产于护囊蛹壳内，每头雌虫可产卵 2 000～3 000 粒。6 月中旬开始孵化，初龄幼虫从护囊内爬出，靠风力吐丝扩散。取食后吐丝并咬啮碎屑、叶片筑成护囊，袋囊随虫龄增长扩大而更换，幼虫取食时负囊而行，仅头胸外露。初龄幼虫剥食叶肉，将叶片吃成孔洞、网状，3 龄以后

蚕食叶片。7～9 月份幼虫老熟,多爬至枝梢上吐丝固定虫囊越冬。

(二)其他袋蛾

其他常见袋蛾类害虫见表 5-1。

表 5-1 其他常见袋蛾类害虫

害虫种类	发生概况
小袋蛾	以幼虫危害散尾葵、鱼尾葵、巴西木、桂花、白杨、悬铃木、三角枫、柳、榆、山茶等。囊长 7～12 mm,丝织松软,囊外黏附碎叶,上端有一根细长的丝。雌虫蛆型,长 6～8 mm,黄白色。雄虫体长 4 mm,翅黑色,体乳白色,前胸背面咖啡色,中后胸背面各有四个咖啡色的斑纹。1 年发生 1～3 代,以老熟幼虫在护囊内越冬。一年中以 7～8 月危害最重,11 月份越冬。越冬幼虫常数头至数十头群集在一起。
茶袋蛾	以幼虫危害悬铃木、杨、柳、三角枫、山茶、梅花、木槿、桂花、月季、紫薇等。囊长 25～30 mm,丝织较厚,囊外粘贴小枝梗,纵向并列。雌虫蛆型,体长 12～16 mm,乳白色。雄虫褐色,体长 11～15 mm,前翅外缘中前方有 2 个正方形小透明斑。老熟幼虫体长 16～26 mm,体色由肉黄至紫褐色。1 年发生 1～3 代,以幼虫在枝上护囊内越冬。6 月下旬至 7 月上旬为严重危害期,9 月出现第 2 次危害高峰,11 月进入越冬状态。
白囊袋蛾	以幼虫危害刺槐、合欢、重阳木、白榆、悬铃木、白杨、三角枫、紫荆、木槿、绣球等。囊长 30～40 mm,丝织紧密,白或灰白色,表面光洁,不黏附枝叶。雌虫蛆型,长 9 mm,黄白色。雄虫体长 8～11 mm,体淡褐色,有白色鳞毛,前后翅均透明。老熟幼虫体长 30 mm,红褐色。1 年发生 1 代。以老熟幼虫在护囊内越冬。6～7 月危害最重,10 月中、下旬进入越冬状态。

(三)袋蛾类的防治措施

(1)冬春人工摘除越冬虫囊,消灭越冬幼虫,平时也可结合日常管理工作,顺手摘除护囊,特别是植株低矮的树木花卉更易操作。

(2)用黑光灯或性激素诱杀雄成虫。

(3)药剂防治。幼虫危害时,喷洒低毒的胃毒剂 90%晶体敌百虫 1 200 倍液、2.5%溴氰菊酯乳油 2 000 倍液、40.7%毒死蜱乳油 1 000～2 000 倍液,有良好的防效。喷药时应注意喷施均匀,要求喷湿护囊,以提高防效。

(4)生物防治。用青虫菌或 Bt 制剂 500 倍液喷雾,保护袋蛾幼虫的寄生蜂、寄生蝇。

二、刺蛾类

刺蛾类属鳞翅目刺蛾科。成虫中大型,密生厚的鳞毛。幼虫蛞蝓形,无胸足,腹足退化，常具有枝刺和毒毛。蛹为裸蛹，蛹外常有光滑坚硬的茧。刺蛾种类很多，在园林植物上的主要有黄刺蛾[*Cnidocampa flavescens*（Walker）]、扁刺蛾[*Thosea sinensis*（Walker）]、褐边绿刺蛾[*L. consocia*（Walker）]、褐刺蛾[*Setora postornata*（Hampson）]、丽绿刺蛾[*Latoia lepida*（Cramer）]、两色绿刺蛾[*L. bicolor*（Walker）]等。

(一)黄刺蛾

[分布与危害] 黄刺蛾又名洋辣子。该虫分布几乎遍及全国，是一种杂食性食叶害虫，主要危害重阳木、三角枫、刺槐、梧桐、梅花、月季、海棠、紫薇、杨、柳等120多种植物。初龄幼虫只食叶肉，4龄后蚕食叶片，常将叶片吃光。

[识别特征] 成虫体橙黄色。触角丝状。前翅黄褐色，基半部黄色，端半部褐色，有两条暗褐色斜线，在翅尖上汇合于一点，呈倒"V"字形，里面一条伸到中室下角，为黄色与褐色的分界线，后翅灰黄色。老熟幼虫体长16～25 mm，黄绿色，体背面有一块紫褐色"哑铃"形大斑。蛹黄褐色，茧灰白色，茧壳上有黑褐色纵条纹，形似雀蛋(图5-2)。

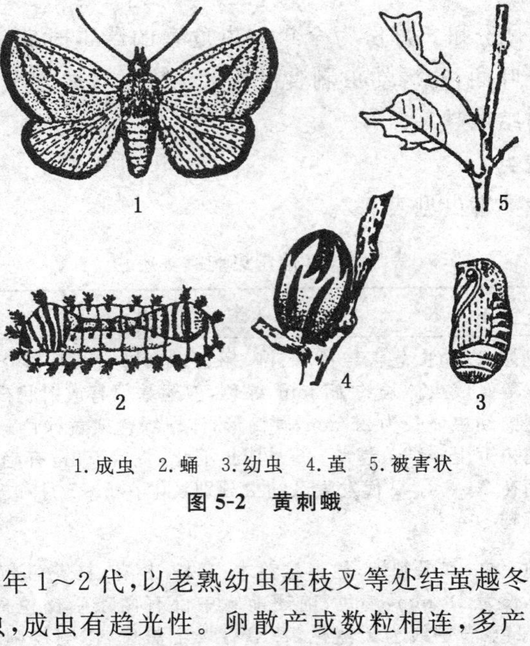

1.成虫　2.蛹　3.幼虫　4.茧　5.被害状

图5-2　黄刺蛾

[生活习性] 1年1～2代，以老熟幼虫在枝叉等处结茧越冬，翌年5～6月份化蛹，6月份出现成虫，成虫有趋光性。卵散产或数粒相连，多产于叶背。卵期5～6 d。初孵幼虫取食卵壳，而后群集在叶背取食叶肉，4龄后分散取食全叶。7月份老熟幼虫吐丝和分泌黏液做茧化蛹。

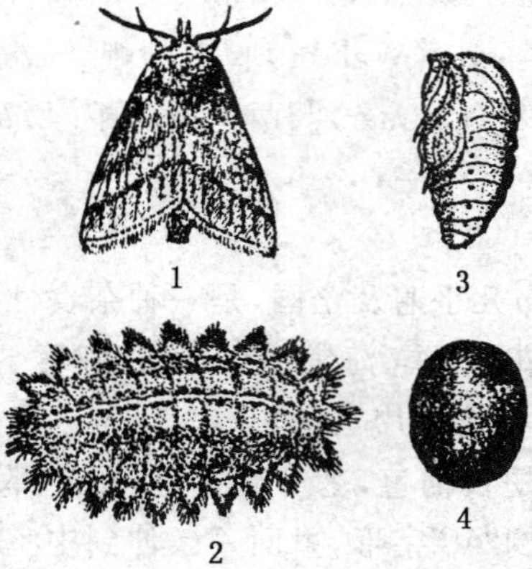

1.成虫　2.幼虫　3.蛹　4.茧

图 5-3　扁刺蛾

(二)扁刺蛾

[分布与危害] 又名黑点刺蛾,分布很广,在东北、华北、华东、中南及四川、云南、陕西等地区均有发生。食性很杂。危害悬铃木、榆、杨、柳、泡桐、大叶黄杨、樱花、牡丹、芍药等多种林木花卉,以幼虫取食叶片。

[识别特征] 成虫体、翅灰褐色。前翅灰褐稍带紫色,有 1 条明显的暗褐色线,从前缘近顶角斜伸至后缘。后翅暗灰褐色。触角褐色,雌虫丝状,雄虫基部数十节呈栉齿状。前足具白斑。老熟幼虫体长 21～26 mm,体绿色或黄绿色。椭圆形,各节背面横向着生 4 个刺突,两侧的较长,第 4 节背面两侧各有一小红点。茧椭圆形,黑褐色,坚硬(图 5-3)。

[生活习性] 1 年 1～3 代,以老熟幼虫结茧在土中越冬。6 月份和 8 月份为全年幼虫危害的严重时期。成虫傍晚羽化,有趋光性。卵散产于叶面,初孵幼虫剥食叶肉。5 龄以后取食全叶,并昼夜取食。9 月底以后开始下树结茧越冬。

(三)其他刺蛾类

其他常见刺蛾类害虫见表 5-2。

表 5-2　其他常见刺蛾类害虫

害虫种类	发生情况
褐边绿刺蛾	又名青刺蛾,以幼虫危害悬铃木、柳、杨、白蜡、榆、紫荆、樱花、白玉兰、广玉兰、丁香和黄连木等。成虫体长约 15 mm,绿色,前翅基部有放射状褐色斑,后翅及腹部为黄褐色。老熟幼虫体长为 26 mm,圆筒形,体翠绿色或黄绿色。1 年发生 1～2 代,以老熟幼虫在树下土中结茧越冬。6 月成虫羽化,昼伏夜出,有趋光性。1 代发生区幼虫危害盛期在 7～8 月,2 代发生区幼虫分别发生在 6～7 月和 8～9 月,10 月幼虫老熟下树结茧越冬。
褐刺蛾	又名桑刺毛虫、红绿刺蛾,危害悬铃木、乌桕、梅花、桂花、樱花、臭椿、紫薇和木槿等。成虫体长为 18 mm,褐色,前翅前缘中部有两条暗褐色横带。老熟幼虫体长 24 mm,黄绿色,背中线为天蓝色,每节有 4 个黑斑,体侧枝刺长而大。1 年发生 2 代,以老熟幼虫在树根部表土中结茧越冬。5 月下旬至 6 月上旬成虫羽化,幼虫危害期为 6 月中旬至 7 月中旬和 8 月中下旬至 9 月,10 月上旬老熟幼虫开始结茧越冬。

续表 5-2

害虫种类	发 生 情 况
丽绿刺蛾	又名绿刺蛾，危害悬铃木、香樟、桂花、茶、木棉、相思树等。成虫体长 10 mm，胸、背绿色，前翅翠绿色，前缘基部有深褐色刀形斑纹。后翅基半部为米黄色，端半部灰褐色。老熟幼虫体长 26 mm，头褐色，体翠绿色，体背有成对的蓝斑和刺枝。1 年发生 2～3 代，以老熟幼虫在树干上结茧越冬。6 月上旬羽化，成虫有趋光性，昼伏夜出。幼虫危害期发生在 6 月中旬至 7 月上、中旬和 7 月下旬至 9 月上、中旬，老熟幼虫在枝条上、皮缝等处结茧越冬。

(四)刺蛾类的防治措施

(1)消灭越冬虫茧。根据不同刺蛾结茧习性与部位，结合修剪清除树上的虫茧，在土层中的茧可采用挖土除茧。也可结合保护天敌，将虫茧堆集于纱网中，让寄生蜂羽化飞出。另外，初孵幼虫有群集性，摘除带初孵幼虫的叶片，可防止扩大危害。

(2)灯光诱集。刺蛾成虫大都有较强的趋光性，成虫羽化期间可设置黑光灯诱杀成虫。

(3)化学防治。幼虫危害严重时，喷施细菌性杀虫剂灭蛾灵 1 000 倍液、90%晶体敌百虫 800～1 000 倍液，50%辛硫磷乳油 1 500 倍液、40.7%毒死蜱乳油 1 000～2 000 倍液。此外，选用拟除虫菊酯类杀虫剂亦有很好的效果。化学防治应掌握在幼虫 2～3 龄阶段为好。

(4)生物防治。Bt 乳剂 500 倍液潮湿条件下喷雾使用。

(5)保护天敌。如上海青蜂、姬蜂等。

三、毒蛾类

毒蛾属鳞翅目毒蛾科。体中型，粗壮多毛，前翅广，足多毛，雌蛾腹端有毛丛。幼虫具有特殊的长毒毛，在化蛹及羽化时毒毛也常常附着在蛹及成虫上，不慎时即会刺入皮肤。

毒蛾种类很多，在园林植物上常见的主要有黄尾毒蛾(*Euproctis similis*)、柳毒蛾(*Stilpnotia salicis*)、舞毒蛾(*Lymantria dispar* Linnaeus)、杨毒蛾(*Stilpnotia candida* Chao)、刚竹毒蛾(*Pantana phyllostachysae* Chao)、侧柏毒蛾(*Parocneria furva* Leech)等。

(一)黄尾毒蛾

[分布与危害] 黄尾毒蛾又名黄尾白毒蛾、桑毛虫、桑毒蛾、金毛虫等。分布于华东、华中和西南各地。危害悬铃木、桑树、柳、枫、杨、苹果、海棠、红叶李、板栗、

桃、梨、梅、杏和枣等。幼虫取食叶片、幼芽，严重时将叶片食光。

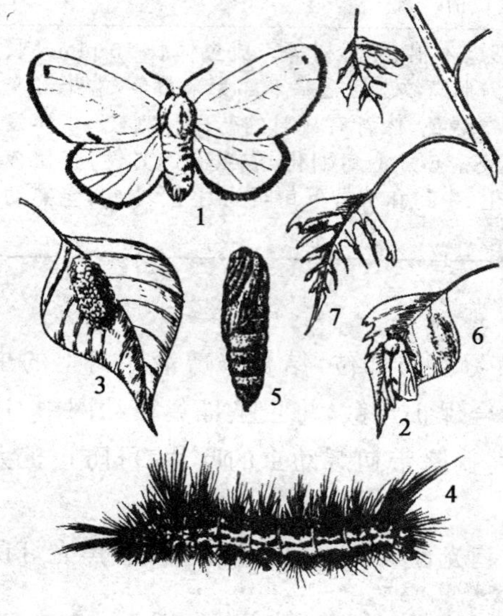

1. 成虫 2. 乌桕叶上静伏的成虫 3. 乌桕叶上的卵块 4. 幼虫 5. 蛹 6. 叶上的茧 7. 被害状

图 5-4 黄尾毒蛾

[识别特征] 成虫体长 15 mm 左右，翅展 30 mm 左右。体白色，复眼黑色。前翅后缘有 2 个黑褐色斑纹。雌成虫触角栉齿状，腹部粗大，尾端有黄色毛丛。雄成虫触角羽毛状，尾端黄色部分较少。卵扁圆形，灰白色，半透明，卵表有黄毛覆盖。幼虫老熟时体长为 32 mm 左右，黄色。背线与气门下线呈红色，背线、气门上线与气门线均为断续不连接的黑色线纹，每节有毛瘤 3 对(图 5-4)。

[生活习性] 该虫 1 年发生代数因地区不同而有差异，江苏、浙江、四川地区 1 年发生 3～4 代，华南地区可发生 6 代，以 3 龄幼虫在粗皮缝或伤疤处结茧越冬。翌年寄主展叶期开始活动危害，幼龄时先咬叶肉，仅留下表皮，稍大后蚕食造成缺刻和孔洞，仅剩叶脉。幼虫危害期分别发生在 4 月上旬、6 月中旬、8 月上旬、9 月下旬。幼虫体上着生长毛，对人有毒，一旦接触人体，可引起红肿疼痛，淋巴发炎，成为“桑毛虫皮炎症”。成虫有趋光性，昼伏夜出，将卵产在叶片背面，卵成块状，卵粒数目不等，卵期 6 d 左右。

(二)柳毒蛾

[分布与危害] 柳毒蛾又名柳雪毒峨、雪毒哦、柳叶毒蛾。分布于东北、西北、华北及山东、江苏、上海等地。幼虫危害多种杨、柳、白蜡、泡桐、槭树等。

[识别特征] 成虫体长为 21 mm 左右，翅展为 45 mm 左右。体白色，具绢丝光泽，足和触角上为黑和白色相间的斑纹。卵呈块状，上面覆盖灰白色泡沫状物。幼虫老熟时体长为 45 mm 左右。头棕色，上有黑斑 2 个。体背深灰色混有黄色，背中线褐色明显，两侧具有黑褐色纵线纹。体各节有瘤状突起，其上生有黄白色长毛。蛹纺锤状，黑褐色，体表有毛(图 5-5)。

[生活习性] 1 年发生 2 代，以 2 龄幼虫在树皮缝、落叶层下结薄茧越冬。4 月中旬杨、柳树叶萌发时活动危害，开始有上下树习性，白天躲伏在树皮缝间，夜晚上树危害，先取食下部叶片，逐渐向树冠上部危害。5 月下旬至 6 月上中旬老熟幼虫在卷叶、树皮缝、树洞、枯枝落叶层下等处化蛹。蛹期约 10 d。成虫飞翔力不强，趋

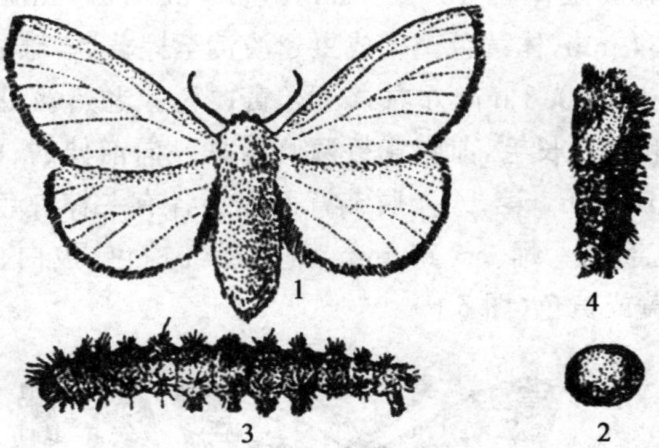

1.成虫 2.卵 3.幼虫 4.蛹

图 5-5 柳毒蛾

光性强,卵多产在树干表皮或树冠上部叶片背面,呈块状,卵块表面覆盖有灰白色泡沫胶状物。卵期约 15 d。初孵幼虫先群居危害,取食叶肉呈网状,受惊后吐丝下垂,3 龄后分散危害,昼夜取食。7 月为第 1 代幼虫危害盛期,9 月为第 2 代幼虫危害盛期,幼虫于 9 月底至 10 月上旬寻找隐蔽处吐丝结茧越冬。

杨毒蛾的形态特征与柳毒蛾类似,见表 5-3。

表 5-3 杨毒蛾与柳毒蛾形态比较

虫态	种类	
	杨毒蛾	柳毒蛾
成虫	翅上鳞片较厚,触角主干纯白色	翅上鳞片薄,触角主干黑白相间
卵	卵块表面覆盖灰白色泡沫状物,较粗糙	卵块表面覆盖银白色胶质物,较平滑
幼虫	体黄白色,头部黑色,有棕白色毛,体背各节有黄色或黄白色结合的圆形斑 11 个,胸足黑色	体黑褐色,头黄褐色,体节背面有瘤状突起,胸和腹部每节突起 6 和 4 个,体表具棕色毛
蛹	棕褐色或黑褐色,无白斑,光泽差,毛簇灰黄色	黑色有白斑,有长白毛,光泽强,毛簇灰白色

(三)刚竹毒蛾

[分布与危害] 主要分布于浙江、江苏、福建、江西、湖南、湖北、广东、广西、四川、云南等地。危害毛竹、慈竹,是我国竹林的重要害虫。被害竹林翌年竹笋减少,大发生时,可将竹叶食尽,使竹节内积水,致使竹林成片死亡。

[识别特征] 雌成虫体长 13～16 mm，翅展 32～37 mm；雄成虫体长 10～13 mm，翅展 26～34 mm，体黄色。雄成虫翅淡黄至棕黄色，雌成虫翅黄白色，翅后缘中央有橙红色斑。卵 0.8 mm 左右，鼓形，黄白色。老熟幼虫体长 18～25 mm，体灰黑色，被黄白和黑色长毛，前胸背板两侧各具一向前伸的、由羽状毛组成的灰黑色毛束，其长约 10 mm。第 1～4 腹节背面中央各有一棕红色毛刷，第 8 腹节背面中央有一棕红色毛刷。蛹 9～14 mm，黄棕或红棕色，被白色绒毛。茧长椭圆形，丝质，较薄，土黄或黄色（图 5-6）。

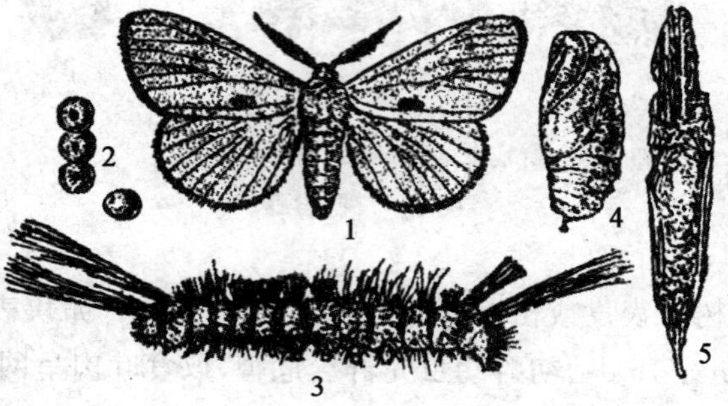

1. 成虫 2. 卵 3. 幼虫 4. 蛹 5. 茧

图 5-6 刚竹毒蛾

[生活习性] 在浙江、福建和江西 1 年发生 3 代，四川 4～5 代。以卵和 1～2 龄幼虫在叶背面越冬。在浙江，越冬幼虫于翌年 3 月中旬开始活动，越冬卵也开始孵化，4 月上、中旬孵化完毕。5 月上旬至 6 月上旬幼虫危害最严重，第 2 代幼虫期在 6 月下旬至 8 月上旬，第 3 代幼虫期在 8 月中旬至 10 月上旬。有世代重叠现象。

雌蛾多飞到未被危害或危害较轻的竹林，将卵产于竹冠中、下层竹叶背面或竹竿上。卵成块，单行或双行纵列，每行 10 多粒，多达 50 多粒。成虫有较强的趋光性。初孵幼虫先取食卵壳，然后群集竹叶背面取食，有吐丝下垂转移的习性。4 龄后幼虫分散取食，有假死性，遇惊卷曲弹跳坠地。

刚竹毒蛾多发生在背阴处，以后向山脊及阳坡转移。同一竹林，山洼被害重，山脊被害轻。1 年中以第 2、3 代危害重。有间歇发生的特性，大发生年数量很大，但次年骤减。

（四）其他毒蛾类

其他常见毒蛾类害虫见表 5-4。

表 5-4 其他常见毒蛾类害虫

害虫种类	发生概况
舞毒蛾	又名柿毛虫、秋千毛虫。危害栎、杨、柳、月季、紫薇、落叶松等。成虫雌、雄异形。雌蛾体长约 28 mm。前翅有 4 条黑褐色锯齿状横线。雄蛾体长 16～21 mm,茶褐色。翅面斑纹与雌蛾相同。老熟幼虫体长 50～70 mm,头黄褐色,具"八"字形黑纹,体背有 2 纵列突出的毛瘤,前面 5 对为蓝色,后 6 对为红色。1 年发生 1 代,以卵在树皮上、石缝中越冬。翌年 4～5 月孵化,1 龄幼虫昼夜危害,2 龄后幼虫昼伏夜出,有吐丝下垂习性。雄、雌蛾均有趋光性。雌蛾有白天飞舞的习性(故得名)。
侧柏毒蛾	又名柏毒蛾、柏毛虫。主要危害侧柏、桧柏、圆柏和黄柏等柏树类。成虫体长 20 mm,体灰褐色,雌蛾前翅浅灰色,略透明,雄蛾前翅灰褐色。老熟幼虫长 25 mm,灰绿或褐色,头黄褐色,前胸背板和臀板为黑色,腹部黄褐色。各节毛瘤上着生褐色细毛。1 年发生 2 代,以幼虫和卵在树干缝内和叶片上越冬。3 月下旬越冬卵孵化,幼虫也开始活动危害,6 月中旬出现成虫,成虫有趋光性。幼虫危害期分别发生在 4～5 月份、7～8 月份及 9 月份。
乌柏毒蛾	以幼虫危害乌柏、重阳木、女贞、油桐、刺槐、樟、杨、枇杷等。成虫体长为 12 mm,体密生橙黄色绒毛,前翅顶角有 1 个黄色三角区,内有 2 个明显的小黑点斑。老熟幼虫长 28 mm,头黑褐色,体黄褐色。体背部有成对黑色毛瘤,其上长有白色毒毛。1 年发生 2 代,以幼虫在树干向阳树腋或凹陷处越冬。4～5 月中、下旬取食嫩芽、嫩叶,7～8 月第 1 代幼虫危害,9～10 月第 2 代幼虫危害。成虫有趋光性。在高温、高湿年份发生危害比干旱年份为重。
茶黄毒蛾	又名茶毒蛾、茶毛虫,以幼虫危害山茶、茶、油茶、乌柏、油桐等。成虫体长 6～13 mm。雄蛾棕褐色,2 代以后黄色。雌蛾体黄褐色,稀布黑褐色鳞片,顶角黄斑内有 2 个黑色圆点。幼虫体长 10～20 mm,黄棕色,在第 1～8 腹节亚背线上有褐黑色绒瘤。1 年发生 2～5 代,以卵在植株中下部叶片背面越冬。在安徽,幼虫 4 月上旬至 6 月中旬和 7 月中旬到 9 月下旬发生。成虫昼伏夜出,有趋光性。幼虫有群集性,幼虫老熟后成群到附近土缝中、落叶或表皮下结茧化蛹。
角斑古毒蛾	又名赤纹毒峨。危害杨、柳、落叶松、悬铃木、白玉兰、山茶、紫荆等。成虫雌雄二型,雌成虫体长为 17 mm,长椭圆形,无翅。雄成虫体长为 15 mm,有翅,体灰褐色,前翅红褐色。老熟幼虫体长为 40 mm,体黑色,侧面有黄褐色线纹。前胸背板和第 8 腹节背面各有 1 对黑色长毛丛。1 年发生 2 代,以幼虫在草木丛中、落叶层下越冬。翌年 4 月开始危害嫩芽幼叶。初孵后的幼虫群食叶肉,可吐丝下垂,借风扩散危害。4～9 月为两代幼虫危害期,世代重叠,第 2 代发生轻。
松茸毒蛾	以幼虫危害日本五针松、雪松、马尾松、黑松、云南松等。幼虫取食针叶中部,造成断叶。成虫体灰黑色。雌蛾翅展 40～60 mm ,雄蛾翅展 30～40 mm 。前翅灰褐色,有多条褐色或黑褐色的波状横纹。老熟幼虫体长 35～45 mm,头红褐色,体棕黄色,密生黑毛。1 年发生 3～4 代,以蛹越冬。翌年 4 月成虫羽化,成虫昼伏夜出,有趋光性,飞翔力强。初孵幼虫能吐丝下垂,三代幼虫分别于 5～6 月、7～8 月、10 月份危害,11 月份在树皮缝隙内、石块下、土洞内、草根处吐丝结茧化蛹越冬。老熟幼虫有群集结茧化蛹习性。

(五)毒蛾类的防治措施

(1)消灭越冬虫体。清除枯枝落叶和杂草,在树干上绑草把诱集幼虫越冬,第2年早春摘下烧掉,并在树皮缝、石块下等处搜杀越冬幼虫等。

(2)涂药阻杀幼虫。对于有上、下树习性的幼虫,可用溴氰菊酯毒笔在树干上划1～2个闭合环(环宽1 cm),可毒杀幼虫,死亡率达86%～99%,残效8～10 d。也可绑毒绳等阻止幼虫上、下树。

(3)灯光诱杀成虫。

(4)人工摘除卵块及群集的初孵幼虫。结合日常养护寻找树皮缝、落叶下的幼虫及蛹。

(5)药剂防治。幼虫期喷施5%定虫隆乳油1 000～2 000倍液、2.5%溴氰菊酯乳油4 000倍液、25%灭幼脲3号胶悬剂1 500倍液、40.7%毒死蜱乳油1 000～2 000倍液等;用10%多来宝悬浮剂6 000倍液或5%高效氯氰菊酯4 000倍液喷射卵块。

四、舟蛾类

舟蛾属鳞翅目舟蛾科。幼虫大多颜色鲜艳,背部常有显著的峰突,幼虫栖息时只靠腹足固着,首尾上翘,形如龙舟而得名。危害园林植物的主要有杨扇舟蛾(*Clostera anachoreta* Fabricius)、杨二尾舟蛾(*Cerura menciana* Moore)、苹掌舟蛾(*Phalera flavescens* Bremer et Grey)、国槐羽舟蛾(*Pterostoma sinicum* Moore)等。

(一)杨扇舟蛾

[分布与危害] 分布几乎遍及全国各地。以幼虫危害各种杨树、柳树的叶片,发生严重时可食尽全叶。

[识别特征] 成虫体淡灰褐色,体长13～20 mm,头顶有一紫黑色斑。前翅灰白色,顶角处有一块赤褐色扇形大斑,斑下有一黑色圆点。后翅灰褐色。卵扁圆形,直径1 mm,橙红色。老熟幼虫体长32～38 mm,头部黑褐色,背面淡黄绿色,两侧有灰褐色纵带,每节上环状排列橙红色毛瘤8个,其上有长毛,第1、8腹节背中央各有1个大黑红色瘤。蛹体长13～18 mm,褐色(图5-7)。

[生活习性] 发生代数因地而异,1年2～8代,越往南发生代数越多,均以蛹结薄茧在土中、树皮缝或枯叶卷苞内越冬。成虫夜晚活动,有趋光性。卵产于叶背,单层排列呈块状。初孵幼虫群集啃食叶肉;2龄后群集缀叶结成大虫包,白天隐匿,夜间取食,被害叶枯黄明显;3龄后分散取食全叶。幼虫共5龄,末龄幼虫食量

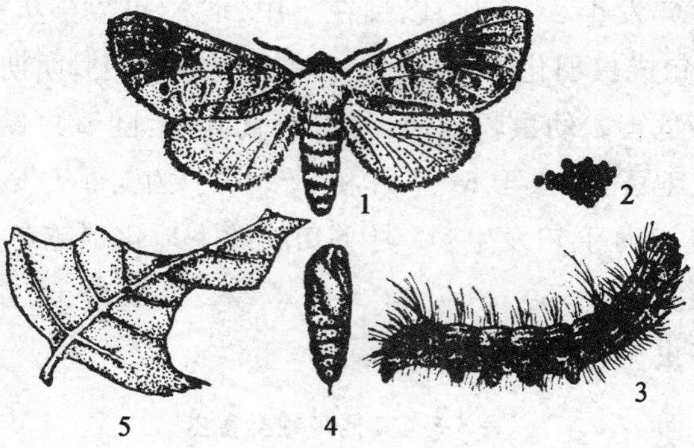

1.成虫 2.卵 3.幼虫 4.蛹 5.被害叶

图 5-7 杨扇舟蛾

最大,虫口密度大时,可在短期内将全株叶片食尽。老熟后在卷叶内吐丝结薄茧化蛹。

(二)国槐羽舟蛾

[分布与危害] 国槐羽舟蛾又名槐天社蛾,分布于华北、华东和西北等地。幼虫危害国槐、龙爪槐、江南槐、蝴蝶槐、紫薇、紫藤、海棠和刺槐等,易与国槐尺蠖同期发生,严重时,常将叶片食光。

[识别特征] 成虫体长 29 mm 左右,翅展 62 mm 左右。体暗黄褐色,前翅灰黄色,翅面有双条红褐色齿状波纹。卵黄绿色,似馒头状。幼虫老熟时体长为 55 mm 左右(图 5-8),体光滑粗大,腹部绿色,腹背部为粉绿色。气门线为黄褐色,足上有黑斑。蛹黑褐色,臂刺 4 个。茧灰色,较粗糙。

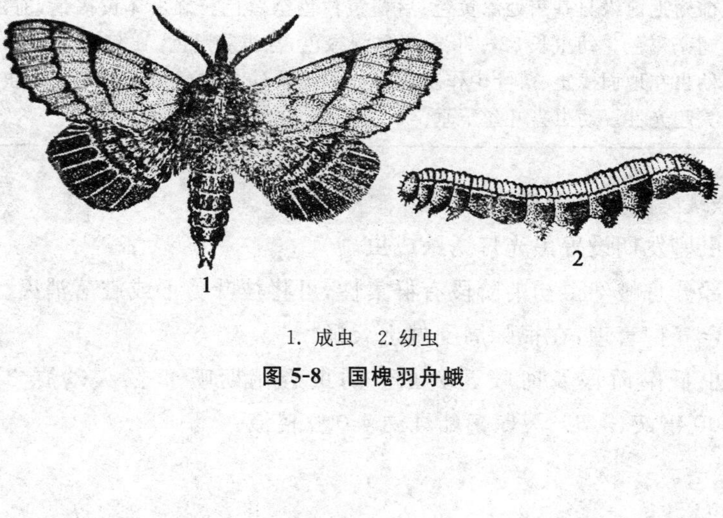

1. 成虫 2.幼虫

图 5-8 国槐羽舟蛾

[**生活习性**] 1 年发生 2～3 代，以蛹在土中、墙根和杂草丛下结茧越冬。翌年 4 月下旬至 5 月上旬成虫羽化，有趋光性，卵散产在叶片上，卵期约 7 天，5 月中、下旬第 1 代幼虫开始危害。幼虫较迟钝，分散蚕食叶片，随着虫龄增长，常将叶片食光。每年发生 2 代地区，幼虫于 6～7 月和 8～9 月发生，每年发生 3 代地区幼虫于 5 月中旬、6 月下旬、8 月下旬发生。9 月下旬陆续下地化蛹越冬。

(三)其他舟蛾类

其他舟蛾类害虫见表 5-5。

表 5-5 其他舟蛾类害虫

害虫种类	发生情况
杨二尾舟蛾	又名杨双尾舟蛾。以幼虫危害多种杨、柳树叶片及枝干。成虫体长为 28 mm 左右，体灰白色。胸背部有成对的黑点。前后翅均上有整齐的黑点和黑褐色波纹。后翅白色，外缘排列有 7 个黑点。老熟幼虫体长为 50 mm，体灰褐至灰绿色，前胸背板大而硬，臀足退化成 1 对尾须状。上海地区 1 年发生 2 代，以蛹在树干基部的茧内越冬。成虫有趋光性，幼虫严重危害期为 6 月和 8 月，幼虫受惊时尾须翻出红色管状物，并不断摇动。
苹掌舟蛾	又名舟形毛虫。以幼虫危害苹果、梨、李、樱桃、枇杷、海棠、桃、栗、榆等。体长约 25 mm，体黄白色，前翅银白，基部有一铅色圆斑，近外缘有铅色圆斑 1 列；后翅淡黄色，外缘杂有黑褐色斑。老熟幼虫体长 50 mm，头黑色，胸部背面紫褐色，全体密被灰黄色长毛。1 年发生 1 代。以蛹在根部附近约 7 cm 深的土层内越冬。成虫昼伏夜出，趋光性较强。静止时，幼虫沿叶缘整齐排列，头、尾高举，稍受惊动即吐丝下垂。
竹镂舟蛾	又名竹青虫，以幼虫取食竹类叶片。成虫体长 12～23 mm，雌成虫体翅黄白色，前翅近前缘与基角处深黄色；后翅黄白色至白色。雄虫体黄褐色，前翅锈黄色后翅茶褐色。幼虫长 52～70 mm，体翠绿色，背线灰黑色。1 年发生 3～4 代，以老熟幼虫在地面浅土、落叶中作茧越冬或以 4 代幼虫在竹子上越冬。成虫昼伏夜出，具趋光性。幼虫喜吐丝下垂。

(四)舟蛾类的防治措施

(1)成虫盛发期设置黑光灯诱杀成虫。

(2)大部分舟蛾幼虫初龄阶段有群集性，可将枝叶剪下或震落消灭。

(3)结合养护管理，在根际周围掘土灭蛹。

(4)幼虫低龄阶段及时喷药灭虫。幼虫孵化期喷 25%灭幼脲 3 号悬浮剂 1 000～1 500 倍液、2.5%溴氰菊酯乳油 4 000 倍液。

(5)生物防治。第1代幼虫发生期喷Bt乳剂500倍液,第1、2代卵发生盛期,每公顷释放30万~60万头赤眼蜂,傍晚或阴天释放白僵菌粉孢防治幼虫。

五、尺蛾类

尺蛾类属鳞翅目尺蛾科,因其幼虫的行动姿态而得名,还称为"步曲"或"造桥虫"。成虫体细、翅大而薄,飞翔力弱。幼虫拟态性强。尺蛾种类很多,危害园林植物的主要有国槐尺蛾(*Semiothisa cineraria* Bremer et Grey)、丝棉木金星尺蛾[*Calospilos suspecta* (Warren)]、木橑尺蛾(*Culcula panterinaria* Bremer et grey)、沙枣尺蛾(*Apocheima cinerarius* Erschoff)等。

(一)国槐尺蛾

[分布与危害] 又名吊死鬼、槐尺蛾。山东、河北、北京、浙江、陕西等地均有分布。主要危害国槐,龙爪槐,食料不足时也危害刺槐。以幼虫取食叶片,严重时可使植株死亡。是我国庭园绿化,行道树种主要食叶害虫。1999年曾在全国各分布区大发生。

[识别特征] 成虫体长12~17 mm,体黄褐色,有黑褐色斑点。前翅有3条明显的黑色横线,近顶角处有一近长方形褐色斑纹。后翅只有2条横线,中室外缘上有一黑色小点。卵椭圆形,0.6 mm,绿色。幼虫刚孵化时黄褐色,取食后变为绿色,老熟后紫红色。老熟幼虫体长30~40 mm。蛹体长13~17 mm,紫褐色(图5-9)。

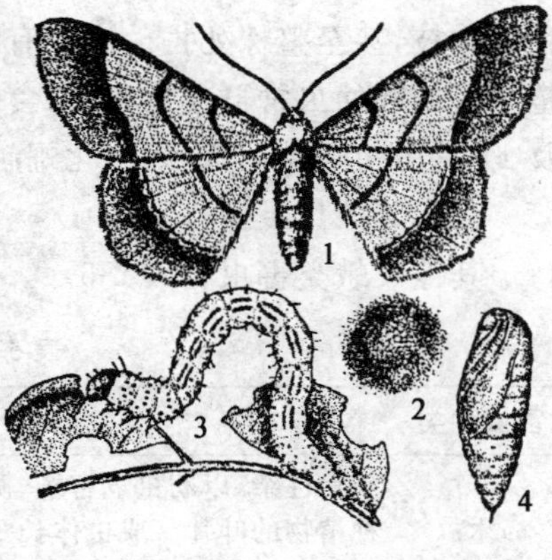

1.成虫 2.卵 3.幼虫 4.蛹

图5-9 国槐尺蛾

[生活习性] 每年发生3~4代。以蛹在树下松土中越冬。翌年4月中旬羽化为成虫。成虫具有趋光性。白天在墙壁、树干或灌木丛里停落,夜出活动产卵,卵多产于叶片正面主脉上,每处1粒。每雌虫平均产卵420粒。5月中旬第1代幼虫危害;6月下旬及8月上旬,第2代、第3代幼虫危害。幼虫共6龄,4龄前食量小,5龄后剧增,幼虫有吐丝下垂习性。幼虫老熟后吐丝下垂至松土中化蛹。

(二)丝棉木金星尺蠖

[分布与危害] 丝棉木金星尺蠖又名卫矛尺蠖。华北、华南、西北及华东地区

均有分布。主要危害丝棉木、大叶黄杨、扶芳藤、卫矛、女贞、白榆等多种园林植物。该虫是黄杨上的主要害虫之一，严重时将叶片食光，影响园林植物的正常生长。

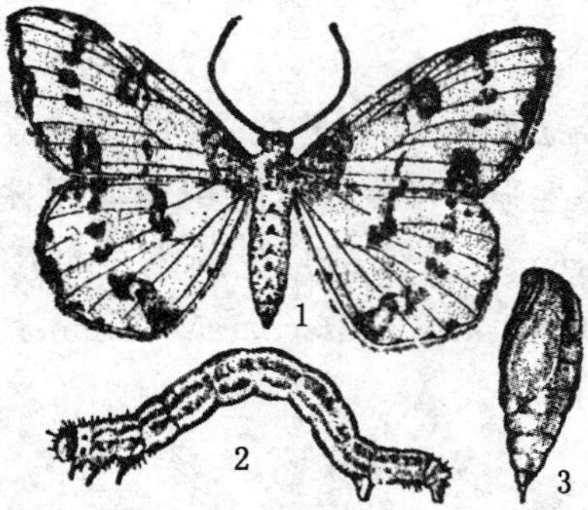
1.成虫 2.幼虫 3.蛹

图 5-10 丝棉木金星尺蠖

[识别特征] 成虫体长为 13 mm 左右，翅展为 38 mm。头部黑褐色，腹部黄色，翅银白色，翅面具有浅灰和黄褐色斑纹。前翅中室有近圆圈形斑，翅基部有深黄、褐色、灰色花斑。后翅散有稀疏的灰色斑纹。卵长圆形，灰绿色，卵表有网纹。幼虫老熟时体长为 33 mm 左右，体黑色，前胸背板黄色，其上有 5 个黑斑。腹部有 4 条青白色纵纹，气门线与腹线为黄色，较宽，臀板黑色。蛹棕褐色，长 13～15 mm(图 5-10)。

[生活习性] 每年发生 4 代，以老熟幼虫在被害寄主下松土层中化蛹越冬。3 月底成虫出现，5 月上中旬第 1 代幼虫及 7 月上中旬第 2 代幼虫危害最重，常将大叶黄杨啃成秃枝，甚至整株死亡。成虫有不太强的趋光性，多在叶背成块产卵，卵粒排列整齐。初孵幼虫常群集危害，啃食叶肉，3 龄后食成缺刻。3、4 代幼虫在 10 月下旬及 11 月中旬吐丝下垂，入土化蛹越冬。

(三)其他尺蛾类

其他尺蛾类害虫见表 5-6。

表 5-6 其他尺蛾类害虫

害虫种类	发生情况
木橑尺蛾	食性杂，以幼虫危害杨、柳、榆、槐、黄连木、菊科、蔷薇科、锦葵科、蝶形花科等多种植物的叶片。成虫体长 20～31 mm，翅底白色，上有灰色和橙色斑点，前翅基部有一个近圆形的橙黄色大斑，前后翅的外横线上各有一串橙色和深褐色圆斑。老熟幼虫体长 65～85 mm，体色有黄绿、黄褐及黑褐色，头顶中央凹陷、两侧突起呈角状。1 年 1 代，以蛹在土中越冬。成虫有趋光性，幼虫盛发期在 7 月下旬至 8 月上旬。
桑褶翅尺蠖	幼虫危害桑、杨、刺槐、国槐、龙爪槐、金银木、元宝枫、白蜡、丁香、榆、柳等树木。成虫体长 16 mm，体灰褐至黑褐色，前翅狭长，银灰色，翅面有 3 条灰褐色带，静止时四翅皱叠竖起。老熟幼虫体长 35 mm，体黄绿色，腹部 1～4 节背面有刺突。1 年 1 代，以蛹在表土下的干基树皮上的茧内越冬。成虫趋光性强，有假死性。4 月上旬幼虫孵化，1～2 龄幼虫只夜间取食，3～4 龄幼虫昼夜危害。幼虫习惯在叶柄或小枝上栖息，稍受惊动头向腹部隐藏，呈半环状，背面刺及腹侧刺突出。

续表 5-6

害虫种类	发 生 情 况
女贞尺蠖	又名丁香尺蠖,幼虫危害丁香、女贞、桂花、山茶等。成虫体长 14 mm,体翅白色,翅外缘有 2 列黑点,前、后翅面上有黑色大斑。老熟幼虫体长 20 mm,头黑色,体土黄色,体上有不规则黑斑。1 年 1 代,以幼虫在树冠上越冬。6 月成虫羽化,有趋光性。7 月是第 1 代幼虫危害高峰。幼虫可在树冠上吐丝结网蚕食叶片。

(四)尺蛾类的防治措施

(1)结合肥水管理,人工挖除虫蛹。利用黑光灯诱杀成虫。

(2)幼虫期喷施杀虫剂。如生物制剂 Bt 乳剂 600 倍液、10%多来宝悬浮剂 2 000 倍液、2.5%功夫乳油 2 000~3 000 倍液。

(3)保护和利用天敌。如凹眼姬蜂、细黄胡蜂、赤眼蜂、两点广腹螳螂等。成片国槐林或公园内可进行释放赤眼蜂,其寄生率在 40%~77%。

六、夜蛾类

夜蛾类属鳞翅目夜蛾科,种类极多。危害方式有食叶性、切根(茎)性及钻蛀性。在园林植物上普遍发生的有斜纹夜蛾(*Prodenia litura* Fabriceus)、银纹夜蛾(*Argyrogramma aganata* Staudinger)、黏虫(*Leucania separate* Walker)、甘蓝夜蛾(*Barathra brassicae*)、竹笋禾夜蛾(*Oligia vulgaris*)等。

(一)斜纹夜蛾

[分布与危害] 东北、华北、华中、华西、西南等地均有分布。尤以长江流域和黄河流域各省危害严重。有的地区呈间歇性的大发生。斜纹夜蛾食性杂,寄主植物已知的以达 290 余种。既危害荷花、睡莲等水生花卉植物,也危害菊花、康乃馨、牡丹、月季、木芙蓉、扶桑、绣球等观赏植物。幼虫取食叶片,花蕾及花瓣,近年来对三叶草草坪危害特别严重。

[识别特征] 成虫体长 14~20 mm。胸、腹部深褐色,胸部背面有白色毛丛。前翅黄褐色,多斑纹,内、外横线间从前缘伸向后缘有 3 条白色斜线,故名斜纹夜蛾,后翅白色。卵半球形,卵壳上有网状花纹,卵为块状。老熟幼虫体长 38~51 mm,头部淡褐色至黑褐色,胸腹部颜色多变。一般为黑褐色至暗绿色,背线及亚背线灰黄色,在亚背线上,每节有 1 对黑褐色半月形的斑纹(图 5-11)。

[生活习性] 发生代数因地而异,在华中、华东一带,1 年可发生 5~7 代,以蛹在土中越冬。翌年 3 月羽化,成虫对糖、酒、醋等发酵物有很强的趋性。卵产于叶背。初孵幼虫有群集习性,2~3 龄时分散危害,4 龄后进入暴食期。幼虫有假死

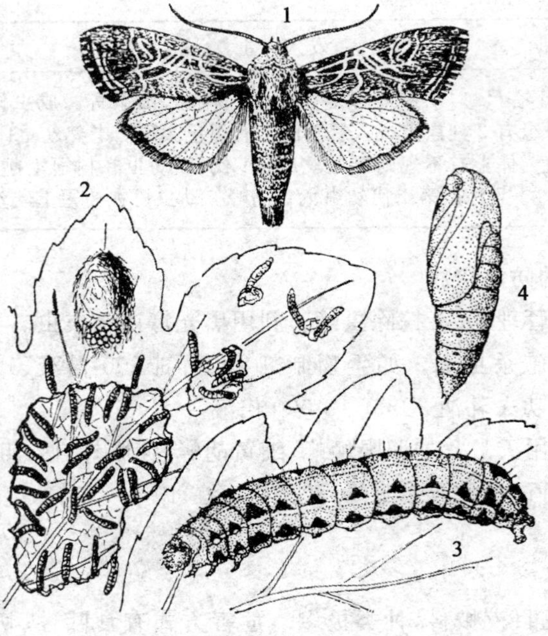

1. 成虫 2. 卵 3. 幼虫 4. 蛹

图 5-11 斜纹夜蛾

性,3 龄以后表现更为显著。幼虫白天栖居阴暗处,傍晚出来取食,老熟后即入土化蛹。此虫世代重叠明显,每年 7～10 月为盛发期。

斜纹夜蛾是一种间歇性大发生的害虫,属于喜温性害虫,发育适宜温度为 28～30℃,不耐低温,长时间在 0℃以下基本不能存活。

(二)黏虫

[分布与危害] 黏虫在我国分布极广,国内除新疆、西藏尚无记载外,各省(自治区)均有发生。黏虫是一种暴食性害虫,大量发生时常把叶片吃光,主要危害稻、麦、谷子、玉米、蟋蟀草、马唐草和狗尾草等禾本科作物和杂草以及甘蔗、芦苇等,近年来对草坪的危害日趋严重。

[识别特征] 成虫体长 15～17 mm,体灰褐色至暗褐色;前翅灰褐色或黄褐色;环形斑与肾形斑均为黄色,在肾形斑下方有 1 个小白点,其两侧各有 1 个小黑点;后翅基部淡褐色并向端部逐渐加深。卵馒头形,长 0.5 mm。老熟幼虫体长约 38 mm,圆筒形,体色多变,黄褐色至黑褐色,头部淡黄褐色,有“八”字形黑褐色纹,胸腹部背面有 5 条白、灰、红、褐色的纵纹(图 5-12)。蛹红褐色,体长 19～23 mm。

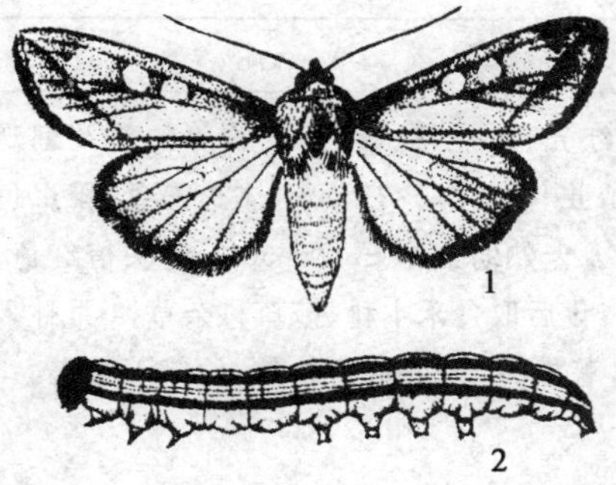

1.成虫 2.幼虫

图 5-12 黏虫

[生活习性] 1年发生多代，从东北的2～3代至华南的7～8代，并有随季风进行长距离南北迁飞的习性。成虫昼伏夜出，有较强的趋化性和趋光性。幼虫共6龄，1～2龄幼虫白天潜藏在植物心叶及叶鞘中，高龄幼虫白天潜伏于表土层或植物茎基处，夜间出来取食植物叶片。幼虫有假死性，1～2龄幼虫受惊后吐丝下垂，悬于半空，随风飘散，3～4龄幼虫受惊后立即落地，身体卷曲不动，安静后再爬上作物或就近转入土中。虫口密度大时可群集迁移危害。黏虫喜欢较凉爽、潮湿、郁闭的环境，高温干旱对其不利。黏虫1～2龄幼虫只啃食叶肉，呈现半透明的小斑点，3～4龄时，把叶片咬成缺刻，5～6龄的暴食期可把叶片吃光，虫口密度大时能把整块草地吃光。

(三)银纹夜蛾

[分布与危害] 又名黑点银纹夜蛾、豆银纹夜蛾。分布广，遍及全国各地。危害菊花、大丽花、一串红、海棠、香石竹等多种花卉。

[识别特征] 成虫体长15～17 mm，体灰褐色，胸部有2束毛耸立着。前翅深褐色，其上有2条银色波状横线，后翅暗褐色，有金属光泽(图5-13)。老熟幼虫体长25～32 mm，青绿色。腹部5、6及10节上各有1对腹足，爬行时体背拱曲。背面有6条白色的细小纵线。

图 5-13 银纹夜蛾成虫

[生活习性] 1年2～8代，发生代数因地而异。东北，河北、山东1年2～5代，上海、杭州、合肥4代，闽北地区6～8代，以老熟幼虫或蛹越冬。北京1年3代，5～6月间出现成虫，成虫昼伏夜出，有趋光性，产卵于叶背。初孵幼虫群集叶背取食叶肉，能吐丝下垂，3龄后分散危害，幼虫有假死性。10月初幼虫入土化蛹越冬。

(四)其他夜蛾类

其他夜蛾类害虫见表5-7。

表 5-7 其他夜蛾类害虫

害虫种类	发生情况
竹笋禾夜蛾	又名竹笋夜蛾。危害毛竹、淡竹、刚竹、红壳竹、桂竹、石竹、苦竹等的笋及鹅观草、早熟禾、白顶早熟禾、小茅草等杂草。成虫体长 14～21 mm，体灰褐色，雌虫色较浅。前翅基部及前缘有深褐色三角形斑。老熟幼虫体长 36～50 mm，头橙红色，体紫褐色。1 年 1 代，以卵越冬。1～2 月孵化后取食禾本科、莎草科杂草，4 月蛀入笋中危害，地面杂草多的，竹笋的被害率显著提高，无杂草的竹林，竹笋不被害。6 月出现成虫，有趋光性。
甘蓝夜蛾	食性杂，主要危害甘蓝、白菜等十字花科蔬菜，近年来危害草坪严重。成虫体长 15～25 mm，灰褐色，前翅有明显的肾状斑和环状斑；后翅灰白色。老熟幼虫体长 50 mm，头黄褐色，胸腹部黑褐色，散生灰黄色细点。在东北、华北、西北地区每年发生 1～3 代。有滞育习性。以蛹在寄主根部附近土中越冬。越冬蛹一般于春季气温在 15～16℃ 时羽化出土。各地春末夏初的危害重于秋季的危害。成虫有趋光性。
臭椿皮蛾	又名椿皮夜蛾，危害臭椿、香樟、香椿、红椿等。成虫体长 28 mm，头胸部灰褐色，腹部橘黄色，前翅狭长，前缘区黑色，其余褚灰色；后翅大部分为橘黄色，外缘有条蓝黑色宽带。老熟幼虫体长 48 mm，头深褐色，体色橙黄色，各节有褐色斑点。1 年 2 代，以茧内蛹在枝干上、皮缝、伤疤等处越冬。翌年臭椿发芽时成虫羽化，有趋光性。2 代幼虫危害期分别发生在 5～6 月、8～9 月，以第 1 代幼虫危害严重。

(五)夜蛾类的防治措施

(1)清除园内杂草或于清晨在草丛中捕杀幼虫，人工摘除卵块、初孵幼虫或蛹。

(2)灯光诱杀成虫，或利用趋化性用糖醋液诱杀，糖醋液配比为：糖：酒：水：醋(2：1：2：2)＋少量敌百虫。

(3)幼虫期喷 Bt 乳剂 500～800 倍液、2.5％溴氰菊酯乳油或 10％氯氰菊酯乳油或 2.5％功夫乳油 2 000～3 000 倍液、5％定虫隆乳油 1 000～2 000 倍液、20％灭幼脲 3 号胶悬剂 1 000 倍液等。

七、灯蛾类

灯蛾类属鳞翅目灯蛾科。因成虫趋光性强，夜间扑灯而得名。幼虫体毛甚多。在园林植物上常见的有美国白蛾(*Hyphantria cunea* Drary)、红缘灯蛾(*Amsacta lactinea* Cramer)、人纹污灯蛾[*Spilarctia subcarnea* (Walker)]等。

(一)美国白蛾

[分布与危害] 美国白蛾又名美国白灯蛾、秋幕毛虫,是一种世界性的检疫对象。美国白蛾食性极杂,可危害100多种植物,如桑、榆、杨、柳、泡桐、五角枫、糖槭、樱花、白蜡、臭椿、核桃、山檀、连翘、丁香、爬山虎、美国地锦、桃、苹果和梨等。

[识别特征] 成虫体长9～12 mm,纯白色。多数雄蛾前翅散生几个黑色或褐色斑点,触角双栉齿状。雌蛾无斑点,触角为锯齿状。成虫外形易与星白灯蛾、柳毒蛾混淆。卵圆球形,黄绿色,表面有刻纹。幼虫分为“黑头型”和“红头型”。我国目前发现的多为“黑头型”。老熟幼虫体长28～35 mm,头黑色具光泽,腹部背面具1条灰褐色的宽纵带。背部毛瘤黑色,体侧毛瘤多为橙黄色,毛瘤上生白色长毛丛。蛹深褐至黑褐色(图5-14)。

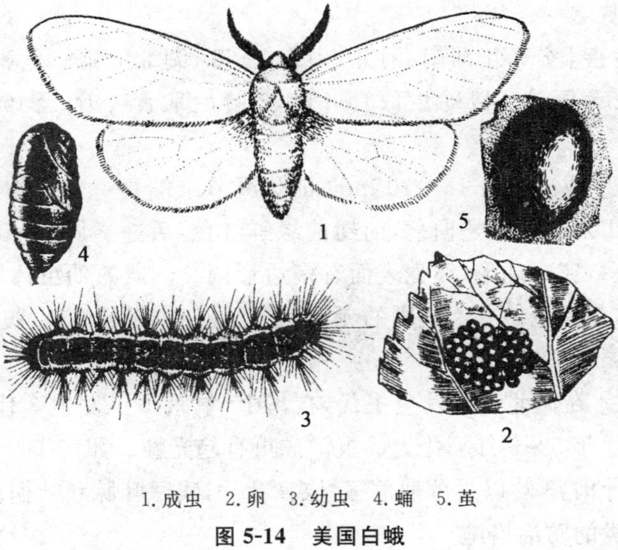

1.成虫 2.卵 3.幼虫 4.蛹 5.茧

图5-14 美国白蛾

[生活习性] 1年发生2～3代,以茧内蛹在杂草丛、落叶层、砖缝及表土中越冬。成虫有趋光性,卵产在树冠外围叶片上,呈块状,每块有卵数百粒不等,卵表面有白色鳞毛,卵期为11 d左右。幼虫共7龄,5龄后进入暴食期。初孵幼虫群集危害,并吐丝结网缀叶1～3片成“网幕”(图5-15)状,随着虫龄增长,食量加大,更多的新叶片被包进网幕中,使网幕增大,犹如一层白纱包缚着。大龄幼虫可耐饥饿15 d,这有利于幼虫随运输工具传播扩散。3代区幼虫发生在5～11月,以8月危害最严重。

图 5-15 美国白蛾的为害状——网幕

(二)红缘灯蛾

[分布与危害] 分布于河南、河北、山东、江苏、湖北等地。危害菊花、月季、芍药、木槿、萱草、鸢尾等。以幼虫取食叶肉,3 龄后取食叶片,影响寄主的发育和观赏。

[识别特征] 成虫体长 18～20 mm,前足胫节末端具一弯形的爪,后足胫节有内距和端距各 1 对。体及翅白色,前翅前缘鲜红色,后翅横脉有一黑斑,近外缘处有 1～3 个黑斑。卵半球形,卵壳表面有多边形刻纹。老熟幼虫体长 36～60 mm,头部茶褐色,体茶黑色。有不规则的赤褐色至黑色毛,胸足黑色,腹足及臀足红色。蛹长 22～26 mm,黑褐色。

[生活习性] 在河北 1 年发生 1 代,在华中、华东 1 年发生 3 代。以蛹在枯枝落叶下越冬。翌年 5～6 月羽化为成虫。成虫有趋光性。卵产于叶背,块状。初孵幼虫群集危害叶肉,3 龄以后分散危害,取食叶片,残留叶脉和叶柄。

(三)灯蛾类的防治措施

(1)对美国白蛾加强检疫。疫区苗木未经过处理严禁外运,疫区内积极防治,并加强对外检疫。

(2)摘除卵块和尚群集危害的有虫叶。

(3)冬季换茬耕翻土壤,消灭越冬蛹,或在老熟幼虫转移时,可在树干周围束草,诱集化蛹,然后解下诱草烧毁。

(4)成虫羽化盛期利用黑光灯诱杀成虫。

(5)保护和利用寄生性、捕食性天敌,用苏云金杆菌和核型多角体病毒制剂喷雾防治。

(6)化学防治。喷施50%辛硫磷1 000倍液、95%巴丹可溶性粉剂1 500~2 000倍液或20%速灭菊酯乳油3 000倍液、25%灭幼脲三号悬浮剂1 000~1 500倍液、3%高渗苯氧威乳油3 000~4 000倍液、20%除虫脲悬浮剂4 000~6 000倍液、1.5%华戎Ⅰ号乳油3 000倍液等药剂。

八、斑蛾类

斑蛾类属鳞翅目斑蛾科。在园林植物上常见的有朱红毛斑蛾(*Phauda flammans* Walker)、大叶黄杨斑蛾(*Pryreza sinica* Moore)、竹斑蛾(*Artona funeralis* Butler)、梨星毛虫(*Illiberis pruni* Dyar)等。

(一)朱红毛斑蛾

[分布与危害] 又名火红斑蛾、榕树斑蛾。分布于广东、云南等省。危害榕树、高山榕、印度橡胶榕等各种榕属庭园树木,危害相当严重。

[识别特征] 成虫体长13 mm,触角双栉齿状,黑色,端部灰白色。体及翅红色,前翅和后翅的臀区有1个大的深蓝色斑。胸部背面及腹部两侧红色的体毛较长。卵扁椭圆形,呈鱼鳞状排列。老熟幼虫体长17~19 mm,头小,常隐藏在前胸下。体背面赤褐色,两侧浅黄色,气门上线和基线白色,每体节有4个白色毛突,每个毛突着生1根棕色毛(图5-16)。幼虫体上能分泌出一种黏液而使其体表黏稠。蛹纺锤形,长11~12 mm,腹部背面黑褐色,其余均为淡黄色。

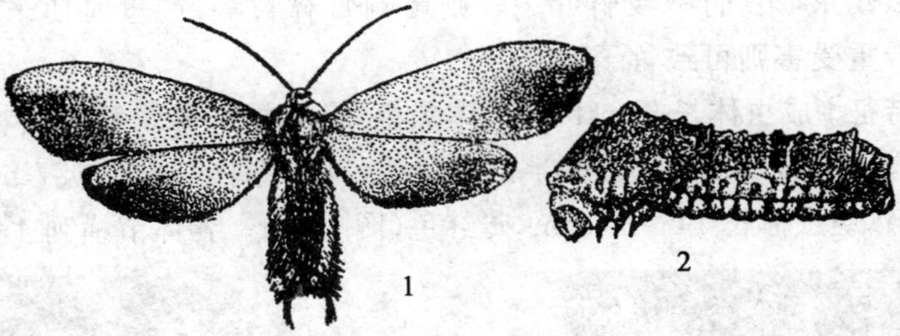

1.成虫 2.幼虫

图5-16 朱红毛斑蛾

[生活习性] 该虫在广州1年发生2代,以老熟幼虫结茧越冬,翌年3月中、下旬为化蛹盛期。4月上、中旬为羽化盛期,成虫将卵产在树冠顶部的枝条叶片上。第1代幼虫危害在4月下旬至6月下旬,第2代幼虫危害在7月中旬至10月中旬,9月下旬便开始陆续结茧越冬。初孵幼虫啃食叶表皮,随虫龄增大,将叶片吃成孔洞或缺刻,严重时叶片全部吃光。老熟幼虫在树干基部附近杂草石缝或树根

间隙结茧化蛹。寄生天敌有绒茧蜂和花胸姬蜂。

(二)大叶黄杨斑蛾

[分布与危害] 大叶黄杨斑蛾又名大叶黄杨长毛斑蛾、冬青卫矛斑娥。分布于河北、北京、内蒙古、山西、陕西、江苏、浙江、福建等地。危害大叶黄杨、银边黄杨、金心冬青卫矛、大花卫矛、扶芳藤和丝棉木等。以幼虫取食寄主叶片,发生严重时将叶片食光,影响植物正常生长。

[识别特征] 成虫体长7～12 mm,触角、头胸和腹端黑色,中胸与腹部大部分污橘黄色。前翅浅灰黑色,略透明,基部1/3浅黄色。后翅大小为前翅的一半,色稍淡。卵椭圆形。幼虫老熟时体长为15 mm左右,腹部黄绿色,前胸背板有A形黑斑纹。体背共有7条纵带,体表有毛瘤和短毛(图5-17)。蛹黄褐色,表面有不明显的7条纵纹。

[生活习性] 1年发生1代,以卵在一年生枝上越冬。翌年3月底至4月初卵孵化,低龄幼虫群集枝梢取食新叶,以后随虫龄增长分散危害,食量剧增,并可吐丝缠绕叶片。幼虫稍受震动即吐丝下垂。4月底至5月初幼虫老熟,在浅土中结茧化蛹,以蛹越夏。11月上旬成虫羽化,交配后产卵于枝梢,以卵越冬。

(三)竹斑蛾

[分布与危害] 竹斑蛾,又称竹小斑蛾、竹毛虫,分布于江苏、浙江、安徽、湖北、湖南、江西、台湾、广东、广西、云南和贵州等地,主要危害毛竹、刚竹、淡竹、青皮竹、茶秆竹等,以幼虫取食竹笋及竹叶。轻则影响竹林长势,严重时使来年发笋率降低,如连年严重受害则可致竹子死亡。

[识别特征] 成虫体长9～11 mm,体黑色,有光泽。雌蛾触角丝状,雄蛾触角羽毛状。翅黑褐色,后翅中部和基半部半透明。卵椭圆形,长约0.7 mm,乳白色,有光泽。老熟幼虫体长14～20 mm,砖红色(图5-18)。各体节横列4个毛瘤,瘤

图5-17 大叶黄杨斑蛾——老熟幼虫

图5-18 竹斑蛾——幼虫

上长有成束的黑短毛和白色长毛。蛹 10～12 mm，黄褐色至灰黑色。茧长 12～15 mm，瓜子形，黄褐色，茧上有白粉。

［**生活习性**］不同区域世代数明显不同，贵州 1 年 1～3 代，江苏 2 代，广州 4～5 代。以老熟幼虫在竹林的枯枝落叶下、石块下及笋壳内结茧越冬。翌年 3 月中旬化蛹，4 月成虫羽化。初孵幼虫群集于竹叶背面取食，致使竹叶呈现不规则的白斑，严重时致全叶枯白。3 龄后逐渐分散危害，食量也逐渐增大。5～6 龄食量最大，可将整个叶片吃光，仅留残枝，造成严重危害。

竹斑蛾多发生在温度较高，湿度较低，光线充足的竹林地，当年新竹和幼壮竹受害更为严重。

(四)斑蛾类的防治措施

(1)结合冬春修剪，剪除虫卵。生长期人工捏杀虫苞，摘除虫叶，集中销毁，捕捉成虫；以幼虫越冬的，可在幼虫越冬前在干基束草把诱杀。

(2)幼虫期喷洒青虫菌 500 倍液、1%灭虫灵 2 000～3 000 倍液、2.5%溴氰菊酯乳油 3 000 倍液。

九、螟蛾类

螟蛾类属鳞翅目螟蛾科。危害园林植物的螟蛾除卷叶、缀叶的以外，还有许多钻蛀性害虫。在园林植物较常见的有松梢螟（*Dioryctria rubella* Hampson）、黄杨绢野螟［*Diaphania perspectalis*（Walker）］、棉卷叶野螟（*Sylepta derogata* Fabricius）等。

(一)松梢螟

［**分布与危害**］又名微红梢斑螟，全国分布，危害马尾松、黑松、油松、赤松、黄山松、云南松、华山松及加勒比松、火炬松及湿地松等。幼虫钻蛀中央主梢及侧梢，使松梢枯死，中央主梢枯死后，侧梢丛生，树冠成扫帚状，严重影响树木生长，幼树主杆被害严重的，整株枯死，影响园林绿化，除危害松梢外，幼虫也可蛀食球果，影响种子产量。

［**识别特征**］成虫体长 10～16 mm，全体灰褐色，前翅中室端部有一肾形大白斑，白斑与外缘之间有一条明显的白色波状横纹，白斑与翅基之间有 2 条白色波状横线，翅外缘近缘毛处有一黑色横带，后翅灰白色，无斑纹。卵椭圆形，长 0.8～1 mm，黄色。老熟幼虫体长 25 mm 左右，头部及前胸背板红褐色，体表生有许多褐色毛片，腹部各节有毛片 4 对，背面的两对较小，呈梯形排列，侧面两对较大。蛹体长 11～15 mm，红褐色(图 5-19)。

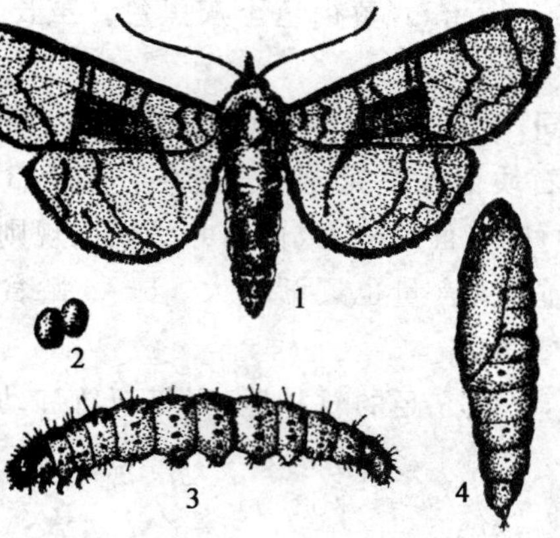

1.成虫 2.卵 3.幼虫 4.蛹

图 5-19 松梢螟

［**生活习性**］各地发生世代数不同，江苏、浙江、上海等地每年 2～3 代，生活史不整齐。以幼虫在被害梢的蛀道或枝条基部的伤口内越冬。次年 3 月底至 4 月初越冬幼虫开始活动，在被害梢内向下蛀食。5 月上旬幼虫陆续老熟，在被害梢内做蛹室化蛹，5 月下旬羽化。成虫白天静伏，夜晚活动，有趋光性，产卵在嫩梢针叶上或叶鞘基部，散产。初龄幼虫先啃咬梢皮，形成一个指头大的疤痕，被咬处有松脂凝结；以后逐渐蛀入髓心，形成一条长 15～30 cm 的蛀道，蛀口圆形，有大量蛀屑及粪便堆集。大多数危害直径 8～10 mm 的中央主梢，6～10 年生的幼树被害最重。

(二)黄杨绢野螟

［**分布与危害**］黄杨绢野螟又名黄杨黑缘螟蛾。全国分布。幼虫危害大叶黄杨、瓜子黄杨、庐山黄杨、锦熟黄杨、朝鲜黄杨、雀舌黄杨、冬青和卫矛等。此虫具有突发性，轻者影响正常生长，重者叶枯脱落，造成光秃枝，致幼株死亡。

［**识别特征**］成虫体长 23 mm，除前翅前缘、外缘、后缘及后翅外缘为黑褐色宽带外，全体大部分被有白色鳞片，有紫红色闪光。在前翅前缘宽带中，有 1 个新月形白斑。卵长圆形，扁平，排列整齐，不易发现。幼虫老熟时体长 40 mm，头部黑色，胸、腹黄绿色。背中线深绿色，两侧有黄绿及青灰色横带，各节有明显的黑色瘤状突起，瘤突上着生刚毛(图 5-20)。蛹纺锤形，臀刺 8 根，排成一列，尖端卷曲成钩状。

图 5-20 黄杨绢野螟——幼虫

［生活习性］1 年发生 3 代，以幼虫在缀叶中越冬。翌年 3 月中旬至 4 月上旬越冬幼虫活动危害，5 月上旬为盛期，5 月中旬在缀叶中化蛹，蛹期 9 d 左右。成虫有弱趋光性，昼伏夜出，雌蛾将卵产在叶背面，卵期约 7 d。幼虫共 6 龄。第 1 代在 5 月上旬至 6 月上旬、第 2 代在 7 月上旬至 8 月上旬、第 3 代在 7 月下旬至 9 月下旬，以第 2 代幼虫发生普遍，危害严重。若防治不及时，叶片被蚕食光，植株变黄枯萎。9 月下旬幼虫结网缀叶做包，在包内结薄茧越冬，天敌有凹眼姬蜂、蚂蚁、卵跳小蜂等。

(三)棉卷叶野螟

［分布与危害］又名棉大卷叶螟、棉卷叶螟、卷叶虫、打包虫，分布于全国各地，主要危害楸葵、木槿、芙蓉、女贞、木棉、扶桑、蜀葵和海棠等园林植物。

［识别特征］成虫体长 10～15 mm，淡黄色。头部浅黄色，胸部背面有 12 个黑褐色小点排成 4 行。前后翅内横线及外横线为波状栗色，前翅前缘近中央处有“OR”形的褐色斑纹，缘毛淡黄色，后翅中室端部有细长棕色环纹，外横线和亚外缘线波状，缘毛淡黄色。老熟幼虫体长 25～26 mm，体绿色，头部棕黑色，胸足黑色，体上有稀疏的长刚毛。蛹纺锤形，红褐色(图 5-21)。

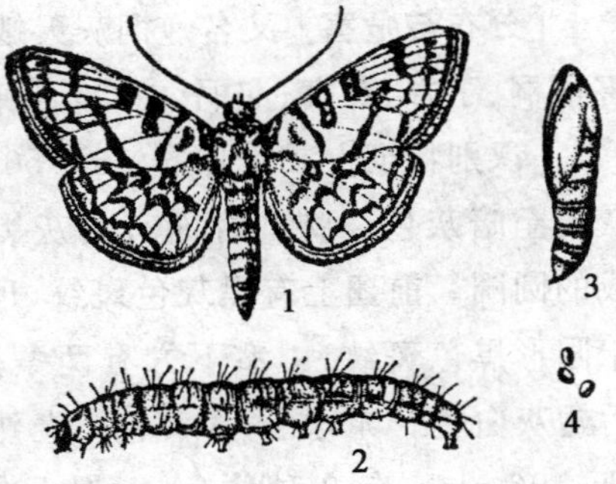

1. 成虫 2. 幼虫 3. 蛹 4. 卵

图 5-21 棉卷叶野螟

［生活习性］北京 1 年 3～4 代，华南 5 代，以老熟幼虫在茎杆、落叶、杂草或树皮缝中越冬。翌年 5 月羽化成虫，成虫有趋光性，卵散产于叶背，以植株上部最多。幼虫 6 月中至 7 月孵化，初孵幼虫多聚集于叶背啃食叶肉，3 龄后分散危害，将叶片卷成筒状，幼虫潜藏其中危害，并有转叶危害习性，严重时将叶片吃光，7 月下旬出现第 2 代成虫，8 月底至 9 月上旬出现第 3 代成虫，11 月份以幼虫越冬。

(四)螟蛾类的防治措施

(1)消灭越冬虫源。如秋季清理枯枝落叶及杂草，并集中烧毁。

(2)在幼虫危害期可人工摘虫苞。

(3)药剂防治。发生面积大时于初龄幼虫期喷 50％辛硫磷乳油 1 000 倍液、敌敌畏 1 份＋灭幼脲 3 号 1 份 1 000 倍液、10％氯氰菊酯乳油 2 000～3 000 倍液。

(4)开展生物防治。卵期释放赤眼蜂，幼虫期施用白僵菌等。

十、天蛾类

天蛾类属鳞翅目天蛾科，是一类大型的蛾子。前翅狭长，后翅短三角形，身体粗壮，飞翔迅速，成虫身体花纹怪异，触角尖端有一小钩，易与其他蛾类区别。幼虫粗大，身体上有许多颗粒，体侧大多有一列斜纹，尾部背面有尾角。我国天蛾科昆虫种类约 130 种，园林植物上常见的有霜天蛾（*Psilogramma menephron* Cramer)、豆天蛾（*Clanis bilineata tsingtauica*)、鬼脸天蛾［*Acherontia lachesis*（Fabricius)］、咖啡透翅天蛾［*Cephonodes hylas*（Linnaeus)］、蓝目天蛾（*Smerinthus planus* Walker)等。

（一）霜天蛾

［分布与危害］又名泡桐灰天蛾，分布于华北、西北、华东、华中、华南等地。危害梧桐、丁香、女贞、泡桐、白蜡、苦楝、樟、楸等园林花木，以幼虫食叶危害。

［识别特征］成虫体长 45～50 mm，体翅灰白至暗灰色。胸部背面有由灰黑色鳞片组成的圆圈。前翅上有黑灰色斑纹，顶角有一个半圆形黑色斑纹，中室下方有两条黑色纵纹，后翅灰白色。卵球形，淡黄色。老熟幼虫体长 75～96 mm，有 2 种体色：一种是绿色，腹部 1～8 节，两侧有 1 条白斜纹，斜纹上缘紫色，尾角绿色；另一种也是绿色，上有褐色斑块，尾角褐色，上生短刺。蛹体长 50～60 mm，红褐色（图 5-22）。

1.成虫 2.卵 3.幼虫 4.蛹

图 5-22 霜天蛾

［生活习性］1 年发生 1～3 代，以蛹在土中越冬，翌年 4 月下旬至 5 月羽化。6～7 月份危害最烈。10 月底幼虫老熟入土化蛹越冬。成虫白天隐藏，夜间活动，有趋光性，卵多散产于叶背。幼虫孵化后先啃食叶表皮，随后蚕食叶片，咬成大的缺刻和孔洞，甚至将全叶吃光，树下有大量的碎叶和深绿色大粒虫粪。

（二）桃天蛾

［分布与危害］桃天蛾也叫桃六点天蛾、枣天蛾、枣豆虫、桃雀蛾等，主要寄主为桃、苹果、梨、杏、樱桃、枇杷、海棠、葡萄等，以幼虫啃食叶片，发生严重时，常逐枝吃光叶片，甚至全树叶片被食殆尽，严重影响产量和树势。

［识别特征］成虫体长 36～46 mm，体肥大，深褐色，头细小，复眼紫黑色。

前翅狭长，灰褐色，有数条较宽的深浅不同的褐色横带，在后缘臀角处有一紫黑色斑纹。后翅近三角形，枯黄至粉红色，翅脉褐色，臀角处有2个紫黑色斑纹。卵扁圆形，绿色透明。老熟幼虫体长80 mm，黄绿色，头部呈三角形，体上附生黄白色颗粒，第4节后每节气门上方有黄色斜条纹，有1个尾角。蛹长45 mm，纺锤形，黑褐色，尾端有短刺（图5-23）。

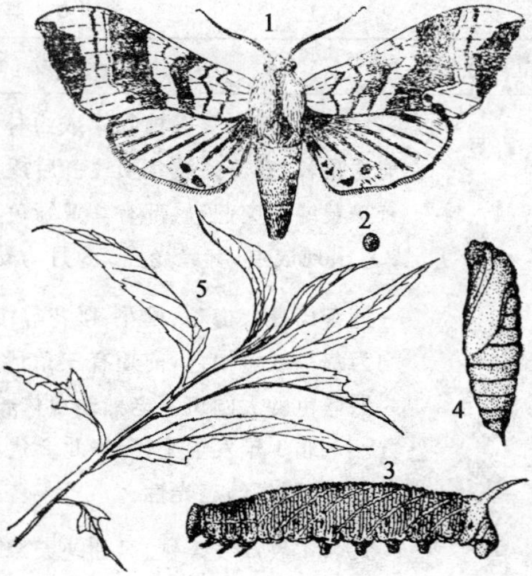

图5-23 桃天蛾

1.成虫 2.卵 3.幼虫 4.蛹 5.被害状

［**生活习性**］天津、河北、山西、陕西、山东等地1年发生2代，以蛹在地下5～10 cm深处的蛹室中越冬，越冬代成虫于5月中旬出现，白天静伏不动，傍晚活动，有趋光性。卵产于树枝阴暗处、树干裂缝内或叶片上，散产。每雌蛾产卵量为170～500粒。卵期约7 d。第1代幼虫在5月下旬至6月发生危害。6月下旬幼虫老熟后，入土作穴化蛹，7月上旬出现第1代成虫，7月下旬至8月上旬第2代幼虫开始危害，9月上旬幼虫老熟，入土4～7 cm作穴（土茧）化蛹越冬。

(三)其他天蛾类

其他天蛾类害虫见表5-8。

(四)天蛾类的防治措施

(1)结合耕翻土壤，人工挖蛹。根据树下虫粪寻找幼虫进行捕杀。

(2)利用新型高压灯或黑光灯诱杀成虫。

(3)虫口密度大、危害严重时，喷洒Bt乳剂500倍液、2.5%溴氰菊酯乳油2 000～3 000倍液、10%多来宝乳油1 000倍液、50%辛硫磷乳油2 000倍液。

十一、卷叶蛾类

卷叶蛾类属鳞翅目卷叶蛾科或小卷叶蛾科，是小型蛾子。幼虫吐丝将嫩叶、花器结缀成团，且匿居其中取食危害，被害严重时，幼叶残缺破碎，花器残缺枯死脱落。危害园林植物的主要有芽白小卷蛾（*Spilonota lechriaspis* Meyrick）、杨柳小

表 5-8 其他天蛾类害虫

害虫种类	发生情况
豆天蛾	危害忍冬、大豆等植物。成虫体长 40～46 mm，体和翅黄褐色，头胸部暗紫色。前翅狭长，有 6 条波状横纹。后翅小，暗褐色。老熟幼虫体长 90 mm，黄绿色，头部有一黄绿色突起，尾部有一黄绿色尾角。1 年发生 1 代。以老熟幼虫在土中越冬。6 月出现成虫，有趋光性。8 月为幼虫危害盛期，有避光性，夜间危害最烈。
蓝目天蛾	危害杨、柳、梅花、桃花、樱花等多种植物。成虫体长 32～36 mm，四翅狭长，体翅均为灰褐或黄褐色，前翅有三角形的浓淡相交的略呈云状的暗色斑。后翅中央有一深蓝色的大圆斑。老熟幼虫体长 70～80 mm，胸部青绿、腹部黄绿，尾角斜向后方。东北 1 年发生 1 代，华北 2 代，南方 4 代。以蛹在根际土壤越冬。4～5 月出现成虫，有明显的趋光性。
芋双线天蛾	又名雀纹双线天蛾、凤仙花天蛾。危害芋头、白薯、凤仙花、天南星等。成虫体长 40 mm，体绿褐色，前翅顶角至后缘有 1 条浅黄褐色斜带，后翅黑褐色，有灰黄横带 1 条。老熟幼虫体长 70～80 mm，褐绿色或紫黑色，胸部背面有 2 条白纹。山东 1 年 2 代，江西 4 代，以蛹越冬。1 年 2 代地区，7 月中下旬出现成虫；4 代地区，4 月中旬出现成虫。成虫夜间活动，趋光性强。幼虫于叶背取食，食量大，严重时能将叶片全部吃光。

卷蛾[*Gypsonoma minutana* (Hübner)]、松叶小卷蛾[*Epinotia rubiginosana* (Herrich-Schaffer)]、榛褐卷蛾(*Pandemis corylana* fabricius)、白钩小卷蛾[*Epiblema foenella* (Linnaeus)]等。

(一)芽白小卷蛾

[分布与危害] 又称顶芽卷叶蛾、顶梢卷叶蛾，分布于东北、华北、华东、华中、西北等地，主要危害海棠、山楂、苹果、梨、杜梨、花红等。幼虫主要危害顶梢嫩叶，将几个叶片缠缀一起卷成疙瘩状，有时也危害花蕾、花朵和幼果。

[识别特征] 成虫体长 6～7 mm，头、胸和腹部黑褐色。前翅近长方形，淡灰褐色，翅上 3 个深灰褐色斑纹，基部弧形外凸；中横带弯曲，由前向后伸，达翅中央终止；后缘近臀角处有近似三角形的臀角斑。两翅合拢时，两三角形斑纹合为校形，是其最显著的特征。卵长椭圆形，扁平，乳白色。末龄幼虫体长 8～10 mm，体型粗短，污白色。头、前胸背板、胸足皆为暗棕色至漆黑色，无臀栉(图 5-24)。

[生活习性] 在北京 1 年发生 2 代，以幼虫在枝梢顶端结灰白色丝茧越冬。翌年 4 月幼虫开始危害新梢嫩叶，用丝缀叶居中危害，6 月成虫羽化，产卵于叶背面。

幼虫孵化后继续危害嫩叶，吐丝缀叶以绒毛做袋，静伏袋中，危害时爬出半体食叶，8 月羽化成虫，幼虫危害至 10 月越冬。

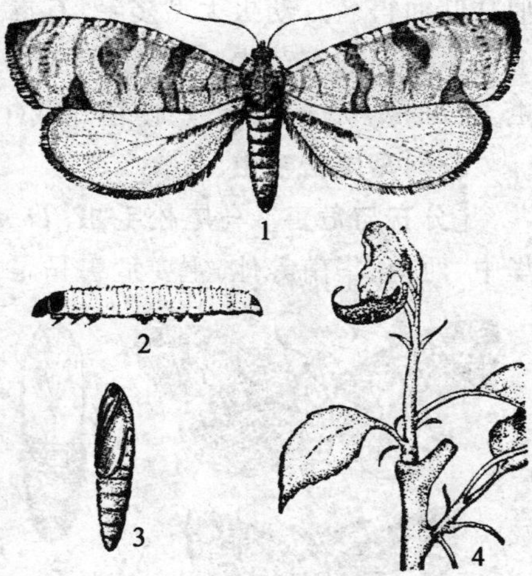

图 5-24 芽白小卷蛾

1. 成虫 2. 幼虫 3. 蛹 被害状

(二)杨柳小卷蛾

[分布与危害] 分布于华北、辽宁、山东、陕西、甘肃，危害杨树、柳树，卷叶危害。

[识别特征] 成虫，体长约 5 mm，翅展 13 mm 左右；前翅狭长，斑纹淡褐色或深褐色，基斑中夹杂有少许白色条纹，基斑与中带间有 1 条白色条纹，前缘有明显的钩状纹；后翅灰褐色。卵，圆球形。幼虫，末龄体长约 6 mm，体较粗壮，灰白色，头淡褐色，前胸背板褐色，两侧下缘各有 2 个黑点，体节毛片淡褐色，上生白色细毛。蛹，长约 6 mm，褐色。

[生活习性] 1 年发生 3～4 代。以幼龄幼虫越冬。翌年 4 月杨树发芽后幼虫开始继续危害，4 月下旬先后老熟化蛹、羽化，5 月中旬为羽化盛期，5 月底为末期。第 2 次成虫盛发期在 6 月上旬，这代成虫发生数量多，幼虫危害最重。以后世代重叠，各虫期参差不齐，直到 9 月仍有成虫出现；这代幼虫危害至 10 底，在树皮缝隙处结灰白色薄茧越冬。成虫产卵于叶面。幼虫孵化后吐丝将 1～2 片叶黏结在一起，啃食表皮，呈网状；大龄幼虫吐丝将几片叶连缀一起，形成一小撮叶。老熟幼虫在叶片粘结处吐丝结白色丝茧化蛹。

(三)卷叶蛾类的防治措施

(1)在成虫发生期，利用灯光或糖醋液诱杀成虫。

(2)幼虫发生初期，喷洒 20%除虫脲悬浮剂 3 000 倍液、1.8%阿维菌素乳油 2 000 倍液、3%高渗苯氧威乳油 2 000 倍液。

(3)人工防治。结合冬季修剪，仔细剪除虫梢，收集烧毁，消灭越冬幼虫；生长季节，幼虫发生少量时，可人工摘除卷叶，将虫体捏死。

(4)生物防治。在卵盛期释放赤眼蜂等天敌。

十二、枯叶蛾类

枯叶蛾类属鳞翅目枯叶蛾科，是中大型的蛾子。体躯粗壮，被厚毛，静止时形似枯叶而得名。幼虫大型多毛，有毒，常统称毛虫。多数为林木害虫。在园林植物上发生普遍的有黄褐天幕毛虫(*Malacosoma neustria testacea* Motschlsky)、松毛虫类(*Dendrolimus* sp.)、杨枯叶蛾(*Gastropacha populifoia* Esper)等。

(一)马尾松毛虫

[分布与危害] 马尾松毛虫[*Dendrolimus punctatus* (Walker)]分布于华东、华中、西南、华南等地，主要危害马尾松，也危害湿地松、火炬松等。

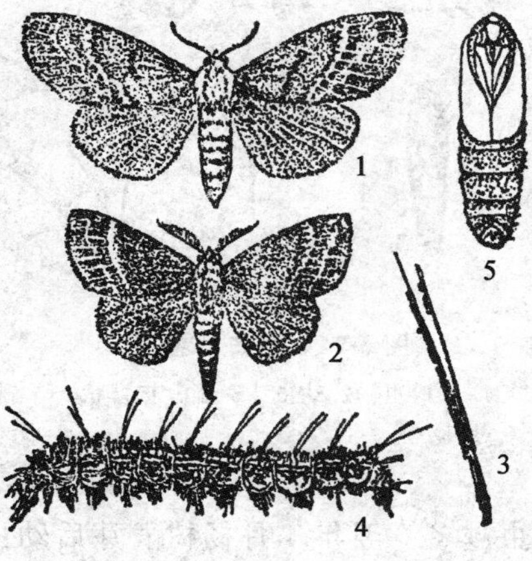

1.雌成虫 2.雄成虫 3.松针上的卵 4.幼虫 5.蛹

图 5-25 马尾松毛虫

[识别特征] 雌蛾体长 20～32 mm，雄蛾体长 21～32 mm。颜色变化大，有灰白、灰褐、黄褐、茶褐等色。雌蛾体色比雄蛾浅。前翅较宽，外缘呈弧形拱出，翅面有 3～4 条不很明显而向外拱起的横条纹。后翅三角形，无斑纹。卵椭圆形，长 1.5 mm，多为粉红色。老熟幼虫体长 38～88 mm，体色棕红色或灰黑色，有纺锤形倒伏鳞毛贴体，鳞毛色泽有银白和银黄 2 种。头黄褐色；胸部第 2、3 节间背面有蓝黑色毒毛簇，体侧有灰白色长毛。蛹长 19～33 mm，纺锤形，棕色(图 5-25)。

[生活习性] 1 年发生 2～4 代，发生世代的多少随不同地区而异。一般于 11 月间以 4、5 龄幼虫聚集在树皮缝隙间、树下杂草内、石块或叶丛中越冬。在长江流域一带 5 月中、下旬第 1 代幼虫孵化，7 月下旬孵化出第 2 代幼虫：一部分第 2 代幼虫于 9 月上旬结茧化蛹，产生下一代，而另一部分第 2 代幼虫于 8 月中、下旬滞育，生长发育缓慢，延续至 11 月越冬。

卵产于松针或小枝上，聚集成块。初孵幼虫嚼食卵壳，然后在附近的针叶上群集取食。1、2 龄幼虫受到惊扰即吐丝下垂，并可借风传播。3、4 龄幼虫分散危害，遇惊即弹跳掉落。

马尾松毛虫是一种单食性的害虫，在一般情况下只危害马尾松。但近年来，随着湿地松、火炬松等的引进栽培，对这些松树的危害也日趋严重。

(二)黄褐天幕毛虫

[分布与危害] 又名天幕毛虫、顶针虫。我国东北、华北、西北等地均有分布。危害杨、梅、桃、李、杨、柳、榆、栎、苹果、梨、樱桃等多种阔叶树木。该虫食性杂，以幼虫食叶，严重时能将大面积阔叶林全部吃光。

［识别特征］成虫体长17～24 mm。雄蛾体、翅褐色。前翅中央有1条深红褐色宽带。翅的外缘褐色和白色相间。雌蛾前翅中部也具1条浅褐色宽带，宽带外侧有1条黄褐色镶边。老熟幼虫体长55 mm，头部蓝灰色，胴部背面橙黄色、黄色，中央有一白色纵线，体侧有鲜艳的蓝灰色、黄色或黑色带。卵椭圆形，灰白色，卵块顶针状(图5-26)。

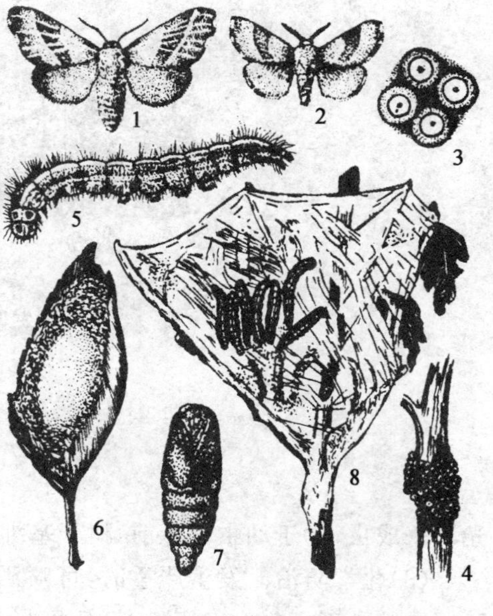

1,2.成虫 3,4.卵及卵块 5.幼虫
6,7.茧蛹 8.被害状

图5-26 黄褐天幕毛虫

［生活习性］1年发生1代，以卵在小枝条上越冬。翌春孵化，初孵幼虫吐丝作巢，群居生活。稍大以后，于枝杈间结成大的丝网群居。白天潜伏，晚上外出取食。老龄幼虫分散取食。6月末7月初幼虫老熟并在叶间作茧化蛹。7月中、下旬羽化成虫。卵产于细枝上，呈"顶针状"。成虫有趋光性。

(三)杨枯叶蛾

［分布与危害］华北、东北、西南等地均有分布。主要危害桃、樱花、李、梅及杨柳等。

［识别特征］成虫体翅黄褐色，翅展雌蛾56～76 mm，雄蛾40～60 mm。前翅狭长，缘呈波状弧形，有5条黑色断续波状纹，后翅有3条明显波状纹，前后翅散布稀疏黑色鳞片。卵椭圆形，灰白色，卵块上覆盖灰黄色绒毛。幼虫体长80～85 mm，头棕褐色，体灰褐色，中、后胸背面有蓝色斑各一块，斑后有灰黄色横带。腹部第8节有一瘤突，体侧各节有大小不同的褐色毛瘤一对(图5-27)。

［生活习性］每年发生2代，以幼虫紧贴在树皮凹陷处越冬。当日平均气温大于5℃时，开始取食。4月中、下旬化蛹，5月下旬至6月上、中旬第1代幼虫危害，初孵幼虫群集取食，3龄后分散，数量多时，可将叶片食光。幼虫老熟以后，吐丝缀叶或在树干上结茧化蛹。每头雌虫可产卵200～300粒。

(四)枯叶蛾类的防治措施

(1)消灭越冬虫体，可结合修剪、肥水管理等消灭越冬虫源。

(2)物理机械防治。①人工摘除卵块或孵化后尚群集的初龄幼虫及蛹茧；②灯

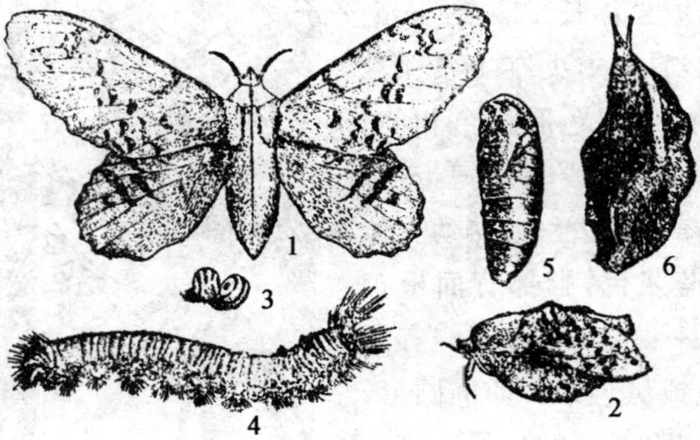

1,2.成虫 3.卵 4.幼虫 5.蛹 6.茧

图 5-27 杨枯叶蛾

光诱杀成虫;③于幼虫越冬前,树干基绑草绳诱杀。

(3)化学防治。发生严重时,可喷洒 2.5%溴氰菊酯乳油 3 000～5 000 倍液、50%磷胺乳剂 1 000～1 500 倍液、25%灭幼脲 3 号稀释 1 000 倍液喷雾防治。

(4)生物防治。①利用松毛虫卵寄生蜂;②用白僵菌、青虫菌、松毛虫杆菌等微生物制剂使幼虫致病死亡。

十三、叶甲类

甲虫类属鞘翅目叶甲科,又名金花虫,小至中型,体卵形或圆形,有金属光泽。幼虫肥壮,3 对胸足发达,体背常具枝刺、瘤突等,成虫和幼虫都咬食叶片。成虫有假死性,多以成虫越冬。危害园林植物的种类很多,常见的甲虫有榆蓝叶甲[*Pyrrhalta aenescens* (Fairmaire)]、白杨叶甲(*Chrysomela populi* Linnaeus)、柳蓝叶甲(*Plagiodera versicolora* Laicharting)、泡桐叶甲(*Basiprionota chinensis* Fabricius)等。

(一)榆蓝叶甲

[分布与危害] 又名榆蓝金花虫、榆毛胸萤叶甲、榆绿毛萤叶甲。辽宁、河北、山东、河南、陕西、江苏、甘肃、台湾等地均有分布。以成虫、幼虫取食榆叶,常将叶片吃光。

[识别特征] 成虫体长 7～8.5 mm,近长椭圆形,黄褐色,鞘翅蓝绿色,有金属光泽,头部具一黑斑。前胸背板中央有 1 个黑斑。卵黄色,长椭圆形,长径 1.1 mm。老熟幼虫体长约 11 mm,长形微扁平,深黄色。体背中央有 1 条黑色纵纹。头、胸足及腹部所有毛瘤均漆黑色。前胸背板后缘近中部有 1 对四方形黑斑。

蛹污黄色，椭圆形，长 7.5 mm(图 5-28)。

[生活习性] 北京、辽宁 1 年发生 2 代，均以成虫越冬。翌年 4～5 月份成虫开始活动，危害叶片，并产卵于叶背，成 2 行。初孵幼虫剥食叶肉，被害部呈网眼状，2 龄以后将叶食成孔洞。老熟幼虫于 6 月中、下旬开始爬至树洞、树杈、树皮缝等处群集化蛹。成虫羽化后取食榆叶补充营养。成虫有假死性。越冬成虫死亡率很高，所以第 1 代危害不太严重。

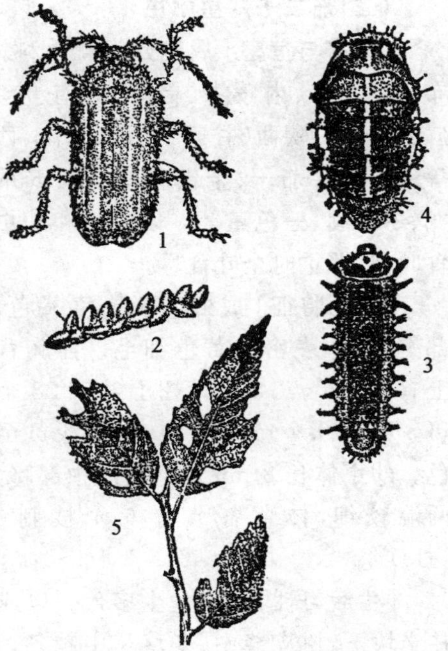

1. 成虫　2. 卵　3. 幼虫　4. 蛹　5. 被害状

图 5-28　榆蓝叶甲

(二)白杨叶甲

[分布与危害] 分布东北、华北，陕西、内蒙古、河南、湖北、新疆等地。以幼虫及成虫危害多种杨柳的叶片。

[识别特征] 成虫体长 10～15 mm，近椭圆形。前胸背板蓝黑色，鞘翅橙红色，近翅基 1/4 处略收缩，末端圆钝。卵长椭圆形，长 2 mm，初时淡黄色，后变橙红色。老熟幼虫体长 17 mm，橘黄色，头部黑色。前胸背板有黑色"W"形纹，其他各节背面有二列黑点，第 2、3 节两侧各有 1 个黑色刺状突起。蛹长 10～14 mm，初为白色，近羽化时橙红色(图 5-29)。

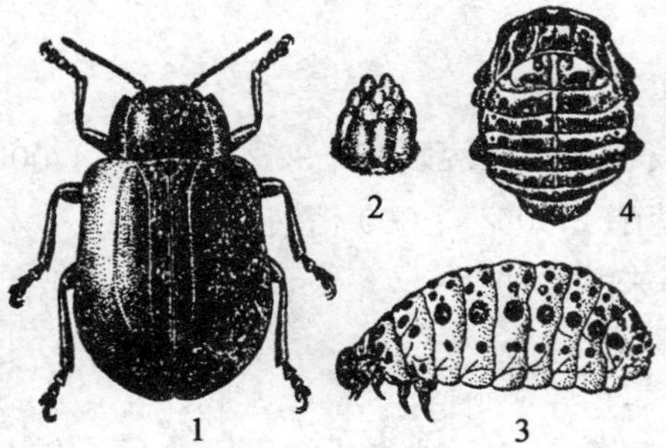

1. 成虫　2. 卵　3. 幼虫　4. 蛹

图 5-29　白杨叶甲

[生活习性] 1 年发生 1～2 代，以成虫在落叶杂草或浅土层中越冬。翌年 4 月份寄主发芽后开始上树取食，并交尾产卵。卵产于叶背或嫩枝叶柄处，块状。初龄幼虫有群集习性，2 龄后开始分散取食，取食叶缘呈缺刻状。幼虫于 6 月上旬开始老熟附着于叶背悬垂化蛹。6 月中旬羽化成虫。6 月下旬至 8 月上中旬成虫开始越夏越冬。

(三)茄二十八星瓢虫

[**分布与危害**] 属鞘翅目瓢虫科。分布于黑龙江、内蒙古、台湾、海南、广东、广西、云南、陕西、甘肃、四川、云南、西藏等地。危害茄子、金银花、枸杞、五爪金龙、冬珊瑚、三色堇等。以成虫和幼虫取食叶肉,严重时全叶食尽。

[**识别特征**] 成虫半球形,黄褐色,头部黑色,体表密生黄色细毛。前胸背板上有6个黑点,2个鞘翅上共有28个黑斑。卵长0.7 mm,长纺锤形,淡黄至褐色。幼虫体长8 mm,淡黄色,中部膨大,两端较细,体背各节有6个枝刺(图5-30)。

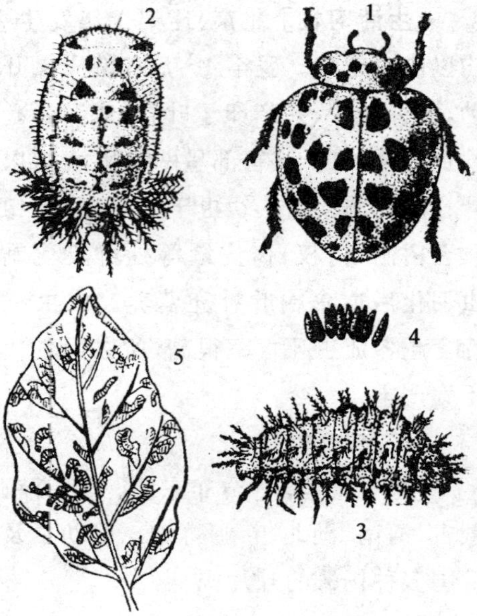

1.成虫 2.蛹 3.幼虫 4.卵 5.被害状

图5-30 二十八星瓢虫

[**生活习性**] 1年发生多代。以成虫在土块下、树皮缝中、杂草丛中越冬。每年以5月份发生数量最多,危害最重。成虫白天活动,有假死性和自残性。初孵幼虫群集危害。取食下表皮和叶肉,只剩上表皮。2龄后分散危害,造成许多缺刻或仅留叶脉。幼虫4龄后老熟,并在叶背或茎上化蛹。田间世代重叠。

(四)甲虫类的防治措施

(1)消灭越冬虫源。清除墙缝、石砖、落叶、杂草下等处越冬的成虫,减少越冬基数。

(2)利用假死性人工震落捕杀成虫或人工摘除卵块。

(3)化学防治。各代成虫、幼虫发生期喷洒80%敌敌畏和90%敌百虫1 000倍液、40.7%乐斯本800倍液或2.5%溴氰菊酯2 000～3 000倍液。

(4)保护、利用天敌寄生蜂、瓢虫、小鸟等来减少虫害。

十四、叶蜂类

叶蜂类属膜翅目叶蜂总科。叶蜂幼虫与鳞翅目幼虫相似,但叶蜂幼虫有6～8对腹足,腹足上无趾钩,且仅有1对单眼,可与鳞翅目幼虫相区别。在园林植物上较重要的有三节叶蜂科的蔷薇三节叶蜂(*Arge pagana* Panzer)、叶蜂科的樟叶蜂(*Mesoneura rufonota* Rhower)等。

(一)蔷薇三节叶蜂

[**分布与危害**] 又名月季叶蜂、田舍三节叶蜂。分布于华北、华东、华南等地。危害蔷薇、月季、十姐妹、黄刺玫、玫瑰等花卉,以幼虫食叶,严重时可把叶片食光。

[**识别特征**] 成虫体长 7.5 mm,雌虫头胸部黑色带有光泽,腹部橙黄色,翅黑色半透明。卵椭圆形,长约 1 mm,初产淡黄色,孵化前为绿色。幼虫体长 18～19 mm,1～4 龄幼虫微带淡绿色,头部及胸足黑色,5 龄幼虫头红褐色,老熟幼虫头橘红色,胸腹部黄色或橙黄色,胸、腹部各节有 3 条黑点线,上生短毛。胸足 3 对,腹足 6 对(图 5-31)。

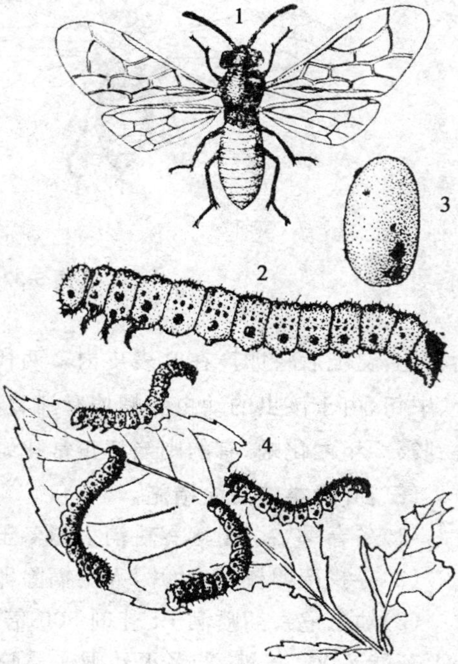

1.成虫 2.幼虫 3.茧 4.被害状

图 5-31 蔷薇三节叶蜂

[**生活习性**] 1 年发生 1～9 代,以老熟幼虫在土中作茧越冬,翌年 3 月上、中旬化蛹、羽化、交尾和产卵,成虫用产卵管将月季、蔷薇等寄主植物的新梢纵向切开一开口,产卵于其中,使茎部纵裂,并变黑倒折,幼虫孵化后,就爬出来危害叶片,初龄幼虫有群集习性,先啃食叶肉,后吞食叶片。天敌有蜘蛛、捕食性椿象等。

(二)樟叶蜂

[**分布与危害**] 分布于安徽、江苏、浙江、四川等省,只危害樟树,是樟树的主要害虫。初孵幼虫群集取食樟树叶片,造成缺刻和孔洞,虫龄稍大后分散取食,严重时将叶片食光,影响树木正常生长。

[**识别特征**] 成虫体长为 9 mm,翅展 18 mm,体黑褐色,有光泽。翅透明,翅痣与翅脉黑褐色。卵乳白色,肾形。幼虫老熟时体长为 17 mm 左右,浅绿色。头部黑色,体表布满黑色斑点,体背多皱纹。腹部后半部弯曲,胸足 3 对,腹足 7 对(图 5-32)。蛹黄色。茧黑褐色。

[**生活习性**] 1 年发生 2～3 代,以老熟幼虫在土中结茧越冬。翌年 4 月成虫开

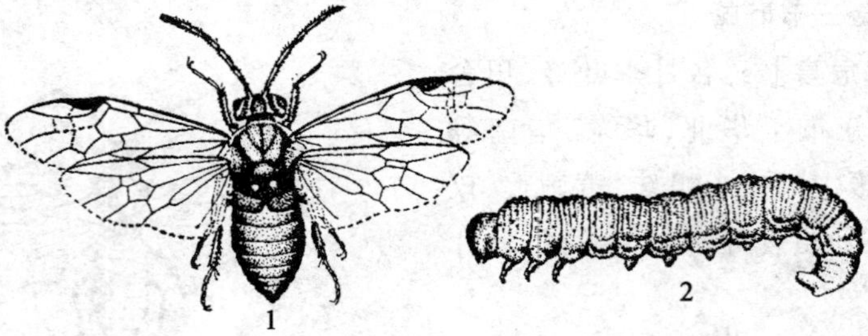

1. 成虫　2. 幼虫

图 5-32　樟叶峰

始羽化，交配后将卵产在叶表皮内。两代幼虫危害期分别发生在 4 月下旬和 6 月上、中旬，由于该虫的幼虫和蛹均有滞育现象，所以世代重叠严重。有的幼虫要滞育到第 2 年才化蛹，有的则当年正常化蛹，因此各代虫期发生极不整齐。

(三)叶蜂类的防治措施

(1)冬春季结合土壤翻耕消灭越冬茧。

(2)寻找产卵枝梢、叶片，人工摘除卵梢、卵叶或孵化后尚群集的幼虫。

(3)幼虫危害期喷洒 Bt 乳剂 500 倍液、2.5%溴氰菊酯乳油 3 000 倍液、20%杀灭菊酯 2 000 倍液、25%灭幼脲 3 号胶悬剂 1 500 倍液。

十五、蝗虫类

蝗虫属直翅目蝗总科，均为植食性。园林植物上比较重要的种类有短额负蝗(*Atractomorpha sinensis* Bolivar)、黄脊竹蝗(*Ceraccris kiangsu*)、青脊竹蝗(*C. nigricornis*)等，现以短额负蝗为例介绍。

图 5-33　短额负蝗成虫

短额负蝗又名小尖头蚂蚱，属直翅目蝗虫科。

[分布与危害] 各省均有分布。主要危害一串红、凤仙花、鸡冠花、三色堇、千日红、长春花、金鱼草、冬珊瑚、菊花、月季、茉莉、扶桑、大丽花、栀子花等多种花卉。

[识别特征] 成虫体长 21～32 mm，体色多变，从淡绿色到褐色和浅黄色都有，并杂有黑色小斑(图 5-33)。头部锥形，前翅

绿色，后翅基部红色，末端部绿色。若虫、初孵若虫体淡绿色，带有白色斑点。触角末节膨大，色较其他节要深，复眼黄色，前、中足有紫红色斑点。卵块产于土中，外有黄色胶质(图 5-34)。

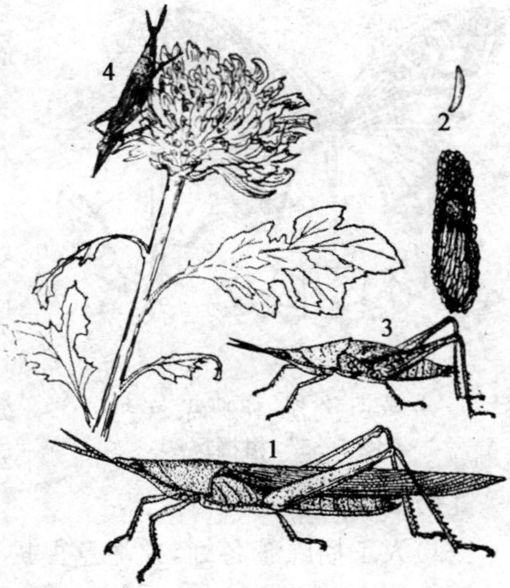

1. 成虫 2. 卵 3. 若虫 4. 被害状

图 5-34 短额负蝗

[生活习性] 1 年发生 2 代，以卵越冬。5 月上旬开始孵化，6 月上旬为孵化盛期。7 月上旬第 1 代成虫开始产卵，7 月中、下旬为产卵盛期。第 2 代若虫 7 月下旬开始孵化，8 月上、中旬为孵化盛期。10 月下旬至 11 月上旬为产卵盛期，产下越冬卵。成、若虫大量发生时，常将叶片食光，仅留秃枝。初孵若虫有群集危害习性，2 龄后分散危害。

[防治措施]

(1)人工捕捉。初孵若虫群集危害及成虫交配期进行网捕。

(2)化学防治。若虫或成虫盛发时，可喷洒 50%杀螟松 1 000 倍液或 90%敌百虫 1 000 倍液，均有良好的效果。

十六、蝶类

蝶类属鳞翅目球角亚目。园林植物上常见的有粉蝶科的合欢黄粉蝶[*Eurema hecabe* (Linnaeus)]、菜粉蝶[*Pieris rapae* (Linnaeus)]，凤蝶科的柑橘凤蝶(*Papilio xuthus* Linnaeus)、玉带凤蝶(*P. polytes* Linnaeus)，蛱蝶科的茶褐樟蛱蝶(*Charoxes bernardus* Fabricius)等。以柑橘凤蝶为例。

[分布与危害] 柑橘凤蝶为又名花椒凤蝶、黄凤蝶等。分布几乎遍及全国。危害柑橘、金橘、柠檬、佛手、花椒、黄波罗等。以幼虫取食幼芽及叶片，是园林中常见的蝶类。

[识别特征] 成虫体长 22～32 mm，体黄色，背面中央有黑色纵带。翅面上有黄黑相间的斑纹，亚外缘有 8 个黄色新月形斑。后翅外缘波状，后角有一尾状突起。卵圆球形，长 1 mm，初时黄白色，近孵化时黑灰色。老熟幼虫体长 40～51 mm，绿色。后胸有眼状纹及弯曲成马蹄形的细线纹。腹部第 1 节后缘有 1 条大形黑带，第 4～6 腹节两侧具黑色斜带。头部臭丫腺为黄色。蛹长 29～32 mm，纺锤形，头部分二叉，胸部稍突起(图 5-35)。

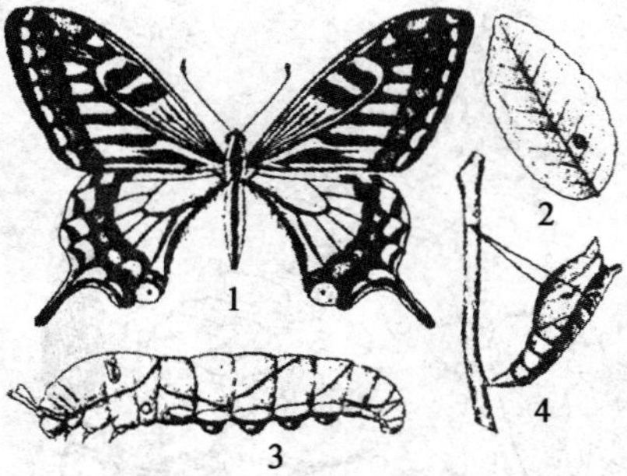

1.成虫 2.卵 3.幼虫 4.蛹

图 5-35 柑橘风蝶

[**生活习性**] 各地发生代数不一，东北 1 年 2 代，长江流域及其以南地区 1 年 3～4 代，台湾 1 年 5 代。以蛹悬于枝条上越冬。以 3 代为例，翌年 4 月出现成虫，5 月上、中旬为第 1 代幼虫，7 月中至 8 月中第 2 代幼虫，9 月上旬至 10 月第 3 代幼虫。有世代重叠现象。成虫白天活动，卵单个产于嫩叶及枝梢上。初孵幼虫茶褐色，似鸟粪。幼虫老熟后吐丝缠绕于枝条上化蛹。成虫春、夏二型颜色有差异。

[**防治措施**]

(1)人工摘除越冬蛹，并注意保护天敌。

(2)结合花木修剪管理，人工采卵、杀死幼虫或蛹体。

(3)严重发生时喷施 20%除虫菊酯乳油 2 000 倍液、2.50%溴氰菊酯乳油 3 000 倍液、20%杀灭菊酯 2 000 倍液。

十七、食叶害虫综合防治

食叶害虫是园林植物上种类最多、数量最大、食性最杂的一类害虫。不仅取食植物叶片，影响光合作用与观赏价值。有的种类如刺蛾、毒蛾的毒毛还能刺痛人的皮肤，影响人们的生活。综合防治园林植物食叶害虫，应做到以下几点：

(一)加强检疫

严格执行检疫制度，对有可能携带危险性食叶害虫的调运苗木、种条、幼树、原木、木材实行检疫。检验是否有美国白蛾等检疫性食叶害虫的卵、幼虫、蛹等，并按检疫法规进行处理。绿化栽种时严格把关，不栽带虫苗木。

(二)园林技术措施防治

(1)选用抗虫的树种与品种　选用抗虫的树种或品种是防治食叶害虫的重要措施，如在城区绿化时，选用银杏、女贞、樟树、广玉兰等抗虫树种，可以有效地减轻害虫的危害，这是防治园林食叶害虫最经济有效的方法；抗虫杨中的“欧黑抗虫杨 N-12”等品种，可有效地减轻杨尺蠖、杨扇舟蛾、舞毒蛾等食叶害虫的危害。

(2)搞好园林植物的合理配置　不同的食叶害虫种类，具有各自不同的食性，搞好园林植物的合理搭配，可以减少害虫食物来源，从而降低害虫的危害。如虞美人、石竹、凤仙花、一串红、百日草等组成的花坛；紫荆、迎春花、碧桃、石榴、海桐、大叶黄杨组成的乔灌花丛；枫杨、桉树、重阳木、杨树、柳树、苦楝等组成的行道树等，都能较好地控制食叶害虫的发生与危害。另外，在原有绿地的基础上，补植各类花灌木，扩大蜜源植物，为天敌昆虫创造良好的生活环境，也有利于减轻食叶害虫的危害。

(3)加强园林植物的栽培管理　除选用健壮的苗木进行栽培外，在花木的生长过程中也应该加强栽培管理。如对花木进行科学的中耕、除草等措施，不仅可以保持地力，减少土壤蒸发水分，促进苗木健壮生长，提高抗逆能力，而且可以去除害虫的发源地和潜伏场所。如桑褐刺蛾、扁刺蛾、尺蛾类、金龟子等害虫的蛹在土中，通过中耕，可使其暴露在地表而杀死。及时清理花木植株周围的枯枝落叶，可有效地减少食叶害虫的越冬藏匿场所。结合整形修剪，去除虫枝、死枝、翘皮等也可减轻害虫的危害。

(三)人工捕杀

对于有假死性的食叶害虫，如金龟子、油松毛虫、天幕毛虫、丝棉木金星尺蠖、国槐尺蠖等，可采用晃动树体震落杀虫的方法；对于虫体较大、目标明显的食叶害虫，如袋蛾的袋囊、刺蛾的茧、柳毒蛾成虫、卷叶蛾虫苞、美国白蛾的网幕及卵块等，可人工去除；榆蓝叶甲的幼虫老熟时群集于树皮缝、树疤或枝杈下方等处化蛹，也可采用人工捕杀法。结合冬季修剪，剪除虫茧和卵块。

(四)诱杀法

利用害虫的趋性，人为设置器械或饵料来诱杀害虫的方法称为诱杀法。利用此法还可以预测害虫的发生动态。

(1)灯光诱杀　大多数食叶害虫的成虫具有趋光性，例如毒蛾、夜蛾、天蛾等科的害虫可以利用灯光进行诱杀成虫，从而达到降低下一世代的害虫发生。目前，我国有5类黑光灯：普通黑光灯(20 W)、频振管灯(30 W)、节能黑光灯(13～40 W)、双光汞灯(125 W)、纳米汞灯(125 W)。频振式杀虫灯与纳米汞灯在当今生产中应用最为广泛，二者具有诱虫效率高、选择性能强且杀虫方式(灯外配以高压电网杀)更是符合绿色环保的特点，其中纳米汞灯因具有引诱距离远、诱虫种类多、诱捕效率高、对益虫影响小等优点，成为当今最为理想的诱虫灯具。

(2)食物诱杀

①糖醋液诱杀：用糖、醋、酒、水按3∶4∶1∶2，加入总量1%的敌百虫或吡虫啉配成糖醋液，可以诱杀斜纹夜蛾、银纹夜蛾、黏虫等害虫。

②植物诱杀：利用害虫对某些植物有特殊的嗜食习性，人为种植或采集此种植物诱集捕杀害虫的方法。如种植七叶树、天竺葵可诱杀日本弧丽金龟；在苗圃周围种植蓖麻，可使大黑腮金龟、黑皱金龟误食后麻醉，从而集中捕杀。

(3)潜所诱杀　利用某些害虫越冬、化蛹或白天隐蔽的习性，人为设置类似环境来诱杀害虫的方法称为潜所诱杀。如在树干基部绑扎草把或麻布片，可引诱美国白蛾等害虫的幼虫潜藏越冬；北方地区的松毛虫在晚秋均要下树越冬，可在树基部堆放松针，引诱害虫潜入；而后将诱集材料集中烧毁或深埋。

(4)诱捕器诱杀　昆虫诱捕器(三角形、罐形或盒形)内放入不同昆虫性信息素诱芯，进行诱捕。目前已商品化的性诱芯有槐小卷蛾、斜纹夜蛾、甜菜夜蛾、大袋蛾、美国白蛾等。

(五)阻隔法

人为设置各种障碍，以切断害虫的侵害途径，这种方法称为阻隔法，也叫障碍物法。

(1)涂毒环　对有上、下树习性的害虫，如美国白蛾、杨毒蛾、杨尺蠖等，可在树干上涂毒环，阻隔和触杀幼虫。具体做法是：将菊酯类药剂、废机油、柴油，按照1∶5∶5比例混匀后，在树干1～1.5 m高处，用毛刷涂抹10～15 cm宽的药环，毒杀上、下树的幼虫。

(2)设障碍物　有的害虫雌成虫无翅，只能爬到树上产卵。可在其上树前在树干基部设置障碍物阻止其上树产卵，如在树干上绑塑料布或在干基周围培土堆，制成光滑的陡面。山东枣产区总结出人工防治枣尺蠖的经验，“五步防线”即“一涂、二挖、三绑、四撒、五堆”可有效地控制枣尺蠖上树。

(六)生物防治

天敌昆虫、致病微生物和鸟类等均是食叶害虫的重要天敌类群。

(1)天敌昆虫　利用天敌昆虫防治食叶害虫的案例较多，如利用黑蚂蚁、赤眼蜂防治松毛虫，利用茶色广喙蝽防治榆紫金花虫等，均以园林养护管理中进行了大规模的应用。

(2)致病微生物　能使昆虫得病而死的病原微生物有：真菌、细菌、病毒、立克次氏体、原生动物及线虫等。目前生产上应用较多的是前3类。以微生物治虫在城镇街道、绿地小区、公园、风景区具有较高的推广应用价值。

①细菌：目前我国应用最广的细菌制剂主要有苏云金杆菌(包括松毛虫杆菌、青虫菌均为其变种)。这类制剂无公害，可与其他农药混用。并且对温度要求不严，在温度较高时发病率高，对鳞翅目幼虫防效好。

②真菌：目前应用较为广泛的真菌制剂有白僵菌、绿僵菌、块状耳霉菌，可以有效地控制鳞翅目、膜翅目、直翅目等害虫。

③病毒：防治应用较广的有核型多角体病毒(NPV)、颗粒体病毒(GV)和质型多角体病毒(CPV)3类。这些病毒主要感染鳞翅目、双翅目、膜翅目、鞘翅目等的幼虫。如上海使用大蓑蛾核型多角体病毒防治大蓑蛾效果很好。

④微孢子虫：目前在农林生物防治领域研究较为成功的是蝗虫微孢子虫，属单细胞原生动物，需用400倍的光学显微镜才能见到，孢子呈椭圆形，只寄生蝗虫等直翅目昆虫，可寄生90多种以上的蝗虫，我国蝗虫类的各优势种均可被寄生。

(3)鸟类及其他天敌　据调查，我国现有1 100多种鸟中食虫鸟约占半数，常见的种类有四声杜鹃、大杜鹃、大斑啄木鸟、红尾伯老、黑枕黄鹂、灰卷尾、黑卷尾、红嘴蓝鹊、灰喜鹊、喜鹊、画眉、白眉翁、长尾翁、大山雀、戴胜、家燕等，应注意保护或人工招引、驯养。另外，蛙类等天敌也可控制害虫的危害。

(4)生物化学农药　常见的种类有：茴蒿素、印楝素、烟碱、苦参碱、除虫菊素、川楝素、阿维菌素、甲氨基阿维菌素苯甲酸盐(简称甲维盐)、多杀霉素等。

(七)化学防治

1. 防治指标

园林植物由于以观赏价值、生态效益、社会效益为本，因此其经济阈值很难估测，况且不同园林植物的经济价值也有天壤之别。作为园林植物化学防治指标，一般认为不同树木、花卉，不同害虫，平均被害叶率超过5%～10%即需防治。如害虫数量少，危害后不影响景观则不喷药。但一株名贵花木是不允许有害虫发生的，古树名木的防治指标也应与一般绿化树木有所不同。所以花卉害虫防治指标的确立，应根据实际情况具体分析研究，不少地区提出绿化容忍水平或观赏阈值的概念，其基本精神与作物经济阈值类似。

2. 药剂选用

食叶害虫一旦发生，往往数量多，损害大，所以在害虫的发生前就应加强严格控制。城市园林的化学防治中应特别注意严格控制农药品种，注意选用高效、低毒或无毒、污染轻、选择性强的化学农药，严格控制使用浓度和剂量。准确选择农药剂型和施药方法，改进农药使用技术，尽量采用根部施药、涂茎、浇灌、树干注射等方法，避免树冠喷洒。

推广使用颗粒剂、微胶囊剂等不易飘散、缓慢释放的农药剂型，可以收到延长药效、节省用量、减少污染的效果。如食叶害虫发生严重，必须进行树冠喷药时，采用低容量和超低容量喷药技术，不但可节省农药、工效高，而且可以减少污染。施药防治时，对重点发生的园林进行挑治，避免全面施药，尽可能地减少施药面积，减轻对城市环境的污染，减少对天敌的杀伤并防止对人畜造成毒害。

防治食叶害虫常用的化学药剂有：敌百虫、辛硫磷、毒死蜱、喹硫磷、高效氟氯氰菊酯、氟氰戊菊酯、氟胺氰菊酯、灭幼脲、杀铃脲、虫酰肼、抑食肼等。

第二节　园林植物主要吸汁害虫及防治

园林植物吸汁害虫种类很多，包括同翅目的蚜虫、介壳虫、叶蝉、蜡蝉、木虱、粉虱，半翅目的椿象，缨翅目的蓟马，蜱螨目的螨类等。其发生特点为：①以刺吸式口器吸取幼嫩组织的养分，导致枝叶枯萎；②发生代数多，高峰期明显；③个体小，繁殖力强，发生初期危害状不明显，易被人忽视；④扩散蔓延迅速，借风力、苗木传播远方；⑤多数种类为媒介昆虫，可传播病毒病和植原体病害。

一、蚜虫类

蚜虫类属同翅目蚜总科。危害园林植物的蚜虫种类很多。各类园林植物都遭受蚜虫的危害。蚜虫的直接危害是刺吸汁液，使叶片褪色、卷曲、皱缩，甚至发黄脱落，形成虫瘿等症状。同时排泄蜜露诱发煤污，其间接危害是传播多种病毒，引起病毒病。在园林植物上常见的有桃蚜[*Myzus persicae* (Sulzer)]、月季长管蚜(*Macrosiphum rosivorum* Zhang)、棉蚜(*Aphis gossypii* Glover)、绣线菊蚜(*Apkis titricola* van der Gout)、菊小长管蚜[*Macrosiphoniella sanborni* (Gillette)]、莲缢管蚜(*Rhopalosiphum nymphaeae* Linnaeus)、白兰台湾蚜(*Formosaphis micheliae* Takahashi)等。

(一)桃蚜

[分布与危害] 又名桃赤蚜、烟蚜。分布极广，遍及全世界。危害海棠、郁金香、叶牡丹、百日草、金鱼草、金盏花、樱花、蜀葵、梅花、夹竹桃、香石竹、大丽花、菊花、仙客来、一品红、白兰、瓜叶菊、桃、樱桃、柑橘等 300 余种花木。以成、若蚜群集危害新梢、嫩芽和新叶，受害叶向背面作不规则卷曲。

[识别特征] 无翅胎生雌蚜体长约 2 mm，黄绿色或赤褐色，卵圆形。复眼红色，额瘤显著，腹管较长，圆柱形。有翅胎生雌蚜头及中胸黑色，腹部深褐色、绿色、黄绿或赤褐色，腹背有黑斑。复眼为红色，额瘤显著。若蚜和无翅成蚜相似，身体较小，淡红色或黄绿色。卵长圆形，初为绿色，后变黑色(图 5-36)。

[生活习性] 1 年发生 10～30 代，以卵在枝梢、芽腋等裂缝和小枝等处越冬。也可以在温室中越冬。营孤雌生殖。生活史较复杂。翌年 3 月份开始孵化危害，随气温增高桃蚜繁殖加快，4～6 月份虫口密度急剧增大，并逐渐不断产生有翅蚜迁飞至蜀葵和十字花科植物上危害。至晚秋 10～11 月份又产生有翅蚜迁返桃树、樱花等树木。不久产生雌、雄性蚜，交配产卵越冬。

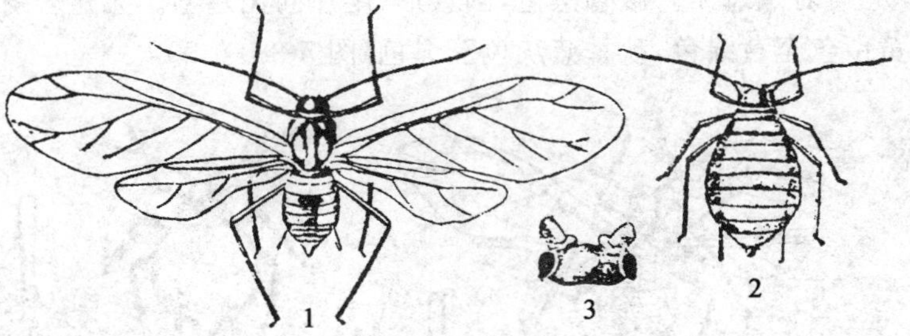

1. 有翅胎生雌蚜 2. 无翅胎生雌蚜 3. 头部

图 5-36 桃蚜

(二)月季长管蚜

[**分布与危害**] 分布山东、江苏、浙江等省。危害月季、蔷薇、十姊妹等蔷薇属植物。以成、若蚜群集于新梢、嫩叶和花蕾上危害。植株受害后,枝梢生长缓慢,花蕾和幼叶不易伸展,花形变小。

[**识别特征**] 无翅胎生雌蚜体长 4.2 mm,长卵形,头部土黄或浅绿,胸、腹部草绿色,少数橙红色。额瘤隆起外倾。腹管长圆筒形,尾片长圆锥形。有翅胎生雌蚜体长 3.5 mm,长卵形,草绿色,中胸土黄色。其他与无翅胎生雌蚜相似(图 5-37)。

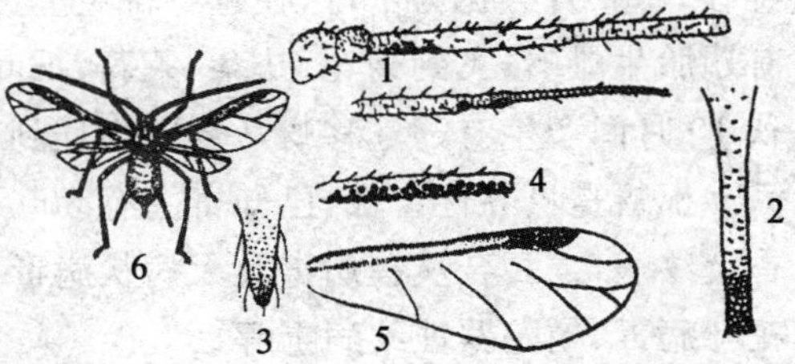

无翅孤雌蚜:1. 触角 2. 腹管 3. 尾片
有翅孤雌蚜:4. 触角 5. 前翅 6. 成虫

图 5-37 月季长管蚜

[**生活习性**] 1 年发生 10～20 代,以成蚜和若蚜在月季、蔷薇的叶芽和叶背越冬。营孤雌生殖。无翅胎生雌蚜 4 月初开始发生,4 月中、下旬至 5 月份发生数量和被害株数均明显增多。7～8 月份高温天气对其不适宜,9～10 月份发生量又增多。平均气温在 20℃左右,气候又比较干燥时,利于其生长和繁殖。

(三)棉蚜

[**分布与危害**] 又名瓜蚜、腻虫。分布于全国各地。危害扶桑、木槿、石榴、一串红、茶花、菊花、牡丹、常春藤、紫叶李、兰花、大丽花、紫荆、仙客来、玫瑰等。以成虫和若虫群集在寄主的嫩梢,花蕾、花朵和叶背,吸取汁液,使叶片皱缩,影响开花,同时,诱发煤污病。

[**识别特征**] 无翅胎生雌蚜体长 1.5～1.8 mm,夏季棕黄至黑色;腹管圆筒形,尾片圆锥形。有翅胎生雌蚜体长 1.2～1.9 mm,黄色或浅绿色,前胸背板黑色,腹

部两侧有 3～4 对黑斑纹。腹管黑色，圆管形，尾片同无翅型。无翅若蚜复眼红色，夏季多为黄白色至黄绿色，秋季蓝灰色至绿色(图 5-38)。

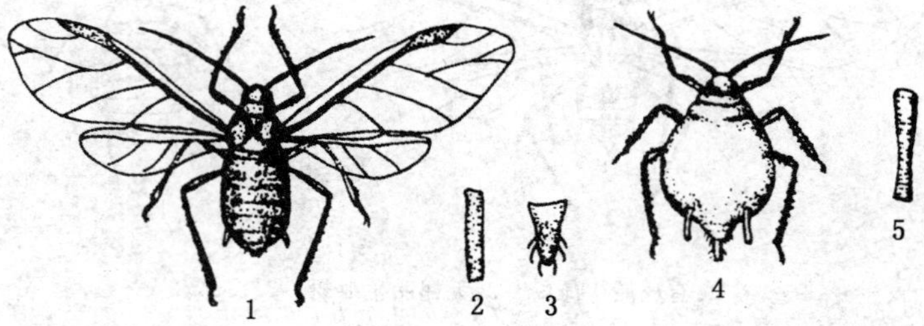

有翅胎生雌蚜：1. 成虫　2. 腹管　3. 尾片

无翅胎生雌蚜：4. 成虫　5. 腹管

图 5-38　棉蚜

［生活习性］1 年发生 20 代左右，以卵在木槿、石榴等枝条的芽腋处越冬。翌年春 3～4 月孵化为干母，在越冬寄主上进行孤雌胎生，繁殖 3～4 代，4～5 月产生有翅胎生雌蚜，飞到菊花、扶桑、茉莉、瓜叶菊等夏寄主上危害，并继续孤雌生殖，晚秋 10 月间产生有翅迁移蚜从夏寄主迁到冬寄主上，与雄蚜交配后产卵，以卵越冬。

棉蚜是世界性害虫，已知寄主有 300 多种，可传播 55 种病毒，在花卉中有郁金香裂纹病毒、百合丛簇病毒及无病状病毒、美人蕉花叶病毒、锦葵黄化病毒、报春花花叶病毒、曼陀罗蚀纹病毒等。

(四)绣线菊蚜

［分布与危害］我国各省均有分布。主要危害白玉兰、广玉兰、榆叶梅、樱花、银柳、柑树、脐橙、海棠、苹果、含笑、海桐、石楠、南蛇藤、枇杷和绣线菊等 80 余种。以成、若蚜群集危害新梢、嫩芽和新叶，受害叶片向背面横卷。

［识别特征］无翅雌蚜体长约 1.7 mm，体黄或黄绿色，腹管和尾片灰黑色。有翅雌蚜头和胸部黑色，腹管黄色，有黑色斑纹。若蚜黄绿色，腹部肥大，腹管短小。

［生活习性］该虫 1 年发生 10 代左右，以卵在树皮缝、芽腋等处越冬，以 2～3 年生枝条分杈皱缝和芽腋处卵量较多。翌年 3 月花木萌芽时，越冬卵孵化。先在越冬寄主上危害，群集刺吸幼芽、嫩梢和幼叶汁液，造成叶片卷曲、枯黄、提早落叶。4～5 月迁飞到绣线菊等花卉上刺吸危害，进行孤雌繁殖，此时虫口密度上升，夏季多雨时节虫口密度下降。夏末秋初产生有翅蚜，逐渐迁飞到树木上危害。10 月产生雌雄有性蚜，雌蚜交配后产卵，以卵越冬。

(五)其他蚜虫类

其他蚜虫类害虫见表 5-9。

表 5-9 其他蚜虫类害虫

害虫种类	发生情况
菊姬长管蚜	又名菊小长管蚜,危害菊花、野菊花等菊属植物。无翅雌蚜纺锤形,长 1.5 mm,赤褐至黑褐色,额瘤显著隆起。有翅雌蚜长卵形,长 1.7 mm,其他与无翅蚜相似。1 年 10～20 代,温暖地区不发生有性蚜,北方寒冷地区,冬季在温室中越冬。在上海等地,以无翅雌蚜在留种菊的叶腋处越冬。4～5 月、9～10 月为危害盛期。11 月进入越冬状态。
榆瘿蚜	又名秋四脉棉蚜、谷榆蚜。危害榆树、榆桩及禾本科植物。无翅雌蚜卵圆形,长 2.3 mm,淡黄色,被薄蜡粉。有翅雌蚜长卵形,长 2.0 mm,头、胸黑色,腹部绿色。1 年 10 余代。以卵在榆树皮缝中越冬。3～4 月间在榆树叶反面危害,被害处先出现小红斑,再逐渐形成瘤状虫瘿,并由绿变红色,内壁色淡。一般 1 头虫 1 个虫瘿,每叶可有几个虫瘿。5 月后形成有翅蚜迁飞到其他寄主上危害,9～10 月迁回榆树,产卵越冬。
中国槐蚜	危害国槐、龙爪槐、江南槐、紫穗槐、刺槐、蝴蝶槐、河南槐、紫藤和白玉兰等植物。无翅雌蚜体长为 2 mm,黑色,体背被有蜡粉。有翅雌蚜体长 1.6 mm,黑色,有光泽,腹部有硬化斑。1 年 20 余代,以卵或若蚜在杂草中越冬。翌年 3 月卵孵化危害。4～5 月出现有翅蚜,迁移到槐树上危害。6 月增殖迅速,其危害最甚。夏季多雨,虫口密度大幅度下降。10 月有翅蚜迁飞到冬寄主上危害并越冬。
桃粉蚜	又名桃大尾蚜,危害桃、碧桃、榆叶梅、红叶李、樱桃等。无翅雌蚜长椭圆形,长 2.3 mm,绿色,体被白粉。有翅雌蚜卵形,长 2 mm,头胸黑色,腹部黄绿或橙黄色,有斑纹。1 年 10 多代,以卵在枝条或芽缝等处越冬。4 月产生无翅蚜吸汁危害,被害叶向反面卷曲,5 月产生有翅蚜迁飞到禾本科杂草上,秋季迁回,交配产卵越冬。

(六)蚜虫类的防治措施

(1)注意检疫虫情,抓紧早期防治。盆栽花卉上零星发生时,可用毛笔蘸水刷掉,刷时要小心轻刷、刷净,避免损伤嫩梢、嫩叶,刷下的蚜虫,要及时处理干净,以防蔓延。

(2)保护和利用天敌。瓢虫、草蛉等天敌已能大量人工饲养后适时释放。另外蚜霉菌等亦能人工培养后稀释喷施。

(3)烟草末 40 g 加水 1 kg,浸泡 48 h 后过滤制得原液,使用时加水 1 kg 稀释,另加洗衣粉 2～3 g 或肥皂液少许,喷施。搅匀后喷洒植株,有很好的效果。

(4)药剂防治。尽量少用广谱触杀剂,选用对天敌杀伤较小的、内吸和传导作用大的药物。发生严重地区,木本花卉发芽前,喷施 5 波美度的石硫合剂,以消灭越冬卵和初孵若虫。虫口密度大时,可喷施 10％吡虫啉可湿性粉剂 2 000 倍液、3％啶虫脒乳油 2 000～2 500 倍液、40％硫酸烟精 800～1 200 倍液、鱼藤精 1 000～2 000 倍液、50％辟蚜雾乳油 3 000 倍液、10％多来宝悬浮剂 4 000 倍液;用 40％氧化乐果乳油 50～100 倍液进行涂茎，对梅、樱花等安全。

(5)物理防治。利用涂有黄色和胶液的纸板或塑料板，诱杀有翅蚜虫；或采用银白色锡纸反光，拒避迁飞的蚜虫。

二、介壳虫类

介壳虫属同翅目蚧总科。园林植物上的介壳虫种类很多，据估计有 700 多种。植物的根、茎、叶、果等部位都有不同种类的介壳虫寄生。在园林植物上常见的有红蜡蚧(*Ceroplastes rubens* Maskell)、日本龟蜡蚧(*Ceroplastes japonicus* Green)、吹绵蚧(*Icerya purchasi* Mask)、日本松干蚧[*Matsucoccus matsumurae* (Kuwana)]、草履蚧[*Drosicha corpulenta* (Kuwana)]、常春藤圆盾蚧(*Aspidiotus nerii* Bouche)、糠片盾蚧(*Parlatoria pergandii* Comstock)、桑白盾蚧(*Pseudaulacaspis pentagona* Targioni)、褐软蚧[*Coccus hesperidum* (Linnaeus)]、仙人掌盾蚧[*Diaspis echinocacti* (Bouch)]、橘棘粉蚧(*Pseudococcus citriculus* Green)、考氏白盾蚧[*Phenacaspis cockerelli* (Cooley)]、梨圆盾蚧[*Quadraspidiotus perniciosus* (Comstock)]、月季白轮盾蚧(*Aulacaspis rosarum* Borchsenius)等。

(一)日本龟蜡蚧

[分布与危害] 又名日本蜡蚧、枣龟蜡蚧。分布全国各地。食性杂，危害山茶、夹竹桃、白兰、含笑、海桐、蜡梅、栀子花、桂花、石榴、月季、蔷薇、海棠、牡丹、芍药等植物。若虫和雌成虫在枝梢和叶背中脉处，吸食汁液危害，严重时枝叶干枯，花木生长衰弱。

[识别特征] 雌成虫椭圆形，暗紫褐色，体长约 3 mm，蜡壳灰白色，背部隆起，表面具龟甲状凹线，蜡壳顶偏在一边，周边有 8 个圆突(图 5-39)。雄成虫体棕褐色，体长约 1.3 mm，长椭圆形。翅透明，具 2 条翅脉。雌若虫蜡壳与雌成虫蜡壳相似，雄若虫蜡壳椭圆形，雪白色，周围有 13 根放射状蜡丝。

图 5-39 日本龟蜡蚧的雌介壳

[生活习性] 1 年发生 1 代，以受精雌成虫在枝条上越冬。次年 5 月雌成虫开始产卵，5 月中、下旬至 6 月为产卵盛期。6～7 月若虫大量孵化。初孵若虫爬行很快，找到合适寄主即固定于叶片上危害，以正面靠近叶脉处为多。雌若虫 8 月陆续由叶片转至枝干，雄若虫仍留叶片上，至 9 月上旬变拟蛹，9 月下旬大量羽化。雄成虫羽化当天即行交尾。受精雌成虫即于枝干上越冬。该虫繁殖快、产卵量大、产卵期较长，若虫发生期很不一致。

(二)草履蚧

[分布与危害]分布于黑龙江、辽宁、吉林、河北、河南、山西、江苏、浙江、湖南、湖北、广东、广西等地区。危害广玉兰、罗汉松、碧桃、海棠、紫叶李、大叶黄杨、丝棉木、龙爪槐、悬铃木、珊瑚树、樱桃、海桐、紫薇、十大功劳、垂柳、绣球、柑橘等花木。以若虫、成虫聚集在树干基部或嫩枝、幼芽等处吸汁危害。

[识别特征]雌成虫体长 7.8～10 mm,体扁平,长椭圆形,背面淡灰紫色,腹面黄褐色,周缘淡黄色,被一层霜状蜡粉,腹部有横列皱纹和纵向凹沟,形似草鞋。雄成虫体紫红色,长 5～6 mm,翅 1 对,淡黑色。若虫与雌成虫相似,但体小,色深(图 5-40)。

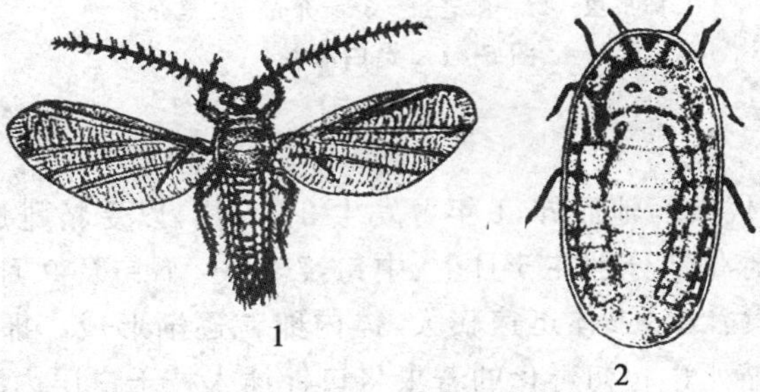

1.雌成虫 2.雄成虫

图 5-40 草履蚧

[生活习性]1 年发生 1 代,以卵囊在树根附近的土中越冬。长江流域各省,越冬卵在当年的 12 月和次年的 1 月间孵化,3 月上、中旬若虫上树较多,多集中在 1～2 年生枝上吸食危害,以 4 月份危害最烈。4 月中、下旬雄若虫潜伏于树皮缝等隐蔽处,分泌大量蜡丝缠绕虫体,变拟蛹。交尾后的雌成虫于 5 月下旬开始寻找附近疏松的土表或树皮缝隙等处形成卵囊产卵。

(三)桑白盾蚧

[分布与危害]又名桑白蚧、桑盾蚧、桃白蚧、黄点蚧、桑拟轮盾蚧。分布全国各地。危害梅花、桃花、樱花、丁香、棕榈、芙蓉、苏铁、桂花、榆叶梅、木槿、翠菊、玫瑰、芍药、夹竹桃、蒲桃、山茶、白蜡、紫穗槐等花木。雌成虫和若虫群集固着在枝干上刺吸汁液,严重时介壳密集重叠。受害后,花木生长不良,树势衰弱,甚至枝条或全株死亡。

[识别特征]雌介壳圆形或近圆形,长 2～2.5 mm,灰白色,背面微隆,有螺旋纹;壳点黄褐色,偏在介壳的一方。雌成虫体宽、体长约 1 mm,卵圆形,橙黄或橘红色。雄介壳细长,白色,长 1 mm 左右,背面有 3 条纵脊,壳点橙黄色,位于介壳

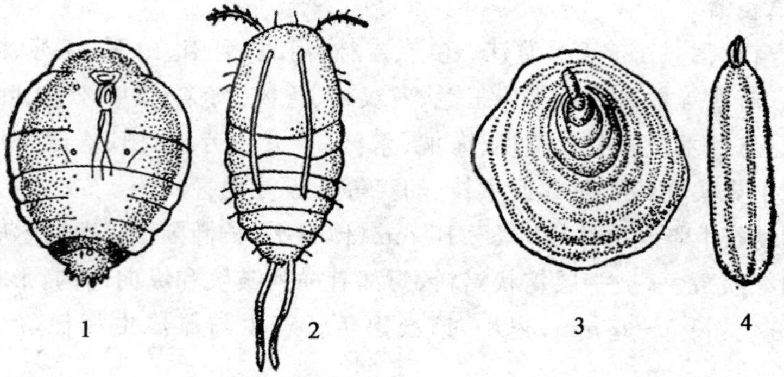

1. 雌成虫　2. 一龄若虫　3. 雌介壳　4. 雄介壳

图 5-41　桑白盾蚧

的前端(图 5-41)。

[生活习性] 世代数因地而异,1 年可发生 2～5 代,以受精雌成虫固着在枝条上越冬。各代若虫孵化期分别在 5 月上、中旬,7 月中、下旬及 9 月上、中旬。早春树液流动后开始吸食汁液,虫体迅速膨大,体内卵粒逐渐形成。卵产于雌介壳下。雌成虫产完卵便干缩死亡。初孵化的若虫将口针插入枝干皮层内固定吸食。雌若虫在第 1 次蜕皮后即分泌蜡质物,形成圆形介壳;雄若虫在第 1 次蜕皮后,进入 2 龄后期才开始分泌白色絮状蜡质物形成长筒形介壳。雄虫寿命极短,仅 1 d 左右。该虫多分布于枝条分叉处和枝干阴面。

(四)褐软蚧

[分布与危害] 分布于江苏、浙江、福建、台湾、广东、广西、云南、四川、湖南、湖北、江西、贵州、河南、河北、山东、辽宁等地。危害桂花、月季、菊花、月桂、棕榈、夹竹桃、柑橘、苏铁、樟树、山茶等 170 多种植物。

[识别特征] 雌虫体扁平或背面稍有些隆起,卵形或长卵形。体长 3～4 mm,虫体前端较狭,背面颜色变化很大,通常有浅黄褐色、绿色、黄色、棕色等,具 2 条褐色网状横带,背面常具有各种图案(图 5-42)。初孵若虫椭圆形,淡黄色,体长 0.2～0.3 mm,分泌蜡质后背部稍现脊线,长 1 mm 左右。

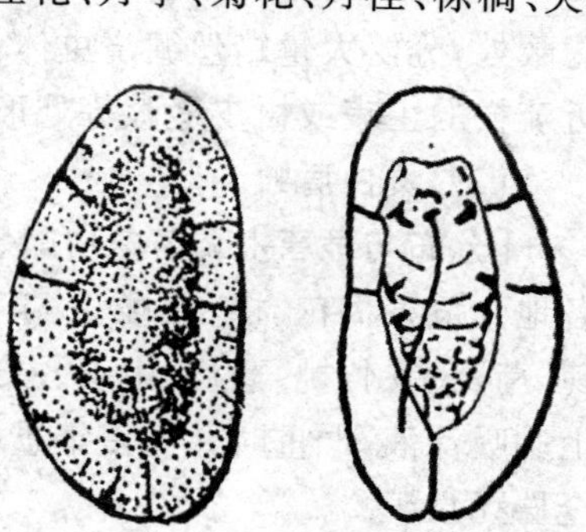

1. 雌成虫背面观　2. 雌成虫腹面观

图 5-42　褐软蚧

[生活习性] 此虫分布较广,寄主植物种类虽然很多,一般危害不很严重,但对山茶危害较重。每年发生代数因地而异。在北京温室中 1

年发生4～5代，以雌成虫或若虫越冬。早春开始危害茎、叶，严重时茎叶上密布一层虫体。各代若虫孵化期分别为2月下旬、5月下旬、7月下旬、9月下旬。

（五）其他介壳虫类

其他介壳虫类害虫见表5-10。

表5-10 其他介壳虫类害虫

害虫种类	发生情况
吹绵蚧	以若虫和雌成虫危害芸香科、蔷薇科、豆科、葡萄科、木樨科、天南星科等250多种植物。雌成虫橘红色，椭圆形，体长4～7 mm，体外被有黄白色的蜡质粉，腹部后方有白色卵囊，卵囊表面有15条脊状隆起线。雄成虫橘红色，体长2.9 mm，1对翅。若虫椭圆形，橘红色或红褐色，体长0.66～3.5 mm，体外覆盖黄白色蜡粉及蜡丝。南部1年3～4代，以若虫、成虫或卵越冬。成虫喜寄居于主梢阴面及枝杈处，或枝条及叶片上。该虫多发生在树木过密、潮湿、不通风透光的地方，每年4、5月间发生数量最多。
红蜡蚧	食性杂，危害白玉兰、栀子花、桂花、苏铁、山茶、月季、蔷薇、南天竹、米兰等。雌成虫椭圆形，介壳近椭圆形，长3～4 mm，玫瑰红至紫红色。老熟时背面隆起呈半球形，有4条白色蜡带向上卷起。雄成虫体长1 mm，翅白色，半透明。1年1代，以受精雌成虫在枝干上越冬。在浙江，越冬雌成虫于5月下旬开始产卵，9月中旬羽化。多集中在寄主植物光线较强的外围枝叶上危害，内层枝叶上较少发生。
月季白轮盾蚧	危害蔷薇、月季、玫瑰、野蔷薇等花木。雌虫体长1.4 mm，初为黄色至橙色。雌介壳椭圆或近圆形，背部隆起，白色。雄虫介壳狭长，背面有3条明显的纵脊线，白色，长约0.8 mm。若虫后期橙黄色，圆形。1年2～3代。以受精雌成虫和2龄若虫在枝干上越冬。5月上旬成虫开始产卵。6月若虫孵化。虫口密度大时，在枝干上常见有一层白色。11月份进入越冬状态。
紫薇绒蚧	又名石榴绒蚧，危害紫薇、石榴、扁担木、百日红、含笑等。雌成虫卵圆形，暗红色，体长3 mm，外有白色毡囊包裹。雄成虫紫红色，长1.3 mm。若虫淡紫色，椭圆形，长0.6 mm。1年2～4代。以若虫在枝条皮缝、翘皮、枝杈的蜡囊中越冬。若虫孵化后沿寄主爬行，在缝隙中定居刺吸危害。严重危害时诱发煤污病，使叶片、枝条变黑，甚至完全死去。
常春藤圆盾蚧	在南方露地和华北、东北温室内，主要危害常春藤、文竹、苏铁、棕榈、女贞、杜鹃等。雌虫椭圆形，橙黄色，长1 mm左右；雌介壳卵圆形，黄色，长2 mm。雄虫体黄褐色，长0.8 mm。初孵若虫体卵圆形，较扁平，浅黄色，长0.22 mm。1年3～4代。以雌成虫和若虫越冬。世代不整齐。3月、6月和9月为若虫发生高峰期。近年危害苏铁特别严重。

续表 5-10

害虫种类	发生情况
糠片盾蚧	危害茉莉、桂花、无花果、梅花、樱花、黄杨、金橘等的枝、叶、果。雌介壳长圆形，长 1.5～2 mm，灰白或灰褐，中部稍隆起，蜡质薄；雌成虫椭圆形，长 0.8 mm，紫红色。雄介壳灰白色狭长而小，雄成虫淡紫色。初孵若虫扁平椭圆形，长 0.3～0.5 mm，淡紫红色。1 年 3～4 代。以受精雌成虫或卵越冬。北京温室 1 年 2～3 代，长年危害。4 月下旬、6～7 月和 8～9 月为 1 龄若虫发生高峰期。每雌虫产卵 30～80 粒。喜在荫蔽或光线不足的枝、叶上危害。

(六)介壳虫类的防治措施

(1)加强植物检疫，禁止有虫苗木输出或输入。

(2)加强养护。通过园林技术措施来改变和创造不利于蚧虫发生的环境条件。如实行轮作，合理施肥，清洁花圃，提高植株自然抗虫力；合理确定植株种植密度，合理疏枝，改善通风、透光条件；冬季或早春，结合修剪、施肥等农事操作，挖除卵囊，剪去部分有虫枝，集中烧毁，以减少越冬虫口基数；介壳虫少量发生时，可用软刷、毛笔轻轻清除，或用布团蘸煤油抹杀。

(3)化学防治。冬季和早春植物发芽前，可喷施 1 次 3～5 波美度石硫合剂、3%～5%柴油乳剂、10～15 倍的松脂合剂或 40～50 倍的机油乳剂，消灭越冬代若虫和雌虫。在初孵若虫期进行喷药防治，常用药剂有 10%吡虫啉可湿性粉剂 1 500 倍液，40%速扑杀乳油、40%乐斯本乳油、10%高效灭百克乳油 2 000 倍，0.3～0.5 波美度石硫合剂或 25%杀虫净乳油 400～600 倍液。每隔 7～10 d 喷 1 次，共喷 2～3 次，喷药时要求均匀周到。也可用 40%乐果乳油或 10%吡虫啉乳油 5～10 倍液打孔注药。

(4)生物防治。介壳虫天敌多种多样，种类十分丰富，如澳洲瓢虫可捕食吹绵蚧；大红瓢虫和红缘黑瓢虫可捕食草履蚧；红点唇瓢虫可捕食日本龟蜡蚧、桑白蚧、长白蚧等多种蚧虫；异色瓢虫、草蛉等可捕食日本松干蚧。寄生盾蚧的小蜂有蚜小蜂、跳小蜂、缨小蜂等。因此，在园林绿地中种植蜜源植物，保护和利用天敌，在天敌较多时，不使用药剂或尽可能不使用广谱性杀虫剂，在天敌较少时进行人工饲养繁殖和释放，发挥天敌的自然控制作用。

三、粉虱类

粉虱类属同翅目粉虱科。体微小，雌雄均有翅，翅短而圆，膜质，翅脉极少，前后翅相似，后翅略小。体翅均有白色蜡粉，故称粉虱。在园林植物上常见的有温室粉虱[*Trialeurodes vaporariorum* (Westwood)]、橘刺粉虱(*Aleurocanthus spiniferus* Quaintance)、烟粉虱(*Bemisia tabaci*)、柑橘粉虱[*Dialeurodes citri* (Ashmead)]等。

(一)温室粉虱

[分布与危害] 又名白粉虱,是一种分布很广的露地和温室害虫,属世界性检疫对象。危害倒挂金钟、茉莉、兰花、凤仙花、一串红、月季、牡丹、菊花、万寿菊、五色梅、扶桑、绣球、旱金莲、一品红、大丽花等多种花卉。主要以成虫和幼虫群集在寄主植物叶背刺吸汁液危害,使叶片卷曲、褪绿发黄,甚至干枯。此外,成虫和幼虫还分泌蜜露,诱发煤污病。

[识别特征] 成虫体长 1.0～1.2 mm,体浅黄或浅绿色,被有白色蜡粉。复眼赤红色。前、后翅上各有 1 条翅脉,前翅翅脉分叉。卵长 0.2～0.5 mm,长椭圆形,具柄,初时淡黄色,后变黑褐色。幼虫体长 0.5 mm,扁平椭圆形,黄绿色,体表具长短不一的蜡丝,两根尾须稍长。蛹长 0.8 mm,稍隆起,淡黄色,背面有 11 对蜡质刚毛状突起(图 5-43)。

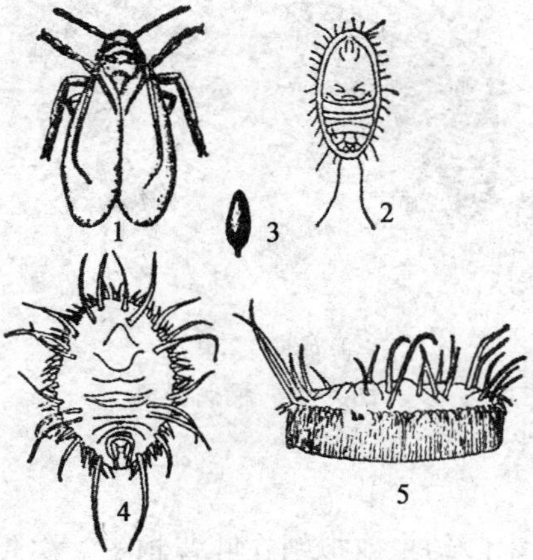

1.成虫 2.幼虫 3.卵
4.蛹正面观 5.蛹侧面观
图 5-43 温室粉虱

[生活习性] 1 年发生 10 余代,在温室内可终年繁殖。繁殖能力强,世代重叠现象显著,以各种虫态在温室植物上越冬。成虫喜欢选择上部嫩叶栖息、活动、取食和产卵。卵期 6～8 d,幼虫期 8～9 d。成虫一般不大活动,常在叶背群聚,对黄色和嫩绿色有趋性。营有性生殖,也能孤雌生殖。幼虫孵化后即固定在叶背刺吸汁液,造成叶片变黄、萎蔫甚至导致死亡。此外,此虫害分泌大量蜜露,诱发煤污病,严重影响叶片的光合作用。

此外,烟粉虱与温室粉虱很相似,不仔细辨别极易混淆。2 种粉虱的形态区别见表 5-11。

(二)橘刺粉虱

[分布与危害] 又名黑刺粉虱。广泛分布于广东、广西、福建、浙江、江苏、台湾等地。危害月季、蔷薇、春兰、米兰、玫瑰、山茶、榕树、樟树、柑橘等花木。以幼虫群集在叶片背面吸食汁液,被害处形成黄斑。其排泄物常诱发煤污病,影响光合作用和美观。

表 5-11 烟粉虱与温室粉虱的形态区别

虫态	烟粉虱	温室粉虱
卵	卵色由白到黄,孵化前变为黑紫色	卵色由白到黄,孵化前变为褐色
幼虫	体缘一般具蜡丝	体缘无蜡丝
蛹壳	蛹壳较厚,为蜡层包围	蛹壳平坦,无或极少有蜡质分泌物
成虫	体较大。雌虫体长 1.06 mm,雄虫体长 0.99 mm。虫体黄色,前翅脉分叉,左右翅合拢平坦	体较小。雌虫体长 0.91 mm,雄虫体长 0.85 mm。虫体淡黄白到白色,前翅脉 1 条不分叉,左右翅合拢呈屋脊状

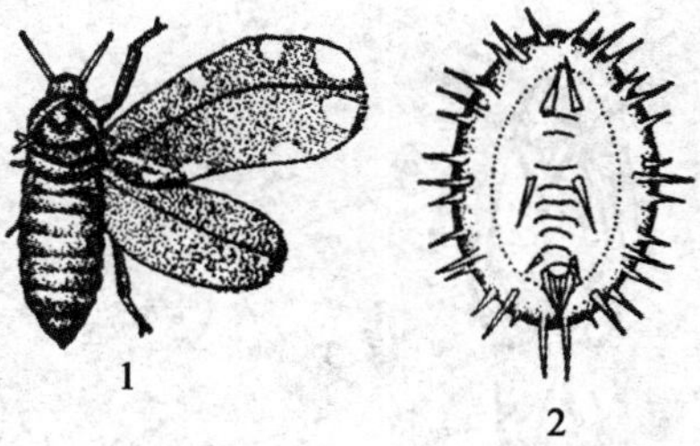

1. 成虫 2. 蛹壳

图 5-44 橘刺粉虱

[**识别特征**] 成虫体长 1.0～1.3 mm,橙黄色,覆有白色蜡粉。前翅紫褐色,有 7 个不规则的白色斑纹。后翅较小,无斑纹,淡紫褐色。足黄色,复眼红褐色。卵长 1 mm 左右,长椭圆形,初时乳黄色,孵化前深黄色,有短柄。幼虫扁平椭圆形,淡黄绿色,体周围有 17 对小突起,并有白色放射状蜡丝,随虫龄增大,体色渐成黑色。蛹椭圆形,初时乳黄色,透明,后变黑色,有蜡质光泽(图 5-44)。

[**生活习性**] 此虫在浙江 1 年发生 4 代,以末龄幼虫或拟蛹在叶背越冬。次年 5 月上、中旬成虫开始羽化。第 1 代若虫于 5 月下旬开始发生,各代幼虫发生盛期在 6 月上旬、7 月下旬、9 月上旬以及 10 月上、中旬。成虫以 7、8 月发生较多。成虫白天活动,卵产于叶背,老叶上的卵比嫩叶上多。成虫有孤雌生殖现象和趋光性。

(三)粉虱类的防治措施

(1)加强植物检疫,避免将虫带入塑料大棚和温室。早春,做好虫情预测预报,及时开展有效的防治工作。

(2)加强养护,清除大棚和温室周围杂草,以减轻虫源。阴蔽、通风透光不良都有利于粉虱的发生,适当修枝,勤除杂草,以减轻危害。

(3)物理防治。白粉虱成虫对黄色有强烈趋性,可用黄色诱虫板诱杀。

(4)药剂防治。3～8 月严重危害期,可采用 80%敌敌畏熏蒸成虫,按1 mL/m^3 原液,兑水 1～2 倍,每隔 5～7 d 喷 1 次,连续 5～7 次,并注意密闭门窗 8 h。亦可喷施 10%吡虫啉可湿性粉剂 1 500 倍液,40%乐斯本乳油 2 000 倍液,2.5%溴氰菊酯乳油或25%扑虱灵可湿性粉剂2 000倍液，喷时注意药液均匀，叶背处更应周到。

四、叶蝉类

叶蝉类属同翅目叶蝉科，身体细长，常能跳跃，能横走，易飞行。通称浮尘子，又名叶跳虫，种类很多。在园林植物上常见的有大青叶蝉（*Cicadella viridis* Linnaeus）、小绿叶蝉（*Empoasca flavescens* Fabricius）、棉叶蝉（*Empoasca biguttula* Shiraki）、二星叶蝉（*Erythroneura apicalis* Nawa.）等。

（一）大青叶蝉

［分布与危害］分布于全国各地。危害木芙蓉、杜鹃、梅、李、樱花、海棠、梧桐、扁柏、桧柏、杨、柳、刺槐等多种花木。以成虫和若虫刺吸植物汁液，受害叶片呈现小白斑，枝条枯死，影响生长发育，且可传播病毒病。

［识别特征］成虫体长7.2～10 mm，青绿色，触角窝上方、两单眼之间有1对黑斑，复眼三角形、绿色。前翅绿色带有青蓝色泽，端部透明；后翅烟黑色，半透明。足橙黄色。卵长1.6 mm，白色微黄，中间微弯曲。若虫共5龄，体黄绿色，具翅芽（图5-45）。

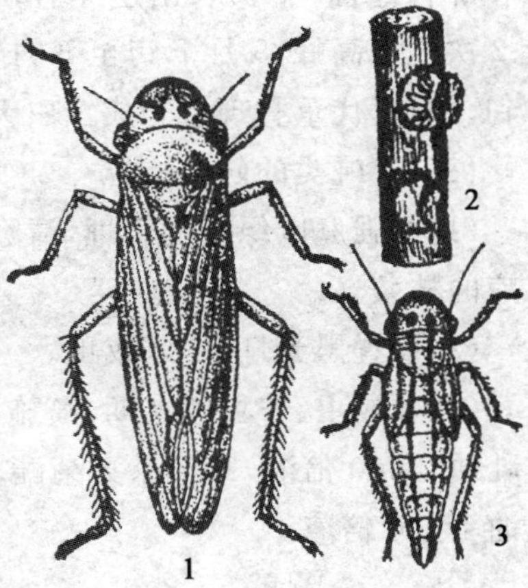

1. 成虫 2. 卵块 3. 若虫

图 5-45 大青叶蝉

［生活习性］1年发生3～5代，以卵在被害花木枝条的皮层内越冬。翌年4月上、中旬孵化。若虫孵化后常喜群集在草上取食，若遇惊扰便斜行或横行，或由叶面逃至叶背，或即跳跃而逃。5月下旬第1代成虫羽化，第2代成虫发生在7～8月间，9～11月第3代成虫出现。10月中旬开始在枝条上产卵。产卵时以产卵器刺破枝条表皮呈半月形伤口，将卵产于其中，排列整齐。成虫喜在潮湿背风处栖息，有很强的趋光性。

（二）小绿叶蝉

［分布与危害］又名小绿浮尘子、叶跳虫，分布普遍。危害桃花、梅花、樱花、红叶李、苹果等花木。以成虫和若虫栖息于叶背，吮吸汁液危害，初期使叶片正面呈现白色小斑点，严重时全叶苍白，早期脱落。

［识别特征］成虫体长3～4 mm，绿色或黄绿色。头略呈三角形，复眼灰褐色，

无单眼。中胸小盾片中央有一横凹纹和白色斑。前翅绿色，半透明，后翅无色透明。雌成虫腹面草绿色，雄成虫腹面黄绿色。卵长 0.8 mm，新月形。初时乳白色半透明，孵化前淡绿色。若虫似成虫，黄绿色，具翅芽(图 5-46)。

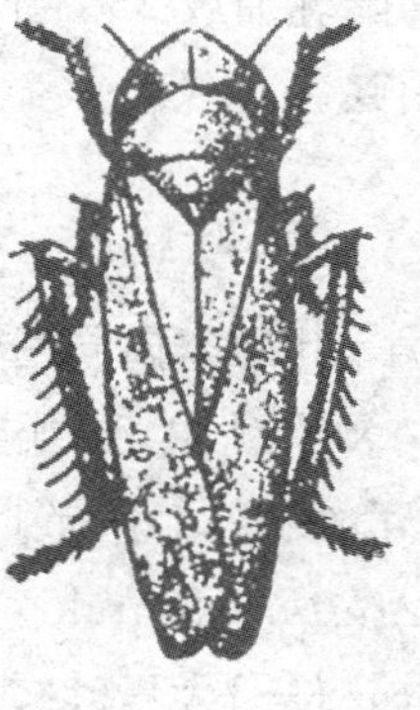

图 5-46 小绿叶蝉

[生活习性] 世代数因地而异，江苏、浙江 1 年发生 9～11 代，广东 12～13 代，海南 17 代。以成虫在杂草丛中或树皮缝内越冬。在杭州，越冬成虫于 3 月中旬开始活动，3 月下旬至 4 月上旬为产卵盛期，卵产于叶背主脉内，初孵若虫在叶背危害。3 龄长出翅芽后，善爬善跳，喜横走。全年有 2 次危害高峰：5 月下旬至 6 月中旬、10 月中旬至 11 月中旬。有世代重叠现象。成虫白天活动，无趋光性。

(三)叶蝉类的防治措施

(1)加强庭园绿地的管理，清除树木、花卉附近的杂草，结合修剪，剪除有产卵伤疤的枝条。

(2)设置黑光灯，诱杀成虫。

(3)在成虫、若虫危害期，喷施 10%吡虫啉可湿性粉剂 1 500 倍液，40%乐斯本乳油 2 000 倍液，20%杀灭菊酯乳油或 2.5%功夫乳油 2 000 倍液、20%叶蝉散乳油 1 000 倍液。

五、蜡蝉类

属同翅目蜡蝉科，体小型至大型。中足基节长，着生在身体的两侧，互相远离，后足基节短，固定不能活动，并互相接触，能跳跃。常见的有斑衣蜡蝉(*Lycorma delicatula* White)龙眼鸡(*Fulfora candelaria* Linnaeus)、八点蜡蝉[*Ricania speculum* (Walker)]等，以斑衣蜡蝉为例。

[分布与危害] 斑衣蜡蝉又名椿皮蜡蝉，属同翅目蜡蝉科。危害臭椿、香椿、香樟、悬铃木、红叶李、紫藤、法桐、槐、榆、黄杨、珍珠梅、女贞、桂花、樱桃、美国地锦和葡萄等。成虫和若虫刺吸嫩梢及幼叶的汁液，造成叶片枯黄，嫩梢萎蔫，枝条畸形以及诱发煤污病。

[识别特征] 成虫体长约 18 mm，翅展为 50 mm 左右，灰褐色。前翅革质，基部 2/3 为浅褐色，上布有 20 多个黑点，端部 1/3 处为灰黑色。后翅基部为鲜红色，布有黑点，中部白色，翅端黑蓝色。卵圆柱形，长 3 mm，卵块表面有层灰褐色泥状物。若虫 1～ 3 龄体为黑色，4 龄体背面红色，有黑白相间斑点，有翅芽(图 5-47)。

图 5-47 斑衣蜡蝉

[生活习性] 1 年发生 1 代,以卵在枝干和附近建筑物上越冬。翌年 4 月若虫孵化,5 月上、中旬为若虫孵化盛期。小若虫群居在嫩枝幼叶上危害,稍有惊动便蹦跳而逃离。其危害不仅影响枝蔓当年的成熟,还影响来年枝条的生长发育。6 月中、下旬成虫出现,成虫和若虫常常数十头群集危害,此时寄主受害更加严重。成虫交配后,将卵产在避风处,卵粒排列呈块状,每块卵粒不等,卵块覆盖有黄褐色分泌物,类似黄土泥块贴在树皮上。10 月成虫逐渐死亡,留下卵块越冬。

[防治措施]

(1)消灭卵块。秋冬季节修剪和刮除卵块,以消灭虫源。

(2)药剂防治。若虫初孵期结合防治其他害虫,喷施 5%氟氯氰菊酯(百树得)乳油 5 000 倍液防治。

六、蝽类

蝽类属半翅目,以刺吸式口器危害植物的叶片、花、果实等,但不同种类危害症状不同。在园林植物上常见的有盲蝽科的中绿盲蝽(*Lygus lucorum* Meyer-Dür)、黑盲蝽(*Adelphocoris suturalis* Jakovlev)、网蝽科的梨网蝽(*Stephanitis nashi* Esaki et Takeya)、杜鹃冠网蝽(*Stephanitis pyriodes* Scott)等。

(一)绿盲蝽

[分布与危害] 分布全国各地。以长江流域各地发生较为普遍,造成较重危害,危害木槿、石榴、海棠、菊花、桃、山茶等。成、若虫喜群集危害嫩叶、叶芽、花蕾。叶片被害后,出现黑斑和孔洞,严重时叶片扭曲皱缩。花蕾被害处渗流出黑褐色汁

液,影响开花和观赏。

[识别特征] 成虫体长约 5 mm,黄绿至浅绿色,触角 4 节,比体短。前胸背板绿色,上有微弱的小刻点。足绿色,腿节膨大。卵香蕉形,黄绿色,长约 1 mm,卵盖乳黄色,中央凹陷。若虫体长 3 mm 左右,鲜绿色。5 龄老熟若虫全体密布黑色细毛(图 5-48)。

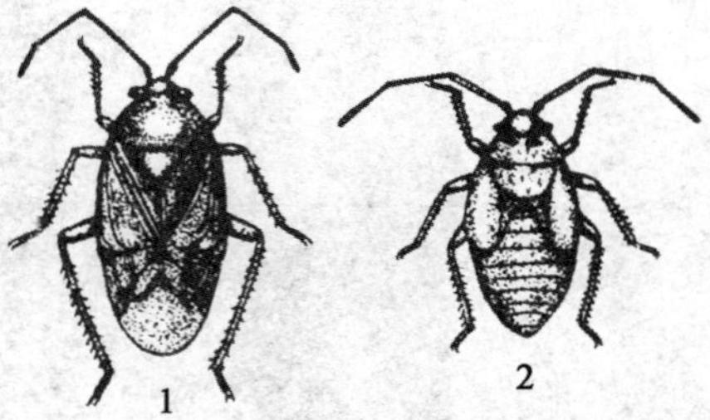

1. 成虫 2. 若虫

图 5-48 绿盲蝽

[生活习性] 1 年发生 4～5 代,以卵在寄主的枝干表皮伤口组织内越冬。翌年 4 月中旬为若虫盛孵期,5 月上中旬羽化成虫。第 2～5 代分别在 6 月上旬、7 月中旬、8 月中旬和 9 月中旬出现。从 10 月中下旬开始产卵。成虫活跃善飞,有趋光性,成虫羽化后 6～7 d 开始产卵,卵散产于嫩叶主脉、叶柄及嫩茎组织内,有伤处较多。成虫、若虫均不耐高温干燥,喜多雨潮湿环境下生活,发生数量多,危害重。成虫白天隐蔽在枝叶处,傍晚后喜群集于花叶嫩头、幼蕾等处刺吸取食汁液,致使枝叶丛生叶片破碎,花蕾大量脱落,影响观赏价值。

(二)梨冠网蝽

[分布与危害] 又名梨网蝽。分布广泛,危害樱花、梅花、月季、杜鹃、海棠、桃花、苹果、梨等花木。成虫和若虫在叶背刺吸汁液,被害处有许多斑斑点点的褐色粪便和产卵时留下的蝇粪状黑点,整个受害叶片背面呈锈黄色,正面形成苍白色斑点(图 5-49)。受害严重时,叶片上斑点成片,全叶失绿呈苍白色,提早脱落。

图 5-49 梨冠网蝽危害状

[识别特征] 成虫体长约 3.5 mm,体型扁平,黑褐色。前胸背板两侧延伸成扇形,上有网状花纹。前翅略呈长方形,布满网状花纹,静止时前翅重叠,中间形成“X”字纹。后翅膜质,白色透明,翅脉暗褐色。卵长约 0.6 mm,长椭圆形,一端弯曲,淡绿到黄绿色。若虫共 5 龄。初孵若虫乳白色,最后变成深褐色。身体两侧有明显的锥状刺突。

[生活习性] 世代数因地而异,华北 1 年发生 3～4 代,华中和华南 1 年 5～6 代,以成虫在树皮裂缝、枯枝落叶、杂草丛中或土块缝隙中越冬。次年 4 月上、中旬,越冬成虫开

始活动。4月下旬开始产卵，卵产在叶背组织里，上面覆有黄褐色胶状物。初孵若虫不甚活动，有群集性，2龄后活动范围逐渐扩大。6月中旬第1代成虫大量出现。成、若虫喜群集叶背主脉附近危害。成虫期1个月以上，产卵期也长，有世代重叠现象。全年7～8月份危害最严重。10月中、下旬以后成虫开始越冬。

(三)杜鹃冠网蝽

[分布与危害] 分布于广东、广西、浙江、江西、福建、辽宁、台湾等地，是杜鹃花的主要害虫。以成虫和若虫危害叶片，吸食汁液，排泄粪便，使叶片背面呈锈黄色，叶片正面出现白色斑点(图5-50)，严重影响植物的光合作用，致使植物生长缓慢，提早落叶。

图5-50 杜鹃冠网蝽危害状

[识别特征] 成虫体小而扁平，长3.0～3.4 mm，黑褐色。前胸背板发达，具网状花纹，向前延伸盖住头部，向后延伸盖住小盾片，两侧伸出呈薄圆片状的侧背片。翅膜质透明，前翅布满网状花纹，两翅中间接合呈明显的“X”状花纹。卵长0.5 mm，乳白色，稍弯曲。若虫共5龄。老熟若虫体扁平，体暗褐色，复眼发达，红色，头顶具3根刺突(图5-51)。

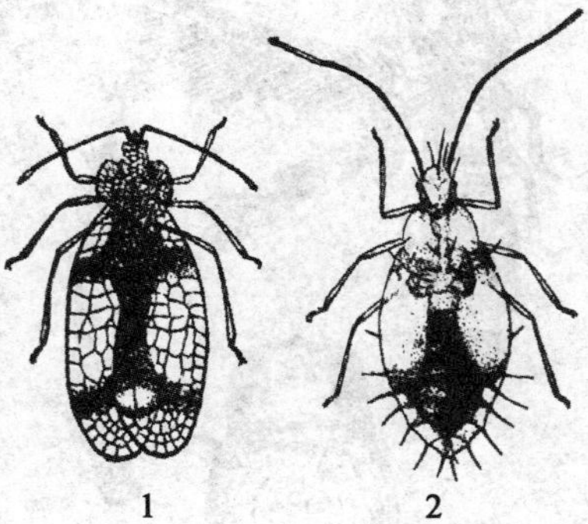

1.成虫 2.若虫

图5-51 杜鹃冠网蝽

[生活习性] 广州1年发生10代，以成虫和若虫越冬。若虫群集性强，常集中于叶背主、侧脉附近吸食危害。成虫不善飞翔，多静伏于叶

背吸食汁液，受惊则飞。卵多产于叶背主脉旁的叶组织中，上覆盖有黑色胶状物。杜鹃冠网蝽的天敌有草蛉、蜘蛛、蚂蚁等，以草蛉最为重要。

(四)蝽类的防治措施

(1)加强养护，及时清除落叶和杂草，注意通风透光，创造不利于该虫的生活条件。

(2)化学防治。用3%呋喃丹颗粒剂埋入盆栽花木的土壤中(每盆5 g左右，深5 cm)，可达到防治该类害虫的目的。发生严重时可用10%吡虫啉可湿性粉剂2 000～3 000倍液、80%敌敌畏乳油或40%氧化乐果乳油1 000倍液喷雾。

(3)保护和利用天敌。草岭、蜘蛛、蚂蚁等都是蝽类的天敌，当天敌较多时，尽量不喷药剂，以保护天敌。

七、蓟马类

蓟马类属缨翅目。种类很多，食性较杂，多为植食性。在园林植物上常见的有花蓟马(*Frankliniella intonsa* Trybom)、烟蓟马(*Thrips tabaci* Lindeman)、黄胸蓟马[*Thrips hawaiiensis* (Morgan)]、榕管蓟马(*Gynaikothrips uzeli* Zimmermann)等。

(一)花蓟马

[分布与危害] 全国各地均有分布。危害剑兰、柑橘、香石竹、唐菖蒲、菊花、美人蕉、木槿、玫瑰、牵牛、葱兰、石蒜、紫薇、合欢、兰花、九里香、荷花、月季、夜来香、茉莉等花木。多在花内危害。

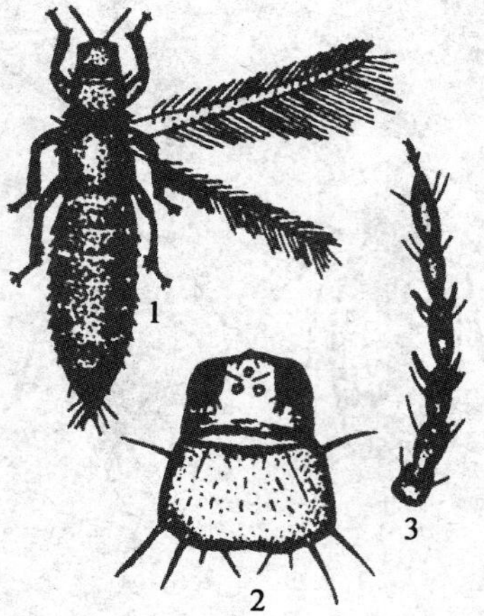

1. 雌成虫　2. 头及前胸背面　3. 触角

图 5-52　花蓟马

[识别特征] 雌成虫体长1.3～1.5 mm，赭黄色。触角8节，念珠状。头部短于前胸，头顶前缘仅中央略突出，各单眼内缘有橙红色月晕，单眼间鬃长，位于单眼三角形连线上。翅为缨翅，不善飞行。卵肾形，长约0.3 mm。2龄若虫长1 mm，黄色，复眼红色，触角7节，3、4节最长(图5-52)。

[生活习性] 在我国南方1年11～14代。以成虫越冬。5月中、下旬至6月危害严重。成虫有很强的趋花性，凡有香味、花冠较大的蕊心内，成虫、若虫多达上百头。卵多产于花花瓣、花丝、嫩叶表皮内，产卵处稍膨大或隆起，可对光检查发现。

(二)榕蓟马

[**分布与危害**] 又名榕母蓟马、榕管蓟马、榕树蓟马。分布于福建、台湾、广东、海南、河南、河北、山东、辽宁、吉林、黑龙江等地(北方主要在温室内)。危害榕树、无花果、杜鹃、龙船花等,以成虫、若虫吸食嫩芽、嫩叶,在叶背面形成大小不一的紫褐色斑点,进而沿中脉向叶面折叠,形成饺子状的虫瘿,叶内常有几十至上百头若虫、成虫危害,是榕树等的重要害虫之一(图 5-53)。

图 5-53 榕蓟马危害状——"包饺子"

[**识别特征**] 成虫雌虫体长 2.6 mm,雄虫体长 2.0～2.2 mm,体黑色,有光泽。触角 8 节,念珠状,翅无色透明,前翅较宽,翅缘直。雄虫腹部第 9 节侧鬃及管状体均短于雌虫。卵肾形,乳白色。若虫 4 龄。

[**生活习性**] 北方 1 年发生多代,常以成虫越冬,广东和北方温室内全年均可发生。发育适温为 25℃,相对湿度 50%～70%,干燥的气候对发生有利。成、若虫均嗜食榕树叶片。成虫腹部有向上翘动的习性,多产卵于嫩叶表面。该虫常与大腿榕管蓟马混合发生。

(三)蓟马类的防治措施

(1)清除田间及周围杂草,及时喷水、灌水、浸水。结合修剪摘除虫瘿叶、花,并立即销毁。

(2)化学防治。在大面积发生高峰前期,喷洒 10%多来宝胶悬剂 2 000 倍液、10%吡虫啉可湿性粉剂 2 000 倍液、40%氧化乐果乳油 1 000 倍液防治效果良好。也可用番桃叶、乌桕叶或蓖麻叶兑水 5 倍煎煮,过滤后喷洒。盆栽花木可用 3%呋喃丹颗粒剂 3～5 g、15%铁灭克颗粒剂 1～2 g 施入盆土中。

八、木虱类

木虱类属同翅目木虱科。体小型，形状如小蝉，善跳能飞。在园林植物上常见的有梧桐木虱（*Thysanogyna limbata* Enderlein）、柑橘木虱（*Diaphorina citri* Kuwayama）、樟叶木虱（*Trioza camphorae* Sasaki）等。

（一）梧桐木虱

[分布与危害] 又叫青桐木虱。分布于北京、河南、山东、陕西、江苏、浙江等地区，危害梧桐。常以成虫和若虫群集于嫩梢或枝叶，吸汁危害，尤以嫩梢和叶背居多。若虫分泌白色棉絮状蜡质物（图5-54），影响树木光合作用和呼吸作用，并诱发霉菌寄生。严重时，叶片提早脱落，枝梢干枯。

图 5-54 梧桐木虱危害状

[识别特征] 成虫黄绿色，体长4 mm左右，头顶两侧陷入。触角丝状，足淡黄色，翅透明。卵长约0.7 mm，纺锤形。若虫共3龄，虫体扁，略呈长方形，末龄近圆筒形，茶黄而微带绿色，体被较厚的白色蜡质层，翅芽发达，透明，淡褐色（图5-55）。

[生活习性] 1年发生2代，以卵在枝叶上越冬。次年4月下旬至5月上旬越冬卵开始孵化，6月上、中旬羽化成虫，下旬为羽化盛期。第2代若虫7月中旬发生，8月上、中旬羽化，8月下旬成虫开始产卵，卵散产于枝叶等处。成虫产卵前需补充营养，成虫寿命约6周。若虫潜居于白色棉絮状蜡丝中，行动迅速，无跳跃能力。若虫、成虫均有群聚性，往往几十头群聚在嫩梢或棉絮状白色蜡质物中。成虫羽化1～2 d后，移至无分泌物处继续吸食汁液。喜爬行，如受惊扰，即跳跃它处。

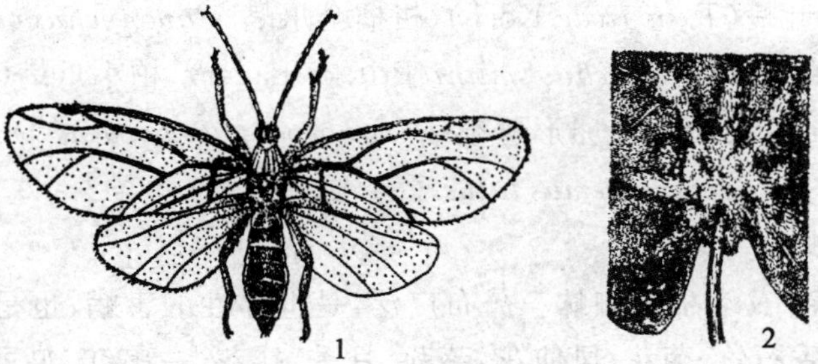

1.成虫 2.被害状

图 5-55 梧桐木虱

(二)樟叶木虱

[**分布与危害**] 分布于浙江、江西、湖南、福建、台湾等地。危害樟、香樟。以若虫刺吸叶片汁液,受害后叶片出现黄绿色椭圆形小突起,随着虫龄增长,突起逐渐形成紫红色虫瘿,影响植株的正常光合作用,导致提早落叶。

[**识别特征**] 成虫体长为 2 mm 左右,翅展 4.5 mm 左右,体黄色或橙黄色。触角丝状,复眼大而突出,半球形,黑色。卵纺锤形,乳白色,透明,孵化前为黑褐色。若虫椭圆形,初孵为黄绿色,老熟时为灰黑色。体周围有白色蜡质分泌物,随着虫体增长,蜡质物越来越多,羽化前蜡质物脱落。

[**生活习性**] 华东地区 1 年发生 1 代,少数 2 代,以若虫在被害叶背面越冬。翌年 4 月成虫羽化,羽化后的成虫多群集在嫩梢或嫩叶上产卵。两代若虫孵化期分别发生在 4 月中下旬、6 月上旬。

(三)木虱类的防治措施

(1)苗木调运时加强检查,禁止带虫材料外运。结合修剪,剪除带卵枝条。

(2)若虫发生盛期(叶背出现白色絮状物时)喷施机油乳剂 30～40 倍液,25%扑虱灵可湿性粉剂或 40%速扑杀乳油或 1%杀虫素 2 000 倍液。

(3)保护天敌,如赤星瓢虫、黄条瓢虫、草蛉等,能捕食木虱的卵和若虫。

九、螨类

螨类属于蛛形纲蜱螨目,俗称红蜘蛛。整个身体分为颚体和躯体 2 部分。种类多,危害广,多数以危害叶片为主,受害叶片表面出现许多灰白色的小点,失绿、失水,影响光合作用,导致生长缓慢甚至停止,严重时落叶枯死。在园林植物上常见的有朱砂叶螨[*Tetranychus cinnabarinus* (Boisduval)]、山楂叶螨(*T. viennen-*

sis Zacher)、二点叶螨(*T. urticae* Koch)、柑橘全爪螨[*Panonychus citri* (McGregor)]、史氏始叶螨(*Eotetranychus smithi* Prit. et Baker)、柏小爪螨(*Oligonychus perditus* Pritchard et Baker)、卵形短须螨(*Brevipalpus obovatus* Donnadieu)、侧多食跗线螨[*Polyphagotarsonemus latus* (Banks)]等。

(一)朱砂叶螨

[分布与危害] 又名棉红蜘蛛。分布广泛,是世界性的害螨,也是许多花卉的主要害螨。危害香石竹、菊花、凤仙花、茉莉、月季、桂花、一串红、鸡冠花、蜀葵、木槿、木芙蓉、万寿菊、天竺葵、鸢尾、山梅花等花木。被害叶片初呈黄白色小斑点,后逐渐扩展到全叶,造成叶片卷曲,枯黄脱落。

[识别特征] 雌成螨体长 0.5～0.6 mm,一般呈红色、锈红色。螨体两侧常有长条形纵行块状深褐色斑纹,斑纹从头胸部开始一直延伸到腹部后端,有时分隔成前后两块。雄成螨略呈菱形,淡黄色,体长 0.3～0.4 mm,末端瘦削。卵圆球形,长 0.13 mm,淡红到粉红色。幼螨近圆形,淡红色,足 3 对。若螨略呈椭圆形,体色较深,体侧透露出较明显的块状斑纹,4 对足(图 5-56)。

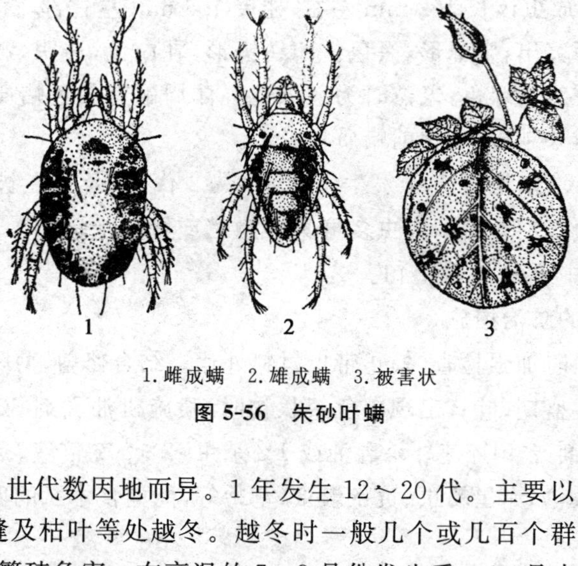

1 2 3

1. 雌成螨 2. 雄成螨 3. 被害状

图 5-56 朱砂叶螨

[生活习性] 世代数因地而异。1 年发生 12～20 代。主要以受精雌成螨在土块缝隙、树皮裂缝及枯叶等处越冬。越冬时一般几个或几百个群集在一起。次春温度回升时开始繁殖危害。在高温的 7～8 月份发生重。10 月中、下旬开始越冬。高温干燥利于其发生。降雨,特别是暴雨,可冲刷螨体,降低虫口数量。

(二)山楂叶螨

[分布与危害] 又名山楂红蜘蛛。分布于北京、辽宁、内蒙古、河北、河南、山东、山西、陕西、宁夏、甘肃、江苏、江西等地。危害樱花、海棠、桃、榆叶梅、锦葵等花

木。群集在叶片背面主脉两侧吐丝结网，并多在网下栖息、产卵和危害。受害叶片常先从叶背近叶柄的主脉两侧出现黄白色至灰白色小斑点，继而叶片变成苍灰色，严重时则出现大型枯斑，叶片迅速枯焦并早期脱落，极易成灾。

［**识别特征**］雌成螨椭圆形，体长 0.5 mm，有冬、夏型之分：冬型体色鲜红，夏型体色暗红。雄成螨体长 0.4 mm，浅黄绿色至橙黄色，末端瘦削。卵圆球形，初为黄白色，孵化前变为橙红色。幼螨体小而圆，黄绿色，3 对足。若螨近圆球形，前期为淡绿色，后变为翠绿色，4 对足，近似成螨（图 5-57）。

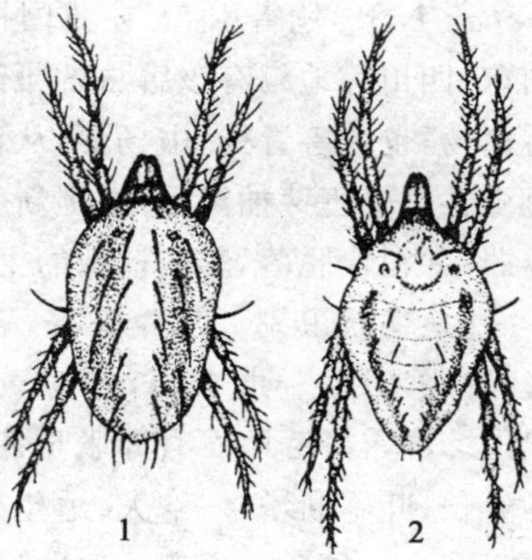
1 　　2

1. 雌成螨　2. 雄成螨

图 5-57　山楂叶螨

［**生活习性**］世代数因地区气候条件和其他因素的影响而有差异。辽宁 1 年发生 5～6 代，山东 1 年 7～9 代，河南 1 年 12～13 代。以受精雌成螨在枝干树皮裂缝、粗皮下或干基土壤缝隙等处越冬。次年 3 月下旬至 4 月上旬，越冬雌成螨出蛰危害。当日均温达 15℃时成虫开始产卵，5 月中、下旬为第 1 代幼螨和若螨的出现盛期。6～7 月份危害最重。进入雨季后种群密度下降，8～9 月份出现第二次危害高峰，10 月底以后进入越冬状态。

（三）二点叶螨

［**分布与危害**］二点叶螨又名二斑叶螨、棉叶螨、二点红蜘蛛等，分布于国内大多数地区。危害黄葛树、槐、木槿、梅花、梨、桃、月季、蔷薇、桂花、石榴、红花羊蹄甲、茉莉、玫瑰、迎春和枸杞等 100 多种。刺吸危害嫩梢、幼叶及花，叶片出现褪绿黄点，后成为黄褐斑，造成提早落叶。

［**识别特征**］雌成螨体长约 0.6 mm，椭圆形，淡黄或黄绿色，体背两侧各 1 个暗褐色斑块。雄成螨长约 0.4 mm，略呈菱形，黄色。卵球形，初期乳白色透明，孵化前变为橙黄色。幼螨近圆形，半透明，吸食后体色变为淡绿色，3 对足。若螨椭圆形，黄绿色，体背两侧褐斑明显，4 对足。

［**生活习性**］北方 1 年发生 12 代以上，南方 20 代以上。多以受精雌成螨在土缝、皮缝等处越冬。营两性生殖和孤雌生殖。翌年春季 4 月上旬开始活动，5～10 月种群密度变化起伏。一般 7～8 月份高温干旱少雨时，繁殖迅速，危害猖獗，易成灾，有些敏感花木稍受危害，其后就出现大量落叶。每头雌螨平均可产 100 多粒卵，卵期为 15 d 左右。该螨有吐丝拉网习性，常在叶背主脉附近丝网下栖息。10

月进入越冬状态。

(四)杨树瘿螨

[分布与危害] 杨树瘿螨又称杨皱叶病、杨树绣球病,由一种瘿螨(*Eriophyes dispar* Nal.)危害引起,在我国杨树主要分布区,如河北、北京、陕西、甘肃、河南、山东、四川等地均有该害虫的报道。主要危害毛白杨,也危害青杨、山杨等,从苗木到大树均可受害。受害芽抽出后,整个新枝和全部叶片卷曲,并很快脱落,影响植株的生长发育。

图 5-58 杨树瘿螨危害状

[危害状识别] 叶片受害,表现为皱缩变形,肿胀增厚,卷曲成团,有时微带紫色,状似鸡冠。春季冬芽萌发时即表现症状,随着树叶的生长,叶不断增多,增大,远望树冠像悬挂着的一个个小绒球。至 5~6 月皱叶逐渐干枯,遇风逐渐脱落(图 5-58)。

[螨虫特征] 该瘿螨有 4 足,成螨很小,在显微镜下观察,其体长 127~142 μm,宽 28~32 μm,为圆锥形,黄褐色,体壁上密布环纹,近头部有 4 对软足,腹部细长,尾部两侧各生 1 根细长的刚毛。幼螨色浅,体较小,有不明显的环纹。卵直径 40~50 μm,椭圆形,透明状。

[生活习性] 螨虫在杨树冬芽鳞片间越冬,多集中在枝条的第 5~8 个芽内,害螨随苗木调运作远距离传播。5 月中旬,可见到大量新生四足螨出现,肉眼可见病叶上似一层土黄色的粉状物,后逐渐迁移到新形成的冬芽内越夏越冬。风有可能作为传播媒介。不同类型的毛白杨单株受害程度则不同,发芽较迟、枝条细长或弯曲的毛白杨类型受害重。雄株受害普遍,雌株很少受害。近期发现在皱叶病组织中,伴随有类菌原体 MLO 存在,认为此病与类菌原体有关。

(五)螨类的防治措施

(1)加强栽培管理,搞好圃地卫生,及时清除园地杂草和残枝虫叶,减少虫源;改善园地生态环境,增加植被,为天敌创造栖息生活繁殖场所。保持圃地和温室通风凉爽,避免干旱及温度过高。夏季园地要适时浇水喷雾,尽量避免干旱或高温使害螨生存繁殖。发生危害初期,可喷清水冲洗。

(2)越冬期防治。叶螨越冬的虫口基数直接关系到翌年的虫口密度,因而必须做好有关防治工作,以杜绝虫源。对木本植物,刮除粗皮、翘皮,结合修剪,剪除病、虫枝条,越冬量大时可喷 3~5 波美度石硫合剂,杀灭在枝干上越冬的成螨。亦可树干束草,诱集越冬雌螨,来春收集烧毁。

(3)药剂防治。发现红蜘蛛在较多叶片危害时,应及早喷药。防治早期危害,是控制后期猖獗的关键。可喷施1.8%阿维菌素乳油3 000～5 000倍液、5%尼索朗乳油或15%达螨灵乳油1 500倍液、50%阿波罗悬浮剂5 000倍液。喷药时,要求做到细微、均匀、周到,要喷及植株的中、下部及叶背等处,每隔10～15 d喷1次,连续喷2～3次,有较好效果。

(4)生物防治。叶螨天敌种类很多,如瓢虫、草蛉、小花蝽、植绥螨等,应注意保护。

十、吸汁类害虫综合防治

(一)加强植物检疫

刺吸类害虫虫体小,固着寄生,隐蔽性强,扩大分布危害的可能性较小,主要靠苗木的运输传播,一旦到了新的地区,就很难彻底消灭,所以加强植物检疫,控制传播是做好刺吸类害虫预防工作的关键。

(二)园林技术措施防治

(1)避免混植有共同害虫的植物 每种害虫对树木、花草都有一定的选择性和转移性,因而在进行花坛(或苗圃)苗木定植时,要考虑到寄主植物与害虫的食性,尽量避免相同食料及相同寄主范围的园林植物混栽或间作。如黑松、油松、马尾松等混栽将导致日本松干蚧严重发生;云杉与红松、冷杉混栽时,会分别诱发红松球蚜与冷杉异球蚜等,这些都是应该注意的。

(2)定植地点、密度合理 苗木定植时,各类乔灌木的定植地点以及定植密度一定要合理。不可随意背离设计方案,更改栽植地点或加大减小密度栽植。否则,往往会使园林植物生长发育不良,容易引起介壳虫等害虫的发生。

(3)合理修剪 合理修剪、整枝不仅可以增强树势、花叶并茂,还可以减少害虫危害。如对介壳虫、粉虱等害虫,通过修剪、整枝可达到通风透光的目的,从而抑制此类害虫的危害。

(4)清除病虫残体 秋冬季节及时清除园圃中的残体,包括刮除枝干翘皮与病疤、清除草坪的枯草层等,并将其进行深埋或烧毁,消灭以此越冬的叶螨、网蝽等害虫。

(5)中耕除草 杂草不仅与园林植物争肥、争水、争空间、争光照,而且是许多害虫的中间寄主,如蒿类是绿盲蝽等害虫的基本宿主,禾本科杂草易引发叶蝉的危害,紫花地丁、夏枯草、苦菜等杂草是棉蚜的越冬寄主。因而铲除杂草对于抑制园林植物吸汁类害虫具有十分重要的意义。

(6)人工除治 如用湿抹布去除幼树叶片或枝干上的蚜、蚧、粉虱,对虫体柔软的绵蚧、绒蚧在危害期用人工刮除或用布麻纸抹除等。

(三)物理机械防治

(1)纱网阻隔　对于温室保护地内栽培的花卉植物,可采用 40～60 目的纱网覆罩,不仅可以隔绝蚜虫、叶蝉、粉虱、蓟马等害虫的危害,还能有效地减轻病毒病的侵染。

(2)植物诱杀　利用害虫对某些植物有特殊的嗜食习性,人为种植或采集此种植物诱集捕杀害虫的方法。如种植一串红、灯笼花等叶背多毛植物,可诱杀温室白粉虱。

(3)潜所诱杀　利用某些害虫越冬或白天隐蔽的习性,人为设置类似环境来诱杀害虫的方法称为潜所诱杀。如草履蚧 7 月下旬下树产卵可在树干基部堆放石砾等,引诱雌虫产卵。

(4)色板诱杀　将黄色黏胶板设置于花卉栽培区域,可诱粘到大量有翅蚜、白粉虱等害虫,其中以在温室保护地内使用时效果更好。另外,利用蓝色黏胶板可诱粘蓟马。

(5)灯光诱杀　有些刺吸害虫的成虫如叶蝉等具有趋光性,可以利用灯光进行诱杀成虫,从而达到减轻害虫危害的目的。

(四)生物防治

(1)保护和利用天敌资源　各类食蚜蝇、瓢虫、草蛉等天敌,对绝大部分刺吸类害虫都能起到一定控制作用,应通过加大蜜源植物的栽培量以及减少广谱性化学农药的使用量等措施保护这些天敌。

(2)人工释放商品性天敌昆虫　随着生物防治措施的逐渐普及,人工释放孟氏隐唇瓢虫防治蚜虫、释放跳小蜂防治蚧虫、释放花蝽防治蓟马等成功的案例,已越来越多。

(3)微生物治虫　利用白僵菌、绿僵菌、虫霉菌等病原微生物,防治蚜虫、叶蝉、椿象、螨类等害虫的措施,也越来越广泛。

(4)生物化学农药　常见种类有:烟碱、苦参碱、川楝素、阿维菌素、多杀霉素、浏阳霉素、华光霉素、螨速克等。

(五)化学防治

使用化学农药防治吸汁类害虫时,尽量选择高效、低毒、低残留、无污染的药剂。常见的杀虫剂有:敌敌畏、速扑杀、扑虱灵、吡虫啉、啶虫脒、吡蚜酮、阿克泰、全垒打、锐劲特等;杀螨剂有:噻螨酮、哒螨酮、四螨嗪、苯丁锡、溴螨酯、吡螨胺、苯螨特等。

第三节 园林植物主要枝干害虫及防治

园林植物枝干害虫主要包括鞘翅目的天牛、小蠹虫、吉丁虫、象甲，鳞翅目的木蠹蛾、透翅蛾、螟蛾，膜翅目的树蜂、茎蜂等。蛀干害虫的特点是：①生活隐蔽：除成虫期营裸露生活外，其他各虫态均在韧皮部、木质部营隐蔽生活。害虫危害初期不易被发现，一旦出现明显被害征兆，则已失去防治有利时机。②虫口稳定：枝干害虫大多生活在植物组织内部，受环境条件影响小，天敌少，虫口密度相对稳定。③危害严重：枝干害虫蛀食韧皮部、木质部等，影响输导系统传递养分、水分，导致树势衰弱或死亡，一旦受侵害后，植株很难恢复生机。

蛀干害虫的发生与园林植物的养护管理有着密切的关系。适地适树，加强养护管理，合理修剪，适时灌水与施肥，促使植物健康生长，是预防蛀干害虫大发生的根本途径。

一、天牛类

天牛是园林植物的蛀干害虫，属鞘翅目天牛科，身体多为长型，大小变化很大，触角丝状，常超过体长，复眼肾形，包围于触角基部。幼虫圆筒形，粗肥稍扁，体软多肉，白色或淡黄色，头小，胸部大，胸足极小或无。以幼虫钻蛀植物枝干，轻则树势衰弱影响观赏价值，重则损枝折干，甚至枯死。主要种类有星天牛[*Anoplophora chinensis* (Forseter)]、光肩星天牛(*A. glabripennis* Motseh)、桑天牛[*Apriona gormari* (Hope)]、双条杉天牛(*Semanotus bifascitus* Motsch)、桃红颈天牛[*Aromia bungii* (Faldertmann)]、双斑锦天牛[*Acalolepla sublusca* (Thomsun)]、双条合欢天牛[*Xystrocera globosa* (Olivier)]、松褐天牛(*Monochamus alternatus* Hope)、菊小筒天牛(*Phytoecia rufiventris* Gautier)等。

(一)星天牛

[分布与危害] 又名白星天牛、柑橘星天牛。分布很广，几乎遍及全国。食性杂，危害杨、柳、榆、刺槐、悬铃木、母生、乌桕、相思树、柑橘、樱花、海棠等。成虫啃食枝干嫩皮，幼虫钻蛀枝干，破坏输导组织，影响正常生长及观赏价值，严重时被害树易风折枯死。

[识别特征] 成虫体长 20～41 mm，体黑色有光泽。前胸背板两侧有尖锐粗大的刺突。每鞘翅上有大小不规则的白斑约 20 个，鞘翅基部有黑色颗粒。卵长 5～6 mm，长椭圆形，黄白色。老熟幼虫体长 38～60 mm，乳白色至淡黄色，头部褐

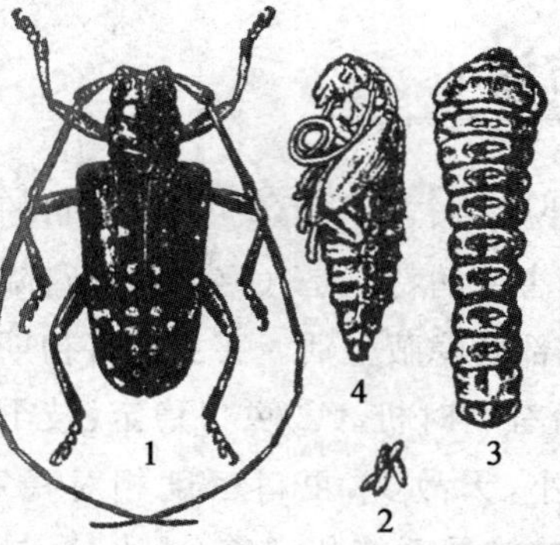

1.成虫 2.卵 3.幼虫 4.蛹

图 5-59 星天牛

色，前胸背板黄褐色，有“凸”字斑，“凸”字斑上有 2 个飞鸟形纹，足略退化。蛹纺锤形，长 30～38 mm，黄褐色，裸蛹(图 5-59)。

[**生活习性**] 南方 1 年发生 1 代，北方 2～3 年 1 代，以幼虫在被害枝干内越冬，翌年 3 月以后开始活动。成虫 5～7 月羽化飞出，6 月中旬为盛期，成虫咬食枝条嫩皮补充营养。产卵时先咬一“T”形或“八”字形刻槽。卵多产于树干基部和主侧枝下部，以树干基部向上 10 cm 以内为多。每一刻槽产 1 粒，产卵后分泌一种胶状物质封口，每雌虫可产卵 23～32 粒。卵期 9～15 d，初孵幼虫先取食表皮，1～2 个月以后蛀入木质部，11 月初开始越冬。

光肩星天牛与星天牛相似，但其成虫前翅基部无颗粒状突起。

(二)桑天牛

[**分布与危害**] 又名粒肩天牛，我国南北各地均有发生，在江、浙地区普遍危害。以幼虫蛀食枝干，轻则影响树体发育，重则全株枯死。主要危害桑、杨、柳、榆、枫杨、油桐、山核桃、柑橘、枇杷、苹果、梨、枣、海棠、樱花、无花果等园林树木和果树。成虫啃食嫩枝皮层，造成枝枯叶黄，幼虫蛀食枝干木质部，降低工艺价值，严重受害时常整枝、整株枯死。

[**识别特征**] 成虫体长 26～51 mm，体宽 18～16 mm。体和鞘翅都为黑色，密被黄褐色绒毛，一般背面呈青棕色，腹面棕黄色，深浅不一。前胸背板有横行皱纹，两侧中央各有一刺状突起。鞘翅基部密布黑色光亮的瘤状颗粒。卵扁平，长 5～7 mm，长椭圆形。幼虫体长 60 mm 左右，圆筒形，乳白色。第 1 胸节发达，背板后半部密生棕色颗粒小点，背板中央有 3 对尖叶状凹皱纹。蛹体长 50 mm，纺锤形，淡黄色(图 5-60)。

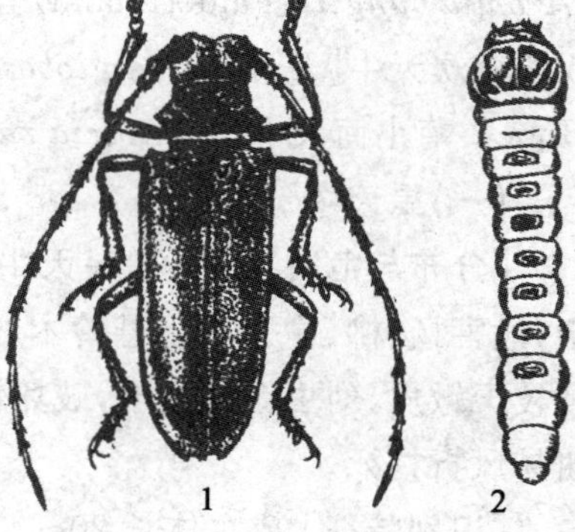

1.成虫 2.幼虫

图 5-60 桑天牛

[**生活习性**] 南方每年发生 1 代，在北方 2 或 3 年完成 1 代，以未成熟幼虫在树干孔

道中越冬，2～3 年 1 代时，幼虫期长达 2 年，至第 2 年 6 月初化蛹，6 月下旬羽化，7 月上、中旬开始产卵，7 月下旬孵化。在广东、台湾 1 年 1 代的地区，越冬幼虫 5 月上旬化蛹，5 月下旬羽化，6 月上旬产卵，6 月中旬孵化。

成虫于 6、7 月间羽化后，一般晚间活动。有假死性，喜吃新枝树皮、嫩叶及嫩芽。被害伤痕边缘残留绒毛状纤维物，伤痕呈不规则条块状。卵多产在直径 10～30 mm 粗的一年生枝条上。先咬破树皮和木质部，成“U”字形伤口，然后产入卵粒。一头雌虫产卵 100 多粒。卵经 2 周左右孵化，初孵幼虫即蛀入木质部，逐渐侵入内部，向下蛀食成直的孔道，每隔一定距离向外有一排粪孔。幼虫化蛹时，头向上方，以木屑填塞蛀道上、下两端。蛹经 20 d 左右羽化，蛀圆形孔外出。

(三)双条杉天牛

[分布与危害] 我国发生普遍。以幼虫危害侧柏、桧柏和龙柏等柏树以及罗汉松、杉木等。该虫多危害衰弱树和管理养护粗放的柏树，是柏树上的一种毁灭性蛀干害虫。被害初期树表没有任何症状，枝上出现黄叶时，已为时过晚，再看树皮早已环剥，皮下堆满虫粪。

[识别特征] 成虫体长为 10 mm 左右，扁圆筒形。前胸背板有 5 个突起点，鞘翅黑褐色，有 2 条棕黄色横带。卵椭圆形，长 2 mm，白色，体似稻米粒。幼虫老熟时体长为 15 mm 左右，扁粗，长方筒形，足退化，体乳白色，头部黄褐色，前胸背板上有“一”小字形凹陷及 4 块黄褐色斑纹。蛹浅黄色，裸蛹(图 5-61)。

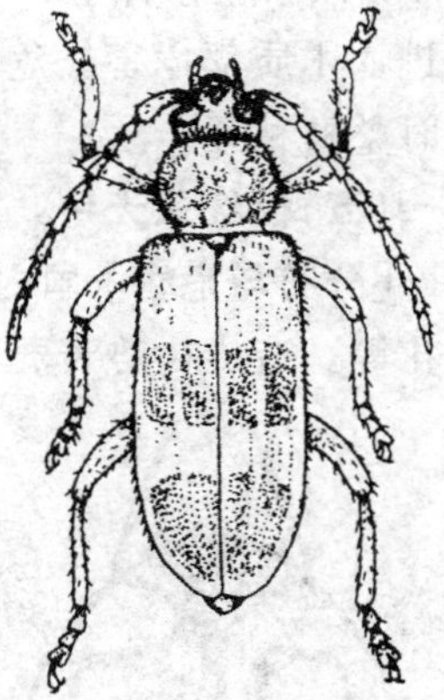

图 5-61 双条杉天牛

[生活习性] 该虫 1 年发生 1 代，以成虫在树干蛹室内越冬。翌年 3 月上旬成虫咬椭圆形孔口外出，不需补充营养，飞翔力较强。成虫将卵产于树皮裂缝或伤疤处，每处有卵 1～10 粒不等，卵期 11 d 左右。3 月下旬初孵幼虫蛀入树皮后，先取食韧皮部，随后危害木质部表面，并蛀成弯曲不规则的坑道，坑道内堆满黄白色粪屑，且虫道相通，树干表皮易剥落。树皮被环形蛀食后，上部枝干死亡，树叶枯黄。以 5 月中、下旬幼虫危害最严重，6 月上旬开始蛀食木质部。8 月下旬开始在边材处做蛹室，并陆续在其内化蛹，9～10 月成虫羽化，羽化后的成虫在原蛹室内越冬。

(四)双斑锦天牛

[分布与危害] 分布于上海、山东、北京、浙江、江西、福建、四川等地。危害大叶黄杨、冬青、卫矛、狭叶十大功劳等。幼虫多在 20 cm 以下的枝干内危害，形成弯曲不规则的虫道，严重时，可使枝干倒伏或死亡。一般一小枝内有虫 1 头。

[识别特征] 成虫体长为 20 mm 左右，体宽为 7 mm，栗褐色。头和前胸密被棕褐色绒毛。鞘翅密被淡灰色绒毛，每个鞘翅基部有 1 个圆形或近方形黑褐色斑，在翅中部有 1 个较宽的棕褐色斜斑，翅面上有稀疏小刻点。卵乳白色，椭圆形，长 2～3 mm。幼虫初孵时浅黄色。幼虫老熟时体长为 22 mm 左右，圆筒形，浅黄白色。头部褐色，前胸背板有 1 个黄色近方形斑纹。蛹纺锤形，长 20～25 mm，乳白色。

[生活习性] 1 年发生 1 代，以幼虫在树木的根部越冬。翌年 2 月幼虫开始活动，2 月下旬至 3 月上旬为危害盛期。4 月上旬在蛀道内化蛹，5 月中旬为羽化盛期。成虫羽化后，以咬食嫩枝皮层和叶脉作为补充营养，可造成被害枝上叶片枯萎。2 d 后多在向阳枝梢上进行交配，每头雌成虫平均产卵 20 粒，卵产在离地面 20 cm 以下粗枝杆上，产卵槽近长方形。初孵幼虫先取食卵槽周围皮层，经 1 次蜕皮进入木质部危害。危害大叶黄杨时咬成不规则弯曲隧道，以使枝干被风折断，严重时整枝枯死。

(五)桃红颈天牛

[分布与危害] 国内分布遍及各省。危害桃、梅花、樱桃、杏、梨、苹果、海棠和樱花等。造成树势衰弱，严重时可使植株死亡，是桃树的主要害虫。

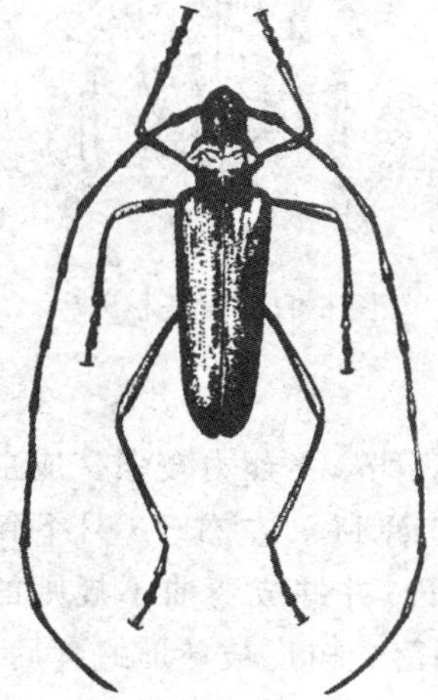

图 5-62　桃红颈天牛

[识别特征] 成虫体长为 32 mm 左右，体黑色发亮。前胸棕红色，密布横皱，两侧有刺突 1 个，鞘翅面光滑。卵乳白色，卵圆形，长 6～7 mm。幼虫老熟时体长为 48 mm 左右，乳白色，前胸最宽，背板前缘和两侧有 4 个黄斑块，体侧密生黄棕色细毛，体背有皱褶。蛹体长 35 mm，初期乳白色，后渐变为黄褐色(图 5- 62)。

[生活习性] 该虫 2 年(少数地区 3 年)发生 1 代，以幼虫在树干蛀道内越冬。翌年 3～4 月份幼虫开始活动，4～6 月份化蛹，蛹期为 8 d 左右。6～8 月份为成虫羽化期，多在午间活动与交尾，产卵于树皮裂缝中，以近地面 35 cm 以内树干产卵最多，卵期约 7 d。幼虫期 2～3 年，幼虫在树干内的蛀道极深，蛀道可达地面下 6 cm。幼虫一生钻蛀隧道全长 50～60 cm，蛀孔外及地面上常常堆积大量红褐色粪屑。受害严重的树干中空，树势衰弱，以致枯死。

桃红颈天牛有一种奇特的臭味，管氏肿腿蜂可寄生桃红颈天牛的幼虫。

(六)其他天牛类

其他天牛类害虫见表 5-12。

表 5-12 其他天牛类害虫

害虫种类	发生情况
光肩星天牛	危害杨、柳、榆、槭、刺槐等园林树种，对糖槭危害最烈。成虫体黑色，体长22～35 mm，前胸两侧各有一较尖锐的刺状突起。鞘翅基部光滑，翅面上有白色绒毛斑纹20个左右。老熟幼虫体长约50 mm，浅黄色，前胸大而长，背板后端色较深，呈凸字形。1～2年发生1代，以幼虫在蛀道内越冬。3月下旬开始活动取食，有排泄物排出。成虫白天活动，取食被害植物的嫩枝皮，产卵前咬一椭圆形刻槽。成虫趋光性弱、飞翔力弱，敏感性不强，容易捕捉。
松墨天牛	又名松天牛、松褐天牛。危害松树、云杉、桧、栎等。以幼虫危害生长衰弱的树木与新伐倒木，成虫是松材线虫的重要传播媒介。成虫体长为23 mm，赤褐或橙黄色，前胸背板有2条较宽的橙黄色纵纹，与3条黑色绒纹相间，每鞘翅有5条纵纹。老熟幼虫体长为40 mm左右，乳白色，扁圆筒形，前胸背板褐色，中央有波浪状横纹。1年1代，以老熟幼虫在蛀道中越冬。3～4月份幼虫活动危害，成虫5月份活动，有弱趋光性。
薄翅天牛	危害杨、柳、榆、悬铃木、桑和白蜡等。成虫体长为45 mm，体赤褐或暗褐色，鞘翅薄如皮革，翅面上有明显的纵脊4～6条。老熟幼虫体长为65 mm，乳白色，前胸背板淡黄色，中央有1条纵线，两边有凹陷线纹1对。2年发生1代，以幼虫在蛀道内越冬。5月份化蛹，6～8月份为成虫期，产卵于树木腐朽处，孵化后的幼虫先在腐朽处危害，随后蛀入木质部，秋后在蛀道内越冬。
云斑天牛	又名多斑白条天牛，以幼虫钻蛀杨、柳、乌桕、榆、桑、白蜡、大叶女贞、悬铃木、柑橘、枇杷等近50种行道及庭院树。成虫体长为50 mm，黑褐色，密布灰白色和灰褐色绒毛。鞘翅面上有白色和灰黄色绒毛组成的不规则云片斑。老熟幼虫体长为75 mm，乳白色，体肥多皱，前胸背板略成方形，浅棕色，有褐色颗粒。2年发生1代，以幼虫和成虫在寄主坑道内越冬。翌年4～5月份出现成虫。幼虫危害后受害处变黑，树皮破裂，有树胶流出，并有虫粪和木屑排出。

(七)天牛类的防治措施

(1)加强检疫　天牛类害虫大部分时间生活在树干里，易被人携带传播，所以在苗木、繁殖材料等调运时，要加强检疫、检查。双条杉天牛、黄斑星天牛、锈色粒肩天牛、松褐天牛为检疫对象，应严格检疫。对其他天牛也要检查有无产卵槽、排粪孔、羽化孔、虫道和活虫，一经发现，立即处理。

(2)适地适树　采取以预防为主的综合治理措施。对在天牛发生严重的绿化地，应针对天牛取食树种种类，选择抗性树种，避免其严重危害；加强管理，增强树势；除古树名木外，伐除受害严重虫源树，合理修剪，及时清除园内枯立木、风折木等。

(3)人工防治　①利用成虫飞翔力不强和具有假死性的特点，人工捕杀成虫。②寻找产卵刻槽，可用锤击、手剥等方法消灭其中的卵。③用铁丝钩杀幼虫。特别是当年新孵化后不久的小幼虫,此法更易操作。

(4)饵木诱杀　对公园及其他风景区古树名木上的天牛,可采用饵木诱杀,并及时修补树洞,树干基部涂白等,以减少虫口密度,保证其观赏价值。

(5)保护利用天敌　如人工招引啄木鸟,利用天牛肿腿蜂、啮小蜂等。

(6)药剂防治　在成虫羽化外出期间,喷洒 8%绿色威雷微胶囊水悬剂 300～400 倍液;在幼虫危害期,先用镊子或嫁接刀将有新鲜虫粪排出的排粪孔清理干净,然后塞入磷化铝片剂或磷化锌毒签,并用黏泥堵死其他排粪孔,或用注射器注射 80%敌敌畏、或采用新型高压注射器向树干内注射果树宝。在成虫羽化前喷 2.5%溴氰菊酯触破式微胶囊。

二、木蠹蛾类

木蠹蛾类属鳞翅目木蠹蛾总科。以幼虫蛀害树干和枝梢,是园林植物的重要害虫。常见的种类有芳香木蠹蛾东方亚种(*Cossus cossus orientalis* Gaede)、小线角木蠹蛾(*Holcocerus insulsris* Staudiger)、黄胸木蠹蛾(*C. chinensis* Rothschild)、咖啡木蠹蛾(*Zeuzera coffeae* Nietner)、榆木蠹蛾[*Holcocerus vicarius* (Walker)]等。

(一)芳香木蠹蛾东方亚种

[分布与危害] 分布于东北、华北、西北、华东、华中、西南。寄主有柳、杨、榆、桦、白蜡、槐树、丁香、核桃、山荆子等。幼虫蛀入枝干和根际的木质部,蛀成不规则坑道,使树势衰弱,严重时能造成技干、甚至整株树枯死。

[识别特征] 成虫灰褐色,体长 24～37 mm。雌虫头部前方淡黄色,雄虫色稍暗。触角栉齿状,紫色。胸腹部粗壮,灰褐色。前翅散布许多黑褐色横纹。卵灰褐色,椭圆形,长 1.1～1.3 mm。老熟幼虫体长 56～70 mm,背部为淡紫红色,侧面稍淡,前胸背板有较大的凸字形黑斑。蛹体长 38～45 mm,褐色,稍向腹面弯曲(图 5-63)。

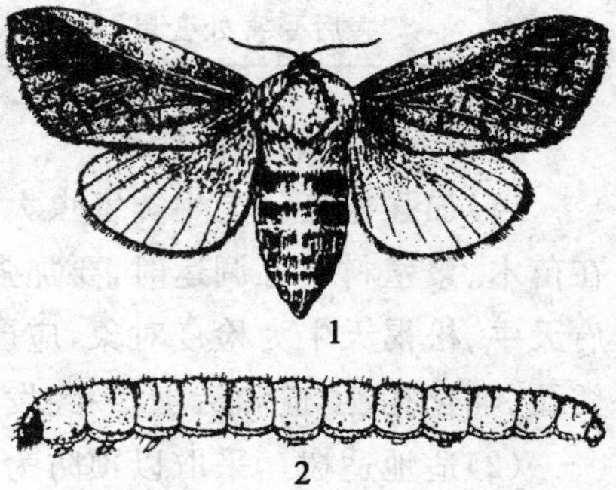

1.成虫　2.幼虫

图 5-63　芳香木蠹蛾东方亚种

[生活习性] 辽宁、北京 2 年发生 1 代,以幼虫在树干内越冬,第 2 年老熟后离开树干入土越冬。第 3 年 5 月间化蛹,6 月出现成虫。成虫寿命 4～10 d,有趋光性。卵产于离地 1～1.5 m 的主干裂缝,多成堆、成块或成行排列。幼虫孵化后,常群集 10 余头至数十头在树干粗枝上或根际爬行,寻找

被害孔、伤口和树皮裂缝等处相继蛀入，先取食韧皮部和边材。树龄越大被害越重。

(二)小线角木蠹蛾

[**分布与危害**]小线角木蠹蛾又叫小褐木蠹蛾、小木蠹蛾。危害白蜡、国槐、龙爪槐、银杏、榆、樱桃、樱花、元宝枫、丁香、海棠、悬铃木、冬青等。幼虫蛀食花木枝干的木质部，常常几十至几百头群集在蛀道内危害，造成千疮百孔，与天牛危害状有明显不同。木蠹蛾蛀道相通，蛀孔外面有用丝连接的球形虫粪。轻者造成风折枝，重者树皮环剥，全株死亡。

[**识别特征**]成虫体长为24 mm左右，翅展为48 mm左右，雄蛾较小。体灰褐色，触角线状，翅面上密布黑色短线纹，前翅中室至前缘为深褐色。卵椭圆形，黑褐色，卵表有网状纹。幼虫老熟时体长为40 mm左右，体背鲜红色，腹部节间乳黄色，前胸背板黄褐色，其上有斜B字形黑褐色斑。蛹为被蛹，初期黄褐色渐变深褐色，略弯曲。

[**生活习性**]该虫2年发生1代，以幼虫在枝干蛀道内越冬。翌年3月份越冬幼虫活动危害。幼虫化蛹时间极不整齐，5月下旬至8月上旬为化蛹期。6～9月份为成虫发生期，成虫有趋光性，昼伏夜出。产卵时将卵产在树皮裂缝或各种伤疤处，卵呈块状，粒数不等。幼虫孵化后先蛀食韧皮部，以后蛀入木质部，一直危害到11月份，以幼龄幼虫在蛀道内越冬。第二年3月份活动危害至11月份，以大龄幼虫在枝干蛀道内越冬。第三年从3月份危害至5月份，新一代化蛹开始。该虫发生不整齐，常常同一时期各种虫龄的幼虫都有，因此给防治工作带来一定的难度。

(三)木蠹蛾类的防治措施

(1)加强管理，增强树势，防止机械损伤，疏除受害严重的枝干，及时剪除被害枝梢，以减少虫源。秋季人工捕捉地下越冬幼虫，刮除树皮缝处的卵块。

(2)掌握成虫羽化期，诱杀成虫。用新型高压黑光灯或性信息素诱捕器诱杀成虫，1个诱捕器1夜最多的可诱到250多头成虫。连续诱杀成虫3年必见成效。

(3)幼虫孵化后未侵入树干前用50%磷胺乳油、50%久效磷乳油500倍液喷干毒杀。

(4)幼虫初蛀入韧皮部或边材表层期间，用40%氧化乐果乳剂柴油液(1∶9)或50%杀螟松乳油柴油液涂虫孔。

(5)对已蛀入枝、干深处的幼虫，可用棉球蘸40%氧化乐果乳油50倍液，或50%敌敌畏乳油10倍液注入虫孔内。并于蛀孔外涂以湿泥，可收到良好的杀虫效果。

(6)保护和利用天敌。木蠹蛾天敌有10余种,对此虫的危害与蔓延有一定的自然控制力。如姬蜂、寄生蝇、蜥蜴、燕、啄木鸟、白僵菌和病原线虫等。

三、吉丁虫类

吉丁虫属鞘翅目吉丁甲科,种类很多,成虫生活于木本植物上,产卵于树皮缝内。幼虫大多数在树皮下,枝干或根内钻蛀,蛀道大多宽而扁,有的生活在草本植物的茎中,少数潜叶或形成虫瘿。危害园林树木的吉丁虫主要有合欢吉丁(*Chrysochroa fulminans* Y Fabricius)、白蜡窄吉丁虫(*Agrilus planipennis* Fairmaire)、六星吉丁虫(*Chysobothris Sccedanea* Saundas)、大叶黄杨吉丁虫(*Agrilus* sp.)、柳吉丁虫(*Meliboeus Cerskyi* Obenberger)等。

(一)合欢吉丁虫

[分布与危害] 该虫主要危害合欢树,是华北地区合欢树的主要蛀干害虫之一。以幼虫蛀食树皮和木质部边材部分,在树皮下蛀成不规则的虫道(图5-64),破坏树木输导组织,排泄物不排出树外,被害处常有流胶,严重时造成树木枯死。

图5-64 合欢吉丁虫危害状——树皮下虫道

[识别特征] 成虫体长4 mm左右,头顶平直,体铜绿色,有金属光泽。幼虫老熟时体长5 mm左右,体乳白色,头部小,黑褐色。胸部发达,尤其前胸背板宽大,中央有“八”字形褐色纹,腹部较细,体似铁钉状。

[生活习性] 1年发生1代,以幼虫在树干蛀道内越冬。翌年5月下旬幼虫老熟,在蛀道内化蛹。6月上旬(合欢树花蕾期)成虫开始羽化外出。成虫常在树干上爬行,并到树冠上咬食叶片,以补充营养。交尾1~2 d后将卵产在树干上,每处产卵1粒,卵期约10 d。幼虫孵化后潜入树皮下,在韧皮部和木质部边材串食危

害，其树表被害处症状不明显，揭开树皮后，可见大量木屑和虫粪。由于该虫的危害，使树木的疏导组织被破坏，造成干枝死亡，树叶枯黄脱落，9 月间被害处大量流出黑褐色胶体。11 月份随着气温下降幼虫在蛀道内越冬。

(二)白蜡窄吉丁虫

[**分布与危害**] 白蜡窄吉丁虫又名花曲柳串皮虫，分布于东北、河北、山东、内蒙古等地。主要危害花曲柳、水曲柳、白蜡等树木，其中以大叶白蜡受害最重。幼虫取食造成树木疏导组织的破坏，造成树木死亡，是白蜡树重要的病虫害之一，此虫为毁灭性害虫，一旦发生很难控制。

[**识别特征**] 成虫体背面蓝绿色，腹面浅黄绿色，长 11～14 mm(图 5-65)；卵乳白色，长椭圆形；幼虫乳白色，老熟时长 34～45 mm，头小，褐色，缩于前胸内，前胸较大，中后胸较窄；体扁平，带状，分节明显；蛹乳白色，羽化前为深铜绿色，裸蛹。

图 5-65 白蜡窄吉丁虫——成虫

[**生活习性**] 1 年发生 1 代，以老熟幼虫在树干木质部表层内越冬，少数在皮层内越冬，4 月中旬开始化蛹，5 月上旬至 6 月中旬为成虫期。羽化孔扁圆形，成虫羽化后，需取食树冠或树干基部萌生的嫩叶补充营养，成虫取食 1 周后开始交尾产卵。初孵幼虫在韧皮部表层取食，6 月下旬开始钻蛀到韧皮部和木质部的形成层危害，形成不规则封闭的主动，严重破坏了树木疏导组织，常常造成树木死亡，9 月老熟幼虫蛀入到木质部表层越冬。

(三)吉丁虫类的防治措施

(1)加强检疫。在绿化美化时，对于调运苗木要加强检疫，发现虫株及时处理。

(2)树干涂白。5 月份在树干上涂白，防止产卵。

(3)药剂防治。成虫羽化期喷洒 8%绿色威雷微胶囊水悬剂 300～400 倍液、10%吡虫啉 1 000 倍液毒杀成虫，幼虫初孵期用 40%氧化乐果 50 倍液，或 25%阿克泰 3 000 倍液涂刷枝干，毒杀幼虫和卵。

四、小蠹虫类

小蠹虫属鞘翅目小蠹科，为小型甲虫。体近圆形，颜色较暗，触角锤状，鞘翅上纵列刻点。幼虫白色，略弯曲，无足，具棕黄色头部。多数种类寄生于树皮下，有的侵入木质部，种类不同，钻蛀坑道的形状也不同，是园林植物的重要害虫。主要种类有柏肤小蠹（*Phloeosinus aubei* Perris）、日本双齿长蠹（*Sinosylon japonicus* Lesne）、松六齿小蠹（*Ips acuminatus* Gyll）、松纵坑切梢小蠹（*Tomicus piniperda* Linnaeus）、松横坑切梢小蠹（*T. minor* H.）等。

（一）柏肤小蠹

［分布与危害］ 柏肤小蠹又名侧柏小蠹，分布于山东、江西、河北、甘肃、四川、河南、陕西、台湾等省。主要危害侧柏、桧柏、柳杉等。以成虫蛀食枝梢补充营养，常将枝梢蛀空，遇风即折断，发生严重时，常见树下有成堆的被咬折断的枝梢。幼虫蛀食边材，繁殖期主要危害枝、干韧皮部，造成枯枝或树木死亡。

［识别特征］ 成虫体长 2.1～3.0 mm，赤褐或黑褐色，无光泽。头部小，藏于前胸下。前胸背板阔大于长，体密布刻点及灰色细毛。鞘翅上各有 9 条纵纹，鞘翅斜面具凹面，雄虫鞘翅斜面有栉齿状突起。卵白色，圆球形。幼虫乳白色，体长 2.5～3.5 mm，体弯曲。蛹乳白色，体长 2.5～3.0 mm(图 5-66)。

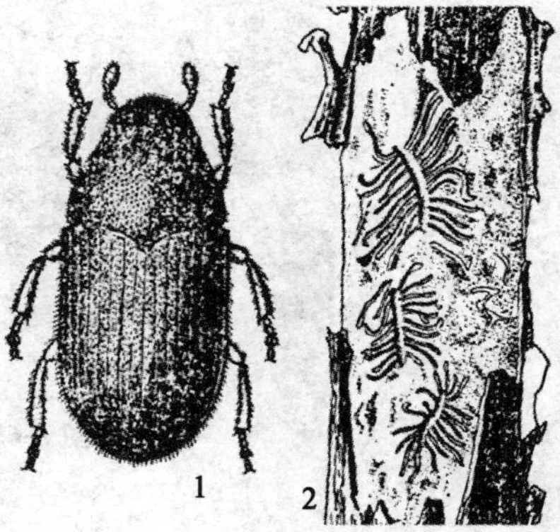

1. 成虫　2. 坑道

图 5-66　柏肤小蠹

［生活习性］ 在山东泰安 1 年发生 1 代，以成虫在柏树枝梢内越冬。翌年 3～4 月份陆续飞出，寻找树势弱的侧柏或桧柏，蛀圆形孔侵入皮下，雌雄虫在孔内交配，交尾后雌虫向上蛀咬单纵道母坑，并沿坑道两侧咬成卵室，在内产卵。4 月中旬初孵幼虫出现，主要在韧皮部构筑坑道危害。5 月中、下旬幼虫老熟化蛹。6 月中、下旬为成虫羽化盛期，成虫羽化后飞至健康柏树或其他寄主上蛀咬新梢补充营养，常将枝梢蛀空，与风即折断。成虫 10 月中旬开始越冬。

（二）日本双齿长蠹

［分布与危害］ 日本双齿长蠹又名二齿茎长蠹、双棘长蠹等。我国华北、西北、

华中等地均有发生。危害国槐、刺槐、竹、紫藤、紫荆、紫薇、合欢、栾树、小叶白蜡、盐肤木等。成虫与幼虫喜欢蛀食生长势弱、发芽迟缓及新移栽树的花木枝干，造成枯枝或风折枝，严重破坏树形，影响生长和观赏。被害初期外观无明显被害状，等发现被害时，已为时过晚(图 5-67)。

图 5-67　日本双齿长蠹危害状及成虫

［识别特征］成虫体长 6 mm 左右，体黑褐色，筒形。前胸背板发达，似帽状，可盖着头部。鞘翅密布粗刻点，后缘急剧向下倾斜，斜面有 2 个刺状突起。卵椭圆形，白色半透明。幼虫老熟时体长为 4 mm 左右，乳白色，略弯曲，蛴螬形，足 3 对。蛹初期白色，渐变黄色，离蛹。

［生活习性］1 年发生 1 代，以成虫在枝干韧皮部越冬。翌年 3 月下旬开始在越冬坑道内危害，4 月下旬成虫飞出交配，将卵产在枝干韧皮部坑道内。产卵百粒不等，卵期 5 d 左右，卵孵化时期很不整齐。5～6 月份为幼虫危害期。5 月下旬至 6 月上旬化蛹，蛹期 6 d 左右。6 月上旬始见成虫。成虫在原虫道串食危害，于 6 月下旬至 8 月上旬成虫外出活动，8 月中、下旬又进入蛀道内危害。10 月下旬至 11 月上旬成虫迁移到 1～3 cm 粗的新枝条内，横向环形蛀食，然后在虫道内越冬。由于该虫危害，养分和水分的输导被切断，秋末冬初大风来临，被害新梢从环形蛀道处被风刮断，严重影响花木翌年的正常生长。

(三)松六齿小蠹

［分布与危害］松六齿小蠹俗称刻木虫、树顶小蠹等。以幼虫钻蛀危害红松、油松、樟子松、落叶松、华山松、高山松、云杉、云南松和思茅松等。

［识别特征］成虫体长 4 mm 左右，短圆柱形，赤褐至黑褐色，有光泽，全体被

有黄色长绒毛。额中部有2个小瘤，前胸背板前半部有瘤突，后半部有刻点。鞘翅面上有成行的下凹刻点沟，刻点大而圆。鞘翅末端形成倾斜的凹面，每侧有齿3个。卵椭圆形，乳白色。幼虫老熟时体长不足4 mm，头部黄褐色，体肥胖，乳白色，圆筒形，略弯曲。蛹前端较钝，后端有2个突起。

[生活习性] 1年发生1代，以成虫在寄主蛀道内越冬。5～8月份为越冬成虫危害与产卵期，由于活动和产卵期甚长，所以生活史很不整齐，6～8月份均可见到各虫期。成虫有补充营养习性，入侵寄主有2次高峰，第一次在6月上旬，第二次在7月中旬，9月越冬。卵期约10 d。幼虫期为25 d左右。蛀道为复纵坑式，上、下母坑道数条，甚长，道内布满红褐色木屑。子坑道小而短，不规则排列在母坑道两侧。

危害松树类的小蠹还有落叶松八齿小蠹（*I. subelongatus*）、松十二齿小蠹（*I. sexdentatus*）等。

(四)小蠹虫类的防治措施

(1)加强检疫。对于调运的苗木加强检疫，发现虫株及时处理。

(2)园林技术防治。加强抚育管理，适时、合理的修枝、间伐，改善园内卫生状况，增强树势，提高树木本身的抗虫能力。疏除被害枝干，及时运出园外，并对害虫进行剥皮处理，减少虫源。

(3)诱杀成虫。根据小蠹虫的发生特点，可在成虫羽化前或早春设置饵木，以带枝饵木引诱成虫潜入，并经常检查饵木内的小蠹虫的发育情况并及时处理。

(4)化学防治。在成虫羽化盛期或越冬成虫出蛰盛期，喷洒8%绿色威雷微胶囊水悬剂300～400倍液、2.5%溴氰菊酯乳油2 000倍液、20%速灭杀丁乳油3 000倍液。

五、透翅蛾类

透翅蛾属鳞翅目透翅蛾科，全世界已知100种以上，我国有10余种，其显著特征是成虫前翅无鳞片而透明，很像胡蜂，白天活动。以幼虫蛀食茎干、枝条，形成肿瘤，危害园林树木严重的有白杨透翅蛾（*Paranthrene tabaniformis* Rottenburg）、葡萄透翅蛾（*Parathrene regalis* Butler）、苹果透翅蛾（*Conopia hector* Butler）等。以白杨透翅蛾为例。

[分布与危害] 分布于东北、华北、西北、华东等地，危害杨柳科植物。以幼虫钻蛀树干和顶芽，抑制顶芽生长，形成秃梢，蛀入树干后，被害组织增生形成瘤状虫瘿，因此易造成枯萎或风折。

[识别特征] 成虫体长11～20 mm，翅展22～38 mm。体青黑色，形似胡蜂。

头顶有一束黄褐色毛簇，其余密布黄白色鳞片。前翅窄长，覆盖赭色鳞片，后翅全部透明。腹部青黑色，上有5条橙色环带。卵椭圆形，黑色。幼虫体长30～33 mm，初孵幼虫淡红色，老熟时黄白色，臀节略骨化，背面有2个深褐色的刺，胸足3对，腹足、臀足退化，仅留趾钩(图5-68)。

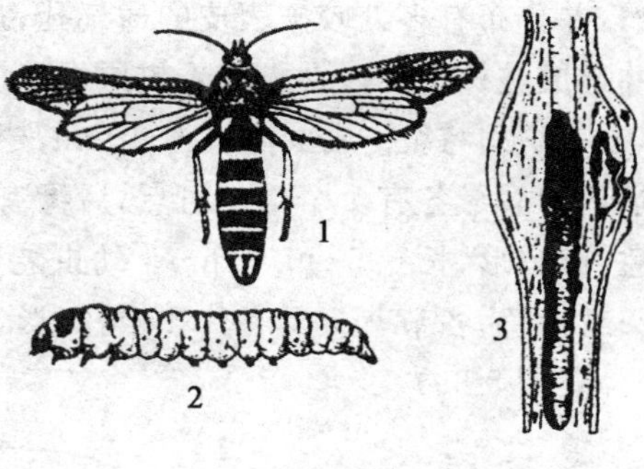

1.成虫 2.幼虫 3.危害状

图5-68 白杨透翅蛾

[**生活习性**] 1年发生1代，以幼虫在被害枝干内越冬。翌年4月开始活动取食，6月下旬为羽化盛期，羽化时蛹壳有2/3伸出孔外，并遗留在孔外经久不掉，极易识别。成虫飞翔力很强，且极为迅速，白天活动。卵多产于1～2年生幼树叶柄基部有绒毛的枝干上。幼虫孵化后危害嫩芽，使嫩芽枯萎脱落；危害侧枝或主干时，钻入木质部与韧皮部之间，围绕枝干，钻蛀虫道，被害处形成虫瘿。近9月下旬，幼虫停止取食，在虫道末端吐丝作薄茧越冬。

[**防治措施**]

(1)可结合修剪将受害严重且藏有幼虫的枝蔓剪除、烧掉，消灭越冬幼虫。6、7月份经常检查嫩梢，发现有虫粪、肿胀或枯萎的枝条及时剪除。如果被害枝条较多，不宜全部剪除时，可用铁丝从蛀孔处刺入，杀死初龄幼虫。

(2)可从蛀孔处蛀入80%敌敌畏乳油20～30倍液或用棉球蘸敌敌畏药液塞入孔口内杀死幼虫。

(3)可在成虫羽化盛期，喷2.5%溴氰菊酯乳油3 000倍液，以杀死成虫。

六、辉蛾类

在园林作物上危害的主要是蔗扁蛾(*Opogona sacchari*)。蔗扁蛾属鳞翅目辉蛾科，是世界性害虫，其危害性很大，在北京危害严重的温室中，每年巴西木因此虫淘汰率达50%以上，已成为温室花卉生产中的主要虫害之一。

[**分布与危害**] 蔗扁蛾又称香蕉蛾，原产非洲。1987年随巴西木进入广州，我国1997年正式报道在北京发现此虫，之后广东、海南、福建、河南、新疆、四川、上海、南京、浙江等地相继发现该虫危害，危害巴西木、发财树、一品红、鹅掌柴、变叶木、苏铁、福禄桐、鱼尾葵、甘蔗、香蕉、玉米、马铃薯、茄子、辣椒、菠萝、竹子等多种植物，其寄主植物达23科56种。该虫以幼虫在枝干皮层内上、下蛀食，轻时枝干会出现虫道，并有少量虫粪排出；重时表皮内的肉质部分全部被吃完，其间充满粪

屑，并分布有多处咬破表皮的通气孔，最后使枝叶逐渐萎蔫、枯黄，丧失观赏效果，并造成整株枯死。钻入枝干皮层内串皮危害，待发现时，花木已接近死亡。

［**识别特征**］成虫体长为 9 mm，翅展为 24 mm，体黄褐色。前翅深棕色，中室端部和后缘各有 1 个黑色斑点，后缘有毛束，停栖时毛束翘起，如鸡冠状。卵淡黄色，卵圆形，长 0.5～0.7 mm。幼虫老熟时体长为 30 mm 左右，乳白色，有透明感，头红棕色，各节背板具毛片 4 个，矩形。蛹棕色，触角、翅芽、后足相互紧贴与蛹体分离(图 5-69)。

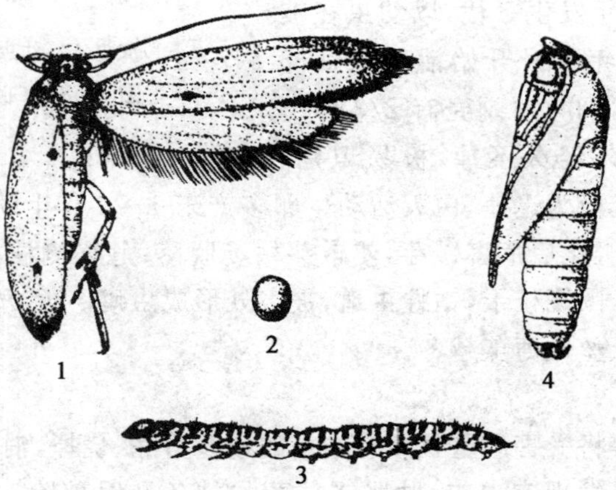

1. 成虫　2. 卵　3. 幼虫　4. 蛹

图 5-69　蔗扁蛾

［**生活习性**］该虫在华南地区 1 年发生 5～6 代，以幼虫在土中越冬。翌年春季幼虫爬至花木上在皮层迂回蛀食危害，偶尔也危害木质部，少数幼虫从伤口蛀入髓部，造成空心。幼虫共 7 龄，幼虫期 1 个多月。幼虫危害期在 6～9 月份，8 月份为高峰期。老熟幼虫夏季多在植株上部危害，秋后多在土中结茧化蛹，蛹期约 15 d。成虫羽化前蛹体顶破丝茧和树表皮，蛹体一半外露。成虫爬行迅速，可短距离跳跃，有补充营养习性，产卵呈块状，卵期约 4 d。初孵幼虫可吐丝下垂，借风扩散，钻蛀皮层内危害，以 3 年以上巴西木木桩受害最严重。

［**防治措施**］

(1)加强检疫。加强巴西木等观赏植物的调运检疫，防止向其他地区和其他作物扩散。

(2)人工防治。经常检查茎干，方法是用手按压表皮，如不坚实而有松软感觉，说明可能已发生了虫害，应及时防治。可细心剥掉受害部分的表皮，将混有蛹态的虫粪清理干净，把其中幼虫杀死。

(3)栽植前处理。引种巴西木时，先用20%速灭杀丁乳油2 500倍液浸泡树桩5 min后晾干再行种植。栽植树桩前，再先用红或黑色的石蜡均匀涂封锯口，可以显著减少桩柱的受害率，若在封蜡后再涂一遍杀虫剂，则保护效果更好。

(4)药剂防治。利用幼虫在土中越冬习性，用50%辛硫磷乳剂1 000倍液灌根防治。15 d 1次，连续2～3次，可控制其危害。也可用80%的敌敌畏500倍液喷洒茎干，然后用塑膜包裹密封茎干5 h，进一步杀死不同虫态的蔗扁蛾。

七、象甲类

象甲类属于鞘翅目象甲科，亦称象鼻虫。是重要的园林植物钻蛀类害虫。成虫和幼虫均能危害。取食植物的根、茎、叶、果实和种子。成虫多产卵于植物组织内，幼虫钻蛀危害，少数可以产生虫瘿或潜叶危害。常见的有沟眶象(*Eucryptorthynchus chinensis*)、臭椿沟眶象[*E. brandti* (Harold)]、长足大竹象(*Cytotrachelus bugueti*)等。

(一)臭椿沟眶象

[分布与危害] 在东北、华北、华东等地均有分布。主要危害臭椿、千头椿等，尤其是刚移栽的臭椿、行道树、片林等受害较重。以幼虫蛀食木质部，造成树木生长势衰弱以至幼树死亡(图5-70)，树干或树枝上常出现灰白色的流胶。与此同时发生的还有沟眶象。

[识别特征] 成虫体长12 mm左右，胸部背面，前翅基部及端部首1/3处密被白色鳞片，并杂有红黄色鳞片，前翅基部外侧特别向外突出，中部花纹似龟纹，鞘翅上刻点粗(图5-71)。幼虫和蛹：乳白色，长圆形，体长10～15 mm。

图5-70 臭椿沟眶象危害臭椿根部状

图5-71 臭椿沟眶象成虫

[**生活习性**] 沟眶象1年发生1代，以幼虫和成虫在根部或树干周围2～20 cm深的土层中越冬。以幼虫越冬的，次年5月份化蛹，7月份为羽化盛期；以成虫在土中越冬的，4月下旬开始活动。5月上、中旬为第1次成虫盛发期，7月底至8月中旬为第2次盛发期。成虫有假死性，产卵前取食嫩梢、叶片补充营养，危害1个月左右，便开始产卵，卵期8 d左右。初孵化幼虫先咬食皮层，稍长大后即钻入木质部危害，老熟后在坑道内化蛹，蛹期12 d左右。

(二)长足大竹象

[**分布与危害**] 长足大竹象又名竹横锥大象。广泛分布于四川、重庆、广东、广西、贵州等地。主要危害慈竹、青皮竹等丛生竹笋，是国家林业总局2003年首次发布的我国林业危险性有害生物之一。成虫在笋外啄食补充营养，被害的竹笋长成畸形竹或断头折梢的废竹；幼虫在笋内取食，被害笋多数不能成为成品竹，一般被害率在10%～25%，该虫常与直锥大竹象混合危害，严重时被害率高达90%以上。

[**识别特征**] 成虫体长为32 mm左右，体橙黄色或黑褐色。头半球形，黑色，喙自头部前方伸出，喙长10～22 mm，触角膝状，前胸背板圆形隆起。鞘翅黄色或黑褐色，外缘圆，臀角有尖刺1个，鞘翅上有9条纵沟。初孵幼虫体长5 mm，乳白色，取食后体色为乳黄色。老熟幼虫体长为50 mm左右，头黄褐色，体浅黄色。前胸背板上有1个黄色斑，斑上有"八"字形黑褐色斑纹，体多皱褶。

[**生活习性**] 该虫1年发生1代，以成虫在土中的蛹室内越冬。翌年6月中旬成虫出土，8月中、下旬为出土盛期。有假死性。幼虫危害期在6月下旬至10月中旬。7月底始见成虫羽化，可延至11月上旬，11月以成虫越冬。由于该虫各个虫期时间很长，生活史参差不齐，所以在8月份可见到新、老成虫和大、小幼虫同时危害。

(三)象甲类的防治措施

(1)加强检疫，严禁调入、调出带虫苗木，防止其传播蔓延。

(2)及时清除枯死枝、干，剪除被害枝条，拔除并烧毁带幼虫的竹笋。

(3)人工捕捉成虫，利用成虫的假死性，人工振落扑杀。

(4)保护和利用啄木鸟和蟾蜍等天敌。

(5)药剂防治。成虫羽化期喷8%绿色威雷微胶囊水悬剂300～400倍液、20%菊杀乳油1 500～2 000倍液1～2次，或2.5%溴氰菊酯乳油2 000～2 500倍液、50%辛硫磷乳油1 000倍液；成虫期用灭幼脲油胶悬剂超低量喷雾防治，使成虫不育，卵不孵化；幼虫期向树体内注射40%氧化乐果乳油10倍液，可杀死幼虫。

八、枝干害虫综合防治

多数枝干害虫为“次期性害虫”，主要危害长势衰弱或濒临死亡的树木，以幼虫钻蛀树干为害，是园林树木的“心腹之患”。综合防治园林植物枝干害虫，应做到以下几点：

(一)加强检疫

严格执行检疫制度，对有可能携带危险性蛀干害虫的调运苗木、种条、幼树、原木、木材实行检疫。检验是否有松褐天牛、杨干象等检疫性枝干害虫的卵、入侵孔、羽化孔、虫瘿、虫道和活虫体等，并按检疫法规进行处理。绿化栽种时严格把关，不栽带虫苗木。

(二)园林技术措施防治

(1)选择适合于当地气候、土壤条件的适宜树种进行绿化，并选用抗虫树种和抗性品系(如毛白杨、白蜡、刺槐、臭椿等)，同时注意多种树木混栽，合理布局。

(2)避免混植有共同害虫的植物。每种害虫对树木、花草都有一定的选择性和转移性，因而在进行花坛(或苗圃)苗木定植时，要考虑到寄主植物与害虫的食性，尽量避免相同食料的园林植物混栽或间作。如在杨树栽植区不能栽种桑、构、栎及小叶朴，因为严重危害毛白杨的桑天牛成虫，只有在取食桑、构、栎、小叶朴后才能产卵；再如柑橘类与榆树混栽，会导致星天牛、橘褐天牛泛滥成灾。

(3)加强栽培管理，增强树势，从而减轻该类害虫的危害。在光肩星天牛产卵期间及时施肥浇水，促使树木旺盛生长，也可使刻槽内的卵和初孵幼虫大量死亡。定时清除树干上的萌生枝叶，保持树干光滑，改善林地通风透光状况，阻止成虫产卵。

(4)栽植诱饵树种。栽植一定数量的天牛嗜食树种作为诱虫饵木，以减轻对主栽树种的危害，但切记必须及时清除饵木上的天牛。如可以栽植羽叶槭、糖槭引诱光肩星天牛，栽植桑树引诱桑天牛，栽植核桃、白蜡及蔷薇科树种引诱云斑白条天牛。

(5)注意清除林地周围的被害木并及时销毁。由冬季修枝改为夏季修枝，以提高干皮温度，降低相对湿度，改变卵的孵化条件，提高初孵幼虫的自然死亡率。

(三)保护和利用天敌

(1)啄木鸟对天牛类等蛀干害虫的危害具有明显的控制作用，可按照15～20 hm^2 林地设4～5段人工巢招引啄木鸟定居，巢木间距约100 m，每年秋季清扫维修1次。在天牛幼虫期释放管氏肿腿蜂，林内放蜂量与天牛幼虫数量比为3∶1，对双条杉天牛、青杨楔天牛等小型天牛及大型天牛的小幼虫有良好的控制效果。花绒坚甲在我国天牛发生区几乎均有分布，可寄生星天牛属、松墨天牛、云斑天牛等大型天牛的幼虫和蛹，自然寄生率达40%～80%，具有比其他天敌更多的成虫存活期及搜寻寄主产卵的能力，是控制该类天牛的有效天敌。

(2)在光肩天牛幼虫生长期，气温在20℃以上时，可使用麦秆蘸取少许菌粉（白僵菌）与西维因的混合粉剂插入虫孔，或用 1.6×10^{8} 孢子/mL 菌液喷侵入孔外，亦可利用线虫防治光肩星天牛、桃红颈天牛等，其效果达70%以上。

(四)人工物理防治

(1)组织人工捕杀成虫。成虫产卵盛期锤击产卵刻槽或刮除卵块，杀死其中的卵或小幼虫。在天牛幼虫尚未蛀入木质部或仅在木质部表层危害，或蛀道不深时，用钢丝钩杀幼虫。或利用成虫的假死性，人工振动树木，捡拾落地假死的成虫。

(2)在树干2 m以下涂白或缠草绳，防止双条杉天牛、云斑天牛成虫产卵。涂白剂的配方为生石灰10 kg＋硫黄粉1 kg＋食盐0.5 kg＋水40 kg。

(3)饵木诱杀。许多蛀干害虫，如天牛、小蠹虫等喜欢在新伐倒的寄主木段上产卵繁殖，因而可在这些害虫的繁殖期，人为地放置一些木段，供其产卵，待卵全部孵化后进行剥皮处理，消灭其中的害虫。如在山东泰山岱庙内，用设置的柏树木段法可引诱大量双条杉天牛产卵，据调查，每1 m木段上可诱虫100余头。

(五)化学防治

(1)对于新定植的大苗，可选用40%氧化乐果800倍液、50%杀螟松乳油200～300倍液、20%灭蛀磷乳油200～400倍液在成虫产卵期及幼虫孵化期向树干喷洒，每周1次，连续喷3～4次。3～4月份双条杉天牛成虫出孔期，喷施20%康福多可溶剂6 000倍液，或25%阿克泰水分散颗粒剂4 000倍液封杀成虫和卵，加入0.2%平平加（化工商品）或有机硅渗透剂提高防治效果。尤其对新移植的柏树要进行药剂封干，避免害虫借树木缓复之机侵入。

(2)在天牛成虫羽化始盛期前（一般在7月中、下旬），喷洒绿色威雷防治天牛成虫。具体方法是用8%绿色威雷（有效成分氯氰菊酯）微胶囊剂300～400倍液进行树干、大侧枝常规喷雾，以树皮微湿为宜，待天牛成虫爬出后，踩破胶囊接触药液而中毒。

(3)幼虫活动期间用40%氧化乐果乳油、50%久效磷乳油、蛀虫灵Ⅱ号、80%敌敌畏乳油5～10倍液由排粪孔注入，或用新型高压注射器向干内注射内吸性药剂氧化乐果，并用黄泥堵孔。

(4)寻找到蛀虫孔道后，用1/4磷化锌片剂塞入蛀孔或插入磷化锌毒签，然后用黄泥堵孔密封，均可取得较好的防效。

第四节 园林植物主要地下害虫及防治

地下害虫又称根部害虫，在苗圃和一、二年生的园林植物中，常常危害幼苗、幼树根部或近地面部分，种类很多。常见的有鳞翅目的地老虎，鞘翅目的蛴螬（金龟子幼虫），直翅目的蟋蟀、蝼蛄，等翅目的白蚁等。

一、蝼蛄类

蝼蛄属直翅目蝼蛄科，俗称土狗、地狗、拉拉蛄等。常见的有东方蝼蛄（*Gryllotalpa orientalis* Burmeister）、单刺蝼蛄（*G. unispina* Saussure）2 种。

[分布危害] 东方蝼蛄分布几乎遍及全国，但以南方为多。单刺蝼蛄分布于北方。蝼蛄食性很杂，主要以成虫、若虫危害植物幼苗的根部和靠近地面的幼茎。同时成虫、若虫常在表土层活动，钻筑坑道，造成播种苗根土分离，干枯死亡。清晨在苗圃床面上可见大量不规则隧道，虚土隆起。近几年来，危害草坪也较严重。

[识别特征] 单刺蝼蛄与东方蝼蛄形态比较见表 5-13，图 5-72。

表 5-13 单刺蝼蛄与东方蝼蛄形态比较

虫态	特征	单刺蝼蛄	东方蝼蛄
成虫	体长	39～45 mm	29～31 mm
	腹部	近圆筒形	近纺锤形
	后足	胫节背侧内缘有棘 1 个或消失	有棘 3～4 个
若虫	后足	5～6 龄以上同成虫	2～3 龄以上同成虫
	体色	黄褐	灰黑
	腹部	近圆筒形	近纺锤形
卵		卵色较浅，卵化前呈暗灰色	卵色较深，孵化前呈暗褐色或暗紫色

[生活习性] 东方蝼蛄在南方 1 年完成 1 代，北方 2 年完成 1 代，以成虫或 6 龄若虫越冬。来年 3 月下旬开始上升至土表活动，4、5 月份为活动危害盛期，5 月中旬开始产卵，5 月下旬至 6 月上旬为产卵盛期。产卵前先在腐殖质较多或未腐熟的厩肥土下筑土室产卵其中，每雌可产卵 60～80 粒。5～7 d 孵化，6 月中旬为孵化盛期，10 月下旬以后开始越冬。东方蝼蛄昼伏夜出，具有趋光性，往往在灯下能诱到大量蝼蛄，还有趋湿性和趋厩肥习性，喜在潮湿和较黏的土中产卵。此外，对香甜食物嗜食。

单刺蝼蛄 3 年完成 1 代，若虫达 13 龄，于 11 月上旬以成虫及若虫越冬。翌年，越冬成虫3～4月份开始活动，6月上旬开始产卵，6月下旬至7月中旬为产卵盛期，8月份为产卵末期。卵多产在轻盐碱地，而黏土、壤土及重盐碱地较少。

蝼蛄活动与土壤温湿度关系很大，土温16～20℃，含水量在22%～27%为最适宜，所以春、秋两季较活跃，雨后或灌溉后危害较重。土中大量施未腐熟的厩肥、堆肥，易导致蝼蛄发生。

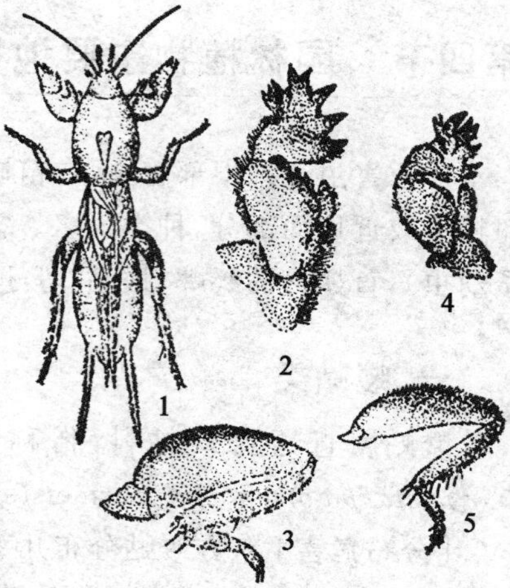

1.单刺蝼蛄 2,3.单刺蝼蛄前足和后足
4,5.东方蝼蛄前足和后足

图5-72 单刺蝼蛄与东方蝼蛄特征

[防治措施]

(1)科学施肥。施用厩肥、堆肥等有机肥料要充分腐熟，可减少蝼蛄的产卵。

(2)灯光诱杀成虫。在闷热天气、雨前的夜晚灯光诱杀非常有效，一般在晚上7:00～10:00进行。

(3)鲜马粪或鲜草诱杀。在苗床的步道上每隔20 m挖一小土坑，将马粪、鲜草放入坑内，清晨捕杀，或施药毒杀。

(4)毒饵诱杀。用80%敌敌畏乳油或50%辛硫磷乳油0.5 kg拌入50 kg煮至半熟或炒香的饵料(麦麸、米糠等)中作毒饵，傍晚均匀撒于苗床上。但要注意防止畜、禽误食。

(5)灌药毒杀。在受害植株根际或苗床浇灌50%辛硫磷乳油1 000倍液防治。

二、蛴螬类

蛴螬是金龟甲幼虫的统称，属于鞘翅目金龟甲科，种类很多，成虫主要啃食各种植物叶片形成孔洞缺刻或秃枝。幼虫危害多种植物的根茎及球茎。腐食性的种类则以腐烂有机物为食。在园林植物上危害较重的有小青花金龟(*Oxycetonia jucunda* Fald)、铜绿丽金龟(*Anomala corpulenta* Motch)、黑绒鳃金龟(*Maladera orientalis* Motschulsk)、苹毛丽金龟(*Proagopertha lucidula* Faldermann)等。

(一)小青花金龟

[分布与危害] 又名小青花潜。分布于东北、华北、中南和陕西、四川、云南、广州、台湾等地。主要寄主植物有马尾松、云南松、榆、槐、杨、柳、苹果、柑橘、玫瑰、葡萄、月季、梅花、梨、美人蕉、大丽花、海棠、鸡冠花、桃等。主要以成虫危害多种植物的花蕾和花，严重危害时，常群集在花序上，将花瓣、雄蕊和雌蕊吃光。

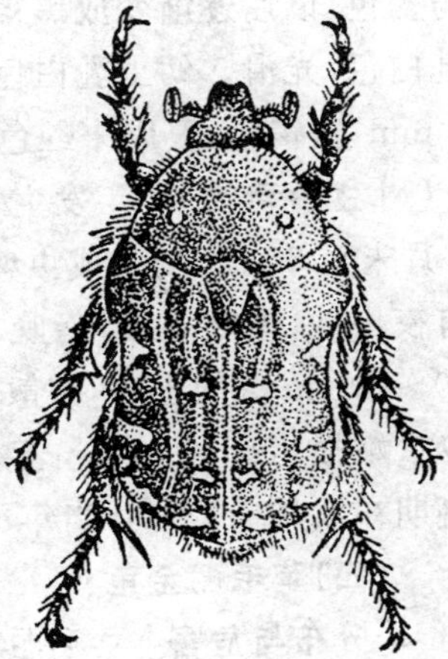

图 5-73 小青花金龟成虫

[**识别特征**] 成虫体长 12～17 mm，宽 7～8 mm。头部长，黑色。胸、腹部的腹面密生许多深黄色短毛。前胸背板和鞘翅均为暗绿色或铜色，并密生许多黄褐色毛，无光泽。翅鞘上具有对称的黄白斑纹(图 5-73)。卵近椭圆形，白色。老熟幼虫体长 32～36 mm，头部较小，褐色，胴部乳白色，各体节多皱褶，密生绒毛。蛹长 14 mm，为裸蛹，乳黄色，后端为橙黄色。

[**生活习性**] 1 年发生 1 代，以成虫或幼虫在土中越冬。4、5 月份成虫出土活动，成虫白天活动，主要取食花蕊和花瓣，尤其在晴天无风或气温较高的 10:00～14:00 时，成虫取食、飞翔最烈，同时也是交尾盛期。如遇风雨天气，则栖息在花中，不大活动，日落后飞回土中潜伏，产卵。成虫喜欢在腐殖质多的土壤中和枯枝落叶层下产卵。6、7 月份始见幼虫，8 月底绝迹。

(二)铜绿丽金龟

[**分布与危害**] 分布广。危害杨、柳、榆、松、杉、栎、油桐、油茶、乌桕、板栗、核桃、柏、枫杨等多种林木和果树，尤其对小树幼林危害严重，被害叶呈孔洞缺刻状或被食光。

[**识别特征**] 成虫体长 15～18 mm，宽 8～10 mm，背面铜绿色，有光泽。头部较大，深铜绿色，前胸背板为闪光绿色，密布刻点，两侧边缘有黄边，鞘翅为黄铜绿色，有光泽。卵白色，初产时为长椭圆形，以后逐渐膨大至近球形。幼虫中型，体长 30 mm 左右，头部暗黄色，近圆形。蛹椭圆形，长约 18 mm，略扁，土黄色。

[**生活习性**] 1 年发生 1 代，以 3 龄幼虫在土中越冬。次年 5 月开始化蛹，成虫一般在 6、7 月份出现。5、6 月份雨量充沛时，成虫羽化出土较早，盛发期提前。成虫昼伏夜出，闷热无雨的夜晚活动最盛。成虫有假死性和趋光性，食性杂，食量大，被害叶呈孔洞缺刻状。卵散产，多产于 5～6 cm 深土壤中。幼虫主要危害林木及果树的根系。1、2 龄幼虫多出现在 7、8 月份，食量较小，9 月份后大部分变为 3 龄，食量猛增，11 月份进入越冬状态。越冬后又继续危害到 5 月份。幼虫一般在清晨和黄昏由深处爬到表层，咬食苗木近地面的基部、主根和侧根。

(三)黑绒鳃金龟

[**分布与危害**] 黑绒鳃金龟又名天鹅绒金龟子、东方金龟子。分布广，食性杂，可危害 100 多种植物，主要危害杨、柳、榆、桑等的花和叶片。

[**识别特征**] 成虫体长 7～8 mm，宽 4.5～5 mm，卵圆形，前窄后宽；初羽化时

为褐色，以后逐渐变成黑褐色或黑色，体表具丝绒状光泽。卵椭圆形，长 1.2 mm，乳白色，光滑。幼虫乳白色，3 龄幼虫体长 14～16 mm，头宽 2.7 mm 左右。蛹长 8 mm，黄褐色，复眼朱红色。

[生活习性] 1 年发生 1 代，一般以成虫在土中越冬。翌年 4 月中旬出土活动，4 月末至 6 月上旬为成虫盛发期，有雨后集中出土的习性。6 月末虫量减少。成虫有夜出性，飞翔力强，傍晚多围绕树冠飞翔。5 月中旬为交尾盛期。雌虫产卵于 10～20 cm 深的土中，卵散产或 10 余粒集于一处，卵期 5～10 d。幼虫以腐殖质及少量嫩根为食，共 3 龄，老熟后在 20～30 cm 深土层中化蛹，蛹期 11 d。成虫羽化盛期在 8 月中、下旬，当年羽化成虫大部分不出土即蛰伏越冬。

(四)苹毛丽金龟

[分布与危害] 苹毛丽金龟又名茶色金龟子。成虫取食梅花、樱花、杨、柳、槐、小叶朴、五角枫、黄杨等多种树木和苹果、海棠、梨、葡萄、樱桃、杏等果树的花蕾、花芽、嫩叶等。

[识别特征] 成虫体长约 10 mm，卵圆形，背部较平。鞘翅茶褐色，有绿色闪光，半透明，鞘翅无毛，其余各部有灰黄色绒毛，腹部两侧有明显的黄白色毛丛。卵近圆形，乳白色。幼虫老龄幼虫体长为 20 mm 左右，全身被有黄褐色细毛。蛹长 12.5～13.8 mm，裸蛹，深红褐色。

[生活习性] 1 年发生 1 代，以成虫在土深 40～50 cm 处越冬。翌年随着土温回升，成虫向土表移动，4 月份为成虫出土盛期。成虫中午活动最盛，危害新芽、幼叶、花和花芽以补充营养，卵产于 9～15 cm 土中，多产在荒草地、植被较密、湿度较大的疏松土中，卵期为 25 d 左右。成虫为日出型，有假死性，5 月中旬绝迹。5 月中、下旬幼虫孵化，在地下食植物细根和腐殖质。8 月份进入化蛹期，9 月份成虫羽化，羽化后的成虫随着土温下降，向深土层移动并越冬。

(五)金龟甲类的防治措施

(1)消灭成虫　金龟子一般都有假死性，可于早晚气温不太高时振落捕杀。夜出性金龟子大多数都有趋光性，可设黑光灯诱杀。利用性激素诱捕金龟，如苹毛丽金龟、小云斑鳃金龟等效果均较明显，有待于进一步研究应用。成虫发生盛期(应避开花期)可喷洒 40.7%乐斯本乳油 1 000～2 000 倍液。

(2)除治蛴螬　①加强苗圃管理，圃地勿用未腐熟的有机肥或将杀虫剂与堆肥混合施用冬季翻耕，将越冬虫体翻至土表冻死。②用 50%辛硫磷颗粒剂 30～37.5 kg/hm^2 处理土壤。③苗木出土后，发现蛴螬危害根部，可用 50%辛硫磷 1 000～1 500 倍液灌注苗木根际。灌注效果与药量多少关系很大，如药液被表土吸收而达不到蛴螬活动处，效果就差。④土壤含水量过大或被水久淹，蛴螬数量会下降，可于 11 月前后冬灌，或于 5 月上、中旬生长期间适时浇灌大水，均可减轻危害。

三、金针虫类

[**分布与危害**] 金针虫又名铁丝虫、黄夹子虫，属鞘翅目叩头甲科。金针虫是叩头甲类幼虫的统称，有多种，常在苗圃中咬食苗木的嫩茎、嫩根或种子。幼苗受害后逐渐枯死。危害园林植物最常见有沟金针虫和细胸金针虫 2 种。

[**识别特征**] 金针虫身体细长，圆柱形，略扁，皮肤光滑坚韧，头和末节特别坚硬，颜色多数是黄色或黄褐色(图 5-74)。

[**生活习性**] 生活在土壤中，取食植物的根、块茎和播种在地里的种子。它们在土壤中的活动显然比蛴螬要灵活得多。一年中也随气温的变化，在土壤中作垂直迁移，所以危害主要在春、秋两季。

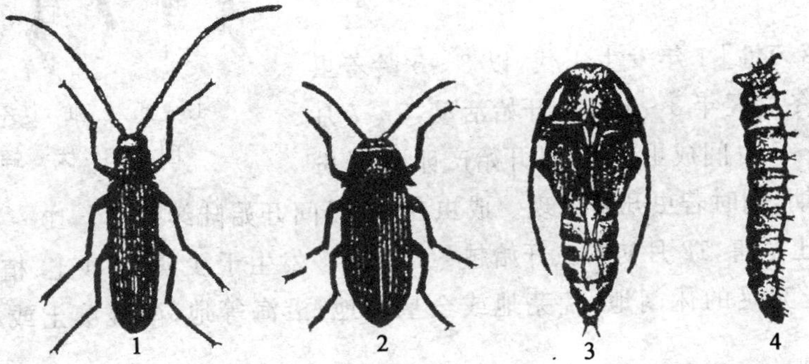

1. 雄成虫 2. 雌成虫 3. 蛹 4. 幼虫

图 5-74 沟金针虫

[**防治措施**]

(1)食物诱杀。利用金针虫喜食甘薯、马铃薯、萝卜等习性，在发生较多的地方，每隔一段挖一小坑，将上述食物切成细丝放入坑中，上面覆盖草屑，可以大量诱集，然后每日或隔日检查捕杀。

(2)翻耕土地。结合翻耕，检出成虫或幼虫。

(3)药物防治。用 50%辛硫磷乳油 1 000 倍液喷浇苗间及根际附近的土壤。

(4)毒饵诱杀。用豆饼碎渣、麦麸等 16 份，拌和 90%晶体敌百虫 1 份，制成毒饵，具体用量为 15～25 kg/hm^2。

四、蟋蟀类

蟋蟀类属于直翅目蟋蟀科。以大蟋蟀(*Brachytrypes portentosus* Lichtensein)较为常见。下面以大蟋蟀为例说明。

[分布与危害] 分布于广东、广西、云南、福建和台湾等地。成虫和若虫均危害,在它生活的地区,几乎所有园林植物均可被害。主要危害木麻黄、油茶、桉、人面子、台湾相思、大叶相思等多种幼苗,是重要的苗圃害虫。

[识别特征] 成虫体长 40～50 mm,黄褐或暗褐色。头较前胸宽。触角丝状,长度比体稍长。前胸背板中央有一纵线,其两侧各有 1 个颜色较浅的楔形斑块。足粗短,后足腿节强大,胫节具 2 列 4～5 个刺状突起。若虫外形与成虫相似,体色较浅,随虫龄的增长而体色逐渐转深(图 5-75)。

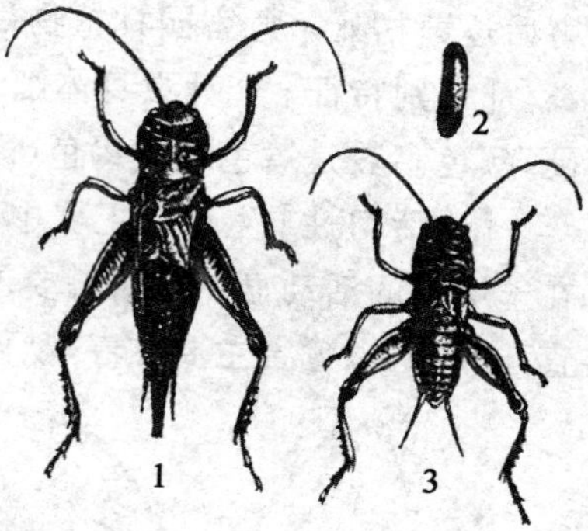

1.成虫 2.卵 3.若虫

图 5-75 大蟋蟀

[生活习性] 1 年发生 1 代,以 3～5 龄若虫在洞内越冬。翌年 3～4 月份开始活动,5～7 月份羽化,6～7 月间成虫盛发,且开始产卵,9 月份为产卵盛期,同时若虫开始出现。成虫在 10 月间开始陆续死亡。10～11 月份若虫亦常出土危害,12 月初若虫开始越冬。此虫多发生于沙壤土、沙土、植被稀疏或裸露、阳光充足的休闲地、荒芜地或全垦林地、沿海等地,潮湿壤土或黏土很少发生。

[防治措施]

(1)毒饵诱杀。用敌敌畏、辛硫磷等拌炒过的米糠、麦麸或炒后捣碎的花生壳,或切碎的蔬菜叶,施于其洞口附近,或直接放在苗圃的株行间,诱杀成虫或若虫。用毒饵诱杀,最好在播种前或者苗木出土前进行,效果较好。

(2)滴油和药剂防治。白天寻找大蟋蟀洞穴,拨开洞口封土,滴入数滴煤油,然后灌入水,或用 80%敌敌畏乳油 1 000 倍液、1%灭虫灵乳油 2 000～3 000 倍液灌入洞内,使其爬出或死于洞中。

五、地老虎类

地老虎类属鳞翅目夜蛾科。其中以小地老虎(*Agrotis ypsilon* Rottemberg)分布最广,危害最严重。下面以小地老虎为例说明。

[**分布与危害**] 分布比较普遍，其严重危害地区为长江流域、东南沿海各省，在北方分布在地势低洼、地下水位较高的地区。小地老虎食性很杂，幼虫危害寄主的幼苗，从地面截断植株或咬食未出土幼苗，亦能咬食植物生长点，严重影响植株的正常生长。

[**识别特征**] 成虫体长 18～24 mm，前翅暗褐色，肾状纹外有一尖长楔形斑，亚缘线上也有 2 个尖端向里的楔形斑；后翅灰白色，翅脉及边缘黑褐色，缘毛灰白色。卵 0.50～0.55 mm，半圆球形。幼虫体长 37～50 mm，灰褐色，各节背板上有 2 对毛片；臀板黄褐色，有深色纵线 2 条。蛹长约 20 mm，赤褐色，有光泽，末端有刺 2 个（图 5-76）。

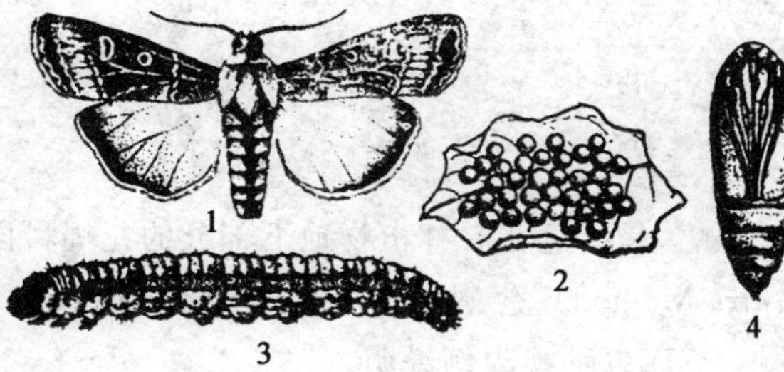

1.成虫 2.卵 3.幼虫 4.蛹

图 5-76 小地老虎

[**生活习性**] 小地老虎在全国各地 1 年发生 2～7 代。关于小地老虎越冬虫态问题，至今尚未完全了解清楚，一般认为以蛹或老熟幼虫越冬。小地老虎发生期依地区及年度不同而异，1 年中常以第 1 代幼虫在春季发生数量最多，造成危害最重。

小地老虎成虫对黑光灯有强烈趋性，对糖、醋、蜜、酒等香、甜物质特别嗜好，故可设置糖醋液诱杀。成虫补充营养后 3～4 d 交配产卵，卵散产于杂草或土块上。白天潜伏于杂草或幼苗根部附近的表土干、湿层之间，夜出咬断苗茎，尤以黎明前露水未干时更烈，把咬断的幼苗嫩茎拖入土穴内供食。当苗木木质化后，则改食嫩芽和叶片，也可把茎干端部咬断。如遇食料不足则迁移扩散危害，老熟后在土表 5～6 cm 深处做土室化蛹。

对小地老虎发生影响的主要是土壤湿度，以 15%～20%土壤含水量最为适宜，故在长江流域因雨量充沛，常年土壤湿度大而发生严重。沙土地、重黏土地发生少，沙壤土、壤土、黏壤土发生多。圃地周围杂草多亦有利其发生。

[防治措施]

(1)及时清除苗床及圃地杂草,减少虫源。

(2)诱杀成虫。①在春季成虫羽化盛期,用糖醋液诱杀成虫。糖醋液配制比为糖 6 份、醋 3 份、白酒 1 份、水 10 份加适量敌敌畏,盛于盆中,于近黄昏时放于苗圃地中。②用黑光灯诱杀成虫。

(3)在播种前或幼苗出土前,用幼嫩多汁的新鲜杂草 70 份与 25%西维因可湿性粉剂 1 份配制成毒饵,于傍晚撒于地面,诱杀 3 龄以上幼虫。

(4)人工捕杀。清晨巡视苗圃,发现断苗时,刨土捕杀幼虫。

(5)药杀幼虫。幼虫危害期,喷洒 40.7%乐斯本乳油 1 000～2 000 倍液、75%辛硫磷乳油 1 000 倍液;也可用 50%辛硫磷乳油 1 000 倍液喷浇苗间及根际附近的土壤。

六、种蝇类

种蝇又称根蛆、地蛆,是指危害农林植物地下部分的花蝇科昆虫。常见的有种蝇(*Hylemyia platura* Meigen)、葱蝇[*Dalia antigua* (Meigen)]、萝卜蝇[*Dalia floralis* (Meigen)]。下面以种蝇为例说明。

[分布与危害] 种蝇分布于全国各地。以幼虫危害月季、蔷薇、玫瑰、杜鹃以及多种草本花卉的种子、幼根及嫩茎,轻者缺苗断垄,重者毁种重播。此外,盆花也常受到该虫的危害,造成植株枯萎,影响观赏价值,也有碍卫生。

[识别特征] 成虫体长 4～6 mm,头部银灰色,体暗褐色,胸部背板有 3 条明显的黑色纵纹。翅透明。腹部背面有 1 条纵纹,各腹节间均有一黑色横纹,全身有黑色刚毛。成熟幼虫体长 7～10 mm,蛆状腹末有 7 对肉质突起(图 5-77)。

[生活习性] 1 年发生 2～4 代。以蛹在土中越冬。翌春越冬幼虫开始活动取食,4 月份羽化,成虫白天活动,有趋粪肥习性。卵多产在土壤中。初孵幼虫危害种子或幼根、嫩茎,以 4、5 月份危害最严重,老熟后在土壤中化蛹。

[防治措施]

(1)深施充分腐熟的有机肥,及时清除受害植株,集中处理。

(2)成虫发生期,用糖醋液诱杀。

(3)药剂防治。喷施 50%杀螟松乳油 1 500 倍液防治成虫;幼虫可用 90%晶体敌百虫 1 000 倍液,或 50%辛硫磷乳油 1 500 倍液灌根。

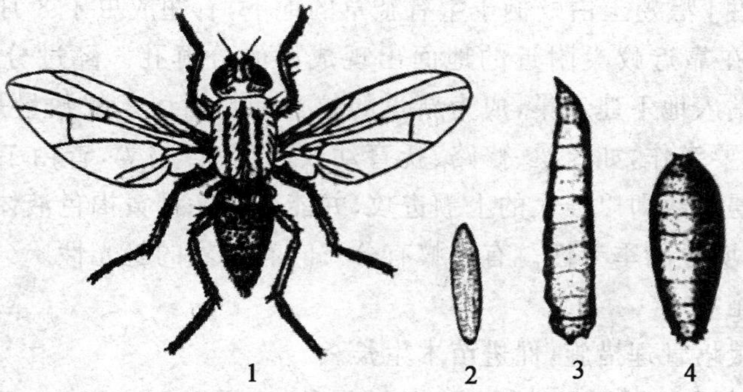

1.成虫 2.卵 3.幼虫 4.蛹

图 5-77 种蝇

七、白蚁类

白蚁属等翅目昆虫，分土栖、木栖和土木栖3大类。主要分布在长江以南及西南各省。在南方，危害苗圃苗木的白蚁主要是黑翅土白蚁等。下面以黑翅土白蚁(*Odontotermes formosanus* Shiroki)为例来说明。

[分布与危害] 黑翅土白蚁广布于华南、华中和华东地区。黑翅土白蚁营巢于土中，取食苗木的根、茎并在树木上修筑泥被，啃食树皮，亦能从伤口侵入木质部危害。苗木被害后生长不良或整株枯死。

[识别特征] 黑翅土白蚁为“社会性”多型态昆虫，每个蚁巢内有蚁王、蚁后、工蚁、兵蚁和生殖蚁等。其中生殖蚁即由有翅型发育而成(图5-78)。

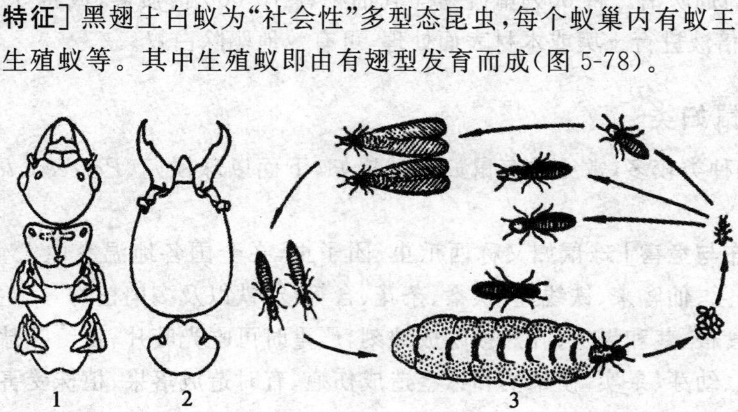

1.有翅成虫头、胸部 2.兵蚁头部 3.生活史示意图

图 5-78 黑翅土白蚁

[**生活习性**] 黑翅土白蚁栖于生有杂草的地下，有翅成虫于3月初出现于蚁巢内，4～6月间在靠近蚁巢附近的地面出现成群的分群孔。经过分飞和脱翅的成虫，雌雄配对钻入地下建新巢，成为新巢的蚁王和蚁后。工蚁数量是全巢最多的，巢内的一切主要工作，如筑巢、修路、抚育幼蚁、寻找食物等，皆由工蚁负担。兵蚁保卫蚁巢，每遇外敌即以强大的上颚进攻，并能分泌一种黄褐色液体。黑翅土白蚁的的和取食有明显的季节性。有翅蚁有分飞时有强烈的趋光性。

[**防治措施**]

(1)加强栽培管理措施，促进苗木生长。

(2)播种时用50%氯丹乳剂400倍液浸种，或用0.3～0.4 kg氯丹乳剂兑水肥1 000 kg淋浇于圃地上，可驱杀白蚁。苗木生长期受害，可用75%辛硫磷800～1 000倍液淋根保苗。

(3)挖巢灭蚁。根据泥被、蚁路、地形、分群孔等特征寻找蚁巢；另外，在6～8月间寻找鸡纵菌，凡是地面上有鸡纵菌的地方，地下常有蚁巢，据此，可以判断蚁巢位置，挖巢灭蚁。

(4)在白蚁分飞期，用灯光诱杀。

(5)食饵诱杀。在白蚁发生时，于被害处附近，挖一个深30 cm、长40 cm、宽20 cm的诱集坑。然后把桉树皮、甘蔗渣、松木片等捆成小束，埋入坑内作诱饵，上洒以稀薄的红糖水或米汤，上面再覆一层草。过一段时间检查，如发现有白蚁被诱来，可向坑内喷灭蚁灵，使蚁带药回巢，大量杀死白蚁。

(6)药剂防治。将80%氟硅菊酯乳油稀释10 000倍喷雾，或将5%乳油稀释50～100倍液进行土壤或木材表面处理，可有效地驱除白蚁。

八、鼠妇类

鼠妇种类较多，常见的有鼠妇与球鼠妇，下面以球鼠妇(*Porceeio laevis*)为例说明。

[**分布与危害**] 球鼠妇又称西瓜虫、团子虫，在全国各地温室内发生普遍。可危害紫罗兰、仙客来、铁线莲、扶桑、茶花、含笑、苏铁以及多肉植物等。主要危害幼芽，也啃食根、茎和果实；叶片被吃成缺刻，严重时可吃光叶片，仅留叶脉；咬食幼苗的生长点、幼芽、果实，使果实和嫩茎造成伤疤，有时造成落果；植株受害后，造成伤口被杂菌感染而腐烂。

[**识别特征**] 体长8.5～10.5 mm，体背灰色或褐色，体宽而扁，稍有光泽，第1胸节与颈愈合；腹面淡白，胸部腹面略呈灰色，腹部较深；体分13节，第8、9两个体节明显缢缩，末节呈三角形；头顶前端着生2对触角，触角土褐色，1对触角长，1对

触角短且不明显。长的1对触角分6节，第4节最长，相当于第5、6节之和；雌体胸肢中茎部内侧有薄膜板，左右汇合，形成育室；卵产在育室内，初孵化的幼鼠妇体浅白色，具6对足；经过一次蜕皮后有7对足，蜕下的皮壳白色(图5-79)。

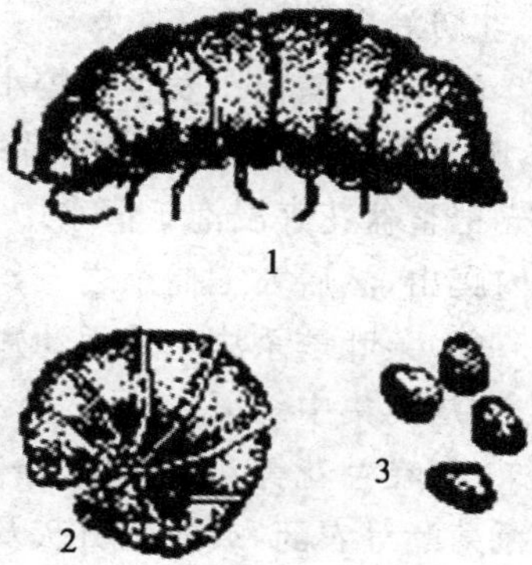

1,2. 成虫 3. 卵
图5-79 球鼠妇

[生活习性] 鼠妇1年发生1次，寿命可达1年以上，雌体卵产在胸部腹面的“卵兜”内。鼠妇一生要经过多次蜕皮后才能成熟。鼠妇喜欢富含有机质的潮湿沙质土中。该虫喜暗怕光，故白天多在土中隐蔽，傍晚陆续出来活动危害，一般在晚上9:00～10:00至翌日3:00～4:00点钟为其活动危害高峰期。阴雨天白天也可活动危害。鼠妇有假死性，在外物的碰触下，将体蜷缩成球形，静止不动呈假死状。

[防治措施]

(1)人工防治。清除温室内多余砖块和杂草，保持室内清洁。

(2)人工捕捉。成虫活动繁殖季节，在温室内堆集幼嫩菜叶或青草作诱饵，清晨集中收集处理，也可以人工捕捉。

(3)药剂防治。在鼠妇发生期及时进行药剂防治，可选用20%速灭杀丁乳油3 000～4 000倍液、2.5%敌杀死乳油2 000～3 000倍液。

九、软体动物

[分布与危害] 危害园林植物的软体动物主要有蜗牛和蛞蝓。主要分布于温暖潮湿的地区，北方地区主要发生于温室大棚，危害兰花、红掌等花卉植物的根尖、嫩叶、新芽，将其啃食成不规则的洞或缺刻甚至咬断幼苗，啃食部位易感染细菌而致腐烂。

[识别特征] 蜗牛具有螺旋形贝壳，成虫的外螺壳呈扁球形，有多个螺层组成，壳质较硬，黄褐色或红褐色。头部发达，具2对触角，眼在后1对触角的顶端，口位于头部腹面。卵球形。幼虫与成虫相似，体型较小。蛞蝓不具贝壳，体长形柔软，暗灰色，有的为灰红色或黄白色。头部具2对触角，眼在后1对触角顶端，口在前方，口腔内有1对胶质的齿舌。卵椭圆形。幼体淡褐色，体型与成体相似(图5-80)。

[生活习性] 蜗牛、蛞蝓喜欢生活在潮湿、阴暗且多腐殖质的地方。有夜出性，白天常潜伏在花盆底部的漏水孔、树皮块等疏松基质以及周围的潮湿环境中。

[防治措施]

(1)人工捕捉。发生量较小时,可人工捡拾,集中杀灭,晚上消灭效果最好。小蜗牛常躲藏于栽培基质中,可先把整盆花卉浸泡于清水中一小段时间,促使蜗牛从盆内爬出,然后人工捕杀之。

(2)菜叶诱杀法。采用幼嫩多汁的菜叶引诱其前来取食,从而集中杀灭。

(3)在兰花等花卉周围、台架及花盆上喷洒敌百虫、溴氰菊酯等农药,或撒生石灰及饱和食盐水。

(4)在兰花等花卉栽培场地周围,撒上宽 80 cm 的生石灰薄层,阻止蜗牛通过。温室应注意通风透光,消除各种杂草与杂物。

(5)施药。撒施 8%灭蜗灵颗粒剂或用蜗牛敌(10%多聚乙醛)颗粒剂;用蜗牛敌 + 豆饼+饴糖(1∶10∶3)制成的毒饵撒于花盆周围,诱杀蜗牛和蛞蝓。

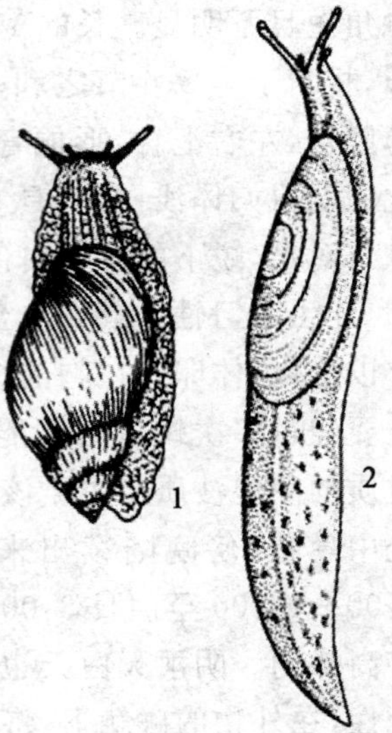

1. 蜗牛 2. 蛞蝓

图 5-80 软体动物

十、地下害虫综合防治

地下害虫种类多,食性杂,发生期长,尤以春、秋季节危害重,且隐蔽性强,多在地下或地面活动危害,是较难防治的一类害虫。因此,防治上应贯彻"预防为主,综合治理"的植保方针,根据虫情,因时因地制宜,协调采取各项措施,将地下害虫控制在经济允许水平以下,最大限度地减少危害。

(一)栽培管理措施防治

(1)轮作倒茬 有条件的地方可实行水旱轮作,可有效避免或减轻地下害虫的危害。

(2)深耕细耙 秋季深耕细耙,经机械杀伤及风冻、天敌取食等作用,有效减少土壤中各种地下害虫的越冬虫口基数。春耕耙耢,可消灭地表的地老虎卵粒、土中的油葫芦卵以及上升至表土层的蛴螬、蝼蛄、金针虫等,从而减轻危害。

(3)合理施肥 施用充分腐熟的有机肥,能有效减少蝼蛄、金龟甲等产卵;碳酸氢铵、腐殖酸铵、氨水、氨化磷酸钙等化肥深施,既提高肥效,又能因腐蚀、熏蒸作用杀伤一部分种蝇、蛴螬等地下害虫。

(4)适时灌水 适时进行春灌和秋灌,可以恶化地下害虫生活环境,起到淹杀,抑制活动,推迟出土或迫使下潜,减轻危害的作用。

(5)清除杂草 早春铲除地边、路旁、沟坎的杂草寄主,可消灭或减少多种地下害虫的滋生繁衍。

(二)人工除杀

春秋翻耕时人工捡除蛴螬、金针虫等地下害虫;春雨后查找隧道,挖窝毁卵灭蝼蛄。4～6月傍晚摇树捉杀金龟甲;结合中耕除草捕捉象甲;清晨在被害株周围逐株检查,人工捕捉蛴螬、地老虎;也可于傍晚放置新鲜泡桐叶诱集小地老虎高龄幼虫,次日清晨捕杀之;蝼蛄多的地块可挖30 cm×30 cm×20 cm的土坑若干,内放新鲜湿润马粪并盖草,每日清晨捕杀。

(三)物理防治

在植物生长季节,利用黑光灯、高压电网黑光灯及频振式杀虫灯等诱杀地老虎成虫、金龟甲、叩头甲、东方蝼蛄及蟋蟀等害虫,可有效减少田间虫口密度。

(四)生物防治

利用昆虫病原线虫制剂——绿草宝或新线虫DD-136制剂,用量为22.2×10^9头/hm^2;或用卵孢白僵菌处理土壤,用量为$10^7\sim10^8$孢子/mL;或用金龟子芽孢杆菌,对蛴螬有良好防效。

利用大黑臀钩土蜂防治蛴螬及金龟甲,利用颗粒体病毒防治黄地老虎等技术也应大力推广。

(五)药剂防治

(1)土壤处理 结合播前整地,进行土壤药剂处理。选用50%辛硫磷乳油4.5 kg/hm^2,加水750 kg均匀喷洒地面,然后整地播种;也可选用5%辛硫磷颗粒剂等,37.5 kg/hm^2拌300～375 kg细沙或煤渣撒施。

(2)药剂拌种 选用种子重量0.1%～0.2%的50%辛硫磷或40%乐果乳油等药剂,加种子重量10%的水稀释,均匀喷拌于种子上,堆闷6～12 h,待药液吸干后播种,可防金针虫、蛴螬、地蛆、象甲等危害种芽。选用的药剂和剂量应进行拌种发芽试验,防止降低发芽率及发生药害。

(3)毒饵诱杀 50%辛硫磷乳油0.3～0.75 kg/hm^2加适量水,拌入30～75 kg碾碎炒香的油渣或米糠、麸皮等饵料中制成毒饵,于无风闷热的夜晚撒放在已出苗的田块或苗床上,对蝼蛄、蟋蟀及大地老虎幼虫有良好诱杀效果。对小地老虎还可以用50%敌敌畏乳油15 kg/hm^2加水75 kg,喷拌3 000 kg干沙,于傍晚撒在苗根附近。也可选用90%晶体敌百虫0.75～1.5 kg/hm^2加适量水,喷拌22.5～37.5 kg事先煮半熟晾凉的秕谷制成毒谷,播种时拌入种子中可防止蝼蛄危害种子和幼苗。

(4)糖醋液诱杀 地老虎、种蝇成虫均对糖醋液有较强趋性,可用其进行诱杀。诱液配方:糖、醋、酒、水按3∶4∶1∶2混合,加入总量1%的敌百虫或吡虫啉。

(5)药液浇根 苗期蛴螬、地老虎、金针虫、种蝇危害较重时,可进行药液浇根,用不带喷头的喷壶或拿掉喷片的喷雾器向植株根际喷药液。可选用50%辛硫磷乳油1 000倍液，或80%敌百虫可溶性粉剂600～800倍液，或80%敌敌畏乳油1 500倍液。

(6)毒草诱杀　将新鲜莴苣叶、苜蓿、小白菜、刺菜、旋花等切碎，用90%晶体敌百虫500～800倍液喷拌后制成毒饵，按10～15 kg/hm² 用量，于傍晚分成小堆置放田间，可毒杀小地老虎大龄幼虫及蟋蟀等。

(7)喷药防治　地老虎幼虫3龄前、金龟甲盛发期、种蝇成虫及初孵幼虫期、蟋蟀成若虫盛期、象甲成虫危害期可喷洒药剂进行防治。可选用80%敌百虫可溶性粉剂或50%辛硫磷乳油、50%马拉硫磷乳油800～1 000倍液，也可选用40%乐果乳油1 500倍液、20%灭扫利乳油2 000倍液加水喷雾。

信息链接

介绍几种防治害虫的方法

柴油乳剂防治介壳虫：介壳虫是园林植物上的一类重要害虫，因体表覆盖一层蜡质介壳，因而一般农药往往难以奏效，被称为园林植物“癌症”。笔者从1991年起，采用自配的柴油乳剂防治花木介壳虫效果良好。具体做法是在10月份，将含油60%的柴油乳剂母液稀释成3%的药液进行喷洒，对于危害樱花的桑白蚧以及危害大叶黄杨的卫矛矢尖蚧等效果良好，但对危害紫薇的紫薇绒蚧效果较差。在草本植物上易出现药害，应注意慎重使用。

管氏肿腿蜂防治双条杉天牛：近年来，双条杉天牛在山东半岛地区对龙柏、蜀桧等柏类植物的危害逐年加重，有的区域已泛滥成灾，采用常规措施，效果较差。从2001年起，青岛、潍坊、青州等地相继引进管氏肿腿蜂控制双条杉天牛，收到了良好的效果。该法简单、方便、有效，且绿色环保、无公害，值得大力推广。

阻隔法防治草履蚧：在草履蚧若虫上树前，可采用薄膜、药带阻隔法进行防治。通常用薄膜、药带宽度在15 cm左右，环绕树干，在其下方涂药环(用废机油2份、黄油5份、2.5%敌杀死0.01份混合即可)。

音乐法防治蝼蛄：昆虫学家为了消灭蝼蛄，试验了一种声诱法。用灵敏的录音机，先将雄蝼蛄唱的情歌一首首录下来，然后需要时在晚间于田野中大音量进行播放，在这雄壮多情的歌声感召下，雌虫成群结队地奔向录音机，然后予以消灭，使植物得到了保护。

【职业技能实训】

一、食叶类害虫形态及危害状识别

(一)目的要求

识别当地园林主要食叶害虫形态及危害状。

(二)材料及用具

材料:袋蛾、刺蛾、毒蛾、舟蛾、尺蛾、夜蛾、斑蛾、灯蛾、螟蛾、天蛾、枯叶蛾、叶甲、叶蜂等害虫标本(成虫、卵、幼虫与蛹),危害状标本。也可临时采集新鲜食叶害虫标本。

用具:扩大镜、挑针等。

(三)内容与方法

(1)袋蛾形态观察　主要通过肉眼观察不同袋蛾的护囊大小及外形,区分识别不同种类的袋蛾。

(2)刺蛾各虫态特征及危害状观察　肉眼观察不同刺蛾各虫态特征,比较不同刺蛾各虫态的区别。被害状观察,注意比较初龄幼虫的危害状。

(3)毒蛾各虫态特征及危害状观察　肉眼观察不同毒蛾各虫态特征,比较不同毒蛾各虫态的区别。被害状观察,注意比较初龄幼虫的危害状。

(4)舟蛾各虫态特征及危害状观察　肉眼观察不同舟蛾各虫态特征,比较不同舟蛾各虫态的区别。被害状观察,注意比较初龄幼虫的危害状。

(5)尺蛾各虫态特征及危害状观察　肉眼观察各种尺蛾的形态特征及危害状,注意观察尺蛾幼虫的行走姿势(示范)及拟态现象。

(6)斑蛾各虫态特征及危害状观察　肉眼观察不同斑蛾各虫态特征,比较不同各虫态的区别。被害状观察,注意比较初龄幼虫的危害状。

(7)夜蛾、灯蛾、螟蛾、天蛾、枯叶蛾各虫态特征及危害状观察　肉眼观察夜蛾、灯蛾、螟蛾、天蛾、枯叶蛾代表种类成虫形态特征,扩大镜观察卵、幼虫、蛹的形态特征,观察上述几种害虫的危害状。

(8)叶甲与叶蜂形态及危害状观察　扩大镜观察叶甲触角、足及叶蜂的翅脉形态特征。观察叶蜂幼虫危害状及叶甲危害状。

(四)作业

列表描述所观察害虫各虫态的形态及其危害状。

二、吸汁类害虫形态及危害状识别

(一)目的要求

(1)识别当地主要园林植物吸汁类害虫的形态特征和危害状,为防治打基础。

(2)亲临现场了解当地园林植物主要的吸汁类害虫种类、发生和危害情况,熟悉调查方法,为防治打基础。

(二)材料及用具

材料:桃蚜、棉蚜、绣线菊蚜、月季长管蚜、日本龟蜡蚧、草履蚧、吹绵蚧、桑盾白蚧、褐软蚧、温室白粉虱、橘黄粉虱、大青叶蝉、小绿叶蝉、梧桐木虱、樟叶木虱、朱砂叶螨、山楂叶螨、绿盲蝽、梨冠网蝽、杜鹃冠网蝽、花蓟马、榕蓟马等害虫标本、玻片标本及危害状标本。

用具:显微镜、体视显微镜、挑针、镊子、载玻片、盖玻片、培养皿、病虫害标本采集和鉴定用具、记录本等。

(三)内容与方法

(1)蚜虫类形态观察　用显微镜观察的蚜虫标本,注意观察体色、蜡粉、额瘤明显与否,触角上的感觉器,腹管和尾片的形态、构造等。观察有翅蚜翅脉的构造特点。注意几种蚜虫在危害状上的区别。

(2)蚧类形态观察　识别吹绵蚧、草履蚧、桑白盾蚧、日本龟蜡蚧、褐软蚧等蚧类的形态特征,注意区分雌雄介壳和体型。

(3)粉虱类形态观察　识别温室白粉虱、橘黄粉虱,注意体型大小,虫体颜色,身体表面蜡粉,前翅翅脉形状。

(4)叶蝉类形态观察　识别大青叶蝉、小绿叶蝉等叶蝉类害虫在体型大小、颜色以及前胸背板和小盾片上的斑纹数目、颜色、斑纹形状的区别。

(5)木虱类形态观察　观察梧桐木虱、樟叶木虱等木虱类害虫在体型大小及其他特征,如棉絮状蜡粉、腹部末端形状等方面的差异。

(6)螨类形态观察　识别朱砂叶螨、山楂叶螨等螨虫的活体和玻片标本,观察体型、颜色;须肢端感器的形状、长度,背毛的数目。

(7)蝽类形态观察　观察绿盲蝽体型大小、前翅革质部和膜质部的颜色,前胸背板形状;观察梨冠网蝽、杜鹃冠网蝽体型大小,前胸背板边缘向外突出、网状翅脉。

(8)蓟马形态观察　识别花蓟马、榕蓟马的标本和玻片标本,观察其在体型、颜色及危害状方面的差异。

(9)当地主要园林植物吸汁类害虫发生情况调查　分小组用目测踏查法和取

样方法进行发生情况普查，并采集危害状标本，带回室内进行种类鉴定。

(四)作业

(1)比较常见几种蚜虫在形态及危害状等方面的主要区别。

(2)列表区别园林植物上的介壳虫的基本特征与危害状。

(3)采集制作当地园林植物吸汁类害虫标本4～5种。

(4)整理调查统计表，描述吸汁类害虫的发生情况，并提出防治建议。

三、蛀干类害虫形态及危害状识别

(一)目的要求

熟悉主要蛀干害虫的所属目科，掌握主要虫种的形态特征和危害状，达到能准确识别的要求。

(二)材料及用具

材料：主要蛀干害虫的生活史标本、各虫态标本。桑天牛、星天牛、桃红颈天牛、双条杉天牛、双斑锦天牛、芳香木蠹蛾东方亚种、小线角木蠹蛾、合欢吉丁虫、柏肤小蠹、日本双齿长蠹、臭椿沟眶象、长足大竹象、白杨透翅蛾、蔗扁蛾等。

用具：双目解剖镜、扩大镜、镊子、挑针、检索表等。

(三)内容与方法

根据当地教学的有关内容对实验材料进行观察，主要观察其形态及危害状。

(1)观察本地的天牛如桑天牛、星天牛、桃红颈天牛、双条杉天牛、双斑锦天牛等天牛的成虫、幼虫的形态特征，危害的部位及危害状，掌握区分相近种的主要识别依据。

(2)观察小蠹虫类如柏肤小蠹、日本双齿长蠹等害虫的形态特征及其坑道系统的特点。

(3)观察合欢吉丁虫、臭椿沟眶象、长足大竹象等蛀干害虫的形态特征及危害状。

(4)观察主要的鳞翅目蛀干害虫如芳香木蠹蛾东方亚种、小线角木蠹蛾、白杨透翅蛾、蔗扁蛾等形态特征及危害特点。

(四)作业

(1)列检索表区别所观察标本。

(2)简述各类蛀干害虫的危害状特点。

(3)绘制天牛成虫背面观图和幼虫前胸背板特征图。

四、地下害虫形态及危害状识别

(一)目的要求

识别当地园林主要地下害虫形态及其危害状。

(二)材料及用具

材料:蝼蛄、小地老虎、金龟子(蛴螬)、金针虫、蟋蟀、白蚁、鼠妇、软体动物等地下害虫各虫态标本、被害状标本及挂图。

用具:扩大镜、挑针等。

(三)内容与方法

(1)蝼蛄形态及危害状观察　肉眼观察蝼蛄成、若虫及卵的形态,比较成、若虫的形态特征,观察蝼蛄类害虫的危害状。

(2)金龟子(蛴螬)成虫与幼虫形态观察　肉眼观察金龟子成虫及幼虫形态,对照挂图识别其幼虫危害苗木根系、成虫危害叶片后的症状特点。

(3)金针虫形态观察　用扩大镜观察金针虫成虫与幼虫的形态特征,识别当地主要金针虫种类。

(4)小地老虎观察　观察小地老虎各虫态的形态特征,对照挂图或被害幼苗识别其危害状。

(5)蟋蟀形态观察　观察蟋蟀各虫态的形态特征,对照挂图或被害幼苗识别其危害状。

(6)白蚁形态及危害状观察　用扩大镜观察白蚁成虫及幼虫形态特征,观察苗木被害状。

(7)软体动物观察　有条件者,结合现场观察蜗牛、蛞蝓活体的形态特征与危害状。

(四)作业

列表描述所观察根部害虫各虫态的形态特征及危害状。

五、园林植物重要害虫田间调查方法

(一)目的要求

摸清一定区域内害虫的种类、数量、危害程度、发生发展规律、分布区域及天气、寄主情况,为搞好虫害的预测预报、制定正确的防治方案提供科学依据。

(二)材料和用具

毒瓶、幼虫瓶、捕虫网、扩大镜、剪枝剪、镊子、卷尺、笔记本、铅笔等。

(三)内容及操作

调查内容根据调查目的而定,通常包括园林植物害虫发生和危害情况调查、害虫及天敌发生规律的调查、越冬情况调查、防治效果调查等。

调查的步骤分为准备工作、踏查、样地调查、调查资料的统计与整理。

(1)准备工作 在进行调查工作之前,应先了解调查地区的自然地理概况、经济条件,收集相关资料;拟订调查计划,确定调查方法;设计好调查用表;准备好调查所用仪器、工具等。

(2)踏查(线路调查) 踏查是指在较大范围内(地区、省、花圃、苗圃)进行的普遍调查。主要查明害虫种类、分布情况、危害程度、危害面积、蔓延趋势等。根据踏查所得资料,确定主要害虫种类,初步分析花木衰萎、死亡的原因以及初步确定详细调查地块,并把这些资料归纳到工作草图中去。

踏查方法可沿田间小路、人行道或自选路线进行,尽可能通过调查地区的不同植物地块及有代表性的不同状况的地段。每条路线的距离一般为 100～300 m。采用目测法边走边查,注意各项因子的变化,绘制主要害虫分布草图并填写踏查记录表。

(3)样地调查 又称详细调查,是在踏查的基础上,对危害较重的害虫种类,设立样地进行调查,目的是精确统计害虫数量、被害程度及所造成的损失,并对害虫发生的环境因素作深入的分析研究。

①取样方法:在大面积调查害虫时,不可能对所有园圃和植株全部调查,一般要选有代表性的样地,再从中取出一定的样点抽查,用部分来估计总体的情况。选样要有代表性,应根据被调查园地的大小、植物特点,选取一定数量的样地。样地面积一般占总面积的 0.1%～0.5%。常用取样方法如图 5-81 所示。应根据害虫及花木在田间的分布形式确定取样方法,如在圃地中进行害虫的调查,一般用对角线式、大五点式、随机式等取样方法来选定样地。在苗圃和绿地上调查根部害虫,多采用棋盘式或对角线式取样。

②地下害虫调查:在苗圃或绿化地上进行地下害虫调查时,多采用对角线式或棋盘式取样。样坑大小为 0.5 m×0.5 m 或 1 m×1 m。样坑深度根据季节、虫种而定。调查地下害虫的垂直分布,应分层挖,一般按 0～5 cm、5～15 cm、15～30 cm、30～45 cm、45～60 cm 等段不同层次分别进行调查并填写表 5-14。

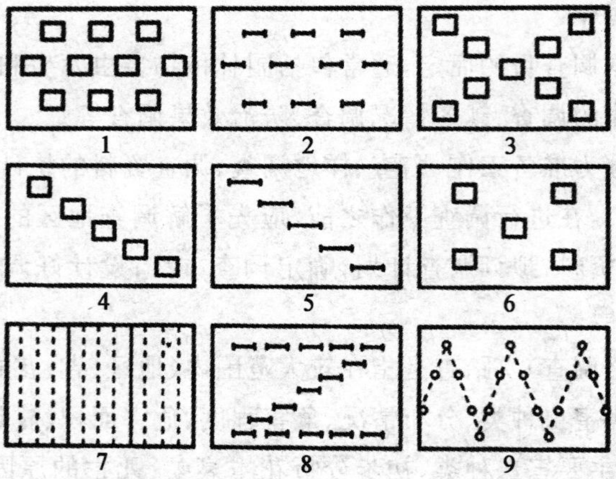

1.棋盘式(面积) 2.棋盘式(长度) 3.双对角线式(面积) 4.单对角线式(面积)
5.单对角线式(长度) 6.大五点式 7.抽行式
8,9.随机取样法(Z字形取样法)

图5-81 害虫调查取样方法

表5-14 苗圃绿地地下害虫调查

调查日期	调查地点	土壤植被情况	样坑号	样坑深度	害虫名称	虫期	害虫数量	调查株数	受害株数	受害率	备注

③蛀干害虫调查:在发生蛀干害虫的绿地中,选有树50株以上的样地,分别调查健康木、衰弱木、濒死木和枯立木各占的百分比(表5-15)。

表5-15 园林绿地蛀干害虫调查

调查日期	调查地点	样方号	株数	健康木		卫生状况	虫害木						害虫名称	备注
							衰弱木		濒死木		枯立木			
				株数	百分比/%		株数	百分比/%	株数	百分比/%	株数	百分比/%		

为了查明虫害程度，再从受害木中选 3～5 株，伐倒，量其树高、胸径，从干至树梢剥 1 条 10 cm 宽的树皮，分别记载各部位出现的害虫种类。再在树干南北方向及上、中、下部截取 20 cm×50 cm 的样方，查明害虫种类、数量、虫态，并统计每平方米和单株虫口密度（表 5-16）。

表 5-16 园林绿地蛀干害虫危害程度调查

样树号	样树因子			害虫名称	虫口密度/(头/1 000 cm^2)				其他
	树高	胸径	年龄		成虫	幼虫	蛹	虫道	

④树梢害虫调查：对危害幼嫩枝梢害虫的调查，可选有 50 株以上的样地，逐株统计健康株数、主梢健壮侧梢受害株数和主侧梢受害株数。从被害株中选出 5～10 株，查清虫种、虫口数、虫态和危害情况。对于虫体小、数量多、定居在嫩梢上的害虫如蚜虫、介壳虫等，可在标准的上、中、下部各选取样枝，截取 10 cm 长的样枝段，查清虫口密度，最后求出平均每 10 cm 样枝段的虫口密度（表 5-17 和表 5-18）。

表 5-17 园林绿地枝梢害虫调查(一)

调查日期	调查地点	样方号	调查株数	被害株被	害率数/%	主梢健壮，侧梢受害株数	主、侧梢均受害株数	主梢受害、侧梢健壮株数	害虫名称及种类	备注

表 5-18 园林绿地枝梢害虫调查(二)

调查日期	调查地点	样方号	样树号	树高	胸径或根径	年龄	总梢数	被害梢数	被害梢率/%	虫口密度/(头/株或头/m^2)	害虫名称	备注

⑤食叶害虫调查：在有食叶害虫危害的绿地内选取样地，调查主要害虫种类、虫期、数量、危害情况等，样地面积可随机酌定。在样地内可逐株调查，如样地内株数过多，可采用对角线法或隔行法，选标准木 10～20 株进行调查。若样株矮小（一般不超过 2 m），可全株统计害虫数量。若树木高大，不便于统计时，可分别于树冠

上、中、下部及不同方位取样枝进行调查。落叶和表土层中越冬幼虫和蛹茧的虫口密度调查,可在样树下,树冠较发达的一面树冠投影范围内,设置 0.5 m×2 m 的样方(0.5 m 一边靠树干),统计 20 cm 土深内主要害虫虫口密度(表 5-19)。

表 5-19 园林绿地食叶害虫调查

调查日期	调查地点	样方号	绿地概况	害虫名称和主要虫态	样树号	害虫数量					虫口密度/(头/株或头/m^2)	危害情况	备注
						健康	死亡	被寄生	其他	总计			

⑥天敌调查:天敌调查一般随同病虫害调查进行。主要调查天敌种类与数量,记载在相应栏目内。

对于寄生性昆虫和致病微生物等天敌的数量统计,分少量、中等和大量 3 级,各级划分标准及符号为:寄生率在 10%以下记少量,符号“+”;寄生率在 11%～30%记中等,符号“++”;寄生率在 31%以上记大量,符号“+++”。对于捕食性昆虫及有益的鸟兽调查时,记载种类和实际数量,并注明常见、少见和罕见等。

(4)调查资料的整理

①鉴定害虫名称。

②汇总、统计调查工作资料和数据,进一步分析害虫大发生的原因。

a. 被害率:表示植物的植株、茎秆、叶片、花和果实等受害虫危害的普遍程度,不考虑受害轻重,常用被害率来表示。

$$被害率=\frac{被害株(茎、叶、花、果)数}{调查总株(茎、叶、花、果)数}\times 100\%$$

如调查美国白蛾对某一绿地樱花植株的被害率,调查 100 株,其中被危害植株 67 株,则被害株率为$\frac{67}{100}\times 100\% = 67\%$。

b. 被害指数:许多害虫对植物造成危害后,植株之间的受害轻重程度并不相同,用被害率不能完全说明受害的实际情况,可采用与病害相似的方法,对害虫危害情况按植株受害轻重进行分级,再用被害指数可以较好地解决这个问题。

$$被害指数=\frac{\sum(各级株茎、叶、花、果数\times 各级代表数值)}{调查总株茎、叶、花、果数\times 最高分级级数}\times 100\%$$

现以蚜虫为例，说明被害指数的计算方法。蚜虫危害分级标准见表 5-20。

表 5-20 蚜虫危害分级标准

等级	分株标准
0	无蚜虫，全部叶片正常
1	有蚜虫，全部叶片无蚜害现象
2	有蚜虫，受害最重叶片出现皱缩不展
3	有蚜虫，受害最重叶片皱缩半卷，超过半圆形
4	有蚜虫，受害最重叶片皱缩半卷，呈圆形

调查蚜虫危害植株 100 株，0 级 53 株，1 级 26 株，2 级 18 株，3 级 3 株，4 级 0 株。

$$被害指数=\frac{0\times53+1\times26+2\times18+3\times3+4\times0}{100\times4}\times100\%=17.75\%$$

被害指数越大，植株受害越重；被害指数越小，植株受害越轻。植株受害最重时被害指数为 100%；植株没有受害时，被害指数为 0。

③写出调查报告：报告内容包括以下几方面。

a. 调查地区概况：包括自然地理环境、社会经济状况、绿地概况、园林绿化生产和管理情况及园林植物害虫情况等。

b. 调查结果综述：包括主要花木的主要害虫种类、危害情况和分布范围，主要害虫的发生特点，主要害虫分布区域的综述，主要害虫发生的原因及分布规律，天敌资源情况以及园林植物检疫对象和疫区等。

c. 害虫综合治理的措施及建议。

d. 附录：包括调查地区园林植物害虫名录、天敌名录、主要害虫发生面积汇总表、园林植物检疫对象所在疫区面积汇总表、主要害虫分布图等。

(四)作业

(1)害虫田间调查的意义是什么？

(2)害虫田间调查有哪些取样方法？各有什么特点？

(3)对当地某一园林植物发生的害虫进行调查，并写出调查报告。

六、园林植物重要害虫预测预报方法

(一)目的要求

园林植物害虫的发生发展是有一定规律的，认识和掌握其规律，集合当地历史资料和未来环境变化，推测害虫发生趋势，然后把结果通报出去，及时、有效的组织指导害虫防治工作。预测预报是制定园林植物害虫综合治理方案的重要依据。

(二)材料和用具

频振灯、昆虫饲养瓶、毒瓶、幼虫瓶、捕虫网、扩大镜、剪枝剪、镊子、卷尺、笔记本、铅笔等。

(三)内容及方法

1. 预测预报内容

害虫的预测预报内容包括两方面：预测和预报。预测是在害虫发生前，运用科学的方法对害虫的发展动态进行调查研究，然后结合历史资料和当地的环境，如气候条件、营养状况、天敌情况等进行综合分析，正确推断害虫未来发生发展趋势。预报是把预测的结果及时通报出去，使人们了解害虫的发生情况，及早做好预防工作。

害虫预测预报的种类：

(1) 按预测期限的长短分为短期预测、中期预测和长期预测 3 种。

①短期预测是指从前一个虫期预测后一个虫期的发生期和发生量。

②中期预测是指根据上一代的虫情预测下一代各虫期的发生动态，时间一般在 1 个月以上，但具体时间预测对象世代历期而定，如 1 年发生 1 代的害虫，其预测期限可长达 1 年。

③长期预测是指预测相隔 2 个世代以上，期限 1 年以上甚至 3～5 年以上。

(2)按预期内容可分为发生期预测、发生量预测、扩散蔓延预测、危害程度预测等。

目前常用的是害虫发生期和发生量的短期预测和中期预测。

2. 预测预报方法

(1)害虫发生期预测　主要预测某一虫态出现的始、盛、末期，以便确定防治的最佳时期。这种方法常用于防治时间性强、受外界影响较大的害虫，如卷叶类害虫、蛀干类害虫等。这种预测每年都需要进行，在生产上使用最广泛。常用方法如下。

①田间调查法：在绿地内选择有代表性的样方对某一害虫的虫态进行定点调查，逐日或每隔 2～3d 调查 1 次，统计该虫态个体出现的数量及百分比，通过调查掌握各虫态发生进度，如化蛹率、羽化率、孵化率等，以此预测害虫发生期。

$$孵化率=\frac{当天孵化数}{当天检查卵总数(已孵化-未孵化)}\times100\%$$

$$化蛹率=\frac{活蛹数+蛹壳数}{总活虫数(幼虫+蛹+蛹壳数)}\times100\%$$

$$羽化率=\frac{蛹壳数}{总活虫数(幼虫+蛹+蛹壳数)}\times100\%$$

②物候法:是指自然界各种生物现象出现的季节规律性。由于生物的活动与害虫的发生都受到自然界气候的影响,因此害虫发生时期与其他生物的出现也常有一定的季节联系。通过多年观察,找出生物的某些发育阶段或活动与某害虫发生时期相一致的联系,即可用这种生物的物候作为预测某种害虫发生时期的指标。如河南总结小地老虎发生规律是"桃花开花一片红,成虫羽化是高峰",就是根据小地老虎与桃花开放的关系来预测其成虫发生期。

利用物候来预测害虫的发生,有区域性,各地应因地制宜地细心观察所要预测对象的发生时期与其他生物的相关性,不断总结积累有关物候法预测害虫发生的经验,以便更好地指导害虫的防治。

③期距法:是指害虫发生的前一个阶段到后一个阶段所需要的天数。通过调查研究掌握害虫发生某一阶段所需要的期距天数后,就可根据前一阶段害虫发生时期加上期距天数,推断出后一阶段害虫发生时期。如小地老虎越冬发生盛期,到第 1 代卵孵化盛期的期距为 15～20 d,到严重危害期为 25～30 d,如小地老虎的成虫盛期是 4 月 10 日,可推知卵孵化期将在 4 月 25 日,幼虫危害盛期将出现在 5 月 5 日以后。根据这些推断,确定防治适期,指导防治工作。此方法也可以用于一些病害预测。

④诱集法:利用害虫的趋性,如趋光性、趋化性等分别采用各种方法进行诱集害虫,逐日记载诱虫数量,确定害虫发生的始、盛、末期,及时指导防治。

⑤饲养法:在野外采集一定数量的虫卵、幼虫或蛹,进行人工饲养,系统观察了解其发育进度。人工饲养时,应尽可能使饲养环境接近自然环境,以减少误差。

⑥有效积温法:主要用来预测害虫某一虫态的发生时期或发生的时代数。有效积温公式为

$$K = N(T - C)$$

式中 K 为有效积温,是常数;N 为发育历期;T 为完成某一发育阶段的平均温度;C 为发育起点温度。在知道某种害虫完成一个世代或一个虫期的发育起点温度和有效积温之后,根据当地气象资料得出未来平均温度预测值,就可以利用有效积温的方法预测害虫的发生期。

(2)害虫发生量预测　目前,害虫的发生量预测主要是通过现场调查预测害虫未来数量的变化情况。由于害虫的数量消长受气候、繁殖力、雌雄比例、死亡率等多种因素的影响,需做大量的调查研究,积累资料,总结经验,才能做出较正确的预测。

(3)害虫虫情预报　为了及时反映害虫发生情况,及早开展防治工作,将害虫预测结果整理填表(表 5-21),通过各种形式通报出去。

表 5-21 园林植物害虫虫情预报

发报种类	预报害虫种类	害虫发育阶段	害虫分布地点	虫口密度(1 m² 或每株)		寄生率/%	性比	繁殖能力	羽化率/%	孵化率/%	预报当旬的气象因子							对于虫情发展趋势的分析	备注
											温度/℃			湿度/%	阴晴天	风速	最多风向		
				最大	平均						最高	最低	平均						

发布预报单位：

发至地点：

年　　月　　日

(四)作业

(1)害虫预测预报的意义和内容有哪些?

(2)针对本地区危害严重的某种害虫,试用期距法或饲养法预测园林绿地害虫发生情况。

本章关键词

食叶类害虫　吸汁类害虫　枝干害虫　地下害虫　分布与危害　识别特征　生活习性　防治措施

本章小结

本章主要讲述了食叶类害虫、吸汁类害虫、枝干害虫、地下害虫的分布与危害、识别特征、生活习性以及防治措施。了解害虫的危害状及虫体识别特征,对害虫的防治具有重要指导意义。

食叶类害虫主要包括袋蛾类、刺蛾类、尺蛾类、灯蛾类、毒蛾类、叶甲类等,其共同特征是用咀嚼式口器将叶片咬成“缺刻”、“空洞”,严重时将叶片吃光,不仅大大降低观赏价值,而且还严重影响花木的长势。如美国白蛾、大袋蛾等害虫,在危害严重时,几乎将所危害的植物叶片全部吃光,甚至吃掉第二次发生的新叶,造成花木枝条坏死或整株死亡。

吸汁类害虫是园林植物上发生最频繁、危害最严重的一类害虫,其重要种类蚜、螨、蚧、粉虱、木虱、叶蝉等害虫,用刺吸式口器刺吸植物的汁液,不仅造成植物叶片黄化、畸形,而且诱发煤污病,传播病毒病。吸汁类害虫因个体小,发生初期被害状不明显,易被人们忽视。

枝干类害虫包括天牛、吉丁虫、透翅蛾、木蠹蛾、蠹虫、象甲等种类,因其主要在枝干内部取食,危害场所隐蔽,防治效果往往不太理想,有些种类如锈色粒肩天牛,已对山东等地的国槐构成了严重的威胁。

地下害虫包括蛴螬、地老虎、蝼蛄、金针虫、种蝇等,主要危害植物的根系,导致地上部缺苗断垄,是园林苗圃、花圃及草坪的重要害虫,稍有不慎,就会造成苗木及草坪的大面积死亡。

园林植物害虫的防治主要抓“四期、五措施”,即抓住贯穿于“卵期、幼虫期、蛹期、成虫期”4个时期的五大类综合治理措施,即“植物检疫、园林技术、物理防治、生物防治、化学防治”措施,因地因时制宜,统筹协调。在药剂选择方面,多选用高效、低毒、低残留、无污染的药剂，对症下药，有的放矢，走综合治理与生态控制之路。

复习思考

(1)园林植物叶部害虫、吸汁害虫、枝干害虫、地下害虫的危害特点是什么？

(2)本地区常见的园林植物叶部害虫、吸汁害虫、枝干害虫、地下害虫有哪些？其生活习性怎样？

(3)结合实训现场或现场教学识别本地区常见的园林植物叶部害虫、吸汁害虫、枝干害虫、地下害虫。

(4)如何开展园林植物叶部害虫的综合治理工作？结合实际进行操作。

(5)吸汁类害虫有哪些共同特性？

(6)如何防治蚜虫？应注意哪些问题？

(7)防治介壳虫有哪些关键措施？

(7)危害园林植物的螨类主要有哪些种类？怎样防治？

(8)怎样综合治理枝干害虫？

(9)天牛类害虫有哪些？如何防治？

(10)蠹虫危害有何特点？如何防治？

(11)怎样综合治理地下害虫？

(12)本地区经常发生的金龟子是哪几种？根据其生活习性及发生规律制订防治方案。

(13)如何配制毒饵诱杀蝼蛄和地老虎？

(14)针对本校园园林植物害虫发生危害现状，请制订一套切实可行的综合治理方案。

第六章　园林植物病害防治

【学习目标】

知识目标

掌握园林植物常见真菌、原核生物、病毒、线虫等各类病害的症状特点、病原类别、发病规律和防治措施。

技能目标

能够正确识别园林植物常见真菌、原核生物、病毒、线虫等各类病害的症状特点；

能够根据园林植物常见真菌、原核生物、病毒、线虫等各类病害的发病规律，制订适合当地特点的综合治理方案。

危害园林植物的病害种类很多，根据其病原种类不同，可分为真菌、原核生物、病毒、线虫和寄生性种子植物等类型。病害发生后不仅会影响园林植物正常地生长发育，降低观赏价值，有时甚至会造成死亡。近年来，随着城市园林绿化事业的不断发展以及花卉生产规模的逐年扩大，园林植物病害发生的种类与危害程度也在不断增加。在众多的园林植物病害中，以真菌病害居多，真菌病害中又以叶斑病类占优势。

【职业基础知识】

第一节　真菌病害

一、叶斑病类

叶斑病是叶片组织受局部侵染，导致出现各种形状斑点病的总称。但叶斑病并非只在叶片上发生，有些病害既在叶片上发生，也在枝干、花和果实上发生。叶斑病的类型很多，可因病斑的色泽、形状、大小、质地、有无轮纹等不同，分为黑斑病、褐斑病、圆斑病、角斑病、斑枯病、轮斑病等。叶斑上往往着生有各种粒点或霉层。叶斑病聚集发生时，可引起叶枯、落叶或穿孔，以及枯枝或花腐，严重降低园林植物的观赏价值，有些叶斑病还会给园林植物造成较大的经济损失。如月季黑斑病、杜鹃角斑病、大叶黄杨褐斑病、香石竹叶斑病等。

(一)月季黑斑病

［**分布与危害**］月季黑斑病为世界性病害，我国各地均有发生。是月季最主要的病害。该病除危害月季外，还危害蔷薇、黄刺玫、山玫瑰、金樱子、白玉棠等近百种蔷薇属植物及其杂交种。常在夏秋季造成黄叶、枯叶、落叶，影响月季的开花和生长。

［**症状**］主要危害月季的叶片，也危害叶柄和嫩梢。感病初期叶片上出现褐色小点，以后逐渐扩大为圆形或近圆形的斑点，直径 3～15 mm，边缘呈不规则的放射状，病部周围组织变黄。病斑上生有黑色小点，即病菌的分生孢子盘。严重时病斑连片，甚至整株叶片全部脱落，成为光杆。嫩枝上的病斑为长椭圆形，暗紫红色，稍下陷(图 6-1、图 6-2)。

［**病原**］病原为半知菌亚门放线菌属蔷薇放线孢菌［*Actinonema rosae* (Lib.) Fr.］和半知菌亚门盘二孢属蔷薇盘二孢属(*Marssonina rosae* Sutton)。

［**发病规律**］病菌以菌丝和分生孢子盘在病残体上越冬。露地栽培，病菌以菌丝体在芽鳞、叶痕或枯枝落叶上越冬。温室栽培以分生孢子或菌丝体在病部越冬。分生孢子也是初侵染来源之一。分生孢子借风雨、飞溅水滴传播危害，因而多雨、多雾、多露时易于发病。据试验，叶上有滞留水分时，孢子 6 h 内即可萌芽侵入。萌发侵入的适宜温度为 20～25℃，pH 值为 7～8，潜育期为 10～11 d，老叶潜育期

略长，为 13 d。病害多从下部叶片开始侵染。气温 24℃、相对湿度 98%、多雨天气有利于发病。在长江流域一带 5、6 月份和 8、9 月份出现 2 次发病高峰期。在北方一般 8、9 月份发病最重。

图 6-1 月季黑斑病照片

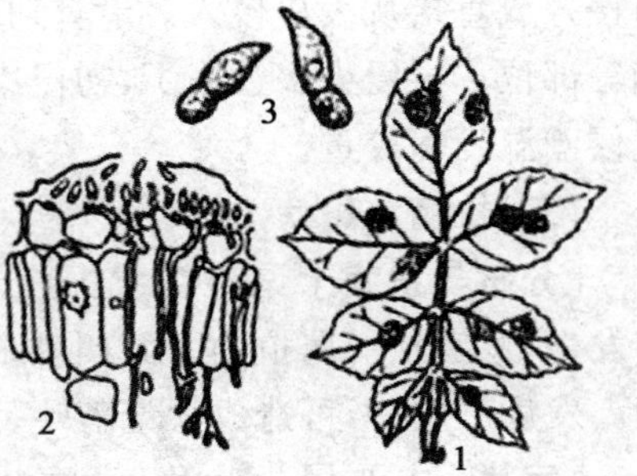

1. 症状 2. 分生孢子盘 3. 分生孢子

图 6-2 月季黑斑病示意(仿林焕章)

病菌可多次重复侵染，整个生长季节均可发病。植株衰弱时容易感病。雨水是病害流行的主要条件。低洼积水、通风不良、光照不足、肥水不当、卫生状况不佳等都利于发病。月季不同品种间，其抗病性也有差异，一般浅色黄花品种易感病。

(二)芍药红斑病

[**分布与危害**] 我国东北、四川、河北、新疆、北京等地都有发生。发病的芍药叶片植株矮小，叶片早枯，严重影响产量。

[**症状**] 芍药红斑病又称芍药褐斑病、叶霉病，是芍药和牡丹上的重要病害之一。发病后叶片出现不规则性病斑，病斑大小为 5～15 mm，紫红色或暗紫色，潮湿条件下叶背面可产生暗绿色霉层，并可产生浅褐色轮纹。发生严重时，叶片焦枯破碎，如火烧一般，影响观赏效果(图 6-3、图 6-4)。

图 6-3 芍药红斑病照片

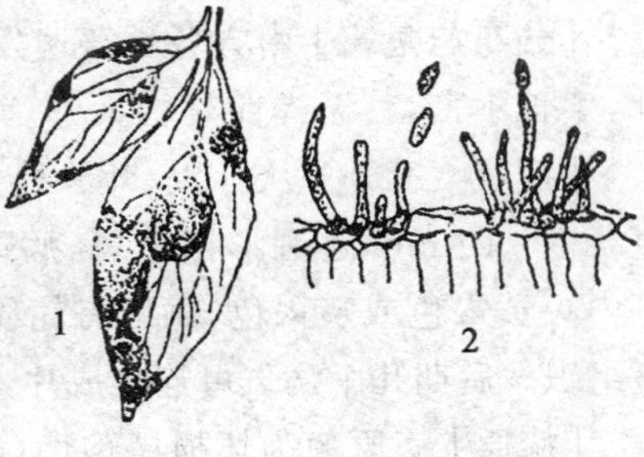

1. 症状 2. 分生孢子及分生孢子梗

图 6-4 芍药红斑病示意

[**病原**] 芍药红斑病的病原是半知菌亚门牡丹枝孢霉(*Cladaosprium paeoniae* Pass.)。

[**发病规律**] 病菌以菌丝体在病叶、病枝条、果壳等病残株上越冬。病菌自伤口侵入或直接从表皮侵入。潜育期 6 d 左右。分生孢子借风雨传播,侵染新叶、嫩梢等部位。再侵染次数很少,初侵染决定病害流行的程度。春季雨水早,雨量大,气候潮湿发病较重。

(三)杜鹃角斑病

[**分布与危害**] 该病在我国杜鹃栽培地区都有发生,危害杜鹃属植物。又叫杜鹃叶斑病、褐斑病。发病严重时,可造成大量落叶。

[**症状**] 主要侵染叶片,发病初期,叶片上出现红褐色小斑点,逐渐扩大成圆形或不规则的多角形病斑,黑褐色,直径 1～5 mm。后期病斑中央组织变为灰白色,严重时病斑相连成片,导致叶片枯黄、早落。湿度大时,叶斑正面生出许多褐色的小霉点,即病菌的分生孢子和分生孢子梗(图 6-5)。

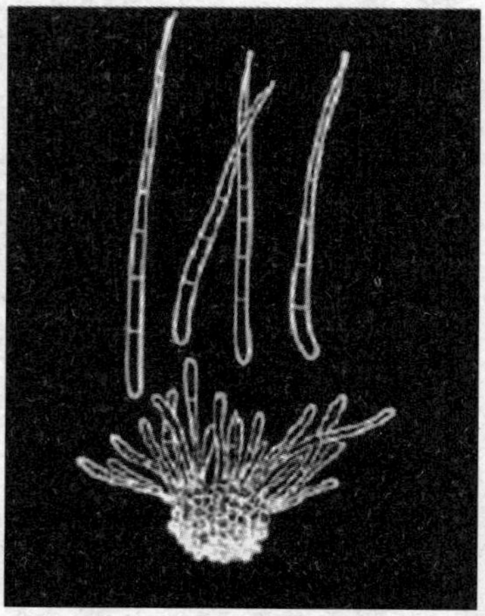

图 6-5 杜鹃尾孢菌

[**病原**] 病原为杜鹃尾孢菌(*Cercospora rhododendri* Guba.),属半知菌亚门尾孢属。

[**发病规律**] 病菌以菌丝体在病叶及病残体上越冬。翌年春天,当气温适宜时形成分生孢子,借风雨等传播,孢子遇到水滴便产生芽管,直接侵入叶片组织,或自伤口处侵入。高温多雨季节发病重。雨雾多、露水重有利于孢子的扩散和侵染,因而发病重。温室中栽培的杜鹃可常年发病。土壤黏重、通风透光性差、植株缺铁黄化时,有利于病害的发生。

(四)大叶黄杨褐斑病

[**分布与危害**] 南方各地普遍发生,北京也有发生报道。引起大叶黄杨早期落叶,生长不良,甚至提前死亡。

[**症状**] 病斑多从叶尖、叶缘处开始发生,初期为黄色或淡绿色小点,后扩展成直径 5～10 mm 近圆形褐色斑,病斑周缘有较宽的褐色隆起,并有一黄色晕圈,病斑中央黄褐色或灰褐色,病斑有轮纹。病斑上密布黑色绒毛状小点,即病原菌的子座组织。后期几个病斑可连接成片,严重时叶片发黄脱落,植株死亡(图 6-6、图 6-7)。

[**病原**] 病原菌为坏损尾孢菌(*Cercospora destructiva* Rav.),属真菌,为半知菌亚门尾孢属。

[**发病规律**] 病菌以菌丝体或子座组织在病叶及其他病残组织中越冬。翌春

形成分生孢子进行初侵染。分生孢子由风雨传播。潜育期为 20～30 d,5 月中、下旬开始发病,6～7 月份为侵染盛期,8～9 月份为发盛病期,并引起大量落叶。管理粗放、多雨、排水不畅、通风透光不良发病重,夏季炎热干旱、肥水不足、树势生长不良也会加重病害发生。

图 6-6 大叶黄杨褐斑病照片

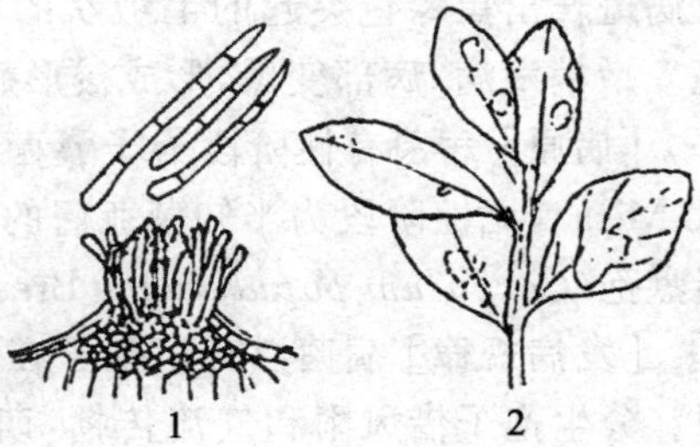

1. 分生孢子及分生孢子梗 2. 症状

图 6-7 大叶黄杨褐斑病示意

(五)香石竹叶斑病

[分布与危害] 香石竹叶斑病也叫香石竹黑斑病、茎腐病。分布于北京、上海、昆明、天津、成都、上海、深圳等地。危害叶片和茎部,造成叶片叶斑和叶枯,并可造成茎腐,是香石竹最重要的病害之一。

[症状] 多从下部老叶开始发病。发病叶片初期出现淡绿色圆形水渍状病斑,逐渐扩大成直径可达 3～5 mm 近圆形或长条形大病斑,后期病斑中央灰白,边缘紫色或褐色。茎上发病多在茎节或枝条分杈处,病斑可环绕茎或枝条一周,造成上部枝叶枯死。花苞受害,可使花不能正常开放,并造成裂苞。所有发病部位可出现黑色霉层,即为分生孢子和分生孢子梗(图 6-8)。

1. 症状图 2,3. 分生孢子

图 6-8 香石竹叶斑病

[病原] 病原菌为半知菌亚门链格孢属香石竹链格孢菌(*Alternaria dianthi* Stev. et Hall.)。

[发病规律] 病原菌主要以菌丝和分生孢子在病株和土壤中的病残株上越冬。分生孢子借气流和雨水传播,从伤口和气孔侵入。温度在 21℃左右、多雨、连作、老叶多等条件易于发病。

(六)杨树灰斑病

[分布与危害]北方地区发生普遍。可危害多种杨树。杨树的各个生育期都可发病。

[症状]主要危害杨树的叶片和嫩梢,发病叶片病斑绿色、灰绿色或锈褐色。叶片正面病斑近圆形,直径10 mm左右,中心灰白色,周缘有褐色隆起,潮湿条件下病斑长出黑绿色突起的毛绒状的霉状物(分生孢子堆)。病斑可连片形成大黑斑。嫩梢发病,病部变黑,形成梭形病斑,可使病叶死亡。

[病原]病菌有性阶段为子囊菌亚门东北球腔菌(*Mycosphaerella mandshurica* M. Mira),无性阶段为半知菌亚门的杨灰叶点霉(*Phyllosticta populea* Sacc)和杨棒盘孢(*Coryneum populinumu* Bres)。

[发病规律]病菌以分生孢子在落叶上越冬。翌春分生孢子萌发成为初侵染源。分生孢子借风雨和气流传播,萌发后由气孔或表皮细胞缝隙侵入寄主细胞。潜育期为5~10 d,发病后2 d可产生新的分生孢子,进行再侵染。一年可反复侵染多次。降雨和潮湿条件有利于发病。东北地区5月下旬和7月上旬为2次发病盛期,九月下旬后停止发展。

(七)菊花褐斑病

[分布与危害]菊花褐斑病又叫菊花黑斑病、斑枯病。北京、黑龙江、大连、深圳、成都等地都有发生。发生严重时,叶片枯黄,全株萎蔫,叶片枯萎、脱落,影响菊花的产量和观赏性。

[症状]发病初期病叶出现淡黄色褪绿斑,病斑近圆形,逐渐扩大,变紫褐色或黑褐色。发病后期,病斑近圆形或不规则形,直径可达12 mm,病斑中间部分浅灰色,边缘黑褐色,其上散生细小黑点,为病菌的分生孢子器。一般发病从下部开始,向上发展,严重时全叶变黄干枯(图6-9、图6-10)。

图6-9 菊花褐斑病照片

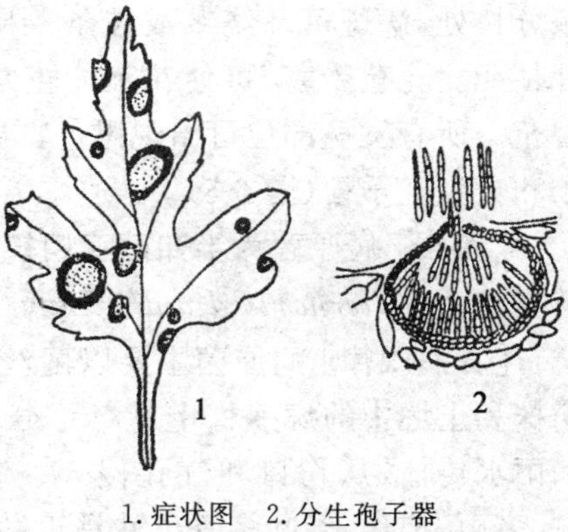

1.症状图 2.分生孢子器

图6-10 菊花褐斑病示意

[病原] 病原菌为半知菌亚门壳针孢属菊壳针孢菌(*Septoria chrysanthemella* Sacc.)。

[发病规律] 病原菌以菌丝体和分生孢子器在病残体上越冬。分生孢子器翌年吸水产生大量分生孢子借风雨传播。温度在24～28℃,雨水较多,种植过密条件下,该病发生比较严重。

(八)苏铁斑点病

[分布与危害] 苏铁斑点病又名白斑病,是庭院、盆栽苏铁常见的病害。严重时,大部分叶片干枯。

[症状] 植株感病后,初期为淡褐色小点,后逐渐扩大为圆形或不规则形的病斑,病斑边缘红褐色,中央暗褐色至灰白色。病斑逐渐扩大,相互连接形成一段斑,后期在病斑上散生或聚生黑色小粒,即病原菌分生孢子器(图6-11)。

[病原] 为半知菌亚门壳二孢属苏铁壳二孢菌(*Ascochyta cycadina* Scalia)。

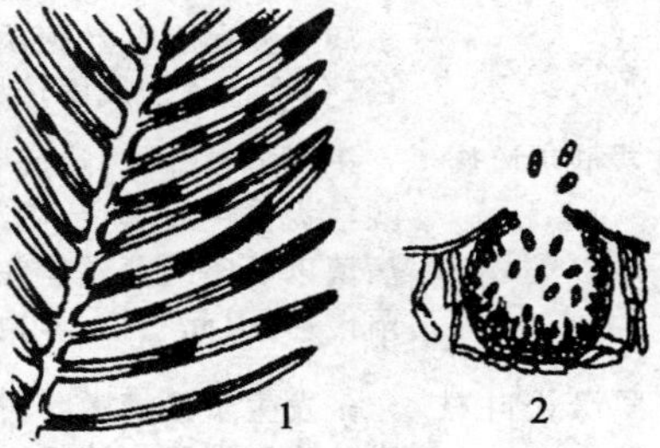

1.症状 2.分生孢子器及分生孢子

图6-11 苏铁斑点病

[发病规律] 病原菌以分生孢子器或菌丝体在被害叶片上越冬。翌年形成分生孢子,借风雨传播。在高温、多雨的季节和栽培管理不善的条件下发病严重。苏铁冬季受冻害后容易发生此病。

(九)其他叶斑病

其他叶斑病见表6-1。

表6-1 其他叶斑病

病害种类	发生概况
松落针病	多发生在1～2年生的松针上。受害初期为黄色小斑点,逐渐发展成黄色段斑,颜色加深,后期变成红褐色。晚秋针叶变黄脱落。晚秋病叶上可产生细小黑点(病菌的分生孢子器)。病原菌有性阶段为子囊菌亚门松针散斑壳菌。无性阶段为半知菌亚门半壳孢菌。该病菌以菌丝体在落叶或树枝病叶上越冬。子囊孢子借风雨传播,该病菌没有再次侵染。高湿环境有利于发生。
樱花褐斑穿孔病	受害初期出现紫褐色针状小斑点,逐渐发展为近圆形病斑,病斑外缘红褐色,中央灰白色,边缘清晰并生有轮纹。病斑直径2～5 mm。发病后期病斑两面可产生灰褐色霉状物,为病菌的分生孢子器。病原菌半知菌亚门尾孢属核果尾孢菌。多以菌丝体在病组织中越冬。翌春产生分生孢子借风雨传播,自气孔侵入发病。

续表 6-1

病害种类	发生概况
圆柏叶枯病	当年新发针叶及嫩梢发病重。发病针叶由绿变黄，最后变为枯黄色，引起针叶早落。发病严重时，树冠满布枯黄病枝叶，当年不易脱落，次年春天掉落。病原属半知菌亚门交链孢属细交链孢霉。病原菌以菌丝体在病残枝条上越冬，分生孢子借气流传播，自伤口侵入。小雨有利于分生孢子的产生和侵入，小树发病较重。
丁香褐斑病	主要危害叶片，病斑为不规则形，多角形或近圆形，病斑直径 5～10 mm。病斑褐色，后期病斑中央组织变成灰褐色。病斑背面可生灰褐色霉层，即病菌的分生孢子和分生孢子梗。病斑边缘深褐色。发病严重时病斑相互连接成大斑。病原菌属半知菌亚门丝孢菌纲尾孢属丁香尾孢菌。病菌以子座或菌丝体在病叶上越冬，分生孢子借风雨传播，由伤口或直接侵入。秋季多雨潮湿时发病较重。
紫荆角斑病	主要危害叶片，造成叶枯脱落。叶斑呈多角形，初期针点大小，后变为多角形，颜色为褐色或黑色，后期密生黑色小霉点，潮湿时，小粒点上生灰白色霉状物。病菌以子座或菌丝体在病落叶上越冬。翌春，当条件适合时，产生分生孢子由风雨传播，引起感染。雨水多的年份，发病较重。
罗汉松叶枯病	多发生于枝梢嫩叶，初期叶片发红，病斑呈不规则形，由叶尖向叶基部蔓延，造成叶片先端段状坏死。病斑后期为淡褐色。随着病害的发展，后期叶片病部的正反面均产生小黑点。病菌以分生孢子盘和菌丝体在病叶或病落叶上越冬。翌春，当气温上升至 15℃左右时，菌丝开始生长蔓延，产生分生孢子。孢子借风雨传播，从伤口侵入。
散尾葵叶斑病	主要危害叶片，初期产生黄褐色小斑点，不规则，周围有水渍状绿色晕圈，病斑扩展相互连接成不规则形斑块。叶间叶缘发病较多，严重时叶片枯焦，干枯卷缩，似火烧状。病斑中部暗色或灰白色，边缘色深。后期，病部形成黑色小斑点。病菌以菌丝体或分生孢子盘在病叶上越冬。分生孢子借风雨传播。密度大，病害发生严重。高温、多雨有利于发病。病菌主要从气孔与伤口侵入。
蒲葵黑点病	主要危害叶片，初期为黄色小斑点，扩大后病斑变为圆形或长圆形，黑褐色，边缘明显，外围有黄色圈，病斑生黑色粒点，大多中部开裂。病菌以子座或菌丝体在病叶上越冬。在广州，全年皆可发病。在温暖、多雨以及栽植过密、通风不良的情况下，发病严重。
南天竹叶斑病	为盆栽与地栽南天竹的常见病害，引起早期落叶。多从叶尖、叶缘发生，初为褐色小点，后逐渐扩大为半圆形或梭状病斑，褐色至深褐色，略呈放射状。后期在病部簇生灰绿色至深绿色煤污状的粉状物。病菌以菌丝或分生孢子盘在病叶上越冬。翌春，产生分生孢子，借风雨传播。
白兰黑斑病	主要危害叶片，造成叶片枯死、脱落。初期在叶缘或叶面产生淡紫色小斑，后逐渐扩展为圆形或不规则形大斑。病斑边缘黑褐色，有轮纹，中间灰白，斑上密生很多青褐色绒毛状的粉堆。病菌以菌丝体在病落叶上越冬。翌春产生分生孢子，随风雨传播扩散。主要从伤口及自然孔口侵入，高温、高湿有利于病害发生。

(十)叶斑病类防治措施

(1)加强栽培管理。合理施肥,肥水宜充足;夏季干旱时,要及时浇灌;在排水良好的土壤上建造苗圃;种植密度要适宜,以便通风透光,降低叶面湿度;及时清除田间杂草。

(2)清除侵染来源。随时清扫落叶,摘去病叶,以减少侵染来源。冬季对重病株进行重度修剪,清除发病枝干上的越冬病菌。休眠期喷施 3～5 波美度石硫合剂。

(3)药剂防治。注意发病初期及时用药。可选用 70%甲基托布津可湿性粉剂 1 000 倍液、10%世高水分散粒剂 6 000～8 000 倍液、40%福星乳油 4 000～6 000 倍液、70%代森锰锌可湿性粉剂 800～1 000 倍液、12%速保利可湿性粉剂 800～1 000 倍液、75%百菌清可湿性粉剂 600 倍液、47%加瑞农可湿性粉剂 600～800 倍液、10%多抗霉素可湿性粉剂 1 000～2 000 倍液、6%乐比耕可湿性粉剂 1 500～2 000 倍液、60%防霉宝超微粉剂 600 倍液,10～15 d 喷施 1 次,连续喷施 3～4 次。

(4)选用抗病品种。

二、白粉病类

白粉病是园林植物上发生极为普遍的一类病害。一般多发生在寄主生长的中后期,可侵害叶片、嫩枝、花、花柄和新梢。在叶片上初为褪绿斑,继而长出白色菌丝层,并产生白粉状分生孢子,在生长季节进行再侵染。重者可抑制寄主植物生长,叶片不平整,以致卷曲,萎蔫苍白。现已报道的白粉病种类有 155 种。白粉病可降低园林植物的观赏价值,严重者可导致枝叶干枯,甚至可造成全株死亡。

(一)黄栌白粉病

[分布与危害] 辽宁、北京、河北、西安、山东、四川等地都有发生。发病黄栌影响秋季叶片变红,失去观赏效果。

[症状] 主要危害叶片,也危害嫩枝。叶片被害后,初期在叶面上出现白色粉点,后逐渐扩大为近圆形白色粉霉斑,严重时霉斑相连成片,叶正面布满白粉。发病后期白粉层上陆续生出先变黄、后变黄褐、最后变为黑褐色的颗粒状子实体(闭囊壳)。秋季叶片焦枯,不但影响树木生长,而且受害叶片秋天不能变红,影响观赏红叶(图 6-12,图 6-13)。

[病原] 病原菌为漆树钩丝壳菌(*Uncinula vernieiferae* P. Henn),属子囊菌亚门钩丝壳属。

[发病规律] 病菌以闭囊壳在落叶上或附着在枝干上越冬,也有以菌丝在枝条上越冬。翌年 5～6 月份,当气温达 20℃,雨后湿度较大时,闭囊壳开裂,释放出子

囊孢子,子囊孢子借风吹、雨溅等传播。子囊孢子萌发的最适温度为25～30℃。孢子萌发后,菌丝在叶表生长,以吸器插入寄主表皮细胞吸取营养,菌丝上不断生出分生孢子梗和分生孢子,借风、雨、虫等传播,多次进行再侵染。条件适宜时,引起病害大发生,7～8月份为发病盛期。多雨、郁蔽、通风及透光较差时,病害发生严重。

图 6-12 黄栌白粉病照片

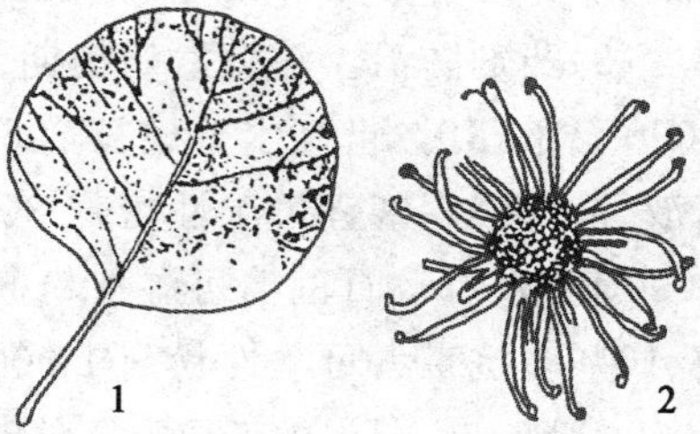

1.病叶症状 2.病原菌闭囊壳

图 6-13 黄栌白粉病示意

(二)月季白粉病

[**分布与危害**]是世界性病害,全国各地都有发生。设施栽培的情况下发生严重,造成落叶、花蕾畸形,严重影响切花月季的产量与品质。

[**症状**]该病除在月季上普遍发生外,还可寄生蔷薇、玫瑰等。主要危害新叶和嫩梢,也危害叶柄、花柄、花托、花萼等。被害部位表面长出一层白色粉状物(即分生孢子),同时枝梢弯曲,叶片皱缩畸形或卷曲,上、下两面布满白色粉层,渐渐加厚,呈薄毡状。发病叶片加厚,为紫绿色,逐渐干枯死亡。老叶较抗病。发病严重时叶片萎缩干枯,花少而小,严重影响植株生长、开花和观赏。花蕾受害后被满白粉层,逐渐萎缩干枯。受害轻的花蕾开出的花朵畸形。幼芽受害不能适时展开,比正常的芽展开晚且生长迟缓(图6-14、图6-15)。

[**病原**]病原为蔷薇单囊壳菌(*Sphaerotheca pannosa*(Wallr.)Lev.),属子囊菌亚门单丝壳属。月季上只有无性阶段,无性阶段为粉孢属(*Oidium* sp.)。

[**发病规律**]病菌主要以菌丝在寄主植物的病枝、病芽及病落叶上越冬。闭囊壳也可以越冬,一般较少。翌春病菌随病芽萌发产生分生孢子,可进行多次再侵染。病菌生长适温为18～25℃。分生孢子借风力大量传播、侵染,在适宜条件下只需几天的潜育期。1年当中5～6月份及9～10月份发病严重。温室栽培时可周年发病。该病在干燥、郁蔽处发生严重,温室栽培较露天栽培发生严重。月季品种间抗病性有差异,墨红、白牡丹、十姊妹等易感病,而粉红色重瓣种粉团蔷薇则较

抗病。偏施氮肥、栽植过密、光照不足、通风不良等都会加重该病的发生。灌溉方式与灌溉时间也影响发病，滴灌及白天浇灌的情况下能抑制病害的发生。

图 6-14 月季白粉病照片

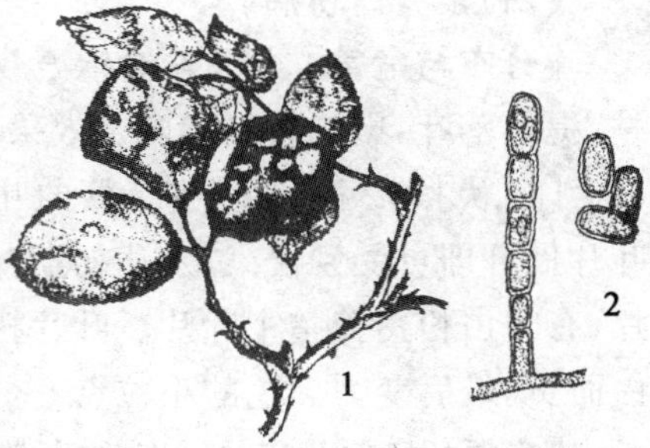

1. 症状 2. 分生孢子梗及分生孢子

图 6-15 月季白粉病示意

(三)瓜叶菊白粉病

[分布与危害] 全国各地都有发生。发病时植株生长不良，叶片干枯，影响产量和观赏效果。

[症状] 主要危害叶片，也危害花蕾、花、叶柄、嫩茎等。发病初期，叶片上产生小的白色粉霉状圆斑，直径 4～8 mm，条件适宜时，病斑迅速扩大，连成一片，使整张叶片布满白粉，造成叶片扭曲、卷缩、枯萎，导致植株生长衰弱，花小而提早凋谢。苗期发病较重。发病后期病斑表面可产生黑色小粒点——闭囊壳(图 6-16，图6-17)。

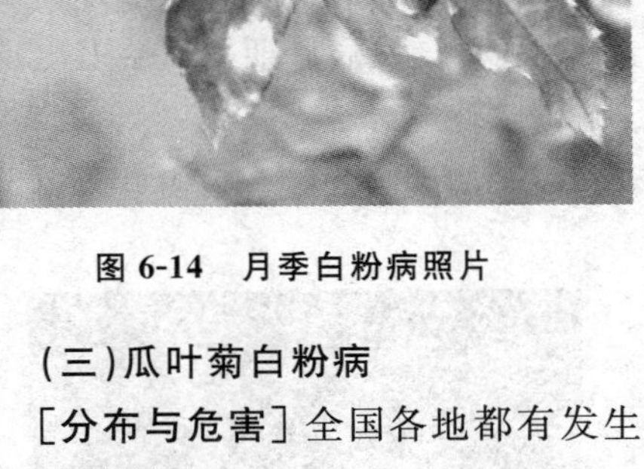

图 6-16 瓜叶菊白粉病照片

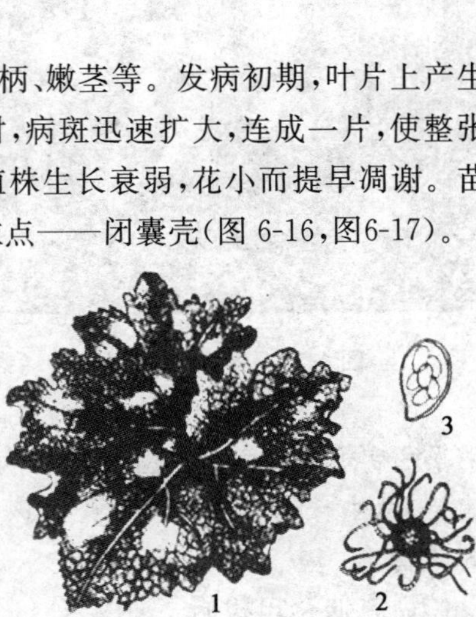

1. 叶片症状 2. 闭囊壳 3. 子囊孢子

图 6-17 瓜叶菊白粉病示意

[病原] 病原为二孢白粉菌(*Erysiphe ecichoracearum* DC.)，属子囊菌亚门白粉菌属。

[发病规律] 病菌以闭囊壳或菌丝体在病叶及其他病残体上越冬。翌年气温回升时，病菌借气流和浇水传播。孢子萌发后以菌丝侵入寄主表皮细胞，并产生大

量分生孢子进行再侵染。适宜发病的温度为16～24℃，湿度大、通风不良时易引起该病大发生。成株在3～4月份为发病高峰，幼苗11月份为发病高峰。

(四)紫薇白粉病

[**分布与危害**] 全国各地紫薇栽培地区普遍发生。发病紫薇叶片布满白粉，干枯、提早落叶，影响树势和观赏效果。

[**症状**] 该病主要危害紫薇的叶片，嫩叶比老叶易感病，嫩梢和花蕾也能受害。叶片展开即可受到侵染，发病初期叶片上出现白色小粉斑，后扩大为圆形并连接成片，有时白粉覆盖整个叶片。叶片扭曲变形，枯黄脱落。发病后期白粉层上出现由白而黄，最后变为黑色的小粒点——闭囊壳(图6-18)。

[**病原**] 病原为南方小钩丝壳菌[*Uncinuliella australiana* (McAlp.)Zheng et Chen]，属子囊菌亚门小钩丝壳属(图6-19)。

图6-18 紫薇白粉病

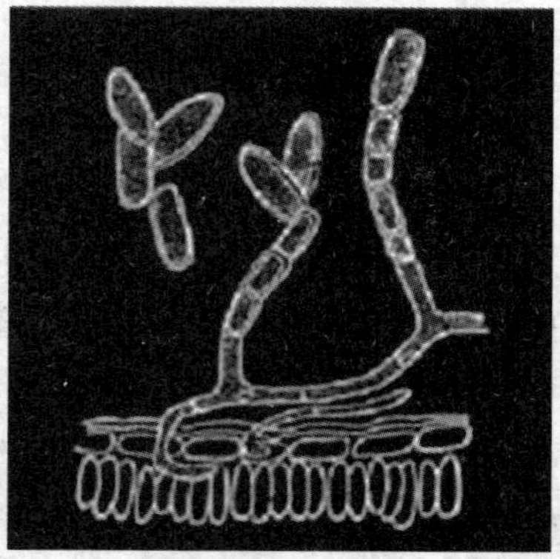

图6-19 紫薇白粉病的分生孢子

[**发病规律**] 病菌以菌丝体在病芽或以闭囊壳在病落叶上越冬，分生孢子由气流传播，生长季节多次再侵染。该病害主要发生在春、秋两季，其中以秋季发病较为严重。

(五)凤仙花白粉病

[**分布与危害**] 此病在我国北京、天津、上海、河北、河南、山东、吉林、四川、江苏、安徽、浙江、福建、广东等省市均有发生。除危害凤仙花外，还可以侵染玫瑰、蔷薇、木芙蓉、大丽花、向日葵等多种观赏植物。

[**症状**] 主要出现在叶片和嫩梢上，始发时病斑较小、白色、较淡，主要发生在叶片的正面，背面很少有；之后白色粉层逐渐增厚，病斑扩大，覆盖局部甚至整个叶片或植株，影响光合作用。初秋，白色粉层中部变淡黄褐色，并形成黄色小圆点，后逐渐变深而呈黑褐色。叶面出现零星的不定形白色霉斑，随着霉斑的增多和向四

周扩展相互连合成片，最终导致整个叶面布满白色至灰白色的粉状薄霉层，仿佛叶面被撒上一薄层面粉。细视霉斑相对应的叶背面，可见到初呈黄色后变为黄褐色至褐色的枯斑，发病早且严重的叶片，扭曲畸形枯黄（图 6-20）。

图 6-20 凤仙花白粉病

[病原] 有性阶段为子囊菌亚门单丝壳属[*Sphaerotheca balsamina* (Wallr.)]，无性阶段为半知菌亚门、粉孢菌属（*Oidium balsamii* Mont.）侵染所致。

[发病规律] 病菌以闭囊壳越冬，分生孢子借风雨传播。高温高湿、通风透光不良、偏施氮肥时发病重。

（六）其他白粉病

其他白粉病见表 6-2。

表 6-2 其他白粉病

病害种类	发生概况
丁香白粉病	主要危害叶片，初期叶面产生零星粉状圆斑，后扩大成片，后期变为灰白色。病菌以菌丝体和闭囊壳在落叶上越冬，翌春产生分生孢子，随气流传播。一般 6 月中旬开始发病，延续到 10 月份。病害多发生在树丛下部或背阴处的叶片上，由下部叶片向上部叶片蔓延。树丛过密，通风透光不良时，发病严重。
大叶黄杨白粉病	危害嫩叶、嫩梢，病斑多分布于叶片正面。初期叶面散生白色小斑，后扩大愈合，病斑渐褪绿、变黄，最后变为黑褐色坏死。病菌以菌丝体在植株病组织内或产生灰色膜状菌层越冬。翌春，分生孢子经风雨传播，春、夏、秋季都可发病，多雨高湿季节利于发病。高温季节发病轻，秋凉多雨季节发病重。蔽荫处及新梢发病重。
早熟禾白粉病	为草坪草上的常见病害。主要危害叶片，也危害叶鞘、茎秆。发病初期，叶片产生褪绿斑点，以正面较多，后扩大为近圆形的绒絮状霉斑，初为白色，后变为灰白、灰褐色，严重时病斑连片，组织枯黄。病菌以菌丝体和闭囊壳在病株或病残体上越冬。翌春，产生分生孢子或子囊孢子，随气流传播。气温在 5℃以下或 25℃以上时不发病，凉爽、潮湿及阴天时有利于发病。草层过密、互相遮阳、通风不良、偏施氮肥、干旱少雨时有利于发病。老叶较新叶发病重。

（七）白粉病类的防治措施

（1）消灭越冬病菌，秋、冬季节结合修剪，剪除病弱枝。彻底清除枯枝落叶，并集中烧毁，减少初侵染来源。

（2）休眠期喷洒 3～5 波美度的石硫合剂，消灭病芽中的越冬菌丝或病部的闭囊壳。

(3)加强栽培管理,改善环境条件。栽植密度、盆花摆放密度不要过大;温室栽培时,要注意通风透光。增施磷、钾肥,氮肥要适量。灌水最好在晴天的上午进行。灌水方式最好采用滴灌或喷灌,不要漫灌。

(4)化学防治。发病初期喷施15%粉锈宁可湿性粉剂1 500～2 000倍液、25%敌力脱乳油2 500～5 000倍液、40%福星乳油8 000～10 000倍液、45%特克多悬浮液300～800倍液、15%绿帝可湿性粉剂500～700倍液。温室内可用10%粉锈宁烟雾剂熏蒸。

(5)生物制剂防治。近年来生物农药发展较快,BO-10(150～200倍液)、抗霉菌素120对白粉病也有良好的防效。

(6)种植抗病品种。选用抗病品种是防治白粉病的重要措施之一。

三、锈病类

锈病是由担子菌亚门冬孢菌纲锈菌目的真菌所引起,主要危害园林植物的叶片,引起叶枯及早期落叶,严重影响生长与观赏。该类病害因在病部产生大量锈状物而得名。锈病多发生于温暖湿润的春、秋季,灌溉方式不适宜、叶面凝结雾露以及多风雨的条件下,最有利于发生和流行。

(一)玫瑰锈病

[**分布与危害**] 为世界性病害,全国各地都有发生,是影响玫瑰生产的重要病害。

[**症状**] 玫瑰的地上部分均可受害,主要危害叶和芽。春天新芽上布满鲜黄色的粉状物;叶背出现稍隆起黄色斑点状的锈孢子器;成熟后散出橘红色粉末。随着病情发展,叶背面出现黄色粉堆——夏孢子堆和夏孢子;秋末叶背出现黑褐色粉状物——冬孢子堆和冬孢子。受害叶片早期脱落,影响生长和开花(图6-21)。

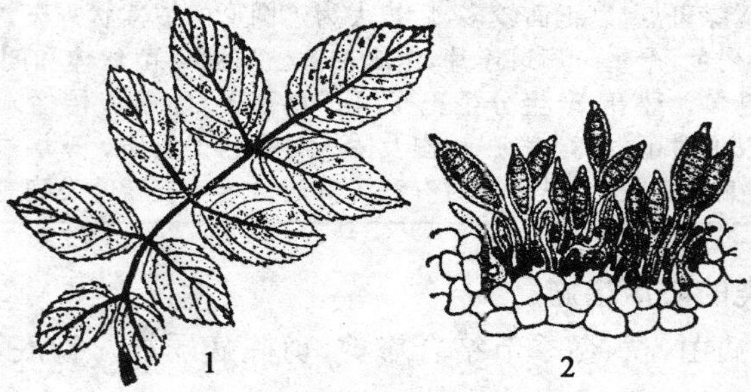

1.症状 2.冬孢子堆

图6-21 玫瑰锈病

[**病原**] 危害玫瑰的病菌种类很多，国内主要有3个种，属担子菌亚门冬孢菌纲锈菌目多孢锈属（*Phrangmidium*）。即玫瑰多孢锈菌（*Phrangmidium rosae-rugprugosae* Kasai）、短尖多孢锈菌［*Phrnagmidium mucronatum*（Pers.）Schlecht.］和蔷薇多孢锈菌（*P. rosae-multiforae* Diet.）。

[**发病规律**] 病菌以菌丝体在芽内和以冬孢子在发病部位及枯枝落叶上越冬。玫瑰锈病为单主寄生。翌年玫瑰新芽萌发时，冬孢子萌发产生担孢子，侵入植株幼嫩组织，4月下旬出现明显的病芽，在嫩芽、幼叶上呈现出橙黄色粉状物，即锈孢子。5月间玫瑰花含苞待放时开始在叶背出现夏孢子，借风、雨、虫等传播，进行第1次再侵染。条件适宜时叶背不断产生大量夏孢子，进行多次再侵染，造成病害流行。发病适温在15～26℃，6、7月份和9月份发病最为严重。温暖、多雨、空气湿度大为病害流行的主要因素。

(二)海棠-桧柏锈病

[**分布与危害**] 我国北京、上海、江苏、安徽、云南、浙江等地都有发生。该病影响海棠、桧柏生长和观赏效果。

[**症状**] 春夏季主要危害贴梗海棠、木瓜海棠、山楂、苹果、梨等。叶面最初出现黄绿色小点，逐渐扩大呈橙黄色或橙红色有光泽的圆形油状病斑，直径6～7 mm，边缘有黄绿色晕圈，其上产生橙黄色小粒点，后变为黑色，即性孢子器。发病后期，病组织肥厚，略向叶背隆起，其上长出许多黄白色毛状物，即病菌锈孢子器（俗称羊胡子）。最后病斑枯死。

转主寄主为桧柏，秋、冬季病菌危害桧柏针叶或小枝，被害部位出现浅黄色斑点，后隆起呈灰褐色豆状的小瘤，初期表面光滑，后膨大，表面粗糙，呈棕褐色，直径0.5～1.0 cm，翌春3～4月份遇雨破裂，膨大为橙黄色花朵状（或木耳状）。受害严重的桧柏小枝上病瘿成串，造成柏叶枯黄，小枝干枯，甚至整株死亡。在海棠、苹果与桧柏混栽的公园、绿地等处发病严重（图6-22，图6-23）。

图6-22 海棠-桧柏锈病（龙柏被害状）

图6-23 海棠-桧柏锈病（山楂被害状）

[**病原**] 病原为山田胶锈菌(*Gymnosporangium yamadai* Miyabe)、梨胶锈病(*G. haraeanum* Syd.),属担子菌亚门胶锈菌属。该锈菌缺夏孢子阶段。我国以梨胶锈菌为主,山田胶锈菌仅在个别省发现。二者均为转主寄生菌(图 6-24)。

1. 菌瘿　2. 冬孢子萌发　3. 海棠叶症状　4. 性孢子器　5. 锈孢子器

图 6-24　海棠-桧柏锈病

[**发病规律**] 病菌以菌丝体在桧柏等针叶树枝条上越冬,可存活多年。翌春3～4 月份遇雨时,冬孢子萌发产生担孢子,担孢子主要借风传播到海棠上,担孢子萌发后直接侵入寄主表皮并蔓延,约 10 d 后便在叶正面产生性孢子器,3 周后形成锈孢子器。8～9 月份锈孢子成熟后随风传播到桧柏上,侵入嫩梢越冬。此病的发生与雨水关系密切。两种寄主混栽较近,有病菌大量存在,3～4 月份雨水较多,是病害大发生的主要条件。概括来说,该病原菌的性孢子和锈孢子阶段危害贴梗海棠,冬孢子阶段发生在桧柏、龙柏、铺地柏和翠柏等转主寄主上,这两种锈菌在形态上极相似。性孢子器发生于叶面表皮下,近圆形或扁烧瓶形,成熟时突破表皮,孔口外露,并伸出许多授精丝。锈孢子器生于叶部病斑背面或叶柄病斑上,细圆筒形。病菌以菌丝在桧柏等病组织内越冬。

(三)菊花白色锈病

[**分布与危害**] 全国普遍发生,发病菊花影响菊花切花产量和品质。

[**症状**] 主要危害叶片,初期在叶片正面出现淡黄色斑点,相应叶背面出现疱状突起,由白色变为淡褐色至黄褐色,表皮下即为病菌的冬孢子堆。严重时,叶上病斑很多,引起叶片上卷,植株生长逐渐衰弱,甚至枯死(图 6-25、图 6-26)。

[**病原**] 病原为菊花白色锈病菌(*Puccinia horiana* P. Henn.),属担子菌亚门双孢锈属。

[**发病规律**] 白色锈病病菌在植株芽内越冬,翌春侵染新长出的幼苗。温暖多

雨有利于发病。菊花品种间抗病性有差异。菊花白色锈菌为低温型，冬孢子在温度 12～20℃内适于萌发，超过 24℃冬孢子很少萌发，多数菊花栽培地在夏季可以自然消灭，但在能越夏地区则可蔓延成灾。

图 6-25　菊花白色锈病照片

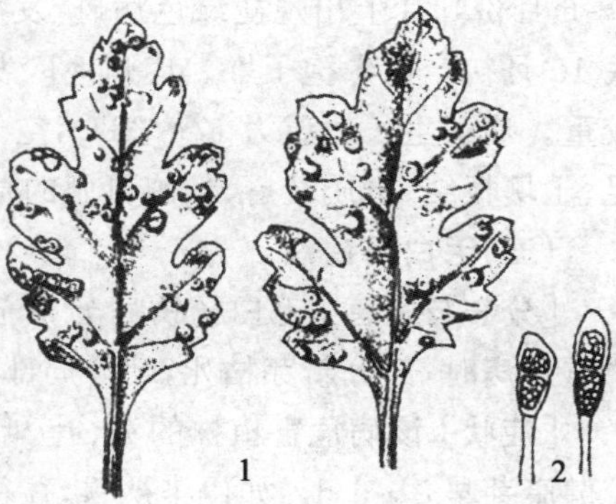

1. 叶片症状　2. 冬孢子

图 6-26　菊花白色锈病示意

(四)草坪草锈病

[分布与危害] 草坪草锈病是世界各国草坪草上普遍发生的常见病害，国内普遍发生。发生严重时降低草坪使用价值和观赏效果。

[症状] 该病主要发生在结缕草的叶片上，发病严重时也侵染草茎。早春叶片一展开即可受侵染。发病初期叶片上下表皮均可出现疱状小点，逐渐扩展形成圆形或长条状的黄褐色病斑——夏孢子堆，稍隆起。夏孢子堆在寄主表皮下形成，成熟后突破表皮裸露呈粉堆状，橙黄色。夏孢子堆长约 1 mm。冬孢子堆生于叶背，黑褐色，线条状，长 1～2 mm，病斑周围叶肉组织失绿变为浅黄色。发病严重时叶片变黄、卷曲、干枯，草坪景观被破坏(图 6-27)。

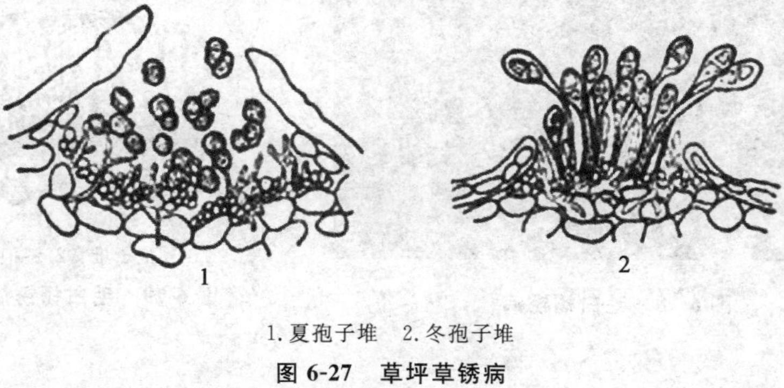

1. 夏孢子堆　2. 冬孢子堆

图 6-27　草坪草锈病

［**病原**］病原为结缕草柄锈菌（*Puccinia zoysiae* Diet.），属担子菌亚门柄锈菌属。

［**发病规律**］病菌以菌丝体或夏孢子在病株上越冬。北京地区的细叶结缕草5～6月份叶片上出现褪绿色病斑，发病缓慢，9～10月份发病严重，草叶枯黄，9月底10月初产生冬孢子堆。广州地区发病较早，3月份发病，4～6月份及秋末发病较重。病菌生长适温为17～22℃，空气相对湿度在80%以上有利于侵入。光照不足、土壤板结、土质贫瘠、偏施氮肥的草坪发病重。病残体多的草坪发病重。

（五）毛白杨锈病

［**分布与危害**］毛白杨锈病分布全国各毛白杨栽植区，主要危害幼苗和幼树。严重发病时，部分新芽枯死，叶片局部扭曲，嫩枝枯死，影响苗木高、径生长。

［**症状**］该病危害植株的芽、叶、叶柄及幼枝等部位。感病冬芽萌动时间一般较健康芽早2～3 d。如侵染严重，往往不能正常展叶。未展开的嫩叶为黄色夏孢子粉所覆盖，不久即枯死。感染较轻的冬芽，开放后嫩叶皱缩、加厚、反卷，表面密布夏孢子堆，像一朵黄花。轻微感染的冬芽可正常开放，嫩叶两面仅有少量夏孢子堆。正常芽展出的叶片被害后，感病叶上病斑圆形，针头至黄豆大小，多数散生，以后在叶背面产生黄色粉堆，为病原菌的夏孢子堆。

［**病原**］病原为马格栅锈菌（*Melampsora magnusiana* Wagher）、杨栅锈菌（*M. rostrupii* Wagner）和圆茄夏孢锈菌（*Uredo tholopsora* Cumm.），属担子菌亚门冬孢菌纲锈菌目栅锈菌属（图6-28、图6-29）。

图6-28　毛白杨锈病

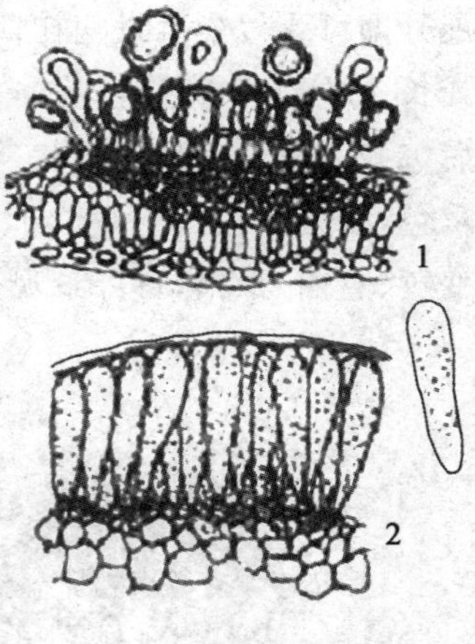

1. 夏孢子堆　2. 冬孢子堆

图6-29　毛白杨锈病病原

[发病规律] 病菌以菌丝体在冬芽和枝梢的溃疡斑内越冬。春季，受侵冬芽开放时，形成大量夏孢子堆，成为当年侵染的主要来源。嫩梢病斑内的菌丝体也可越冬形成夏孢子堆。夏孢子萌发后，可直接穿透角质层侵入寄主。冬孢子在侵染循环中无重要作用。2 个月以上的老熟叶片一般不受感染。北京地区，4 月上旬病芽开始出现，5～6 月份为发病高峰，7～8 月份病害平缓，8 月下旬以后又形成第二个高峰期。10 月下旬以后，病害停止发展。

(六)美人蕉锈病

[分布与危害] 美人蕉锈病是我国南方城市中常见的病害，发病率很高。

[症状] 感病初期，病叶两面均出现黄色水渍状圆形小斑，尤以叶背为多。后期小圆斑增大，并有橙黄色至褐色的疱状突起，边缘有黄绿色晕环，直径 2～6 mm，疱状突起表皮破裂，散出橘黄色粉状物(病菌的夏孢子堆)，秋后病斑上产生褐色粉状物(冬孢子堆)，受害严重的叶面布满病斑，并可连接成不规则形的大片坏死区，病叶黄化，最后变成褐色干枯。

[病原] 病原菌为真菌中的一种柄锈菌。该菌常易被一种锈菌寄生菌所寄生，使原有病斑上出现密集的黑褐色斑，并产生一些开裂的黑色小点粒(图 6-30)。

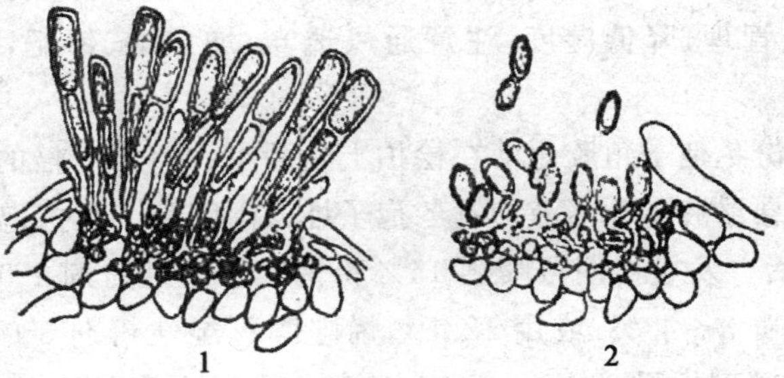

1. 冬孢子 2. 夏孢子

图 6-30 美人蕉锈病病原

[发病规律] 该病在广州地区一般 4 月份便有发生，除炎热干燥的天气病害较轻外，10～12 月份气候凉爽时，病害仍很严重。

(七)其他锈病

其他锈病见表 6-3。

表 6-3 其他锈病

病害种类	发生概况
柳树锈病	危害各种柳树，叶片上产生近圆形黄色斑点。夏孢子堆橙黄色，扁平粉状。冬孢子堆暗褐色，稍突起。该病菌转主寄生，转主寄主为落叶松。以夏孢子为初侵染源。
芍药锈病	该病为转主寄生病害，转主寄主为樟子松。病菌以菌丝在松属植物的感病枝干韧皮部组织中越冬。翌春产生锈孢子，经风传播、萌发，侵入芍药(牡丹)，后产生夏孢子，以后反复侵染。5月上旬开始发病，6～7月份危害最重。
萱草锈病	危害花、叶、茎，初发生时产生疱状斑点，严重时整个叶片被孢子堆覆盖，叶片变黄，枯死。病菌以菌丝体或孢子在萱草上越冬。次年在植株上形成大量夏孢子，经风雨传播。植株密、通风差、地势低、氮肥多、高温高湿时发病重。
香石竹锈病	主要危害叶片，初期病斑呈点状亮绿色，扩展后形成粉状棕褐色的孢子堆。后期引起叶片向上卷曲，植株生长停滞、矮化。春季萌发后，产生担子或担孢子。担孢子侵染大戟属植物，在叶片上形成性孢子器和锈孢子腔。锈孢子侵染香石竹幼嫩部位及叶片。

(八)锈病类的防治措施

(1)在园林设计及定植时，避免海棠、苹果、梨等与桧柏、龙柏混栽。

(2)清除侵染来源。结合园圃清理及修剪，及时将病枝芽、病叶等集中烧毁，以减少病原。加强管理，降低湿度，注意通风透光，增施磷、钾肥，提高植株的抗病能力。

(3)3～4月份冬孢子角胶化前在桧柏上喷洒1∶2∶100倍的石灰倍量式波尔多液，或50%硫悬浮液400倍液抑制冬孢子堆遇雨膨裂产生担孢子。

(4)药剂防治。发病初期可喷洒15%粉锈宁可湿性粉剂1 000～1 500倍液，每10 d 1次，连喷3～4次；或用12.5%烯唑醇可湿性粉剂3 000～6 000倍液、10%世高水分散粒剂稀释6 000～8 000倍液、40%福星乳油8 000～10 000倍液喷雾防治。

四、灰霉病类

灰霉病是园林植物最常见的病害。各类花卉都可被灰霉病菌侵染。自然界大量存在着这类病原物，其中有许多种类寄主范围十分广泛，但寄生能力较弱，只有在寄主生长不良、受到其他病虫危害、冻伤、创伤、植株幼嫩多汁、抗性较差时，才会引起发病，导致植物体各个部位发生水渍状褐色腐烂。灰霉病在低温、潮湿、光照较弱的环境中易发生，因而是冬季日光温室中的常见病害。病害主要表现为花腐、叶腐、果腐，但也能引起猝倒、茎部溃疡以及块茎、球茎、鳞茎和根的腐烂，受害组织上产生大量灰黑色霉层，因而称之为灰霉病。灰霉病在发病后期常有青霉菌（*Pcnicillium* spp.）和链格孢菌（*Aternaria* spp.）混生，导致病害的加重。

（一）仙客来灰霉病

［**分布与危害**］仙客来灰霉病是世界性病害，全国各地均有发生，灰霉病危害仙客来叶片和花瓣，造成腐烂，影响生长，降低观赏价值。

［**症状**］仙客来的叶片、叶柄和花瓣均可侵染。叶片受害成暗绿色水渍斑点，病斑逐渐扩大，使叶片褐色干枯。叶柄和花梗受害后成水渍状腐烂，之后下垂。花瓣感病后产生水渍腐烂并变为褐色。在潮湿条件下，病部均可出现灰色霉层。发病严重时，叶片枯死，花器腐烂，霉层密布（图6-31、图6-32）。

图6-31 仙客来灰霉病

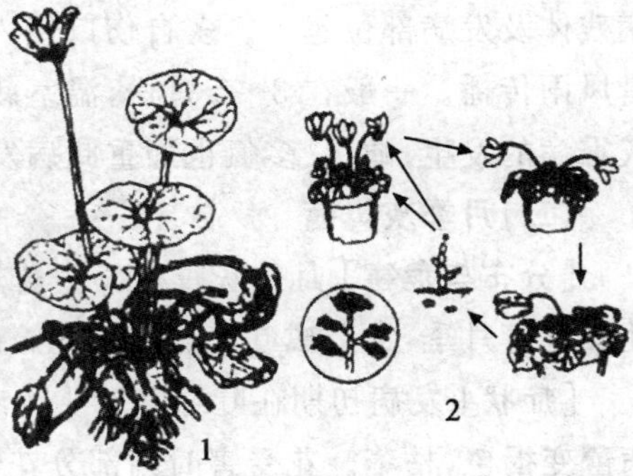

1.症状 2.侵染循环图

图6-32 仙客来灰霉病症状及侵染循环图

［**病原**］病原菌无性阶段为灰葡萄孢菌（*Botrytis cinerea* Pers. et Fr.），属半知菌亚门葡萄孢属。有性阶段为子囊菌的富氏葡萄孢盘菌［*Botryotinia fuckeliana* (de Bary) Whezel.］。

［**发病规律**］病菌以菌核、菌丝或分生孢子随病残体在土壤中越冬。翌年，当气温达20℃，湿度较大时，产生大量分生孢子，借风雨等传播侵染，1年中有2次发病高峰期，即2～4月份和7～8月份。高温多湿有利于该病发生，在湿度大的温室内该病可常年发生，因而温室内栽培的仙客来易造成重复侵染。土壤黏重、排水不良、光照不足、连作地块易发病。病菌从伤口侵入，室内花盆摆放过密，植株接触摩擦叶面而出现伤口时，利于发病。湿度大，发病重。

（二）四季海棠灰霉病

［**分布与危害**］南方发病较重。引起叶片、花冠腐烂，降低观赏效果。

［**症状**］主要危害花、花蕾和嫩茎。在花及花蕾上初为水渍状不规则小斑，稍

图 6-33 四季海棠灰霉病

下陷，后变褐、腐败，病蕾枯萎后垂挂于病组织之上或附近。在温暖潮湿的环境下，病部产生大量灰色霉层。即病原菌的分生孢子和分生孢子梗(图 6-33)。

[病原] 灰葡萄孢菌(*Botrytis cinerea* Pers. et Fr.)属半知菌亚门葡萄孢属。病菌能形成菌核。有性世代为[*Botryotinia fuckeliana* (de Bary) Whetzel]。

[发病规律] 病菌以分生孢子、菌丝体在病残体及发病部位越冬。多自伤口侵入，也可由气孔或表皮直接侵入。分生孢子借风雨传播。一般在 3～5 月份，温室栽培时易发生灰霉病；寒冷、多雨天气易诱发灰霉病的发生；缺钙、多氮也加重此病发生。

(三)月季灰霉病

[分布与危害] 月季灰霉病发生普遍。分布于天津、北京、上海、浙江、江苏等地。危害月季，常造成叶片、花蕾、花瓣的腐烂坏死，影响生长，降低观赏性。

[症状] 发病初期在叶缘和叶尖上有水渍状小斑，稍下陷。在花蕾上发生时，病蕾变褐色，枯萎。花受害时则部分花瓣变褐色，皱缩、腐败。在温暖潮湿的环境下，病部产生大量灰色霉层。

[病原] 为半知菌亚门灰葡萄孢菌(*Botrytis cinerea* Pers.)。

[发病规律] 病菌以菌丝体或菌核在病株或土壤中越冬。次年产生分生孢子借风雨传播。高温、多雨天气易诱发灰霉病发生。栽植过密、通风透光不良、氮肥过多、植株生长柔弱时，均易发病。

(四)其他灰霉病

其他灰霉病见表 6-4。

(五)灰霉病类的防治措施

(1)加强栽培管理，改善通风透光条件，温室内要适当降低湿度，最好使用换气扇或暖风机，减少伤口。合理施肥，增施钙肥，控制氮肥用量。及时清除病株销毁，减少侵染来源。

(2)生长季节喷施下列杀菌剂：50%扑海因可湿性粉剂 1 000～1 500 倍液、50%速克灵可湿性粉剂 1 000～2 000 倍液、45%特克多悬浮液 300～800 倍液、45%噻菌灵可湿性粉剂 4 000 倍液、10%多抗霉素可湿性粉剂 1 000～2 000 倍液。

表 6-4 其他灰霉病

病害种类	发生概况
牡丹灰霉病	可危害牡丹幼苗、叶片、茎、花芽,引起腐烂坏死。幼苗受害时,茎基呈水渍状褐色腐烂,幼苗倒伏,病部产生灰色霉层。花芽受害时变黑或花瓣枯萎,腐烂变褐。叶片、叶柄受害后,病斑圆形,紫褐色或褐色,有不规则轮纹。茎受害时易倒伏。病菌以菌核在病残体和根内越冬。翌春菌核萌发,产生孢子进行侵染。阴雨连绵、多雾、植株幼嫩时发病重。
香石竹灰霉病	主要引起香石竹花瓣、花蕾腐烂枯死,有时引起茎叶腐烂。发病初期花瓣边缘出现淡褐色水渍状斑点,后褐色斑逐渐扩大,产生灰色霉层,天气潮湿时呈软腐状。病花干枯后,可长时间残留。花蕾发病后,发软腐烂,整朵花不能开放。病菌以菌核越冬,温度高易发病,保护地内发病重,组培苗较扦插苗抗病,黄花品种较红花品种抗病。
唐菖蒲灰霉病	植株的花、茎、叶、球均可受害,叶片受害后表现为 3 种情况:①病斑大,圆形或椭圆形,褐色;②病斑小,灰褐色;③病斑针点大小,深褐或红褐色。球茎受害后表现为:①产生圆形斑点;②产生海绵状腐烂。花的受害症状为小而水渍状病斑。茎受害后提早发黄、干枯。环境潮湿时易发病。发病适温为 10～18℃,土壤传播或球茎传播。

(3)该病在温室内发生时,因环境湿度较大,常规喷雾法往往不理想,采用烟雾剂防治效果好。可用一熏灵Ⅱ号(有效成分为百菌清及速克灵)进行熏烟防治,具体用量为 0.2～0.3 g/m^3,每隔 5～10 d 熏烟 1 次。烟剂点燃后,吹灭明火。在较小容积内熏烟,勿超过上述剂量,以免发生药害。

五、炭疽病类

(一)兰花炭疽病

[分布与危害] 兰花炭疽病是兰花上发生普遍而又严重的病害。主要危害春兰、蕙兰、建兰、墨兰、寒兰以及大花蕙兰、宽叶兰等兰科植物。

[症状] 在兰花上主要危害叶片。叶片上的病斑以叶缘和叶尖较为普遍,少数发生在基部。病斑半圆形、长圆形、梭形或不规则形,有深褐色不规则线纹数圈,病斑中央灰褐色至灰白色,边缘黑褐色。后期病斑上散生有黑色小点,为病菌的分生孢子盘,病斑多发生于上中部叶片。病斑的大小、形状因兰花品种不同而有差异(图 6-34、图 6-35)。

图 6-34　兰花炭疽病照片

1. 发病症状　2. 分生孢子与分生孢子盘

图 6-35　兰花炭疽病示意

[**病原**] 病原为兰炭疽菌(*Colletotrichum gloeosporioides* Penz.),属半知菌亚门炭疽菌属。

[**发病规律**] 病菌以菌丝体及分生孢子盘在病株残体或土壤中越冬。翌年气温回升,兰花展开新叶时,分生孢子进行初侵染。病菌借风、雨、昆虫传播,进行多次再侵染。一般自伤口侵入,在嫩叶上可以直接侵入,潜育期 2～3 周。适宜病菌生长的温度为 22～28℃,空气相对湿度 95%以上,土壤 pH 值 5.5～6.0。雨水多、放置过密时发病重。每年 3～11 月份均可发病,雨季发病重,老叶 4～8 月份发病,新叶 8～11 月份发病。品种不同,抗病性有所差异,墨兰及建兰中的铁梗素较抗病,春兰、寒兰不抗病,蕙兰适中。

(二)梅花炭疽病

[**分布与危害**] 此病在各梅花栽培地区均有分布,其中武汉、西安发病严重。危害梅花,引起叶片早落,削弱树势,影响观赏价值。

[**症状**] 主要危害叶片及嫩梢,在叶片上初期为近圆形或椭圆形小褐斑,后期逐渐扩大成较大的斑。直径 3～7 mm。叶缘上的病斑呈不规则形,灰褐色至灰白色,边缘红褐色或暗紫色,病斑上生有轮纹状黑色小点。被害叶片极易脱落。嫩梢上的病斑为椭圆形溃疡斑,边缘稍隆起(图 6-36)。

[**病原**] 为梅小丛壳菌[*Glomerella mume* (Hori) Hemmi],无性阶段为梅炭疽病菌(*Colletotrichum mume* Hori)。

[**发病规律**] 以菌丝体和孢子在被害的嫩梢病斑上及落叶中越冬。翌年气温回升后,分生孢子借风、雨、昆虫传播,侵染新叶及嫩梢。4～5 月份开始发病,7～8 月份为发病盛期,10 月份停止发病。菌丝发育的最适温度为 25～28℃,孢子萌发的最适温度为 25℃,高温多雨季节,此病发生严重。栽植过密、通风不良、光照差

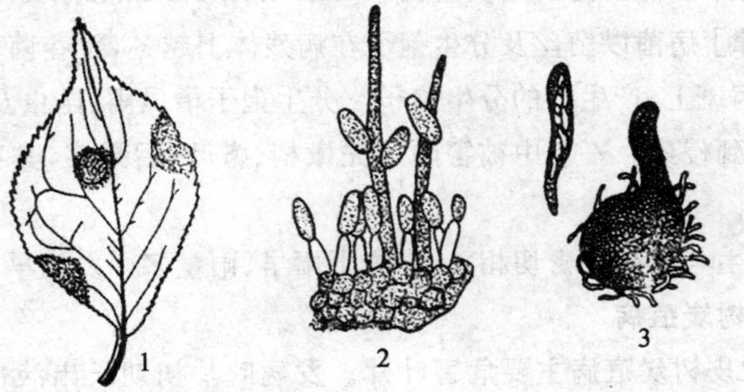

1.症状图 2.分生孢子及刚毛 3.子囊壳及子囊孢子

图 6-36 梅花炭疽病

均利于发病。一般盆栽梅花比地栽梅花发病重。

(三)山茶炭疽病

[分布与危害] 分布于长江流域以南各省区以及河南、陕西南部地区,是山茶、油茶的主要病害,常引起落叶、落蕾、落果和枯梢,严重影响山茶的生长。

[症状] 主要危害叶片和新梢,在叶片上病斑多自叶尖或叶缘开始。初发生时为小点,后扩大成不规则的大斑,黄褐色至褐色,最后中央灰白色,其上散生或轮生许多小黑点,病健交界处稍隆起。潮湿条件下,小黑点上产生淡红色具黏液的分生孢子堆。枝梢被害后,形成梭形、下陷的溃疡斑,边缘淡红色,后期呈黑褐色,有黑色小点和纵向裂纹,病斑环绕枝梢即枯死。大枝和树干上为轮状大型病斑,由外向内逐渐下陷,木质部黑色(图 6-37)。

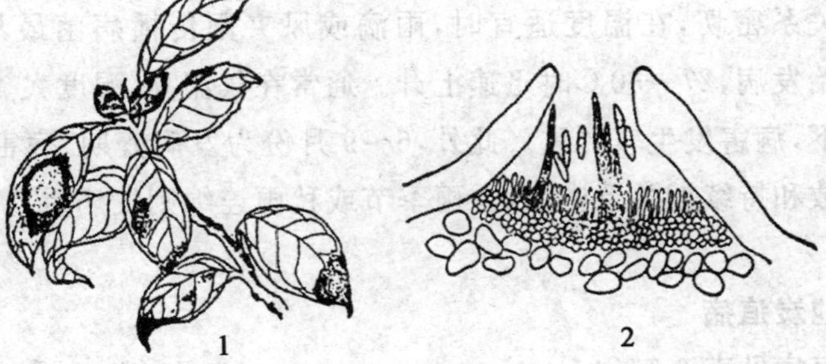

1.症状 2.分生孢子盘

图 6-37 山茶炭疽病

[**病原**] 为半知菌亚门山茶炭疽菌(*Colletotrichum camelliae* Mass.)。

[**发病规律**] 病菌以菌丝及分生孢子在病残体上越冬,翌春菌丝扩展产生新病斑,并在新老病斑上,产生新的分生孢子。分生孢子借风雨、昆虫及人为传播,各器官均可多次受到侵染。一年中被害顺序先嫩梢、嫩叶,后果实,其次为花芽、叶芽,直至初冬的花。

病害的发生与温湿度密切相关,春季下雨早、雨量多则发病早、发病重。

(四)橡皮树炭疽病

[**症状**] 橡皮树炭疽病主要危害叶片。发病叶片初期长出淡褐色或灰白色而边缘呈紫褐色或暗褐色圆形或不规则斑点。后期病斑较大,常发生于叶尖或叶缘,颇大,甚至扩大可占叶的大部分;严重时使大半叶片枯黑;有时也危害新梢,病斑多发生在基部,少数发生在中部,呈椭圆或梭形,略下陷,边缘淡红色。后期病斑呈褐色,中部带灰色,有黑色小点(分生孢子盘)及纵向裂纹,病斑环梢一周,梢部即枯死甚至会危害老枝与树干。

[**病原**] 病原菌无性阶段为半知菌亚门盘长孢属盘长孢状刺盘孢(*Gloeosporiu elasticae* Cookeet'Massee),其分生孢子盘着生在病部表皮下,后突破表皮外露,呈黑色小点状,大量分生孢子聚集一起可形成粉红色的分生孢子脓。分生孢子盘和分生孢子梗均有分隔,分生孢子无色、单胞、长椭圆形,在 20~24℃萌发最好,萌发时产生一个隔膜。

[**发病规律**] 病菌主要以菌丝体和子座组织在病组织内越冬,分生孢子靠风雨溅散飘扬传播。翌春,温湿度适宜病菌生长时,产生分生孢子,传播到新梢。病菌侵入途径以伤口为主,也可以从自然孔口侵入,潜育期为 5~17 d。病害的发生和蔓延与温度关系密切,在温度适宜时,雨滴或风夹雨传播病菌最易发病,气温在20℃左右开始发病,27~30℃时迅速上升。通常在气温高、湿度大、光照不足、通风不良的环境下,病害发生较严重。此外,6~9 月份为发病盛期,病害蔓延和严重程度与降雨次数和持续期关系密切,雷雨季节或秋雨连绵则发病重,天气干燥晴朗则发病轻。

(五)其他炭疽病

其他炭疽病见表 6-5。

表 6-5 其他炭疽病

病害种类	发生概况
牡丹炭疽病	危害牡丹、芍药。病害严重时常使病茎扭曲畸形，幼茎受侵染后则迅速枯萎死亡。茎、叶、花和芽鳞均可受害。叶片被害，初期病斑小，圆形，中央灰白边缘红褐，后期穿孔。茎部被侵染后，病斑多呈条状溃疡，病茎常弯曲，幼茎受害则迅速枯萎，花瓣上为粉红色小斑，导致畸形花。病菌以菌丝体在病叶、病茎上越冬。翌年生长期，环境条件适宜，越冬菌丝便产生分生孢子盘和分生孢子。分生孢子借雨水传播。一般高温多雨的年份，病害发生较普遍，通常于8～9月份雨水多时发病严重。
君子兰炭疽病	成株及幼株均可受害，多发生在外层叶基部，最初为水渍状，逐渐凹陷。发病初期，叶片产生淡褐色小斑，随着病情发展，病斑逐渐扩大呈圆形或椭圆形，病部具有轮纹，后期产生许多黑色小点，在潮湿条件下涌出粉红色黏稠物，即病菌的分生孢子。病菌以菌丝在寄主残体或土壤中越冬，翌年4月初老叶开始发病，5～6月份22～28℃时发展迅速，高温高湿的多雨季节发病严重。分生孢子靠气流、风雨、浇水等传播，多从伤口处侵入。植株在偏施氮肥，缺乏磷钾肥时发病重。
茉莉炭疽病	主要危害叶片，有时也危害嫩梢，叶片初为褪绿小斑点，后扩大为浅褐色，圆形或近圆形病斑，直径2～10 mm，病斑中央灰白色，边缘褐色，稍隆起。后期病斑上轮生稀疏的黑色小粒点。病菌以菌丝体和分生孢子在病叶上越冬。通过风雨传播，自伤口侵入，一般夏秋期间病害较重。
含笑炭疽病	该病常引起含笑早期落叶，枝梢枯死。初期叶片上出现针尖大小的斑点，周围有黄色晕环，后逐渐扩展为圆形或不规则形病斑，深褐色至灰白色，有轮纹状斑，边缘黑褐色，稍隆起。病斑中央散生或轮生黑褐色小点。病菌以菌丝或分生孢子在病株和病落叶上越冬。翌年5、6月份气温升高时产生分生孢子，由风雨或气流传播，高温多雨季节发病重。
榆树炭疽病	危害叶片，出现褪绿小斑，后呈近圆形淡黄色或黄褐色病斑，扩大后边缘不规则。病斑上生黑色隆起小点，略呈轮状排列，雨后产生黄色卷丝状的分生孢子角。10～11月份在病斑上形成圆形突起的黑色小点，密集呈疮痂状。病菌子囊壳于10～11月份成熟，即在病落叶组织中越冬，春天放射出子囊孢子，经风雨传播。

(六)炭疽病类的防治措施

(1)加强养护管理，增强植株的抗病能力；选用无病植株栽培；合理施肥与轮作，种植密度要适宜，以利通风透光，降低湿度；注意浇水方式，避免漫灌；盆土要及时更新或消毒。

(2)清除病原。及时清除枯枝、落叶，剪除病枝，刮除茎部病斑，彻底清除根茎、鳞茎、球茎等带病残体，消灭初侵染来源。休眠期喷施3～5波美度的石硫合剂。

(3)发病期间药剂防治，特别是在发病初期及时喷施杀菌剂。可选用的药剂有:47%加瑞农可湿性粉剂 600～800 倍液、40%福星乳油 8 000～10 000 倍液、10%世高水分散粒剂 6 000～8 000 倍液、10%多抗霉素可湿性粉剂 1 000～2 000 倍液、6%乐比耕可湿性粉剂 1 500～2 000 倍液、70%甲基托布津可湿性粉剂 1 000 倍液、75%百菌清可湿性粉剂 800 倍液、80%炭疽福美可湿性粉剂 800 倍液,每 10～15 d 喷 1 次,连喷 4～5 次。

(4)选育或使用抗病品种。

六、霜霉病(疫病)类

该病典型的症状特点是叶片正面产生褐色多角形或不规则形的坏死斑,叶背相应部位产生灰白色或其他颜色疏松的霜霉状物。病原物为低等的鞭毛菌,低温潮湿的情况下发病重。

(一)葡萄霜霉病

[分布与危害] 葡萄霜霉病是一种世界性病害,主要危害葡萄,发病严重时提早落叶,甚至枯死。

[症状] 主要危害叶片,发病初期,叶片正面出现水渍状小斑点,随病斑扩大,逐渐形成黄褐色或红褐色多角形病斑。环境潮湿时叶片背面对应部位生出白色霉层。病斑较多时,病叶变黄脱落。嫩梢偶尔发病,出现油渍状斑,潮湿时上生霜霉层,病梢扭曲变形(图 6-38、图 6-39)。

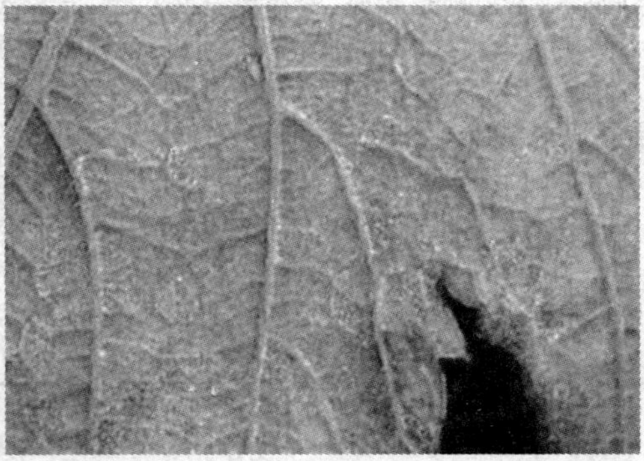

图 6-38 葡萄霜霉病——灰白色的霜霉状物

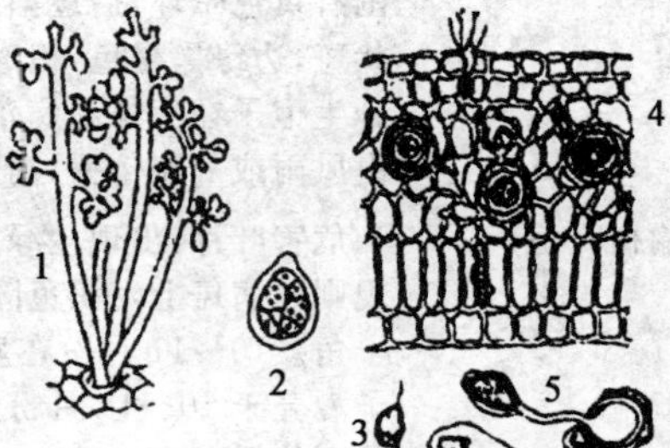

1.孢囊梗 2.孢子囊 3.游动孢子
4.病组织中的卵孢子 5.卵孢子萌发

图 6-39 葡萄霜霉病

[病原] 为鞭毛菌亚门,单轴霉属,葡萄单轴霉[*Plasmopara viticola* (Berk. et Curtis) Berl. et de Toni.]。

[发病规律] 病菌以卵孢子和菌丝体在病落叶或土中越冬。翌春温度适宜时,卵孢子萌发产生孢子囊,再由孢子囊产生游动孢子,随雨水飞溅传播,经气孔侵染

叶片。冷凉、多雨、多雾露、潮湿的天气有利于该病的发生。不同地区、不同年份的发病时期有差异。降雨早而频繁、雨量大的年份和草荒重、枝叶过密、排水不良的种植区发病严重。

(二)月季霜霉病

[**分布与危害**]霜霉病是月季栽培中较重要的病害之一,发生普遍,以保护地栽培的形式下发生严重。除月季外,还危害蔷薇属中的其他种类。引起叶片早落,影响长势和观赏。

图 6-40 月季霜霉病

[**症状**]该病危害植株所有地上部分,叶片最易受害,常形成紫红色至暗褐色不规则形病斑,边缘色较深。花梗、花萼或枝干上受害后形成紫色至黑色大小不一的病斑,感病枝条常枯死。发病后期,病部出现灰白色霜霉层,常铺满整个叶片(图 6-40)。

[**病原**]为鞭毛菌亚门霜霉属蔷薇霜霉菌(*Peronospora sparsa* Berk.)。

[**发病规律**]病菌以卵孢子和菌丝在患病组织或落叶中越冬越夏。翌春,条件适宜时萌发产生孢子囊,随风传播。游动孢子产生后自气孔侵入进行初侵染和再侵染。孢子传播的适宜温度为 10～25℃,相对湿度为 100%。湿度大有利于病害的发生与流行。露地栽培时该病主要发生在多雨季节,温室栽培时主要发生在春秋季。因昼夜温差较大,若温室不通风,湿度较高,叶缘易积水发病。

(三)百合疫病

[**分布与危害**]分布于各百合栽培区,上海等地发生较重。

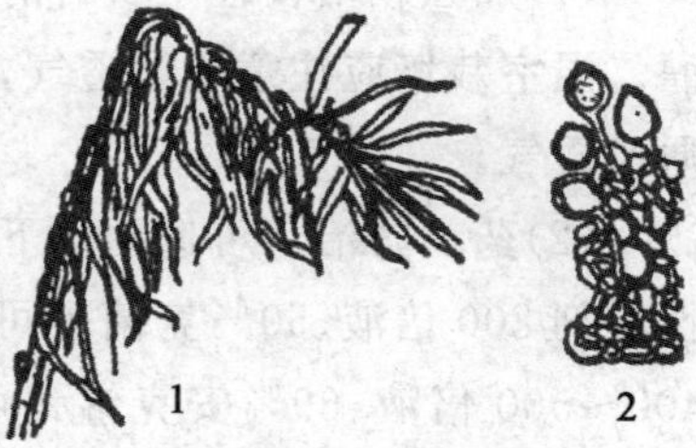

1. 症状 2. 孢子囊

图 6-41 百合疫病

[**症状**]主要危害叶片和茎。叶片发病产生油渍状小斑,逐渐扩大成灰绿色至淡褐色病斑,潮湿时病部产生稀疏白色绵状菌丝。严重时叶和茎软腐。病茎被害处出现水渍状、褐色皱纹状条纹斑,曲折下垂,扩大后腐败,潮湿时腐败部位产生白色霉层(图 6-41)。

[**病原**]病菌为寄生疫霉(*Phytophthora parasitica* Dastur),属鞭毛菌亚门疫霉属。

[**发病规律**] 病菌以卵孢子在土壤中越冬；降雨多、排水不良时发病严重；栽培介质不同，发病率也有差异；培养土经消毒后，植株发病率最低。

(四)其他霜霉(疫病)病

其他霜霉(疫)病见表 6-6。

表 6-6 其他霜霉(疫)病

病害种类	发生概况
紫罗兰霜霉病	受害叶片产生多角形病斑，发病初期叶片正面产生淡绿色斑块，后期变为黄褐至褐色，潮湿条件下叶片背面长出稀疏灰白色的霜霉层。病菌也侵染幼嫩的茎和叶，使植株矮化变形。病菌以卵孢子越冬越夏，以孢子囊蔓延侵染。植株下层叶片发病较多。栽植过密，通风透光不良，或阴雨、潮湿天气发病重。
虞美人霜霉病	苗期发病可致苗枯；成株期发病可危害叶片、茎及花，在植株下部老叶的正面产生淡褐色斑，叶背有白色、浅灰色至紫灰色霜霉层。严重时叶片变褐干枯。病菌蔓延危害茎和花，使茎扭曲变形、花不能开。在茎基部发病时可致植株死亡。病菌以卵孢子越冬、越夏，以游动孢子蔓延传播，栽植过密、通风不良、多湿、氮肥过多时，易发病。
蝴蝶兰疫病	分布于各栽培区，是蝴蝶兰的严重病害之一，受害植株常枯死。植株各部位均可发病，以叶及根茎处发病较多。初为水浸状褐色小斑点，后扩大形成腐烂大型病斑。病斑黑褐色，周缘略黄。有时病斑腐烂处着生白色霉层。末期呈黑褐色纸状干枯。病菌的游动孢子囊自根的先端及根茎处或叶片侵入，借雨水和流水传播。湿度高，易发病。

(五)霜霉病类(疫病)的防治措施

(1)加强栽培管理　及时清除病枯枝及落叶。采用科学浇水方法，避免大水漫灌。温室栽培应注意通风透气，控制温湿度。露地种植的月季也应注意阳光充足，通风透气。

(2)药剂防治　可选用以下药剂：1：0.5：240 的波尔多液、75%百菌清可湿性粉剂 800 倍液、50%克菌丹可湿性粉剂 500 倍液、58%瑞毒霉锰锌可湿性粉剂 400～500 倍液、69%安克锰锌可湿性粉剂 800 倍液、40%疫霉灵可湿性粉剂 250 倍液、64%杀毒矾可湿性粉剂 400～500 倍液、72%克露可湿性粉剂 750 倍液、66.5%普力克(霜霉威盐酸盐)水剂 600～1 000 倍液或木霉菌(灭菌灵)可湿性粉剂 200～300 倍液。发病后，也可用 50%甲霜铜可湿性粉剂 600 倍液、60%乙磷铝可湿性粉剂 400 倍液灌根，每株灌药液 300 g。

七、枯、黄萎病

(一)香石竹枯萎病

[**分布与危害**] 栽培区均有发生。我国上海、天津、广州、杭州等地均有发生。危害香石竹、石竹、美国石竹等多种石竹属植物。

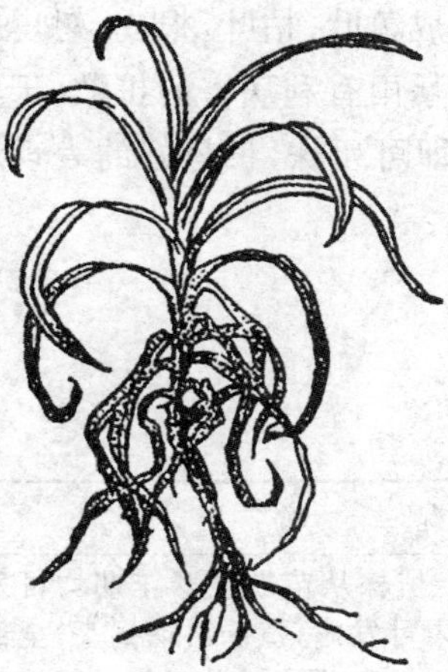

图 6-42 香石竹枯萎病病状

[**症状**] 植株一般先从下部叶片及枝条发病,引起变色、萎蔫等。并迅速向上蔓延,叶片褪色,最后变为稻草色,植株枯萎,有时植株一侧发病,而另一侧则正常生长。幼株感病后迅速死亡。纵切病茎,可看到维管束中有暗褐色条纹,从横断面可见到明显的暗褐色环纹,根部侵染后迅速向茎部蔓延,植株最终枯萎死亡。植株在生长发育的任何时期都可发病(图 6-42)。

[**病原**] 为半知菌亚门镰刀菌属香石竹尖镰孢(*Fusarium oxysporum* Schlecht f. sp. *dianthi* Snyd. et Hans.)。

[**发病规律**] 病原菌在病株残体上或土中越冬。翌春根、茎等病处在潮湿条件下产生子实体及分生孢子,孢子借风雨、灌溉水的飞溅等传播,通过根、茎侵入植株。病菌还可借带病插条进行传播、蔓延。高温多湿有利于此病发生。栽培过程中,偏酸性土壤以及偏施氮肥的情况下,均有利于病菌的侵染和生长。广州地区 4~6 月份为发病期。

(二)合欢枯萎病

[**分布与危害**] 合欢枯萎病又名干枯病。北京、河北、南京、济南等地的苗圃、绿地、公园、庭院均有发生。该病是一种毁灭性病害,严重时,造成树木枯萎死亡。

[**症状**] 幼苗发病,根及茎基部软腐,植株生长衰弱,叶片变黄,以后逐渐扩展至全株,造成全株枯死。成龄树感病,枝叶失水枯萎,叶片脱落,枝干逐渐干枯,在病树枝干横截面可见圈状变色环。夏末秋初,感病枝干皮孔肿胀呈隆起的黄褐色圆斑。湿度大时,皮孔中产生肉红色或白色粉状物(图 6-43)。

图 6-43 合欢枯萎病

[**病原**] 为半知菌亚门镰刀菌属,尖镰孢菌合欢专化型(*Fusarium oxysporum* f. sp. *perniciosu*)。

[**发病规律**] 此病为系统侵染性病害。病菌随病株或病残体在土壤中越冬。翌春分生孢子从寄主根部伤口直接侵入,也可从枝干皮层伤口侵入。从根部侵入的病菌在根部导管向上蔓延至枝干、枝条导管,造成枝枯。从枝干伤口侵入的病菌,最初树皮呈水渍状坏死,后干枯下陷。发病重时,造成黄叶、枯叶,根皮、树皮腐烂,以致全株死亡。高温、高湿有利病菌的繁殖和侵染,暴雨有利病害的扩散,干旱缺水也促使病害发生。干旱季节幼苗长势弱的 5~7 d 即可死株,长势好的表现局部枯枝,死亡速度较慢。

(三)其他枯、黄萎病

其他枯、黄萎病见表 6-7。

表 6-7 其他枯、黄萎病

病害种类	发生概况
翠菊枯萎病	枯萎病是翠菊上发生普遍而严重的一种病害。植株从苗期至开花期均可发生,发病后植株迅速枯萎死亡。苗期受侵染,1 周内可发病,植株出现倒头,全部叶片变黄萎缩,根系常发生程度不同的腐烂。感病成株,下部叶片最先出现淡黄绿色,随即枯萎,逐渐向上发展,全株枯萎死亡。茎基部常出现褐色长条斑,剖开茎基可见维管束变褐色。有时植株仅一侧表现症状,但维管束变褐色。湿度大时,茎基部产生大量浅红色粉霉状物,此为病菌的无性繁殖体。此病在夏季高温地区表现枯萎严重,而夏季低温区则表现茎腐。病菌以菌丝体和厚垣孢子在土壤或病株残体中越冬。病菌可存活土中数年。幼苗出土后 10~20 d 最易感病。随着木质化程度增加,病害明显减少。病菌通过土壤和灌溉水传播。在高温、多雨季节发病严重,此病常与大水漫灌、施肥不当、连作以及地下害虫的发生有关。
黄栌黄萎病	黄栌黄萎病又称黄栌枯萎病,是一种毁灭性病害,在黄栌生产区普遍发生,严重威胁着深秋黄栌红叶景观。危害树种主要包括黄栌、合欢、刺槐、海棠等,其中黄栌最易感病。叶片萎蔫,一种是叶片从边缘向内逐渐变黄,叶脉仍保持绿色,部分或大部叶片脱落;还有一种是初期叶片不失绿,叶片失水萎蔫,自叶缘向内干缩、卷曲,后期才变焦枯。根、枝的横切面边材部可见褐色条纹,剥皮后可见褐色坏死线。该病菌在土壤中的植物残体上至少可存活 2 年。从黄栌根部直接侵入或通过伤口侵入。土壤中病菌愈多,发病愈严重。土壤含水量少时病害严重。

(四)枯、黄萎病类的防治措施

(1)拔除病株销毁,减少病菌在土中的积累。

(2)在苗圃实行 3 年以上轮作。

(3)土壤处理。用 40%福尔马林 100 倍液浇灌,36 kg/m^2,然后用薄膜盖住

1～2 周，揭开 3 d 以后再用。也可种植前用 50%绿亨一号、克菌丹、多菌灵 500～1 000 倍液浇灌，每隔 10 d 灌 1 次，连灌 2～3 次。

(4)月季枝枯病应及时剪除病枝并销毁。发病初期可选用 50%退菌特可湿性粉剂 500 倍液、50%多菌灵可湿性粉剂 800～1 000 倍液、20%抗枯灵水剂 400～600 倍液、70%甲基硫菌灵可湿性粉剂 1 000 倍液。

八、枝干腐烂、溃疡病类

(一)杨树烂皮病

[分布与危害] 杨树烂皮病又称杨树腐烂病，是杨树的重要枝干病害。主要分布于东北、华北、西北、华中、华东等地，是我国北方的公园、绿地、行道树和苗圃杨树的常见病和多发病，常引起杨树大量枯死，新移栽的杨树发病尤重，发病率可达 90%以上。该病除危害杨属各树种外，也危害柳树、核桃、板栗、榆、槭、樱、桑树、木槿等木本植物。

[症状] 初发病时主干或大枝出现不规则水肿块斑，淡褐色，病部皮层变软、水渍，易剥离和具酒糟味，后病部失水干缩和开裂，皮层纤维分离，木质部浅层褐色，后期病部出现针头状黑色小突起(分生孢子器)，遇雨后挤出橘黄色卷丝(孢子角)，枝、干枯死，进而全株死亡(图 6-44)。

图 6-44 杨树腐烂病——橘黄色孢子角

[病原] 为子囊菌亚门污黑腐皮壳菌(*Valsa sordida* Nit.)。无性态为半知菌亚门金黄壳囊孢菌(*Cytospora chrysosperma* (Pers.) Fr.)。

[发病规律] 病菌以菌丝、分生孢子器和子囊壳在病组织内越冬。翌年春天，孢子借风、雨、昆虫等媒介传播，自伤口或死亡组织侵入寄主。潜育期一般为 6～10 d。病菌生长的最适温度为 25℃，孢子萌发的适温为 25～30℃。烂皮病于每年 3～4 月份开始发病，5～6 月份为发病盛期，9 月份病害基本停止扩展。子囊孢子于当年侵入杨树，次年表现症状。

引起杨树烂皮病的病原菌都是弱寄生菌，只危害树势衰弱的树木。立地条件不良或栽培管理不善，削弱了树木的生长势，有利于病害的发生。土壤瘠薄，低洼积水，春季干旱，夏季日灼，冬季冻害等容易引发此病；行道树、新种植的幼树、移植多次或假植过久的苗木、强度修剪的树木容易发病。

(二)杨树溃疡病

[分布与危害] 分布于北京、河北、辽宁、吉林、黑龙江、山东、河南、江苏、陕西、甘肃等地。主要危害杨、柳的枝干,能造成大苗及新造的杨树林大量枯死。发病率高达80%以上。

[症状] 此病有溃疡型和枝枯型2种症状。

溃疡型:3月中、下旬感病植株的干部出现褐色病斑,圆形或椭圆形,大小在1 cm,质地松软,手压有褐色臭水流出。有时出现水泡,泡内有略带腥味的黏液。5、6月份水泡自行破裂,流出黏液,随后病斑下陷,很快发展成长椭圆形或长条形斑,病斑无明显边缘。4月上、中旬,病斑上散生许多小黑点,即病菌的分生孢子器,并突破表皮。当病斑包围树干时,上部即枯死。5月下旬病斑停止发展,在周围形成一隆起的愈伤组织,此时中央裂开,形成典型的溃疡症状。11月初在老病斑处出现粗黑点,即病菌的子座及子囊壳(图6-45、图6-46)。

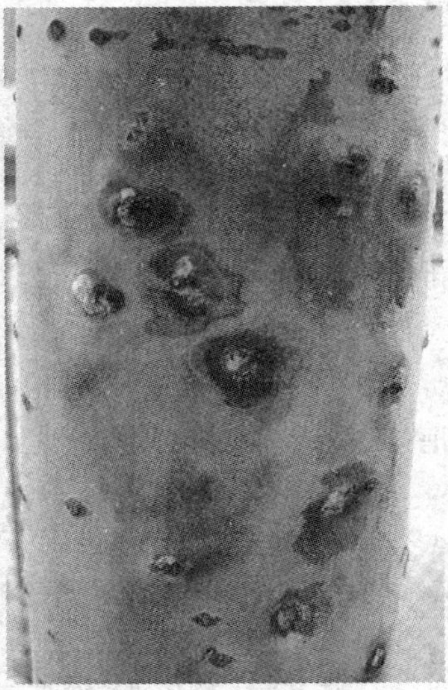

图6-45 杨树溃疡病(初期症状)

图6-46 杨树溃疡病(后期症状)

枯梢型:在当年定植的幼树主干上先出现不明显的小斑,呈红褐色,2～3月份后病斑迅速包围主干,致使上部梢头枯死。有时在感病植株的冬芽附近出现成段发黑的斑块,剥开树皮可见里面已腐烂,引起梢枯。随后在枯死部位出现小黑点。这种类型发生普遍,危害性也大。

［**病原**］为子囊菌亚门茶藨子葡萄座腔菌［*Botryosphaeria ribis*（Tode）Grosssenb. et Dugg.］，无性世代为半知菌亚门群生小穴壳菌（*Dothiorella gregaria* Sacc.）。

［**发病规律**］病菌以菌丝在寄主体内越冬，翌春气温10℃以上时开始活动。南京地区病害于3月下旬开始发病，4月中旬至5月上旬为发病高峰，病害发生轻重与气象因子、立地条件和造林技术等密切相关。春旱、春寒、西北风次数多则病害发生重；沙丘地比平沙地发病重，苗木生长不良，病害发生也重；苗木假植时间越长，发病越重；根系受伤越多，病害越重。

（三）柳树溃疡病

［**分布与危害**］柳树溃疡病又名水泡型溃疡病，属于枝干病害的一种，是近年来新发现的一种病害，严重时会造成大片幼林枯死。

［**症状**］树干的中下部首先感病，受害部树皮长出水泡状褐色圆斑，用手压会有褐色臭水流出，后病斑呈深褐色凹陷，病部上散生许多小黑点，为病菌的分生孢子器，后病斑周围隆起，形成愈伤组织，中间裂开，呈溃疡症状。老病斑处出现粗黑点，为子座及子囊腔。还可表现为枯梢型，初期枝干先出现红褐色小斑，病斑迅速包围主干，使上部梢头枯死（图6-47）。

图6-47 柳树溃疡病

［**病原**］为子囊菌亚门茶藨子葡萄座腔菌［*Botryosphaeria ribis*（Tode）Grosssenb. et Dugg.］，无性世代为半知菌亚门群生小穴壳菌（*Dothiorella gregaria* Sacc.）。

［**发病规律**］病菌以菌丝在寄主体内越冬，3月下旬气温回升开始发病，4月中旬至5月上旬为发病盛期，5月中旬至6月初气温升至26℃基本停止发病，8月下旬当气温降低时病害会再次出现，10月份病害又有发展。该病可侵染树干、根茎和大树枝条，但主要危害树干的中部和下部。病菌潜伏于寄主体内，使病部出现溃疡状。天气干旱时，寄主会表现出症状。皮膨胀度大于80%时不易感染溃疡病，小于75%时易感染溃疡病，且发病严重。病害发生与树木生长势关系密切，植株长势弱易感染病害，新造幼林以及干旱瘠薄、水分供应不足的林地容易发病。在起苗、运输、栽植等生产过程中，苗木伤口多有利于病害发生。新植树木，管理不当时，容易发生该病。

(四)其他枝干腐烂、溃疡病类

其他枝干腐烂、溃疡病类见表6-8。

表6-8 其他枝干腐烂、溃疡病类

病害种类	发生概况
四季海棠茎腐病	四季海棠茎腐病是家庭盆栽常见的病害,南北各省均有发生,重者整株倒伏死亡。该病主要危害茎部,也可侵染叶片。发病初期,感病植株近地面茎基产生暗色水渍状斑点,随后逐渐扩大形成不规则形大斑,后期病部呈棕褐色软腐,并皱缩下陷,病部绕茎一周,植株即可倒伏死亡。叶片受害产生暗绿色水渍状圆斑。感病叶柄呈褐色腐烂。环境潮湿时,病斑处可见白色丝状物。病斑干枯后,其上出现黑褐色粒状物,即病菌的菌核。病菌以菌丝体及菌核在病残体或土壤内越冬。环境适宜时菌核萌发形成菌丝体侵染危害。阴雨天气、浇水过多、盆土积水、植株有伤口时,病害发生较重。防治措施参照唐菖蒲干腐病。
银杏茎腐病	发病初期幼苗基部变褐,叶片失去正常绿色,并稍向下垂,但不脱落。后期感病部位迅速向上扩展,以至全株枯死。病苗基部皮层出现皱缩,皮层组织腐烂呈海绵状或粉末状,色灰白,并夹有许多细小黑色的菌核。此病病菌也能侵入幼苗木质部,因而褐色中空的髓部有时也见小菌核产生。此后病菌逐渐扩展至根,使根皮皮层腐烂。茎腐病菌通常在土壤中营腐生生活,属于弱寄生真菌。在适宜条件下自苗木伤口处侵入。因此,病害发生与寄主和立地环境条件有关。苗木受害的根本原因是由于地表温度过高,苗木基部受高温灼伤后造成病菌侵入。苗木木质化程度越低,此病的发病率越高。在苗床低洼积水时,发病率也明显增加。银杏扦插苗,在6～8月份当苗床高温达30℃以上时,插后10～15 d即开始发病,严重时大面积接穗发黑死亡。试验证明,拮抗性放线菌能有效地抑制该病病菌的蔓延扩散。防治措施参照唐菖蒲干腐病。
月季枝枯病	月季枝枯病是世界性病害,可引起月季枝条干枯,甚至引起全株枯死。病害主要发生在枝干和嫩茎部,发病部位出现苍白、黄色或红色的小点,后扩大为椭圆形至不规则形病斑,中央浅褐色或灰白色,边缘清晰呈紫色,后期病斑下陷,表皮纵向开裂,病斑上着生许多黑色小颗粒,即病菌的分生孢子器。发病严重时,病斑常可环绕茎部一周,引起病部以上部分变褐枯死。病菌以菌丝和分生孢子器在枝条的病组织内越冬,翌年春天,在潮湿条件下,分生孢子器内的分生孢子大量涌出,借风雨和浇灌水滴的飞溅传播,成为初侵染来源。病菌通过休眠芽或由修剪、嫁接以及枝条摩擦、昆虫危害等造成的伤口侵入寄主。防治措施参照唐菖蒲干腐病。

(五)枝干腐烂、溃疡病类防治措施

(1)加强出圃苗木检查,严禁带病苗木出圃,对插条进行消毒处理;重病苗木要烧毁,以免传播。加强栽培管理,提高抗病力,如随起苗随栽植,避免假植时间过

长；避免伤根和干部皮层损伤，定植后及时浇水等。

(2)选育抗病品种。日本白杨、沙兰杨、毛白杨、意大利 214 杨、新疆杨等较抗病，小叶杨、小美旱杨等易感病。

(3)药剂防治。树干发病时可喷用 50％代森铵或 50％多菌灵可湿性粉剂 200 倍液、80％“402”抗生素 200 倍液喷雾；或用 2 波美度的石硫合剂涂抹病斑。茎、枝梢发病时可喷洒 50％退菌特可湿性粉剂 800 倍液、50％多菌灵可湿性粉剂 600 倍液、70％百菌清可湿性粉剂 600～800 倍液、65％代森锌可湿性粉剂与 50％苯来特可湿性粉剂混合液(1∶1)1 000 倍液。

九、根部病害

(一)幼苗猝倒病和立枯病

[分布与危害] 幼苗猝倒和立枯病是世界性病害。也是园林植物最常见的病害之一。各种草本花卉和园林树木的苗期都可发生幼苗猝倒和立枯病，严重时发病可达 50％～90％。经常造成园林苗木的大量死亡。

[症状] 幼苗猝倒和立枯病不同时期发病表现不同的症状类型，主要有 3 种情况：①苗木种子播种后，由于受到病菌的侵染或不良条件的影响，种子或种芽在土中腐烂，不能出苗。这种症状类型叫种芽腐烂型。②幼苗出土后未木质化之前，由于病菌的侵染，幼苗茎基部出现水渍状病斑，病部褐色腐烂、缢缩，后期病苗在子叶凋萎之前倒伏死亡。这种症状类型叫猝倒型。③幼苗苗茎木质化后，根部或根茎部被病菌侵染，发病部位腐烂，幼苗逐渐枯死，但幼苗不倒伏，直立枯死。这种症状类型叫立枯型(图6-48)。

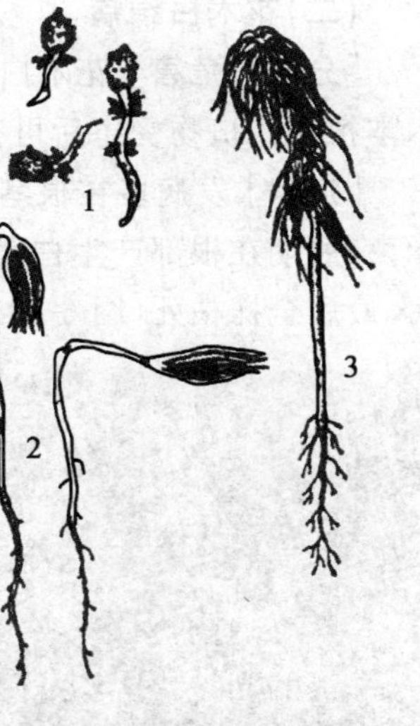

1. 种芽腐烂型 2. 猝倒型 3. 立枯型

图 6-48 苗木猝倒病症状

[病原] 引起幼苗猝倒和立枯病的原因有 2 个方面：①由于非侵染性病原引起的，如土壤积水或过度干旱，地表温度过高或过低，土壤中施用生粪或施用农药浓度过高等。②由于一些真菌侵染所引起。主要有鞭毛菌亚门的腐霉菌(*Pythium* spp.)，如德巴利腐霉(*Pythium debaryanum*)和瓜果腐霉(*Pythium aphdermatum*)，半知菌亚门的丝核菌(*Rhizoctonia* spp)和镰刀菌(*Fusarium* spp.)。

[发病规律] 幼苗猝倒和立枯病病菌都可在土壤中营腐生生活，可长期在土壤

中生存。各种病菌分别以卵孢子、厚垣孢子和菌核在土壤中越冬，土壤带菌是最重要的病菌来源。病菌可通过雨水、灌溉水和粪土进行传播。育苗床连年连作，出苗后连续阴雨天气，光照不足，种子质量差，播种过晚，施用未充分腐熟的有机肥，这些原因会加重幼苗猝倒和立枯病的发生。

[防治措施]

幼苗猝倒和立枯病的防治应采取以农业栽培措施防治为主，配合以化学防治的综合防治措施。

(1)苗床用药剂进行处理，做好土壤消毒。

(2)加强苗床管理。选用地势较高，排水较好，光照较强的地块做育苗床。推广营养钵育苗。精选种子，适时育苗。

(3)发病初期及时喷洒杀菌剂控制病害流行，可选用的药剂有70%乙膦铝锰锌可湿性粉剂800～1 000倍液、70%达霜宁可湿性粉剂700～800倍液、60%杀毒霜净可湿性粉剂800～1 000倍液、70%艾菌托可湿性粉剂1 000～1 200倍液、58%诺毒霉可湿性粉剂600～800倍液。

(二)花木白绢病

[分布与危害] 花木白绢病多发生在南方各省。该病可侵染200多种花卉和木本植物。植物受害后可整株死亡。

[症状] 发病多在根茎交界处，受害部位出现水渍状褐色病斑，并产生白色菌丝束，后期在根部产生白色至黄褐色油菜籽大小的菌核。受害植株叶片变黄、萎蔫，最后全株枯死(图6-49)。

图6-49 茉莉白绢病

[病原] 无性时期为半知菌齐融合整小核菌(*Sclerotium rolfsii* Sacc.)，有性时期为担子菌白绢薄膜革菌(*Pellicularia rolfsii* (Sacc.) West)。

[发病规律] 病菌以菌丝或菌核在病残体、杂草或土壤内越冬。菌核可在土壤内存活4～5年。病菌由水流、病土、病苗传播。病菌由植物茎基部或根茎部的伤口或表皮直接侵入体内引起发病。高温、高湿条件有利于该病发生。

[防治措施]

(1)盆栽花卉进行土壤消毒。发现病株立即拔除，并及时用苯来特、萎锈灵等药剂处理土壤。

(2)发病初期喷洒25%敌力脱乳油3 000倍液、10%世高水分散颗粒剂1 000倍液、12.5%烯唑醇可湿性粉剂2 500～3 000倍液。

(三)白纹羽病

[分布与危害]在我国分布广泛,危害多种果树、花木。

[症状]初侵细根,然后扩展到侧根、主根。病根表面有白色或灰白色网状菌丝层或根状菌索,在腐烂木质部产生圆形黑色菌核。

[病原]为子囊菌亚门褐坚壳菌[*Rosellinia necatrix* (Hart.)],无性时期为半知菌亚门的 *Dematophora necatrix*。

[发病规律]白纹羽病在排水不良的果园或种植过深易发生。梅雨季节土壤中病原菌侵入根部形成层和木质部,造成根系腐烂,地上部枝叶枯萎。该病为真菌性病害,一般是土壤带菌。

[防治措施]

(1)调运苗木时要严格检疫。

(2)加强清沟排水和培肥管理,增施有机肥料或施用抗生菌肥料及饼肥,增强树势,提高抗病力。

(3)挖除病株、掘除病根,进行土壤消毒。或切除菌根,消毒晾根,换上无菌新土。轻病树可在主干周围地面,淋施70%甲基托布津可湿性粉剂,每株320 g或苯来特160 g,在5～6月份和9～10月份施药。主根病部应刮除,上述药液洗根,然后覆土。

(4)用药剂消毒。70%甲基托布津可湿性粉剂1 000倍液;50%苯来特可湿性粉剂1 000～2 000倍液;70%五氯硝基苯小树每株用药液50～100 g,大树每株用药液150～300 g,与新土混合施于根部。

十、叶畸形类

(一)桃缩叶病

[分布与危害]该病南北方都有发生。发病后引起早期落叶,减弱树势,新梢枯萎,病果脱落,影响产量。

[症状]桃缩叶病可危害叶片、嫩梢、花和果实。叶片早期发病卷曲、畸形、变厚。后期发病的叶片局部畸形、变厚。发病新梢节间变短,肿大,扭曲,生长不良。发病部位正面可覆盖一层白粉状物,病叶逐渐干枯脱落(图6-50、图6-51)。

[病原]病原菌为子囊菌亚门、外囊菌目、畸形外囊菌(*Taphrina deformans*)。

[发病规律]桃缩叶病病菌孢子附着在枝条和芽鳞上越冬。1年只有1次侵染。孢子靠气流传播,由气孔或表皮直接侵入。病菌发育最适温度为20℃,低温多雨天气有利于发病。

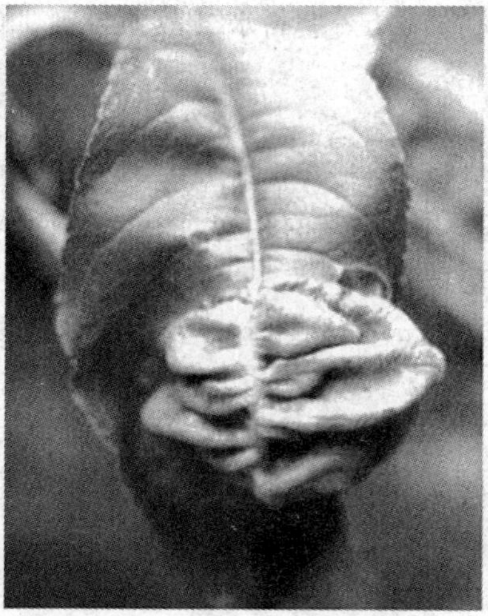

图 6-50　桃缩叶病照片

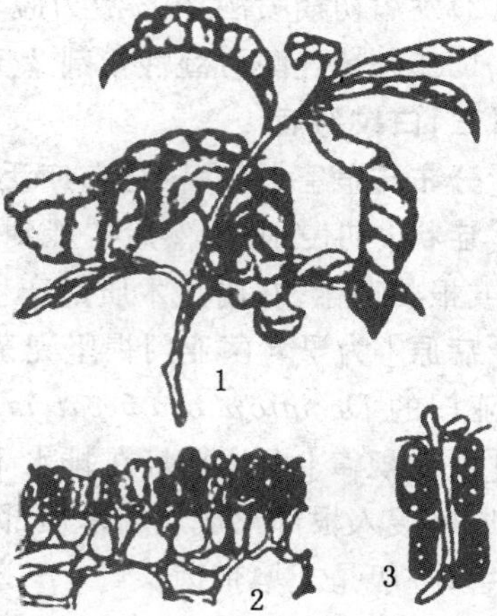

1. 症状　2. 子囊层　3. 子囊

图 6-51　桃缩叶病示意

[防治措施]

(1)发病初期剪除病叶。

(2)桃芽萌发前，喷洒 3～5 波美度的石硫合剂或 45%晶体石硫合剂 30 倍液或 1%波尔多液。

(二)杜鹃饼病

[**分布与危害**] 又叫杜鹃叶肿病、杜鹃瘿瘤病。我国杜鹃栽培地区都有发生。危害杜鹃花芽、嫩叶、新梢，降低观赏性。

[**症状**] 杜鹃饼病主要危害叶片和新梢。叶片发病，叶的边缘或全叶肿大肥厚，呈瘤状菌瘿，犹如饼干状，故称饼病。病斑部位近圆形，病部颜色逐渐由淡黄、淡红、变为黄褐色。潮湿条件下，病部表面可长出白色粉状霉层，此即病菌的子实层。病斑后期变黑褐色。嫩梢发病形成肉质叶丛或肉瘤，影响抽梢(图 6-52、图 6-53)。

图 6-52　杜鹃饼病照片

[**病原**] 病原菌为担子菌亚门外担子属(*Exobasidium* sp.)。我国杜鹃饼病的病原菌有很多种类，但都属于担子菌亚门层菌纲外担菌目外担子属。

[**发病规律**] 病原菌以菌丝体在病残体上越冬。担孢子靠气流传播。当温度

上升到10℃以上，相对湿度达80％以上时，病菌即可产生担孢子。种植密度高，通风不良，湿度大，偏施氮肥发病重。

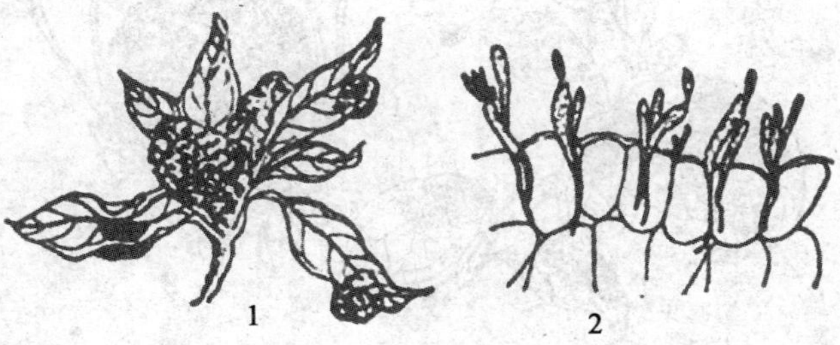

1.症状　2.病菌的担子与担孢子

图6-53　杜鹃饼病示意

[防治措施]

(1)发病初期摘除病叶。

(2)杜鹃抽梢期喷洒15％粉锈宁可湿性粉剂1 500倍液，25％敌力脱乳油3 000倍液，12.5％力克菌可湿性粉剂2 500倍液。

十一、煤污病类(花木煤污病)

[分布与危害] 煤污病又称煤烟病，在花木上发生普遍，影响光合、降低观赏价值和经济价值，甚至引起死亡。

[症状] 在叶面、枝梢上形成黑色小霉斑，后扩大连片，使整个叶面、嫩梢上布满黑霉层。由于煤污病菌种类很多，同一植物上可染上多种病菌，其症状上也略有差异。呈黑色霉层或黑色煤粉层是该病的重要特征。可以危害山茶、米兰、扶桑、木本夜来香、白兰花、五色梅、阴绣球、牡丹、蔷薇、夹竹桃、木槿、桂花、木兰、紫背桂、含笑、紫薇、苏铁、金橘、橡皮树等。煤污病的主要危害是抑制了植物的光合作用，削弱植物的生长势。另外，由于观赏植物的叶面布满黑色的煤粉层，严重地破坏了植物的观赏性(图6-54、图6-55)。

图6-54　非洲菊煤污病

[病原] 为多种附生菌和寄生菌。常见的有性态是小煤炱菌(*Meliola* sp.)和煤炱菌(*Capnodium* sp.)；常见的无性态是散

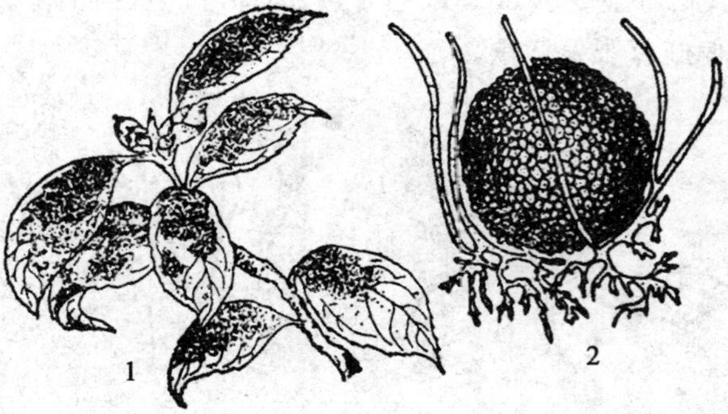

1.症状图　2.闭囊壳

图 6-55　山茶煤污病

播烟霉(*Fumago vagans* Pers.)和枝孢霉(*Cladosporium* sp.)。小煤炱菌属子囊菌亚门小煤炱菌属。小煤炱菌为高等植物上的专性寄生菌。菌丝体生于植物体表面,黑色,有附着枝,并以吸器伸入到寄主表皮细胞内吸取营养。煤炱菌属子囊菌亚门煤炱菌属。该菌主要依靠蚜虫、介壳虫的分泌物生活。

[发病规律] 煤污病病菌以菌丝体、分生孢子、子囊孢子在病部及病落叶上越冬,翌年孢子由风雨、昆虫等传播。寄生到蚜虫、介壳虫等昆虫的分泌物及排泄物上或植物自身分泌物上或寄生在寄主上发育。高温多湿,通风不良,蚜虫、介壳虫等分泌蜜露害虫发生多,均加重发病。露地栽培的花木,其发病盛期为春秋季节;温室栽培的花木,可周年发生。

[防治措施]

(1)喷洒杀虫剂防治蚜虫、介壳虫等害虫,减少其排泄物或蜜露,从而达到防病的目的。

(2)在植物休眠季节喷洒 3～5 波美度的石硫合剂,杀死越冬的菌源,从而减轻病害的发生。

(3)对寄主植物进行适度修剪,温室要通风透光良好,以便降低湿度,减轻病害的发生。

十二、真菌性病害综合防治

(一)加强检疫

检疫是病害防治的第一环节,不论从哪里引进种苗,都应通过有关部门检疫,这样可有效地防止危险性的病害随种苗传播和蔓延,带病苗木要立即销毁。

(二)园林技术措施防治

(1)选育抗病种类与品种　培育抗病品种是预防病害的重要一环,不同花木品种对于病害的受害程度并不一致。目前已培育出抗锈病的菊花、香石竹、金鱼草等新品种,抗紫菀萎蔫病的翠菊品种,抗黑斑病的杨树品种等。我国园林植物资源丰富,为抗病品种的选育提供了大量的种质,因而培育抗性品种前景广阔。

不同园林植物的种类与品种,往往在抗病方面有一定的差异。针对当地发生的主要病害类型,选用抗病的园林植物种类与品种是防治病害最经济有效的一种方法。如细叶结缕草容易感染锈病,而其姊妹草种——沟叶结缕草(马尼拉)则对锈病免疫,选用马尼拉草的意义已不言而喻。利用切花菊不同品种间对白锈病的抗性差异,选择免疫或抗病品种进行栽培,如北京黄、巨山白对白锈病表现为免疫,而秀芳黄、秀芳白则表现为感病。

(2)繁育健壮种苗　有许多病害是依靠种子、苗木及其他无性繁殖材料来传播的,因而培育无病的健壮种苗,即可有效地控制该类病害的发生。如菊花、香石竹等进行扦插育苗时,对基质及时消毒或更换新鲜基质,则可显著提高育苗的成活率。

(3)避免混植病害转主寄生植物　设计建园时,为了保证景观的美化效果,常采取多种植物搭配种植。往往会忽视病害之间的相互传染,人为地造成某些病害的发生和流行。如海棠与柏属树种、牡丹(芍药)与松属树种近距离栽植易造成海棠锈病及牡丹(芍药)锈病的大发生;垂柳与紫堇混栽,松与栎、栗混栽,云杉与杜鹃、喇叭茶混栽,云杉与稠李混栽,能分别诱发垂柳锈病、油松栎柱锈病、云杉叶锈病、云杉稠李球果锈病。在园林布景时,植物的配置不仅要考虑美化效果,还应考虑病害的危害问题。

(4)清除病残体　秋冬季节及时清除园圃中的病害残体,包括刮除枝干翘皮与病疤、清除草坪的枯草层等,并将其进行深埋或烧毁,消灭越冬的病菌。生长季节要及时摘除有病枝叶,清除因病害或其他原因致死的植株。园林操作过程中还应避免人为传染,如在切花、摘心、除草时要防止工具和人手对病菌的传带。温室中带有病菌的土壤、盆钵在未处理前不可继续使用。

(5)加强肥水管理　浇水方式、浇水量、浇水时间等都影响着病害的发生。喷灌和洒水等方式往往容易引起叶部病害的发生,最好采用沟灌、滴灌或沿盆钵边缘注浇。注意氮磷钾肥的比例,尽量增施磷钾肥,避免氮肥过量,提高植物的抗病性。

(6)改善环境条件　改善环境条件主要是指调节栽培地的温度和湿度,尤其是温室栽培植物,要经常通风换气、降低湿度,以减轻灰霉病、霜霉病等病害的发生。定植密度、盆花摆放密度要适宜,以利通风透光。冬季温室温度要适宜,不可忽冷忽热。否则，易导致各种真菌病害的发生。

(7)合理轮作　连作往往会加重园林植物病害的发生，如温室中香石竹多年连作时，会加重镰刀菌枯萎病的发生，实行轮作可以减轻病害。轮作时间视具体病害而定，鸡冠花褐斑病实行2年以上轮作即有效。轮作植物须为非寄主植物。

(8)土表覆膜或盖草　许多叶部病害的病原物是在病残体上越冬的，花木栽培地早春覆膜或盖草(稻草、麦秸草等)可大幅度地减少叶部病害的发生。其原因是塑膜或干草对病原物的传播起到了机械阻隔作用，而且覆膜后土壤温度、湿度提高，加速了病残体的腐烂，减少了侵染来源。

(三)物理防治

(1)种苗的热处理　带有病菌的苗木可用35～40℃的热风处理1～4周，也可用40～50℃的温水浸泡10 min～3 h，如唐菖蒲球茎在55℃水中浸泡30 min，可以防治镰刀菌干腐病。

(2)土壤的热处理　现代温室土壤热处理是使用热蒸汽(90～100℃)处理30 min可大幅度降低香石竹镰刀菌枯萎病、菊花枯萎病的发生程度。在发达国家，蒸汽热处理已成为常规管理。

利用太阳能热处理土壤也是有效的措施，7～8月份将土壤摊平，南北向做垄。浇水并覆盖塑料薄膜(25 μm厚为宜)，在覆盖期间要保证有10～15 d的晴天，耕作层温度可高达60～70℃，能基本上杀死土壤中的病原物。温室大棚中的土壤也可照此法处理，当夏季花木搬出温室后，将门窗全部关闭并在土壤表面覆膜，能较彻底地消灭温室中的病虫害。

(四)生物防治

(1)以菌治病　某些微生物在生长发育过程中能分泌一些抗菌物质，抑制其他微生物的生长，这种现象称拮抗作用。利用有拮抗作用的微生物来防治真菌病害，有些已获得成功。如真菌杀菌剂，其有效成分为具有活性的真菌菌体，对于多种植物病原真菌具有较强的拮抗作用，可以防治霜霉病、灰霉病、叶霉病、根腐病、猝倒病、立枯病、白绢病、菌核病、枯萎病、白粉病、疫病等。常见的商品型品种有特立克(木霉菌)、重茬敌等。

(2)以抗生素治病　利用多抗霉素、武夷菌素、阿米西达、中生霉素等抗生素防治多种真菌病害。

(五)化学防治

科学用药、及时防治是真菌病害防治的主要措施之一。常用防治真菌性病害药剂有波尔多液、石硫合剂、可杀得、代森锰锌、百菌清、甲霜灵、杀毒矾、扑海因、速克灵、特克多、世高、敌力脱、烯唑醇、福星、恶霉灵、多菌灵、甲基托布津、嘧霉胺等。

第二节 原核生物病害

原核生物病害主要包括细菌性软腐病、细菌性瘿瘤病及植原体病害等。瘿瘤主要是野杆菌、棒状杆菌和假单胞杆菌的某些种侵染植物的根和茎所致。它们通过伤口进入植物，刺激细胞分裂和增大。而软腐细菌侵袭植物组织，它们具有复杂的酶系统，分解植物细胞间的中胶层，使组织崩溃，继而细胞失水，内含物皱缩，细胞壁部分被溶解，细菌进入细胞内，使组织彻底腐烂，表现软腐症状。软腐可以发生在植株的任何部分，有时发生在茎基部或根部，引起上部枯萎，外观似维管束受害所致的萎蔫病。引起细菌性软腐病的主要是欧氏杆菌等，植原体病害主要引起丛枝病。

一、根癌病类

紫叶李、月季及樱花等，很易受根癌病(又名根瘤病)的危害，感染此病的花木，影响根系的发育，常造成营养缺乏，呈现衰弱状态，最后枯死。

(一)樱花根癌病

[分布与危害] 在我国上海、南京、杭州、济南、郑州、武汉、成都等地均有分布。本病是一种世界性病害，在日本十分普遍。

[症状] 病害发生于根颈部位，也发生在侧根上。最初病部出现肿大，不久扩展成球形或半球形的瘤状物，幼瘤为乳白色或白色，按之有弹力，以后变硬，肿瘤可不断增大，表面粗糙，褐色或黑褐色，表面龟裂。严重时地上部分表现为生长不良、叶色发黄。苗木受害后根系发育不良，细根极少，根的数量减少，植株矮化，地上部生长缓慢，树势衰弱，严重时叶片黄化、早落，甚至全株枯死。肿瘤可以 2 倍或几倍于生长部位的茎和根的粗度，有时可大到拳头状，引起幼苗迅速死亡。樱树的根癌病菌是通过各种伤口侵入植株，通常土壤潮湿、积水、有机质丰富时发病严重，碱性土壤有利于发病，不同品种的樱花抗病性有明显差异，如染井吉野、八重垂枝樱易发病，而关山、菊樱品种较抗病，对发病树需要及时土壤消毒，利用腐叶土、木炭粉及微生物进行土壤改良(图 6-56)。

[病原] 病原为根癌土壤杆菌(*Agrobacterium tumefaciens*)，属于细菌。

[发病规律] 病原菌及病瘤存活在土壤中或寄主瘤状物表面，随病组织残体在土壤中可存活 1 年以上。灌溉水、雨水、采条嫁接、作业农具及地下害虫均可传播病原细菌。带病种苗和种条调运可远距离传播。碱性大、湿度大的沙壤土易发病，

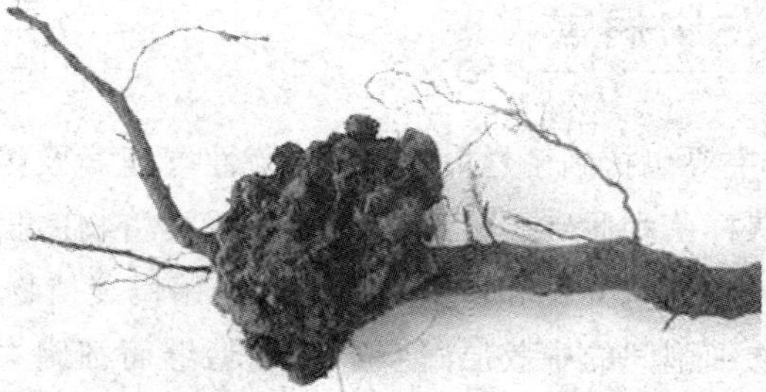

图 6-56 樱花根癌病

连作利于发病，苗木根部有伤口易发病。

(二)月季根癌病

[分布与危害] 月季根癌病分布在世界各地，我国分布也很广泛。除危害月季外，还危害菊、大理菊、樱花、夹竹桃、银杏、金钟柏等。寄主多达300余种。

[症状] 月季根癌病主要发生在根颈处，也可发生在主根、侧根以及地上部的主干和侧枝上。发病初期病部膨大呈球形或球形的瘤状物。幼瘤为白色，质地柔软，表面光滑。以后，瘤渐增大，质地变硬，褐色或黑褐色，表面粗糙、龟裂。由于根系受到破坏，发病轻的造成植株生长缓慢、叶色不正，重则引起全株死亡。

[病原] 该病由细菌引起，为根癌土壤杆菌，又名根癌脓杆菌(*Agrobacterium tumefaciens*)。菌体短杆状，具1～3根极生鞭毛。革兰氏染色阴性反应，在液体培养基上形成较厚的、白色或浅黄色的菌膜；在固体培养基上菌落圆而小，稍突起，半透明。发育最适温度为22℃，最高为34℃，最低为10℃，致死温度为51℃(10 min)。耐酸碱度范围为pH 5.7～9.2，以pH 7.3为最适合。

[发病规律] 病原细菌可在病瘤内或土壤中病株残体上生活1年以上，若2年得不到侵染机会，细菌就会失去致病力和生活力。病原细菌传播主要靠灌溉水和雨水、采条、耕作农具、地下害虫等传播。远距离传播靠病苗和种条的运输。病原细菌从伤口入侵，经数周或1年以上就可出现症状。偏碱性、湿度大的沙壤土发病率较高。连作有利于病害的发生，苗木根部伤口多发病重。

(三)根癌病类防治方法

(1)花木苗栽种前最好用1%硫酸铜液浸5～10 min，再用水洗净，然后栽植。或利用抗根癌剂(K84)生物农药30倍浸根5 min后定植，或4月中旬切瘤灌根。用放射形土壤杆菌菌株84处理种子、插条及裸根苗，浸泡或喷雾，处理过的材料，在栽种前要防止过干。用这种方法可获得较理想防效。

(2)发病地的防治。对已发病的轻病株可用300～400倍的抗菌剂“402”浇灌，也可切除瘤体后用500～2 000 mg/kg链霉素或500～1 000 mg/kg土霉素或5%的硫酸亚铁涂抹伤口。对重病株要拔除，在株间向土面每亩撒生石灰100 kg，并翻入表土，或者浇灌15%石灰水。发现病株集中销毁。还可用刀锯切除癌瘤，然后用尿素涂入切除肿瘤部位，据说这种方法在日本已获成功。另据报道，用甲冰碘液(甲醇50份、冰醋酸25份、碘片12份)涂瘤有治疗作用。

(3)实行床土、种子消毒。对病株周围的土壤可按50～100 g/m^{2}的用量，撒入硫黄粉消毒。

(4)花木定植前7～10 d，每亩底肥增施消石灰100 kg或在栽植穴中施入消石灰与土拌匀，使土壤呈微碱性，有利于防病。

(5) 病土须经热力或药剂处理后方可使用。最好不在低洼地、渍水地、稻田种植花木或用氯比苦消毒土壤后再种植。病区可实施2年以上的轮作。

(6)细心栽培，避免各种伤口。注意防治地下害虫，因为地下害虫造成的伤口容易增加根瘤病菌侵入的机会。

(7)改劈接为芽接，嫁接用具要用0.5%高锰酸钾消毒。

(8)加强检疫。对怀疑有病的苗木可用500～2 000 mg/kg的链霉素液浸泡30 min或1%的硫酸铜液浸泡5 min，清水冲洗后栽植。

二、软腐病类

(一)兰花细菌性软腐病

[分布与危害] 兰花细菌性软腐病是世界性兰花病害，以危害蝴蝶兰、卡特兰、石解兰、文心兰、齿舌兰、万带兰、兜兰等洋兰最重。

[症状] 发病初期，在叶面上(特别是幼叶基部)先出现浓绿色水渍状小斑点，逐渐变为褐色或近黑色。以后不断发展到覆盖整叶，进而危害茎部及其他叶片。被危害组织柔软有臭味，外部仅有一层透明的表层组织，轻轻一压就有腐臭的组织溢出(图6-57)。

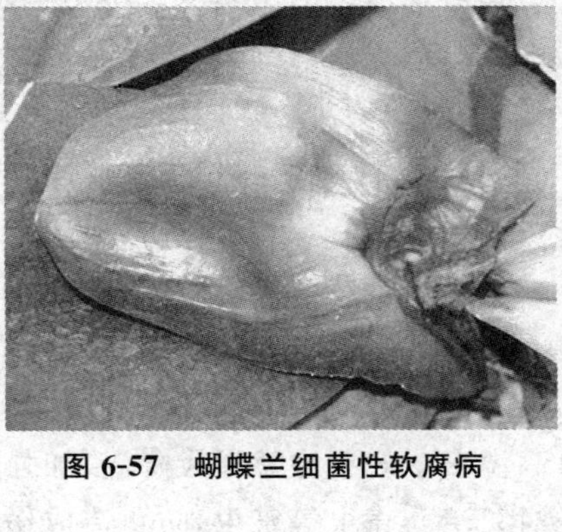

图6-57 蝴蝶兰细菌性软腐病

[病原] *Erwinia herbicola* 属于欧文氏杆菌，杆菌发病适合温度为25℃，最低10℃，最高

33℃。

[**发病规律**] 该病病原为一种细菌，病菌在兰株的病组织中越冬，借水流传播，主要由伤口感染。多发生在夏、秋高温、高湿季节。连续阴雨达 15 d 以上，气温偏低(25～30℃)，通风不良或台风暴雨侵袭后，极易发生和流行。对生长势差和脆弱的植株，如遇暴雨可损伤新叶，造成细菌的侵染。另外水肥管理不当，盆土太湿，或施氮过多也易发病。该病从感病到兰株死亡，往往仅几天时间。其防治困难，危害极大。

(二)仙客来细菌性软腐病

[**分布与危害**] 广泛分布于各仙客来产区，会造成球茎腐烂，影响产量。

[**症状**] 叶片发生不均匀黄化，继而整株瘫倒，多数叶柄呈水肿状，其中部分水肿叶柄变黑，叶片反面基部有油污状的水渍斑沿着叶脉发生。受害起始点在表土附近，初期症状为近地表处的叶柄花和花梗水渍状，向上下组织蔓延，侵入叶柄、花梗和球茎，引起叶柄、花梗迅速萎蔫和塌陷，容易脱离球茎，进而变褐色软腐，导致整株萎蔫枯死。剖开病部，可见维管束变褐或变黑，球茎内部腐败，产生发白的糊状液，有恶臭味；感病轻微时，球茎外观正常，似进入休眠期。入冬以后，有些球茎有裂纹，在裂纹上可以观察到乳白色的菌脓流出(图 6-58)。

图 6-58 仙客来细菌性软腐病

[**病原**] 同兰花细菌性软腐病菌。

[**发病规律**] 病菌随病残体在土壤中越冬，翌年，借雨水、灌溉水和昆虫传播，由伤口侵入。阴雨天或浇水未干时整理叶片或虫害多发时发病严重。病菌寄主广泛，危害十字花科和茄科及其他蔬菜，危害许多花卉。病菌存活在病株、田间病残株，未腐熟的肥料中。通过水、昆虫和工具传播，从伤口侵入。高温、积水有利病害发展。每年 6～9 月份为发病高峰，温室内早春即可发病，温室中盆栽植株全年都可发病。

(三)软腐病类的防治措施

(1)加强栽培管理。在夏秋多雨的季节浇水时，应选在早上 9 时之前，栽培基质不能长期积水，同时避免叶片表面长期湿润；增施钾肥，要施用充分腐熟的肥料，高温多湿时要注意通风降温；加强通风，光照较强时，注意不要灼伤叶片，同时要及时防治介壳虫等害虫，防止造成伤口。

(2)消毒处理。为了提早预防软腐病的发生，应当从定植苗时开始，首先是对栽花用的盆土进行消毒灭菌，可用高压锅直接灭菌，也可在 30℃以上的晴天露天暴晒 1～2 周，利用阳光紫外线杀灭细菌。药物对土壤和种球消毒，可用 1∶80 倍福尔马林液消毒。同时加强手工和器具消毒，避免交叉传染。

(3)长途运输时，保持兰株箱内干燥，防止产生新鲜伤口。装运的容器要留通气口，有利于排风散热。

(4)发病初期可用 400～600 倍链霉素或土霉素喷雾或灌根进行防治。

(5)发病较严重、根基部有部分腐烂时，可剥去病部，将剩余根茎浸泡在上述药液内 3h，再栽种于素沙土内，不久即可长出新根，发出新芽，这时再重新在换过的消毒培养土内栽植。

(6)如果病情较重应毁掉染病植株，以免相互传染。

三、植原体病类

(一)泡桐丛枝病

[分布与危害] 泡桐丛枝病又名泡桐扫帚病，分布极广，一旦染病，在全株各个部位均可表现出受害症状。染病的幼苗、幼树常于当年枯死，大树感病后，常引起树势衰退，材积生长量大幅度下降，甚至死亡。

[症状识别] 常见的丛枝病有以下 2 种类型。①丛枝型：发病开始时，个别枝条上大量萌发腋芽和不定芽，抽生很多的小枝，小枝上又抽生小枝，抽生的小枝细弱，节间变短，叶序混乱，病叶黄化，至秋季簇生成团，呈扫帚状，冬季小枝不脱落，发病的当年或第二年小枝枯死，若大部分枝条枯死会引起全株枯死。②花变枝叶型：花瓣变成小叶状，花蕊形成小枝，小枝腋芽继续抽生形成丛枝，花萼明显变薄，色淡无毛，花托分裂，花蕾变形，有越冬开花现象(图 6-59)。

图 6-59 泡桐丛枝病

[病原] 泡桐丛枝病是由一种比病毒大的微生物——植原体(MLO)引起的。该病主要通过茎、根、病苗、嫁接传播。在自然情况下，也可由烟草盲蝽、茶翅蝽在取食过程中传播。

[发病规律] 植原体大量存在于韧皮部输导组织的筛管内，主要通过筛板孔而侵染全株。秋季随树液流向根部，春季又随树液流向树体上部。烟草盲蝽和茶翅

蜻是传播泡桐丛枝病害的介体昆虫。带病的种根和苗木的调运是病害远程传播的重要途径。泡桐的种子带病率极低或基本不带病，故用种子繁殖的实生苗及其幼树发病率很低，而用平茬苗繁殖的泡桐发病率则显著增高。在相对湿度大、降雨量多的地区，一般发病较轻。一般白花泡桐、川桐和台湾泡桐较抗病，兰考泡桐、楸叶泡桐易感病。

(二)翠菊黄化病

[分布与危害] 此病是一种世界性病害。欧美及日本均有发生，我国北京、上海、天津、成都、济南等地也有发生，是翠菊的一种重要病害。也危害长春花、金鱼草等观赏植物。引起植株矮小萎缩、花小、变色等。对切花用品种影响最大。

[症状] 病株最初沿幼叶叶脉开始黄化，不久全叶呈淡黄色，病叶狭窄，叶柄细长，叶芽增多，形成丛枝。病株矮小萎缩，病枝上的花瓣不同程度褪色。受害植株不死亡，但能继续传染邻近植株。

[病原] 为植原体。

[发病规律] 植原体主要在多年生寄主存活，如雏菊、天人菊、大车前和春白菊等，主要通过叶蝉、菟丝子和嫁接传播。种子和土壤不能传播。介体叶蝉取食病株获毒后，再取食健康植株时，就传播了病害。

(三)植原体病害的防治措施

(1)加强检疫，防治危险性病害的传播。

(2)栽植抗病品种或选用培育无毒苗、实生苗。

(3)及时剪除病枝，挖除病株，可以减轻病害的发生。清除病原物越冬寄主是防治翠菊黄化病的重要手段。在病枝基部进行环状剥皮，宽度为所剥部分枝条直径的 1/3 左右，以阻止植原体在树体内运行。

(4)防治刺吸式口器昆虫(如蚜、叶蝉等)。可喷洒 10%安绿宝乳油、40%速扑杀乳油 1 500 倍液，减少病害传染。

(5)喷药防治。植原体引起的丛枝病可用四环素、土霉素、金霉素、氯霉素 4 000 倍液喷雾。

四、原核生物病害综合防治

(一)加强检疫

加强检疫检查，严格控制疫区，防止危险性的原核生物病害传入传出。

(二)园林技术措施防治

(1)选用抗病品种。选用抗病品种是预防病害的重要一环，如不同的兰花品种抗软腐病的程度不同，不同的花木品种抗植原体病害的能力也有差异。

(2)采用无病种子、种苗或茎尖脱毒苗(如植原体病害)。

(3)及时清除病残组织。注意苗圃、庭园及花坛、绿地的卫生，及时剪除病枝，挖除病株，可以减轻病害的发生。

(4)做好土壤、种苗与器具的消毒。如对于栽花用的盆土进行消毒灭菌，可用高压锅直接灭菌，也可在30℃以上的晴天露天暴晒1～2周，利用阳光紫外线杀灭细菌，或采用1∶80倍福尔马林液消毒；对怀疑有病的苗木可用500～2 000 mg/kg的链霉素液浸泡30 min或1%的硫酸铜液浸泡5 min，清水冲洗后栽植；对病株周围的土壤可按50～100 g/m^{2}的用量，撒入硫黄粉消毒；同时加强手和器具消毒，避免交叉传染。

(5)加强栽培管理。栽培基质不能长期积水，避免叶片表面长期湿润；增施钾肥，要施用充分腐熟的肥料，高温多湿时要注意通风降温；加强通风，光照较强时，注意不要灼伤叶片，同时要及时防治蚜虫、介壳虫等害虫，防止造成伤口。

(6)消灭传毒昆虫。许多刺吸式口器昆虫(如蝽、叶蝉等)可传播原核生物病害，可通过喷洒吡虫啉、扑虱灵、速扑杀等药剂杀虫，减少病害传染。

(三)物理防治

(1)温汤浸种。先将种子用冷水浸润，再放于50℃温水中浸20 min，捞出后用冷水降温再催芽播种。

(2)高温干热消毒。干燥种子60℃干热灭菌6 h。

(3)太阳能土壤消毒。利用太阳能消毒无污染、无农药残留，适用于温室大棚。时间一般选择在7～8月份高温季节大棚或陆地闲置期进行。具体方法是将基肥施入地面，耕翻后起垄，垄宽60～70 cm，高30 cm左右，在垄上覆盖厚度为0.5 mm的聚乙烯薄膜，薄膜铺平拉紧，四周用土压实，浇透水。大棚温室要将门窗关闭封严。露地应再起垄搭盖一层薄膜，四周也应用细土压实。消毒期间，根据情况6～7 d灌水1次，保持土壤含水量达田间最大持水量的60%以上，封闭20～30 d。采用此方法，可使土壤0～20 cm土层温度达到50℃以上，达到土壤彻底消毒的目的。

(四)生物防治

(1)以菌治病。利用微生物间的拮抗作用，利用有益的真菌、细菌菌体或其产生的抗生素防治细菌病害。常见的商品型品种有放射土壤杆菌(*Agrobacterium radibacter* biotype Ⅱ)，该产品系中国农业大学近年来的研究成果，是经发酵生产的生物制剂，对植物根癌病有较好的防效。

(2)以抗生素治病。对原核生物病害有效的抗生素类药剂有链霉素、土霉素、四环素、金霉素、土霉素等。

(五)化学防治

防治原核生物病害常用的药剂分为有机铜与无机铜两大类。

(1)有机铜杀菌剂。噻菌铜(龙克菌)、络氨铜、松脂酸铜(绿菌灵、绿乳铜、铜帅)、琥珀酸铜(DT)、王菌铜(金莱克)、喹啉铜(海正千菌、必绿)、噻森铜等。

(2)无机铜杀菌剂。氢氧化铜(可杀得 101、可杀得 2000、冠菌清、冠菌铜、瑞扑 2000 等)、氧化亚铜(铜大师、靠山等)、碱式硫酸铜(波尔多液等)、氧氯化铜(王铜等)。

第三节　病毒病害

我国常见的花卉或其他植物上,几乎都有病毒病发生,同时一种病毒病可感染几种至几十种上百种不同植物,其中一些优势种已成为生产上的严重问题。1971 年以后,在过去人们统称为病毒病的病原中,又发现了类病毒。

植物病毒病害几乎都属于系统性病害,先局部发病,或迟或早都在全株出现病变和症状。病毒病害的症状变化很大,同一病毒在不同的寄主或品种上都有所不同,有的可不表现症状,成为无症带毒者,有的在高温或低温下成为隐症。同时病毒常发生复合感染;或由于寄主的龄期不同,幼苗往往发病重,症状显著,老龄期病轻或不表现症状,因此单靠症状很难鉴别病毒种类,往往要靠一套鉴别(或诊断)寄主,主要是能产生局部枯斑的寄主,以及其他系统侵染的寄主,作为鉴别的手段。当然进一步的鉴定还要用电镜和血清学的方法。植物病毒病没有病征,易同生理病害相混淆,但前者多分散呈点状分布,后者较集中呈片状发生。病毒没有主动侵入寄主的能力,只能从机械的或传播介体所造成的伤口侵入(产生微伤而又不使细胞死亡);多数病毒在自然条件下借介体传播,主要是蚜虫、叶蝉及其他昆虫;其次是土壤中的线虫和真菌。传病的另一重要途径是无性繁殖材料,这在观赏植物中更为突出,病毒通过接穗、块根、块茎、鳞茎、压条、根蘖、插条而广为传播;其他传播途径还有种子、花粉等。豆科、葫芦科、菊科植物种子传病毒比较普遍。

一、美人蕉花叶病

[分布与危害] 美人蕉花叶病分布十分广泛。欧洲、美洲、亚洲等许多温带国家都有记载。我国上海、北京、杭州、成都、武汉、哈尔滨、沈阳、福州、珠海、厦门等

地区均有该病发生。病毒病是美人蕉上的主要病害。被该病害侵染的美人蕉植株矮化，花少、花小；叶片着色不匀，撕裂破碎，丧失观赏性。

[**症状**] 该病侵染美人蕉的叶片及花器。发病初期，叶片上出现褪绿色小斑点，或呈花叶状，或有黄绿色和深绿色相间的条纹，条纹逐渐变为褐色坏死，叶片沿着坏死部位撕裂，叶片破碎不堪。某些品种上出现花瓣杂色斑点和条纹，呈碎锦状。发病严重时心叶畸形，内卷呈喇叭筒状，花穗抽不出或很短小，花少、花小；植株显著矮化(图 6-60)。

图 6-60 美人蕉花叶病

[**病原**] 黄瓜花叶病毒 (cucumber mosaic virus)是美人蕉花叶病的病原。病毒粒体为二十面体，直径 28～30 nm，钝化温度为 70℃，稀释终点为 10^{-4}，体外存活期为 3～6 d。另外，我国有关部门还从花叶病病株内分离出美人蕉矮化类病毒(canna dwarf virus)，初步鉴定为黄化类型症状的病原物。

[**发病规律**] 黄瓜花叶病毒在有病的块茎内越冬。该病毒可以由汁液传播，也可以由棉蚜、桃蚜、玉米蚜、马铃薯长管蚜、百合新瘤额蚜等做非持久性传播，由病块茎做远距离传播。黄瓜花叶病毒寄主范围很广，能侵染 40～50 种花卉(如唐菖蒲花叶病)。美人蕉品种对花叶病的抗性差异显著。大花美人蕉、粉叶美人蕉、普通美人蕉均为感病品种；红花美人蕉抗病，其中的"大总统"品种对花叶病是免疫的。蚜虫虫口密度大，寄主植物种植密度大，枝叶相互摩擦，发病均重。美人蕉与百合等毒源植物为邻，杂草、野生寄主多，均加重病害的发生。挖掘块茎的工具不消毒，也容易造成有病块茎对健康块茎的感染。

[**防治措施**]

(1)淘汰有毒的块茎。秋天挖掘块茎时，把地上部分有花叶病症状的块茎弃去。

(2)生长季节发现病株应立即拔除销毁，清除田间杂草等野生寄主植物。

(3)防治传毒蚜虫，可以定期地喷洒乐果、马拉硫磷等杀虫剂。

(4)用美人蕉布景时，不要把美人蕉和其他的寄主植物混合配置，如唐菖蒲、百合等。

二、香石竹病毒病

[**分布与危害**] 香石竹病毒病是世界性病害。我国上海、厦门、广州、常州、武

汉、南京、北京、昆明等地均有该病的发生。香石竹病毒病是香石竹上几种病毒病的总称，主要包括香石竹叶脉斑驳病、香石竹坏死斑病、香石竹潜隐病毒病及香石竹蚀环病。病毒病的侵害使香石竹植株矮化，叶片缩小、变厚、卷曲，花瓣碎锦，降低香石竹的切花产量及观赏性，造成经济损失。引起香石竹病毒病的病毒种类多，国外已报道有10余种，较常见的有5～6种。我国已发现4种病毒，即香石竹叶脉斑驳病毒、香石竹潜隐病毒、香石竹坏死斑点病毒及香石竹蚀环病毒。每种病毒在香石竹上引起的症状都有特异性，但在自然界常出现几种病毒的复合侵染，使症状复杂化。

(一)香石竹叶脉斑驳病

[症状] 香石竹叶脉斑驳病毒侵染香石竹、中国石竹和美国石竹，均产生系统性花叶症状，冬季老叶常出现隐症现象。花瓣上出现变色斑点，在红色大红花品种上症状特别明显。

[病原] 香石竹叶脉斑驳病毒(carnation vein mottle virus)是该病毒的病原。病毒粒体线状，大小为790 nm×(18～19) nm，钝化温度为60～65℃，稀释终点为10^{-5}～10^{-3}，体外存活期18℃时为2～10 d，也有人报道是10～14 d，内含体为风轮状的结晶体。

[发病规律] 香石竹叶脉斑驳病毒由汁液传播，也可以由桃蚜进行非持久性传播，在园艺操作过程中(如切花、摘芽、剪枝等)工具和手也能传播病毒，带毒苗木可进行远距离传播。叶脉斑驳病发生的轻重与蚜虫种群的高峰期密切相关。据上海调查报道，上海地区5月份和10月份是蚜虫种群发生的高峰期，高峰过后叶脉斑驳病发生严重。叶脉斑驳病毒除侵染香石竹、美国石竹、中国石竹外，还侵染千日红、苋色藜、长叶车前草、繁缕等植物。

(二)香石竹潜隐病毒病

[症状] 香石竹被该病毒侵染后一般不表现症状，或有轻微的花叶症状。但香石竹潜隐病毒与香石竹叶脉斑驳病毒复合侵染时产生花叶症状。

[病原] 香石竹潜隐病毒(carnation latent virus)是该病毒病的病原。病毒粒体线条状，大小为600 nm×(12～13) nm，钝化温度60～65℃，稀释终点为10^{-4}～10^{-3}，体外存活期20℃时2～3 d，也有6～9 d的报道。

[发病规律] 香石竹潜隐病毒由汁液传播，也可以由桃蚜做非持久性传播。

(三)香石竹坏死斑病

[症状] 香石竹被香石竹坏死斑病毒侵染后，植株中部的叶片上有灰白色、淡黄色坏死斑驳，或不规则的条斑及条纹。植株下部叶片症状和中部的一样，但坏死斑为紫红色。发病严重时整个叶片枯黄坏死。

[**病原**] 香石竹坏死斑点病毒(carnation mecratic flack virus)是坏死斑病的病原。病毒粒体线条状,大小为(1 500～1 600) nm×(11～13) nm(国内报道是(1 400～1 500) nm×(11～13) nm);钝化温度为40～45℃;稀释终点为10^{-4};体外存活期20℃时2～4 d,病毒内含体为泡囊状。

[**发病规律**] 香石竹坏死斑点病毒由桃蚜做非持久性传播,也可以由汁液传播,但汁液接种成功率很低。香石竹坏死斑点病毒还能侵染美国石竹等植物。

(四)香石竹蚀环病

[**症状**] 香石竹蚀环病主要侵害香石竹的叶片。在大花香石竹品种的叶片上产生轮纹状、环状或宽条状坏死斑。当蚀环病毒和香石竹叶脉斑驳病毒进行复合侵染时,这些症状更加明显。香石竹苗期症状明显,高温季节有隐症现象。发病严重时,许多灰白色轮纹斑相互愈合变成大病斑,叶片卷曲、畸形。

[**病原**] 香石竹蚀环病毒(carnation etches ring virus)是蚀环病的病原。病毒粒体为二十面体,直径约为50 nm(国内报道为45 nm);钝化温度为80～85℃;稀释终点为10^{-4}～10^{-3};体外存活期为140 d;病毒内含体为X体,内含体可以用光学显微镜检查,有蚀环症状的部位内含体浓度高。

[**发病规律**] 香石竹蚀环病毒由汁液、嫁接传播,也可以由桃蚜进行非持久性传播。园艺操作过程中,工具、人手也可以传播。香石竹种植过密造成病、健株叶片相互摩擦,可以加重病害的发生。蚀环病毒除侵染香石竹外,还侵染美国石竹、丹麦石竹等植物。肥皂草属植物对蚀环病毒的侵染极敏感。

(五)香石竹病毒病防治措施

(1)加强检疫,控制病害的发生。对从国外引进的香石竹组培苗要进行严格的检疫,检出的有毒苗要进行彻底销毁,或处理后再种植。

(2)建立无病毒母本园,以供采条繁殖。根据上海的经验,从健康植株上取0.2～0.7 mm的茎尖做脱毒组培的材料,组培苗成活率高,脱毒率也高。

(3)改进养护管理,控制病害的蔓延。母本种源圃与切花生产圃分开设置,保证种源圃不被再侵染。修剪、切花等操作工具及人手必须用3%～5%的磷酸三钠溶液、酒精或热肥皂水反复洗涤消毒,以保证香石竹切花圃大规模商品生产有较好的卫生环境。

(4)治蚜防病。用乐果等杀虫药剂防治传毒昆虫,防治时间选在蚜虫尚未迁飞扩散前,才能取得较好的防治效果。

三、郁金香碎色病

[分布与危害] 别名郁金香白条病。这是一种世界性病害,各郁金香产区都有发生。除危害郁金香外,还危害很多种百合、水仙、风信子等花卉。上海种植的郁金香大多由荷兰进口,有些品种碎色病发病率高达 90%以上,有些品种达 20%左右。郁金香碎色病是造成郁金香种球退化的重要原因之一。

[症状] 症状主要表现在花上。花瓣颜色产生深浅不同的变化,这种变化使花瓣表现为镶色,人们称为"碎色"。叶片也可受害,郁金香叶片出现浅绿色或灰白色条斑,有时形成花叶;在红色或紫色品种上产生碎色花,花瓣上形成大小不等淡色斑点或条斑,这往往增加了观赏价值;历史上曾经误将这种得病的植株作为新的良种栽培,同时导致了该病的广泛传播。在淡色或白色花的品种上。其花瓣碎色症状并不明显,这是由于花瓣本身缺少花色素的缘故;根部也可发生,使鳞茎变小,花期推迟;严重影响其正常生长和观赏价值。危害严重时植株生长不良。郁金香碎色病毒危害麝香百合时产生花叶或无症状(图 6-61)。

图 6-61 郁金香碎色病

[病原] 引起郁金香碎色病的病原为郁金香碎色病毒(tulip breaking virus, TuBV),病毒粒子僵硬至弯曲,大小为 700 nm×(12～13) nm。

[发病规律] 郁金香碎色病毒由汁液或蚜虫作非持久性传毒。该病毒能在病鳞茎内越冬,成为来年侵染源;此病毒可以危害多种郁金香及很多百合。台湾百合和麝香百合是郁金香碎色病毒的诊断寄主。在自然栽培的情况下,重瓣郁金香往往比单瓣郁金香更为感病。

[防治措施]

(1)注意选择和保存无病毒植株,作繁殖材料,可在防虫室或隔离温室里播种无毒种球来繁殖。采用严格卫生措施,尽可能减少病毒的再次感染。繁殖无病毒的繁殖材料,采用茎尖培养脱毒和组织培养繁殖无毒苗。单瓣郁金香品种往往比重瓣的抗病。挖收时,将带病的鳞茎、叶片集中焚毁,并对附近土壤打扫干净,彻底消毒。

(2)铲除杂草,减少侵染源。消灭传病介体,如昆虫、线虫和真菌等。在管理操作过程中，注意人手和工具的消毒，以减少汁液接触传染；并注意与百合科植物隔离栽培，以免互相传染。田间种植期间，及时除去重病株和瘦弱退化株并烧毁。

(3) 蚜虫对郁金香危害甚大，为防止蚜虫飞袭并传染病害，可用防虫网隔离，或用25%吡虫啉可湿性粉剂1 500～2 000倍液喷雾，以减少蚜虫传毒机会。每半个月用20%病毒A可湿粉剂500倍液、5%菌毒清水剂30倍液、1.5%植病灵水剂800倍液喷洒。

(4)在鳞茎贮藏前，用80%敌敌畏乳油80倍液喷洒贮藏地点和器具等，或用2.5%溴氰菊酯乳油2 000倍液喷洒，杀死存在的蚜虫，以防传毒。

四、牡丹病毒病

[分布与危害] 牡丹病毒病在世界各地种植区都有发生，在局部地区危害比较严重。

[症状] 由于病原种类较多，所以表现症状比较复杂。牡丹环斑病毒(PRV)危害后在叶片上呈现深绿和浅绿相间的同心轮纹斑，病斑呈圆形，同时也产生小的坏死斑，发病植株较健株矮化。烟草脆裂病毒(TRV)危害后也产生大小不等的环斑或轮斑，有时则呈不规则形。而牡丹曲叶病毒(PLCV)则引起植株明显矮化，下部枝条细弱扭曲，叶片黄化卷曲(图6-62)。

图6-62 牡丹病毒病

[病原与发病规律]

引起牡丹病毒病的病原主要有3种，分别是牡丹环斑病毒(peony ringspot virus，PRV)、烟草脆裂病毒(tobacco rattle virus，TRV)、牡丹曲叶病毒(peony leaf curl virus，PLCV)。PRV粒体球状，难以汁液摩擦传播，主要由蚜虫传播。TRV

粒体为杆状，能汁液摩擦接种，另外线虫、菟丝子和牡丹种子都能传毒。PLCV 主要由嫁接传染。总之生产中用病株分株繁殖，或嫁接及蚜虫均可以传播病毒。上述病毒寄主植物范围广，PRV、PLCV 危害芍药、牡丹；TRV 除危害芍药、牡丹外，还危害风信子、水仙、郁金香等花卉。

［防治措施］

(1)严禁引进使用带病毒的苗木，发现病株即拔除烧毁。田间发现病株，应及时清除，清理周围杂草。

(2)生长季节及时防治蚜虫、叶蝉、螨类、蚧类、蝽类等刺吸式口器害虫。

(3)名贵品种苗木病株可置于 36～38℃的温度下，21～28 d 脱毒。

(4)连片侵染发病时，用 0.5%抗毒剂 1 号 600 倍液，2%宁南霉素 200～300 倍液，4%博联生物菌素 200～300 倍液(日落前 2 h)，植物病毒疫苗 600 倍液喷雾。

五、菊花矮化病

［分布与危害］菊花矮化病也称矮缩病、丛矮病，是一种世界性病害，此病分布范围很广，在国外发生很普遍，美国、加拿大、澳大利亚、欧洲许多国家都有报道。目前，我国只有个别地方发生，如上海、广州、常德、杭州等地。该病是菊科植物上的一种重要病害。在美国和加拿大的一些花圃中发病率高达 50%～100%。20 世纪 40 年代中期该病在美国大流行，使许多花商破产。该病在我国有潜在的危险性。

［症状］菊花矮化病是系统性症状。叶片和花朵变小、植株矮化是该病的典型症状。粉色花和红色花品种色泽减退，花瓣透明。与光线不足、遮荫栽培的情况相似。病株比健株抽条早、开花早。某些品种还有腋芽增生和匍匐茎增多的现象。许多品种的叶片上出现黄斑，或叶脉上出现黄色线纹等症状。

［病原］菊花矮化类病毒(chrysanthemum stunt virus)是菊花矮化病的病原。类病毒是低分子质量的核糖核酸，比病毒还小。类病毒有高度的热稳定性和侵染性。钝化温度为 96～100℃；稀释终点为 10^{-5}～10^{-4}。粗汁液的侵染活性在 18.3℃下能保持 6 周，在 3℃下能保持 100 d，在冷冻叶中保持 1 年，在干燥叶片中保持 2 年以上。菊花的许多品种是该类病毒的鉴别寄主，如 Mistlotic 品种被广泛地用作鉴别寄主。在 Mistlotic 品种上接种 4～5 周后，叶片上出现黄斑，光照条件好时才能出现明显的症状。在 Blaising Gold 品种上接种，6～8 周后叶脉上出现黄色的细线纹，整株发生病变。在瓜叶菊上接种，12～20 d 后叶片上出现大量合成淀粉的局部斑点，经处理这些斑点可显现出来。

[**发病规律**] 类病毒可以在病植物体内及落叶上越冬。类病毒自伤口侵入;菊花感染类病毒后,不是很快就产生症状,一般6～8月份才表现症状(潜育期长,为6～8个月)。类病毒可通过嫁接、修剪、汁液、种子及菟丝子传播。机械传播占56%,种子传播占11%。类病毒在干燥的病落叶中存活2年以上。该种类病毒仅侵染菊科植物,许多菊花都易感病,如野菊及其他种类的菊花、瓜叶菊、千里光属植物,还有大叶苣荬菜、百日草等植物。人工接种可以侵染矢车菊、大丽花、紫色金光菊、绒缨菊、圆叶肿柄菊等多种花卉。这种类病毒能传染多种植物而不表现症状。

[**防治措施**]

(1)繁育无毒苗木,从健康植株上采条扦插,有病株或可疑病株不能作繁殖材料。对外表健康、生长旺盛的植株进行2次挑选;扦插枝条用手折断不用刀切断。有病植株在36℃的热风中处理4周可以康复。热处理后的植株用作组织培养的材料,可以培养出脱毒苗。但也有人持相反的观点。

(2)菊花矮化病极易通过摘头、采花等农事操作而引起汁液传播。因此,注意田间卫生,防止操作传毒,以减轻病害发生。在菊花的整枝、摘心、剪切等日常管理中,要注意工具、手的消毒。

(3)减少侵染来源,清除有病的枯落叶,及时拔除田间的病株及野生寄主。注意清除菊花栽培区四周有矮黄症状的野菊、杂草及杀灭菟丝子,特别是携带此类病毒的寄主植物。

六、病毒病害综合防治

(一)加强检疫

把好出圃关,严禁有病苗木和幼树出圃和调运,禁止栽种有病植株。

(二)园林技术措施防治

(1)铲除病原　发现病株及时拔除,并立即烧毁,以防扩大蔓延。

(2)无病株采种(芽)　园林植物的许多病害是通过种苗传播的,如仙客来病毒病等是由种子传播的,只有从健康母株上采种(芽),才能得到无病种苗,可从源头上杜绝病害的发生。

(3)组培脱毒育苗　园林植物中病毒病发生普遍而严重,许多种苗都带有病毒,利用组培技术进行脱毒处理,对于防治病毒病十分奏效。如脱毒香石竹苗、脱毒兰花苗等应用已非常成功。

(4)选用无病或抗病品种　选用抗病品种是预防病毒病的重要一环,不同花木品种对于病虫害的受害程度并不一致，如选用抗月季花叶病的植株或砧木，可减轻病害的发生。

(5)消灭传播源　消灭野生寄主植物以及有害生物介体，如杂草"苋色藜"是香石竹病毒病的中间寄主，菟丝子、蚜虫等有害生物可以传播病毒病，因而应及时清除，减少传播。

(6)加强养护管理　有些病毒病可通过摘心、采花等农事操作而引起汁液传播。因此，注意防止操作传毒，以减轻病害发生。在花卉的整枝、摘心、剪切等日常管理中，要注意工具、手的消毒。另外，合理浇水，配方施肥，促进花木健壮生长，增强抗病力。

(三)物理防治

一般种子可用50～55℃温汤液浸10～15 min，无性繁殖材料在高温条件下搁置一定时间，均可收到治疗效果。

(四)生物防治

常见的方式为生物杀病毒剂，即弱病毒疫苗。弱病毒接种到寄主植物体上后，只对寄主造成较轻的危害或没有危害性，但由于它的寄生，使得寄主植物产生了抗体，可以阻止同种致病力强的病毒侵入。其防病机理类似于人的接种免疫。常见的商品型品种有：弱毒疫苗N_{14}(主要抗烟草花叶病毒TMV)、卫星核酸生防制剂S_{52}(主要抗黄瓜花叶病毒CMV)等。

(五)药剂防治

发病初期，喷施3.95%病毒必克可溶性粉剂、2%菌克毒克(宁南霉素)水剂200倍液、0.5%抗毒剂1号水剂600倍液、4%博联生物菌素200～300倍液、20%病毒A可溶性粉剂500倍液、1.5%植病灵乳油1 000倍液防治，每隔7 d喷1次，连续3～4次，可有效地抑制病害扩展。

第四节　线虫病害

一、仙客来根结线虫病

[分布与危害] 仙客来根结线虫病在我国发生普遍，使植株生长受阻，严重时，全株枯死。本病寄主范围很广，除仙客来外，还可危害桂花、海棠、仙人掌、菊、大理菊、石竹、大戟、倒挂金钟、栀子、非洲菊、唐菖蒲、木槿、绣球花、鸢尾、香豌豆、天竺葵、矮牵牛、蔷薇、凤尾兰、旱金边、堇菜、百日草、紫菀、凤仙花、马蹄莲、金盏花等。

[症状] 该线虫侵害仙客来球茎及根系的侧根和支根，在球茎上形成大的瘤状

物，直径可达 1～2 cm。侧根和支根上的瘤较小，一般单生。根瘤初为淡黄色，表皮光滑，以后变为褐色，表皮粗糙。若切开根瘤，则在剖面上可见有发亮的白色点粒，此为梨形的雌虫体。严重者根结呈串珠状，须根减少，地上部分植株矮小，生长势衰弱，叶色发黄，树枝枯死，以致整株死亡。症状有时与生理病害相混淆。根结线虫除直接危害植物外，还使植株易受真菌及细菌的危害（图 6-63、图 6-64）。

图 6-63　仙客来根结线虫危害状——根结

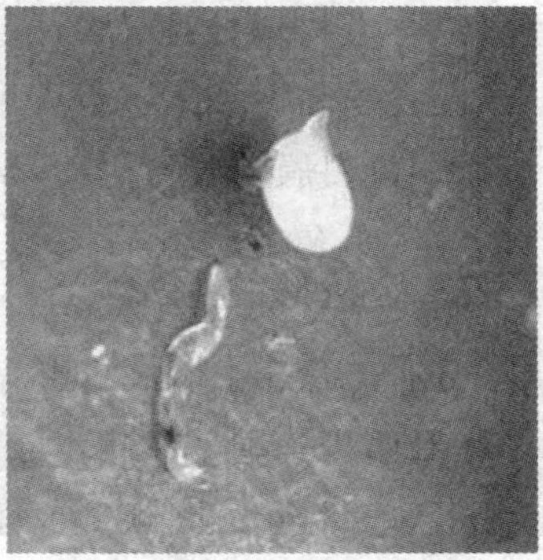

（左下角：雄虫，右上角：雌虫）

图 6-64　根结线虫

［病原］ 根结线虫属南方根结线虫［*Meloidogyne incognita*（Kof. et White）Chitw.］、花生根结线虫［*M. arenaria*（Neal）Chitw］、北方根结线虫（*M. hapla* Chitw.）、爪哇根结线虫［*M. javania*（Treub.）Chitw.］。在我国，前两种病原发生普遍。

［发病规律］ 病土和病残体是最主要的侵染来源。病土内越冬的 2 龄幼虫，可直接侵入寄主的幼根，刺激寄主中柱组织，引起巨型细胞的形成，并在其上取食，于是受害的根肿大而成虫瘿（根结）。但也可以卵越冬，翌年环境适宜时，卵孵化为幼虫，入侵寄主。幼虫经 4 个龄期发育为成虫，随即交配产卵，孵化后的幼虫又再侵染。在适宜条件下（适温 20～25℃）线虫完成 1 代仅需 17 d 左右，长者 1～2 个月，1 年可发生 3～5 代。温度较高、多湿通气的沙壤土发病较重。线虫可通过水流、病肥、病种苗及农事作业等方式传播。该线虫随病残体在土中可存活 2 年。

［防治措施］

(1)加强植物检疫，防止根结线虫扩展、蔓延。

(2)在有根结线虫发生的圃地，应避免连作感病寄主，应与松、杉、柏等不感病的树种轮作 2～3 年。圃地深翻或浸水 2 个月可减轻病情。

(3)药剂防治。利用溴甲烷处理土壤（方法参照猝倒病防治）；将 3％呋喃丹颗粒剂或 15％铁灭克颗粒剂分别按 4～6 g/m^2 及 1.2～2.6 g/m^2 的用量拌细土施于播种沟或种植穴内；也可用10%克线磷颗粒剂处理土壤，具体用量为30～60 kg/hm²。

(4)盆土药剂处理。将5%克线磷按土重的0.1%，与土壤充分混匀，进行消毒；也可将5%克线磷或10%丙线磷施入花盆中。该药可在植物生长季节使用，不会产生药害。

(5)盆土物理处理。炒土或蒸土40 min，注意加温勿超过80℃，以免土壤变劣；或在夏季高温季节进行太阳暴晒，在水泥地上将土壤摊成薄层，白天暴晒，晚上收集后用塑料膜覆盖，反复暴晒2周，其间要防水浸，避免污染。

二、松材线虫病

[分布与危害] 松材线虫病原产北美洲，广泛分布于日本、美国、加拿大、德国、韩国和墨西哥等国。在日本除北海道外，几乎遍及全国，是日本危害极大的一种森林病害。1982年在我国江苏南京中山陵首次发现，以后相继在江苏、安徽、湖北、湖南、广东和浙江等地迅速蔓延成灾，几乎毁灭了在香港广泛分布的马尾松林，是松树的一种极其严重的毁灭性病害，被称为松树的"癌症"。松材线虫病寄主种类较多，主要以松树为主，少数为非松属针叶树，累计共达62种。

[症状] 此病显著的特征是被侵染的松树针叶失绿，并逐渐黄萎枯死，变红褐色，最终全株枯萎死亡。但针叶长时间不脱落，有时直至翌年夏季才脱落。从针叶开始变色至全株死亡约30 d。外部症状的表现，首先是树脂分泌减少至完全停止分泌，蒸腾作用下降，继而边材水分迅速降低。病树大多在9月份至10月上、中旬死亡。

[病原] 本病是由线虫纲垫刃目滑刃科伞滑刃属的松材线虫[*Bursaphelenchus xylophnlus* (Stenier et Buhrer)]引起。两性成虫体细长。雌成虫体长960～1 310 μm，雄成虫体长910～1 190 μm。口针细长，中食道卵圆形，食道线细长，叶状，盖于肠背面。雌虫卵巢1个，前伸。阴门开口于虫体中、后部3/4处，覆似阴门盖。后子宫囊长190 μm。尾部亚圆锥形，末端钝圆，少数有微小的尾尖突。雄虫交合刺大，弓状，成对，喙突显著，交合刺远端膨大如盘。尾部向腹面弯曲，尾端为小的卵形交合伞包围。幼虫似成虫，3龄幼虫体长713 μm(图6-65)。

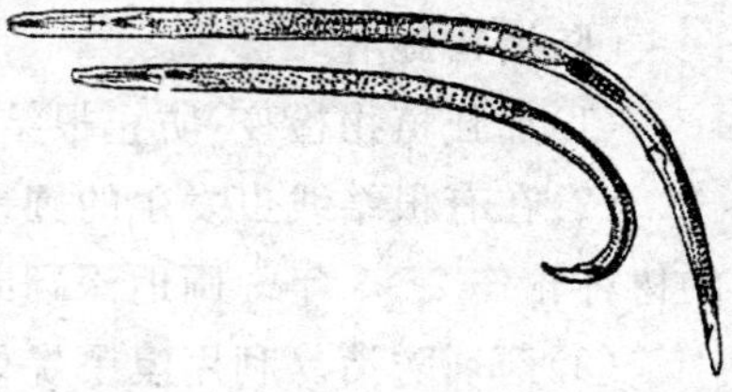

图6-65 松材线虫病病原线虫

据日本对松树萎蔫病的调查，常在枯死的松树中分离到大量的松材线虫(*B. mucronatus*)，研究证明它对松树的侵染和致病力都很弱，一般不会造成松树枯死。这种线虫与松材线虫的区别为:尾端锥形,指形突长 3.8～5 μm,雄虫交合伞为方形。

松材线虫的成虫交尾后,每雌虫产卵约 100 粒。发育过程经过卵、幼虫和成虫 3 个阶段,完成 1 代所需的时间与温度有关。温度 20℃为 6 d,在 25℃时为 4 d。

[**发病规律**] 松材线虫近距离传播主要靠媒介松褐天牛(*Monochamus alternatus*)(图 6-66),每头天牛成虫体上平均带有上万条线虫。每年 5～7 月份,当松褐天牛的成虫飞往松树梢上取食,进行补充营养和产卵时,线虫即从天牛咬食的树皮伤口处侵入树体内,在树脂管内开始增殖,并向其他部位扩散,连续以 4～6 d 1 代的速度大量繁殖。8～9 月份高温季节,被侵染的松树开始出现症状,并迅速枯死。秋后天牛幼虫侵入松树木质部,并在蛹室内越冬。此时,线虫也停止繁殖,直至翌春,3 龄幼虫大量聚集在天牛的蛹室和蛹周围越冬。5 月份天牛羽化飞出,虫体上潜伏的线虫被携带到健康的松树上侵入危害。松材线虫还可随采伐的病树原木及其制品,远距离传播到无病区,这些带有线虫的病树木材,往往是最初的侵染源。

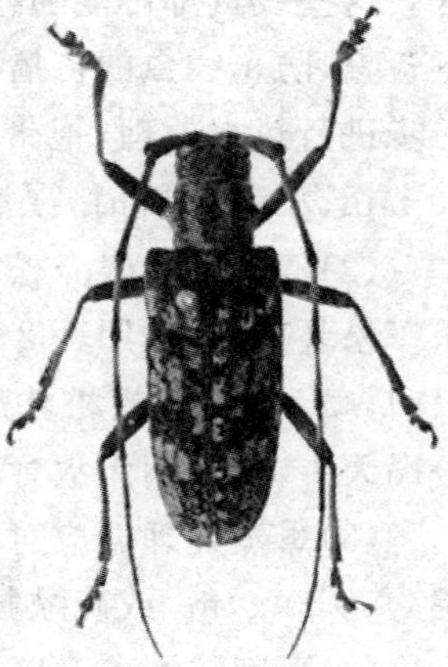

图 6-66 松材线虫病的传播媒介——松褐天牛

高温低湿有利于病害的发生。接种实验证明,在 15℃以下不表现症状,30℃以下发病,并迅速死亡。干燥缺水促进松树枯萎,加速死亡。在自然界以气候温暖、海拔较低及干燥缺水的地区发病严重。

松树品种间的抗病性有较明显的差异。日本黑松、赤松、琉球松、华山松、云南松等高度感病。黄山松、樟子松、粤松和乔松比较抗病。高度抗病的有火炬松、北美短叶松、马尾松等。松材线虫病的发生与流行有 4 个因素组成,即松树、线虫、天牛、温湿度,只有四者共存才能形成病害,并流行危害。从松材线虫病的发生发展规律 4 个组成因素看,它的发生与否与寄主植物、病原线虫、媒介昆虫、环境条件是否同时存在有密切关系。因此,在松材线虫病的防治技术策略上,应主要针对松褐天牛,抓住媒介昆虫这个因素,重点放在"杀天牛"上。要运用综合防治的原理,把各种单项技术因地制宜地组装起来,充分考虑营林、生物、物理、化学等技术手段的综合应用。

[防治措施]

(1)加强检疫。松材线虫病是国内外重大危险性检疫对象,人工伐除病死树,防止疫区木材携带该种天牛扩散传播。严禁将疫区内的病死木材外运和输入无病区。这些线虫都可能随种苗、块根、块茎、球茎、鳞茎作远距离传播,在引种时要注意检查,防止线虫的传播。同时重视从健康的母株上采取繁殖材料,引种时还可进一步进行热水处理,把带病的用于繁殖的部位浸泡在热水中(水温 50℃时,浸泡 10 min;水温 55℃时,浸泡 5 min),可杀死线虫,而不伤寄主。

(2)清除传播媒介松褐天牛。5 月份在天牛羽化始期和盛期,各喷 1 次 0.5% 杀螟松乳剂(每株用药 2～3 kg),秋季(10 月份以前)当天牛幼虫尚未蛀入木质部以前,喷 1%的杀螟松乳剂或油剂可杀死树皮下的天牛幼虫。也可袋装熏蒸杀灭松褐天牛,或利用天敌管氏肿腿蜂防治天牛。

(3)熏蒸处理。应对松材线虫病原木及板材进行化学或物理方法处理,用溴甲烷 40～60 g/m^3 或硫酰氟熏蒸,或放入水中浸泡 100 d,杀虫效果可达 80%。

(4)药剂防治。对庭院、公园、风景区及行道树等散生树种,古松名木,可用涕灭威、呋喃丹、丰索磷、灭线磷等内吸杀线虫剂进行根埋,或注射树干。

三、菊花叶枯线虫病

[分布与危害] 广泛分布于全世界,在我国河北、上海、河南、安徽、江西、江苏、广东、广西、浙江、湖南、四川、云南、福建等地均有发生。主要危害菊花叶片,还危害翠菊、大理菊、牡丹、百日草、马鞭草等花卉植物。

[症状] 主要危害叶片,也能侵染花芽和花。菊叶受害后,叶色变淡,并有淡黄色至黄褐色斑,或为叶脉限制而形成其他形状的坏死斑纹,最后叶片卷缩、凋萎,并沿茎干下垂。菊花受害严重时,花不发育,即使开花,也长得细小畸形;花芽、花蕾干枯或退化,植株外形萎缩(图 6-67)。

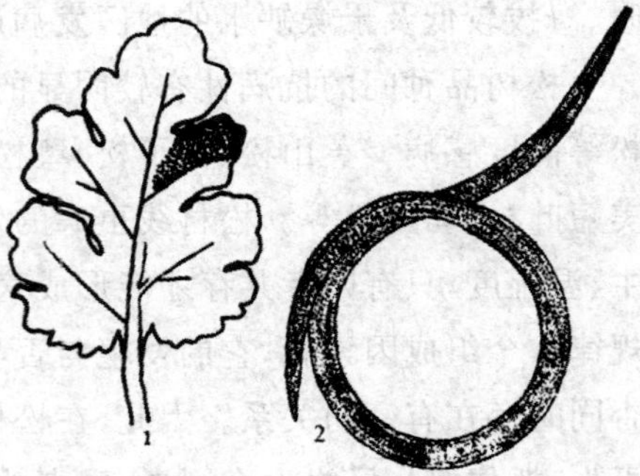

1. 症状 2. 病原线虫雌虫

图 6-67 菊花叶枯线虫病

[病原] 病原为里泽马斯博滑刃线虫[*Aphelenchoides ritzemabosi* (Schwartz) Steiner],俗称菊花叶线虫。

[发病规律] 菊花叶枯线虫具有寄生多种野生植物的能力,能长期生活在菊花残留植株的地上部分,甚至在极小的残叶

上，还可在土壤中存活6～7个月。整个发育周期在被害组织内完成。只要温度适宜，全年都可繁殖，在足够的湿度和22～25℃适温范围内，整个发育阶段都有很大的活动性。如在天气潮湿、植株叶面有水滴时则更加活跃。一般通过水滴、灌溉水和被害的叶、花、茎、扦插条以及土壤等传播，从叶面气孔钻入组织内危害。在广州，该病每年10～11月份较为严重。

[**防治措施**]

(1)加强检疫，防止病菌及其繁殖材料传入无病区。繁殖菊花应选用无病健康的插条，不使用与病原体、病土接触过的未经消毒的工具。

(2)摘除病叶、病芽、病花和花蕾集中销毁。种过有病植株的土壤和花盆可用福尔马林熏蒸，或用加热处理法消毒。病土不可随处抛弃。未经消毒的盆、土，最好不要栽培易感病的花卉。

(3)病区的土壤在种植前，可选用3%米乐尔6～10 g/m^2、D-D混剂50～100 g/m^2、福尔马林50倍液6 kg/m^2 进行土壤消毒。定期用10%苯线磷颗粒剂施入根际附近的土壤中。发病早期喷洒10%克线磷3～6 kg/hm^2。

四、线虫病害综合防治

(一)加强检疫

通过检疫措施，防止线虫病害扩展、蔓延。如松材线虫病是国内外重大危险性检疫对象，人工伐除病死树，防止疫区木材携带该线虫或天牛扩散传播。严禁将疫区内的病死木材外运和输入无病区。这些线虫都可能随种苗、块根、块茎、球茎、鳞茎作远距离传播，在引种时要注意检查，防止线虫的传播。

(二)园林技术措施防治

(1)从无病株采取繁殖材料　要从健康的母株上采取繁殖材料，引种时还可进一步进行热水处理，把带病的用于繁殖的部位浸泡在热水中(水温50℃时，浸泡10 min；水温55℃时，浸泡5 min)，可杀死线虫，而不伤寄主。

(2)及时清除病残组织　摘除病叶、病芽、病花和花蕾，清除已枯死的花卉和苗圃内外的杂草、杂树，并集中烧毁。

(3)轮作　如防治根结线虫可与辣椒、大葱、大蒜、韭菜以及禾本科牧草、草坪草、小麦、大麦、玉米等轮作。

(4)种植诱虫植物或拮抗植物消灭线虫　在种植花木前，首先种植生长迅速的速生植物，如菠菜、小白菜、小青菜等1～2个月，线虫大量侵染后还没有产卵前连根拔除，可以大量清除线虫；种植线虫非繁殖寄主植物或者拮抗植物，如石刁柏、猪屎豆等，由于植物根部分泌物含有毒素，会使线虫侵染后不能发育成成虫或不能存活；种植万寿菊、孔雀草、蓖麻能杀死土壤中线虫，降低土中线虫数量。

(5)加强肥水管理　采用地下清洁水灌溉，改善排水设施，杜绝外来污染水流入花场苗圃；淹水杀线虫，土壤在夏季淹水 1～3 周，或冬季淹水 3～5 周均可防治线虫病；增施有机肥或土壤改良剂，既可以促进有益微生物的繁殖，控制线虫数量，又保证了苗木健壮，增加抗病力。也可施用无机肥的液态氮或碳酸氢铵，会起到同样的作用。

(6)应用栽培架　采取离地及硬底化种植方式，可有效预防线虫和其他病虫害的传播与发生。

(三)物理防治

(1)温水处理苗木　苗木插穗和球茎等繁殖材料，用 40～50℃的热水浸泡，能够杀死大量线虫，如仙客来球茎用 45℃热水浸泡 30 min 可以杀死其根结线虫，百合鳞茎在 44℃热水中浸泡 60 min 可以杀死其叶芽线虫，菊花嫩枝在 55℃热水浸泡 5 min 即可杀死叶芽线虫，等等。

(2)日晒　土壤和基质在夏季晴天时，翻耕连晒 1 周，可杀死大量线虫。

(3)土施石灰氮($CaCN_2$)杀线虫　具体做法：用稻草或秸秆 600 kg/667 m^2 切成 4～6 cm 小段，每 667 m^2 加石灰氮 100 kg，掺匀后翻耕入 20 cm 的土层中，再灌满水，覆盖薄膜 20 d，即可有效杀灭线虫。

(四)生物防治

土壤中线虫的天敌主要是真菌，其次是细菌、捕食型线虫、昆虫及螨类等。真菌有捕食性和寄生性两类，对控制线虫数量有较大作用。全部弹尾目昆虫的若虫和成虫能捕食线虫各虫态。

目前常见的商品型品种为线虫清(淡紫拟青霉，一种真菌制剂)，菌丝能侵入线虫体内及卵内进行繁殖，破坏线虫的生理活动而致死亡。该药剂能防治胞囊线虫、根结线虫等多种寄生线虫。

(五)化学防治

(1)种苗消毒　如 40%的克线磷 100 倍泥浆涂根，50%辛硫磷 50 倍液浸泡花卉球茎、鳞茎，40%福尔马林 200 倍液浸泡球茎 3 h 以上等措施，可以防治各种线虫。

(2)培养介质消毒　在上盆前 20 d 把培养介质放进蒸煮锅中加水完全淹没，然后蒸煮致水干，取出施 35%威百亩水剂 50 倍液，覆盖黑薄膜进行熏蒸。培养介质使用前揭开黑薄膜，透气 7～10 d，方可使用。

(3)对成品花卉消毒 每隔 30 d 用 3%米乐尔颗粒剂(克线磷)防治 1 次,药量每 1 m^2 施用 6～9 g,品字形穴施。

(4)地面覆盖黑薄膜消毒 种植前可每 667 m^2 施用 35%线克水剂 3～4 kg 进行地面消毒,然后覆盖黑薄膜 3～5 个月,防治效果较明显。

第五节 其他类病害

一、寄生性种子植物

(一)桑寄生、槲寄生

[分布与危害] 桑寄生多分布于热带地区。尤以广西、云南等南方诸省(区)为常见。主要寄生在花灌木和乔木树种上,引起树势衰弱,并造成经济损失。广西百色地区被寄生的油桐和油茶曾减产达 1/4 以上。昆明地区板栗树受害株率在个别果园达 100%。在园林植物中,桑寄生植物常危害山茶、石榴、木兰、蔷薇、榆、山毛榉及杨柳科等植物。

[症状] 桑寄生科的植物为常绿小灌木。它寄生在受害花灌木和树木干上的植株非常明显,尤以冬季在寄生落叶后极为显著。由于寄生物夺走了部分无机盐和水分,并对寄生物产生毒害作用,因而导致受害花木叶片变小,提早落叶,抽芽晚,不开花或延迟开花,果实易落或不结果。花木树干受害处最初略为肿大,以后逐渐形成瘤状,木质部纹理也受到破坏,严重时全株枯死(图 6-68)。

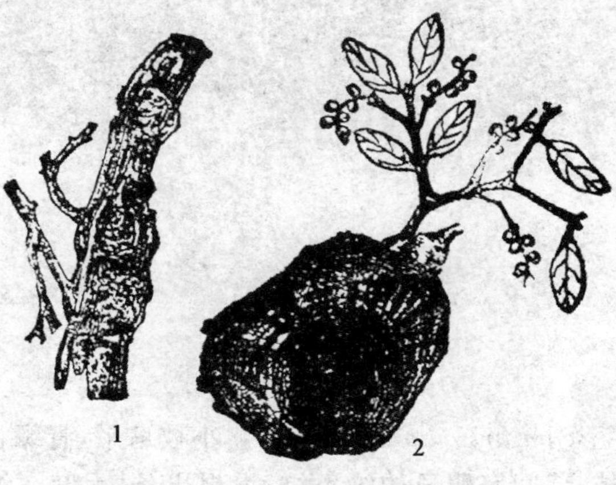

1. 被害枫树枝条 2. 被害山杏横断面

图 6-68 桑寄生害

［**病原**］园林植物上主要有桑寄生属（*Loranthus*）和槲寄生属（*Viscum*）的植物。

桑寄生属植物在我国有30多种。花两性，子房一室，花被大，瓣状，有叶、茎、花、果和寄生根，不少种类有根出条。我国常见的为桑寄生和樟寄生2种。

桑寄生（*Loranthus parasiticus* (L.) Merr）：丛生灌木。小枝粗而短，根出条甚至发达，皮孔多而清晰。嫩枝梢上有黄褐色星状短绒毛。叶椭圆形，对生，幼叶具毛，成长叶无毛，全缘，具短柄。花两性，子房一室，花冠筒状，花淡色。果球棒状。

樟寄生（*Loranthus yadoriki* S. et Z.）：与前者不同之处是在嫩梢15 cm内有棕色星状毛成长，叶背面也有星状短毛。果椭圆形。

槲寄生属植物我国有10多种，叶对生，常退化成鳞片状。花极小，单性异株。单生或丛生于叶腋内或生于枝节上，雄花被管坚实，雌花被套与子房合生；花药阔，无柄，多孔开裂，子房下位，一室，柱头无柄或近无柄，大，垫付状。果肉质，果皮有胶黏质。本属常见的种如下。

槲寄生（*Viscum burm* L.）：枝圆筒形，为整齐二杈分枝，黄绿色，叶近于无柄，长椭圆形，先端钝。花带黄色，顶生，无柄。雄花3～5朵成簇状，雌花1～3朵。浆果球形，白色，半透明（图6-69）。

图6-69 槲寄生

无叶枫寄生（*Viscum articulaum* Burm.）：小枝扁平，青绿色，主枝圆筒形，黄绿色，整齐二杈分枝，节间有明显的纵条纹，无根出条，无叶。细小花成放射状对称。果椭圆形。

［**发病规律**］桑寄生科的植物为多年生常绿小灌木。以植物在寄主枝干上越

冬，每年产生大量的种子传播危害。种子主要由鸟类传播，因其浆果成熟期多在其他植物的休眠期，鸟类觅食困难，斑鸠、麻雀、乌鸦等觅食此种浆果。由于浆果的内果皮外有一层味苦涩而吸水性很强的黏性物质（内含槲寄生素），具有保护种子的作用，因此，种子即使被鸟类觅食，经过消化道后既不能被消化也不丧失生活力。种子自鸟嘴吐出或随粪便排出后落在树枝上，靠外皮上的黏性物质黏附在树皮上。吸水萌发时必须有合适的温度和光照，如果光照太弱，种子则不能萌发。种子萌发后在胚根尖端与树皮接触处形成吸盘，并分泌消解素，自伤口或无伤体表以初生吸根钻入寄生枝条皮层达木质部。种子自萌发到钻入皮层仅在十数日内完成，进入寄生体内的初生吸根又分出垂直的次生根，与寄生的导管相连，从中吸收水分和无机盐。与此同时胚芽发育长出茎叶。如有根出条则沿着寄生枝条延伸。每隔一定距离便形成一吸根钻入寄生皮层定植，并形成新的植株。因此桑寄生根出条愈发达，危害性愈大。

（二）菟丝子

［分布与危害］菟丝子主要危害植物的幼树和幼苗。全国各地都有分布。常寄生在多种园林植物上，轻则使花木生长不良，影响观赏，重则花木和幼树可被缠绕致死。一、二年生花卉及宿根花卉中一串红 、金鱼草、荷兰菊、旱菊、菊花等在天津、呼和浩特、乌鲁木齐、济南等市受害严重，扶桑、榆叶梅、玫瑰、珍珠梅、紫丁香等花灌木在个别城市受害亦严重。我国广西南部有 12 科 22 种树木被菟丝子寄生，其中台湾相思树、千年桐、木麻黄、小叶女贞、八面果及红花羊蹄角等 16 个树种受害严重，受害率一般达 30%。20 世纪 70 年代中期，新疆玛纳斯平原林场的榆树幼林受害率达 80%以上，致使榆树大片死亡，而不得不毁林改种其他作物。

［症状］菟丝子为寄生种子植物，以茎缠绕在寄生植物的茎部，并以吸器伸入寄生植物茎或枝干内与其导管和筛管相连结，吸取全部养分，因而导致被害花木发育不良，生长受阻碍。通常表现为生长矮小和黄化，甚至植株枯萎死亡(图 6-70)。

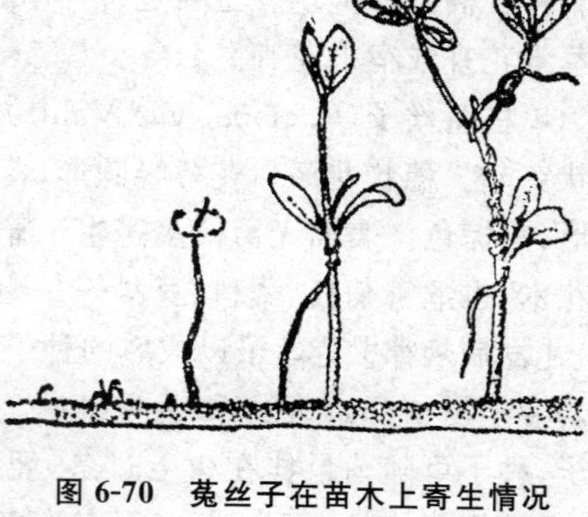

图 6-70 菟丝子在苗木上寄生情况

［病原］菟丝子又名无根藤、金丝藤。观赏植物中常见的有 4 种。

中国菟丝子（*Cuscuta chinensis* Zam）：茎纤细，丝状，橙黄色。花淡黄色，聚头状花序。花萼杯状，白色，稍长于花萼，短五裂。蒴果卵圆形，淡黄色，表面略粗糙。主要危害一串红、翠菊、两色金色菊、菊花、长春花及地肤、美女樱等多种草本花卉。有时也危害扶桑等木本花卉(图 6-71)。

图 6-71 中国菟丝子

日本菟丝子(*Cuscuta japonica* Choisy):茎粗壮,分枝多,黄白色,并有突起的紫斑。花萼碗状,有瘤状紫色斑点。花冠管状,白色,五裂。蒴果卵圆形。种子微绿至微红色,表面光滑。日本菟丝子主要寄生于木本植物,常危害六月雪、珊瑚树、虎杖、杜鹃、山茶花、木槿、紫丁花、榆叶梅及垂柳、白杨、银杏、法国冬青、渝树等多种花灌木和绿化树种,至少能寄生 32 科 71 种植物。

田意菟丝子(*C. campesfris* Juncker):茎丝状,有分枝,淡黄色,光滑。花序球形。花萼碗状,黄色,背部有小的瘤状突起。花冠坛状,白色,深五裂。蒴果近球形。种子椭圆形褐色。主要危害一串红、金鱼草、翠菊、鸡冠花、荷兰菊等一、二年生草本花卉或宿根花卉。

单柱菟丝子(*C. monogyue* Vahl.):茎较粗,分枝众多,略带红色,并有紫色的瘤状突起。穗状花序。花萼半圆形,花冠坛状,紫红色。蒴果卵圆形或球形。种子圆形,暗棕色。表面光滑。多寄生于榆叶梅、玫瑰、珍珠梅、紫丁香和忍冬属、榆树等花木,也危害菊科、藜科、豆科等一些草本植物。

[发病规律] 菟丝子以成熟的种子落入土中,或混在草本花卉的种子中休眠过冬。翌年夏初开始萌发,成为侵染源。有的地区寄生在花灌木和树木上的日本菟丝子,种子可随蒴果挂在树上过冬,翌春方逐渐脱落。种子萌发时种胚根伸入土中,根端呈圆棒状,不分枝,表面有许多短细的红毛,似一般植物的根毛,另一端胚芽顶出土面,形成丝状的幼茎,生长很快,每天伸长 1～2 cm。在与寄主建立寄生

关系之前不分枝。茎伸长后尖端 3～4 cm 的一段带有显著的绿色，具有明显的趋光性。迅速伸长的幼茎在空中来回旋转，当碰到寄主植物时便缠绕到茎上，在与寄主接触处形成吸根。吸根伸入寄主维管束中，吸取养料和水分。茎继续伸长，茎尖与寄主接触处再次形成吸根。茎不断分枝伸长缠绕寄主，并向四周迅速蔓延扩展危害。当幼茎与寄主建立关系后，下面的茎逐渐湿腐或干枯萎缩与土壤分离。

菟丝子的结实力强，每棵能产生种子 2 500～3 000 粒。种子生活力强，寿命可保持数年之久。在未经腐熟的肥料中仍有萌发力，故肥料也是侵染来源之一。种子成熟后也可随风吹到远处。

菟丝子带有腋芽的断茎可发育成新的植株。将菟丝子带腋芽的断茎接种在沙田柚幼枝上，8 d 后断茎、幼芽平均生长约 245 cm，半月后寄主存活率达 42.5%，这说明在生长季节中菟丝子的断茎可起到传播作用。

在我国南方，寄生在木本花卉上的菟丝子，在冬季，只要它的吸根未冻死，翌年春天气候转暖后，即可缠绕寄主引起危害。

(三)寄生性种子植物的防除

(1)桑寄生科植物具有鲜艳而又带黏性的果实，鸟类食后，种子随鸟类的粪便或黏附而传播，因而鸟类活动频繁的村头、水边、灌丛等处的树受害较重。唯一有效的方法是连续砍除被害枝条。因为寄生植物的吸根深入寄主体内，如果仅仅砍除寄生植物，寄生根还会重新萌发。冬季寄生植物的果实尚未成熟，寄主植物又多已落叶，使寄生植物更加明显，是进行防治的好时机。

(2)加强对菟丝子的检疫，其种源可能是来自商品种苗地中，在购买种苗时必须到苗圃地上去实地踏看，以免将检疫对象带入。另一个常见发生地，往往是在老的苗圃地，历年都种植菊花的地域中，在购买盆花或苗木时也应注意防止菟丝子带入。

(3)减少侵染来源。种子一是落入土中，二是混杂在寄主植物的种子中，因此，冬季深翻使种子深埋土中不易萌发而死亡。

(4)对已经传入的寄生植物，可以利用它和寄主建立了寄生关系之后，根茎逐渐向上枯萎死亡，依靠寄主营寄生生活的特性，采用人工连叶带柄全部拔除，不留下丝菟丝子的营养体和吸器，拔除的叶、叶柄和菟丝子的残茎，可以置于水泥地上晒干，以防再次寄生。如果是在菊花或月季等苗木中，也要清除枝叶上所有的缠绕茎及吸器，否则难以奏效。3 月下旬发现少数菟丝子发芽，即行拔毁，连同未发芽的种子一起拾除。秋季开花未结子前，摘除所有菟丝子花朵，杜绝次年再发生。

(5)对一些珍贵的苗木，不宜采用杀头去顶的方式去处理，在春末、夏初检查栽培植物,及时在种子成熟前清除寄生物。可以用鲁保 1 号真菌孢子喷洒到菟丝子茎上,使孢子在菟丝子体内寄生,最后由真菌杀死菟丝子。

(6)对那些每年都要反复发生,而且有大量菟丝子休眠种子的地上,可以改种狗芽根,利用植物间的生化他感效应来控制菟丝子的危害。

(7)对那些空白地或高大木本植物地(无地被植物),可在菟丝子种子萌发季节(温度在 15~40℃)使用除草剂,将其喷杀在寄主关系建立以前。

二、山茶藻斑病

[分布与危害] 主要发生在我国长江以南地区。寄主主要有山茶、白兰、玉兰、桂花、含笑、柑橘等。藻斑病主要影响植物的光合作用,使植株生长不良。

[症状] 主要侵害叶片和嫩枝。发病初期,叶片上出现针头大小的灰白色、灰绿色、黄褐色的圆斑,后扩大成圆形或不规则形的隆起斑,病斑边缘为放射状或羽毛状,病斑上有纤维状细纹和绒毛。藻斑的颜色因寄主不同而异,在含笑上为暗绿色,在山茶上为橘黄色(图 6-72)。

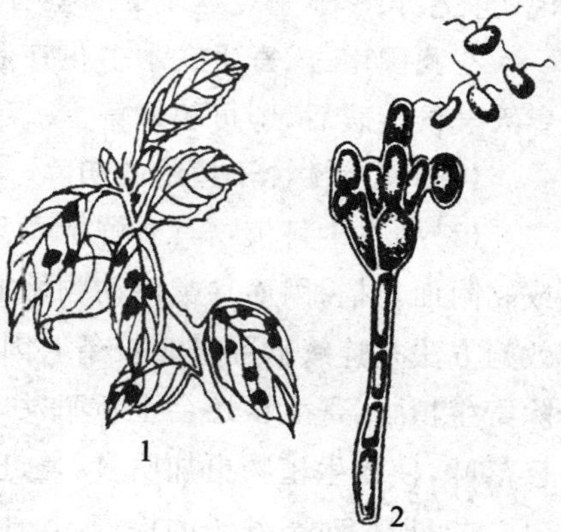

1. 症状 2. 孢囊梗、孢子囊及游动孢子

图 6-72 山茶藻斑病

[病原] 为头孢藻(*Cephaleuros virescsns* Kunze.)和寄生藻(*C. parasitus* Karst.)。

[发病规律] 头孢藻以线网状营养体在寄主组织内越冬。孢子囊及游动孢子在潮湿条件下产生,由风雨传播。高温、高湿有利于游动孢子的产生、传播、萌发和侵入。一般来说,栽植密度及盆花摆放密度过大、通风透光不良、土壤贫瘠、淹水、天气闷热、潮湿均能加重病害的发生。

[防治措施]

(1)加强栽培管理,合理施肥;及时修剪、清除病叶,避免过度荫蔽,力求通风透光,提高植株抗病性。

(2)药剂防治。发病初期,喷施 1∶0.5∶(160~200)的波尔多液。每隔 10~15 d 喷 1 次,共喷 2~3 次。山茶开花后,可喷洒 1~2 波美度石硫合剂,以防藻斑病蔓延。

三、观赏植物褪绿黄化病

[分布与危害] 分布于河北、河南、安徽、江西、江苏、浙江、湖北、湖南、四川、云南、贵州、广西等地。栀子、杜鹃、白蝉、桃树、梅花、广玉兰、樟树等都可发生此病。

[症状] 首先在小枝顶端嫩叶褪绿，从叶缘向中心发展，叶肉变黄色或浅黄色，但叶脉仍呈绿色，扩展后全叶发黄，进而变白，成为白叶。严重时叶片边缘变褐坏死，顶部叶片干枯脱落，植株逐年衰弱，最后死亡(图 6-73)。

图 6-73 缺铁引起棣棠新叶发黄

[病原] 病原是一种生理性病害，因缺乏铁元素所致。

[发病规律] 石灰质过多、黏重板结、偏碱性的土壤会限制根系生长，造成根尖死亡。铁元素供应不足，使植株叶片褪绿，丧失生理机能，严重影响植株正常生长。病株上部叶片发病比下部叶片严重。

[防治措施]

(1)选择排水良好、疏松、肥沃的酸性土栽植，多施腐熟的有机肥。

(2)发病初期，可用 0.1%～0.2%硫酸亚铁溶液喷洒叶片，或浇灌 0.2%硫酸亚铁溶液，或土壤中施入铁的螯合物水溶液，通常直径 20 cm 的花盆可用 0.2 g。药剂治疗黄化病，应在病害初期进行，否则效果较差。叶片转绿时，即可停止用药。

信息链接

外来生物入侵对生态的影响

1.竞争、占据本地物种生态位,使本地物种失去生存空间。

2.与当地物种竞争食物或直接杀死当地物种,影响本地物种生存。

3.分泌释放化学物质,抑制其他物种生长。某些外来生物如豚草可释放酚酸类、聚乙炔、倍半萜内酯及甾醇等化感物质,对禾本科、菊科等一年生草本植物有明显的抑制、排斥作用。薇甘菊也可分泌化感物质影响其他植物生长。

4.通过形成大面积单优群落,降低物种多样性,使依赖于当地物种多样性生存的其他物种没有适宜的栖息环境。厦门鼓浪屿的猫爪藤攀爬绿化树木,在树冠上形成大片单优群落,影响树木光合作用导致树木死亡。

5.过量利用本地土壤水分,不利于水土保持。巨尾桉引自澳大利亚,在海南岛的很多林场都有种植,在一些地方,由于它大量吸收水分,对水土保持十分不利,造成土壤干燥。在一块土地上连续种植,就会使得土壤肥力愈来愈低,甚至形成荒芜之地。因此引进巨尾桉同样要因地制宜,根据需要,有目的地控制性引进。

6.破坏景观的自然性和完整性。明朝末期引入的美洲产仙人掌属4个种分别在华南沿海地区和西南干热河谷地段形成优势群落。在那里原有的天然植被景观已很难见到。有的入侵种,特别是藤本植物,如厦门的猫爪藤,可以完全破坏发育良好、层次丰富的森林景观。

7.影响遗传多样性。随着生境片段化,残存的次生植被常被入侵种分割、包围和渗透,使本土生物种群进一步破碎化,造成一些植被的近亲繁殖和遗传飘变。

【职业技能实训】

一、园林植物真菌病害识别与鉴定(一)

(一)目的要求

(1)识别当地主要园林植物真菌病害的症状及病原菌形态,为防治打基础。

(2)亲临现场了解当地园林植物主要真菌病害种类、发生情况,熟悉调查方法,为防治打基础。

(二)材料及用具

材料:叶斑病类:丁香叶斑病、月季黑斑病、阔叶树毛毡病、橡皮树炭疽病、芍药红斑病、杨树灰斑病、松落针病。白粉病类:黄栌白粉病、月季白粉病、瓜叶菊白粉病、凤仙花白粉病、五角枫白粉病。锈病类:玫瑰锈病、毛白杨锈病、海棠锈病、美人蕉锈病、梨锈病、松柏海棠锈病、细叶结缕草锈病。灰霉病类——仙客来灰霉病。炭疽病类:兰花炭疽病、梅花炭疽病。霜霉病类:禾草霜霉病、月季霜霉病。疫病类:杜鹃疫病、非洲菊疫病等主要园林植物病害标本、主要病害病原菌的玻片标本。

用具:显微镜、双目解剖镜、放大镜、镊子、挑针、培养皿、载玻片、盖玻片、蒸馏水等。

(三)内容与方法

(1)白粉病、霜霉病类　通过对白粉病、霜霉病的症状特点和病原形态的比较观察,掌握上述叶部病害的症状区别及病原类型。

(2)灰霉病、叶畸形类　观察园林植物叶畸形、灰霉病等叶部病害的症状,用显微镜观察其病原的形态特征。

(3)锈病类　观察玫瑰锈病、毛白杨锈病、海棠锈病、美人蕉锈病、梨锈病的症状特点,这类病害大多出现大量锈色、橙色、黄色甚至白色的病斑,以后表皮破裂露出铁锈色孢子堆,有的产生肿瘤。认真观察不同锈病的症状,及其在转主寄主上的特征。用显微镜观察上述锈病病原菌形态,比较其各类孢子的差异。

(4)疫病、叶斑病类　比较观察疫病、叶斑病的症状特点和病原形态。

(5)当地主要园林植物上述几类常见真菌病害发生情况调查　分小组进行病害发生情况普查,并采集症状标本,带回室内进行种类鉴定。

(四)作业

(1) 列表描述所观察的园林植物真菌病害的症状特点。

(2) 绘出你所观察的主要病害病原形态图。

二、园林植物真菌病害识别与鉴定(二)

(一)目的要求

(1)识别当地主要园林植物真菌病害的症状及病原菌形态,为防治打基础。

(2)亲临现场了解当地园林植物主要真菌病害种类、发生情况,熟悉调查方法,为防治打基础。

(二)材料及用具

材料:香石竹枯萎病、黄栌黄萎病、杨树腐烂病、银杏茎腐病、红松烂皮病、仙人掌茎腐病、杨树溃疡病、月季枝枯病、苗木猝倒病、花木紫纹羽病、花木白纹羽病、花木白绢病、花木煤污病、桃缩叶病、杜鹃饼病等主要园林植物真菌病害标本、主要病害病原菌的玻片标本。

用具：显微镜、双目解剖镜、放大镜、镊子、挑针、培养皿、载玻片、盖玻片、蒸馏水等。

(三)内容与方法

(1)枝干溃疡、腐烂病类　观察杨树溃疡、杨树腐烂病的症状，主要特征是病部水渍状，病斑组织软化，失水后产生下陷，病部开裂。并产生许多小粒点，即病菌分生孢子器。比较其病斑形状、颜色、边缘及病菌子实体形态的差异。

用显微镜观察病原标本，杨树溃疡病菌分生孢子器近球形，1至数个集生于黑色子座内，分生孢子梗棒状，分生孢子为单孢无色、长椭圆形至纺锤形；有性阶段为子囊菌。杨树腐烂病菌分生孢子器黑褐色多室，分生孢子单细胞，小而无色，肾形。

(2)枯萎病类　观察香石竹枯萎病、毛竹枯梢病、月季枝枯病、唐菖蒲干腐病、仙人掌茎腐病，翠菊黄化病等病害症状，这类病害的主要特点是感病部位先期产生水渍状小斑，逐渐扩大，腐烂或干缩开裂，产生茎腐、枯萎、干腐等特征。

用显微镜观察尖镰孢菌、蔷薇小壳霉菌、竹喙球菌等病原菌玻片标本，了解其形态。

(3)猝倒型立枯病苗　取猝倒型的立枯病苗观察：幼苗地茎部分的组织是否被破坏而变细，组织肿胀发软，变为红褐色，从细缢处倒伏，而上部仍为绿色。再观察立枯病的标本，可看到根部皮层已溃烂脱落，只留下木质部，地下部分已干枯死亡。

观察切片：注意菌丝有无颜色，菌丝分枝的角度等，并观察孢子的形态特征。

(4)根紫纹羽病　观察根紫纹羽病，可以看到病根皮层腐烂，易剥离，感病的根部表面布满网状的紫色菌丝体，并夹杂有紫色的菌索和菌核，它是由木耳目紫卷担子菌引起的。

(5)花木根朽病　观察花木根朽病病原菌——蜜环菌的形态特征。密环菌伞状，多群生，菌盖蜜黄色，表面有淡褐色毛状小鳞，菌柄实心，上半部有一菌环。菌褶初为白色，后略呈红褐色，孢子单胞无色，多从病株干基长出，可形成菌素。引起多种针阔叶树根部位杆基腐朽。

(6)当地主要园林植物上述真菌病害发生情况调查　分小组进行病害发生情况普查，并采集危害状标本，带回室内进行种类鉴定。

(四)作业

(1) 列表描述所观察的园林植物真菌病害的症状特点。

(2) 绘出主要病害病原形态图。

三、园林植物病原原核生物、病毒、线虫、寄生性种子植物识别与鉴定

(一)目的要求

(1)识别当地主要园林植物原核生物、病毒、线虫、寄生性种子植物病害的症状及病原形态,为防治打基础。

(2)亲临现场了解当地园林植物主要原核生物、病毒、线虫、寄生性种子植物病害种类、发生情况,熟悉调查方法,为防治打基础。

(二)材料及用具

材料:仙客来根结线虫病、月季根癌病、樱花根癌病、紫叶李根癌病、杨树花叶病、美人蕉花叶病、香石竹病毒病,郁金香碎色病,菊花矮化病,泡桐丛枝病、竹丛枝病,菟丝子等主要园林植物病害症状标本及主要病害病原的玻片标本。

用具:显微镜、双目解剖镜、放大镜、镊子、挑针、培养皿、载玻片、盖玻片、蒸馏水等。

(三)内容与方法

(1)线虫病害　观察仙客来根结线虫病和冠瘿病(根癌病)根茎及主侧根上的肿瘤,注意区分两种病害症状的不同处,并制作仙客来根结线虫病原切片,观察松材线虫病症状特征,了解线虫的形态特点。

(2)寄生性种子植物　观察寄生性种子植物的形态特征及其危害状。

(3)丛枝病类　观察竹丛枝病、泡桐丛枝病症状,典型症状叶变小而革质化,腋芽萌发,节间缩短,形成丛枝,花器返祖,花变叶变绿色,生长发育受阻,整个植株矮化等。

(4)细菌性软腐病　观察鸯尾细菌性软腐病、君子兰细菌性软腐的症状标本。用显微镜观察其玻片病原标本,注意比较绘图。

(5)根癌病　观察月季根癌病、樱花根癌病、紫叶李根癌病的根部肿瘤及电镜下观察病原。

(6)其他病毒病　观察杨树花叶病、美人蕉花叶病、香石竹病毒病,郁金香碎色病,菊花矮化病等病害症状不同处,并观察其病原。

(7)当地主要园林植物上述病害的发生情况调查　分小组进行病害发生情况普查,并采集危害状标本,带回室内进行种类鉴定。

(四)作业

(1) 列表描述你所观察的病害的症状特点及病原菌的形态特征。

(2) 绘出主要病害病原形态图。

四、园林植物重要病害田间调查方法

(一)目的要求

摸清一定区域内病害的种类、数量、危害程度、发生发展规律、分布区域及天气、寄主情况，为搞好病害的预测预报、制订正确的防治方案提供科学依据。

(二)材料和用具

病害标本采集箱、扩大镜、果枝剪、镊子、卷尺、笔记本、铅笔等。

(三)内容及操作

调查内容根据调查目的而定，通常包括园林植物病害发生和危害情况调查、病害发生规律调查、防治效果调查等。

调查的步骤分为准备工作、踏查、样地调查、调查资料的统计与整理。

(1)准备工作　在进行调查工作之前，首先了解调查地区的自然地理概况、经济条件，收集相关资料；拟订调查计划，确定调查方法；设计好调查用表；准备好调查所用仪器、工具等。

(2)踏查(线路调查)　踏查是指在较大范围内(地区、省、花圃、苗圃)进行的普遍调查。主要查明病害种类、分布情况、为害程度、为害面积、蔓延趋势等。根据踏查所得资料，确定主要病害种类，初步分析花木衰萎、死亡的原因以及初步确定详细调查地块，并把这些资料归纳到工作草图中去。

踏查方法可沿田间小路、人行道或自选路线进行，尽可能通过调查地区的不同植物地块及有代表性的不同状况的地段。每条路线的距离一般在 100～300 m。采用目测法边走边查，注意各项因子的变化，绘制主要病害分布草图并填写踏查记录表。

(3)样地调查　又称详细调查，是在踏查的基础上，对为害较重的病害种类，设立样地进行调查。目的是精确统计病害数量、被害程度及所造成的损失，并对病害发生的环境因素作深入的分析研究。

①取样方法：在大面积调查病害时，不可能对所有园圃和植株全部调查，一般要选有代表性的样地，再从中取出一定的样点抽查，用部分来估计总体的情况。选样要有代表性，应根据被调查园地的大小、植物特点，选取一定数量的样地。样地面积一般占总面积的 0.1%～0.5%。常用取样方法参照图 5-81。应根据病害及花木在田间的分布形式确定取样方法，如在圃地中进行病害的调查，一般用对角线式、大五点取样式、“Z”字形等取样方法来选定样地。

②病害调查：在踏查的基础上选取样地，调查园林植物的发病率和病情指数。一般全株性病害如病毒病、枯萎病、根腐病或细菌性青枯病等或被害后损失很大的

病害，采用发病率表示，其余病害以发病率、病情指数来表示危害程度。

发病率表示感病株数占总株数的百分比，它表明病害发生的普遍性。

$$发病率 = \frac{感病株数}{调查总株数} \times 100\%$$

如牡丹病毒病，调查 200 株，发病株为 15 株，发病率为

$$15/200 \times 100\% = 7.5\%$$

病情指数又称感病指数，表明病害发生的普遍性、严重性。常用于植株局部受害，且各株受害程度不同的病害。测定方法：先将样地内的植株按病情分为健康、轻、中、重、枯死等若干等级，并以数值 0、1、2、3、4 等分别代表这些等级，统计出各等级株数后，按下列公式计算：

$$病情指数 = \frac{\sum(病情等级代表数值 \times 该级样本数)}{最高病情级别 \times 调查总样本数} \times 100\%$$

目前，各种病害分级标准尚未统一，调查时，可从现场采集标本，按病情轻重排列，划分等级。可参考已有的分级标准，酌情划分使用。现将有关病害的分级标准列于表 6-9 和表 6-10，仅供参考。

表 6-9 枝、叶、果病害分级标准

级别	代表值	分级标准
0	0	健康
1	1	1/4 以下枝、叶、果感病
2	2	1/4～1/2 枝、叶、果感病
3	3	1/2～3/4 枝、叶、果感病
4	4	3/4 以上枝、叶、果感病

表 6-10 干部病害分级标准

级别	代表值	分级标准
0	0	健康
1	1	病斑的横向长度占树干周长的 1/5 以下
2	2	病斑的横向长度占树干周长的 1/5～3/5
3	3	病斑的横向长度占树干周长的 3/5 以上
4	4	全部感病或死亡

现以月季黑斑病为例，说明病情指数的计算方法。调查月季黑斑病的病情指数，其分级标准如下：

0 级：无病斑；

1 级：病斑面积占整个叶片面积的 25%以下；

2 级：病斑面积占整个叶片面积的 26%～50%；

3 级：病斑面积占整个叶片面积的 51%～75%；

4 级：病斑面积占整个叶片面积的 76%以上。

如调查月季黑斑病叶片 200 片，其中 0 级 25 片、1 级 75 片、2 级 50 片、3 级 40 片、4 级 10 片：

$$病情指数=\frac{0\times25+1\times75+2\times50+3\times40+4\times10}{4\times200}\times100\%=41.9\%。$$

病情指数越大，病情越重；病情指数越小，病情越轻。发病最重时病情指数为 100%，没有发病时，病情指数为 0。

a. 苗木病害调查：在苗床上设置大小为 1 m^2 样方。样方数量以不少于被害面积的 0.3%为宜。在样方上对苗木进行全部统计，或对角线取样统计，记录所调查的健康苗木数量和感病、枯死苗木的数量。调查各种苗木病害，计算其发病率(表 6-11)。

表 6-11　苗木病害调查

调查日期	调查地点	样方号	树种	病害名称	苗木状况和数量				发病率/%	死亡率/%	备注
					健康	感病	枯死	合计			

b. 枝干病害调查：在发生枝干病害的绿地中，选取不少于 100 株花木的样地，调查时，除统计发病率外，还要计算病情指数(表 6-12)。

表 6-12　枝干病害调查

调查日期	调查地点	样方号	树种	病害名称	总株数	发病株树	发病率/%	病害分级					病情指数	备注
								1	2	3	4	5		

c. 叶部病害调查：按照病害的分布情况和被害程度，在样方中选取 5～10 株样

树，每株调查 100～200 个叶片。被调查的叶片应从树冠的不同方位来采集(表 6-13)。

表 6-13 叶部病害调查

调查日期	调查地点	样方号	树种	病害名称	总叶数	发病叶树	发病率/%	病害分级					病情指数	备注
								1	2	3	4	5		

(4)调查资料的整理

①鉴定病原种类。

②汇总、统计调查工作资料和数据，进一步分析病害流行的原因。

③写出调查报告，报告内容包括以下几个方面：

a. 调查地区概况：包括自然地理环境、社会经济状况、绿地概况、园林绿化生产和管理情况及园林植物病害情况等。

b. 调查结果的综述：包括主要花木的主要病害种类、危害情况和分布范围，主要病害的发生特点，主要病害分布区域的综述，主要病害发生的原因及分布规律，天敌资源情况以及园林植物检疫对象和疫区等。

c. 病害综合治理的措施及建议。

④附录：包括调查地区园林植物病害名录、主要病害发生面积汇总表、园林植物检疫对象所在疫区面积汇总表、主要病害分布图等。

(四)作业

(1)病害田间调查的意义是什么？

(2)病害田间调查有哪些取样方法？各有什么特点？

(3)对当地某一园林植物发生的病害进行调查，并写出调查报告。

五、园林植物重要病害预测预报方法

(一)目的要求

园林植物病害的发生发展是有一定规律的，认识和掌握其规律，集合当地历史资料和未来环境变化，推测病害发生趋势，然后把结果通报出去，及时、有效的组织指导病害防治工作。预测预报是制定园林植物病害综合治理方案的重要依据。

(二)材料和用具

病害标本采集箱、扩大镜、剪枝剪、镊子、卷尺、笔记本、铅笔等。

(三)内容及方法

1.病害预测

病害的发生与流行受病原物的数量、寄主的感病情况以及环境条件三因素影响。因此病害预测主要是根据这三因素的调查研究进行。目前病害预测常用方法有:

(1)预测圃观察法　就是在某病害流行区,栽植一定数量的感病寄主或固定一块圃地,经常观察病害的发生发展情况。根据预测圃植物发病情况,推测田间病害发生时期或危害程度。

(2)人工培养法　在病害没有发生前,将植物容易感病或疑为有病部分放在适宜发病的条件下,进行培养观察,以便提前掌握病害发生始期。通常用保湿的方法进行培养。一般在玻璃杯内放少量湿沙或在培养皿内放一层滤纸加水湿润,然后把观察材料插在湿沙中或平放在湿滤纸上,置于适宜温度下培养。每天记载发病情况,以此推测田间病害发生期。

(3)孢子捕捉法　对于季节性较强、靠气流传播的病害,如白粉病、锈病等用孢子捕捉法预测病害的发生时期和发生程度。具体做法是在病害发生前,用一定大小的玻片,上面涂一薄层凡士林,放在容易接受孢子的地方,迎风或平放在一定高度,定期取回,用显微镜检察计数,进行统计分析,推测病害的发生时期和发生程度。

2.病害预报

为了及时反映病害情况,及早开展防治工作,将病害预测结果整理填表,通过各种形式通报出去。

(四)作业

(1)病害预测预报的意义和内容有哪些?

(2)针对本地区危害严重的某种病害,试用预测圃观察法预测园林绿地病害发生情况。

本章关键词

真菌病害　原核生物病害　病毒病害　线虫病害　生理性病害　分布与危害　症状　病原　发病规律　防治措施

本章小结

本章主要讲述了真菌性病害、原核生物病害、病毒病害、线虫病害以及生理性病害的症状、病原、发病规律以及防治措施。了解病害的症状、病原的形态识别，对病害的防治具有重要指导意义。

真菌病害是园林植物上最主要的一类病害，包括叶斑病、白粉病、锈病、灰霉病、霜霉病、溃疡病、立枯病等，主要危害叶片，也危害茎干及根部，可占整个园林植物病害的80%，其中叶斑病占真菌病害的50%。真菌性病害主要以孢子的形式通过气流、雨水、灌溉水等方式传播，侵入植物体的途径主要有气孔、皮孔、水孔、伤口侵入以及直接侵入表皮等形式。

原核生物病害的病原主要为杆菌，其次为植原体，革兰氏染色大都为阴性反应，主要引起根癌、软腐、叶斑叶枯、丛枝等症状，其中以根癌病最为常见，如樱花根癌病等。细菌性病害主要以菌体的形式通过风雨传播，侵入植物体的途径主要有气孔、皮孔、水孔、伤口等。

病毒病害主要引起花叶、斑驳等症状，因其病原较小，在寄主的细胞内专性寄生，一般药剂往往对其难以奏效。病毒病害常通过刺吸害虫、嫁接以及植株间摩擦等方式传播。

线虫病害的病原为低等小动物，主要引起根结、叶枯以及鳞茎腐烂等症状，有的种类如松材线虫病，已在国内多个省份蔓延，号称松树癌症，较难防治。

其他病害如藻类、瘿螨、寄生性种子植物等引起的病害，尽管种类少，但由于病原种类及发生规律特殊，往往很难进行控制。

生理性病害的引发原因主要是温度、水分、光照、肥料等外界环境条件失调所致，防治该类病害，主要是通过调节外界环境条件，加强栽培管理等方式解决，一般不需要用药。

园林植物病害的防治主要抓“三环节、五措施”，即抓住贯穿于“铲除传播源、切断传播途径、保护易感病植物”3个环节的5大类综合治理措施，即“植物检疫、园林技术、物理防治、生物防治、化学防治”措施，因地因时制宜，统筹协调。在药剂选择方面，应选用高效、低毒、低残留、无污染的药剂，对症下药，有的放矢，走综合治理与生态控制之路。

复习思考

(1)本地区常见的园林植物真菌、原核生物、病毒、线虫等病害有哪些？分别叙述其危害特点及发病规律。

(2)结合现场，识别本地区常见的园林植物真菌、原核生物、病毒、线虫等病害的症状特点。

(3)试述白粉类病害的病状特点与病原特征？及如何防治？

(4)玫瑰锈病和海棠-桧柏锈病的发病规律有何不同？应如何防治？

(5)比较白粉病与霜霉病在症状特点及发病条件上有何异同？

(6)危害园林植物的叶斑病和炭疽病的症状和病原有何不同？防治上应注意哪些问题？

(7)比较枯、黄萎病在危害症状上的异同，对这两类病害应怎样进行综合治理？

(8)月季枝枯病有何特点？应如何防治？

(9)现场调查园林植物灰霉病的危害特点，并设计其综合防治方案。

(11)根腐病、茎基腐病大致包括哪些类型？试根据其发生特点设计防治方案。

(11)苗木立枯病和猝倒病的病原有何不同？应怎样防治？

(12)园林植物上常见的软腐病有哪些？应怎样防治？

(13)园林植物上常见的病毒病有哪些？应怎样防治？

(14)结合当地园林植物线虫病发生情况，叙述线虫的危害性、致病特点及防治方法。

(15)本地哪些园林植物上常发生寄生性种子植物危害？有哪些类型？试述其发生特点和防治方法。

(16)结合本地某种主要园林植物病害发生特点，请设计一套切实可行的综合治理方案。

参考文献

[1] 管致和.植物保护概论.北京:中国农业大学出版社,1995.
[2] 韩召军.植物保护学通论.北京:高等教育出版社,2001.
[3] 徐洪富.植物保护学.北京:高等教育出版社,2003.
[4] 林达.植物保护学总论.北京:中国农业出版社,1997.
[5] 彩万志.普通昆虫学.北京:中国农业大学出版社,2001.
[6] 徐冠军.植物病虫害防治学.北京:中央广播电视大学出版社,2001.
[7] 许志刚.普通植物病理学.北京:中国农业出版社,2002.
[8] 成卓敏.科技创新与绿色植保.北京:中国农业科学技术出版社,2006.
[9] 李清西,钱学聪.植物保护.北京:中国农业出版社,2002.
[10] 张中社,江世宏.园林植物病虫害防治.北京:高等教育出版社,2005.
[11] 国家林业局植树造林司,国家林业局森林病虫害防治总站.中国林业检疫性有害生物及检疫技术操作办法.北京:中国林业出版社,2005.
[12] 黄少彬.园林植物病虫害防治.北京:高等教育出版社,2006.
[13] 张随榜.园林植物保护.北京:中国农业出版社,2001.
[14] 黄宏英,程亚樵.园艺植物保护概论.北京:中国林业出版社,2006.
[15] 柳晓玲.避暑山庄园林植物主要刺吸类害虫综合防治研究.承德民族师专学报,2004.
[16] 张红燕.园艺植物病虫害防治.北京:中国农业大学出版社,2009.
[17] 张淑梅.园林植物病虫害防治.北京:北京大学出版社,2007.
[18] 费显伟.园艺植物病虫害防治.北京:高等教育出版社,2005.
[19] 蔡平,祝希德.园林植物昆虫学.北京:中国农业出版社,2003.
[20] 丁梦然.园林植物病虫害防治.北京:中国科学技术出版社,1996.
[21] 程亚樵,丁世民.园林植物病虫害防治技术.北京:中国农业大学出版社,2007.

[22] 杨子琦,曹华国.园林植物病虫防治图鉴.北京:中国林业出版社,2002.
[23] 宋瑞清,董爱荣.城市绿地植物病害及其防治.北京:中国林业出版社,2001.
[24] 陈岭伟.园林病虫害防治.北京:高等教育出版社,2002.
[25] 朱天辉.苗圃植物病虫害防治.北京:中国林业出版社,2002.
[26] 王善龙.园林植物病虫害防治.北京:中国农业出版社,2001.
[27] 夏希纳,丁梦然.园林观赏树木病虫害无公害防治.北京:中国农业出版社,2004.
[28] 徐公天.园林植物病虫害防治原色图谱.北京:中国农业出版社,2003.
[29] 张建平,程亚樵.中国植保病虫草害图谱大全暨防治宝典.郑州:中原农民出版社,2010.
[30] 宋瑞青,迟德富.城市绿地植物病虫害及其防治.北京:中国林业出版社,2001.
[31] 高国华.家庭花卉病虫害防治.天津:天津科学技术出版社,2001.
[32] 贺振.花卉病虫害防治.北京:中国林业出版社,2000.
[33] 金波.花卉病虫害防治.北京:中国农业出版社,1998.
[34] 陆自强.观赏植物昆虫.北京:中国农业出版社,1995.
[35] 邱强.花卉病虫实用原色图谱.郑州:河南科学技术出版社,2000.
[36] 王国兴.花木病虫害及防治.成都:四川科学技术出版社,2000.
[37] 蔡祝南,张中义.花卉病虫害防治大全.北京:中国农业出版社,2003.
[38] 张宝棣.园林花木病虫害诊断与防治原色图谱.北京:金盾出版社,2002.
[39] 韩召军,杜相革,徐志宏.园艺昆虫学.北京:中国农业大学出版社,2001.
[40] 张中社,汪世宏.园林植物病虫害防治.北京:高等教育出版社,2004.
[41] 卢希平.园林植物病虫害防治.上海:上海交通大学出版社,2004.
[42] 王丽平,曹洪青,杨树明.园林植物保护.北京:化学工业出版社,2006.
[43] 陶振国.园林植物保护.北京:中国劳动社会保障部出版社,2004.
[44] 郑进,孙丹萍.园林植物病虫害防治.北京:中国科学技术出版社,2003.
[45] 丁梦然.园林苗圃植物病虫害无公害防治.北京:中国农业出版社,2004.
[46] 王瑞灿,孙企农.园林花卉病虫害防治手册.上海:上海科学技术出版社,1999.
[47] 关继东.森林病虫害防治.北京:高等教育出版社,2002.
[48] 李传仁.园林植物病虫害防治.北京:化学工业出版社,2007.
[49] 乔卿梅.药用植物病虫害防治.北京:中国农业大学出版社,2008.
[50] 徐公天.中国园林害虫.北京:中国林业出版社,2007.

[51] 黄少彬.园林植物病虫害防治.北京:高等教育出版社,2006.
[52] 侯其昌,程亚樵.无公害果蔬生产与采后处理.北京:中国农业科技出版社,2002.
[53] 李庆孝,何传据.生物农药使用指南.北京:中国农业出版社,2006.
[54] 肖斌,于建垒.新型农药安全使用技术.北京:中国农业出版社,2005.
[55] 屠予钦.农药科学使用指南.北京:金盾出版社,2000.
[56] 王换民.新编农药手册.北京:农业出版社,1989.
[57] 苏小记,刘万峰.农药安全使用新技术.杨陵:西北农林科技大学出版社,2005.
[58] 吴文君,高希武.生物农药及其应用.北京:化学工业出版社,2004.
[59] 万树青.生物农药及使用技术.北京:金盾出版社,2003.
[60] 张有军.农药无公害使用指南.北京:中国农业出版社,2003.
[61] 高希武.新编农药使用手册.郑州:中原农民出版社,2002.
[62] 王险峰.进口农药应用手册.北京:中国农业出版社,2000.
[63] 张一宾,张怿.农药.北京:中国物资出版社,1997.
[64] 叶钟音.现代农药应用技术全书.北京:农业出版社,2002.
[65] 河北省保定农业专科学校.植物化学保护.北京:中国农业出版社,1993.
[66] 江苏省苏州农业学校.观赏植物病虫害及其防治.北京:中国农业出版社,2000.
[67] 吴时英.城市森林病虫害图鉴.上海:上海科学技术出版社,2005.